Das große Schleswig-Holstein-Buch

Das große Schleswig-Holstein Buch

Ellert & Richter Verlag
Fachbeirat:
Carl Ingwer Johannsen, Molfsee
Eckardt Opitz, Hamburg

Inhalt

Das Land zwischen den Meeren — 6

- 16 „Eine furchtbare Böe kam brüllend vom Meer herüber …"
  Theodor Storm
- 21 Erinnerungen an Dithmarschen
  Klaus Groth
- 26 Entlang der Ostseeküste und in die Holsteinische Schweiz: Eine Reise im Jahre 1875
  Edmund Hoefer
- 30 Schleswig-Holstein im Konjunktiv
  Günter Kunert

Die Geschichte — 34

- 36 Eiszeitschutt und Meeresschlick: Die Entstehung Schleswig-Holsteins
  Kurt-Dietmar Schmidtke
- 44 Auf den Spuren der ersten Siedler: Die Ur- und Frühgeschichte
  Hauke Kenzler
- 54 „Ewich tosamende ungedelt"?: Die Landesgeschichte vom Mittelalter bis 1866
  Eckardt Opitz
- 66 Schleswig-Holstein erreicht sein historisches Ziel: Die Landesgeschichte von 1866 bis heute
  Eckardt Opitz
- 74 Haupt der Hanse: Die Geschichte Lübecks
  Ulrich Simon

Die Landschaften — 86

- 104 Die „alte Salzstraße" und der Naturschutzpark Lauenburgische Seen
  Eckardt Opitz
- 114 Sieben goldene Türme: Hansestadt Lübeck und die Lübecker Bucht
  Konrad Dittrich
- 124 Durch die Holsteinische Schweiz zur Ostsee: Von Eutin bis Fehmarn
  Konrad Dittrich
- 134 Von der Landeshauptstadt ostwärts: Kiel, die Probstei und der Selenter See
  Gerd Stolz
- 144 Hügelland, Steilküsten und ein Musenhof: Vom Dänischen Wohld bis Rendsburg
  Gerd Stolz
- 150 Schwansen: Halbinsel zwischen Schlei und Eckernförder Bucht
  Gernot Kühl
- 158 Durch das Land Angeln: Schleswig, Flensburg und die Schlei
  Gerd Vaagt
- 170 Nordfriesland: Landschaft der Eigenarten
  Georg Quedens
- 188 Die historischen Dreilande: Eiderstedt
  Manfred Jessen-Klingenberg
- 196 Von Niederländern geprägt: Stapelholm und Friedrichstadt
  Manfred Jessen-Klingenberg
- 200 Dithmarschen: Skizze einer maritimen Kulturgeschichte
  Nis R. Nissen
- 213 Das mittlere Holstein und der Naturpark Aukrug: Von Bordesholm bis Bad Oldesloe
  Gerd Stolz
- 220 Rund um Hamburg: Der Halbkreis von Glückstadt bis Geesthacht
  Eckardt Opitz

232 Land und Leute
242 Gutsherren und Landschaftsgärtner: Die Entwicklung der Landwirtschaft
Klaus-J. Lorenzen-Schmidt
248 Hochseetrawler, Krabbenkutter, Karpfenteiche: Fischerei in Schleswig-Holstein
Hans Otto Boysen
254 Land der Seefahrer: Schiffahrt und Schiffbau in Schleswig-Holstein
Alexander Rost
262 Ferien an der See: Badeleben und Tourismus
Jürgen Newig
270 Die Zukunft im Blick: Wirtschaftsstandort Schleswig-Holstein
Wolf-Rüdiger Janzen
274 Das Mehrsprachenland Schleswig-Holstein und die Vielfalt des Friesischen
Ommo Wilts
280 Nicht nur eine Sprache des Herzens: Niederdeutsch in Schleswig-Holstein
Willy Diercks
284 Sprachen auf Wanderung: Das Südjütische und das Reichsdänische im Landesteil Schleswig
Bent Søndergaard
288 Nahe Verwandte: Die dänische Minderheit
Johann Runge
291 Köstlich für Kenner: Die Küche im Norden
Jutta Kürtz
296 Das Angebot ist vielfältig: Feste und Brauchformen in Schleswig-Holstein
Kai Detlev Sievers/Nils Hansen
306 Spiegel deutschen Zeitgeschehens: KYC und Kieler Woche
Alexander Rost
312 Gemeinsam feiern, gegenseitig helfen: Ursprung, Entwicklung und Brauchtum der Gilden in Schleswig-Holstein
Hermann Rossius

316 Traditionsreiche Bauten
326 Bäuerliches Wohnen: Die Vielfalt der Haus- und Hoflandschaften
Carl Ingwer Johannsen
336 Zeugnisse adliger Kultur: Schlösser und Herrenhäuser
Johannes Habich
344 Selbstbewußt ohne Selbstgefälligkeit: Die Backsteinkultur
Konrad Dittrich
352 Bauen wie die alten Römer: Tuffsteinkirchen im Landesteil Schleswig
Jürgen Newig
357 Ein schleswig-holsteinisches Spezifikum: Die religiösen Freistätten
Eckardt Opitz

364 Kunst und Kultur
372 Emkendorf: „Musentempel" oder „Schmiede für Geistesfesseln"?
Eckardt Opitz
378 Ländliche Freiheit: Theodor Storm und Schleswig-Holstein
Karl Ernst Laage
384 „Min Modersprak, wa klingt du schön!": Niederdeutsche Literatur in Schleswig-Holstein
Reinhard Goltz
388 Lübeck als geistige Lebensform: Thomas Mann und seine Heimatstadt
Klaus C. Haase
396 Malerei abseits der Zentren: Bilder aus Schleswig-Holstein
Heinz Spielmann
404 Musik in Schleswig-Holstein: Eine Retrospektive
Heinrich W. Schwab
410 Investitionen in die Zukunft: Universitäten und Hochschulen
Eckardt Opitz
418 Die Schaufenster schleswig-holsteinischer Kultur: Streifzüge durch die Museumslandschaft
Helmut Sydow

430 Natur und Technik
438 Das Wattenmeer: Ergebnis einer Verkettung glücklicher Umstände
Jürgen Newig
448 Im Grenzbereich des Daseins: Fauna und Flora zwischen Land und Meer
Georg Quedens
458 Reiches Leben in Dünen, Knicks und Mooren: Fauna und Flora der Ostküste und des Binnenlandes
Jürgen Eigner
468 Land zwischen den Meeren: Küstenschutz und Deichbau
Jürgen Newig
476 Zeugen der Landschafts- und Menschheitsgeschichte: Naturdenkmale
Wolfgang Riedel
483 Der Traum einer durchgehenden Schiffahrt: Die Wasserstraßen
Ingo Heidbrink
492 Von der Windmühle zur Windkraftanlage: Windenergie
Peter Schafft

500 Anhang
500 Literaturverzeichnis
505 Autorinnen und Autoren
508 Register
518 Bild- und Quellennachweis
520 Impressum

Das Wattenmeer – Landschaft im Rhythmus der Gezeiten, im atmenden Wechsel von Ebbe und Flut. Hier wird die weite und herbe Schönheit der schleswig-holsteinischen Westküste besonders deutlich.

Das Land zwischen den Meeren

Das Land zwischen den Meeren

Das Land zwischen den Meeren

Einsam liegen die Hallighäuser in der weiten amphibischen Landschaft des Wattenmeers. Während sich im Sommer die Priele und Flüßchen friedlich durch die Salzwiesen schlängeln, können kräftige Herbst- oder Frühjahrsstürme „Land unter" bedeuten. Dann verwandelt der „Blanke Hans" die Nordsee in ein tosendes Meer, dessen Wellen gegen die Sommerdeiche und Warften peitschen.

Schleswig-Holstein – das ist mehr als Meer. Das sind weite Felder mit unendlichen Horizonten und weitem Wolkenhimmel. Besonders schön ist die hügelige Endmoränenlandschaft der Holsteinischen Schweiz, wenn im Spätfrühling die riesigen Rapsfelder blühen und das satte Gelb mit dem kräftigen Rot des Mohns einen herrlichen Kontrast bildet.

Das Land zwischen den Meeren

Die weiten Förde- und Seenlandschaften der schleswig-holsteinischen Ostseeküste sind in Deutschland einmalig. Bis an den Rand des Ufers reichen die sattgrünen Wälder – ein Paradies für die hier lebenden Tiere und ein ideales Erholungsgebiet für Urlauber von nah und fern.

Das Land zwischen den Meeren

Die Rapsblüte verkündet, daß an der Ostseeküste der Frühling seinen Einzug gehalten hat. Hier bei Schönhagen dehnen sich die Felder bis nah an die Steilküste aus, an deren oberer Kante es sich wunderbar wandern läßt.

„Eine furchtbare Böe kam brüllend vom Meer herüber …"

Theodor Storm

Es war vor Allerheiligen, im Oktober. Tagüber hatte es stark aus Südwest gestürmt; abends stand ein halber Mond am Himmel, dunkelbraune Wolken jagten überhin, und Schatten und trübes Licht flogen auf der Erde durcheinander; der Sturm war im Wachsen. Im Zimmer des Deichgrafen stand noch der geleerte Abendtisch; die Knechte waren in den Stall gewiesen, um dort des Viehes zu achten; die Mägde mußten im Hause und auf den Böden nachsehen, ob Türen und Luken wohlverschlossen seien, daß nicht der Sturm hineinfasse und Unheil anrichte. Drinnen stand Hauke neben seiner Frau am Fenster; er hatte eben sein Abendbrot hinabgeschlungen; er war draußen auf dem Deich gewesen. Zu Fuße war er hinausgetrabt, schon früh am Nachmittag; spitze Pfähle und Säcke voll Klei oder Erde hatte er hie und dort, wo der Deich eine Schwäche zu verraten schien, zusammentragen lassen; überall hatte er Leute angestellt, um die Pfähle einzurammen und mit den Säcken vorzudämmen, sobald die Flut den Deich zu schädigen beginne; an dem Winkel zu Nordwesten, wo der alte und der neue Deich zusammenstießen, hatte er die meisten Menschen hingestellt, nur im Notfall durften sie von den angewiesenen Plätzen weichen. Das hatte er zurückgelassen; dann, vor kaum einer Viertelstunde, naß, zerzaust, war er in seinem Hause angekommen, und jetzt, das Ohr nach den Windböen, welche die in Blei gefaßten Scheiben rasseln machten, blickte er wie gedankenlos in die wüste Nacht hinaus; die Wanduhr hinter ihrer Glasscheibe schlug eben acht. Das Kind, das neben der Mutter stand, fuhr zusammen und barg den Kopf in deren Kleider. „Claus!" rief sie weinend; „wo ist mein Claus?"

Sie konnte wohl so fragen, denn die Möwe hatte, wie schon im vorigen Jahre, so auch jetzt ihre Winterreise nicht mehr angetreten. Der Vater überhörte die Frage; die Mutter aber nahm das Kind auf ihren Arm. „Dein Claus ist in der Scheune", sagte sie; „da sitzt er warm."

„Warum?" sagte Wienke; „ist das gut?"

„Ja, das ist gut."

Der Hausherr stand noch am Fenster. „Es geht nicht länger, Elke!" sagte er; „ruf eine von den Dirnen; der Sturm drückt uns die Scheiben ein, die Luken müssen angeschroben werden!"

Auf das Wort der Hausfrau war die Magd hinausgelaufen; man sah vom Zimmer aus, wie ihr die Röcke flogen; aber als sie die Klammern gelöst hatte, riß ihr der Sturm den Laden aus der Hand und warf ihn gegen die Fenster, daß ein paar Scheiben zersplittert in die Stube flogen und eins der Lichter qualmend auslosch. Hauke mußte selbst hinaus, zu helfen, und nur mit Not kamen allmählich die Luken vor die Fenster. Als sie beim Wiedereintritt in das Haus die Tür aufrissen, fuhr eine Böe hinterdrein, daß Glas und Silber im Wandschrank durcheinanderklirrten; oben im Hause über ihren Köpfen zitterten und krachten die Balken, als wolle der Sturm das Dach von den Mauern reißen. Aber Hauke kam nicht wieder in das Zimmer; Elke hörte, wie er durch die Tenne nach dem Stalle schritt. „Den Schimmel! Den Schimmel, John! Rasch!" So hörte sie ihn rufen; dann kam er wieder in die Stube, das Haar zerzaust, aber die grauen Augen leuchtend. „Der Wind ist umgesprungen!" rief er – „nach Nordwest, auf halber Springflut! Kein Wind; – wir haben solchen Sturm noch nicht erlebt!"

Elke war totenblaß geworden! „Und du mußt noch einmal hinaus?"

Er ergriff ihre beiden Hände und drückte sie wie im Krampfe in die seinen: „Das muß ich, Elke."

Sie erhob langsam ihre dunklen Augen zu ihm, und ein paar Sekunden lang sahen sie sich an; doch war's wie eine Ewigkeit.

„Ja, Hauke", sagte das Weib; „ich weiß es wohl, du mußt."

Da trabte es draußen vor der Haustür. Sie fiel ihm um den Hals, und einen Augenblick war's, als könnte sie ihn nicht lassen; aber auch das war nur ein Augenblick. „Das ist unser Kampf!" sprach Hauke; „ihr seid hier sicher; an dies Haus ist noch keine Flut gestiegen. Und bete zu Gott, daß er auch mit mir sei!"

Hauke hüllte sich in seinen Mantel, und Elke nahm ein Tuch und wickelte es ihm sorgsam um den Hals; sie wollte ein Wort sprechen, aber die zitternden Lippen versagten es ihr.

Draußen wieherte der Schimmel, daß es wie Trompetenschall in das Heulen des Sturmes hineinklang. Elke war mit ihrem Mann hinausgegangen; die alte Esche knarrte, als ob sie auseinanderstürzen solle. „Steigt auf, Herr!" rief der Knecht; „der Schimmel ist wie toll; die Zügel könnten reißen." Hauke schlug die Arme um sein Weib: „Bei Sonnenaufgang bin ich wieder da!"

Schon war er auf sein Pferd gesprungen; das Tier stieg mit den Vorderhufen in die Höhe, dann gleich einem Streithengst, der sich in die Schlacht stürzt, jagte es mit seinem Reiter die Werfte hinunter, in Nacht und Sturmgeheul hinaus. „Vater, mein Vater!" schrie eine klägliche Kinderstimme hinter ihm darein; „mein lieber Vater!"

Wienke war im Dunkeln hinter dem Fortjagenden hergelaufen; aber schon nach hundert Schritten strauchelte sie über einen Erdhaufen und fiel zu Boden.

Der Knecht Iven Johns brachte das weinende Kind der Mutter zurück; die lehnte am Stamme der Esche, deren Zweige über ihr die Luft peitschten, und starrte wie abwesend in die Nacht hinaus, in der ihr Mann verschwunden war; wenn das Brüllen des Sturmes und das ferne Klatschen des Meeres einen Augenblick aussetzten, fuhr sie wie in Schreck zusammen; ihr war jetzt, als suche alles nur ihn zu verderben und werde jäh verstummen, wenn es ihn gefaßt habe. Ihre Knie zitterten, ihre Haare hatte der Sturm gelöst und trieb damit sein Spiel. „Hier ist das Kind, Frau!" schrie John ihr zu; „haltet es fest!" und drückte die Kleine der Mutter in den Arm.

„Das Kind? – Ich hatte dich vergessen, Wienke!" rief sie; „Gott verzeih mir's." Dann hob sie es an ihre Brust, so fest nur Liebe fassen kann, und stürzte mit ihr in die Knie: „Herr Gott und du mein Jesus, laß uns nicht Witwe und nicht Waise werden! Schütz ihn, o lieber Gott; nur du und ich, wir kennen ihn allein!" Und der Sturm setzte nicht mehr aus; es tönte und donnerte, als solle die ganze Welt in ungeheurem Hall und Schall zugrunde gehen.

„Geht in das Haus, Frau!" sagte John; „kommt!" und er half ihnen auf und leitete die beiden in das Haus und in die Stube.

Der Deichgraf Hauke Haien jagte auf seinem Schimmel dem Deiche zu. Der schmale Weg war grundlos, denn die Tage vorher war unermeßlicher Regen gefallen; aber der nasse saugende Klei schien gleichwohl die Hufe des Tieres nicht zu halten, es war, als hätte es festen Sommerboden unter sich. Wie eine wilde Jagd trieben die Wolken am Himmel; unten lag die weite Marsch wie eine unerkennbare, von unruhigen Schatten erfüllte Wüste; von dem Wasser hinter dem Deiche, immer ungeheurer, kam ein dumpfes Tosen, als müsse es alles andere verschlingen. „Vorwärts, Schimmel!" rief Hauke; „wir reiten unseren schlimmsten Ritt!"

Da klang es wie ein Todesschrei unter den Hufen seines Rosses. Er riß den Zügel zurück; er sah sich um: ihm zur Seite dicht über dem Boden, halb

Theodor Storm, geboren am 14. 9. 1817 in Husum, starb am 4. 7. 1888 in Hademarschen. Das Altersporträt entstand 1886; zwei Jahre später erschien „Der Schimmelreiter", aus dem der nebenstehende Text entnommen wurde. Die Novelle erzählt das Schicksal des nordfriesischen Deichgrafen Hauke Haien, der gegen den Widerstand vieler Dorfbewohner einen modernen, flachen Deich erbauen läßt.

fliegend, halb vom Sturme geschleudert, zog eine Schar von weißen Möwen, ein höhnisches Gegacker ausstoßend; sie suchten Schutz im Lande. Eine von ihnen – der Mond schien flüchtig durch die Wolken – lag am Weg zertreten: dem Reiter war's, als flattere ein rotes Band an ihrem Halse. „Claus!" rief er. „Armer Claus!"

War es der Vogel seines Kindes? Hatte er Roß und Reiter erkannt und sich bei ihnen bergen wollen? – Der Reiter wußte es nicht. „Vorwärts!" rief er wieder, und schon hob der Schimmel zu neuem Rennen seine Hufe; da setzte der Sturm plötzlich aus, eine Totenstille trat an seine Stelle; nur eine Sekunde lang, dann kam er mit erneuter Wut zurück; aber Menschenstimmen und verlorenes Hundegebell waren inzwischen an des Reiters Ohr geschlagen, und als er rückwärts nach seinem Dorf den Kopf wandte, erkannte er in dem Mondlicht, das hervorbrach, auf den Werften und vor den Häusern Menschen an hochbeladenen Wagen umherhantierend; er sah, wie im Fluge, noch andere Wagen eilend nach der Geest hinauffahren; Gebrüll von Rindern traf sein Ohr, die aus den warmen Ställen nach dort hinaufgetrieben wurden. „Gott Dank! sie sind dabei, sich und ihr Vieh zu retten!" rief es in ihm; und dann mit einem Angstschrei: „Mein Weib! Mein Kind! – Nein, nein; auf unsere Werfte steigt das Wasser nicht!"

Aber nur ein Augenblick war es; nur wie eine Vision flog alles an ihm vorbei.

Eine furchtbare Böe kam brüllend vom Meer herüber, und ihr entgegen stürmten Roß und Reiter den schmalen Akt zum Deich hinan. Als sie oben waren, stoppte Hauke mit Gewalt sein Pferd. Aber wo war das Meer? Wo Jeverssand? Wo blieb das Ufer drüben? – Nur Berge von Wasser sah er vor sich, die dräuend gegen den nächtlichen Himmel stiegen, die in der furchtbaren Dämmerung sich übereinanderzutürmen suchten und übereinander gegen das feste Land schlugen. Mit weißen Kronen kamen sie daher, heulend, als sei in ihnen der Schrei alles furchtbaren Raubgetiers der Wildnis. Der Schimmel schlug mit den Vorderhufen und schnob mit seinen Nüstern in den Lärm hinaus; den Reiter aber wollte es überfallen, als sei hier alle Menschenmacht zu Ende; als müsse jetzt die Nacht, der Tod, das Nichts hereinbrechen.

Doch er besann sich: es war ja Sturmflut; nur hatte er sie selbst noch nimmer so gesehen; sein Weib, sein Kind, sie saßen sicher auf der hohen Werfte, in dem festen Hause; sein Deich aber – und wie ein Stolz flog es ihm durch die Brust –, der Hauke-Haien-Deich, wie ihn die Leute nannten, der mochte jetzt beweisen, wie man Deiche bauen müsse!

Aber – was war das? – Er hielt an dem Winkel zwischen beiden Deichen; wo waren die Leute, die er hiehergestellt, die hier die Wacht zu halten hatten? – Er blickte nach Norden den alten Deich hinauf, denn auch dorthin hatte er einzelne beordert. Weder hier noch dort vermochte er einen Menschen zu erblicken; er ritt ein Stück hinaus, aber er blieb allein; nur das Wehen des Sturms und das Brausen des Meeres bis aus unermesser Ferne schlug betäubend an sein Ohr. Er wandte das Pferd zurück: er kam wieder zu der verlassenen Ecke und ließ seine Augen längs der Linie des neuen Deiches gleiten; er erkannte deutlich: langsamer, weniger gewaltig rollten hier die Wellen heran; fast schien's, als wäre dort ein ander Wasser. „Der soll schon stehen!" murmelte er, und wie ein Lachen stieg es in ihm herauf.

Aber das Lachen verging ihm, als seine Blicke weiter an der Linie seines Deiches entlangglitten: an der Nordwestecke – was war das dort? Ein dunkler Haufen wimmelte durcheinander; er sah, wie es sich emsig rührte und drängte – kein Zweifel, es waren Menschen! Was wollten, was arbeiteten die jetzt an seinem Deich? – Und schon saßen seine Sporen dem Schimmel in den Weichen, und das Tier flog mit ihm dahin; der Sturm kam von der Breitseite; mitunter drängten die Böen so gewaltig, daß sie fast vom Deiche in den neuen Koog hinabgeschleudert wären; aber Roß und Reiter wußten, wo sie ritten. Schon gewahrte Hauke, daß wohl ein paar Dutzend Menschen in eifriger Arbeit dort beisammen seien, und schon sah er deutlich, daß eine Rinne quer durch den neuen Deich gegraben war. Gewaltsam stoppte er sein Pferd: „Halt!" schrie er; „halt! Was treibt ihr hier für Teufelsunfug?"

Sie hatten in Schreck die Spaten ruhen lassen, als sie auf einmal den Deichgraf unter sich gewahrt; seine Worte hatte der Sturm ihnen zugetragen, und er sah wohl, daß mehrere ihm zu antworten strebten; aber er gewahrte nur ihre heftigen Gebärden, denn sie standen alle ihm zur Linken, und was sie sprachen, nahm der Sturm hinweg, der hier draußen jetzt die Menschen mitunter wie im Taumel gegeneinander warf, so daß sie sich dicht zusammenscharten. Hauke maß mit seinen raschen Augen die gegrabene Rinne und den Stand des Wassers, das trotz des neuen Profiles, fast an die Höhe des Deichs hinaufklatschte und Roß und Reiter überspritzte. Nur noch zehn Minuten Arbeit – er sah es wohl – dann brach die Hochflut durch die Rinne, und der Hauke-Haien-Koog wurde vom Meer begraben!

Der Deichgraf winkte einem der Arbeiter an die andere Seite seines Pferdes. „Nun, so sprich!" schrie er; „was treibt ihr hier, was soll das heißen?"

Und der Mensch schrie dagegen: „Wir sollen den neuen Deich durchstechen, Herr, damit der alte Deich nicht bricht!"

„Was sollt ihr?"

„Den neuen Deich durchstechen!"

„Und den Koog verschütten? –

Welcher Teufel hat euch das befohlen?"

„Nein, Herr, kein Teufel; der Gevollmächtigte Ole Peters ist hier gewesen, der hat's befohlen!"

Der Zorn stieg dem Reiter in die Augen: „Kennt ihr mich?" schrie er. „Wo ich bin, hat Ole Peters nichts zu ordinieren! Fort mit euch! An eure Plätze, wo ich euch hingestellt!"

Und da sie zögerten, sprengte er mit seinem Schimmel zwischen sie: „Fort, zu euerer oder des Teufels Großmutter!"

„Herr, hütet Euch!" rief einer aus dem Haufen und stieß mit seinem Spaten gegen das wie rasend sich gebärdende Tier; aber ein Hufschlag schleuderte ihm den Spaten aus der Hand, ein anderer stürzte zu Boden. Da plötzlich erhob sich ein Schrei aus dem übrigen Haufen, ein Schrei, wie ihn nur die Todesangst einer Menschenkehle zu entreißen pflegt; einen Augenblick war alles, auch der Deichgraf und der Schimmel, wie gelähmt; nur ein Arbeiter hatte gleich einem Wegweiser seinen Arm gestreckt; der wies nach der alten Nordwestecke der beiden Deiche, dort wo der neue auf den alten stieß. Nur das Tosen des Sturmes und das Rauschen des Wassers war zu hören. Hauke drehte sich im Sattel: was gab es dort? Seine Augen wurden groß: „Herr Gott! Ein Bruch! Ein Bruch im alten Deich!"

„Euere Schuld, Deichgraf!" schrie eine Stimme aus dem Haufen: „Euere Schuld! Nehmt's mit vor Gottes Thron!"

Haukes zornrotes Antlitz war totenbleich geworden; der Mond, der es beschien, konnte es nicht bleicher machen; seine Arme hingegen schlaff, er wußte kaum, daß er den Zügel hielt. Aber auch das war nur ein Augenblick; schon richtete er sich auf, ein hartes Stöhnen brach aus seinem Munde; dann wandte er stumm sein Pferd, und der Schimmel schnob und raste ostwärts auf dem Deich mit ihm dahin. Des Reiters Augen flogen scharf nach allen Seiten; in seinem Kopfe wühlten die Gedanken: Was hatte er für Schuld vor Gottes Thron zu tragen? – Der Durchstich des neuen Deichs – vielleicht, sie hätten's fertiggebracht, wenn er sein Halt nicht gerufen hätte; aber – es war noch eins, und es schoß ihm heiß zu Herzen, er wußte es nur zu gut – im vorigen Sommer, hätte damals Ole Peters' böses Maul ihn nicht zurückgehalten – da lag's! Er allein hatte die Schwäche des alten Deichs erkannt; er hätte trotz alledem das neue Werk betreiben müssen: „Herr Gott, ja, ich bekenn es", rief er plötzlich laut in den Sturm hinaus, „ich habe meines Amtes schlecht gewartet!"

Zu seiner Linken, dicht an des Pferdes Hufen, tobte das Meer; vor ihm, und jetzt in voller Finsternis, lag der alte Koog mit seinen Werften und heimatlichen Häusern; das bleiche Himmelslicht war völlig ausgetan; nur von einer Stelle brach ein Lichtschein durch das Dunkel. Und wie ein Trost kam es an des Mannes Herz; es mußte von seinem Haus herüberscheinen, es war ihm wie ein Gruß von Weib und Kind. Gottlob, sie saßen sicher auf der hohen Werfte! Die anderen, gewiß, sie waren schon im Geestdorf droben; von dorther schimmerte so viel Lichtschein, wie er niemals noch gesehen hatte; ja selbst hoch oben aus der Luft, es mochte wohl vom Kirchturm sein, brach solcher in die Nacht hinaus. „Sie werden alle fort sein, alle!" sprach Hauke bei sich selber; „freilich auf mancher Werfte wird ein Haus in Trümmern liegen, schlechte Jahre werden für die überschwemmten Fennen kommen, Siele und Schleusen zu reparieren sein! Wir müssen's tragen, und ich will helfen, auch denen, die mir Leid's getan; nur, Herr, mein Gott, sei gnädig mit uns Menschen!"

Da warf er seine Augen seitwärts nach dem neuen Koog; um ihn schäumte das Meer; aber in ihm lag es wie nächtlicher Friede. Ein unwillkür-

„Zu seiner Linken, dicht an des Pferdes Hufen, tobte das Meer; vor ihm, und jetzt in voller Finsternis, lag der alte Koog mit seinen Werften und heimatlichen Häusern; das bleiche Himmelslicht war völlig ausgetan; nur von einer Stelle brach ein Lichtschein durch das Dunkel."

liches Jauchzen brach aus des Reiters Brust: „Der Hauke-Haien-Deich, er soll schon halten; er wird es noch nach hundert Jahren tun!"

Ein donnerartiges Rauschen zu seinen Füßen weckte ihn aus diesen Träumen; der Schimmel wollte nicht mehr vorwärts. Was war das? – Das Pferd sprang zurück, und er fühlte es, ein Deichstück stürzte vor ihm in die Tiefe. Er riß die Augen auf und schüttelte alles Sinnen von sich: er hielt am alten Deich, der Schimmel hatte mit den Vorderhufen schon darauf gestanden. Unwillkürlich riß er das Pferd zurück; da flog der letzte Wolkenmantel von dem Mond, und das milde Gestirn beleuchtete den Graus, der schäumend, zischend vor ihm in die Tiefe stürzte, in den alten Koog hinab.

Wie sinnlos starrte Hauke darauf hin; eine Sündflut war's, um Tier und Menschen zu verschlingen. Da blinkte wieder ihm der Lichtschein in die Augen; es war derselbe, den er vorhin gewahrt hatte; noch immer brannte der auf seiner Werfte; und als er jetzt ermutigt in den Koog hinabsah, gewahrte er wohl, daß hinter dem sinnverwirrenden Strudel, der tosend vor ihm hinabstürzte, nur noch eine Breite von etwa hundert Schritten überflutet war; dahinter konnte er deutlich den Weg erkennen, der vom Koog heranführte. Er sah noch mehr: ein Wagen, nein, eine zweirädrige Karriole kam wie toll gegen den Deich herangefahren; ein Weib, ja auch ein Kind saßen darin. Und jetzt – war das nicht das kreischende Gebell eines kleinen Hundes, das im Sturm vorüberflog? Allmächtiger Gott! Sein Weib, sein Kind waren es; schon kamen sie dicht heran, und die schäumende Wassermasse drängte auf sie zu. Ein Schrei, ein Verzweiflungsschrei brach aus der Brust des Reiters: „Elke!" schrie er; „Elke! Zurück! Zurück!"

Aber Sturm und Meer waren nicht barmherzig, ihr Toben zerwehte seine Worte; nur seinen Mantel hatte der Sturm erfaßt, es hätte ihn bald vom Pferd herabgerissen; und das Fuhrwerk flog ohne Aufenthalt der stürzenden Flut entgegen. Da sah er, daß das Weib wie gegen ihn hinauf die Arme streckte: Hatte sie ihn erkannt? Hatte die Sehnsucht, die Todesangst um ihn sie aus dem sicheren Haus getrieben? Und jetzt – rief sie ein letztes Wort ihm zu? – Die Fragen fuhren durch sein Hirn; sie blieben ohne Antwort: von ihr zu ihm, von ihm zu ihr waren die Worte all verloren; nur ein Brausen wie vom Weltenuntergang füllte ihre Ohren und ließ keinen anderen Laut hinein.

„Mein Kind! O Elke, o getreue Elke!" schrie Hauke in den Sturm hinaus. Da sank aufs neu ein großes Stück des Deiches vor ihm in die Tiefe, und donnernd stürzte das Meer sich hinterdrein; noch einmal sah er drunten den Kopf des Pferdes, die Räder des Gefährtes aus dem wüsten Greuel emportauchen und dann quirlend darin untergehen. Die starren Augen des Reiters, der so einsam auf dem Deiche hielt, sahen weiter nichts. „Das Ende!" sprach er leise vor sich hin; dann ritt er an den Abgrund, wo unter ihm die Wasser, unheimlich rauschend, sein Heimatdorf zu überfluten begannen; noch immer sah er das Licht von seinem Hause schimmern; es war ihm wie entseelt. Er richtete sich hoch auf und stieß dem Schimmel die Sporen in die Weichen; das Tier bäumte sich, es hätte sich fast überschlagen; aber die Kraft des Mannes drückte es herunter. „Vorwärts!" rief er noch einmal, wie er es so oft zum festen Ritt gerufen hatte: „Herr Gott, nimm mich; verschon die anderen!"

Noch ein Sporenstich; ein Schrei des Schimmels, der Sturm und Wellenbrausen überschrie; dann unten aus dem hinabstürzenden Strom ein dumpfer Schall, ein kurzer Kampf.

Der Mond sah leuchtend aus der Höhe; aber unten auf dem Deiche war kein Leben mehr als nur die wilden Wasser, die bald den alten Koog fast völlig überflutet hatten. Noch immer aber ragte die Werfte von Hauke Haiens Hofstatt aus dem Schwall hervor, noch schimmerte von dort der Lichtschein, und von der Geest her, wo die Häuser allmählich dunkel wurden, warf noch die einsame Leuchte aus dem Kirchturm ihre zitternden Lichtfunken über die schäumenden Wellen.

Erinnerungen an Dithmarschen

Klaus Groth

Ich bin geboren in Heide, dem Hauptflecken der Nordhälfte des Ländchens Dithmarschen. Meine Vorfahren sind von uralt freie dithmarscher Bauern gewesen; ich vermute, daß ein Urahn wegen seiner Körpergröße einmal unseren Namen Groth (der Große) erhalten hat. Mein Vater hatte einen kleinen Landbesitz, worauf wir gegen zehn Stück Kühe und Jungvieh weideten. Eigentlich hatte er das Müller- und Zimmerhandwerk gelernt, kam aber heim und faßte seines Vaters Besitz an, als seine Mutter starb. Erst später kaufte er eine Windmühle einige hundert Schritte von unserem Hause. Bis dahin betrieb er aus dem Hause den Verkauf von Mehl und Grütze. Es herrschte eine gewisse Wohlhabenheit und gänzliche Unabhängigkeit bei uns. Wir hatten Überfluß am schönsten Mehl, Milch, Butter, Fleisch und Gemüse und lebten fröhlich dabei. War doch genug da, daß noch immer ein armes Kind nebenbei mit ins Haus genommen und durchgefüttert wurde, und noch nennen zwei jetzt tüchtige Handwerker meinen Alten Vater. Ich verdanke diesem Leben alles, zumal eine Gesundheit, die zähe genug war, wirklich unglaubliche geistige Anstrengungen zu ertragen, ehe sie sich beugte.

Mein Obbe (Großvater) wiegte mich, seinen erstgeborenen Enkel, auf den Knien; er hielt mir seine große silberne Taschenuhr ans Ohr, die noch hier vor meiner Schreibmappe glänzt als Andenken an den teuren Alten. Züge von ihm kommen im „Gewitter" und im „Sonntagmorgen" vor, in welchem letzteren mein Vater der Pockennarbige ist. Übrigens sprechen meine plattdeutschen Gedichte fast nie Selbsterlebtes in Goethescher Weise aus; man suche weder mich, noch andere in persona darin. Es sind lauter Ideale; natürlich aber ist jeder Zug in anderer Weise innerlich von mir erlebt. Großvater lehrte mich lesen, schreiben, rechnen, so früh, daß ich die Anfänge nicht erinnere. Ich weiß nur, daß mir in einem Rechenbuche, das ich schon in meinem 5. oder 6. Jahre durchgemacht haben muß, die Brüche etwas Lebendiges, etwas Ameisenartiges hatten. Und nun entstand eine Wut zur Mathematik in mir, die noch meine Leidenschaft ist. Bis zu meinem 15. Jahre habe ich ganze Quartanten voll Lösungen von mathematischen, algebraischen, geometrischen, trigonometrischen Aufgaben schön zierlich geschrieben. Oft rechnete ich schon als zehn- bis elfjähriger Junge, selbst an Sonntagen, von morgens 6 Uhr bis abends 9, vergaß Spiel und alles, und mein Vater mußte mich jeden Abend, den Gott werden ließ, von der Tafel zu Bette jagen. Ich denke noch an diese Zeit mit wahrhafter Wonne. Alles übrige, was in der Schule getrieben wurde, kümmerte mich kaum; mein Gedächtnis hielt alles von selbst fest; nur das Rechnen war mir wie Übung, wie Arbeit, das andere wie Spiel. Ich erinnere nur, daß ein Kursus Naturgeschichte mich fesselte und eine Zeitlang ein geometrischer Unterricht. Natürlich verschlang ich nebenbei eine Masse Lektüre; doch ausgenommen etwa Coopers Lotse, den Großvater sehr bewunderte und den ich abends vorlas (ich war vielleicht neun Jahre alt), machte alles gegen jene Geistesgymnastik nur vorübergehenden Eindruck. Gedichte interessierten mich wenig; ich erinnere nur, daß Schillers Bürgschaft einen großen Eindruck machte, als ein Lehrer sie vorlas. Zur Schule ging ich mit solcher Lust und Leidenschaft, daß ich schon Jahre vor meinem Abgange die Tage berechnete, die ich noch hatte, und ich zog oft traurig wieder einige Wochen ab, die verflossen waren; Ehrgeiz mag mit dabeigewesen sein, hauptsächlich war es Lern- und Spiellust. Ich erinnere die Zeit nur als eine des immerwährenden innern Jubels. Strafe be-

Klaus Groth, geboren am 24. 4. 1819 in Heide, gestorben am 1. 6. 1899 in Kiel, wuchs in Dithmarschen auf. Das Porträt von Christian Carl Magnussen zeigt den Schriftsteller 1866.

kam ich nie, nur ein einziges Mal aus Versehen. Seit meinem zehnten Jahre war ich gewohnt, der Oberste in den Klassen zu sein oder es gleich mit einiger Anstrengung, deren Gelingen mir sicher war, zu werden. Ich besuchte übrigens nur die Bürgerschule; die sogenannte Rektorschule, wo etwas Latein und Französisch gelernt wurde, war meinem Vater zu teuer; auch lag sie außer unserm Stande, und das fürchtete er noch mehr, und dazu konnte man dort nicht im Sommer einige Monate fehlen, wo ich mit aufs Feld an die Arbeit mußte. Damals dankte ich ihm in meiner Lernwut nicht dafür; jetzt sei er aus tiefster Seele dafür gesegnet. Ich habe bei ihm auf dem Felde was Besseres gelernt. Da habe ich denn im Sonnenlicht Auge und Ohr vollgesogen in Gottes freier Welt, habe abends vor der Tür gesessen, müde, hungrig wartend aufs schöne Essen, Weisheit gehört vom Großvater, Kraft des Geistes und Körper schätzen gelernt vom Vater, freier Männer freie Gesinnung empfunden. Großvater erzählte mir beim Heuen oder beim Torf von Odysseus, Homer, Sokrates, Alexander, von Napoleon, von den Kämpfen der alten Dithmarscher, deren Schlachtfelder wir rund um uns sahen. Heldengedanken kamen dabei aber nicht in mir auf, ich war eine Mädchenseele. Ich habe geweint, wenn ich im Bette lag und draußen der Nachbar Flöte blies. Die wahre Poesie ist immer das gemeinsame Werk eines Volkes, niemals das eines einzelnen Menschen. Der Dichter wird geboren und erzogen: geboren mit reizbaren Nerven für die Eindrücke von außen, erzogen von seinem Volke, das ihm die Eindrücke liefert. Ich bin genug in der Welt umhergewandert, um mit klarer Erkenntnis sagen zu können, ein Völkchen wie meines, von solcher Wahrhaftigkeit, Treue, Verstand und Charakter, möchte schwer auf Erden zu finden sein. Meine Bücher sind nichts anderes als die Darstellung desselben. Wenn man es daraus erkannt hat, wird man mir einen großen Teil des Verdienstes abziehen können, und ich wäre glücklich, wenn ich sähe, daß man's täte; ich weiß meinem Vaterlande nicht besser Dank zu sagen. In diesem gesegneten Lande Dithmarschen bin ich aufgewachsen. Nur in einem solchen Ländchen dringt man in das innerste Wesen der Menschenseele schon als Kind. Es gibt nirgends vielleicht eine solche allgemeine Personenkunde; man weiß von Tausenden, „was an ihnen", weil niemand sich scheut, seine Meinung über jeden zu sagen. Nirgends kommen Leute sich so nahe. Mich kennt fast jeder Norderdithmarscher; mein Vater wußte von Hunderten, wie es um Vermögen, Ruf, Zuverlässigkeit stand, da er mit halb Dithmarschen in Handelsverkehr stand. In unserer ganzen Feldmark kannte ich jedes Fleckchen Land, wem's gehörte, was es wert sei, ob vernachlässigt, ausgepowert; jede Koppel hatte ein Gesicht und eine Geschichte. Wegebauten, Armenpflege, Prozesse, Familienangelegenheiten waren mir schon als Kind Sachen, an denen mein Herz teilnahm.

Meine Mutter war eine hübsche, rasche Frau; mehr noch als sie wirkte meines Vaters Schwester auf mich, eine große, schöne, sanfte Gestalt. Ich habe ihr in meinen „Hundert Blättern" vier Sonette gewidmet. Sie beschützte mich gegen des Vaters härtere Weise. Strafe bekam ich freilich auch von ihm nie. Aber sein Blick und seine Vorwürfe waren mir schon schrecklich. Und wieder, wenn ich ihn mir vorstelle, wie er in seiner Mühle in der Tür lehnte, am Abend über den stillen Ort sah, so kenne ich kaum ein Bild größerer Ruhe und stilleren Friedens als diese markige Mannesgestalt mit den wunderbaren blauen Augen. Er kannte das Wetter wie keiner; er war kein Wetterprophet, sondern hatte einfache Grundsätze, so klar, wie ich nur später sie von den Meistern der Physik und Meteorologie Dove,

Kämtz und Humboldt ausgesprochen gefunden. Dies ist keine blinde Vergötterung. Ein Kenner der Naturwissenschaften, der in Berlin studiert hatte, hörte mit Erstaunen von mir meines Vaters Aussprüche, sagte, das seien Doves Grundsätze, und ging gleich zu dem Alten nach der Mühle, um mehr davon zu hören. Ich habe mit Verwunderung zugeschaut, wenn ein Gewitter aufkam, wenn wir draußen im Freien waren. Nichts entging ihm; jede Wolkenbildung wußte er zu deuten, Windrichtung, Niederschlag von Regen oder Hagel vorherzusagen. Dabei war er ernst und ruhig. Er war in der ganzen Nachbarschaft der Rater und Helfer; außer Arzt und Prediger wurde Hartwig Groth zu jedem Sterbenden geholt, und wenn er stille zu Hause kam und sagte: „De ward ni wedder", so war man sicher, daß es eintraf. Er war nicht etwa ein Mann, der Mittelchen wußte oder religiösen Trost spendete. Er wirkte nur durch seine kraftvolle, ernste, ruhige Gegenwart. Ich habe ihn selbst am Krankenbette des Großvaters gesehen, wo er neun Wochen nicht aus den Kleidern kam, immer ruhig dabei aussah, alles tat mit geschickter Hand, was nur eine Wartefrau vermag. Und als der Obbe heimgegangen war, kam er nachts an mein Fenster (ich war nicht mehr zu Haus), klopfte an, und noch klingt mir seine ernste, ruhige Stimme: „Grotvadder is nu dot."

(...)

In meinem 16. Jahre kam ich zu einem Beamten in Heide, der nur eine kurze Strecke von uns wohnte. Ich hatte dort wenig zu tun, hauptsächlich die Visa in den Wanderbüchern der reisenden Handwerksgesellen zu besorgen, dann und wann eine Abschrift zu machen und über die Haushaltungsausgaben Rechnung zu führen, denn er war unverheiratet. Mein Vater hätte mich studieren lassen, wenn auch mit einigen Opfern; warum er es nicht tat, ist für einen Landesunkundigen nicht gut begreiflich zu machen. Sich sein Brot zu verdienen, ist bei uns keine Sache der Angst. Für meinen Vater war leben und ein ordentlicher Mensch sein wichtiger als jede Art sozialen Ehrgeizes. Ich konnte auf dem Wege lernen und später ins Zollfach oder sonst eine Karriere ergreifen. Er wußte zu gut aus Erfahrung, wie wenige Studierte etwas tüchtiges wurden. So ließ er mich gehen mit einer Gemütsruhe, die andern Gleichgültigkeit heißen würde. Ich ging also ans Lernen nach Herzenslust, zunächst freilich ganz ohne Lehrer. Doch das war ich von der Mathematik her gewohnt, wo es mir nicht einfiel, zu fragen, da gerade die Lust darin bestand, jede Aufgabe ohne Hilfe zu lösen. Also jetzt ging ich an das, was mir Bedürfnis war. Dahin gehörte zunächst eine schöne Handschrift. Die bildete ich mir in kurzer Zeit mit zäher Geduld aus. Dann sah ich, daß ich nicht richtig deutsch schrieb. Also holte ich mir grammatische Bücher herbei und lernte bald, daß hinter dem brauchbaren Wissen noch höhere Wissenschaft steckte, die mir noch nicht erreichbar war, die ich mir aber ruhig und klar für später aufsparte; Jakob Grimms Name blieb mir wie ein Stern, dessen Licht und Wärme ich richtig auch in meinem 23. Jahre genoß. Die Mathematik wurde vorläufig bis auf weiteres aufgesteckt. In den Jahren von 20 bis 22 trieb ich sie wieder eifrig für die Physik. Vom 30. bis 32. Jahre habe ich nochmals während der Ausarbeitung des Quickborn nebenbei fast nur Differenzial- und Integralrechnung getrieben; Poisson, Lagrane kamen kaum von meinem Tisch. Einer meiner früheren Lehrer erbot sich damals (in meinem 16. Jahre), mir, da ich nicht gut zu anderer Zeit aus dem Hause konnte, morgens früh Privatstunden zu geben. Er stellte mir die Gegenstände frei. Ich hielt einen guten Stil für ein Haupterfordernis. Daher schlug ich ihm vor, Aufsätze bei ihm zu schreiben. Das tat ich denn mit grenzenlosem Eifer. Ich schrieb ganze Berge Papier voll. Nebenbei mußte ich bei ihm aus dem Stegreif etwas aufsetzen. Er gab mir eine Aufgabe: Unterscheidung von Achtung und Ehre. Ich sann darüber nach und sagte nachher, eigentlich wüßte ich nichts Rechtes darüber, ob man davon nicht vorher etwas lernen könnte. Ich sehe noch sein schmunzelndes Gesicht, als er mir wichtig ein geschriebenes Heft holte; es war ein Abriß der Psychologie. Diese (recht gute) Schrift packte mich wie mit Klammern. Oft kam ich in einen Zustand, wo mir vor Grübeln gleichsam die äußere Gedankenschicht einschlief, so daß ich nicht die Macht hatte, weiter zu lesen, weil die Augen stillstanden und der Mund gähnte. Um mich zu bezwingen, stieg ich in einen Birnbaum, so daß ich hinunterfallen müßte, wenn ich einschlief. Es war mir, als wenn alle Geheimnisse mir gelöst wurden. Paragraph für Paragraph grübelte ich das Buch durch. Da fand ich am Ende, dies seien nur die kurzen Resultate der tiefen Forschungen des größten Denkers Kant. Ich sage ausdrücklich Denker; denn Denken, das war seitdem lange das Lösungswort für das Rätsel des Wissens für mich. Was nicht Denken war, verachtete ich, das Spiel der Phantasie, beinahe der Dichtkunst selber, das historische Wissen, besonders aber die anschauende, beschreibende Naturwissenschaft, die doch später einmal Jahre meines eifrigsten Studiums einnehmen sollte. Aber Kant war mir seitdem ein neuer Stern. Ich schaffte mir seine Anthropologie an; seine Kritiken verschob ich instinktiv; ich habe sie im 21. Jahre meines Lebens versucht, studiert erst nach meinem 23. Jahre. Aber welch ein Glück, welche Gunst des Schicksals, das mir die Sterne vorhielt, daß es mir gewährte, was jetzt so wenigen wird: Respekt und geistigen Hunger.

Ich hatte mich ohne viel Besinnen entschlossen, Schullehrer zu werden. Mein Vater hatte nichts dagegen. Eine

„Ich war schon als Kind sehr gern bei den Geschwistern meiner Mutter gewesen; der Unterschied zwischen Marsch und Geest in unserm Ländchen, der sich ebensosehr auf die Menschen als auf den Boden erstreckt ... weckte schon damals die Aufmerksamkeit."

Stellung, wie sie zum Beispiel die Lehrer an der Heider Bürgerschule hatten, war ganz anständig nach Besoldung und in der Gesellschaft. Die Auslagen für einen dreijährigen Kursus auf dem vielbesuchten Seminar in Tondern hoffte er bestreiten zu können. Ich dachte bloß an das Glück, drei Jahre lang ganz meinem Innern leben zu können; an eine Stellung im Leben dachte ich gar nicht; etwas lernen außer für ein inneres Bedürfnis, das verstand ich gar nicht. Dies Bedürfnis zeigte mir von selbst die Objekte; um die Mittel war ich nie verlegen. Als mich der Hunger nach Musik ergriff, lieh ich mir einfach ein Klavier und Cramers Klavierschule, und in einigen Wochen spielte ich Mozartsche und Beethovensche leichtere Sonaten. Ich spielte dann aber auch wochenlang von morgens, wo ich mich an einem Faden am Arm durchs Fenster wecken ließ, und das war vor 4 Uhr, bis zum Zubettgehen, und das war um 10 Uhr abends. Um etwas über Musik zu erfahren, las ich viele Jahrgänge der Leipziger Musikzeitung, Generalbaßlehre, musikalische Lexika; auf einige Bände kam's mir nicht an.

Um jene Zeit lockte mich das Geheimnis irgendeiner fremden Sprache. Ich lernte daher bei meinem Lehrer, der mir spät abends Stunden geben konnte, in kurzer Zeit Dänisch und hatte meine innige Lust daran, in alle Eigentümlichkeiten des fremden Idioms meine Empfindung zu versenken. Vielleicht wurde ich dabei zuerst auf meine eigentliche Muttersprache, das Niedersächsische (Plattdeutsch), aufmerksam.

Mir war auch plattdeutsche Schrift nicht unbekannt, da mein Großvater mit Vorliebe unsere alten Dithmarscher Chroniken las. Gedichte wie unser berühmtes: „Nu, min Dochter, segg von Harten" wußte ich auswendig; aus Hübners vierbändiger Geographie hatte ich richtig die bekannten plattdeutschen Grabschriften in der Doberaner Kirche herausgefunden: „Wik Döwel wik, wik wit von mi". Bei einem Freunde las ich zuerst Goethe. Schiller kannte ich schon; sein Schwung hatte mir allerdings Staunen erweckt, ich hatte Nächte bei den Räubern und Fiesco gesessen und war mit Grauen zu Bette gegangen; aber sein Pathos, seine idealen Gestalten blieben mir doch fremd. Der Freund gab mir vorsichtig zuerst den Reineke Fuchs. Der gefiel mir gar nicht. Ich vergoß beinahe Tränen in Ärger und Wut; i, du bist ein Esel oder Goethe. Dann bat ich ihn, mir doch Werthers Leiden zu geben. Nach einigem Zögern erhielt ich es, und ich las es mit einem Herzpochen, daß ich nach zehn Jahren das Buch nur beinahe zeilenweise ertragen konnte. Was mich am meisten ergriff, war wohl die Schönheit der Sprache, deren ebner Sang, deren Sicherheit in der Bezeichnung, ihre Realität, ihre Musik. Vielleicht hatten meine vielen stilistischen, grammatischen, synonymischen Übungen meine Sinne gerade dafür geöffnet.

Nach dem dreijährigen Besuch des Lehrerseminars in Tondern erhält Groth im Alter von 22 Jahren 1841 eine Anstellung als Lehrer an der Mädchenschule in Heide.

Es war doch etwas von meinem Traum verwirklicht. Die bunte Mannigfaltigkeit des realen Lebens trat mir jetzt auch ernster und lebendiger vor die Augen. Ich lernte unsere Kommunalverhältnisse kennen, mit denen mein Vater viel zu tun hatte. Auch dort wie andernwärts gab es Verdruß und Freude, Gelingen und Unterliegen. Es ist bekannt, daß wir von den Trümmern unserer Freiheit noch mehreres aus dem 16. Jahrhundert gerettet. Armenpflege, Schulangelegenheiten, Familienverhältnisse aller Art wurden mir in größerem Maßstabe und in festeren Zügen bekannt und vertraut. Alles dies hatte einen unendlichen Reiz für mich. Ich mischte mich allerwärts hinein, war Mitbegründer und Mitdirektor eines Bürgervereins, in dem ich eine Reihe Vorträge, meistens naturwissenschaftlichen oder philosophischen Inhalts hielt; ich war Wortführer einer Liedertafel, half eine Spritzenkompanie errichten, war Mitglied eines landwirtschaftlichen Vereins, für den ich einmal eine Reise nach Mecklenburg machte. Mein Vater hatte inzwischen die Windmühle gekauft, die unsern Fenstern gegenüber in einem Garten hübsch und malerisch lag; ich hatte sie 1824 erbauen sehen, hatte dort manchen Tag gespielt. Jetzt hörte ich oft in der Nacht, wenn ich arbeitete, meinen Bruder mit schöner Stimme von dorther unsere Volkslieder singen. Mein Bruder hatte in seiner stillen Weise eine eigentümliche poetische Lebensanschauung in sich gebildet. Mit voller Sicherheit eines Mannes hatte er seinen Kreis beschränkt und suchte und fand in demselben Glück und Zufriedenheit. Er war heiter, humoristisch, und fast keinen Mittag saßen wir, damals vier große Brüder und eine Schwester, bei den Alten am Tisch, ohne daß eine Menge von drolligen Bemerkungen, Beobachtungen über Menschen, lebensvolle Mitteilungen aller Art unsere Mahlzeit zu einem Feste machten. Ich habe niemals wieder so klare, gesunde Urteile über Leute, so tiefe Blicke in ihr Treiben und Denken aussprechen hören wie damals. Ich habe gefunden, daß größere wissenschaftliche Bildung durchschnittlich wieder den Blick für die reale Welt trübt, eine Menge Vorurteile entstehen läßt, namentlich den Stolz, der immer gleich mit den Dingen fertig ist, eine Überschätzung der Formen des Ausdrucks und Verkehrs, der darüber den Gehalt vergißt.

Das erweiterte Geschäft meines Vaters brachte noch mehr Leute als sonst in unser Haus. Besonders am Sonnabend, dem Markttage, hielt es vor unserer Tür voll Wagen von der Geest und aus der Marsch, die Korn gekauft oder zum Verkauf brachten oder Mehl holten. Diesem heiteren Treiben des Handels und Wandels, wobei ich von Jugend auf unseren eigentümlichen Humor herausfand, sah ich gern zu. Ich war schon als Kind sehr gern bei den Geschwistern meiner Mutter gewesen; der Unterschied zwischen Marsch und Geest in unserm Ländchen, der sich ebensosehr auf die Menschen als auf den Boden erstreckt (es ist der Unterschied von Alluvium und Diluvium) weckte schon damals die Aufmerksamkeit. Ich war am liebsten auf der Geest, in Tellingstedt, wo drei Onkel von mir wohnten. Hier habe ich am Mühlbach, am Teich, im Schatten der Erlen die frohsten Spiele gespielt, die heitersten Träume geträumt. Aus Dank dafür spielen fast alle meine erzählenden Gedichte in Tellingstedt. Die Marsch hat wegen größeren Reichtums und Fruchtbarkeit einen vornehmeren Anstrich. In einem Flecken, der in derselben Entfernung nach Westen lag wie Tellingstedt nach Osten, wohnten zwei Onkel von mir. Dort war es mir fast zu reichlich an allem Guten; selbst die Pracht der Wiesen und Äcker, wenn das Grün wie emporquoll und die Blumen strotzten, übermannte mich fast. Dazu der unendliche Himmel, Deich und Meer, und die großen Gestalten, die davon ihr Gepräge bekommen. – Jetzt als Jüngling tat ich tiefere Blicke in die Mannigfaltigkeit unserer Verhältnisse. Ich lernte einen großen Teil unserer Bewohner persönlich kennen. Die Menschen wurden mir ein Studium.

In den Sommerferien wanderte ich stets einige Wochen über die Grenzen Dithmarschens hinaus durch Holstein, Schleswig, Lauenburg, Hamburg, Lübeck. 1845 erweiterte ich sogar meine Tour zu einer Reise über Berlin, Dresden, durch Böhmen, den Main und Rhein hinunter. Ich lernte dabei immer mehr das Unterscheidende in Sitte, Sprache, Charakter meines Völkchens auffassen, und ich kann nicht leugnen, daß ich ihm immer mehr den Vorzug einräumen mußte. Treue, Festigkeit, Verständigkeit waren das Gepräge, das sich mir immer deutlicher zeigte; jeder Mann ein Kerl, mit viel mehr Bescheidenheit als alle andern, mit viel mehr Innigkeit und Gutherzigkeit, als andere in ihm erkannten, bei denen Zunge und Herz näher zusammensitzen. – Es lag am Ende nicht so fern, diesen Eindrücken Ausdruck zu verleihen. Große poetische Entwürfe kamen mir aber nicht in den Sinn. Ich lebte vorläufig der Gegenwart mit offenen Sinnen. Wohl sah ich, daß selbst Goethe nicht die Grundlage eines solchen Kernvolkes gehabt; seine „hungernden Strumpfwirker von Apolda" schienen mir selbst zwischen Hermann und Dorothea durchzublicken; unsere ganze poetische Literatur schien mir noch immer zu wenig deutsch in dem Sinne zu sein, daß sie unsere Wirklichkeit durchschaut und verklärt habe; vor allen Dingen glaubte ich, daß die sittliche Grundlage, nicht die, welche die Sinnlichkeit negiert, sondern sie erhebt, nirgends tief genug gefaßt sei; ich fühlte aber keineswegs mich berufen, diesen schwierigen Schritt zu tun; ich hoffte nur, daß ein norddeutscher Hebel kommen werde, ein Mann hier wie jener dort ein liebliches Kind. Vorläufig hatte ich genug zu tun und zu lernen.

Entlang der Ostseeküste und in die Holsteinische Schweiz: Eine Reise im Jahre 1875

Edmund Hoefer

Die Landschaft Angeln, die von der Flensburger Föhrde sich bis zur Schlei und von der Ostsee bis zur hohen Geest, dem Mittelstrich der Herzogthümer, erstreckt, liegt vor euch wie ein Garten, hügelauf und hügelab, reich an blanken Flüßchen, überrauscht von zahlreichen Wäldchen, durchschnitten von üppig treibenden Hecken, den sogenannten Knicks, voll von den üppigsten Kornfeldern und den grünsten Wiesen. Und dazwischen erheben sich so viel stolze Edelsitzen gleichende Bauernhöfe, so viel wohlhabende Dörfer mit alten Kirchen und stattlichen Pfarrhöfen – Angeln wird wohl das Gosen der Geistlichen genannt! Und endlich begegnet euch ein braves und intelligentes, ernstes, ja fast melancholisches, kerndeutsches Volk, das sich in den schweren Zeiten, wo es sich des eindringenden Dänenthums zu erwehren galt, und in den noch viel schwereren, welche dem niedergeschlagenen Aufstande folgten, auf das trefflichste bewährte und zu kraftvoller Selbständigkeit sich entwickelte. (…)

Und nun geht's an die schöne, zwischen ihren anmuthigen Ufern bald eng zusammengedrängte, bald seeartig sich ausweitende Schlei, mit der kleinen Insel Mövenberg, dem Sommersitz ungezählter Schaaren dieser Vögel, und dem an ihrem westlichen Ende sich lang hinziehenden, uralten Schleswig, der früheren Residenzstadt und dem jetzigen Regierungssitz des Landes. (…)

Die Stadt besteht aus drei Theilen, der Altstadt, dem Lollfuß und dem Friedrichsberg, und war vor Zeiten ansehnlich genug, reich an namhaften Gebäuden, Schlössern, Burgen, Kirchen, Klöstern und Kapellen. Aber das alles ist jetzt meistens fast spurlos verschwunden und obgleich für den Alterthumsforscher in Stadt und Umgegend noch manches Merkwürdige aufzufinden sein mag, tritt dem Fremdling eigentlich nichts mehr entgegen, als das alte Herzogsschloß Gottorf oder Gottorp auf einer kleinen Schleiinsel, und der thurmlose, äußerlich wenig bedeutende Dom zu St. Peter. Aus dem 10. Jahrhundert stammend, ist er im Laufe der Zeit und besonders im 15. Jahrhundert, nach einem Brande so vollständig um- und ausgebaut worden, daß kaum noch etwas von der ersten Anlage erhalten blieb. Von den Sehenswürdigkeiten im Innern kommt fast nur das Brüggemann'sche Altarblatt, das schönste Schnitzwerk der an solchen Kunstwerken nichts weniger als armen Halbinsel und ein neuerdings errichtetes Denkmal des Malers Asmus Jakob Carstens, geb. 1754 zu St. Jürgen bei Schleswig, gestorben 1798 zu Rom, der weniger durch Gemälde als durch seine genialen Zeichnungen, hauptsächlich erst nach seinem Tode bekannt und als Wiederhersteller der wahren deutschen Kunst gefeiert worden ist. (…)

Von der Schlei an erstreckt sich an der See entlang die schöne Landschaft Schwansen mit ihren reichen üppig grünen Triften, und dann öffnet sich der prachtvolle blaue Meerbusen von Eckernförde. (…)

Kiel

Die Stadt Kiel hat von der Natur eine Lage und Umgebung erhalten, wie sie nur wenigen anderen Plätzen unserer Küsten zugleich so anmuthsvoll und so günstig zu Theil geworden ist. Die erste Anlage der Stadt scheint dem 13. Jahrhundert anzugehören, und es sollen vlämische und friesische, hauptsächlich aber holsteinische Kolonisten gewesen sein, welche sich hier zuerst, in einer damals noch slavischen Gegend, niederließen, und den Ort vermöge seiner, wie gesagt, außerordentlich günstigen Lage, bald zum Aufblühen brachten. Hundert Jahre später erscheint Kiel unter den Hansestädten und blieb fortan ein regsamer Handelsplatz, zeitweilige Residenz der holsteinischen Fürsten, der Sitz einer berühmten Messe, des sogenannten „Umschlag", welche auch gegenwärtig noch vom 6. bis 18. Januar theils als Jahrmarkt abgehalten wird, theils den Haupttermin für die sehr bedeutenden Geldgeschäfte des gesammten Landes bildet und einen ungemein lebhaften Verkehr veranlaßt. – Im Jahre 1665 begabte der Herzog Christian Albrecht die Stadt mit der Universität, welche, obschon niemals zu einer besonderen Blüte gelangend, dennoch stets unter den deutschen Universitäten eine geachtete Stellung behauptete und des besten Rufes genoß. Das neue Universitätsgebäude, das erst vor einigen Jahren eingeweiht wurde, ist eine Zierde der Stadt. (...)

Kiel hat sich neuerdings, seit 1866, als Kriegshafen und Flottenstation und durch alle hiermit verbundenen Anlagen und Etablissements ganz ungemein aufgenommen und ist voll eines rastlos flutenden Lebens, von höchster Bedeutung für unsere Marine und für jeden Besucher einer der interessantesten Punkte unserer Küsten nicht nur, sondern auch, wie man wohl behaupten darf, des gesammten Deutschlands. Es mag jetzt gegen 40 000 Einwohner zählen. An und für sich aber, als Stadt und abgesehen von seinem Hafen und seiner Umgebung, vermag es einen fremden Besucher kaum durch etwas Besonderes zu fesseln. Es gibt ein Schloß, ein paar alte Kirchen, die schon erwähnten Universitätsgebäude und die sich anschließenden Institute. Ausdrücklich aber wäre hier etwa nur jene Stadtgegend zu nennen, die man den „kleinen Kiel" heißt, einen von zahlreichem Geflügel belebten See, umgeben von hübschen Anlagen und Spaziergängen, geschmackvollen Villen und anderen, älteren und neueren Baulichkeiten. (...)

Der Hafen, die Kieler Föhrde, ist vielleicht die schönste aller schönen Buchten der Ostsee und übertrifft zum Beispiel auch die Flensburger ... in jeder Hinsicht um vieles. Sie hat eine Länge von etwa zwei deutschen Meilen, eine Breite, welche zwischen einer halben Meile und einigen hundert Ruthen schwankt, und eine Tiefe, die mit Ausnahme weniger Stellen, auch den schwersten Schiffen erlaubt, in der Nähe des Ufers, ja an diesen selber zu ankern. So ist denn Platz vorhanden, die zahlreichsten Flotten, ja sozusagen die der halben Welt, auf das bequemste unterzubringen. (...)

Eine Rundfahrt durch die Föhrde gehört zu den lohnendsten Ausflügen, die ein Reisender nur irgend machen kann. Sie wird ihm obendarein durch die Dampfer, welche mehrmals am Tage von der Brücke am Fischerthor abfahrend und ebenso von Laboe aus zu bequemen Stunden zurückkehrend, auf den interessantesten Punkten anlegen und somit in kurzer Zeit die ganze Bucht überblicken lassen, auf das Angenehmste erleichtert und, wo das Wetter irgend günstig, zu einer außerordentlich genußreichen gemacht. Freilich, um des vollen Reizes dieser Gegenden inne zu werden, sollte man sich hier am wenigsten auf das bloße Anschauen der hohen Ufer beschränken, sondern sie selber heimsuchen und von den Landungsplätzen in das schöne Land hineinstreifen, um von ihm aus nun auch einen ruhigen Blick auf die prächtige Bai zu erlangen. Es steht hier alles, Land und See, und man möchte hinzufügen auch Himmel und Erde in der innigsten Verbindung.

Am westlichsten Ufer der Föhrde, auf guter, langsam steigender Straße, vorbei an hübschen Landhäusern, kommt man schnell in den stolzen Buchenwald Düsternbrook hinein und gelangt nach kurzer Wanderung zu den beiden Hotels „Düsternbrook" und „Bellevue", mit ihrem Komfort und ihren Seebadeanstalten, ihren entzückend schönen Ausblicken durch den Wald, auf die weite Bucht mit ihrem regen Schiffsverkehr, und drüben auf die östlichen Ufer mit den mächtigen Marineanlagen und den schmucken Ortschaften Ellerbeck und Neumühlen, von denen besonders ersteres, ein ächter Fischerort, das Binnenland mit den berühmten „Kieler Sprotten" versieht. Weiterhin, von Düsternbrook fort, gelangen wir nach Holtenau, wo der Eiderkanal, der die Ost- mit der Nordsee verbindet, seinen Anfang nimmt, und landeinwärts zu dem früher gräflich Baudissin'schen Gute Knoop mit seinem großen und schönen Park. Darauf folgt das nüchterne, aber, um seiner Befestigungen willen sehenswerthe Friedrichsort, und endlich am Eingange der Bucht Bülk, mit seinem Leuchtthurm und dem freien Blick in die Ostsee hinaus.

Gegenüber, am östlichen Ufer, folgt auf Ellerbeck, nach dem Wege am Strande entlang oder durch ein wohlangebautes Land mit zahlreichen Aussichtspunkten, das gleichfalls schon angeführte Neumühlen und daneben die Mündung der Swentine, an deren Ufern sich landeinwärts ein, seinem Rufe entsprechendes, überaus schönes Thal fortzieht. Über Schrevenborn mit seinen Waldungen und einem hohen Aussichtsthurm gelangt man weiter nach Möltenort, wo sich mit den Friedrichsorter korrespondirende starke Befestigungen zeigen, und endlich zu dem stattlichen, in Terrassen aufsteigenden Dorfe Laboe. (...)

Hier sind wir in der zumal allen Landwirthen wohlbekannten Propstei, einer der fruchtbarsten Landschaften Deutschlands, deren Bewohner sich wenigstens noch das eine oder andere von alten Gebräuchen und, in Ansehung der Frauen, sogar eine eigene Tracht erhalten. Ein ro-

Partie von Kiel (am kleinen Kiel): Illustration aus Edmund Hoefers 1880/81 erschienenem Sammelband „Küstenfahrten an der Nord- und Ostsee".

ther, bei den Aermeren wollener, bei den Reicheren seidener oder gar sammetner Rock mit breitem blauem Saum, ein mit Silberknöpfen geziertes Mieder, eine festanschließende, schwarze oder farbige Schoßjacke, und endlich eine weiße oder blaue Schürze, mit breiten Silberspangen am Bande, bilden im Verein mit den hübschen Gestalten, bei festlichen Gelegenheiten, wie an dem berühmten „Pfingstfreitage", dem Landesfest, oder wenn so eine schmucke Propsteierin einmal nach der Stadt, d. i. Kiel, kommt, ein Ganzes, das sich schon sehen lassen darf und den ansprechendsten Eindruck macht. (…)

Landeinwärts

An der nordöstlichen Küste Holsteins, nicht gar fern von Kiel, liegt der alte kleine Ort Heiligenhafen mit einer nicht unansehnlichen Kirche aus dem 13. Jahrhundert, und in naher Entfernung seewärts ist die Insel Femern (Fehmarn), ein etwa zwei Quadratmeilen großes, stark bevölkertes, zu Schleswig gerechnetes Ländchen, das bei uns im größeren Deutschland fast ganz unbekannt ist und von dem man selbst in Schleswig-Holstein nicht viel weiß. Ein hügeliges, aber nicht hohes Land, das sich allerwärts sanft gegen die See zu senkt, ist fast ohne Bäche und Waldungen, da die scharfen Winde für die letzteren auch hier verderblich sind. Da der Boden jedoch sehr gut ist, so lohnt er die Arbeit und Pflege der Bewohner reichlich und läßt uns fast überall einen erfreulichen Wohlstand begegnen. Die Bewohner sollen aus einheimischen Wenden und eingewanderten Ditmarschen zusammen gewachsen sein. Die Anlage der Dörfer – die kleine Stadt Burg in der Nähe des Burger Sees, der vordem einen guten Hafen bildete, ist der Hauptort des Ländchens – ist eine eigenthümliche. Sie sind im länglichen Viereck gebaut und werden rundum von Steinwällen eingefaßt, die nur zwei Ausgänge nach verschiedenen Himmelsgegenden haben. Die Häuser bilden eine ziemlich regelmäßige Straße, in deren Mitte sich gewöhnlich ein kleiner freier Platz zeigt, auf welchem dann die Viehtränke und der Dingstein, der alte Versammlungsort der Bauerschaft, liegen.

Geht man von Heiligenhafen über das anmuthig gelegene Lütjenburg südwestlich ins Land hinein, so gelangt man alsbald in jene wunderbare Seegegend, die man füglich als das Paradies Holsteins bezeichnen kann und zwar mit größerem Recht, als solche Beinamen sonst gewöhnlich gewählt und ausgetheilt zu werden pflegen. Es drängen sich in diesem Landestheile eine ganze Anzahl von größeren und kleineren Gewässern dieser Art zusammen, umgeben hier von sanften Hügeln, dort von fast bergartigen Höhen, zwischen denen sich jenes schon erwähnte, wunderreizende Thal der Schwentine hinzieht. Ueberall schatten die prächtigsten Wälder und spiegeln sich in den friedlichen Fluten, überall erheben sich hübsche Städte, stattliche Schlösser mit schönen Parks, schmucke Dörfer, einsame Mühlen und stille Weiher zu einem, von fast jedem Punkt aus entzückend schönen Landschaftsbilde.

Da liegt an einer Au, welche den Keller- mit dem Diek-See verbindet, die Mühle von Gremsmühlen, wo man vom Windmühlenberg eine wunderschöne Aussicht über die romantische Gegend und den ganzen Diek-

See bis nach Plön hinüber hat. Da sind der große und kleine Plöner-See, wiederum mit reizender Umgebung und zwischen ihnen das alte Plön, vor 800 Jahren ein slavischer Fürstensitz, mit seinem stolzen Schlosse auf der Höhe, aus dem jetzt ein Kadettenhaus wurden – der Berg, auf dem das Schloß steht, soll nach der Ortssage mit Schiebekarren zusammengefahren sein. Aber es steht von ihm nur noch ein kleiner Theil. Die Hälfte mit dem alten Schloß und einem Theile der Stadt versank bei einem Erdbeben und lange Zeit hörte man noch die Glocken im See läuten und die Fischer wollen den Thurm noch heut erblicken.

Da ist der spiegelklare See von Selent, an dessen Ufer, beim Dorfe gleichen Namens, die stattliche gothische Blomenburg auf der Höhe im Walde mit ihrem Aussichtsthurm erbaut worden ist. Da schließen sich der Vierer-See, der Heiden-See, der Utgraben-See in der Tiefe zwischen wirklichen, meist bewaldeten Bergen an. Dann kommt man zu dem schönen Keller-See, zu dem stillen und gleichsam trauernden, fast düsteren Uklei-See, der tief eingebettet zwischen seinen waldigen Ufern daliegt. (...)

Touristen thun gut, den Weg von Gremsmühlen an der Südseite der Seenreihe nach Bosau – von wo man sich nach Ascheberg über den Plöner-See setzen lasse, um wieder an die Bahn zu kommen – zu Fuß zurückzulegen und zwar auf dem oberen Rande des Hügelufers entlang. Dieser Weg ist der schönste Gang in ganz Wagrien.

Aber an dem Hauptpunkte dieses Landes sind wir noch immer vorüber gegangen, und das ist das oldenburgische Eutin zwischen den beiden nach ihm benannten Seen, die Hauptstadt des „Fürstenthums (ehemaligen Bisthums) Lübeck". Eutin ist eine freundliche Stadt und seine Lage im Thal eine anmuthige; allein dies würde ihm in dieser Gegend, wo die landschaftlichen Reize uns allerwärts fesseln, nicht weiter zu besonderem Vorzug gereichen, noch uns verweilen lassen. Es sind vielmehr Erinnerungen, welche uns diese Stadt werth machen. Eutin war vor hundert Jahren einer von jenen Punkten, von wo sich unter der Herrschaft wohlwollender Fürsten und einer einsichtigen Regierung allmählich menschenwürdigere Zustände auszubreiten begannen und das Leben nach allen Seiten hin in höhere und geistigere Bahnen einzulenken anfing. (...)

Im Jahre 1782 zog (der Dichter Graf Friedrich Leopold) Stolberg den alten Genossen und Freund vom Göttinger Hainbund her, Johann Heinrich Voß, nach Eutin, der bisher zu Otterndorf im Lande Hadeln als Rektor in beschränkter, aber sehr angenehmer Stellung thätig war, die jedoch für ihn und die Seinen in Folge der Marschfieber gefährlich wurde. Nun wurde er, gleichfalls als Rektor, nach Eutin berufen, und um jene unendlich bescheidenen und einfachen Zeiten zu kennzeichnen, sei hier angeführt, daß ihm für 32 wöchentliche Stunden 200 Thaler Gehalt und 20 Thaler zur Wohnung geboten wurden. Dazu gewährte man ihm, auf seine Mehrforderung, noch etwas Feuerung, Kuhfutter und 55 Thaler Umzugskosten. So nahm er denn in Gottesnamen an und zog herüber und in das Haus, das Stolberg für ihn zu dem doppelten Wohnungsgelde gemiethet hatte. (...) Doch hätte nicht Stolberg solch ein Nest für seinen Freund leidlich genug gefunden, die Regierung hätte schon Rath geschafft.

Und als der arme Voß sich endlich gegen solche Unwürdigkeit erhob und obendarein eben einen Ruf nach Halle erhielt, da schaffte sie auch wirklich schnell Rath. Es gab Zulage, es fand sich eine Interimswohnung im Rathhause, es folgten später weitere Zulagen und vor allem ein freundliches Haus mit Garten. Dazu kam, daß Voß allerwärts gefiel und sich in Achtung zu setzen wußte – die Stellung der Stände zu einander war, trotz der Bildung und Liberalität der oberen, im Allgemeinen eine streng geschiedene. Nach auswärts breitete Vossens Ruf sich immer weiter aus, daheim wurde sein Freundschaftsbund mit Stolberg, zumal durch dessen hochliebenswerthe junge erste Frau, Agnes von Witzleben, ein immer herzlicherer, und alles ließ sich Jahrelang gut an. Allmählich kamen zwischen die Freunde aber allerhand Irrungen, literarische, politische und, wie es scheint, schon seit dem Tode der trefflichen Agnes, auch religiöse, bis denn endlich des Grafen Uebertritt zum Katholicismus dem Verhältnisse vollends ein Ende machte. Voß hatte in diesen neunziger Jahren aber auch sonst manches Erfreuliche und Schwere zu durchleben – es fehlte nicht an neuen Freunden: F. H. Jacobi und J. G. Schlosser, Goethe's Schwager, lebten eine Zeitlang in diesen Gegenden. Längere Reisen durch Deutschland gewährten Erholung und Genuß. Aber der Tod räumte auch zwischen den Verwandten und Freunden auf, die Amtsverhältnisse brachten manchen Verdruß mit sich, die eigene Gesundheit wurde eine immer schwankendere, und im Jahre 1802 endlich verließ Voß das Amt und die enge und ihm und den Seinen doch so theure Heimat und siedelte nach Jena über.

Ein dauerndes Denkmal von dem Heimischwerden des wacheren Mannes in diesem Gebiete ist die „Louise", die ihren landschaftlichen Hintergrund und ihre behaglich-idyllische Stimmung vollständig der Gegend von Eutin entlehnt. Durch dies Werk hat der Charakter Wagriens einen nicht unerheblichen Einfluß auf die deutsche Gesammtentwicklung geübt.

Schleswig-Holstein im Konjunktiv

Günter Kunert

Was wäre gewesen, wenn ... So fängt alles Bedauern über die unrealisierte, persönliche Vergangenheit an. Was wäre gewesen, wenn ich das hier leicht verregnete, schleswig-holsteinische Licht der Welt erblickt hätte? Vielleicht wäre ich jetzt Landarzt in Schenefeld, hätte eine Frau aus Nordfriesland und zwei Kinder und machte mit allen dreien am Wochenende lange Radtouren durch eine Landschaft, die der liebe Gott für Fahrradfahrer geschaffen hat. Oder ich wäre Landbriefträger, den halben Tag unterwegs, weil überall in den Dörfern ein *Klönsnak* zu absolvieren ist und weil die schleswig-holsteinischen Uhren anders gehen: nämlich langsamer. Hier besitzt man noch, was einem andernorts verlorenging oder abgeknöpft wurde – Zeit für sich und für andere. Oder ich wäre Landwirt und Bürgermeister in Personalunion wie mein Nachbar und läse mit Besorgnis in der Zeitung: „Schleswig-Holsteins Böden trocknen aus. Im Lande zeichnet sich eine Dürre ab. Die Landwirtschaftskammer in Kiel berichtete gestern auf Anfrage über die stark abnehmenden Bodenwasservorräte. An den Pflanzen seien erste Anzeichen des Verwelkens zu beobachten. Für Wintergetreide und Feldgras sei die Wasserversorgung unzureichend."

Was wäre gewesen, wenn ... Wenn ich in Lübeck in der Mengstraße Nummer fünf gewohnt hätte, als ein jüngeres Mitglied der Familie Mann einen Roman schrieb, der just in dieser Stadt spielte? Sicher wäre Lübeck für mich eine andere Stadt geworden, als sie mir heute erscheint. Von den Zeitläufen und Ereignissen beschädigt und gezeichnet, spiegele ich mich nicht in der Patrizierstadt, sondern weitaus eher in jenen bescheidenen Gassen des 17. und 18. Jahrhunderts, wo der rötliche Backstein unverputzt und geschwärzt offenliegt und seine Narben herzeigt. Hinter seiner ehrwürdigen Geometrie läßt sich etwas vom gestrigen Leben erahnen. Aus dem gleichen Stein ist auch unser Haus gebaut, massiv, wie für die Ewigkeit, die in Schleswig-Holstein noch einen Hauch von Glaubwürdigkeit besitzt. Allerorten findet man dieses menschengemäße Material, überall ähnliche Bauweisen. Insofern bietet auch der kleinste Ort dem Reisenden ein sich wiederholendes und stets erneuerndes Erlebnis: das von Bekanntheit und Fremdheit zugleich. Natürlich erkennt man, daß in Dithmarschen, wo die reichen Bauern saßen, die Siedlungen aufwendiger sind als auf der sandigen Geest, wo das Geld nie reichte. Aber etwas eigentümlich Gemütliches, verwunschen Behagliches trifft man überall, auch in den katzenkopfgepflasterten Sträßchen der alten Zentren, wo sich geduckte Behausungen um Kirchen und Dome gruppieren, deren Dimensionen wie für viele größere Städte gedacht scheinen. Ob in Meldorf oder in Schleswig – schon aus der Ferne sieht man die gigantischen Türme. Aus der Nähe lassen sich erstaunliche Entdeckungen machen.

In Schleswig etwa, vor dem Portal von Sankt Petri, wundert man sich über die Schwärzungen des Steins, die, obwohl Spuren alter Brände, wirkten, als sei das Feuer erst vor kurzem gewesen und nicht vor Jahrhunderten. Wie der Dom einst aussah, zeigt der König im Tympanon, wahrscheinlich Knut der Große, der ein Modell des ursprünglichen Bauwerks hält, das wohl aus der Zeit um 1050 stammt. Im Kircheninnern lugt man in eine vergitterte Grabkapelle, ausgestattet mit frommen Bildern im Stil und aus der Zeit der „Neuen Sachlichkeit", und erblickt verblüfft auf einem der Gemälde der zwanziger Jahre das Gesicht des Josef Wissarionowitsch Stalin. Welch eine seltsame Begegnung der dritten Art!

In Meldorf betritt man das rechte Seitenschiff mit einem gewissen Unbehagen: Die gewaltigen, aus Ziegel gemauerten Säulen machen dem schiefen Turm in Pisa Konkurrenz; sie sind dermaßen aus dem Lot geraten, daß man das Schlimmste befürchten muß. Bemerkt man dann auch noch den verdächtigen Riß in einer Querwand, zieht es einen hinaus ins Freie. Uralt sind beide Sakralbauten, ihre Ursprünge liegen im neunten Jahrhundert. Aber an baulichen Resten aus der Entstehungszeit sind nur wenige Teile erhalten. Aus dem gleichen Jahrhundert stammen Feldsteine im Mauerwerk der alten Kirche in Schenefeld.

Von meinem Küchenfenster aus kann ich den schlanken Turm dieser Kirche sehen, ihr stündliches Glokkenspiel, eine Nachahmung der Klänge vom Londoner Big Ben, aber nur hören, sobald ich die drei uns trennenden Kilometer überwunden habe, um im Dorf einzukaufen. Wie das früher hier ausgesehen haben mag, ohne die Landessparkasse, ohne den Supermarkt Bona, ohne Tankstelle, ohne den Frisör und ohne die „Trödeltruhe" ...

Die imaginäre Zeitreise hebt schon an, sobald ich mich von meinem Schreibtisch weg auf die Bundesstraße 204 nach Itzehoe begebe: Ich kreuze die Kaaksburg, den Ringwall einer sächsischen Wehranlage, die jetzt eine Tankstelle und ein Hotel vor kaum zu erwartenden feindlichen Angriffen schützt. In Itzehoe, angeblich von Karl dem Großen gegründet, erhebt sich im Stadtgebiet ein „Germanengrab", ein Grabhügel aus der Bronzezeit, vor dem Gedenksteine an die fatale Symbiose von „Germanentum" und imperialem Anspruch erinnern. Zu dessen Vorgeschichte gehören zwei Männer, zwei Schriftsteller, die im Ort einst als Redakteure einer Nazi-Zeitung tätig waren, Ernst von Salomon und Bodo Uhse. Uhse wurde Kommunist, emigrierte nach Mexiko, ging in die DDR zurück, wurde zu einem „Klassiker" der DDR-Literatur. Salomon blieb in Deutschland, wurde 1945 von den Amerikanern inhaftiert und schrieb sein berühmtes Buch „Der Fragebogen". Auch das ist Heimatkunde.

Noch ein anderer, berühmterer Autor ist auf seine, nicht gerade erfreuliche Weise mit Schleswig-Holstein verbunden. Er hatte in Neuhaus, Kreis Lütjenburg, eine Anstellung bei der Behörde gefunden, angeblich eine Unterschlagung begangen und sich am 18. September 1925 freiwillig der Polizei gestellt. Er wird zu zweieinhalb Jahren Gefängnis verurteilt, die er im Zentralgefängnis von Neumünster verbüßt. Nach seiner Entlassung wird er Anzeigenwerber und bald darauf unter dem Namen Hans Fallada ein bekannter Erzähler. Die Stadt Neumünster hat vor einigen Jahren einen Literaturpreis gestiftet und nach ihm benannt; die Jury verbringt den inoffiziellen Teil ihrer Tagung noch immer in der Kneipe, wo der Romancier sich mit Bier und Schnaps gegen diese Welt wappnete.

Heute müssen die zwischen Eider und Stör angesiedelten Schriftsteller nicht mehr mit dem Rad über Land, um ihr Dasein zu fristen wie der Autor von „Bauern, Bonzen und Bomben", einem Roman über die Landvolkbewegung von 1928 bis 1930. Noch weiter rückblickend in die schleswig-holsteinische Literaturgeschichte, begegnen einem nur wenige Dichter. Friedrich Hebbel, in Wesselburen geboren, verläßt den Norden; von den Weltbürgern und Brüdern Heinrich und Thomas Mann nicht zu reden. So bleibt nur Theodor Storm den „Nordlichtern" treu und seiner Geburtsstadt Husum, der „grauen Stadt am Meer", der winddurchwehten.

Doch die Ungunst der Zeit hat sich in kultureller Hinsicht auf das nördlichste Bundesland günstig ausgewirkt. Dichter, andernorts in ihrer

Günter Kunert, geboren 1929 in Berlin, lebt seit 1979 in der Nähe von Itzehoe.

„Aber gerade in einem solchen Land, in dieser unauffälligen, undramatischen Landschaft mit ihren freundlichen, genügsamen Menschen ergibt sich leichter als an aufgeregten Weltplätzen der fürs Schreiben nötige Zustand von Ruhe, Besinnung, Atemholen."
Günter Kunert

Kreativität behindert oder von der Megamaschinerie Großstadt entnervt und erschöpft, fanden im nebelumwogten Kimbrien angenehme Arbeits- und Lebensbedingungen. (...)

Ganz gewiß wird keiner von uns hier zum „Heimatdichter". Aber daß dieses Land seinen Einfluß auf unsere Texte ausübt, ist sicher. Und sei es nur, daß man vom abgelegenen Bereich aus schärfer und wohl auch sensibler die zivilisatorische Bedrohung wahrnimmt. Was nach resignativem Lob der kleinen, heilen Welt klingt, ist keineswegs so gemeint. Denn auch Schleswig-Holsteins Dörfer haben sich verändert. Der Anschluß an die Metropolen, an die früher unerreichbare Ferne ist jetzt eine Selbstverständlichkeit. Von meinem Garten bis zur Mönckebergstraße in Hamburg brauche ich vierzig Minuten: Entfernungen schrumpfen. Großspurig gesagt: Hier liegt alles vor der eigenen Haustür. Auch die Geschichte. Man muß nicht weit reisen, um ein Bronzezeitgrab zu betrachten. Man findet es mitten in Itzehoe. Und man macht sogar noch seine eigenen Entdeckungen: Die Deckplatte der Grabstätte hat kleine, unregelmäßige Aushöhlungen auf der Oberfläche. Betrachtet man sie genauer, scheinen sie einander in einer bestimmten Konstellation zugeordnet, und zwar in der des Sternbildes „Großer Wagen".

Die Geschichte des norddeutschen Raumes bietet immer noch genügend Rätsel für spekulative Köpfe. Darum sollte, wer das Landesmuseum Schloß Gottorf besucht, zuerst in die Nydamhalle gehen, wo man seinen toten Urahnen begegnet, falls man zweitausend Jahre alte Leute so bezeichnen kann. Auf jeden Fall empfindet der Besucher ein mehr oder minder angenehmes Gruseln. Geschützt hinter Glas liegt da einer, aus Damendorf stammend, und sieht aus wie ein Handschuh, aus dem sich die Hand zurückgezogen hat: nur Haut, sonst nichts, außer dem Haar und Kleidungsresten. „Bei hohem Säuregehalt lösten sich die Knochen auf", liest man und ist merkwürdig angerührt von dieser faltigen, wesenlosen Gestalt, die man problemlos zusammenrollen und in einer Aktentasche unterbringen könnte. Ein seltsames *Memento mori*. Plastischer die andern Moorleichen, wie etwa das junge Mädchen aus Windeby bei Eckernförde. Und wie geriet diese jugendliche Blondine in den Sumpf? Der Kopfhörer verrät es uns: „Nach späteren germanischen Rechtsquellen konnten auch Frauen für Ehebruch oder böswillige Zauberei mit dem Gang ins Moor bestraft werden. Meist ist der Delinquent vorher getötet worden. Vor der Tötung wurden den Frauen nicht selten die Haare abgeschnitten. Das galt als besonders schimpflich. Bei dem Leichnam des jungen Mädchens ist dies geschehen. Ganz in der Nähe fand man eine nur schlecht erhaltene männliche Moorleiche, die unter schrägen Stangen lag. An der Halspartie sehen Sie noch die hölzerne Schlinge, mit der der Mann erhängt oder erdrosselt wurde. Ob ein Zusammenhang zwischen Mann und Mädchen besteht, das Rätsel werden wir niemals lösen ..." (...)

Die Archäologie bietet uns Fakten und Funde: haufenweise Waffen, Schmuck, Grabbeigaben. Doch wer gegen wen und warum, bleibt oft verborgen. Die Schautafeln in Gottorf demonstrieren den Rüstungsstand vor- und nachchristlicher Zeit, die Zunahme der Bevölkerung, Stammesnamen tauchen auf, Angeln, Sachsen, Jüten. Claudius Ptolemäus, Astronom und Geograph, berechnete im fernen Alexandria um 150 nach Christus die Größe des Landes und nannte als erster Siedlungen im „freien Germanien" an der unteren Elbe und in Holstein: Treva, Laphana, Lirimiris und Marionis. Niemals wieder tauchen diese Namen auf, mit keinen anderen, historisch bekannten Orten sind sie identisch – als habe sie der Wind, der

Sturm verweht. Ebenso unerklärlich ist im 5. Jahrhundert der Auszug der Angeln und Sachsen nach England. Licht-Pünktchen, die Siedlungen auf der Karte markieren, erlöschen eins nach dem anderen: Was vertrieb diese Menschen von diesem Stück Erde? Man weiß es nicht. Kimbrien fällt in die Geschichtslosigkeit zurück. Erst in den Dokumenten der Karolingerzeit taucht es wieder auf. Was wäre gewesen, wenn ...

Wer des Museums überdrüssig ist, der ziehe sich auf ein stilles Fleckchen zurück. Gleich hinter Bornholt um die Ecke rechts am Nord-Ostsee-Kanal kann er beobachten, daß, wer langsam fährt, auch vorankommt. Dort kehrt Besänftigung ein ins Gemüt, wenn man hoch oben am Rande der Wasserstraße hockt, zu seinen Füßen die großen Kähne sich sacht dahinschieben sieht und darauf hört, was sich die Wolken erzählen. Denn nur in einem küstennahen Landstrich sind die Wolken so vielgestaltig, so bewegt und so bewegend.

Stille für die Geschichtsmüden auch am „Schwienskopp", dem „Schweinekopf" am Trischendamm, wo die Elbe in die Nordsee fließt. Oben auf dem Deich eine Bank, unter deren Sitzfläche immer mal wieder ein müdes, gemütlich vor sich hin rülpsendes Schaf liegt. Das Deichvorland ist begrünt bis weit hinaus, wo das Wasser mehr zu vermuten als zu erkennen ist. Man glaubt, über den Rand der Erdkugel hinausschauen zu können, wie es ein alter Holzschnitt des 16. Jahrhunderts zeigt: Der allerfernste Raum noch scheint sich dem Auge zu öffnen, und aus der Tiefe und Ferne erfolgt so etwas wie eine suggestive, fast hypnotische Rückwirkung. Man kann den Blick nicht abwenden: Hier rechnet die Zeit in Äonen.

Die Natur führt uns in Schleswig-Holstein erstaunliche Seiten vor. Ich erinnere mich, von einer Lesung in Flensburg heimfahrend, an eine Sommernacht mit grellem Mondschein und klarem Himmel. Über den Wiesen beidseits der Landstraße lagerten flache Nebelbänke, ein geteiltes Meer von Watte, aus dem die Schädel der Kühe ragten: Götterbilder von einem fremden Planeten. Ein Anblick, wundersam, nicht ganz geheuer. Spukland? Spökenkiekerland? Im Nebel oder unter anderen Voraussetzungen geht hier noch manches um, was sich unsere Schulweisheit nur zu gerne wieder träumen ließe. Unvergessen das Gespräch mit einer Journalistin, die von der Ausfahrt mit einem alten Krabbenfischer erzählte, wie zurückhaltend er von seinen einsamen Touren berichtet habe und was ihm da an Erscheinungen zugestoßen sei. Von ihrer Seite fiel, da sie davon sprach, kein Spottwort, auch bei den Zuhörern nicht, und es war auch kein Anlaß dafür.

Für „vom Großhirn unkontrollierte Visualisierungen innerer Bilder" (wie der Wissenschaftler sagt) bietet wohl der dämmrige Norden bessere Gelegenheiten als die klare Helle südlicher Gefilde. Man kann sich vorstellen, wie umfassend die Abgeschiedenheit hier noch vor sechzig, siebzig Jahren gewesen sein muß, als die verstreuten Siedlungen nur durch Ochsenwege miteinander verbunden waren. Dazu die endlosen Nächte, im immer viel zu frühen Herbst beginnend, die für ein paar Stunden so tun, als gäben sie dem Tag eine Chance. Doch schon am Nachmittag beginnt die Umwelt sich erneut zu verdunkeln, und es dauert nicht lange, dann meint man, die Fensterscheiben seien von außen mit schwarzer Ölfarbe zugestrichen.

Oder der Wind, sich häufig mitten in der Nacht zum Sturm steigernd, klappert mit losen Dachziegeln. Man würde näher ans flackernde Herdfeuer rücken, wäre es nicht durch den Schein des Fernsehers ersetzt und die echten Gespenster ihren billigen Nachfahren aus Videokassetten gewichen. Die heimlichen Befürchtungen gelten nicht mehr den Wiedergängern, jenen ob ihrer bösen Taten zum nächtlichen Wandeln verfluchten Toten (die man ins Moor warf, um sie an der Rückkehr zu hindern), sondern dem schrumpfenden Sparkonto, der Umweltzerstörung, dem gefährdeten Arbeitsplatz. Denn Schleswig-Holstein ist arm, es gibt immer weniger Arbeit, und die nach außen intakte Welt hat viele kaum zu bewältigende Probleme. Eines davon ist der biologische Tod der Nordsee: Folge einer Industriezivilisation, die keine Schonräume mehr kennt.

Was wäre gewesen, wenn ... Wenn sich aus irgendwelchen Gründen die agrarische Gesellschaft erhalten hätte? Wir hätten gewiß weniger Freiheiten oder gar keine. Wir bauten unseren Kohl und brächten ihn auf die Märkte, die noch heute in den kleinen Städten abgehalten werden und eine Ahnung von dem vermitteln, was sie einst bedeutet haben: zentrale Punkte für Kommunikation, für den Austausch nicht nur von Waren, sondern von Neuigkeiten, Gerüchten, Geschwätz, Gedanken.

Auf dem schräg abfallenden, holprig gepflasterten Marktplatz in Mölln wäre man vielleicht einer Berühmtheit begegnet: Till Eulenspiegel, der das Publikum auf seine Weise narrte – auf eine menschenfreundlichere als die meisten gegenwärtigen Narren. Sein letzter Streich besteht ganz offensichtlich in seiner „Hinterlassenschaft", einer Grabplatte, die ihn im Schellenrock mit Eule und Spiegel zeigt. Der Stein gibt als Jahr seines Todes 1350 an, obwohl er nach den Schriftzeichen aus dem 16. Jahrhundert stammt: Ein Denkmal, das täuschend echt etwas vorgibt, was gar nicht sein kann. Ein Gleichnis dafür, wie leicht man sich betrügen läßt. Am leichtesten mit dem Schein der Wahrheit.

Steinerne Zeitzeugen, wie hier bei Loose auf der Halbinsel Schwansen, findet man, die schleswig-holsteinische Landschaft aufmerksam durchwandernd, oft abseits des Weges auf Feldern und Wiesen. Weithin sichtbar erhebt sich in der sonst flachen Landschaft das frühzeitliche Steingrab, das im Volksmund Hünengrab genannt wird. Alle Großsteingräber entstanden vermutlich innerhalb eines Zeitraums von 200 bis 300 Jahren ab ungefähr 2900 v. Chr.

Die Geschichte

Eiszeitschutt und Meeresschlick: Die Entstehung Schleswig-Holsteins

Kurt-Dietmar Schmidtke

In Schleswig-Holstein liegen vereinzelt mächtige Felsblöcke in der Landschaft herum. Ihr Gewicht kann 100 Tonnen (das entspricht ca. 100 Autos) erreichen, manchmal sind sie sogar deutlich schwerer, wie zum Beispiel der größte im Lande, der Riesenblock von Großkönigsförde. Er wiegt fast soviel wie zwei Blauwale, jeder 30 Meter lang und 100 000 Kilogramm schwer. Man mag darüber mit Recht staunen, denn die Steinriesen liegen in einem gebirgsfreien Land. Beides – so schien es bereits unseren Vorfahren – paßt nicht zusammen; und so suchten und fanden sie Erklärungen, die uns heute abenteuerlich erscheinen mögen: Nur Teufel, Riesen, Hexen, so glaubte man, hätten mit ihren Riesenkräften die steinernen Ungetüme in die schleswig-holsteinische Landschaft schleudern können, nutzten sie gar als tonnenschwere Wurfgeschosse, um die Feldsteinkirchen der ersten Siedler im Lande zu zerstören, die ihnen als christlicher Dorn im heidnischen Auge erschienen.

Wundern wir uns bitte nicht nur über die verstreuten Großfelsen, sondern auch darüber, daß es im flachen Schleswig-Holstein eine so große Gesteinsvielfalt gibt, wie in kaum einem Gebirgsland der Erde. Mehrere hundert Arten sind es, allein mehrere Dutzend verschiedene Granite, zahlreiche Kalke und Sandsteine, Porphyre und Basalte, Feuersteine und Bernsteine sowie Fossilien, steingewordene Lebensspuren aus uralten Zeiten der Erdgeschichte. Gesteinsvielfalt auf der einen und fehlendes Gebirge auf der anderen Seite, das paßt irgendwie nicht zusammen, so scheint es.

Die Gesteinsvielfalt, die Felsen und alles Erdreich drumherum verdankt Schleswig-Holstein eiszeitlichen Prozessen, die erst in der allerjüngsten geologischen Vergangenheit abgelaufen sind. Ohne sie – und das ist wohl das erstaunlichste Faktum überhaupt – gäbe es Schleswig-Holstein gar nicht. Statt dessen breitete sich hier eine einzige Wasserfläche aus, eine vereinigte Nord- und Ostsee, ein riesiges Kieler-Woche-Segelrevier – allerdings ohne Schilksee, Kiel, Neumünster, Lübeck, Flensburg, Rendsburg und wie die Orte alle heißen.

Ohne die eiszeitlichen Prozesse, vor allem jene, die in den letzten 200 000 Jahren abgelaufen sind, ragten als Inseln nur an wenigen Stellen ältere geologische Strukturen aus der Tiefe Schleswig-Holsteins über die heutige Meeresoberfläche: der Kalkberg von Bad Segeberg, die Kalke und roten Tone von Lieth bei Elmshorn, die Kreide von Lägerdorf, der Buntsandstein von Helgoland und einige mehr.

Alles andere, was die Landfläche Schleswig-Holsteins heute bildet, verdankt seine Entstehung der Tatsache, daß die Berge Skandinaviens „das Laufen lernten", Unmengen skandinavischen Gesteins und Erdreichs nach Schleswig-Holstein brachten und somit das Land zwischen den geologischen Inseln aufgefüllt und geformt wurde.

Was die Berge Skandinaviens oder zumindest ihre Oberfläche in Bewegung versetzte, das war der Druck kilometerdicken Eises. Mehrfach in den letzten Jahrhunderttausenden, zuletzt bis vor etwa 15 000 Jahren, versank Nordeuropa in Schnee und Eis. Die Ursachen für diese Eiszeiten liegen noch im dunkeln, sind von der Wissenschaft noch nicht eindeutig geklärt. Aber was geschah, ist genau erforscht. Eine weltweite Abkühlung von sechs bis acht Grad Celsius reichte aus, um in Nordeuropa die flächige Inlandvereisung auszulösen. Mächtige Schneemassen wurden zu kilometerdickem Eis zusammengepreßt, das die Bergspitzen Skandinaviens unter einer drei

Eiszeitschutt und Meeresschlick: Die Entstehung Schleswig-Holstein

fünf Kilometer mächtigen Eislast ▪rub. Schließlich begann das Eis, ▪ seinem Nährgebiet heraus süd- ▪ts zu wandern. Wie ein riesiger ▪bel schürfte es über die nordischen ▪hbarländer hinweg, nahm Locker- ▪terialien, Erde, Schutt, aber auch ▪altige Felsbrocken auf, riß sie von ▪r Unterlage, „glättete" die Gebir- ▪schuf Ausschürfungswannen und ▪te Trogtäler ebenso wie die sanft- ▪lligen Fjelle Norwegens und die ▪klige Schärenwelt Schwedens. ▪tgeschleppte Gesteinsbrocken (Ge- ▪iebe) schrappten über anstehenden ▪s und hinterließen ihre Spuren in ▪stalt der Gletscherschrammen.

Nach einem 1 500 und mehr Kilo- ▪ter langen Weg kam das Eis in ▪leswig-Holstein an. Hier, im wär- ▪ren Zehrgebiet, lag seine Mächtig- ▪t nur noch bei 300 bis 500 Metern. ▪er es schleppte vor allem an sei- ▪m Grund gewaltige Schuttmassen ▪t sich, und zwar in unterschiedli- ▪en Korngrößen, tonnenschwere ▪dlinge ebenso wie feinsten Ton. ▪sammen bildet dieses Material ▪ute nahezu die gesamte Landober- ▪che von Schleswig-Holstein.

Das Eis begnügte sich nicht damit, ▪andinavischen Schutt zu transpor- ▪ren, sondern es formte Voll- und ▪ohlformen, schuf die glaziale Auf- ▪hüttungs- und Ausräumungsland- ▪haft. Zum einen zählen die Morä- ▪n, zum anderen die Seen und Täler.

Moränendecken wurden ange- ▪uft, Hügel schmolzen als kleinere ▪tzendmoränen aus dem Eis oder ▪urden an der steilen Stirn vorsto- ▪nder Gletscherzungen zu größeren ▪d höheren Stauchendmoränen zu- ▪mmengeschoben. Schließlich pflüg- ▪n späteiszeitliche Gletscher noch ▪nmal kräftig im bereits abgesetzten, ▪fgründigen, weichen Moränenma- ▪rial. Der Tiefenschurf schuf Wan- ▪n, Becken, Senken; zwischen Hü- ▪lformen entstanden Hohlformen; ▪sströme präparierten Rinnen und ▪unnel. Schließlich ergänzten die San-

der und Urstromtäler als Produkte von Schmelzwasserablagerung beziehungsweise -abtragung das Bild der Landschaft Schleswig-Holsteins.

Die glaziale Serie in Schleswig-Holstein

Die Grundmoränenlandschaft des Ostens, die sich westlich anschließenden Endmoränen sowie die Sander und Urstromtäler der niederen Geest in der Landesmitte sind durch das Weichselglazial entstanden, durch die nach dem Fluß Weichsel benannte letzte Eiszeit im nordeuropäischen Raum. Diese Hauptformen der glazialen Serie – so nennen Wissenschaftler die gesetzmäßige Formung der Landschaft beim Abschmelzen der Gletscher – wären in der Landschaft in idealer Weise sichtbar, wenn das Eis sich während des Jungglazials stetig bis zum Endmoränenwall vorgeschoben und sich zudem ein kontinuierliches Zurückschmelzen des Eisrandes angeschlossen hätte. Das allerdings ist im Jungmoränengebiet nicht der Fall. Vielmehr gab es hier Gletscherrandbewegungen, die infolge von Klimaschwankungen eingeleitet wurden. Vor allem einzelne Gletscherzungen rückten oft weit vom all-

Eine flachwellige bis kuppige Oberfläche – entstanden aus den Absätzen der Weichseleiszeit vor etwa 15 000 Jahren – kennzeichnet weite Teile der Grundmoränenlandschaft im östlichen Hügelland (oben). In die Grundmoränenlandschaft eingebettet liegen vereinzelt Riesenfindlinge wie jener bei Großkönigsförde (Mitte). Es ist der größte Geschiebeblock im Lande. Ohne diese eiszeitlichen Ablagerungen gäbe es an Stelle Schleswig-Holsteins die Wasserfläche einer vereinigten Nord- und Ostsee. Nur vereinzelt würde voreiszeitlicher Untergrund inselartig daraus hervorragen, so wie heute Helgoland (unten).

waren wie heute noch im Jungmoränenland. Schließlich trug auch die längerwirkende Vermoorung zum Verschwinden der Seen in der hohen Geest bei.

Seen und Talformen im östlichen Hügelland

Die Formung und Gestaltung seiner Landschaft verdankt der weichseleiszeitliche Landesteil dem fließenden, transportierenden, akkumulierenden und modellierenden Eis beziehungsweise den Gletscherzungen. Die Formerhaltung besorgten jedoch oft „sterbende" Eismassen. Wo immer das Eis auf dem Rückmarsch war, begannen die nivellierenden Kräfte einzusetzen. Schmelzwasserströme trugen Schuttmassen in Wannen sowie Senken und füllten sie aus, ebneten sie ein. Sehr oft wurde jedoch das schwindende Eis von Sand- und Kiesschichten überlagert, bevor es gänzlich heruntergetaut war. Auch Moränenmaterial konnte bei erneut vorrückendem Gletscherrand über alten Eisresten abgesetzt werden. Dann isolierten und schützten die Aufschüttungen den Eisklotz, und das sogenannte Toteis konservierte die Hohlform. Als endlich durch nacheiszeitliches Tieftauen auch die letzten Eisreste schwanden, waren Gletscher und Schmelzwasserströme längst aus unserem Land verschwunden. Die nun freigelegten Täler konnten nicht mehr verschüttet werden. Sie füllten sich später mit Grund- oder Flußwasser, wurden Seen, mal langgestreckt, mal kreisrund, hier wannenförmig, dort zerlappt. Von konservierendem beziehungsweise ausfüllendem Toteis waren nicht nur durch Gletscherschurf ausgeräumte Wannen (z. B. Selenter See, Wittensee) betroffen. Auch Schmelzwasserströme vor und

Das Plöner Schloß erhebt sich auf einer Moränenkuppe über der ostholsteinischen Seenlandschaft. Der Plöner See ist mit 29 Quadratkilometern der See mit der größten Oberfläche in Schleswig-Holstein und mit 60 Meter Tiefe nur wenig flacher als der Schaalsee (64 Meter). „Kleinere Verwandte" um Plön sind der kleine Plöner See, der Trammer See, der Schöhsee, der Behler See, der Suhrer See und der Vierer See.

Die Küste von Heiligenhafen (oben) zeigt die Dynamik der Küstenveränderungen. Das Abbruchmaterial von der Steilküste wird durch Strömungen küstenparallel versetzt und als Haken und Nehrungen andernorts wieder abgelagert; es verschließt Buchten und begradigt die Küstenlinie.
Je steiler die Küste, um so häufiger und intensiver greift das Meer an. Im Moränenmaterial der Steilküste von Wulfen auf Fehmarn (unten) bilden sich vorübergehend Brandungshohlkehlen, die allerdings zumeist durch nachbrechendes Material verschüttet werden.

unter dem Eis schufen langgestreckte Erosionsformen, die durch erneute Gletscherzungenvorstöße ausgefüllt und verbreitert wurden, und in denen Toteis liegenblieb (Rinnenseen, Tunneltäler, Förden), das zum Teil erst nach einigen Jahrtausenden restlos heruntergeschmolzen war.

Die Entstehung der Küsten

Am Ende der letzten Eiszeit, vor etwa 15 000 Jahren also, war die Landmasse Schleswig-Holsteins durch skandinavisches Eis und nordischen Moränenschutt dann erschaffen: das Grund- und Endmoränenmaterial im Osten des Landes, die Sanderflächen in der Landesmitte und die Altmoränenlandschaft im Westen. Die heute Schleswig-Holstein so prägenden beiden Meere und Küsten allerdings, die gab es noch nicht; denn durch die Eiszeit waren ungeheure Mengen des Wassers der Weltmeere in Form von Eis gebunden, so daß der Meeresspiegel weltweit sank – auf dem Höhepunkt der Eiszeit um bis zu 100 Meter. Die Rentierjäger, die damals in das vom Eis befreite Land einwanderten, kamen noch zu Fuß nach England.

Mit dem Abschmelzen des Eises stieg die Nordsee, und auch das Ostseebecken füllte sich. Vor 5 000 bis 6 000 Jahren schließlich erreichte die Ostsee die Küsten Schleswig-Holsteins und füllte die Förden, die von Gletscherzungen oder Schmelzwasserrinnen angelegt worden waren. Die steigende Ostsee startete den Angriff auf die Küsten, begann die Moränen zu bearbeiten, Steilküsten zu schaffen und sie landeinwärts zu verlegen – im Falle des Brodtener Ufers bei Travemünde um sechs Kilometer von damals bis heute.

An allen Meeresküsten ist es das Ziel der Brandung, eine ausgeglichene Küstenlinie zu schaffen. So wird das Abbruchmaterial der Steilküste von küstenparallelen Strömungen vor Buchten und Flußmündungen transportiert, schafft Haken, Nehrungen und Ausgleichsküsten, riegelt gar ehemalige Meeresbuchten als Strandseen ab. Dem Nachteil des Landverlustes stehen positive Folgen dieses Prozesses in Form der Entstehung feinsandiger Strände gegenüber. So verdanken zum Beispiel die Ostseebäder Niendorf und Timmendorfer Strand sowie Travemünde mit dem Priwall ihre touristische Bedeutung dem angeschwemmten Sand aus dem Brodtener Steilufer.

Zeitgleich mit der Ostsee stieg auch der Meeresspiegel in der Nordsee an und erreichte vor 5 000 Jahren die nordfriesische Außenküste. Allmählich verlegte das Meer die alteiszeitlichen Geestkerne landwärts. Reste davon sind die Inseln Sylt, Föhr und Amrum. Zwischen den Inseln und Außensanden entstand eine Nehrung, eine Barre, die den Meeresfluten das weitere Vordringen zunächst verwehrte. Aber zwischen der Außenküste und der festländischen Geest lag eine Senke. In ihr staute sich das Wasser der Geestflüsse. Die Senke versumpfte und vermoorte. Als schließlich der Meeresspiegel weiter stieg, durchbrach die Nordsee die Barre und zerstörte in der sagenumwobenen Rungholtflut des Jahres 1362 weite Teile

Nordfrieslands. Das Wasser reichte bis zum Stollberg nördlich von Bredstedt. Über Nacht wurde Husum zur Hafenstadt. Die zweite große Manndränke von 1634 zerschlug die hufeisenförmige Insel Strand. Pellworm, Nordstrandischmoor und Nordstrand sind die Reste davon.

In den folgenden Jahrhunderten wuchsen durch Aufschlickung die Halligen auf den Sockeln mittelalterlichen Marschlandes empor und Vorländer wieder meerwärts. Zahlreiche Deiche und rückwärtige Deichlinien zeugen von der Rückgewinnung des nordfriesischen Küstenraums und dem beharrlichen Kampf der Küstenbewohner gegen das Meer.

In Dithmarschen verlief die Entwicklung der Marsch anders als in Nordfriesland. Hier fehlten die seewärtigen Geestkerne, die vor Nordfriesland zum Aufbau der Barre und zur Bildung einer sumpfigen Niederung geführt haben. Das Meer drang ungehindert bis zu den festländischen Geestkernen vor – bis kurz vor Heide –, baute sie ab, mischte die Sande mit den marinen Sedimenten und lagerte sie im Küstenbereich ab. Nahezu ungestört, ohne die katastrophalen Rückschläge wie in Nordfriesland, rückte die Marsch vor. Koog für Koog wurde dem Meer abgetrotzt.

Problematisch stellte sich wiederum die Entwicklung der Elbmarschen dar. Im Bereich des unteren Elbe-Urstromtals überflutete die Elbe immer wieder das Land, schuf dabei Uferdämme, hinter denen sich große Moore bildeten. Mit Schöpfmühlen entwässerten die Menschen das Land. Dadurch wurde ein Sackungsprozeß gefördert, der im Bereich der Wilster Marsch mit 3,54 Metern unter Normalnull zur tiefsten Landstelle in Deutschland führte. Erst der moderne Deich- und Sperrwerksbau vor den in die Elbe einmündenden Flüssen hindert heute sturmgepeitschtes Meereswasser und aufgestautes Elbwasser vor der Überflutung der Elbmarschen.

Mit der Küsten- und Marschenbildung hat die Entstehung Schleswig-Holsteins einen gegenwärtigen, aber keineswegs endgültigen Zustand erreicht. Die natürliche Weiterentwicklung des Landes wird durch Maßnahmen des Menschen (Deichbau, Sandaufspülung) behindert, wird jedoch dauerhaft nicht zu stoppen sein. In den fast unvorstellbar langen geologischen Zeiträumen einiger hundert Millionen Jahre lag jedenfalls der Raum Schleswig-Holsteins länger unter als über Wasser. Erdgeschichtlich gesehen ist daher der gegenwärtige Zustand wohl treffend als unnormal zu bezeichnen.

Leben und Wirtschaften in den Naturräumen

Auf dem Abladeplatz für Skandinaviens Schutt hat das wandernde Eis viele Materialien deponiert, die der Mensch seit langem nutzt. Das gilt zum Beispiel für die gewaltigen Findlinge. Zahllose dieser Riesensteine, die einst in der Feldmark lagen, wurden gesammelt, gegebenenfalls zertrümmert und gingen ein in Mauern und Fundamente von Feldsteinkirchen und Herrenhäusern, wurden für Denkmäler und Mahnmale ebenso

Landgewinnung und Deichbau dienen dem Küstenschutz. Je höher das Vorland aufschlickt, um so sicherer sind die Deiche. Im Hauke-Haien-Speicherkoog, Nordfriesland, (oben) sammelt sich festländisches Süßwasser, das bei Niedrigwasser der Nordsee durch das Schlüttsiel meerwärts abfließen kann.
An den Kliffs der Nordseeküste, wie hier auf Föhr, zeugen Findlinge und Geröll von den Vorgängen der letzten Eiszeit (unten). Wind und Wasser legten das einst aus Skandinavien hergeschobene Gestein frei.

Schafe beweiden das saftige Vorland zwischen Elbe und Deichlinie bei Neufeld. Hinter dem Deich erstrecken sich, geschützt vor den Überflutungen des Flusses, die fruchtbaren Marschen. Vorland und Marsch sind geologisch gesehen die jüngste Stufe der Entstehung Schleswig-Holsteins.

verbraucht wie für Gräber, Straßen und Brücken, für den Küstenschutz und für den Hausbau. Man scheute auch nicht davor zurück, die schleswig-holsteinischen „Miniaturpyramiden", die Hünengräber der Jungsteinzeit, zu entsteinen und deren Findlinge für christliche und profane Bauten zu verwenden.

Eiszeitliche Tone und Lehme wurden und werden in Ziegeleien des Landes verbrannt. Klöster und Patrizierhäuser, Kirchen und Rathäuser entstanden aus übereinandergeschichteten und mit Mörtel verfugten Backsteinen.

Die Jungmoränenlandschaft bietet verbreitet fruchtbaren Boden. Er ist lehmig, kalkreich und mit Geschieben durchsetzt. Hier ist ertragreicher Raps- und Getreideanbau (Weizen, Gerste) möglich. Die höchsten Gütewerte erreichen die Böden in den östlichen Landesteilen auf der flachen Grundmoräne.

Die Endmoränen bestehen überwiegend aus gröberen Korngrößen. Die feinere, fruchtbare Erde ist weitgehend ausgespült. Dem Verarmungsgrad der Böden entsprechen in der Regel Nutzungsformen wie Holzwirtschaft (Kiefer, Fichte) und Viehweiden. Natürlich erschwert auch das wellige Relief die ackerbauliche Nutzung.

Die ausgespülten Kies- und Sandflächen der Sander liefern Bausand und -kies. Sie sind wegen ihrer Nährstoffarmut landwirtschaftlich nur eingeschränkt nutzbar. Meistens werden sie als Grünland verwendet; Roggen-, Mais- und Kartoffelanbau sind möglich. Bei allzu geringer Bodengüte herrschen Nadelwälder und Heideflächen vor. Aber die geschichteten Sandschüttungen bieten stabilen Baugrund. Bauten mit großem Flächenbedarf, zum Beispiel Flugplätze und Autobahnen, können hier kostengünstig erstellt werden.

Im Bereich der Urstromtäler gab es einst verbreitet Moore, die überwiegend trockengelegt worden sind und heute fast ausschließlich Grünlandwirtschaft ermöglichen.

Die Altmoränen der hohen Geest sind von den randeiszeitlichen Vorgängen während des Weichselglazials beeinflußt worden. Feinste Bodenteilchen wurden damals ausgeweht, und auch Ausspülungsvorgänge sorgten für bestenfalls mittlere Bodengütewerte. Wegen der relativen Kargheit der Böden zählen die Altmoränenkomplexe trotz ihrer Verschiedenartigkeit und gänzlich anderen Entstehung als die Sander zur Geest in Schleswig-Holstein. Der Begriff Geest stammt vom friesischen „güst", was unfruchtbar bedeutet.

Der Marschboden besteht aus nährstoffreichem Meeresschlick, der ertragreichen Getreide- und Hackfruchtanbau ermöglicht. In Dithmarschen ist das größte zusammenhängende Kohlanbaugebiet Deutschlands entstanden. Wo Staunässe im Boden die Nutzung für Feldfrüchte einschränkt, werden Milchwirtschaft, Bullenzucht oder Rindermast betrieben, auf Deichen und Vorländereien gibt es die Schafhaltung.

Strände, Badeorte und vielerlei touristische Einrichtungen kennzeichnen beide Küsten als fremdenverkehrs-

wirtschaftliche Zentren in Schleswig-Holstein, deren Anziehungskraft aus den naturräumlichen günstigen Faktoren Wasser, Strand, abwechslungsreiches Binnenland erwächst. Buchten und Förden an der Ostseeküste haben den Anlaß zur Gründung von Hafenstädten gegeben, die vor allem verkehrs-, aber auch fischereiwirtschaftliche Bedeutung besitzen.

Die differenzierten eiszeitlichen und nacheiszeitlichen Vorgänge mit den daraus resultierenden vielfältigen Naturräumen und Nutzungsmöglichkeiten auf dem Festland und an den Küsten spiegeln heute ein äußerst abwechslungsreiches Landschaftsbild wider. Es hat Schleswig-Holstein zu einem Land werden lassen, in dem Wohnen, Arbeiten und Gestaltung der Freizeit seine Bewohner gleichermaßen befriedigen können und das den Gästen natur- und kulturrräumliche Urlaubsmöglichkeiten bietet, die vor allem dank der unterschiedlichen Küsten nahezu alle Wünsche erfüllen können. Den Freunden der „Bergwelt" offeriert Schleswig-Holstein sogar „Schweizen" (Holsteinische Schweiz, Stormarner Schweiz, Dithmarscher Schweiz) und mit dem 167 Meter hohen Bungsberg-„Massiv" ein Wintersportzentrum à la Norddeutschland, wenngleich – das sei der alpenländischen Schweiz gerne zugestanden – deren Anziehungskraft wohl doch nicht ganz erreicht werden kann.

Der Elbe-Urstrom hat zwischen Lauenburg und Geesthacht in den saaleeiszeitlichen Altmoränen ein Kliff geschaffen. Von der Abbruchkante geht der Blick nach Niedersachsen hinüber. Das alte Urstromtal erstreckt sich hier in einer Breite von 10 Kilometern.

Auf den Spuren der ersten Siedler: Die Ur- und Frühgeschichte

Hauke Kenzler

Die Untersuchung der langen Zeitspanne vom Beginn menschlicher Besiedlung auf dem Gebiet des heutigen Schleswig-Holstein bis weit in das Mittelalter hinein ist vor allem Aufgabe der archäologischen Forschung. Die Bezeichnung „Ur- und Frühgeschichte" gibt dem weitgehenden Fehlen von schriftlichen Hinterlassenschaften für diesen Zeitraum Ausdruck. Auch die noch heute in der Landschaft sichtbaren Überreste vergangener Epochen – bestimmte Grabformen, Befestigungen oder Ackerfluren – sind für sich allein genommen wenig beredte Zeugen. Erst die archäologische Methode der Ausgrabung kann Näheres über die früheste Vergangenheit des Landes enthüllen.

Von den „Schatzgräbern" aus den Anfängen der Wissenschaft hat sich die Archäologie allerdings längst entfernt. Nicht mehr der einzelne Fund steht im Vordergrund, sondern der Zusammenhang mit anderen Fundstücken und den sogenannten Befunden ist entscheidend. Als Befund werden die im Boden bewahrten Spuren menschlichen Wirkens wie Schichten, Gruben oder Mauern bezeichnet, die von dem Archäologen gedeutet werden müssen. Ein hölzernes Gebäude etwa, welches gänzlich vergangen ist, läßt sich häufig noch anhand der Gruben nachweisen, die zur Aufnahme der tragenden Pfosten gegraben wurden.

Bei der Auswertung von Grabungen arbeitet die Archäologie heute eng mit anderen wissenschaftlichen Disziplinen, besonders den Naturwissenschaften, zusammen. So gehört die wohl allgemein bekannte C-14-Methode, die eine Altersbestimmung organischer Materialien über den Zerfall radioaktiver Kohlenstoffisotope ermöglicht, mittlerweile zu den Standardanalysen. In mühevoller Kleinarbeit enthüllt sich ein lebendiges Bild der ältesten Geschichte Schleswig-Holsteins, welches zum Verständnis der späteren „historischen" Jahrhunderte beiträgt. Schließlich baut auch die moderne Gesellschaft auf den kulturellen Leistungen unserer weit entfernten Vorgänger auf.

Die ersten Menschen lebten vor ungefähr drei Millionen Jahren in Afrika. Schleswig-Holstein wurde erst sehr viel später bewohnt. Die ältesten menschlichen Hinterlassenschaften reichen hier bis in die Zeit vor der letzten Vereisung zurück und sind möglicherweise bis zu 200 000 Jahre alt. Überliefert sind uns lediglich die aus dem unvergänglichen und gut zu bearbeitenden Feuerstein hergestellten Artefakte – ein Rohstoff, der sich noch sehr lange Zeit großer Beliebtheit erfreuen sollte. Bislang sind nur einige wenige voreiszeitliche Fundplätze bekannt. Der bedeutendste liegt bei Drelsdorf nahe Husum. Von hier stammt auch ein sogenannter „Faustkeil", ein typisches Allzweckgerät dieser Zeit. Durch Skelettfunde in anderen Teilen Europas wissen wir, daß sich die damaligen Menschen, die schon der gleichen Art wie der moderne Mensch angehörten, im Aussehen nur wenig von uns unterschieden. Ihre Lebensgrundlage bildeten, wie heute noch bei vielen Kulturen, die Jagd und das Sammeln von Pflanzen.

Die letzte Eiszeit, die eine menschliche Besiedlung nicht zuließ, war bestimmend für die heutige geologische Gliederung Schleswig-Holsteins mit der Moränenlandschaft im Osten, den an diese anschließenden Sanderflächen der Geest und der Marsch im Westen. Diese Unterteilung hat die Kulturlandschaft entscheidend geprägt. Die Moränenlandschaft eignete sich in trockenen Klimaperioden hervorragend für den Ackerbau, während zu Zeiten feuchteren Klimas einzelne Flächen vermoorten. Die Geest wurde eher für die Weidewirtschaft genutzt, während das Marschland wiederum sehr fruchtbar war. Diese Nutzungsverteilung hatte auch auf die im Boden erhaltenen archäologischen Quellen, die Bodendenkmäler, Auswirkungen. So hat die jahrhundertelange Beackerung der Moränenlandschaft zahlreiche Fundplätze ge- oder zerstört, während der Boden der Geest weitgehend unberührt blieb. Andererseits sind die Erhaltungsbedingungen für organische Stoffe (Holz, Textilien usw.) durch die größere Feuchtigkeit in der Moränenlandschaft, vor allem aber in der Marsch, weitaus besser als auf der Geest.

Nach Zurückweichen des Eises drangen erneut Menschen in das Gebiet des heutigen Schleswig-Holstein vor, das damals von einer offenen Tundrenlandschaft bedeckt war. Vermutlich kamen sie aus dem Südwesten, denn ihre kulturellen Hinterlassenschaften weisen Ähnlichkeiten mit denen der in Frankreich und Süddeutschland verbreiteten Kulturgruppe des Magdalenien auf. Die wichtigsten Fundplätze der jüngere Altsteinzeit oder Jungpaläolithikum genannten Periode liegen im Ahrensburger Tunneltal in der Nähe Hamburgs.

Nach diesem Fundplatz wird die älteste Gruppe als Hamburger Kultur bezeichnet. Die Geräte, die diese Menschen vor ungefähr 12 500 bis 12 100 Jahren benutzten, waren schon sehr fein gearbeitet und spezialisierten Tätigkeiten angepaßt. Überwiegend sind Feuersteinartefakte bekannt, die als Pfeilspitzen für Bögen, Schaber zur Fell- oder Holzbearbeitung, Stichel und Bohrer zur Verarbeitung von Leder oder Knochen verwendet wurden. Auch aus Geweih und Knochen wurden Geräte wie Pfrieme, Nähnadeln oder Harpunen hergestellt. Auf dem Fundplatz „Borneck" konnten zwei ineinanderliegende ovale Steinkreise aufgedeckt werden, die vielleicht als Beschwersteine für Zelte aus Tierhäuten zu deuten sind. Dafür spricht auch

eine außerhalb der Kreise gelegene Feuerstelle. Das hauptsächlich gejagte Wild war das Rentier, das in großen Herden die Tundra durchzog. Bei ihren jahreszeitlich bedingten Wanderungen durchquerten die Herden an günstigen Stellen die damalige Seenlandschaft des Tunneltals, wo ihnen dann die Jäger auflauerten. Die etwa 60 späteiszeitlichen Fundplätze im Ahrensburger Tunneltal wurden lediglich für kurze Jagdaufenthalte genutzt. Die Wachstumsstufen der gefundenen Rengeweihe und die Verknöcherung bestimmter Gelenkteile belegen, daß die Lager nur im Sommer aufgesucht wurden. Wo sich die Menschen der Hamburger Kultur während der Winter aufhielten, ist bis heute nicht bekannt. Möglicherweise befanden sich ihre Lagerplätze an der Küste und sind bei dem späteren Anstieg des Meeresspiegels durch Abschmelzen des Gletschereises im Wasser versunken.

Nach formalen Unterschieden der benutzten Gerätetypen lassen sich für den anschließenden Zeitraum bis etwa 10 000 v. Chr. heute noch zwei weitere Gruppen unterscheiden, die Federmesserkultur und die Ahrensburger Kultur. Ob die Angehörigen dieser Kulturen in unser Unter-

Noch heute prägen die vielen erhaltenen bronzezeitlichen Grabhügel, wie hier bei Grabau, Kreis Stormarn, das Bild der Landschaft (oben). Sie gehören damit zu den auffälligsten Denkmälern urgeschichtlicher Besiedlung in Schleswig-Holstein.
Der „Brutkamp" in Albersdorf, Dithmarschen, gehört zu den erweiterten Dolmen (unten). Er besitzt den größten Deckstein Schleswig-Holsteins. Der Transport des ungefähr 15 Tonnen schweren Steines war eine Gemeinschaftsleistung, die ein hohes Maß an technischem Wissen voraussetzte.

In der Nähe von Schleswig befindet sich die „Idstedter Räuberhöhle". Die mit einem Erdhügel abgedeckte Grabkammer vermittelt einen guten Eindruck vom Aussehen der Großsteingräber. Man konnte die zentrale Kammer ehemals durch einen flachen Gang erreichen.

suchungsgebiet neu einwanderten oder veränderte klimatische Gegebenheiten lediglich eine Anpassung der Geräte nötig machten, muß die Forschung noch erweisen. Sicher ist, daß nach einer kurzzeitigen Erwärmung des Klimas von den Menschen der Ahrensburger Kultur wieder die gleichen Bedingungen wie zu Zeiten der Hamburger Kultur vorgefunden wurden. Entsprechend wurde auch zu dieser Zeit das Rentier am stärksten bejagt. Auffällig ist der Fundreichtum mancher der jüngeren Lagerplätze, unter denen der Fundplatz Stellmoor herausragt. Es scheint, daß sich zu Zeiten der Ahrensburger Kultur mehr Menschen an einem Ort aufhielten oder dort für eine längere Zeit blieben.

Mit der dauerhaften Erwärmung des Klimas breitete sich zunächst die Hasel aus, schließlich verdrängte ein Wald aus Eiche, Ulme, Linde und Erle die Tundrenlandschaft. Den veränderten Bedingungen mußte sich auch der Mensch dieses neuen Zeitabschnitts, der mittleren Steinzeit (Mesolithikum), anpassen. So konnten die Rentiere, die nur in der offenen Landschaft leben, nicht mehr die Lebensgrundlage bilden. Der Mensch war nun auf standorttreues Wild, zum Beispiel Reh, Hirsch, Wildschwein, Elch und Ur sowie allerlei kleine Tiere und pflanzliche Nahrung angewiesen. Mit der Änderung des Speiseplans ging auch eine größere Seßhaftigkeit einher. Für das nördliche Deutschland ist der Siedlungsplatz Duvenseer Moor nahe Mölln am bedeutendsten, der auch für den ersten Abschnitt des Mesolithikums namensgebend ist. Hier konnten mehrere, ehemals auf kleinen Inseln gelegene Wohnplätze untersucht werden, die mit Matten aus Birken- oder Kiefernrinde gegen den feuchten Untergrund geschützt waren. Unter anderem ließ sich der Nachweis erbringen, daß man hier Haselnüsse röstete und Steinwerkzeuge herstellte. Das Werkzeug der Stufe Duvensee zeigt sich gegenüber der vorangehenden Periode insofern verändert, als daß erste Steinbeile auftreten, die sicher zum Fällen und Bearbeiten von Baumstämmen und großen Hölzern dienten. Die übrigen Feuersteingeräte zeichnen sich häufig durch ihre bemerkenswert geringe Größe aus. Die erhöhte Bedeutung des Fischfangs wird durch Funde von Paddeln, Netzen, Netzschwimmern und Knochenspitzen mit Widerhaken belegt.

In dem jüngeren Abschnitt des nordeuropäischen Mesolithikums (ab 5200 v. Chr.) scheint der Anteil maritimer Nahrungsquellen an der Ernährung des Menschen noch zuzunehmen. Nach Fundplätzen in Schleswig-Holstein und Dänemark wird diese Phase als Ertebølle-Ellerbek-Kultur bezeichnet. Die Ausnutzung des Meeres als ständig verfügbare, relativ gesicherte Nahrungsquelle ermöglichte eine weitgehend seßhafte Lebensweise. Mehrere dänische Siedlungsplätze sind durch große Abfallhaufen gekennzeichnet, die hauptsächlich aus Austernschalen, daneben aber auch aus Überresten von Schnecken, Fischen und Küstenvögeln bestanden. Feuerstellen und vereinzelte Bestattungen innerhalb dieser auf deutsch Muschelhaufen oder dänisch køkkenmøddinger (Küchenabfälle) genannten Orte belegen ihre langjährige Nutzung als Siedlungsplätze. Die Ortstreue wurde offenbar auch durch den Austausch mit schon Ackerbau betreibenden Gruppen im Süden außerhalb der heutigen Landesgrenzen ermöglicht. Erstmals läßt sich nämlich eingehandeltes Getreide in geringen Mengen nachweisen. Ob neben dem Hund auch bereits andere Haustiere gehalten wurden, ist unbekannt. Von den Ackerbauern wurde aber die Technik der Keramikherstellung übernommen. Die gefundenen spitzbodigen Vorrats- und Kochgefäßtypen dürfen als eigenständige Schöpfungen angesehen werden. Von dem ostholsteinischen Fundplatz Rosenhof ist auch eine flache Tonschale bekannt, die als Tranlampe gedeutet wird.

Als mit dem Beginn des Jungsteinzeit oder Neolithikum genannten Zeitabschnitts um 3500 v. Chr. auch in unserem Gebiet der Ackerbau zur bestimmenden Wirtschaftsweise wurde, war diese Form der Nahrungsgewinnung den heimischen Jäger- und Sammlervölkern nicht unbekannt. Der Ursprung von Ackerbau und Viehzucht lag im Vorderen Orient und wurde dort schon um 9000 bis 8000 v. Chr. betrieben. Über den Balkan und den Donauraum breitete sich die neue Wirtschaftsweise bis um 5000 v. Chr. in weiten Teilen Mitteleuropas aus. Im Norden konnte sie wohl deshalb erst spät Fuß fassen, weil den damaligen Bewohnern durch das Meer schon eine recht verläßliche Nahrungsquelle zur Verfügung stand, ohne daß sie erst den das ganze Land bedeckenden Urwald hätten roden müssen. Die weltweite Ausbreitung von Ackerbau und Viehzucht ist nämlich in erster Linie auf ihre größere Krisensicherheit gegenüber der wildbeuterischen Lebensweise zurückzuführen, was schließlich auch zu der Möglichkeit der Versorgung größerer Menschengruppen führte. Für die frühen Siedler im späteren Schleswig-Holstein wurde der Ackerbau erst in Zusammenhang mit einem Klimaoptimum während des sogenannten „Atlantikums" lohnend, als die mittlere Jahrestemperatur 3 bis 4 Grad Celsius über der heutigen lag.

Die ersten Ackerbauern und Viehhalter in unserem Gebiet gehören der nach einer besonderen Keramikform bezeichneten Trichterbecherkultur an. Aus dem Süden kommend, verdrängten sie die mesolithischen Kulturen oder nahmen deren Angehörige in sich auf. Als auffallendste Zeugnisse haben sie uns jene Grabanlagen aus großen Findlingen hinterlassen, die volkstümlich „Hünengräber" genannt werden. Später ist der Begriff dann auch auf die mächtigen, aber jüngeren Grabhügel ohne steinerne Grabkammer übertragen worden. Bei den richtiger als Großsteingräber (Megalithgräber) zu bezeichnenden Bauten aus tonnenschweren Findlingen handelt es sich um die ältesten in Schleswig-Holstein noch oberirdisch kenntlichen Denkmäler. Sie haben von jeher die Menschen der nachfolgenden Generationen zum Nachdenken veranlaßt. So meinte man, daß nur Riesen in der Lage gewesen wären, die Steine zu bewegen. Auch ihre Funktion als Grabstätte wurde nicht immer anerkannt, denn oft sah man in ihnen „heidnische" Altäre. Diese letzte Deutung übersieht allerdings, daß alle heute frei stehenden Großsteingräber ehemals unter einem Erdhügel verborgen waren. Die Hügel haben die Jahrtausende jedoch in den wenigsten Fällen überdauert. Nur ein Steinkranz um den zentralen Grabbau herum gibt heute manchmal seine ehemalige Ausdehnung an. Doch haben diese Denkmäler unter dem Zahn der Zeit weniger gelitten als unter dem Menschen späterer Jahrhunderte. Vor allem im 18. und 19. Jahrhundert wurden viele Grabanlagen zerstört, da man das Steinmaterial zu Bauzwecken, besonders für Chausseen, benötigte. Trotzdem ist in Schleswig-Holstein heute ein größerer Reichtum an unterschiedlichen Grabformen zu beobachten als irgendwo sonst in Deutschland.

Alle Großsteingräber sind vermutlich während eines, gemessen an der Dauer der Jungsteinzeit, kurzen Zeitraums von 200 bis 300 Jahren ab ungefähr 2900 v. Chr. errichtet worden. Die jüngsten Anlagen sind somit zeitgleich zu den großen Pyramiden von Giseh in Ägypten, mit denen aber sonst keine Verbindungen bestehen. In der Zeit vor Errichtung steinerner Grabbauten, zum großen Teil aber auch noch danach, wurden die Toten in einfachen, flachen Erdgräbern beigesetzt.

Die ältesten Großsteingräber bestanden aus vier Trägersteinen, auf die ein großer Deckstein gelegt wurde. Dieser Typ wird nach dem bretonischen Wort für „Steintisch" als Dolmen bezeichnet. Später baute man größere Dolmen mit fünf oder sechs Tragsteinen, an deren Schmalseiten sich kleinere Wandsteine befinden. Die so entstandenen Öffnungen dieser erweiterten Dolmen ermöglichten Nachbestattungen auch noch nach Errichtung des Erdhügels in der zu diesem Zweck vergrößerten Kammer. Der „Brutkamp" bei Albersdorf in Dithmarschen ist ein schönes Beispiel für diese Form des Großsteingrabes.

Noch jünger sind die sogenannten Ganggräber. Bei diesem aufwendigsten Grabtyp führt ein unterschiedlich langer, steinüberdeckter Kriechgang zu der Längsseite der großen, mehrere Decksteine aufweisenden Kammer. Beim „Denghoog" in Wenningstedt auf Sylt kann man die mit Trockenmauerwerk aus dünnen Steinplatten verfüllten Freiräume zwischen den großen Trägersteinen sehen.

Die Ganggräber enthielten neben Tongefäßen und anderen Beigaben die Überreste mehrerer Leichname, die nicht mehr im Skelettzusammenhang lagen. So kam der Gedanke auf, daß man sie möglicherweise als Beinhäuser zur Aufnahme zuvor anderorts aufgebahrter Toter benutzte. Vielleicht sind aber auch nur die älteren Bestattungen beim Einbringen nachträglicher Beisetzungen gestört worden. Die Großsteingräber wurden nämlich noch lange nach Ende der Trichterbecherkultur von folgenden Generationen für Bestattungen benutzt.

Weit bescheidener als die Grabbauten und für den Wanderer nicht mehr in der Landschaft sichtbar sind die Siedlungen der Trichterbecherleute. Der Archäologe kann sowohl dauerhaft bewohnte Orte feststellen als auch solche, die nur kurzzeitig zur Jagd aufgesucht wurden. Die Versorgung durch Haustiere und ihre Produkte überwog den Beitrag der Jagd aber deutlich. Es wurden überwiegend Rinder, daneben auch Schweine, Schafe und Ziegen gehalten. Wohl vordringlich für Opferungen und andere kultische Handlungen, nicht als Befestigungen, wurden eingehegte Plätze in erhöhter Lage angelegt, die man wegen ihrer durchbrochenen Umfassungsgräben als Erdwerke bezeichnet. Aus unserem Gebiet sind bislang nur zwei solcher Orte bei Albersdorf und Büdelsdorf bekannt geworden.

In Schleswig-Holstein wurde die Trichterbecherkultur durch die sogenannte Einzelgrabkultur abgelöst, nachdem beide Gruppen eine Weile nebeneinander bestanden. Die neue Kulturgruppe zeigt deutliche Parallelen zu der schnurkeramischen Kultur, deren Ursprungsgebiet in Osteuropa lag. Namensgebend für die Einzelgrabkultur ist die Beisetzung zunächst nur eines Toten in einem flachen Grabhügel. Kleine Gruppen solcher Hügel befinden sich unter anderem bei Stemwarde, Kreis Stormarn, und Flintbek, Kreis Rendsburg-Eckernförde. Man unterscheidet als eine zeitliche Abfolge Unter-, Boden- und Obergräber. Während der Untergrabzeit hob man vor der Aufschüttung des Grabhügels eine Grube aus, in der der Tote in Hocklage bestattet wurde. In der darauffolgenden Bodengrabzeit ging man dazu über, den Leichnam in eine Mulde oder direkt auf den Boden zu legen, während sich die Toten der Obergrabzeit üblicherweise in gestreckter Rückenlage im oberen Hügelbereich finden. Die Beigaben sind spärlich. Zumeist handelt es sich um Tongefäße und steinerne Äxte. Besonders in der Endphase der Einzelgrabkultur macht sich der zunehmende Einfluß des neuen Werkstoffs Metall bemerkbar, der die folgenden Epochen beherrschen sollte. Einzelne Funde von eingehandeltem Kupfer und Gold sind aber auch schon aus der Zeit der Trichterbecherkultur bekannt. Schließlich wurde versucht, bronzene Vorbilder in Stein nachzuahmen. Davon zeugen unter anderem sorgfältig herausgearbeitete „Gußnähte" auf Steinäxten oder meisterhaft gearbeitete Feuersteindolche, die sich an Bronzedolche anlehnen. Die Kunst der Steinbearbeitung gelangte aber an ihre Grenzen, als es etwa darum ging, das bis dahin unbekannte Schwert funktional in Stein nachzubilden.

Die Technik der Bronzeherstellung, bei der ungefähr neun Teile Kupfer mit einem Teil Zinn legiert werden, wurde wohl um die Mitte des 3. vorchristlichen Jahrtausends erfunden. Wo diese Erfindung zuerst gemacht wurde, ist noch keinesfalls eindeutig geklärt. In Frage kommen sowohl der Mittelmeerraum als auch Mitteleuropa. Überhaupt ist die Bronzezeit durch enge Beziehungen zwischen weiten Teilen Europas gekennzeichnet, die sich aus dem notwendigen Handel mit den genannten Rohmaterialien erklären.

Schleswig-Holstein, wo die Bronzezeit wohl bald nach 2000 v. Chr. begann, gehört zusammen mit Teilen Niedersachsens und Mecklenburgs, Dänemark und Südschweden dem sogenannten Nordischen Kreis an, der durch einheitliche kulturelle Merkmale gekennzeichnet ist. Zwar finden sich in dem umrissenen Gebiet mit Ausnahme von Helgoland keinerlei Rohstoffe für die Bronzeherstellung, doch erlangte die Bronzeverarbeitung hier eine außergewöhnliche Blüte. Kupfer und Zinn wurden in großen Mengen auf Schiffen und Karren von den Britischen Inseln, den deutschen Mittelgebirgen und zum Teil vermutlich auch aus dem Mittelmeerraum eingeführt. Letzteres wird durch zahlreiche kulturelle und formale Ähnlichkeiten mit der minoischen und mykenischen Kultur deutlich. Worin die im Gegenzug aus dem Norden exportierten Güter bestanden, ist archäologisch kaum nachzuweisen. Man kann, wie für spätere Zeiträume überliefert, wohl an Bernstein, Pelze und auch Sklaven denken.

Der ältere Abschnitt der Bronzezeit in Schleswig-Holstein knüpft an die Einzelgrabkultur an, dies wird besonders in der Bestattungssitte deutlich. Noch etwa 4 000 bis 5 000 Grabhügel aus dieser Zeit sind erhalten, die oft in Gruppen auf Anhöhen oder entlang alter Verkehrswege aufgereiht zusammenliegen. Zum erstenmal scheint eine soziale Differenzierung deutlich greifbar zu werden, denn einige Grabhügel waren mit außergewöhnlich reichen Bronzebeigaben ausgestattet, während viele beigabenlos blieben. Charakteristische Beigaben in Männerbestattungen sind Rasiermesser und Waffen, vor allem Schwerter. Frauen gab man Schmuck und kosmetische Utensilien mit.

Ein für die älterbronzezeitlichen Wohn- und Wirtschaftsverhältnisse aufschlußreicher Befund fand sich unter einem Grabhügel von Handewitt, Kreis Schleswig-Flensburg. Man hatte ihn auf einer alten Ackerfläche errichtet, und die typischen gitterförmig übereinanderliegenden Spuren des Hakenpflugs, der den Boden noch nicht umwendete, blieben darunter erhalten. Nach Aufgabe des Ackers wurde an der gleichen Stelle ein Gebäude errichtet, dessen Grundriß mit einer Herdstelle ebenfalls unter dem Hügel bewahrt war. Allmählich vollzog sich ein tiefgreifender Wandel im Totenbrauch. In der jüngeren Bronzezeit setzte sich mehr und mehr die Leichenverbrennung durch. In die Zeit des Übergangs um 1000 v. Chr. gehört ein bemerkenswerter Befund, der bei der Ausgrabung eines mehr als 30 Meter durchmessenden Grabhügels von Grünhof-Tesperhude, Kreis Herzogtum Lauenburg, entdeckt wurde. Noch immer sind dort in einer rechteckigen Steinpackung die für ein „Totenhaus" ausgesparten Pfostenlöcher zu sehen. In der Mitte des Hügels befanden sich Steinpackungen für einen großen und einen kleinen Baumsarg, die die halbverbrannten Überreste einer Frau und eines Kleinkindes bargen. Im Zuge des Totenritus ist das Gebäude, in dem die Särge aufgebahrt waren, abgebrannt und darüber der Hügel aufgetragen worden.

Schließlich überwog die Beisetzung in schlichten Urnenbestattungen auf zum Teil sehr großen Nekropolen mit bis zu 3000 Brandgräbern. Doch orientieren sich viele Begräbnisplätze an älteren Grabhügelgruppen, was auch auf ein kontinuierliches Bestehen der zugehörigen Siedlungen schließen läßt. Da die Kontinuität noch bis in die folgende Eisenzeit hineinreicht, werden die Menschen der Bronzezeit von einigen Forschern als Vorfahren der später als Germanen bezeichneten Stämme gesehen.

Über das Totenbrauchtum hinaus lassen sich kaum Aussagen zu religiösen Fragen gewinnen, doch erscheinen während der jüngeren Bronzezeit zunehmend Symbole, die sich einem „Sonnenkult" im weitesten Sinne zuordnen lassen. Rätselhaft sind die bis zu 200 Meter langen Reihen von in regelmäßigen Abständen angelegten Feuerstellen. In Schleswig-Holstein kennt man sie von Ausgrabungen bei Schacht-Audorf, Kreis Rendsburg, sowie Schwissel und Nützen, Kreis Segeberg.

Wie gesehen, knüpften die Menschen der Eisenzeit in vielfältiger Beziehung an ihre bronzezeitlichen Vorgänger an. Doch zog die entscheidende technologische Weiterentwicklung, nämlich die Kenntnis der Eisenverarbeitung, auch weitreichende kulturelle und soziale Veränderungen nach sich.

Zwar sind einige eingehandelte Eisengegenstände schon aus Gräbern der jüngeren Bronzezeit bekannt, doch dürfte eine eigenständige Eisenverhüttung in Schleswig-Holstein kaum vor 500 v. Chr. begonnen haben. Der einzige bekannte Verhüttungsofen der vorrömischen Eisenzeit von Hamburg-Duvenstedt datiert sogar erst in das 1. vorchristliche Jahrhundert. Ein Vorteil des Eisens gegenüber der Bronze lag darin, daß der notwendige Rohstoff in Form von Raseneisenerz in Schleswig-Holstein selbst zu gewinnen war. Die weitreichenden Handelsbeziehungen der Bronzezeit wurden daher zunächst nicht weitergeführt. Raseneisenerz bildete sich unter dem Einfluß von Mooren auf dem schleswig-holsteinischen Mittelrücken in den Altmoränen- und Sandergebieten. Dort konnten die nahe der Oberfläche gelegenen Lagerstätten leicht abgebaut und die Erze in sogenannten Rennfeueröfen verhüttet werden. Die technischen Fertigkeiten für diesen Vorgang wurden wohl durch den Kontakt mit Kelten erworben, den die auch in Schleswig-Holstein ansässigen Menschen der Jastorf-Kultur, so benannt nach einem Urnenfriedhof bei Bevensen in Niedersachsen, in West- und Süddeutschland besaßen.

Die Jastorf-Kultur ist mit großer Sicherheit von Germanen getragen worden, die uns als erste Kulturgruppe nun auch aus einzelnen schriftlichen Zeugnissen bekannt sind. Vor allem über die Auswanderung der Kimbern und Teutonen, die die Jütische Halbinsel Ende des 2. Jahrhunderts v. Chr. verließen, berichten mehrere römische Schriftsteller, unter ihnen Tacitus. Tacitus erwähnt auch die Angeln als Bewohner der Jütischen Halbinsel. Vermutlich waren sie in der heutigen Landschaft Angeln

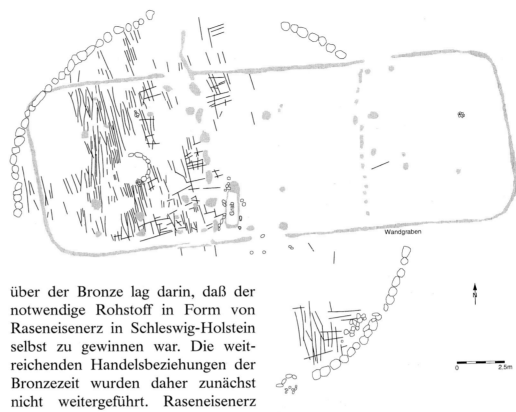

Der Ausgrabungsbefund des Grabhügels von Handewitt, Kreis Schleswig-Flensburg, gibt über die Landschaftsnutzung der älteren Bronzezeit Aufschluß. Zunächst befand sich auf dem Gelände ein Acker, auf dem später ein Haus errichtet wurde. Nach dessen Aufgabe wurde der Grabhügel aufgeschüttet. Darunter erhielten sich die älteren Besiedlungsspuren.

Dieser Nachbau eines eisenzeitlichen Gebäudes von der Wurt Tofting in Eiderstedt befindet sich bei Århus in Dänemark. Die detailreiche Rekonstruktion wurde aufgrund der bei den Ausgrabungen angetroffenen sehr guten Erhaltungsbedingungen ermöglicht.

beheimatet. Ob ein anglischer Herrschaftsbereich durch die Landwehr Olgerdinge bei Apenrade im 2. Jahrhundert n. Chr. nach Norden gegen die Jüten abgegrenzt wurde, ja möglicherweise sogar die Anfänge des Danewerks in diese Zeit zurückreichen, ist noch ungewiß. Bei verschiedenen römischen Autoren wird allerdings deutlich, daß einzelne germanische Stämme unter der Führung hervorragender Persönlichkeiten bestimmte Territorien besiedelten und sich gegen ihre Nachbarn abgrenzten. Einen weiteren bedeutenden Stammesverband stellten im Südwesten Schleswig-Holsteins auch die um 190 n. Chr. erstmals genannten Sachsen dar.

Der Handelskontakt mit den römischen Provinzen im Süden und Westen spielte seit der Kaiserzeit eine große Rolle, obgleich Schleswig-Holstein nie zum römischen Imperium gehörte. Besonders römische Bronze- und Glasgefäße sowie solche aus Terra sigillata, einer feintonigen Keramik, lassen sich vielfach belegen.

Ein Streiflicht auf die religiösen Vorstellungen der Germanen werfen viele, zumeist kleine Mooropferplätze, an denen Gefäße, Nahrungsmittel, aber auch Waffen versenkt wurden. Herausragend ist das Thorsberger Moor bei Süderbrarup in Angeln, wo sich offenbar über Jahrhunderte hinweg ein kultischer Mittelpunkt befand. Eine große Anzahl von Waffen, die vielleicht von besiegten Feinden stammten, beherrscht hier das Fundgut. Unterschiedlich müssen die in Mooren aufgefundenen Leichen oder Leichenteile beurteilt werden. Dank der günstigen Konservierungsbedingungen durch die Moorsäure sind sie häufig erstaunlich gut erhalten und führen uns die Menschen der Eisenzeit unmittelbar vor Augen. Viele von ihnen zeigen Spuren gewaltsamer Tötungen und wurden nackt versenkt, was an Menschenopfer oder Hinrichtungen von Verbrechern denken läßt. Bei einigen Moorleichen, darunter auch das berühmte „Mädchen von Windeby", könnte es sich dagegen um gewöhnliche Bestattungen mit Beigaben handeln, die nur durch ihre besonderen Erhaltungsbedingungen in Moornähe auffallen.

Gegen Ende des 4. Jahrhunderts n. Chr. wurde auch die Bevölkerung Schleswig-Holsteins in die Ereignisse der maßgeblich durch die Krise und den darauffolgenden Zusammenbruch des Römischen Reiches geprägten Völkerwanderungszeit verwickelt. Für das 4. und 5. Jahrhundert läßt sich eine deutliche Besiedlungsabnahme feststellen, für das 6. und 7. Jahrhundert muß sogar von einer weitgehenden Siedlungsleere gesprochen werden. In den archäologischen Quellen ist das gleiche Bild sowohl bei den Bestattungs- als auch bei den Siedlungsplätzen zu erkennen. Darüber hinaus belegen naturwissenschaftliche Untersuchungen einen starken Rückgang von Getreidepollen in dieser Zeit, der nur durch das Wüstwerden der Ackerflächen zu erklären ist. Parallel dazu nimmt die Zahl der Hortfunde, im Boden versteckte Gegenstände, im 5. und 6. Jahrhundert stark zu. Vermutlich wurden die oft sehr wertvollen Fundstücke – Münzen, Brakteaten (einseitig geprägte Münzen und Schmuckscheiben), Schmuck aus Edelmetall und Waffen – vor der Abwanderung der Bevölkerung versteckt. Das Ziel von großen Teilen der Einwohnerschaft Schleswig-Holsteins war England. Auch dort finden sich für Norddeutschland charakteristische Fundstücke seit dem 4. Jahrhundert in großer Zahl. Zudem treten die beiden bedeutendsten Stammesverbände der norddeutschen Landschaft in England unter der Bezeichnung Angelsachsen auf. Worin die Gründe für die Auswanderung bestanden, ist allerdings noch nicht gänzlich geklärt. Sicher spielte die Hoffnung auf reiche Beute in der ehemaligen römischen Provinz Britannien eine Rolle, doch ob dies für eine Auswanderung des beschriebenen Umfangs ausreichend ist, bleibt fraglich. Bedrohung durch Nachbarn, Bodenerschöpfung, Übervölkerung und Hungersnöte im eigenen Land erscheinen als unmittelbarer Anlaß möglich.

In das noch immer dünn besiedelte Gebiet Schleswig-Holsteins wanderten wohl um den Beginn des 8. Jahrhunderts herum slawische Stämme von Osten her ein. Dänische Wikinger drangen in die nördlichen Landesteile, Friesen besetzten die westlichen Inseln und Nordfriesland. Zusammen mit der sich langsam erholenden sächsischen Bevölkerung, die im Westen des Landes ansässig blieb, bildete Schleswig-Holstein im frühen Mittelalter die Schnittstelle von vier Kulturgruppen. Die Folgezeit ist von den Auseinandersetzungen zwischen diesen Völkerschaften geprägt, in die auch die Franken im Zuge der Expansionspolitik Karls des Großen eingriffen. 811 waren die nordelbischen Sachsen dem Frankenreich eingegliedert.

Die kriegerischen Zeiten haben in Burgen und anderen Befestigungen ihre eindrucksvollen Spuren hinterlassen. Die sächsischen Gaue wurden an ihren Haupteinfallswegen durch Fluchtburgen für die bäuerliche Bevölkerung oder ständig bewohnte „Adelsburgen" gesichert. Durch die zweitorige Stellerburg bei Weddingstedt in Norderdithmarschen führte der westliche Heerweg. Die Burganlage sperrte somit den Zugang nach Dithmarschen von Norden und von See her. Die gleichzeitigen Dörfer unterschieden sich in Anlage und Architekturformen nicht wesentlich von den Siedlungen der vorangegangenen Eisenzeit. Hervorragende Erhaltungsbedingungen wurden von der archäologischen Forschung in den seit der römischen Kaiserzeit besiedelten Marschen angetroffen. Auf den gegen Überflutungen geschützten Wurten, ein sorgfältig untersuchtes Beispiel ist die Wurt Elisenhof bei Eiderstedt, lebten die Menschen hauptsächlich von der Viehhaltung. Als Bestattungsbrauch setzte sich in dieser Zeit wiederum vermehrt die Körperbestattung, zum Teil unter einem Grabhügel, durch.

In vieler Hinsicht sind die Hinterlassenschaften der Friesen denen der Sachsen sehr ähnlich. Auch hier wurden Angehörige wohlhabender und einflußreicher Familien unter Grabhügeln beigesetzt, die in Gruppen zusammenliegen. Eine solche Nekropole sind etwa die „Monkberge" auf Föhr. Die Friesen errichteten ebenfalls Burgen zur Verteidigung des Lan-

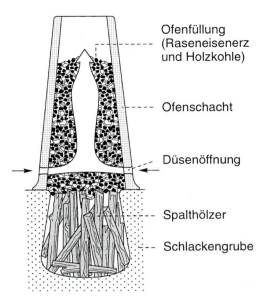 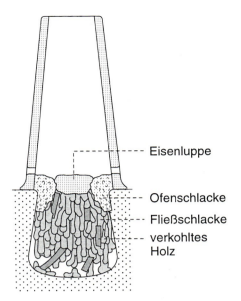

Die schematische Darstellung zeigt einen Rennfeuerofen bei Beginn (links) und nach Beendigung des Brennvorganges (rechts). Die aus dem Raseneisenerz ausgeschmolzene Luppe wurde zur weiteren Verarbeitung entnommen. In Schleswig-Holstein gab es frühestens seit 500 v. Chr. eine eigenständige Eisenverhüttung.

Sieht man von Haithabu aus nach Norden, fällt der Blick auf das dem Bodendenkmal angegliederte Wikinger Museum. Hier kann man sich über die Geschichte des vom 8. bis 11. Jahrhundert bedeutenden Handelsplatzes am Haddebyer Noor informieren.
Besonders die reich verzierten Schmuckgegenstände offenbaren die große Fertigkeit der wikingischen Handwerker. Diese bronzene „Kleeblattfibel" verschloß einen zur Frauentracht gehörenden Umhang.

des. Die eindrucksvollste ist die Tinnumburg auf Sylt mit ihrem noch heute über fünf Meter hohen Wall.

Die Slawen bildeten zunächst nur kleine Stammesgruppen mit einer in ihrem Mittelpunkt gelegenen Burg. Viele von ihnen sind in versteckter, geschützter Lage, in feuchten Niederungen oder Seen zu finden. Der jeweilige Herrschaftsbereich kann, sofern es sich nicht um reine Fluchtburgen handelte, zunächst nur klein gewesen sein. Die Anzahl der slawischen Burgen in Ostholstein ist mit weit über 60 Anlagen nämlich auffallend groß. Erst in späterer Zeit gelang es einzelnen Burgherren, größere Gebiete unter ihre Herrschaft zu bringen. Wenige Burgen bekamen dadurch eine herausragende Stellung. In Schleswig-Holstein waren dies die Oldenburg als Hauptort der Wagrier und Ratzeburg für die Polaben. Mitte des 11. Jahrhunderts wurde der Hauptort der Abodriten (auch Obotriten) nach Alt-Lübeck, die Vorgängersiedlung von Lübeck, verlegt.

Die langjährigen Ausgrabungen der Oldenburg, slawisch Starigard, mit ihrem mächtigen achtförmigen Wall haben ihre außergewöhnliche Stellung unterstreichen können. Weitreichende Handelskontakte mit dem karolingisch-ottonischen Imperium, Skandinavien, Osteuropa und dem Orient konnten durch zahlreiche Importfunde belegt werden. Vor allem die fürstliche Hofhaltung ließ sich durch pfalzartig strukturierte Repräsentationsbauten erfassen. Eindrucksvoll wurden auch die Auseinandersetzungen zwischen christlichem und „heidnischem" Glauben nachgewiesen. So wurde das zeitliche Nacheinander einer hölzernen Kirche mit umgebenden Bestattungen und eines heidnischen Sakralbezirks mit zahlreichen rituell deponierten Pferdeschädeln und Pferdebeinen angetroffen.

Spätestens seit dem 8. Jahrhundert gehörten die nördlichen Teile Schleswig-Holsteins zum Herrschaftsgebiet dänischer Wikinger. Die Südgrenze wurde durch die Befestigungsanlagen des Danewerks, des größten Bodendenkmals im nördlichen Europa, markiert. Die quer durch die Jütische Halbinsel von der Eider-Treene-Niederung bis zur Schlei verlaufenden Anlagen sind noch in weiten Teilen erhalten, obgleich sie Mitte des 19. Jahrhunderts neu befestigt worden sind. Bei archäologischen Untersuchungen erwies sich, daß schon 737 ein Danewerk bestand, in dessen Kern aber jüngst noch ältere Befestigungsanlagen erkannt werden konnten. Der ursprüngliche Grund für die Errichtung des Danewerks kann also nicht der erst später erfolgte Vorstoß der Franken gewesen sein. Auch die in späteren historischen Quellen stets erwähnten dänischen Könige waren nicht die ursprünglichen Bauherren der Wälle, auch wenn die Anlagen unter ihnen einen starken Ausbau erfuhren.

Neben dem Danewerk ist Haithabu ohne Zweifel das bekannteste archäologische Denkmal Schleswig-Holsteins. Auch die Anlage und Bedeutung der frühstädtischen Siedlung am Haddebyer Noor geht auf die Landenge zurück, die den Abstand von Nord- und Ostsee hier auf etwa 15 Kilometer reduziert. Schiffe aus der Nordsee konnten damals über Eider und Treene bis zum Hafen Hollingstedt fahren, wo die Güter auf Wagen umgeladen oder die Schiffe über Land geschleppt wurden. Von Haithabu aus konnten sie dann über die Schlei in die Ostsee gelangen. Zusammen mit der Nähe zum nordsüdlich verlaufenden Heerweg bot sich also ein optimaler Platz für einen Handelsort.

Der heute das Bild des Ortes bestimmende bis zu zehn Meter hohe Halbkreiswall, der sich übrigens unterseeisch als Sperrwerk aus Rammpfählen fortsetzt, wurde erst Mitte des 10. Jahrhunderts errichtet und später mehrfach erhöht. Die älteste, bis ins 8. Jahrhundert zurückreichende Siedlung war noch unbefestigt. Die bei den mehrjährigen Ausgrabungen angetroffenen überaus günstigen Erhaltungsbedingungen für organische Materialien vermitteln ein detailliertes Bild der Häuser, Wege, Zäune und der topographischen Strukturen der Siedlung in ihrer Gesamtheit. Danach zeigt schon die älteste Ansiedlung Anzeichen einer planvollen Parzellierung des Geländes, die auf einen die Siedlung durchschneidenden Bach Bezug nimmt. Die große Bedeutung von Handwerk und Handel konnte durch Importfunde aus weiten Teilen Europas, viele vor Ort hergestellte Waren und zwei Schiffsfunde im Hafen nachgewiesen werden. Die Versorgung mit Nahrungsmitteln muß zum weit überwiegenden Teil aus dem ländlichen Umland erfolgt sein. Nur eines der ergrabenen Gebäude vereinte einen Wohn- und einen Stallteil unter einem Dach.

Der wirtschaftliche Niedergang Haithabus zeichnete sich bereits vor der endgültigen Zerstörung durch ein slawisches Landheer im Jahre 1066 ab. Er findet seine Begründung in mehreren wendischen und schwedischen Überfällen seit Ende des 10. Jahrhunderts, einem Wandel der Schiffstypen im 11. Jahrhundert und veränderten naturräumlichen Gegebenheiten. Die neuen Schiffe, Vorläufer der Koggen, hatten einen größeren Tiefgang und konnten den Handelsplatz bei zunehmender Verlandung des Haddebyer Noors nicht mehr erreichen. So wurde Haithabu in seiner Bedeutung allmählich durch die Neugründung von Schleswig abgelöst, die den fränkisch-sächsischen Namen „Sliaswich" des alten Siedlungsplatzes übernahm.

Nun bricht mit dem hohen Mittelalter eine Epoche an, die uns weit mehr schriftliche Zeugnisse hinterlassen hat als die vorangehenden Kulturen. Die historische Forschung tritt für diesen Zeitraum gleichberechtigt neben die Archäologie. Zumeist informieren historische und archäologische Quellen über unterschiedliche Aspekte der historischen Wirklichkeit. So sind beispielsweise Aussagen über die Rechts- und Verfassungsgeschichte nur vereinzelt und indirekt über archäologische Quellen zu gewinnen. Umgekehrt leistet die Archäologie einen wesentlichen Beitrag zum Hausbau oder zur häuslichen Sachkultur – Untersuchungsgegenstände, die in der schriftlichen Überlieferung nur ungenügend berücksichtigt sind.

Als eine Folge baulicher Aktivitäten betrifft auch in Schleswig-Holstein heute eine sehr große Anzahl archäologischer Untersuchungen mittelalterliche Stadtkerne. Schon seit Jahrzehnten finden derartige Untersuchungen beispielsweise in Lübeck statt. Wesentliche aus der historischen Überlieferung nicht bekannte Ergebnisse sind unter anderem der Nachweis einer intensiven slawischen Besiedlung des Stadthügels, an die die deutsche Gründung anknüpfte, und die erst um die Wende zum 13. Jahrhundert erfolgte Aufteilung von Großgrundstücken in schmale, „handtuchartige" Parzellen.

Einen Einblick in die Sachkultur des Mittelalters bietet vor allem das Fundgut aus Latrinen, da man sie vielfach auch zur Entsorgung von Haushaltsabfällen nutzte. Wie hier in Lübeck haben die feuchten Fäkalschichten auch hölzerne Gegenstände bewahrt. Darüber hinaus liefern naturwissenschaftliche Untersuchungen der Inhalte Aufschlüsse über Ernährung und Krankheiten der damaligen Menschen.

„Ewich tosamende ungedelt?": Die Landesgeschichte vom Mittelalter bis 1866

Eckardt Opitz

Die Geschichte eines Landes beginnt, wenn es in die kontinuierliche schriftliche Überlieferung einbezogen wird. Die Gebiete nördlich der Elbe traten erst sehr spät in das Licht der abendländischen Geschichte. Vor dem 8. Jahrhundert gibt es kaum schriftliche Zeugnisse, und danach bleiben sie bis ins 11. Jahrhundert hinein spärlich. Im Zuge der Neuordnung der mitteleuropäischen Welt im 8. und 9. Jahrhundert fand auch der Norden – und damit die Länder, die später Schleswig und Holstein genannt werden – Eingang in die historische Überlieferung.

Nordelbien im Mittelalter

Während der Auseinandersetzungen Karls des Großen mit den Sachsen, die im späten 8. Jahrhundert begann, wurde auch Nordelbien in die fränkische Geschichte einbezogen. Der Machtkampf zwischen dem Frankenreich, Dänemark und den slawischen Fürstentümern zog sich über mehrere Jahrhunderte hin. Nachdem König Karl sich zunächst der Slawen im ostholsteinischen Gebiet bedient hatte, um die nordelbischen Sachsen zu besiegen (Schlacht auf dem Swentanafeld bei Bornhöved, 798), ging er später dazu über, den Einfluß der Obotriten zurückzudrängen. Im Limes Saxoniae, einer Grenzbefestigungsanlage, die in der Linie Kieler Förde–Trave–Lauenburg verlief, wird diese Politik sichtbar.

Der Vorstoß des Fränkischen Reiches über die Elbe mobilisierte im Norden den Dänenfürsten Göttrik, der begonnen hatte, ein nordisches Großreich zu errichten. Göttrik hatte seinen Einfluß auf der jütischen Halbinsel bis an Eider und Schlei ausgedehnt und ließ zur Sicherung gegen Süden Wälle errichten; er schuf damit die Anfänge des Danewerks. Göttrik war es auch, der 808 am Fuße der Schlei eine Kaufmannssiedlung anlegen ließ: Haithabu. Die grundlegenden Veränderungen der Wirtschafts- und Handelsverhältnisse, die durch die Gründung des Fränkischen Reiches, aber auch durch die Expansion der Wikinger im Ostseeraum bedingt waren, führten dazu, daß sich am Haddebyer Noor aus einer kleinen unbefestigten Siedlung binnen kurzem ein Wik, ein Hafen- und Handelsplatz, entwickelte, der im Laufe des 9. Jahrhunderts zu dem – neben Birka in Schweden – bedeutendsten wirtschaftlichen Knotenpunkt Nordeuropas wurde. Etwa 250 Jahre bestand Haithabu als Wirtschaftszentrum und Umschlagplatz im West-Ost-Handel; während dieser Zeit änderten sich mehrmals die politischen Verhältnisse: Dänische Könige, schwedische Wikinger-Fürsten (mehrere Runensteine erinnern an die schwedische Dynastie, die ihr Zentrum in Haithabu hatte) und sächsische Kaiser wechselten in der Herrschaft ab. Zerstörung und Wiederaufbau in rascher Folge konnten bei Grabungen nachgewiesen werden. Die endgültige Zerstörung und die Aufgabe des Platzes erfolgten dann 1066 nach einem Wendeneinfall. Von der Mitte des 11. Jahrhunderts an ist eine Siedlung am anderen Ufer der Schlei festzustellen: Schleswig. Diese Neugründung versuchte noch eine Weile, die Rolle Haithabus fortzuführen; doch schon bald verlor die Stadt ihre Bedeutung; mit dem aufblühenden Lübeck konnte kein anderer Handelsplatz konkurrieren.

Von Hamburg und Haithabu aus wurden auch frühe Christianisierungsversuche in Richtung Norden unternommen, aber die Bemühungen Bischof Ansgars (801–865) und seiner Nachfolger hatten zunächst nur geringen Erfolg. Erst unter Erzbischof Adalbert von Bremen (gest. 1072) nahm die Mission im Norden und bei den Wenden wieder einen deutlichen

Aufschwung. Bleibende Erfolge waren jedoch nicht vor dem 12. Jahrhundert zu verzeichnen.

Spätestens während der Regierungszeit Knuds des Großen (1018–1035), dessen Herrschaftsbereich Dänemark, England, Schottland und Norwegen umfaßte, wurde das Schleswiger Gebiet bis zur Eider als Südgrenze unter der Bezeichnung „Südjütland" Teil des Dänischen Reiches. Für die Verteidigung des Landes gegen slawische Überfälle richtete der dänische König in Schleswig eine Statthalterschaft ein. Eine ähnliche Funktion hatte auch die Schaffung des Grafenamtes in Holstein und Stormarn durch den sächsischen Herzog Lothar von Supplinburg.

Die Herrschaft der Schauenburger

Im Jahre 1111 wurde Graf Adolf von Schauenburg mit Holstein und Stormarn belehnt. Fast 350 Jahre lang hatten die Schauenburger das Grafenamt inne, und sie nutzten es, um das Land politisch, sozial und wirtschaftlich grundlegend zu verändern. Vor allem im heutigen Ostholstein, in der historischen Landschaft Wagrien, wirkte sich ihre Herrschaft nachhaltig aus: Die Schauenburger ließen das Land von deutschen Rittern erobern und von Siedlern aus vielen Teilen des Reiches bevölkern; die Slawen, sofern sie nicht schon zuvor das Land verlassen hatten, wurden teils vertrieben, teils umgesiedelt; in manchen Bereichen ergab sich auch ein friedliches Nebeneinander. Graf Adolf II. gilt als der eigentliche Kolonisator Wagriens. Er legte an Trave und Wakenitz Lübeck an, das sich bald zu einer bedeutenden Handelsstadt entwickelte und den Ostseehandel an sich zog.

Während der Thronkämpfe zwischen Staufern und Welfen wurde die Herrschaft der Schauenburger 1201 unterbrochen. Holstein geriet in dänische Hand. Albrecht von Orlamünde, ein Neffe des dänischen Königs Waldemar II., regierte bis 1227 als Graf. Doch schon bald zeigten sich Schwächen im dänischen Ostseeimperium, worauf mehrere norddeutsche Fürsten ihre Truppen sammelten, sie mit Mannschaften aus Hamburg und Lübeck verstärkten und am 22. Juli 1227 das dänische Heer unter König Waldemar in der Schlacht bei Bornhöved besiegten. Dies war die folgenschwerste Kampfhandlung, die jemals auf dem Boden Schleswig-Holsteins aus-

Die Schlacht bei Bornhöved am 22. Juli 1227, bei der das dänische Heer unter König Waldemar II. von den Truppen norddeutscher Fürsten und der Städte Hamburg und Lübeck geschlagen wurde, gehört zu den Eckdaten der schleswig-holsteinischen Landesgeschichte. Die Abbildung zeigt eine Seite aus der um 1300 entstandenen Sächsischen Weltchronik.

Graf Adolf IV. von Schauenburg (ca. 1205–1261), der Sieger in der Schlacht bei Bornhöved. Nach einem Gemälde aus dem 16. Jahrhundert im Hamburger Magdalenenkloster.

getragen worden ist. Diesem Ereignis kommt nicht nur für die schleswig-holsteinische, sondern auch für die nordeuropäische Geschichte größte Bedeutung zu: Dänemark mußte auf seinen gesamten Festlandbesitz verzichten, auf Holstein, Lübeck, Hamburg, Lauenburg, Mecklenburg und Pommern. Die Eider wurde wieder die Südgrenze Dänemarks. Adolf IV. von Schauenburg, der Sieger von Bornhöved, konnte als Graf von Holstein und Stormarn in das Land zurückkehren und die Herrschaft der Schauenburger für lange Zeit etablieren.

Das 13. Jahrhundert brachte für Holstein tiefgreifende Veränderungen in den wirtschaftlichen und sozialen Strukturen: Es kam zur Einführung des Lehnsrechts und der Grundherrschaft, welche die ehemals freien Bauern zu Hintersassen und später zu Leibeigenen des Adels machte. Dieser Adel, von den Schauenburgern vor allem im Kolonisationsgebiet Ostholsteins als Dienstadel und Lehnsmannschaft eingesetzt, entwickelte sich zur Ritterschaft und verlangte bald eine größere Unabhängigkeit von der landesherrlichen Gewalt. Mehr und mehr betrachteten sich die Gutsherren als gleichberechtigte Partner der Grafen, denen sie nur aus freiem Willen Gefolge zu leisten bereit waren. Auch für Schleswig brachte das 13. Jahrhundert erhebliche Veränderungen: Zwischen die dänische Königsherrschaft und das Territorium nördlich der Eider rückte eine herzogliche Zwischengewalt. Herzog Abel (1232–1252), der in seinen Bemühungen, die Verbindung mit Dänemark zu lockern, von den holsteinischen Grafen unterstützt wurde, mit denen er in verwandtschaftlichen Beziehungen stand, gelang es noch im 13. Jahrhundert, seinem Territorium eine an deutschen Vorbildern orientierte Verwaltung zu geben und den südjütischen Adel als Gefolgschaft an den Schleswiger Hof zu verpflichten. Aber auch dieser Adel entwickelte sich wegen seiner wirtschaftlichen Stärke zu einer selbständigen politischen Macht und trachtete danach, sich aus der Abhängigkeit von den Herzögen zu lösen. In das dünnbesiedelte Schleswig wanderten deutsche Adlige und Bauern ein und prägten – analog zur Grundherrschaft in Holstein – schon bald die sozialen Verhältnisse.

Die Schauenburger machten zunehmend Gebrauch vom dynastischen Prinzip der Landesteilung, so daß bald mehrere Linien dieser Familie im Lande herrschten. Eine bestimmende Figur wurde Gerhard III. aus der Rendsburger Linie, dem es 1326 erstmals gelang, Schleswig mit Holstein zu verbinden und zeitweise sogar über Dänemark zu herrschen. In den folgenden Jahren kam es zu einem erbitterten Ringen zwischen Holsteinern und Dänen um die Herrschaft über Schleswig. Am Ende wurde Herzog Adolf VIII. das Herzogtum Schleswig von dänischer Seite zuerkannt; 1440 erhielt er von Kaiser Albrecht II. die Belehnung mit dem Herzogtum. Adolf VIII. war der letzte in der langen Kette der Schauenburger Grafen (sieht man von der Pinneberger Linie ab, die eine besondere Rolle spielte). Bevor er kinderlos starb, empfahl er König Christian I., dem ersten Oldenburger auf den dänischen Thron, zum Erben in Holstein und Schleswig. Der König hatte sich allerdings zu verpflichten, die Landesrechte anzuerkennen, und das bedeutete vor allem die Respektierung der Privilegien der Ritterschaft.

Die Bedeutung der Ripener Urkunde von 1460

Am 5. März 1460 unterzeichneten König Christian I. als Herzog von Schleswig und Graf von Holstein-Stormarn einerseits und die Stände, das heißt der Adel, die Geistlichkeit und die Städte, andererseits eine Urkunde, der für die weitere Geschichte

Schleswig-Holsteins entscheidende Bedeutung zukommt. Das Ripener Privileg kann in mancherlei Hinsicht als „Magna Charta" Schleswig-Holsteins angesehen werden, da in dieser Urkunde die Autonomie der Länder Schleswig und Holstein garantiert wurde: Schleswig blieb dänisches und Holstein deutsches Lehen, doch waren beide in einer „Realunion" verbunden. König Christian verpflichtete sich und seine Erben, Schleswig und Holstein immer ungeteilt zu lassen: „Dat se bliven ewich tosamende ungedelt" lautete die Formel, die im 19. Jahrhundert zum Kampfruf der nationalen schleswig-holsteinischen Bewegung wurde, allerdings unter einem ganz erheblichen Bedeutungswandel.

Die staatsrechtlichen Absonderlichkeiten, die dann 400 Jahre später zu den großen Auseinandersetzungen des Deutschen Bundes mit Dänemark führten, sind letztlich nur verständlich vor dem Hintergrund der Ripener Urkunde. Von den in diesem Dokument enthaltenen Bestimmungen ist oft abgewichen worden, aber stets blieben Teileelemente respektiert. Die in Ripen unterzeichnete Urkunde enthält vor allem Privilegien der Stände, doch da die Stände das Land nicht nur repräsentierten, sondern das Land selbst waren, stellten ihre Privilegien auch Landesrechte dar. 1460 wurde der schleswig-holsteinische Ständestaat geschaffen; die Stände – vor allem die Ritterschaft – bildeten während der ganzen Zeit, in der die beiden Länder von den dänischen Königen und den Gottorfern teils gemeinsam, teils getrennt regiert wurden, die wirksamste Klammer für die Einheit Schleswig-Holsteins. 1474 erreichte Christian I. von Kaiser Friedrich III. die Erhebung Holsteins zum Herzogtum, so daß von jetzt an von den Herzogtümern Schleswig und Holstein oder auch den „Elbherzogtümern" gesprochen werden kann. Eine erste und gravierende Abweichung von den

Bestimmungen der Ripener Urkunde trat bereits 1490 ein: Das Land wurde unter den beiden Söhnen Christians, Johann und Friedrich, aufgeteilt, nachdem die Stände 1482 beide zu Herzögen gewählt hatten. Diese Zweiteilung des Landes erfolgte nicht auf die Weise, daß jedem der beiden Fürsten ein auch verwaltungstechnisch klar abzugrenzender Bereich zufiel, sondern durch Zerlegung in meist streifenförmige Anteile, so daß die Verwaltungsdistrikte der beiden Regenten bunt gemischt nebeneinander lagen. Das Hauptschloß König Johanns wurde Segeberg; sein Anteil, der „königliche", bestand im wesentlichen aus den Ämtern Segeberg, Rendsburg, Flensburg, Apenrade und den Inseln Alsen, Aerö und Fehmarn. Herzog Friedrich erhielt den Gottorfer (oder „herzoglichen") Anteil mit der Residenz Gottorf und den Städten und Ämtern Schleswig, Tondern, Hadersleben, Kiel, Plön und Oldenburg, ferner die Städte Eckernförde, Itzehoe, Neustadt, Lütjenburg und die Landdistrikte Neumünster, Stapelholm, Eiderstedt, Nordfriesland, Steinburg, Itzehoe und Trittau. Nicht

Die Ripener Urkunde vom 5. März 1460 legte das staatsrechtliche Verhältnis zwischen dem Königreich Dänemark und Schleswig-Holstein für vier Jahrhunderte fest: Schleswig und Holstein waren durch Personalunion mit Dänemark verbunden und bildeten untereinander eine Art Realunion. Die vielzitierte Passage, „dat se bliven ewich tosamende ungedelt", wurde im 19. Jahrhundert verkürzt und zu einem politischen Schlagwort gemacht: „Up ewich ungedeelt".

die Gleichheit der Fläche war für die Aufteilung ausschlaggebend, sondern die Höhe der Einkünfte; dies entsprach der in Europa vorherrschenden Auffassung vom privatrechtlichen Charakter der landesherrlichen Gerechtsame. Die Einheit des Landes blieb trotz der Teilung aufrechterhalten, weil die Stände beiden Landesherren verpflichtet waren und weil es über die Gebiete der adligen Grundherren und der Klöster eine gemeinsame Regierung gab. Bis 1675 wurden auch gemeinsame Landtage abgehalten.

Der Bauernstaat Dithmarschen

Eine Sonderrolle in der schleswig-holsteinischen Geschichte nahm bis in das 16. Jahrhundert hinein der Dithmarscher Bauernstaat ein. Hervorgegangen aus einem sächsischen Gau, behielt dieses Gebiet auch dann seine Eigenständigkeit und weitgehende Unabhängigkeit, wenn es einem Territorialherrn wie dem Grafen von Stade oder dem Erzbischof von Bremen unterstellt oder tributpflichtig war. Der Wohlstand des Landes und die sehr straffe politische, soziale und militärische Ordnung führten dazu, daß sich Dithmarschen im 15. Jahrhundert auch von der Oberhoheit des Bremer Erzbischofs lösen und Eigenstaatlichkeit entwickeln konnte, als eine unabhängige Föderation von 19 Kirchspielen. Zahlreiche Versuche, die Dithmarscher zu unterwerfen, blieben erfolglos. Als Kaiser Friedrich III. Holstein zu einem Herzogtum erhob, gab er auch Dithmarschen als Lehen an König Christian I. Dessen Versuche aber, Dithmarschen als ein Holstein „inkorporiertes" Land zu behandeln, schlugen fehl; die Dithmarscher erreichten 1487 sogar einen Widerruf der Belehnung, der allerdings von den Nachfolgern des Königs nicht zur Kenntnis genommen wurde. Als diplomatische Schritte zur Beilegung des Konflikts gescheitert waren, rückte König Johann mit einem 12 000 Mann starken Heer, dessen Kern aus Söldnern bestand, in Dithmarschen ein, wurde aber am 17. Februar 1500 bei Hemmingstedt von zahlenmäßig unterlegenen Kräften (ca. 6 000 Mann) der Dithmarscher vernichtend geschlagen. Die Schlacht bei Hemmingstedt, in vielen Liedern und Epen besungen und gefeiert, hat für das Land Dithmarschen bis heute eine gewisse symbolische Bedeutung. Ob der Ausgang der Schlacht allerdings den Bauern in Thüringen und im Südwesten Deutschlands den Mut gestärkt hat, sich in der Bundschuhbewegung und im Bauernkrieg gegen ihre Obrigkeit zu erheben, wie behauptet worden ist, muß bezweifelt werden. In kriegsgeschichtlicher Hinsicht ist die Schlacht bei Hemmingstedt allemal bemerkenswert, weil der Erfolg der zahlenmäßig unterlegenen Partei auf der konsequenten Nutzung der natürlichen Gegebenheiten beruhte: Die Dithmarscher öffneten die Deiche und überfluteten damit das Schlachtfeld.

Dithmarschen konnte seine Unabhängigkeit aber nur noch bis 1559 wahren. Seine Verteidigungsfähigkeit war in dieser Zeit wegen innerer Reformen so reduziert worden, daß es im Krieg gegen König Christian II. und die Herzöge Adolf und Johann in mehreren Gefechten unterlegen war. Die Dithmarscher hatten ihre Unterwerfung zu beschwören, das Land wurde dreigeteilt (1580 in zwei Bereiche aufgeteilt), doch konnte es seine traditionelle Selbstverwaltung weitgehend erhalten. Trotz der einschneidenden wirtschaftlichen, sozialen und politischen Wandlungen im Laufe der folgenden Jahrhunderte behielt Dithmarschen bis in das 20. Jahrhundert hinein einen Eigenstatus im Rahmen Schleswig-Holsteins.

Landesfürsten und Ständemacht

Während die dithmarsischen Bauern um ihre Unabhängigkeit kämpften, vollzog sich in weiten Teilen der übrigen Herzogtümer ein Ausbau der Adelsmacht durch Erweiterung der Privilegien für die Ritterschaft, die eine Verschärfung der Leibeigenschaft der Bauern zur Folge hatte. Die Einführung der vollen Gerichtsbarkeit des Adels über die grundherrlichen Untertanen (1524) gehört zu den einschneidendsten Maßnahmen dieser Art. Die Blüte der Adelskultur im 16. Jahrhundert kann über diesen Tatbestand nicht hinwegtäuschen.

Die schleswig-holsteinische Ritterschaft erreichte im 16. Jahrhundert ihre höchste Machtstellung gegenüber den dänischen Königen und den Herzögen, die wirtschaftlich und damit zunehmend auch politisch vom Adel abhängig wurden. Zwar unterstützte der Adel die Versuche der Herzöge, Schleswig-Holstein aus den großen nordischen Auseinandersetzungen zwischen Dänemark und seinen Gegnern Schweden und Lübeck herauszuhalten, doch ließ er sich dafür weitere Rechte einräumen.

Die Reformation vollzog sich in den Herzogtümern ohne nennenswerte Kämpfe. Seit 1520 wirkten lutherische Prediger in den Städten des Landes, von den Landesherren teils geduldet, teils unterstützt. Die erste reformatorische Ordnung entstand im Norden des Landes, 1528 in Hadersleben. Unter König Christian III. wurde die Reformation mit der „Ordinatio ecclesiastica", an der Johannes Bugenhagen maßgebend mitgewirkt hatte, 1537 eingeführt. 1542 war auch die Opposition der Altgläubigen in den Herzogtümern gebrochen, so daß auf einem nach Rendsburg einberufenen Landtag die neue Kirchenordnung verabschiedet und damit zum Landesgesetz werden konnte. Auch an der schleswig-holsteinischen Kirchenordnung, einem der letzten

Denkmäler in niederdeutscher Sprache, wirkte Bugenhagen mit.

Konnte die Religionsfrage zwischen Fürsten und Ständen noch einvernehmlich geregelt werden, so gab es doch unmittelbar danach ein zähes Ringen wegen des Wahlrechts der Stände einerseits und der Anwendung des fürstlichen Erbrechts andererseits. 1544 kam es gegen den Widerstand der Stände, vor allem auch gegen den Rat des einflußreichen Johann Rantzau, zu einer neuen Teilung des Landes. König Christian III. setzte eine Dreiteilung zwischen sich und seinen Stiefbrüdern Johann und Adolf durch. An Herzog Adolf fiel der „Gottorfer Anteil". Herzog Johann erhielt den „Haderslebener Anteil". Der König selbst bekam den „Sonderburger (königlichen) Anteil". Gemeinsamer Regierung unterstanden auch nach dieser Teilung die adligen Güterdistrikte, die Städte in landständischen Angelegenheiten, Landgericht und Landtag, die Landesverteidigung, Kirchenangelegenheiten und die Gesetzgebung in grundsätzlichen Fragen. Die Einheit des Landes blieb auch bei der Teilung von 1544 erhalten. Als aber der seit 1559 regierende König Friedrich II. seinen jüngeren Bruder ebenfalls an der Regierung der Herzogtümer beteiligen wollte, was eine weitere Teilung bedeutet hätte, stieß er auf den energischen Protest der Stände; jetzt wurde erklärt, daß die in Ripen verbriefte Einheit des Landes weitere Teilungen nicht zulasse. Trotzdem belehnte Friedrich II. Herzog Johann den Jüngeren 1580 mit den Ämtern Sonderburg und Norburg in Schleswig und Plön und Ahrensbök in Holstein. Da die Stände sich aber weigerten, Johann dem Jüngeren als Herzog zu huldigen, wurde dieser nicht an der gemeinsamen Regierung des Landes beteiligt. Er und seine Nachkommen, die Sonderburger Linie, wurden als „abgeteilte Herren" bezeichnet. Als 1581 Herzog Johann der Ältere (Hadersleben) starb, teilten König Friedrich und Herzog Adolf (Gottorf) diesen Anteil untereinander auf, so daß es in der Folgezeit nur noch zwei „regierende Herren" im Lande gab. Gleichzeitig war damit aber auch der das 17. Jahrhundert bestimmende Dualismus zwischen dem König von Dänemark und dem Herzog von Schleswig-Holstein-Gottorf vorbereitet.

Die komplizierten staatsrechtlichen Verhältnisse in den Herzogtümern lassen sich – in der klassischen Formulierung von Otto Brandt – wie folgt zusammenfassen:

Die Schleswig-Holstein-Karte von Marcus Jordanus im „Theatrum Orbis Terrarum" des Abraham Ortelius, 1579.

Heinrich Rantzau (1526–1598), „das Licht und Leben Holsteins", diente drei dänischen Königen als Ratgeber, Amtmann und Statthalter. Er war aber auch als Gelehrter berühmt und darüber hinaus ein erfolgreicher Kaufmann.

Der König von Dänemark war
1. als Träger der dänischen Krone Oberlehnsherr von Schleswig;
2. Herzog von Schleswig und Holstein in Gemeinschaft mit dem Gottorfer Herzog, wobei er für Holstein die Stellung eines Lehnsmannes des deutschen Kaisers einnahm, und zwar war er
   a) Mitregent des gemeinschaftlichen Anteils,
   b) Regent des königlichen Anteils beider Herzogtümer.

Der Herzog von Gottorf war dementsprechend
1. Lehnsmann des dänischen Königs als Herzog von Schleswig;
2. Herzog von Schleswig und Holstein in Gemeinschaft mit dem dänischen König, wobei er für Holstein als Lehnsmann des deutschen Kaisers auftrat, und zwar war er
   a) Mitregent des gemeinschaftlichen Anteils,
   b) Regent des herzoglichen Anteils beider Herzogtümer.

„Gottorfer Kultur" im 16. und 17. Jahrhundert

Wenn in der Landesgeschichte das 16. Jahrhundert das „Rantzauische" genannt wird, dann soll damit ausgedrückt werden, daß der mächtigste Mann in den Herzogtümern nicht einer der Landesfürsten war, sondern Heinrich Rantzau (1526–1598); er besaß wirtschaftliche und politische Macht und war gleichzeitig ein Gelehrter von europäischem Rang. Auch als Unternehmer war er ein typischer Vertreter der Renaissance. Er prägte den Baustil im Lande durch die Errichtung von Herrenhäusern, dreiflügeligen Bauten von unverwechselbarem Stil. Er zog bedeutende Gelehrte und Künstler an seine Residenzen in Segeberg und Breitenburg, die ein halbes Jahrhundert lang Zentren europäischen Geistes im Zeitalter des Humanismus waren. Neben Heinrich Rantzau verblaßten die anderen führenden Vertreter der schleswig-holsteinischen Ritterschaft, obgleich auch sie bedeutende Beiträge zur Adelskultur des Landes geleistet haben: die Ahlefeldts, Blomes, Brockdorffs, Buchwaldts, Pogwischs, Reventlows und Rumohrs (um nur diese zu nennen). Im 17. Jahrhundert setzte sich die Machtentfaltung des Adels fort, teilweise begleitet von kulturellen Hochleistungen, doch verlor die Ritterschaft im Zuge der Ausbreitung absolutistischer Herrschaftsansprüche seitens der Landesherren an Bedeutung.

Wenn von „Gottorfer Kultur" die Rede ist, verbergen sich dahinter sehr unterschiedliche Elemente. Kunst- und architekturgeschichtlich handelt es sich um eine Phase der Spätrenaissance. Politisch wird eine Übergangssituation damit verbunden; die Rezeption des Römischen Rechts führte zur Ausbildung einer modernen territorialstaatlichen Verwaltung, in der juristisch geschulte bürgerliche Räte als Fachleute auftraten und die Grundlage für das moderne Beamtentum legten. Der mittelalterliche Ständestaat verlor mehr und mehr an Bedeutung.

Der Anspruch der Fürsten, von Gott verliehene Herrschaft auszuüben, die auch strenge Pflichterfüllung des Regenten einschloß, trat hinzu. Dieser Anspruch war allerdings begleitet von dem Versuch, die Besonderheit der Herrscherrolle auch nach außen sichtbar zu machen: Die Betkammer (der „Fürstenstuhl") des Herzogs von Schleswig-Holstein-Gottorf – architektonisch so angebracht, daß sie nicht nur von der Gemeinde abgesetzt, sondern auch noch über der Kanzel lokalisiert ist – kann als besonders markantes Zeugnis für die neue politische Auffassung interpretiert werden. Die wirtschaftlichen Verhältnisse des Landes ließen eine derartige Entfaltung fürstlicher Repräsentation kaum zu. Die Neigung der Herzöge, Projektmachern Gehör zu leihen oder auch selbst Pläne zu schmieden, die der wirtschaftlichen Misere begegnen sollten, war daher groß. Unter Herzog Friedrich III. (1616–1659), einem feinsinnigen und gelehrten Fürsten, erreichte die Gottorfer Kultur ihren Höhepunkt: Die Gottorfer Bibliothek und die Kunstkammer waren weit gepriesene Zentren der Gelehrsamkeit, galten aber auch als Sehenswürdigkeiten zur Befriedigung profaner Neugier bei den (meist adligen) Reisenden. Ein großer Teil der Sammlungen befindet sich heute in Kopenhagen.

Adam Olearius, als Hofmathematiker nach Gottorf berufen, war auch Historiker, Diplomat, Entdecker, Philologe und Erfinder – ein Universalgenie des 17. Jahrhunderts. Mit seiner Beschreibung einer im Dienste seines Fürsten unternommenen Reise nach Moskau und Persien hat er einen Beitrag zur Weltliteratur geleistet und zugleich für den Ruhm seines Auftraggebers gesorgt.

Nordische Koalitionen und die „Gottorfer Frage"

Herzog Friedrich III. wollte die Herzogtümer aus dem Dreißigjährigen Krieg heraushalten. Anderes hatte der dänische König Christian IV. (1588–1648), eine der populärsten Herrscherfiguren in Dänemark und in den Herzogtümern, im Sinn: Er suchte die Auseinandersetzung mit dem Hause Habsburg, sich dabei einen Zuwachs an Macht in Norddeutschland erhoffend. Die Niederlage bei Lutter am Barenberge 1626 und der Friede von Lübeck 1629 machten den Plänen des Königs ein Ende.

Herzog Friedrich wandte sich nach dem Scheitern des Königs unter Verletzung von Verträgen einer Neutralitätspolitik zu, die ihn mehr und mehr an Schweden band und mit dazu beitrug, daß Christian IV. 1645 im Frieden von Brömsebro schwere Opfer zu bringen hatte. Während des Schwe-

disch-Polnischen Krieges (1655–1660), der auch ein Krieg zwischen Dänemark und Schweden war, setzte Herzog Friedrich ganz auf die schwedische Karte. Die Siege Karls X. Gustav brachten zwar für den Herzog die Souveränität in den herzoglichen Gebieten von Schleswig, doch wurde das Land von fremden Truppen überzogen und hatte stärker zu leiden als während des Dreißigjährigen Krieges. Gottorf wurde bis an das Ende der schwedischen Großmachtzeit zu einer „Domäne Schwedens" (H. Kellenbenz), was zur Folge hatte, daß jede Schwächeperiode Schwedens zu Übergriffen des dänischen Königs auf das Territorium des Gottorfers führte. Nur aufgrund von Interventionen der Großmächte, die im Herzogtum Schleswig-Holstein-Gottorf bald einen Hebel zur Einflußnahme auf die schwedische Politik erblickten, wurden Herzog Christian Albrecht und seine Nachfolger in ihre Herrschaft restituiert. Die „Gottorfer Frage" und der dänisch-gottorfische Konflikt gehörten aber weiterhin zu den Krisenfeldern der europäischen Politik. So wurde die Gottorfer Streitfrage zum auslösenden Moment für den Großen Nordischen Krieg zu Beginn des 18. Jahrhunderts. 1713 besetzten dänische Truppen alle gottorfischen Landesteile; die schleswigschen wurden ganz in den königlichen Anteil einbezogen. Nur die holsteinischen Teile gelangten auf Druck des Kaisers an das Haus Gottorf zurück, dessen Residenz nach Kiel verlegt wurde. 1721 verpflichtete sich Schweden, jede Einmischung in die Angelegenheiten der Herzogtümer zu unterlassen. Doch mit dieser Verpflichtungserklärung war der Konflikt keineswegs beigelegt. Den Gottorfern war nichts als ein Zwergstaat geblieben, der zudem verschuldet und wirtschaftlich wenig leistungsfähig war; die dynastischen Verbindungen gaben ihnen aber eine große Bedeutung: 1725 hatte Herzog Karl Friedrich eine russische Prinzes-

sin, Anna Petrowna, die Tochter Peters des Großen, geheiratet. Damit hatte der ohnmächtige Herzog einen mächtigen Beschützer gefunden, der für Dänemark gefährlich werden konnte. Diese Gefahr vermehrte sich noch, als 1742 der Sohn Karl Friedrichs und der Zarentochter, der geistig beschränkte Karl Peter Ulrich, von Kaiserin Elisabeth zum russischen Thronfolger bestimmt wurde und 1762 als Peter III. Zar wurde. Darüber hinaus erhielt ein Vetter des Herzogs die Anwartschaft auf die schwedische Krone.

Die dänische Regierung, besonders der Chef der Deutschen Kanzlei und Außenminister Johann H. E. Bernstorff, versuchte, der Gefahr durch eine umfassende Sicherungs- und Bündnispolitik zu begegnen. Die endgültige Lösung der Gottorfer Frage ergab sich nach der Ermordung Peters III., als dessen Witwe, Katharina II., seine Nachfolge auf dem Zarenthron antrat und einen Ausgleich mit Dänemark suchte. Im Vertrag von Zarskoje Selo 1773 verzichtete Großfürst Paul zugunsten Dänemarks auf seine holsteinischen Gebiete; dafür wurden einer Nebenlinie der Gottorfer die Grafschaften Oldenburg und Delmenhorst, 1777 zum Herzogtum erhoben, überlassen. Mit dieser Entscheidung konnte der dänisch-gottorfische Dualismus beigelegt werden; die Herzogtümer waren jetzt unter demselben Herrscher vereinigt; die „gesamtstaatliche Zeit" erfuhr ihre rechtliche Grundlage und erreichte politisch sofort einen Höhepunkt.

Schleswig-Holstein im dänischen Gesamtstaat

Das 18. Jahrhundert brachte für Schleswig-Holstein zahlreiche Reformen, die zumeist getragen waren vom Geist der Aufklärung. Eine Agrarreform beendete archaische landwirtschaftliche Strukturen. Die Aufhebung der Leibeigenschaft war von ein-

Graf Andreas Peter von Bernstorff (1735–1797, links) gehört – wie sein Onkel Johann Hartwig Ernst von Bernstorff – zu den bedeutendsten Staatsmännern Dänemarks im 18. Jahrhundert. Auf dem Felde der Außenpolitik hatte er europäischen Rang.

Caspar von Saldern (1711–1786, rechts) war davon überzeugt, daß Schleswig-Holstein nur in Verbindung mit Dänemark ein dauerhafter Friede beschert sei. Saldern gehörte auch zu den Architekten des Ausgleichs zwischen Kopenhagen und St. Petersburg, mit dem die Zugehörigkeit Schleswig-Holsteins zum dänischen Gesamtstaat 1773 festgelegt wurde.

zelnen Gutsbesitzern zu Beginn des Jahrhunderts eingeleitet worden; für die Herzogtümer insgesamt wurde dieses Relikt aus dem Spätmittelalter 1805 abgeschafft. Die Reformen, oft mit dem Namen Andreas Peter Bernstorffs verbunden, schufen die Voraussetzungen für einen sozialen und wirtschaftlichen Aufstieg im 19. Jahrhundert. Auch in kultureller Hinsicht bedeutete das 18. Jahrhundert eine neue Blüte: Die zahlreichen Neu- und Umbauten von Herrenhäusern, an denen sich künstlerische und geistige Zentren entwickelten, zeugen noch heute von dieser Epoche, die treffend als „Ruhe des Nordens" bezeichnet wird.

Einen nationalen Gegensatz zwischen Dänen und Deutschen gab es bis ans Ende des 18. Jahrhunderts nicht. Die Auseinandersetzungen zwischen Gottorf und Kopenhagen waren Ausdruck absolutistischer Kabinettspolitik, nicht aber Ausfluß eines Nationalitätenproblems. Erst während der kurzen Wirkungszeit des radikalen Reformers Johann Friedrich Struensee an der Spitze der dänischen Regierung kam es zu einem Widerstand des dänischen Adels und des Bürgertums gegen das Übergewicht des deutschen Elements am Hof. Anfänge eines „Danizismus" waren also bereits vorhanden, als durch die großen Veränderungen, durch die Französische Revolution, den napoleonischen Imperialismus und die Befreiungskämpfe verursacht, auch im Norden der Herzogtümer die nationalen Leidenschaften entfacht wurden. Den Zusammenbruch des Deutschen Reiches 1806 suchte Dänemark durch Inkorporation des aus dem Reichsverband ausgeschiedenen Herzogtums Holstein auszunutzen. Auch das Sprachenreskript von 1810, durch das in wichtigen Lebensbereichen in Nordschleswig die deutsche durch die dänische Sprache ersetzt werden sollte, ist in diesem Kontext zu sehen. Die Reaktion in Schleswig-Holstein blieb nicht aus. Vor allem die Ritterschaft setzte sich gegen die Zentralisierungs- und Uniformierungsbestrebungen seitens der Regierung in Kopenhagen zur Wehr.

Der Ausgang der napoleonischen Epoche brachte für Dänemark schwere Verluste (im Kieler Frieden 1814 verlor es Norwegen an Schweden). Für die Geschichte Schleswig-Holsteins war aber bedeutsam, daß dem dänischen König das Herzogtum Lauenburg zugesprochen wurde. Von 1815 an wurden die drei Herzogtümer von der „Schleswig-Holsteinisch-Lauenburgischen Kanzlei" in Kopenhagen regiert. Als Herzog von Holstein und Lauenburg war der dänische König auch Mitglied des Deutschen Bundes, war also auch an Artikel 13 der Bundesakte gebunden, der eine landständische Verfassung vorsah. Die schleswig-holsteinische Ritterschaft versuchte, König Friedrich VI. im August 1816 zu einer Erweiterung der Verfassungsberatungen durch Einbeziehung Schleswigs zu bewegen. Dieser wies derartige Wünsche aber zurück; ihm schwebte vielmehr eine engere Verbindung Schleswigs mit dem Königreich vor. Die Ablehnung der von der Ritterschaft artikulierten Wünsche, die auch vom Bürgertum getragen wurden, verstärkten in den Herzogtümern die Mißstimmung gegen Dänemark, das durch seine Außenpolitik auch in Schleswig-Holstein schwere wirtschaftliche Not verursacht hatte. Für lange Zeit unvergessen blieb die Einquartierung einer schwedisch-russisch-preußischen Armee von 57 000 Mann im Winter 1813/14, der als „Kosakenwinter" in die Landesgeschichte einging. Die Neigung, sich ganz von Dänemark zu lösen und eine engere Anlehnung an den Deutschen Bund zu suchen, wuchs und wurde angesichts weiterer Versuche zur Danisierung in Nordschleswig nur noch stärker.

Nationale Gegensätze und die „schleswig-holsteinische Bewegung"

Der Publizistik kam jetzt eine große Bedeutung zu. Sie sorgte dafür, daß der Verfassungskampf, der als Auseinandersetzung der Ritterschaft mit dem König begonnen hatte, schon bald einen nationalpolitischen Anstrich bekam; der „schleswig-holsteinische Gedanke" fand vor allem in den „Kieler Blättern" Verbreitung. Mit dieser Zeitschrift hatte sich eine Gruppe Kieler Professoren, der Historiker Friedrich Christoph Dahlmann, die Juristen Nicolaus Falck und Karl Theodor Welcker und der Arzt Franz Hermann Hegewisch, ein Sprachrohr geschaffen, das von 1815 bis 1819 die akademische Jugend und das schleswig-holsteinische Bildungsbürgertum beeinflußte. Hier verbanden sich Verfassungskampf, deutsche Romantik und politischer Liberalismus mit der Propagierung eines deutschen Nationalstaates. Vor allem Dahlmann betonte die historischen Bindungen zwischen den Herzogtümern und gründete seine Argumente auf die Ripener Urkunde. Dahlmanns Manifeste wurden zwar im Lande populär, hatten aber in Kopenhagen keine Wirkung.

Je stärker sich in der Folgezeit liberale Forderungen mit der Verfassungsdiskussion verbanden, desto zurückhaltender wurden maßgebliche Mitglieder der Ritterschaft und der bürgerlichen Öffentlichkeit der schleswig-holsteinischen Frage gegenüber. Dies mußte am nachhaltigsten der „Freiheits- und Vaterlandsfreund" Uwe Jens Lornsen (1793–1838) erfahren, der die politischen Forderungen der Schleswig-Holsteiner am radikalsten formulierte und glaubte, daß die Juli-Revolution in Frankreich nicht ohne Auswirkungen auf den Norden bleiben würde. Obgleich seine Flugschrift „Ueber das Verfassungswerk in Schleswigholstein" (1830) in hoher Auflage verbreitet war, blieb die von ihm erhoffte Reaktion, eine breit gefächerte Mobilisierung der schleswig-holsteinischen Bevölkerung gegen alle Formen des dänischen Absolutismus, aus. Lornsen befand sich in der Rolle eines Feldherrn ohne Heer.

Seit 1834 bestanden getrennte Ständeversammlungen für Schleswig, Holstein und Lauenburg; die preußischen Provinzialstände hatten dabei als Vorbild gedient. Das Wahlrecht für die Ständeversammlungen war aber so gefaßt, daß nur zwei bis drei Prozent der Bevölkerung wahlberechtigt waren. Von Anfang an bereiteten die

Uwe Jens Lornsen (1793–1838) wollte mit seiner Schrift „Ueber das Verfassungswerk in Schleswigholstein" seine Landsleute aufrütteln. Erfolg hatte er damit nicht. Erst nach seinem frühen Tod, vor allem aber während der Erhebung 1848–1850 wurde Lornsen zu einer Symbol- und Integrationsfigur.

Tagungen der Schleswiger Ständeversammlung Schwierigkeiten, weil die Vertreter der dänischen Minderheit in Nordschleswig Dänisch als gleichberechtigte Verhandlungssprache eingeführt wissen wollten, was aber von der Mehrheit abgelehnt wurde. Die Ausbildung eines organisierten Danizismus in Nordschleswig, unterstützt durch Verwaltungsmaßnahmen in Kopenhagen, bewirkte bei den deutschorientierten Schleswig-Holsteinern eine Gegenbewegung, die in der „Landespartei" ihren Mittelpunkt hatte. Auch an der Kieler Universität fanden sich wieder wort- und schriftgewandte Verfechter der schleswig-holsteinischen Sache; allen voran der Historiker Johann Gustav Droysen. Während die Partei der „Eiderdänen" für einen Anschluß Schleswigs an Dänemark eintrat und dafür in Kopenhagen Unterstützung fand, setzten sich die Anhänger der „Landespartei" für die Einheit der beiden Herzogtümer und deren Inkorporation in ein zu gründendes Deutsches Reich ein. Dabei wurde der Herzog von Augustenburg zunehmend zur zentralen Figur, da er der aussichtsreichste Kandidat für die Übernahme des Erbes in den Herzogtümern war, für den Fall, daß die Oldenburger als Könige von Dänemark in der Manneslinie aussterben würden. Eine weibliche Erbfolge, die in Dänemark aufgrund des „Königsgesetzes" von 1665 möglich war, schlossen die Schleswig-Holsteiner für die Herzogtümer aus.

Als König Christian VIII. im Juli 1846 im sogenannten Offenen Brief dennoch die weibliche Erbfolge für den Gesamtstaat verkündete, fielen die letzten Schranken vor einer offenen Empörung. Jetzt trat auch die öffentliche Meinung in Deutschland auf die Seite der Schleswig-Holsteiner, deren Schicksal zu einem gesamtdeutschen Nationalproblem wurde.

Die Erhebung der Herzogtümer und der Deutsch-Dänische Krieg

Die durch die französische Februar-Revolution des Jahres 1848 ausgelösten Ereignisse ergriffen auch den Norden. In Kopenhagen gewann die national-liberale Partei der „Eiderdänen" („Dänemark bis an die Eider!") die Oberhand und veranlaßte den neuen König, Friedrich VII., die Einverleibung Schleswigs in das Königreich zu verkünden. Gleichzeitig hatte eine Erhebung in den Herzogtümern zur Einsetzung einer provisorischen Regierung geführt, die gemeinsam mit den Ständen den Anschluß der Herzogtümer an den Deutschen Bund und zur Lösung des Nationalitätenproblems eine kirchspielweise Abstimmung in Nordschleswig vorschlug. Die Ablehnung der Forderungen durch die Kopenhagener Regierung löste den Kampf zwischen Dänemark und den Herzogtümern aus. Diese wurden vom Deutschen Bund und von Preußen unterstützt. Trotz militärischer Erfolge brachte der Kampf zunächst keine Entscheidung. Auch als nach Ablauf eines siebenmonatigen Waffenstillstands vom August 1848 die Kampfhandlungen fortgesetzt wurden, jetzt unter Beteiligung eines Bundesheeres, blieb den Schleswig-Holsteinern der politische Erfolg versagt. Das Eingreifen der Großmächte (Rußland und Großbritannien) zwang zu einem erneuten Waffenstillstand zwischen Preußen und Dänemark (Juli 1849 in Berlin), in dem Schleswig an Dänemark übergeben wurde; für Holstein sollte eine Statthalterschaft beibehalten werden.

Die Schleswig-Holsteiner waren aber trotz des preußischen Rückzugs nicht gewillt aufzugeben. In der letzten Phase der Erhebung standen sie den überlegenen dänischen Streitkräften allein gegenüber. Am 25. Juli 1850 unterlag die kleine schleswig-holsteinische Armee der dänischen in der Schlacht bei Idstedt (nördlich von Schleswig); weitere Niederlagen folgten. Die Entscheidung über die Schleswig-Holstein-Frage fiel aber nicht auf dem Schlachtfeld, sondern am Konferenztisch: Im Londoner Protokoll vom 8. Mai 1852 erkannten Rußland, Österreich, Frankreich, Großbritannien, Preußen, Dänemark und Schweden-Norwegen die Integrität des dänischen Gesamtstaates und die Erbfolge des Prinzen Christian von Schleswig-Holstein-Sonderburg-Glücksburg an; sie wahrten andererseits die Rechte des Deutschen Bundes auf Holstein und Lauenburg; schon vorher aber hatte sich der dänische König Preußen gegenüber verpflichtet, „keine Inkorporation Schleswigs in das Königreich" stattfinden zu lassen. Damit war die Erhebung der Schleswig-Holsteiner gescheitert; aber auch die „Eiderdänen" hatten ihr Ziel, die dänische Südgrenze an die Eider vorzuschieben, nicht erreicht.

Der Konflikt war mit den Bestimmungen des Londoner Vertrages aber nicht beigelegt; die nationalen Leidenschaften waren auf beiden Seiten nach wie vor vorhanden und trieben die jeweiligen Regierungen zu Schritten, die eine friedliche Einigung nahezu ausschlossen. Als König Christian IX. 1863 die „eiderdänische" Verfassung, die eine Einbeziehung Schleswigs in das Königreich vorsah, unterzeichnete, war ein erneuter Waffengang kaum noch zu vermeiden. Die Lösung des Konflikts sowohl in militärischer als auch in diplomatischer Hinsicht ging jetzt aber von Preußen aus: Otto von Bismarck bereitete die nächsten Schritte geschickt vor, indem er das gemeinsame Vorgehen Österreichs und Preußens gegen Dänemark durch Absprachen mit Rußland und Frankreich absicherte, ohne daß dabei sein letztes Ziel, die Herzogtümer für Preußen zu gewinnen, offenbart worden wäre. Die eigentliche militärische Operation begann mit dem Einrücken von hannoverschen und sächsischen

Die Düppeler Schanzen hatten im 19. Jahrhundert eine wichtige strategische Bedeutung für die Sicherung der Insel Alsen. Am 13. April 1849 wurden sie von der schleswig-holsteinischen Armee eingenommen. Nach 1852 ließ der dänische König sie ausbauen und verstärken. Dennoch gelang es den preußischen Truppen während des Deutsch-Dänischen Krieges, die Schanzen am 18. April 1864 zu erstürmen. Die Zeichnung von F. M. Graf zeigt die Düppeler Schanzen im Zustand des Jahres 1849.

Truppen im Namen des Deutschen Bundes in Holstein und Lauenburg. Am 16. Januar 1864 verlangten Österreich und Preußen ultimativ die Aufhebung der „eiderdänischen" Verfassung. Nach der Zurückweisung des Ultimatums durch die Kopenhagener Regierung erfolgte der Einmarsch österreichischer und preußischer Truppen in Gebiete nördlich der Eider. Der schwache Widerstand der dänischen Armee konnte die alliierten Truppen nicht aufhalten. Die Erstürmung der Düppeler Schanzen im April 1864 durch preußische Truppen wurde zum Höhepunkt des Krieges. Nach dem Verlust Fredericias war die Niederlage Dänemarks definitiv.

In den sich anschließenden Verhandlungen der Signatarmächte des Londoner Protokolls zeigte sich schnell, daß eine Rückkehr zu den Verhältnissen von 1852 nicht mehr möglich war. Am 1. August kam es zu einem Präliminarfrieden, dem sich am 30. Oktober 1864 der Wiener Friede zwischen Dänemark, Österreich und Preußen anschloß, mit dem Ergebnis, daß König Christian IX. zugunsten Österreichs und Preußens auf die Herzogtümer verzichtete.

Die gemeinsame Verwaltung der Herzogtümer durch die beiden entscheidenden und rivalisierenden Mächte im Deutschen Bund konnte weder die Wünsche der Schleswig-Holsteiner befriedigen noch eine dauerhafte Kooperation zwischen Wien und Berlin begründen. Im Gegenteil: Die schleswig-holsteinische Frage wurde zum auslösenden Moment für den Krieg von 1866 zwischen Österreich und Preußen. Noch bevor auf dem böhmischen Schlachtfeld eine Entscheidung gefallen war, rückte der erste preußische Oberpräsident in das Kieler Schloß ein. Der Prager Friedensvertrag vom 23. August 1866 bestätigte nur noch vollendete Tatsachen. Die ehemaligen Herzogtümer Schleswig, Holstein und Lauenburg gingen in preußischen Besitz über.

Schleswig-Holstein erreicht sein historisches Ziel: Die Landesgeschichte von 1866 bis heute

Eckardt Opitz

Zäsuren in der Geschichte und die sich daraus ableitenden Epochen sind wissenschaftliche Konstrukte, die sich allerdings durch allgemeine Zustimmung bewähren können. In der Geschichte Schleswig-Holsteins hat sich ein solcher Einschnitt in den Jahren 1864 bis 1867 vollzogen, als die Herzogtümer aufhörten, als politische Subjekte zu fungieren, und statt dessen Objekte der machtpolitischen Interessen Österreichs und Preußens wurden, um am Ende als eine Provinz in den preußischen Staatsverband integriert zu werden.

Schleswig-Holstein wird preußische Provinz

Die Verwaltungsorganisation sowie das Rechts- und Gerichtswesen waren in der während des Mittelalters und der frühen Neuzeit entstandenen Buntheit, Zersplitterung und Ungleichheit bis in die zweite Hälfte des 19. Jahrhunderts tradiert worden. Gegensätze zwischen den Landesherren und den Ständen hatten Modernisierungen weitgehend ausgeschlossen.

Die preußische Politik erwies sich bei der Eingliederung der neuen Provinzen als sehr viel rücksichtsvoller, als von vielen befürchtet worden war. Und doch wurde die Bevölkerung mit einer Fülle von Reformen überschüttet; viele Schleswig-Holsteiner, die lieber einen eigenen Staat im Deutschen Bund/Reich gehabt hätten, fürchteten, ihre historische Identität zu verlieren.

Die Buntheit der alten Verwaltungsformen machte einer klaren und übersichtlichen Ordnung durch gleichartige Gemeindeverfassungen Platz. Die neugeschaffenen Kreise wurden – wie in Preußen üblich – von Landräten geleitet. Es entstanden Gemeinderäte und Kreistage. Vor allem aber erfolgte die längst überfällige Trennung von Verwaltung und Justiz. Viele der Maßnahmen, die vordergründig dazu dienten, die innere Einheit des preußischen Staates zu wahren (oder in den hinzugewonnenen Provinzen herzustellen) und die Ungleichheit und Privilegierungen zu beseitigen, erwiesen sich auch als Anpassung an die Erfordernisse des Industriezeitalters. Die Angst vor den neuen Steuergesetzen (die sich dann als gerechter erwiesen als die alten) und vor der preußischen Wehrpflicht bewog aber schon 1867 manchen Schleswig-Holsteiner zur Auswanderung nach Amerika.

Die politisch Einsichtigen – zu ihnen zählte unter anderem der Jurist und Historiker Theodor Mommsen – erkannten bald die Vorteile der neuen Ordnung und traten schon vor der Reichsgründung 1871 für die Zugehörigkeit Schleswig-Holsteins zur preußischen Monarchie ein.

Der rasche wirtschaftliche Aufschwung nach dem Anschluß an den Zollverein 1867 und im Zuge einer Industrialisierung, vor allem in den großen Städten Altona, Kiel und Neumünster, führte auch zu einer Veränderung der sozialen Struktur des Landes: 1907 sind nur noch 29,6 Prozent der Bevölkerung in der Landwirtschaft tätig; 1882 waren es noch 44,3 Prozent; 1900 leben 47 Prozent auf dem Lande; 1867 waren es noch 70 Prozent.

Die ersten Impulse für die Industrialisierung sind in Schleswig-Holstein nicht von Preußen ausgegangen, sondern waren schon in der gesamtstaatlichen Zeit erfolgt. Die erste Dampfmaschine wurde bereits 1824 in einer Tuchfabrik in Neumünster in Betrieb genommen. Verglichen mit anderen Regionen in Preußen war Schleswig-Holstein aber bei der Schaffung der Infrastruktur für moderne Wirtschaftsformen 1867 ein „Entwicklungsland". Der eigentliche „industrial take-off" erfolgte in Nordelbien tatsächlich erst in preußischer Zeit. Die Entwicklung Kiels als Werft- und Marinestandort wurde dabei zum Motor für die ganze Provinz.

Lauenburg hatte dem Anschluß an Preußen von vornherein positiv gegenübergestanden; in Holstein verhielt sich die Mehrheit der Bevölkerung reserviert; in Schleswig begegnete man dem preußischen Staat mit großer Zurückhaltung. Die dänische Bevölkerung in Nordschleswig stand den von Preußen eingeleiteten Maßnahmen mit entschiedener Ablehnung gegenüber und formierte sich zu einer nennenswerten Opposition. Die preußische Sprach- und Volkstumspolitik im Norden der Provinz zeichnete sich zunächst durch Zurückhaltung und Augenmaß aus. Erst gegen Ende des 19. Jahrhunderts griff der Oberpräsident, Ernst Matthias von Köller, zu Zwangsmethoden, die den Interessen Preußens nachhaltig schadeten. Wenn heute das repressive Verhalten des Staates gegen nationale Minderheiten als „Köllerpolitik" bezeichnet wird, geschieht dem Oberpräsidenten (von 1897 bis 1901) aber insofern Unrecht, als die Initiative für die harten Maßnahmen gegenüber den Dänen in Nordschleswig nicht auf Köller, sondern auf Kaiser Wilhelm II. zurückging, der das dänische Königshaus treffen wollte. Die Maßnahmen bewirkten das Gegenteil des Intendierten: Die dänische Volksgruppe in Nordschleswig erstarkte und schuf sich feste Organisationsformen, die sich auswirkten, als am Ende des Ersten Weltkriegs auch die Nordschleswig-Frage in die Bestimmungen des Versailler Friedensvertrages einbezogen wurde. Die Volksabstimmungen am 10. Februar und 14. März 1920 ergaben bei hoher Wahlbeteiligung im Norden eine Mehrheit für Dänemark, im Süden mit dem stark umkämpften Flensburg eine Mehrheit für Deutschland. Am Ende dieses für viele Betroffene schmerzlichen Vorgangs übernahm Dänemark ein Gebiet von rund 4 000 Quadratkilometern mit 163 000 Einwohnern. Schleswig-Holstein hatte damit etwa ein Fünftel seines ursprünglichen Territoriums verloren.

Vom Ersten Weltkrieg bis zum Ende des NS-Regimes

Der Übergang Schleswig-Holsteins in den preußischen Staatsverband hatte dem Land einen erheblichen Modernisierungsschub gegeben; und doch rückte Schleswig-Holstein schon bald an die Peripherie des Deutschen Reiches. Trotz des Ausbaus von Kiel zum Marinehafen, trotz des 1895 fertiggestellten Kaiser-Wilhelm-Kanals (Nord-Ostsee-Kanal) bekam das Land mehr und mehr den Charakter einer „Provinz". Auch die landesgeschichtlichen Ereignisse sind fortan nur noch als Teilaspekt eines größeren Zusammenhangs zu erfassen. Schon der Kieler Matrosenaufstand von 1918, der die Revolution in Deutschland auslöste, ist kaum als spezifisches Ereignis der Landesgeschichte zu interpretieren.

Ein Bruch mit den politischen Traditionen wird auch im veränderten

1865 hatte Preußen seine Ostsee-Marinestation von Danzig nach Kiel verlegt; 1871 avancierte Kiel zum Reichskriegshafen. Damit begann auch der Ausbau zur Industriestadt. Die Hohenzollern förderten diese Entwicklung. Die kaiserlichen Yachten besuchten regelmäßig den Kieler Hafen. Das Bild zeigt den Raddampfer „Kaiseradler", ein Schiff, das 1876 als „Hohenzollern" vom Stapel lief und bis 1892 kaiserliche Yacht war. Das Foto der „Kaiseradler" im Kieler Hafen entstand vor der Jahrhundertwende.

Der Aufstand der Kieler Matrosen im November 1918, dem sich auch die Arbeiter anschlossen, leitete nicht nur das Ende des Ersten Weltkrieges ein, sondern führte, als der Funke der Revolution auf das ganze Deutsche Reich übersprang, zu einer Veränderung des politischen Systems in Deutschland.
Der Abstimmung am 10. Februar und am 14. März 1920 über die künftige Zugehörigkeit Schleswigs zu Deutschland oder Dänemark ging auf beiden Seiten ein stark von Emotionen getragener Wahlkampf voran. Auch das in diesen Tagen verbreitete Notgeld diente als „Werbeträger", so zum Beispiel in Flensburg.

Wählerverhalten während der Weimarer Republik sichtbar. Die demokratischen und liberalen Kräfte hatten im 19. Jahrhundert die politische Kultur des Landes bestimmt. Nach 1871 war die Sozialdemokratie zu einem sehr starken politischen Faktor geworden. Diese Entwicklung wurde nach 1923 unterbrochen. Bereits 1924 gewannen die Rechtsparteien 47,6 Prozent der Stimmen. Die Radikalisierung des Bauerntums, die in den Terrormaßnahmen der „Landvolk-Bewegung" gipfelte, gehörte zweifellos zu den Wegbereitern des Nationalsozialismus, ohne mit diesem identisch zu sein. 1932 übertraf der nationalsozialistische Stimmenanteil in Schleswig-Holstein den Reichsdurchschnitt bereits um 14 Prozentpunkte. Die nationalsozialistische Herrschaft brachte für Schleswig-Holstein einen weiteren Verlust von historisch gewachsenen Einrichtungen, welche die Wellen der borussischen Nivellierung nach 1867 überstanden hatten und in der Weimarer Republik sorgsam geschont worden waren. Einen markanten Eingriff in die territoriale Struktur des Landes stellte das „Groß-Hamburg-Gesetz" vom 26. Januar 1937 dar: Die Städte Altona und Wandsbek und 13 kleinere holsteinische Gemeinden wurden an Hamburg abgetreten; dafür wurden Lübeck und 17 Landgemeinden sowie der oldenburgische Landesteil Lübeck (das ehemalige geistliche Fürstentum Lübeck, mit der Residenz Eutin) in die Provinz integriert.

Die Zeit der Weimarer Republik zeichnete sich durch eine liberale und mäßigende Politik in der Nationalitätenfrage an der deutsch-dänischen Grenze aus. Auf beiden Seiten sind Bemühungen um einen Ausgleich nicht zu verkennen.

Schleswig-Holstein war (und ist) ein Brückenland nach Norden. Der Erste Weltkrieg und die Ereignisse des Jahres 1920 hatten sich negativ auf diese Funktion der jütischen Halbinsel ausgewirkt. Der Nationalsozialismus machte jene Ansätze eines Neuanfangs der Beziehungen zwischen Schleswig-Holstein und Dänemark, die es in den zwanziger Jahren gegeben hatte, vollends zunichte.

Am 30. Januar 1933, als Hitler durch den Reichspräsidenten zum Kanzler ernannt wurde, war Schleswig-Holstein schon eine „braune Provinz"; die Mehrheit der Wähler hatte sich bereits für den Nationalsozialismus entschieden. Bei der Durchsetzung von NS-Herrschaftsprinzipien gegenüber Andersdenkenden oder gegenüber dem Personenkreis, auf den die Rassegesetze angewendet werden sollten, war in Schleswig-Holstein kaum Widerspruch zu erwarten. Gegen die Verfolgung von Juden oder Kommunisten hatte kaum jemand etwas einzuwenden.

In Schleswig-Holstein ist die „Pose": „Wir haben von alledem nichts gewußt", über lange Zeit besonders unverfroren gepflegt worden. Dabei hatten die braunen Machthaber nördlich der Elbe weniger Scheu, ihre spezifischen Formen der Machtausübung vor Zeugen kundzutun als in anderen Teilen Deutschlands – war man sich doch der Zustimmung einer Mehrheit in der Bevölkerung gewiß. Auch von den Konzentrationslagern hatten die Schleswig-Holsteiner gehört, genauso wie sie mit der Anwesenheit von Zwangsarbeitern aus verschiedenen europäischen Nationen durchaus vertraut waren.

Der Widerstand gegen das NS-Regime war wenig ausgeprägt. Um so mehr verdienen jene Männer und Frauen Respekt, die sich mutig dem Regime entgegenstellten. Einer von ihnen war Albrecht Graf Bernstorff auf Stintenburg im Lauenburgischen. Er trat Hitler als unerschrockener Gegner von Anfang an entgegen und mußte diese Haltung 1945, kurz vor Kriegsende, mit dem Leben bezahlen.

Schleswig-Holstein profitierte über die Marinestadt Kiel von der Aufrüstung während der Jahre von 1935 bis 1945, mußte aber auch früh die Erfahrung machen, daß der Hitlerschen Gewaltpolitik nicht nur Erfolge beschert waren. Seit 1943 suchten Menschen, die in Lübeck oder Hamburg ausgebombt worden waren, in Schleswig-Holstein Zuflucht, aber auch Beschäftigung. Nach 1944 begann der Zustrom von Flüchtlingen und Vertriebenen aus den Ostgebieten. Hunderttausende suchten im Raum nördlich der Elbe eine Bleibe; die Fluchtbewegungen setzten sich auch nach der Kapitulation des Reiches am 8. Mai 1945 fort. Bis zum Oktober 1945 stieg die Einwohnerzahl auf 160 Prozent des Vorkriegsstandes an.

Schleswig-Holstein als Land der Bundesrepublik Deutschland

Das Ende des Dritten Reiches wurde von Schleswig-Holstein aus gesteuert. Admiral Karl Dönitz, den Hitler zu seinem Nachfolger bestimmt hatte, versuchte – zunächst von Plön, dann von Flensburg-Mürwik aus – die Kapitulation schrittweise herbeizuführen. Seine „Regierung" bestand bis zu seiner Verhaftung am 22. Mai 1945. Mit der Kapitulation wurde Schleswig-Holstein Teil der britischen Besatzungszone. Die Militärregierung orientierte sich bei der Neuordnung des Landes an der im preußischen Staat bestehenden provinzialen Verwaltung, als sie im November 1945 einen Oberpräsidenten, Theodor Steltzer, ernannte. In seiner Neujahrsansprache 1946, die in Zeitungen und über Rundfunk verbreitet wurde, wies er mit nüchternen Worten auf die bevorstehenden Aufgaben des Landes hin:

„Der Beginn des neuen Jahres lenkt unseren Blick auf die praktischen Aufgaben, die wir anzupacken haben ... Es gilt, der großen Not zu steuern und gleichzeitig einen neuen Grund zu legen für die Gestaltung des öffentlichen und wirtschaftlichen Lebens in unserem Volk. Es gilt, den eigentlichen Aufbau zu beginnen und auch Anteil zu nehmen an den großen Fragen, deren Gestaltung über den Bereich unserer Heimat hinausgeht. Im Zentrum aller dieser Probleme steht aber die demokratische Umgestaltung unseres öffentlichen und wirtschaftlichen Lebens."

Das schwerste und dringendste Problem war die Aufnahme und Eingliederung der Vertriebenen und Flüchtlinge. Bis 1949 stieg die Ein-

Lübeck war 1942 die erste deutsche Stadt, die Ziel eines alliierten Bombenangriffs wurde. Von der Marienkirche blieb nur ein Torso übrig. Hitler hatte Großadmiral Karl Dönitz (1891–1980) zu seinem Nachfolger ernannt. Am 8. Mai 1945 gab der Admiral über den Flensburger Rundfunksender die deutsche Kapitulation bekannt. Die „Regierung Dönitz" endete am 23. Mai 1945 mit der Festnahme durch britische Soldaten in Flensburg-Mürwik. (Dönitz steht in der Mitte, mit dunkler Uniform.)

wohnerzahl von 1,6 Millionen auf 2,7 Millionen. In acht von damals 17 Landkreisen war die Zahl der Fremden größer als die der Einheimischen. Die mit der Vertreibung aus der Heimat verbundene ideelle Not entzieht sich einer quantifizierenden Beschreibung.

Nach 1945 waren die Produktionsstätten in den Städten durch Kriegseinwirkung in Mitleidenschaft gezogen, und die Demontagen, durch die etwa 120 000 Arbeitsplätze verlorengingen und die industrielle Kapazität des Landes nahezu halbiert wurde, taten ein übriges, die soziale Not zu vermehren. Hinzu kam, daß die engen Beziehungen zu Mecklenburg abgeschnitten wurden und die Möglichkeiten der Ostseeschiffahrt und des Ostseehandels auf ein Minimum zusammenschrumpften. Bis März 1950 stieg die Arbeitslosenquote auf 30 Prozent.

Die Landesregierung in Kiel unternahm große Anstrengungen, um mit der schwierigen Situation fertigzuwerden. Nicht alle Flüchtlinge konnten auf Dauer im Lande bleiben. Aber für etwa 2,15 Millionen Menschen mußten ausreichende Lebensbedingungen geschaffen werden. Das war für ein Land mit schwacher Wirtschaftsstruktur schwer und führte dazu, daß Schleswig-Holstein im Zuge des Länderfinanzausgleichs nach 1949 mehr nehmen mußte, als es geben konnte.

Theodor Steltzers Ankündigung, die Zukunft des Landes auf demokratischer Grundlage aufzubauen, konnte bereits 1946 in ersten Schritten realisiert werden. Am 26. Februar 1946 trat der Erste Ernannte Schleswig-Holsteinische (Provinzial-)Landtag zusammen. In ihm waren zwar auch Vertreter der Parteien, doch hatte die Militärregierung – ähnlich wie auch bei der Ernannten Hamburger Bürgerschaft – 40, später 60 Vertreter der gesellschaftlichen Gruppen und Berufsstände sowie der Landkreise für dieses Gremium ausgewählt. Diesem Landtag oblag es, die Regierungsführung des Oberpräsidenten zu kontrollieren. Zugleich bildete er für die wichtigsten Ressorts sogenannte Hauptausschüsse, deren Vorsitzende im Juni zu Landesministern wurden. Im August 1946 wurde der Charakter einer neuentstandenen Landesregierung auch dadurch hervorgehoben, daß der Oberpräsident die Bezeichnung Ministerpräsident erhielt. Das erste Kabinett Steltzer setzte sich aus acht Ministern zusammen, von denen vier der CDU, drei der SPD und einer der KPD angehörten. Eine der Voraussetzungen für die Bildung einer Landesregierung war die Auflösung der bisherigen preußischen Provinzen durch die Besatzungsmacht. Damit war ein wichtiger Schritt von der preußischen Provinz zum selbständigen Land Schleswig-Holstein mit einer parlamentarisch-demokratischen Regierung getan. Nach der durch Kontrollratsbeschluß vom 25. Februar 1947 erfolgten Auflösung des preußischen Staates gingen die Staats- und Verwaltungsfunktionen auch formal auf die neugebildeten Länder über.

Die ersten freien Wahlen, es handelte sich um Gemeindewahlen, fanden am 13. September 1946 statt. Der Aufbau der Parteien sollte dem Willen der Militärregierung zufolge von unten nach oben erfolgen; deshalb waren Zusammenschlüsse auf Landesebene erst seit 1946 möglich. Die sozialen Fragen dominierten bei den Kundgebungen; hier wurden auch sehr kritische Töne gegen die Siegermächte laut. Die Freilassung der Kriegsgefangenen und die Einstellung der Demontagen führten den Katalog der Forderungen an. Die Kreis- und Stadtverordnetenwahlen am 13. Oktober 1946 erbrachten 41,0 Prozent der Stimmen für die SPD und 37,3 Prozent für die CDU (SSV = Südschleswigscher Verein, die dänische Minderheit: 7,3, FDP: 6,1 und KPD: 5,1 Prozent). Das komplizierte Wahlverfahren – mit Verhältnisausgleich und Berücksichtigung der bevölkerungsschwachen Wahlkreise – führte jedoch zu einer deutlich besseren Sitzverteilung zugunsten der CDU mit 426 Mandaten, während die SPD nur 357, der SSV 49, die FDP 32 und die KPD 17 Mandate erhielten.

Das Ergebnis dieser Wahl hatte auch Folgen für die Zusammensetzung des Zweiten Ernannten Landtags. Der jeweilige Stimmenanteil der Parteien sollte ausschlaggebend sein, was den Sozialdemokraten zugute kam. Theodor Steltzer (CDU) blieb Ministerpräsident, Hermann Lüdemann (SPD) wurde sein Stellvertreter. Der Einfluß der britischen Militärregierung auf die Gestaltung des politischen Lebens in Schleswig-Holstein nahm kontinuierlich ab und wich einer ausgesprochen pragmatischen Handhabung der Kompetenzen.

Die erste Landtagswahl am 20. April 1947, mit der ein ernannter Landtag durch einen gewählten ersetzt werden sollte, ergab eine absolute Mehrheit für die Sozialdemokraten; Hermann Lüdemann wurde Ministerpräsident. Bei dieser Wahl ging es auch darum, welche Partei bei der Erarbeitung einer Verfassung für das Land Schleswig-Holstein federführend sein sollte. Der neue Ministerpräsident versprach in seiner Regierungserklärung (8. Mai 1947), vorrangig eine Landesverfassung zu erarbeiten und dem Landtag zur Abstimmung vorzulegen. Dieses Versprechen wurde aber sehr spät eingelöst; erst gegen Ende der Legislaturperiode brachte die Regierung den entsprechenden Gesetzentwurf ein. Für die Verspätung gab es im wesentlichen zwei Gründe. Zum einen war die Rolle der Bundesländer in der künftigen Bundesrepublik, über die der Parlamentarische Rat noch nicht einig war, unentschieden; zum anderen verfolgte Ministerpräsident Lüdemann das Ziel, die kaum lösbaren wirtschaftlichen und sozialen Folgeprobleme des Zweiten Weltkriegs, die in besonders hohem Maß auf Schleswig-Holstein lasteten, auf ein größeres Territorium zu übertragen. Der nach ihm benannte „Lüdemann-Plan" wollte das Flüchtlingsproblem durch ein Bundesland „Unterelbe" lösen, in dem Schleswig-Holstein, Hamburg und Teile Niedersachsens vereinigt würden. Dieser Plan stieß sofort auf Widerstand seitens des Ministerpräsidenten Hinrich Kopf in Niedersachsen und des Ersten Bürgermeisters Max Brauer in Hamburg.

So kam es, daß die Regierung wenige Wochen vor Ende der Legislaturperiode und deshalb gegen den Protest der Opposition im Landtag eine Verfassung einbrachte, die mit einfacher Mehrheit beschlossen, aber nur mit einer Zweidrittelmehrheit revidiert werden konnte. Die schleswig-holsteinische Verfassung, die „Landessatzung", unterschied sich von den Verfassungen anderer Bundesländer vor allem dadurch, daß sie keinen Grundrechtskatalog enthielt. Die Landesregierung begründete dies mit folgendem Argument: „Der Entwurf hat davon abgesehen, einen umfassenden Grundrechtskatalog aufzustellen. Auch diese Tatsache steht nicht im Widerspruch zum Grundgesetz, sondern liegt bei richtiger Würdigung in seinem Sinn. Die im Grundgesetz verankerten Grundrechte sind auch in Schleswig-Holstein unmittelbar geltendes Recht. Ihre Wiederholung in der Landessatzung wäre daher nicht nur überflüssig, sondern auch rechtlich wirkungslos."

Bereits bei Beginn der Arbeit des ersten gewählten Landtags und der Regierungstätigkeit des Kabinetts Lüdemann (1947–1949) war beschlossen worden, einen Oppositionsführer nach englischem Vorbild einzurichten; auch dies war und ist eine Besonderheit des Bundeslandes Schleswig-Holstein.

Die intensiven Bemühungen der Landesregierung, neue Arbeitsplätze zu schaffen und gleichzeitig die von Demontage oder durch Sprengung seitens der Militärregierung bedrohten Fabrikanlagen, besonders die der Werftindustrie, zu erhalten, hatten nur teilweise Erfolg. Die auf dem Kieler Ostufer vorgenommenen systematischen Sprengungen wurden erst im Mai 1950 beendet, zu einem Zeitpunkt also, als bereits ein westdeutscher Wehrbeitrag in der Diskussion war.

Weil ein großer Teil der im Lande lebenden Flüchtlinge Bauern oder Landarbeiter waren, lag es nahe, daß sie wieder in der Landwirtschaft arbeiteten. Dazu aber hätte es einer Bodenreform bedurft. Sie war auch im Artikel 8 der Landessatzung vorgesehen; Landflächen, die größer als 100 Hektar waren und sich in einer Hand befanden, sollten (gegen Entschädigung) für die geplante Agrarreform herangezogen werden. In Verhandlungen mit den Großgrundbesitzern kam eine andere Lösung zustande: Die Grundbesitzer stellten ohne Enteignungszwang 30 000 Hektar Land für Siedlungszwecke bereit. Knapp 3 000 neue Siedlungen konnten errichtet und etwa 880 bäuerliche Betriebe durch Landzulage in ihrer Existenz gesichert werden. Die dabei entstandenen bäuerlichen Kleinbetriebe

Der Erste Ernannte Landtag trat am 26. Februar 1946 im Kieler „Neuen Stadttheater" zusammen. Das Sagen hatten die Militärs; über dem Landeswappen war der Union Jack drapiert. Theodor Steltzer, der Oberpräsident der (noch) preußischen Provinz Schleswig-Holstein, war der einzige Zivilist, der am „Herrentisch" geduldet wurde, wenn auch am äußersten Rand (oben, rechts). In den letzten Kriegsmonaten und nach Ende des Zweiten Weltkriegs strömten Hunderttausende heimatlose Flüchtlinge und Vertriebene ins Land. Bis 1949 stieg die Einwohnerzahl von 1,6 Millionen auf 2,7 Millionen. Dichtgedrängt lebten sie in dürftigen Quartieren oder in Massenunterkünften (unten).

waren auf Dauer kaum existenzfähig; sie halfen aber, über längere Zeit soziale Not zu lindern.

Obgleich die ersten ernannten Landtage – und der erste gewählte – sowie die Regierungen sehr viel getan hatten, die ärgste Not im Lande zu lindern und die Heimatvertriebenen soweit wie möglich einzugliedern, blieben doch genug Not und Erbitterung, und es entstand eine parteipolitisch organisierte Protestbewegung, die zugleich Interessen- und Schicksalsgemeinschaft war. Bei den Landtagswahlen 1950 kandidierte der „Bund der Heimatvertriebenen und Entrechteten" (BHE) und gewann auf Anhieb 15 Mandate. Die nächste Regierung wurde von einer Koalition des „Wahlblocks" aus CDU, FDP und DP mit dem BHE getragen. Bis 1962 spielte die „Flüchtlingspartei" eine – wenn auch von Legislaturperiode zu Legislaturperiode geringer werdende – Rolle; daß sie 1962 nicht wieder in den Landtag einzog, darf als Indiz dafür gewertet werden, daß zu diesem Zeitpunkt die Integration der Vertriebenen in die Wirtschaft und Gesellschaft Schleswig-Holsteins weitgehend abgeschlossen war. Die wirtschaftliche Prosperität der Bundesrepublik hatte dazu genauso beigetragen wie die zahlreichen Maßnahmen der Landesregierungen.

Schon früher konnte in Schleswig ein anderes Problem auf vorbildliche Weise gelöst werden, das in der Zeit unmittelbar nach dem Krieg zu erheblichen Unruhen geführt hatte: die Frage der dänischen Minderheit. Am 26. September 1949 beschloß der Landtag einmütig eine Minderheitenerklärung („Kieler Erklärung"), in der es unter anderem heißt: „Das Bekenntnis zum dänischen Volkstum und zur dänischen Kultur ist frei. Es darf von Amts wegen nicht bestritten und nachgeprüft werden." Diese Autonomie- und Freiheitsgarantie, die ausdrücklich auch für die friesische Bevölkerung Schleswig-Holsteins gelten sollte, ist von historischer und europäischer Bedeutung. Da sie auch Eingang in die Landessatzung fand, garantierte Schleswig-Holstein seinen Minderheiten Freiheiten, wie sie kaum eine andere Minderheit in Europa in Anspruch nehmen kann.

Die Landesregierung war aber auch daran interessiert, daß die Rechte der deutschen Minderheit in Nordschleswig auf ähnliche Weise gesichert wurden. Dies wurde 1955 mit den „Bonn-Kopenhagen-Erklärungen" erreicht. Da ein Staatsvertrag zwischen Dänemark und der Bundesrepublik in Kopenhagen nicht auf Sympathie stieß, vereinbarten beide Regierungen, daß zu den Problemen der beiden Minderheiten gleichlautende Erklärungen abgegeben werden sollten. Diese Erklärungen wurden am 29. März 1955 in Bonn unterzeichnet und anschließend vom Dänischen Folketing, vom Deutschen Bundestag und vom Schleswig-Holsteinischen Landtag gebilligt. Die Anwendung der demokratischen Grundrechte, die in den Verfassungen beider Länder enthalten sind, wurde ausdrücklich auch für die nationalen Minderheiten betont. Die Rechte der jeweiligen Volksgruppen wurden klar umrissen. Die Gleichberechtigung der Angehörigen der Minderheiten mit der übrigen Bevölkerung wurde garantiert. Die dänische Minderheit erhielt mit der Befreiung von der 5-Prozent-Sperrklausel im Wahlgesetz und mit der Sonderstellung der dänischen Privatschulen im Hinblick auf die staatlichen Zuschüsse sogar Sonderrechte.

Die Bonn-Kopenhagen-Erklärungen beendeten einen über etwa 150 Jahre währenden Gegensatz, der immer wieder zu schweren Konflikten geführt und nationale Emotionen freigesetzt hatte, und schufen damit die Voraussetzungen für ein friedliches Zusammenleben im deutsch-dänischen Grenzraum.

Die enge Kooperation in einem gemeinsamen Verteidigungsbündnis sowie die Mitgliedschaft beider Staaten in der Europäischen Gemeinschaft rückten die Bundesrepublik und Dänemark auch politisch eng aneinander. Schleswig-Holstein konnte dabei seine historische Funktion, Brücke nach Skandinavien zu sein, wiederherstellen und ausbauen. Moderne Verkehrswege, enge wirtschaftliche Kooperation und der aufblühende Tourismus in Schleswig-Holstein und im Nachbarland Dänemark intensivierten den Strom über diese Brücke.

Schleswig-Holstein war mit der Verabschiedung seiner „Landessatzung" (1949) auch verfassungsrechtlich ein Land der Bundesrepublik Deutschland geworden. Diese „Landessatzung" hatte sich zwar über Jahrzehnte bewährt, gleichwohl barg sie aber einige Mängel. Als 1987 die Affäre um den Ministerpräsidenten Uwe Barschel das Land erschütterte und zu gravierenden politischen Veränderungen führte, stellte sich auch die Frage, wie künftig ein Machtmißbrauch verhindert werden könne. Die Antwort war eine Verfassungsrevision, die im Sommer 1990 ihren Abschluß fand. Seit dem 1. August 1990 hat das Land Schleswig-Holstein nicht nur eine „Satzung", sondern eine „Verfassung", die den Bürgern und dem Parlament Befugnisse einräumt, die vorher nicht geregelt waren.

Die Grenz- und Minderheitenfrage im Norden des Landes war auf beispielhafte Weise gelöst worden. Dafür war nach 1945 eine ganz andere Belastung für Land und Leute entstanden. Die Grenze zwischen Schleswig-Holstein und Mecklenburg hatte (von kleinen Korrekturen abgesehen) über Jahrhunderte bestanden, war aber zum Nutzen der Menschen auf beiden Seiten durchlässig gewesen. Die 1945 entstandene Grenze zwischen zwei Besatzungszonen vom Priwall bei Travemünde bis an die Elbe bei Lauenburg, 136 Kilometer lang, wurde im Laufe der Jahrzehnte nahezu un-

durchdringlich oder unüberwindbar. Daß diese Hypothek des Nationalsozialismus und der sich anschließend entwickelnden Ost-West-Konfrontation eingelöst werden könnte, hofften zwar viele, aber nur wenige rechneten damit in absehbarer Zeit. Was sich 1989 ereignete, mußte deshalb als ein Wunder erscheinen. Die Wiedervereinigung war von mancherlei Euphorie begleitet, löste aber auch Schocks aus. Die Öffnung zwischen den beiden Ländern vollzog sich schnell. Das Land Schleswig-Holstein hat viel für die Überwindung sowohl der realen als auch der mentalen Schranken geleistet. Aber es muß noch viel getan werden, bis die traditionellen Verbindungen zwischen den Ostseeländern wieder die Qualität erreichen, die sie vor dem Zweiten Weltkrieg hatten.

Die umstrittene Autobahn, die Lübeck mit Stralsund verbinden soll, ist mehr als eine Verkehrsstraße von A nach B; sie ist auch ein Testfall dafür, wie Schleswig-Holstein die Verbindungen mit seinem östlichen Nachbarland begreifen will.

Willy Brandt, der aus Lübeck stammende ehemalige Bundeskanzler, hat den Abriß der Mauer zwischen den beiden deutschen Staaten mit der Hoffnung verbunden, daß zusammenwachse, was zusammengehöre. Seine Botschaft war auf ganz Deutschland bezogen; daß er dabei auch seine Geburtsstadt, unmittelbar an der Grenze gelegen, im Auge gehabt hat, darf angenommen werden. Willy Brandts vielzitierte Wendung gilt auch weiterhin ganz besonders für Schleswig-Holstein. Die alte Hansestadt Lübeck und ihr Hinterland Schleswig-Holstein haben ihre Zukunft selbstverständlich in einem vereinigten Europa. Dabei werden aber die historischen Verbindungen nach Norden und Osten weiterhin – und künftig verstärkt – eine hervorragende Rolle spielen.

Seit 1961 war die Grenze zwischen Schleswig-Holstein und Mecklenburg hermetisch abgeriegelt. Die Öffnung im November 1989 kam überraschend. Mit den Schlangen von Autos der Marken Trabant und Wartburg, die nach Westen drängten, begann die Wiedervereinigung (links). So auch auf der Straße vom mecklenburgischen Gadebusch nach Ratzeburg in Schleswig-Holstein.
Sturmfluten dürfen im Land zwischen den Meeren als „normale" Katastrophen gelten. Zur Jahreswende 1978/79 versanken Teile des Landes im Schnee. Die Schneekatastrophe forderte acht Tote. Viele Dörfer in Nordfriesland und Angeln waren tagelang von der Außenwelt abgeschnitten. Auf der Autobahn 7 blieben die Fahrzeuge stecken (rechts).

Haupt der Hanse: Die Geschichte Lübecks

Ulrich Simon

Am Ende der Völkerwanderungszeit drangen vom 7. Jahrhundert an slawische Bevölkerungsgruppen nach Ostholstein ein, die zum Stamm der Obotriten (auch Abodriten) gehörten, der wiederum aus den drei Teilstämmen der Obotriten (im engeren Sinn) im Osten, der Wagrier im Norden und der Polaben im Süden bestand. Das Zentrum des Stamms lag in Mecklenburg.

Alt-Lübeck

In frühslawischer Zeit (8.–10. Jahrhundert) sind für das Gebiet der Lübecker Bucht mehrere Burgwallsiedlungen nachgewiesen, darunter das an der Mündung der Schwartau in die Trave gelegene Alt-Lübeck und im Bereich des Altstadthügels der heutigen Stadt Lübeck das sogenannte Buku. Nördlich der Trave kommen das küstennahe Pöppendorf und das westlicher gelegene Pansdorf hinzu. Südlich der Trave ist der Burgwall Klempau zu nennen, während die Burg Ratzeburg erst im 11. Jahrhundert gegründet wurde. Bis in spätslawische Zeit (Ende 10.–Anfang 12. Jahrhundert) fand eine Herrschaftsverdichtung statt, da von den Burgwallsiedlungen nur noch Alt-Lübeck und Buku bewohnt blieben.

In Alt-Lübeck, wo sich damals ein Fernhandelszentrum auf dem Weg von Bardowick nach Oldenburg in Holstein befand, ist eine erste Befestigung dendrochronologisch bereits zum Jahr 819 faßbar. Die dem Christentum angehörenden Obotritenfürsten aus dem Haus der Nakoniden Gottschalk (1043–1066) und dessen Sohn Heinrich (1093–1127) befestigten die Burganlage neu. Gottschalk gelang aber keine Einigung des Stammesgebiets gegen seinen heidnischen Gegenspieler Kruto, der in Oldenburg residierte und Buku neu befestigte. Unter dem im dänischen Exil aufgewachsenen Nakoniden Heinrich entstand nach Vorbild dänischer Fernhandelsplätze in Alt-Lübeck eine am jenseitigen Ufer der Trave im Bereich des 1882 (zur Begradigung des Flusses) erfolgten Durchstichs gelegene Kaufleutesiedlung mit Marktkirche.

Der Altstadthügel Lübecks dagegen war bereits in der römischen Kaiserzeit besiedelt und wurde in altslawischer Zeit mit einem Burgwall befestigt. Dieser besaß jedoch gegenüber Alt-Lübeck weniger Bedeutung. Die Burg des heidnischen Kruto befand sich wohl nördlich des Burgtors im Bereich des späteren Kanaldurchstichs, zugehörige Siedlungen waren im Bereich des heutigen Koberg und des Dombezirks.

Hatte die Christianisierung Ostholsteins mit dem Ausscheiden ihres Förderers Erzbischof Adalbert von Bremen aus der Reichsverwaltung 1066 einen Rückschlag erlitten, so begann unter Lothar von Supplinburg (1106 Herzog von Sachsen, 1125 deutscher König, 1133–37 deutscher Kaiser) erneut eine offensive Politik in diesem Raum. Lothar setzte 1111 den Grafen Adolf von Schauenburg bei Rinteln an der Weser zum Grafen von Holstein ein. Gleichzeitig förderte er die damals im Ostseehandel führenden gotländischen Kaufleute in seinem Machtbereich.

Die Streitigkeiten der deutschen Fürstengeschlechter um das sächsische Herzogtum nach Kaiser Lothars Tod 1137 führten zu Aufständen der Slawen und unter anderem zur Zerstörung Alt-Lübecks 1138. Erst nach dem Interessenausgleich zwischen Staufern und Welfen 1142, der Heinrich dem Löwen Sachsen einräumte, gelang es Graf Adolf von Schauenburg, in Holstein eine gesicherte Machtbasis zu schaffen und Siedler aus Flandern, Holland, Westfalen und Friesland zur Kolonisation in die Region zu rufen.

Gegenüber Alt-Lübeck besaß der von Wakenitz und Trave umflossene

Altstadthügel einen besseren Hafen im Schutz der Burg Buku und eine größere Fläche. Dort initiierte nun der Graf den Aufbau einer städtischen Siedlung und übertrug auf sie bewußt den Namen der etablierten Kaufleutesiedlung Liubice (Alt-Lübeck). Mit der Ausbeutung der Oldesloer Salzquellen und dem Wachstum Lübecks wurde der Graf rasch Konkurrent seines herzoglichen Lehnsherrn beziehungsweise von Heinrichs Salinenbesitz in Lüneburg und seinem sächsisch-slawischem Grenzhandelsort Bardowick. Ein Handelsverbot für Lübeck und eine neugegründete Kaufmannssiedlung wakenitzaufwärts durch Heinrich den Löwen brachten nicht den gewünschten Erfolg; vielmehr mußte er 1159 Lübeck wohl durch Geldzahlungen aus gräflichem Besitz lösen. Der Kauf gilt als Datum der Neugründung Lübecks.

Der Aufstieg

Nach dem Vorbild seines Großvaters, König Lothar, verhandelte Heinrich der Löwe mit Fürsten und Städten Skandinaviens und Rußlands, damit deren Kaufleute seine neue Stadt an der Trave besuchten. Gleichzeitig bewirkte er den Zuzug von Fernhändlern aus Westfalen und Niedersachsen in die aufblühende Stadt. Zudem ließ er den Sitz des Bistums Oldenburg 1160 in das einwohnerstärkere Lübeck verlegen, wo die Weihe der Domkirche 1163 stattfand; ihr mächtiger Ausbau in Backstein begann bereits 1173. Nach der Ächtung des Sachsenherzogs durch den deutschen Kaiser 1180 holten Beauftragte der Stadt die Genehmigung Heinrichs zur Übergabe Lübecks an Kaiser Friedrich I. ein, der daraufhin dort feierlich einzog, damit Stadtherr wurde und die ehedem vom Herzog verliehenen Rechte 1181 bestätigte.

Das durch den Sturz des Löwen entstandene Machtvakuum benutzte Graf Adolf III. von Schauenburg, indem er von der Stadt wie vorher der Herzog Travezoll forderte. Zudem errichtete er in Travemünde anstelle der vermutlich 1147/49 von Adolf II. am Stülper Huk weiter nördlich errichteten, 1181 von den Obotriten zerstörten Burg einen die Flußmündung kontrollierenden Burgenbau. Auf ihre Beschwerden hin gewährte Kaiser Friedrich I. den Lübeckern 1188 ein umfassendes Privileg, worin ihnen unter anderem zwischen Oldesloe und Lübeck die Nutzung, nicht hingegen die Territorialhoheit des Gebiets zwei Meilen rechts und links der Trave sowie darüber hinaus von Lübeck bis zu deren Mündung einschließlich Pötenitzer Wiek und Dassower See das Fischereirecht zugestanden wurde. (Da die Lübecker Fischer bis ins 16. Jahrhundert ohne Konkurrenz blieben, beanspruchten sie gewohnheitsrechtlich bis ins 20. Jahrhundert das Fischereirecht an den angrenzenden Küsten Holsteins und Mecklenburgs.) Die Reichsgewalt war durch Kreuzzug, Italienpolitik und Thronstreit in der folgenden Zeit im Norden nicht präsent und ermöglichte dem Schauenburger Grafen die faktische und als erdrückend empfundene Stadtherrschaft über Lübeck. Daher entschied sich die Stadt 1201, den dänischen König als Stadtherrn anzuerkennen. Die damaligen Ereignisse trugen wohl wesentlich zur Ausformung der selbständigen Vertretungskörperschaft des Rats der Stadt bei, dessen Mitglieder zuerst in diesem Jahr genannt werden. Während der Zugehörigkeit zum dänischen Ostseeimperium unter Waldemar II. (König 1202–1241), der 1203 Einzug in die Stadt hielt und wenig später deren Privilegien bestätigte, vollzog sich der entscheidende Aufstieg zur führenden Handelsmetropole an der Ostsee. Lübeck begann nun erst, das nördlich gelegene Schleswig zu überflügeln. Dazu trug auch die 1188 von Adolf von Schauenburg neben der bischöflichen Altstadt neu gegründete Ham-

Heinrich der Löwe (1139–80), Stifterfigur in St. Blasius, Braunschweig. Möglicherweise stellte das Standbild ursprünglich Kaiser Otto IV. (gest. 1218) dar und wurde erst im Spätmittelalter auf den Sachsenherzog umgedeutet. Der Übergang der Stadtherrschaft auf Heinrich den Löwen 1159 gilt als Neugründung der Stadt.

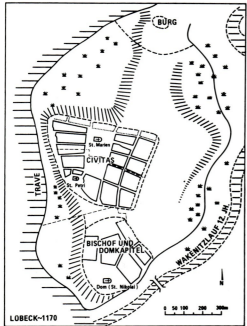

Der Löwe vor dem Lübecker Dom erinnert an die Grundsteinlegung durch Heinrich den Löwen im Jahre 1173.
Der Altstadthügel von Lübeck um 1170 (unten, Rekonstruktion). Zu erkennen ist die Ausdehnung der bürgerlichen Siedlung (civitas) sowie die Bereiche von Burg und Dom.

burger Neustadt als „Hafen Lübecks an der Nordsee" bei. Als sich in der dänischen Herrschaft Zeichen der Unterdrückung mehrten, wechselte die Stadt die Fronten auf die Seite der Opposition norddeutscher Fürsten gegen den König, der 1227 in der Schlacht bei Bornhöved besiegt wurde. Um nicht erneut unter fürstliche Herrschaft zu geraten, hatten die Lübecker sich zuvor von Kaiser Friedrich II. 1226 ihre von Friedrich I. erteilten Freiheiten bestätigen lassen, wobei sie dessen Urkunde zu ihren Gunsten abänderten; zusätzlich ließen sie sich vom Kaiser 1226 im sogenannten Reichsfreiheitsbrief garantieren, untrennbarer Bestandteil des Reichs zu sein. Sie blieben damit von Verpfändungen ausgenommen und erhielten weitere Vergünstigungen, wie das Verbot fremden Burgenbaus am gesamten Traveufer. Anstelle der dänischen Burg wurde ein Kloster errichtet, in das Dominikaner einzogen und das als Patronin Maria Magdalena erhielt, an deren Fest (22. Juli) der Sieg über die Dänen stattgefunden hatte. Es wird noch heute als Burgkloster bezeichnet und ist die bedeutendste gotische Klosteranlage Norddeutschlands.

In der Folgezeit wählten die Lübecker ihre Vögte selbst (1247 die Schauenburger, 1260 Herzog Albrecht von Braunschweig), darunter auch 1307 den dänischen König Erich Menved, welchem der deutsche König Albrecht I. die Gebiete nördlich der Elbe abgetreten hatte und dessen Regierung sich zur Schutzherrschaft ausweitete.

Den für den Seehandel unentbehrlichen Zugang zur Ostsee garantierten rechts der Travemündung die 1226 der Stadt vom Kaiser zugesprochene Halbinsel Priwall und die Bestimmung, daß die Burg Travemünde sich immer in der Hand des kaiserlichen Schirmvogts für die Stadt befinden sollte. Der Stadt gelang aber erst durch Kauf von Burg und Turm, die 1320 sofort abgebrochen wurden, und 1329 des Ortes, der seit 1317 Stadtrecht besaß und 1912 nach Lübeck eingemeindet wurde, der unangefochtene Besitz. Aufgrund dieser historischen Entwicklung blieb der Unterlauf der Trave bei der Teilung Deutschlands nach dem Zweiten Weltkrieg unter westdeutscher Hoheit und begründete Lübecks Stellung als wichtigster Ostseehafen der Bundesrepublik. Für den Warenaustausch zwischen Ostseeraum und West- und Südeuropa verlor der einst wichtige Schiffahrtsweg über Eider, Treene und Schlei nach Haithabu beziehungsweise Schleswig spätestens um 1240 gänzlich an Bedeutung, da nun die weiter südlich gelegene Landbrücke zwischen Lübeck und Hamburg die kürzeste Verbindung zur Nordsee bildete. Vorrang gewann daher die Sicherung der Straßen zwischen beiden Handelsorten, zu deren Schutz sie sich 1241 erstmals vertraglich verbanden.

Der Schutz der Fernkaufleute bildete von jeher ein besonderes Problem, denn Geiselnahmen oder Beschlagnahmungen von Handelswaren waren damals als Druckmittel zur Begleichung von Schulden durchaus üblich. Aus diesem Grund schlossen sich Kaufleute früh zu Gemeinschaften (hansa) zusammen und einigten sich darüber, wie gegenseitige Verpflichtungen zu erfüllen seien. Als im Lauf des 13. Jahrhunderts die Handelsherren nicht mehr selbst ihre Waren begleiteten, sondern dank vermehrter Kenntnisse im Schreiben und Lesen schriftliche Weisungen an Beauftragte gegeben wurden, konnten nicht nur gleichzeitig mehrere Geschäfte an verschiedenen Orten getätigt werden, sondern es wurden auch die Obrigkeiten der Städte mit der Aufgabe des politischen Schutzes ihrer Bürger und Kaufleute in der Fremde betraut. Die Handelsstädte vereinbarten Privilegien zum sicheren Erreichen der Handelsplätze, Gewähr des Eigentums bei Schiffbruch (Strandrecht) oder Schaden der Fahrzeuge zu Lande (Grundruhr) sowie günstige Abgaben (Zölle). Hieraus erwuchs die Hanse, in der Lübeck von Anfang an eine Vorrangstellung hatte. Es bildete um die Wende zum 13. Jahrhundert den wichtigsten Hafen für Kreuzzüge zur Missionierung des Baltikums und der beginnenden deutschen Ostsiedlung; in deren Gefolge entstand entlang der Ostseeküste eine Reihe von Städten, die zu Handelspartnern heranwuchsen und zu großen Teilen das Lübische Recht als Basis der Stadtverfassung und Rechtsprechung erhielten.

Bereits Heinrich der Löwe hatte für Privilegien Lübecks in Skandinavien und Rußland gesorgt, wovon dasjenige für Gotland von 1161 im Wortlaut überliefert ist. Über diese Insel wurde noch im 12. Jahrhundert der gesamte, vor allem auf Luxusgütern (Pelze, Wachs, Honig, flandrisches Tuch, Geräte) basierende Rußlandhandel abgewickelt. Die Kaufleutegenossenschaft der Gotlandfahrer besaß in Rußlands bedeutendstem Handelszentrum damaliger Zeit, Nowgorod, im Olavshof ein von der übrigen Stadt separiertes Quartier. Neben Dänen und Gotländern selbst übernahmen im Lauf des 13. Jahrhundert die deutschen Kaufleute auf Gotland die Führung, unter ihnen wiederum die Lübecker. Unter ihrer Leitung bildete sich in Nowgorod das Kontor deutscher Kaufleute im Peterhof heraus. Schließlich gaben 1294 die wichtigsten Hansestädte ihre Zustimmung dazu, bei Streitigkeiten im Kontor zu Nowgorod nicht mehr Wisby auf Gotland, sondern den Rat der Stadt Lübeck anzurufen. Der Weg zur politischen Führungsrolle innerhalb der Hanse war geebnet.

Blütezeit der Hanse

Der Aufstieg Lübecks spiegelt sich in der Entwicklung des Stadtbildes. Die früheste bürgerliche Besiedlung der Stadt des Grafen Adolf und Heinrichs des Löwen nutzte nach neuesten archäologischen Erkenntnissen das Herantreten des Felsplateaus zum Traveufer zwischen Holsten- und Mengstraße zur Anlage des Hafens. Bohlwege führten hinauf zur locker bebauten Wohnsiedlung aus Holzhäusern, die teilweise auf Großgrundstücken lagen, insbesondere zwischen St. Marien und der seit 1170 bezeugten Kirche St. Petri. Die Verkleinerung der Parzellen schritt in Hafennähe schneller fort, weiter entfernt davon blieben Großgrundstücke länger bestehen. Die Stadt wuchs zwar relativ schnell bis zur von den sie umschließenden Flüssen vorgeschriebenen Grenze – 1289 wurde der letzte Baublock am Langen Lohberg vergeben –, aber nach keinem festen Schema. Die Stadtmauer um 1200 umschloß die Siedlung vom Hafen bis zum 1175 im Osten der Halbinsel gegründeten Johanniskloster und ließ Burg und Dom im Norden und Süden außerhalb. Erst zur Zeit der Dänenherrschaft 1217 umfriedete der Mauergürtel auch die Burg. Die Erschließung der sumpfigen Niederungen durch Erdaufschüttung wird für die Jahre nach der dänischen Zeit ab 1226 angenommen, da nach Wegfall der herrschaftlichen Burg ein einheitlicher städtischer Rechtsbezirk entstehen konnte. Die mehrgeschossigen Holzbauten nahmen seit 1175 zu, seit Beginn des 13. Jahrhunderts auch in der Funktion als Speicher, weil der Bedarf an Lagerflächen wuchs. Den Anlaß zum Ausbau der Stadt mit giebelständigen Dielenhäusern aus Stein in ihrer Funktion als kombinierte Speicher- und Wohnhäuser gaben die Stadtbrände von 1251 und 1276. Die darauf folgende Vorschrift des städtischen Rats zur Errichtung von Brandmau-

Das Burgkloster in Lübeck entstand 1227. Nach seiner Zerstörung durch den Stadtbrand von 1276 wurde das Dominikanerkloster neuerrichtet und vielfach erweitert. Die Rekonstruktion gibt den Zustand um 1400 wieder.

Die Kogge stellte einen Schiffstyp dar, der für den Handel hansischer Kaufleute mit Massengütern wie Hering und Getreide durch das große Ladevolumen sehr gut geeignet war. Die Bedeutung dieses Schiffstyps spiegelt sich für Lübeck in dem seit 1223 bekannten Siegel der Stadt wider, das bis 1810 in behördlichem Gebrauch war. Auch andere Handelsstädte, nicht nur der Hanse, führten Schiffsdarstellungen im Siegelbild.
Es gibt drei Typen des Schiffssiegels der Stadt Lübeck: Von Typ 2, der erstmals 1256 belegt ist und nach 1280 durch Typ 3 des Schiffssiegels ersetzt wurde, existiert noch das Typar (Stempel), das heute im Archiv der Hansestadt Lübeck aufbewahrt wird. In der Kogge sitzen am Steuerruder der Schiffsführer mit Kapuze und ihm gegenüber der Großkaufmann oder Reeder, beide mit erhobenen Schwurfingern, und verdeutlichen die wichtige Verbindung zwischen Schiffahrt und Fernhandel für die Stadt.

ern durch beide Nachbarn hat zusammen mit den seit damals unveränderten Straßenzügen den geschlossenen Charakter des Stadtbilds geprägt, das 1987 von der UNESCO zum Weltkulturerbe erklärt wurde.

Der erhöhte Lagerbedarf auf mehreren Speicherböden über meist zweigeschossiger Eingangsdiele und Wohntrakt resultierte aus dem seit dem beginnenden 13. Jahrhundert feststellbaren Übergang zum Handel mit Massengütern. Dieser erfolgte vor allem mit Hering aus dem südschwedischen Schonen, der als Fastenspeise in küstenfernes Gebiet verkauft wurde. Hierzu wurde der verderbliche Fisch anfänglich mit dem über die Stecknitz transportierten höherwertigen Lüneburger, später mit dem vor der portugiesisch-spanischen, aber auch französischen Küste gewonnenen geringerwertigen sogenannten Baiensalz haltbar gemacht. Nach Nord- und Nordosteuropa wurde in großen Mengen über Lübecker Kaufleute Wein aus Frankreich und von der Iberischen Halbinsel verhandelt. Aus Preußen und aus dem Hinterland von Danzig gelangten riesige Mengen Getreide sowohl ins karge Norwegen als auch in die dichter besiedelten Gebiete Englands und der Niederlande. Für den Transport der Massengüter sorgte ein neuentwickelter Schiffstyp, die Kogge, dem im Stadtsiegel Lübecks seine herausragende Bedeutung zugemessen wurde und der auch in Lübeck gebaut wurde. Bis weit ins 17. Jahrhundert war neben Danzig die Hansestadt führender Schiffbauplatz des Ostseeraums.

Enge Zusammenarbeit ergab sich vor allem mit den wendischen Hansestädten Hamburg, Lüneburg, Wismar, Rostock und Stralsund. Unstreitig kam aber Lübeck die Führungsrolle zu. Ein erster allgemeiner Hansetag fand 1356 in Lübeck statt, um eine Absprache unter den auf dem wichtigsten Handelsplatz Flanderns, Brügge, seit der zweiten Hälfte des 13. Jahrhunderts neben Kölnern und Westfalen vertretenen Kaufleuten norddeutscher Städte herbeizuführen. Die Gesandten versammelten sich in Brügge im Haus der Osterlinge, während sie in der Stadt in keinem separaten Bezirk wohnten, wie dies in Nowgorod, in London im Stalhof, der aus der früheren Gildehalle der Kölner Kaufleute hervorgegangen war, und in der Deutschen Brücke in Bergen in Norwegen der Fall war. In Bergen errang und behielt Lübeck im Spätmittelalter seine Führungsposition, während in Flandern und in London Köln dominierte und in Nowgorod im 15. Jahrhundert die livländischen Städte der Hanse dank ihrer größeren Nähe die Führung übernahmen. Unangefochten blieb Lübecks Stellung auch im südschwedischen Schonen in Falsterbo und Skanör.

Als der dänische König Waldemar IV. 1360 Schonen und 1361 Gotland eroberte und damit massiv in die hansische Interessensphäre vordrang, formierten sich wendische und niederdeutsche Hansestädte zu militärischem Eingreifen unter Führung Lübecks. Sie unterlagen jedoch mangels größeren allgemeinen Rückhalts. Der militärische Leiter des Kriegs und Lübecker Bürgermeister Johann Wittenborg wurde 1363 auf dem Lübecker Marktplatz, vermutlich jedoch wegen Unterlaufens des Handelsverbots mit Flandern hingerichtet. Ein zweiter Krieg der Hanse gegen den Dänen wurde in der Kölner Konföderation von 1367 erheblich besser verträglich organisiert und über eine Geldabgabe von Handelswaren, den Pfundzoll, finanziert. 57 Städte traten dem Bündnis bei, das auch die Herzöge von Mecklenburg und die Grafen von Holstein einschloß. Diese beurkundeten aber wegen divergierender Kriegsziele den berühmten Frieden von Stralsund von 1370 nicht mit, der den Städten erstmals als Gemeinschaft ihre Privilegien bestätigte. Auf 15 Jahre hatte Dänemark an die Hanse Schadensersatz zu leisten, unter anderem durch pfandweise Überlassung der Sundschlösser.

Damals standen die Hanse und Lübeck auf dem Höhepunkt der Macht. Ein gemeinsamer Gegner hatte sie geeint, während ansonsten vielfach gegensätzliche Interessen überwogen. Gesamthansisches Handeln der Städte von Narva bis Kampen und Köln blieb im Grunde auf dieses einmalige Bündnis beschränkt. So bildete die Hanse keine staatsrechtliche Gemeinschaft und finanzierte sich nicht durch feste Beiträge. Um handelspolitisches Vorgehen zu bereden, fanden sich regionale Städtegruppen fallweise zu Beratungen zusammen. Lübeck übernahm für überregionale Zusammenkünfte, wie dem allgemeinen Hansetag, den Schriftverkehr, bildete überwiegend den Tagungsort und formulierte weitgehend die maßgebliche Meinung, der sich andere Städte, auch wenn sie nicht teilnahmen, nachträglich anschließen konnten. Nur grobe Verstöße gegen allgemeine Beschlüsse (Rezesse) führten zur Verhansung (zum Ausschluß). Erst Anfang des 19. Jahrhunderts wurden in den über dem Audienzsaal gelegenen Hansesaal im Lübecker Rathaus Büros eingebaut.

Krisen

Der Pfandbesitz der dänischen Sundschlösser brachte nicht ein, was er kostete, so daß zusätzlich zu den Kriegskosten die Abgabenlast der Bürger und Einwohner vermehrt wurde. Soziale Unruhen, die auch andere norddeutsche Städte in dieser Zeit erfaßten (Bremen 1365/66, Braunschweig 1374–80) und auf die Beteiligung von Handwerkern an der Finanzpolitik des Stadtregiments zielten, wurden 1374 in Lübeck noch beigelegt. Im Dezember 1380 führten sie aber dann zum Aufstand der von den anderen Handwerksämtern (Zünften) unterstützten Knochenhauer, deren Amt bei der Vergabe der Verkaufsstände und durch hohe Gebühren vom Rat stark abhängig war, aber im Handel mit Fleisch zu beträchtlichem Vermögen gelangt war. Die Ergebnisse der Verhandlungen mit dem Rat blieben für die Ämter bescheiden. So konnte sich 1384 hinter dem am Ende einer gescheiterten beruflichen Karriere stehenden Hinrich Paternostermaker erneut eine Aufstandsbewegung formieren, die neben anderen Handwerksämtern wiederum die Knochenhauer stützte. Geplant war nicht nur als Staatsstreich eine Gefangennahme des Rats, sondern als Akt des Hochverrats adlige Beihilfe von auswärts und Brandstiftung. Der Plan wurde vereitelt, Paternostermaker beging Selbstmord, 18 Verschwörer wurden hingerichtet, die Zahl der Meisterstellen der Knochenhauer wurde halbiert, und das Amt geriet völlig in Abhängigkeit des Rats. Die Finanznot des Rats, die durch den 1398 vollendeten Stecknitzkanal zwischen Lauenburg und Lübeck noch gesteigert wurde, führte von 1403 an zu erneuten Abgabenerhöhungen und zur Bildung eines Sechziger-Ausschusses der Bürgerschaft, zu dem erhebliche Teile der Kaufmannschaft gehörten. Dieser beteiligte 1408 die Bürger gegen das Selbstergänzungsrecht des Alten Rats an der Ratswahl und bildete einen Neuen Rat, der sich zunächst auch um die Sanierung der Schulden kümmerte. Dem Alten, nach Mölln ausgewichenen Rat gelang durch den diplomatisch versierten Bürgermeister Jordan Pleskow nicht nur die Ächtung des Neuen Rats 1410 durch König Ruprecht, sondern nach beiderseitigen erheblichen finanziellen Zugeständnissen an dessen Nachfolger Sigismund 1415 die Rückkehr nach Lübeck. Zum nun neugebildeten Rat gehörten auch fünf Mitglieder des ehemaligen Neuen Rats, der insgesamt maßvoll behandelt wurde. Die Aufstandsbewegung war von Lübeck allerdings nach Rostock und Wismar übergesprungen. Pleskow ließ dann

Lübecks wohlhabende Kaufmanns-Compagnien verstanden sich auf den Umgang mit Zahlen. Das Rechenbrett diente zur Erleichterung des Rechnens mit römischen Ziffern (mittelalterlicher Holzschnitt).

Lübeck von Osten, eine Ansicht von Georg Braun und Franz Hogenberg aus „Civitates Orbis Terrarum" („Die Städte des Erdkreises"), Köln 1572. Die Übersetzung der Kartusche lautet: Die freie Reichs- und Hansestadt Lübeck, das Haupt der wendischen Städte und der berühmten hansischen Gemeinschaft.

auf dem Hansetag 1418 ein Statut annehmen, nach dem Umsturz des Ratsregiments in den Städten mit Verhansung der Stadt und mit Haft oder Hinrichtung der Aufrührer bestraft werden sollte.

Zu dieser inneren Krise kam im 15. Jahrhundert der Niedergang des Deutschordensstaats (in Preußen) hinzu, wodurch dessen Städte sich vom Zwischenhandel über Lübeck und die wendischen Städte lösten und direkt mit niederländischen und englischen Kaufleuten in Beziehung traten. Von Dänemark aus wurden seit 1389 und 1397 auch die Reiche Norwegen und Schweden regiert und den holländischen Kaufleuten Vergünstigungen im Ostseehandel gewährt. Deren Konkurrenz vermochte die Hanse in der Folgezeit nicht mehr auszuschalten. Doch errang sie im Frieden von Utrecht 1474 mit England recht günstige Bedingungen und ging erst 1579 ihrer dortigen Privilegien verlustig; 1598 folgten die Beschlagnahme des Stalhofs und die Ausweisung der Hansekaufleute. Bereits 1494 hatte Zar Iwan III. das Kontor zu Nowgorod geschlossen. Durch die Entdeckungen in Übersee verlagerten sich die Haupthandelslinien vom 16. Jahrhundert an von Lübeck und der Ostsee weg und begünstigten das nach Westen orientierte Hamburg.

Eine weitere Macht im betrachteten geographischen Raum war das bereits erwähnte Bistum, das auf Betreiben Heinrichs des Löwen 1160 von Oldenburg in Holstein nach Lübeck verlegt wurde. Nach der Befreiung von der Dänenherrschaft 1227 stand es nicht mehr in Abhängigkeit vom sächsischen Herzog, so daß sein Repräsentant als Reichsfürst galt. Die anfänglich zwölf Domherrenpfründen (Kirchenämter mit Landbesitz und Geldvermögen) waren bis zur Mitte des 14. Jahrhunderts auf 39 angestiegen. In Verwaltung und Rechtsprechung besaß das Domkapitel, dem alle städtischen Kirchen unterstanden, entscheidende Rechte gegenüber dem Bischof. Die angestrebte Pfarrerwahl des städtischen Rats wurde 1227 und 1286 nach heftigen Kämpfen, in denen die Stadt ihre geistliche Versorgung mit Hilfe der Bettelorden – die Franziskaner seit 1225 im Katharinenkloster, die Dominikaner seit 1227 im

Johannes Bugenhagen (1485–1558) war Reformator vieler norddeutscher Städte. Der von Luther gesandte Kirchenmann schloß die Reformation Lübecks mit der Kirchen- und Schulordnung von 1531 ab.

Burgkloster – aufrechterhielt, durch päpstliches Urteil unterbunden. Der Rat durfte lediglich einen Domherrn als Pfarrherrn vorschlagen beziehungsweise bei dessen Unfähigkeit die Entfernung erbitten. Da aber vom Ende des 13. Jahrhunderts an reiche Lübecker Familien vermehrt Pfründen für Domherren stifteten und ihren Angehörigen sicherten, gewann der Rat der Stadt dennoch indirekt Einfluß. In der Stadt entwickelte sich der Dombezirk zwischen Marlesgrube und Mühlenstraße; Immunität genossen nur kirchliche Gebäude, Wohnungen der Geistlichen und Friedhöfe. Grundherrlicher Besitz des Bistums lag nur um Eutin und am Unterlauf der Trave um Bad Schwartau. Er war der Grafschaft Holstein als Landesherrn unterstellt. Seit 1350 blieb der Bischof in seiner Residenz Eutin, das Kapitel am Sitz des Bistums. Der Stiftsbesitz wurde in der Reformation erstmals 1531 von seiten der Stadt Lübeck beansprucht. Um den Bestand des Bistums auch gegenüber dem Zugriff des dänischen Königs zu sichern, öffnete sich bereits Bischof Detlev Reventlow (gest. 1536) vorsichtig der neuen Lehre, der auch vermehrt Mitglieder des Domkapitels angehörten. 1554 erzwang Christian III. von Dänemark die Wahl seines Kanzlers Andreas von Barby, und erst der vom König 1561 eingesetzte Bischof Eberhard von Holle verhinderte endgültig die Säkularisation. So blieb Lübeck einziges evangelisches Fürstbistum im Reich. An der Spitze des Bistums standen seit 1586 nur noch Mitglieder des Hauses Gottorf.

Die Reformation fand in der Stadt zuerst Eingang beim Bürgertum durch das Bedürfnis nach neuer Frömmigkeit und wurde von 1523/24 an auch von einer breiten Volksbewegung getragen. Der Rat der Stadt bewahrte seine altgläubige Position, bis 1528 die bürgerlichen Kollegien mit ihren Forderungen zur Minderung der städtischen Schuldenlast die Zulassung der evangelischen Predigt verknüpften. Lübeck hatte gegen den dänischen König Christian II. den 1519 aus dänischer Haft entflohenen schwedischen Adligen Gustav Wasa aufgenommen und ihm mit enormen militärischen Mitteln zum schwedischen Thron verholfen; in Dänemark

Brustbild des Lübecker Bürgermeisters Jürgen Wullenwever (1492/93–1537) von 1537. Die bewußt verzerrte Wiedergabe mit übergroßer Nase und mit Galgen als Wappenzeichnung entstand im Auftrag seiner Gegner. Wullenwever scheiterte mit seinem Versuch, Lübecks Stellung als Großmacht unter anderem mit militärischen Mitteln neu zu begründen, in der sogenannten Grafenfehde völlig.

erreichte es die Wahl des Herzogs Friedrich von Schleswig und Holstein zum König und sicherte sich die 50jährige Pfandherrschaft der Insel Bornholm (1525–1575). Ein Bürgerausschuß kontrollierte nun die Finanzgeschäfte des Rats und erzwang gegen Anordnung des Kaisers die Einführung der Reformation, die der von Luther gesandte Johannes Bugenhagen mit der Kirchen- und Schulordnung 1531 abschloß. Nach dem Beitritt der Stadt zum Schmalkaldischen Bund 1531, dem Zusammenschluß der protestantischen Fürsten und Städte, gingen die Bürgermeister Nikolaus Brömse und Hermann Plönnies ins Exil. Wortführer des Ausschusses und seit 1533 Bürgermeister war der aus Hamburg stammende Kaufmann Jürgen Wullenwever. Er überschätzte die Macht der Stadt völlig, als er 1534 ohne Mithilfe der übrigen Hansestädte mit einem Kriegszug in die dänische Thronfolge eingriff, eine Säkularisierung des Bistums plante, großräumige Handelsprivilegien zu erringen gedachte – und scheiterte. Die Macht des Ausschusses war nun schnell beendet, der alte Rat kehrte zurück, die evangelische Lehre aber wurde beibehalten. Wullenwever, der zur Finanzierung seines Kriegs 96 Zentner Kirchensilber eingeschmolzen hatte, wurde später in Wolfenbüttel verurteilt und 1537 enthauptet. Diese Ereignisse der sogenannten Grafenfehde (1534–1536) markieren den Endpunkt von Lübecks Rolle als Großmacht.

Neutrale Handelsstadt

Als der Krieg Spaniens gegen die Niederlande 1568 die Seehandelsmacht Hollands vorübergehend band, erreichte Lübeck größere Erfolge im Westhandel mit der Iberischen Halbinsel und Frankreich, vereinzelt auch mit Übersee. Insgesamt trat es aber zunehmend gegenüber Hamburg an Bedeutung zurück. Vor allem Salz und Wein gelangten nach wie vor über Lübeck in den Ostseeraum. Die Stadt selbst blieb zwar von den Drangsalen des Dreißigjährigen Kriegs (1618–48) verschont, mußte aber für ihre Freiheit erhebliche finanzielle Leistungen erbringen, die durch den Bau moderner Wallanlagen noch erhöht wurden. Das Landgebiet erfuhr dagegen wiederholt militärische Einquartierungen. Die bürgerlichen Kollegien errangen daher endgültige Mitsprache in der Verwaltung durch die Verträge der sogenannten Cassa- (1665) und Bürgerrezesse (1669), die bis zur Verfassungsänderung von 1848 in Kraft blieben. Der Westfälische Friedenskongreß 1648 brachte die Bestätigung der reichsunmittelbaren Stellung Lübecks und der Repräsentanz der Hanse zusammen mit Hamburg und Bremen, während die übrigen Hansestädte gegenüber den erstarkenden Landesfürsten an Eigenständigkeit verloren. Der letzte allgemeine Hansetag fand 1669 statt.

Das Wirken Franz Tunders von 1641 bis 1667 und Dietrich Buxtehudes von 1668 bis 1707 als Organisten an der Marienkirche mit den lübeckischen Abendmusiken sowie der Besuch Johann Sebastian Bachs 1705 kennzeichnen das Musikleben. Der Hochaltar in St. Marien (1697) und Kapellen im Dom von Thomas Quellinus aus Antwerpen sind hervorragende bauliche Werke des Barock, die Umbauten der Bürgerhäuser in der Großen Petersgrube und Königstraße durch Joseph Christian Lillie bedeutende Leistungen des Klassizismus. 1751 erschien mit den Lübeckischen Anzeigen (bis 1931) die erste Zeitung, das Schauspielhaus wurde 1752 erbaut. Die 1789 im Geist der Aufklärung gegründete, noch heute existierende Gesellschaft zur Beförderung gemeinnütziger Tätigkeit schuf zur Bewältigung vieler Aufgaben der neuen Zeit die finanzielle und organisatorische Basis, zum Beispiel 1809 die Seefahrtsschule.

Politisch befolgte Lübeck eine strikte Neutralitätspolitik und schleifte sogar von sich aus 1804 seine Befestigungsanlagen, mußte aber dennoch wie die beiden hansischen Schwestern im November 1806 die militärische Besetzung Napoleons erdulden, der es 1811–13 sogar seinem Kaiserreich einverleibte, um England wirtschaftlich zu bezwingen. Trotz Neuerungen in Verwaltung und Rechtsprechung nach dem Vorbild der Französischen Revolution war die Herrschaft Napoleons dem Wesen nach eine Diktatur. Mit Einquartierungen und erdrückenden Steuerlasten verbrauchte sie die Gewinne des Handels aus der Zeit der Neutralität schnell und belastete die Staatskasse für Jahrzehnte schwer. Nach der Befreiung wurde 1814 die alte Verfassung von 1669 wieder eingeführt. Nach dieser waren von zwölf Kollegien sieben den Großkaufleuten vorbehalten, die 1820 zusammen 144 Mitglieder umfaßten, während die Krämerkompanie (Detailhändler) allein 174 Mitglieder zählte. Kollegien waren Zusammenschlüsse von Bürgern beziehungsweise Kaufleuten, die politisches Mitbestimmungsrecht besaßen, darunter die Schonenfahrer, die Nowgorodfahrer etc. Da in der Bürgerschaft nach Kollegien abgestimmt wurde, waren die drei den Gewerbetreibenden vorbehaltenen Kollegien mit zusammen 1 000 Mitgliedern schlecht vertreten. Gemessen an der Gesamtbevölkerung betrug der Anteil der politisch repräsentierten Bürgerschaft nur vier Prozent. Der Versuch von 1848, eine ständisch gegliederte Verfassung anstelle der Kollegien einzuführen, führte zu unblutig verlaufenden Tumulten – die „Revulutschon" in Thomas Manns Buddenbrooks – und brachte am 30. Dezember 1848 gleiches Wahlrecht für alle Bürger, auch die des Landgebiets. Die Reform beseitigte den Unterschied zwischen Bürgern und Einwohnern und ließ Juden zum Bürgerrecht zu; die Trennung von Verwaltung und Justiz (während der französischen Herrschaft bereits durchgeführt) begann 1851. Lübeck erhielt schneller als Hamburg und Bremen eine zeitgemäße Verfassung.

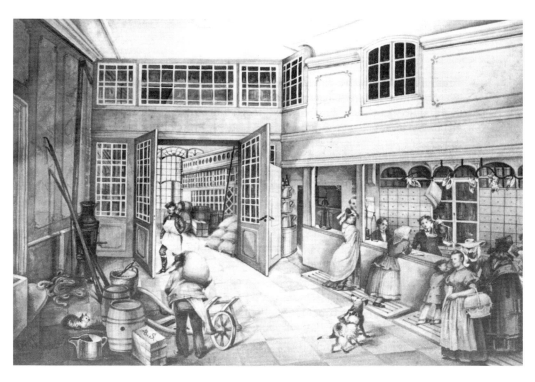

Die Diele eines typischen Lübecker Kaufmannshauses, der Gewürzhandlung Behn in der Breite Straße; Gouache von G. Köppen, 1869. Rechts wird der „Detailhandel" abgewickelt.

Das keineswegs zusammenhängende Landgebiet der Stadt bestand seit dem Mittelalter aus den stadtnahen Dörfern wie Israelsdorf, Schlutup, Wesloe, Vorwerk usw., aus deren Gemarkungen zum Teil das zum Schiffbau notwendige Holz kam, und wurde zum Beispiel entlang des wichtigen Stecknitzlaufs planmäßig erweitert. Die Stadt und Vogtei Mölln, der wichtigste Besitz, war zwar 1359 als Pfand gekauft worden, mußte aber endgültig 1747 wieder an Hannover abgegeben werden. Bergedorf wurde nach Eroberung des Schlosses von 1420 bis 1868 gemeinsam mit Hamburg verwaltet. Der Besitzerwerb des Johannisklosters in Lübeck (1176 gegründet, seit 1245 mit Zisterzienserinnen besetzt, nach 1569 evangelisches Jungfrauenkloster) wurde wesentlich im Sinn der Stadt gelenkt, die mit den zwei ältesten Bürgermeistern dessen weltliche Verwalter, die Provisoren, stellte. Dem Kloster gehörten unter anderem Dörfer am Unterlauf der Trave und an der Travemünder

Zur Anlegung des ersten Bahnhofs in Lübeck 1851 für die Eisenbahnstrecke Lübeck–Büchen wurde der Chimborassa-Wall vor dem Holstentor niedergelegt. Die alten Befestigungswerke der Stadt waren schon nach 1806 weitgehend geschleift worden.

Bucht, die Lübeck 1802 beim Vergleich mit Dänemark behielt, aber auch in Lauenburg und Mecklenburg, die die Stadt verlor. Die weltliche Verwaltung des Heiligen-Geist-Hospitals (ca. 1227 gegründet, seit 1286 am Koberg in Lübeck) lag ebenfalls in der Hand der beiden ältesten Bürgermeister. Vom umfangreichen Besitz des Hospitals, der sich auch in Mecklenburg und Pommern befand, behielt Lübeck im Vergleich mit Dänemark 1802–06 nur Dissau, Curau, halb Krumbeck und den Krumbecker Hof in Holstein. Einige im Besitz von Ratsfamilien befindliche Dörfer gingen der Stadt verloren, da ihre Besitzer sich aus wirtschaftlichen Interessen dem Schutz der Krone Dänemarks unterstellten (Stockelsdorf und Mori 1665–67, Dunkelsdorf 1674, Trenthorst 1667), nur Moisling, 1667 unter dänische Hoheit gestellt, wurde mit den zugehörigen Niendorf und Reecke von der Stadt zurückerworben. Durch die Säkularisation der geistlichen Fürstentümer 1803 wurde die Stadt aus dem Besitz des Domkapitels für die Verluste des Heiligen-Geist-Hospitals in Mecklenburg entschädigt und behauptete gegen Dänemark 1804 Genin, Vorrade, Ober- und Niederbüssau und Orte zwischen Trave und Ostsee.

Der selbständige Fortbestand Lübecks, Hamburgs und Bremens, die zur Befreiung von Napoleon in der Hanseatischen Legion einen eigenständigen militärischen Beitrag geleistet hatten, war bei der staatlichen Neuordnung Europas auf dem Wiener Kongreß (1814/15) zunächst in Gefahr, da Dänemark für den Verlust Norwegens an Schweden in Norddeutschland entschädigt werden sollte. Als dann Preußen das gerade erworbene Herzogtum Lauenburg an Dänemark abtrat, lag Lübeck mitten im dänischen Territorium isoliert und kämpfte in der Folge hartnäckig um Anschluß an moderne Verkehrswege (Chaussee nach Hamburg 1838, erste Bahnstrecke nach Büchen 1851) und um Beseitigung der Transitzölle und des Sundzolls (1857 aufgehoben). Der Beitritt zum Zollverein erfolgte erst 1867, die – während der französischen Herrschaft schon einmal eingeführte – Gewerbefreiheit wurde erst 1868 gewährt.

Sichtbares Zeichen der Souveränität der drei Hansestädte im Deutschen Bund war ein gegenüber den traditionellen Handelsverbindungen aus hansischer Zeit nun weltweites System von Handelsverträgen und diplomatischen Vertretungen und die Existenz des Oberappellationsgerichts der vier freien Städte (zusätzlich für Frankfurt am Main), das seinen Sitz in Lübeck nahm. Mit der Bildung des Norddeutschen Bundes (1866) entfiel die selbständige Außenpolitik, durch die Militärkonvention mit Preußen die Militärhoheit, nach Gründung des Deutschen Reichs von 1871 die Münzhoheit (die Mark aus dem lübisch-hamburgischen Geldsystem wurde für das Reich übernommen) und mit den Reichsjustizgesetzen 1879 die Tätigkeit des Oberappellationsgerichts.

Mit der Erweiterung des Hafens sowie der Verkürzung des Travelaufs bis Travemünde und Austiefung des Flußbetts, bereits 1850 begonnen, wurde der Wirtschaftsstandort 1879–82 modernen Anforderungen angepaßt. Der Bau des Nord-Ostsee-Kanals durch das Reich (1895) veranlaßte Lübeck anstelle des Stecknitzkanals zu einem Neubau aus eigenen Mitteln: Der 1900 eröffnete Elbe-Lübeck-Kanal ließ mit dem Durchstich am Burgtor die Altstadt zur Insel werden.

Das 20. Jahrhundert

Die Industrialisierung ergriff die Handelsstadt erst um die Jahrhundertwende; signifikant ist der Bau des Hochofenwerks Herrenwyk (1906). Im Schiffbau behielt Lübeck Bedeutung, errang sie im Maschinenbau, aber auch in der Fischverarbeitung (Schlutuper Räuchereien).

Die Bevölkerungszahl stieg von 1870 an (52 000) bis 1910 auf mehr als das Doppelte (116 000). Zum Vergleich: Vermutlich besaß Lübeck bereits im 13. Jahrhundert über 10 000 Einwohner und war neben Köln die bevölkerungsreichste Stadt im Reich; 1399 hatte es etwa 20 000 Einwohner. In den Reichstagswahlen behaupteten die Sozialdemokraten von 1890 an bis zum Ersten Weltkrieg fast ausschließlich den Lübecker Wahlkreis. Erst seit dem Ende des Jahrhunderts wuchs die Stadt über ihre seit dem Mittelalter bestehenden, von den Flüssen markierten Grenzen in die Vorstädte St. Lorenz, St. Gertrud und St. Jürgen.

Herausragendes leisteten Lübecker auf kulturellem Gebiet: In der Literatur beanspruchte der in Lübeck 1815 geborene Emanuel Geibel (gest. 1884) unter seinen Zeitgenossen besonders nach 1871 seinen Platz als „Sängerherold des Reiches" (Treitschke); bis heute bekannt sind seine Volksliedtexte („Der Mai ist gekommen"). Das literarische Werk Thomas Manns (1875–1955) wird als die bedeutendste deutsche Prosadichtung des 20. Jahrhunderts angesehen. Er galt aber in den großbürgerlichen Familien seiner Heimatstadt, denen er selbst entstammte und deren Charakter im Zusammenspiel von Fernhandel, Politik und Gesellschaft er meisterhaft in seinem Familienroman „Buddenbrooks" beschrieb, lange als Nestbeschmutzer, zumal seine Romanfiguren reale Vorbilder besitzen (siehe auch den Beitrag von Klaus C. Haase, S. 388). Seine literarische Leistung und die seines Bruders Heinrich (1871–1950) würdigt die Hansestadt seit 1993 im Heinrich-und-Thomas-Mann-Zentrum hinter der restaurierten Straßenfront des Hauses Mengstraße 4.

Die Wirtschaftskrise der ausgehenden Weimarer Republik schlug sich in Lübeck mit gegenüber dem Durchschnitt im Reich höherer Arbeitslosigkeit (15 Prozent) nieder und begünstigte seit 1929 die Zunahme der Nationalsozialisten. Anders aber als in der Provinz Schleswig-Holstein und in Mecklenburg-Schwerin, wo die NSDAP im Juli 1932 bereits die absolute Mehrheit errang, stand ihr die SPD seit den Wahlen von 1932 in Lübeck annähernd gleich stark gegenüber. Ihr gehörte auch der im Widerstand im Kreis um Goerdeler und Stauffenberg tätige Journalist Dr. Julius Leber (geb. 1891) an, der 1945 hingerichtet wurde.

Die Aufgabe der Eigenstaatlichkeit wurde in Lübeck bereits 1931 als ein Ausweg aus der Krise diskutiert. Daher gab es keine Kritik gegen deren Verlust durch das Groß-Hamburg-Gesetz vom 1. April 1937, womit Lübeck etwa ein Drittel seines Gebiets verlor und an Preußen fiel, das zwei Drittel der städtischen Schulden übernahm. Wappen, Flagge und den Titel „Hansestadt" durfte Lübeck weiterführen. In der Zeit des folgenden wirtschaftlichen Aufschwungs wurde Lübeck Standort für Rüstungsbetriebe und Militär. Die Bombennacht des Palmsonntag 1942 (28./29. März) zerstörte etwa ein Fünftel der Lübecker Altstadt besonders im Bereich des Kaufleuteviertels um die Marienkirche.

Das Ende des Zweiten Weltkriegs bescherte durch die alliierte Grenzziehung der Stadt den Verlust ihres traditionellen wirtschaftlichen Hinterlandes im Osten Deutschlands und große Zahlen von Flüchtlingen (1948 rund 40 Prozent der Bevölkerung), von denen sich viele hier niederließen. Mit der Grenzöffnung und Wiedervereinigung 1989/90 endete die Isolation innerhalb Deutschlands und der südlichen Ostsee.

Weit geht der Blick vom Hasenberg über die goldgelb blühenden Rapsfelder hinüber zur Hohwachter Bucht. Beeindruckend ist das Spiel von Sonne und Wolken, von Licht und Schatten. Das Tiefblau der Ostsee, die hellen Schaumkronen der Wellen und das unbeschreiblich intensive Gelb, das im Frühsommer wochenlang die Rapsfelder erstrahlen läßt – das alles verbindet sich zu Landschaftseindrücken, die unvergessen bleiben.

Die Landschaften

Die Landschaften

Die Seenlandschaft Schleswig-Holsteins ist am Ende der Eiszeit entstanden. Hier findet man auch heute noch Natur pur. Grüne, waldige Ufer und malerische Buchten laden zu erholsamen Wanderungen ein. Eine Paddeltour, hier auf dem Lanker See bei Preetz, eröffnet ganz neue Ausblicke vom Wasser auf die Landschaft.

Die Landschaften

Unablässig treibt der Wind sein Spiel mit den noch grünen Ähren der Gerste. Das Landschaftsbild von weiten Teilen Angelns und Schwansens wird vom Getreideanbau bestimmt. Die wogenden Ähren weisen den Weg nach Kappeln. Am Horizont ist der Turm der Ende des 18. Jahrhunderts erbauten St.-Nicolai-Kirche zu erkennen.

Das charakteristische Bild des schleswig-holsteinischen Binnenlandes: Welliges Land, Waldstücke, ein Teich inmitten der Felder und (im Hintergrund) die Knicks. Diese mit Büschen und Strauchwerk bewachsenen natürlichen Hecken sind künstlich angelegt und mit Weißdorn, Schwarzdorn oder Hainbuchen ergänzt worden. Holunder, Eberesche oder Brombeere siedelten sich von selbst an. Früher sollten die Knicks die Grenzen zwischen den Flächen der verschiedenen Eigentümer markieren. Doch was als nüchterne Trennlinie gedacht war, ist von großem ökologischem Nutzen. Die Knicks verhindern während der Frühjahrs- und Herbststürme, daß der Wind mit dem losen Sand ein allzu leichtes Spiel treibt. Zudem bieten sie vielen Kleinlebewesen und Vögeln Schutz und Heimat.

Die Landschaften

Das schleswig-holsteinische Binnenland, hier in der Nähe des Wittensees, ist geprägt von leichtgewellten, riesigen landwirtschaftlich genutzten Flächen. Wenn dann ab Mitte Juli das Getreide zur Ernte reif ist und der Wind durch die Felder streift, bilden sich zwischen dem weiten Himmel und dem hügeligen Land intensive Stimmungen, wie sie viele Künstler in ihren Bildern gemalt und Schriftsteller in ihren Werken beschrieben haben.

Die Landschaften

Flach wie ein Teller ist die Marschenlandschaft an der schleswig-holsteinischen Nordseeküste und im Mündungsgebiet der Elbe. Diese herrlichen alten Kopfweiden stehen in der Eiderniederung bei Friedrichstadt.

Die Landschaften

Leuchttürme und Richtfeuer weisen der Elbschiffahrt den weiten Weg von Hamburg in die Nordsee. Veränderungen der Fahrrinne und die Entwicklung der Technik haben manche der ursprünglichen Leuchtfeuerbauten verschwinden lassen. Diese wurden durch moderne, unbemannte Türme, hier bei Osterende, ersetzt.

Die Landschaften

Bis zu einer Höhe von 35 Metern erheben sich die Lister Dünen im Norden der Insel Sylt. Da das beeindruckende Naturdenkmal schon früh unter Schutz gestellt wurde und eine Bepflanzung dieser urwüchsigen Landschaft verhindert werden konnte, wandern die Dünen auch heute noch mit dem Wind alljährlich einige Meter nach Osten.

Die Landschaften

Die Stimmung der kargen Westküstenlandschaft Schleswig-Holsteins lebt vom Spiel des Windes mit den Wolken. Ständig scheinen sie am Horizont aus dem Meer zu steigen, heran- und davonzusegeln. Besonders dramatisch sind die Wolkenbilder bei Sturm und am Abendhimmel, oder wenn, wie auf unserem Bild, die Sonne durch ein Wolkenloch ihre gebündelten Strahlen auf die weite See wirft.

Die „alte Salzstraße" und der Naturschutzpark Lauenburgische Seen

Eckardt Opitz

Der Name „alte Salzstraße" für die Landverbindung zwischen Lüneburg und Lübeck entstand erst 1927. Im Mittelalter ist der Weg, der bereits in vorgeschichtlicher Zeit benutzt wurde, „via regia", Königsstraße, genannt worden; in einer lübeckischen Urkunde ist die Rede von „der hilgen Romeschen Keiserliken vrien strate". In neuerer Zeit war meist vom „Frachtweg" oder „Lüneburger Frachtweg" die Rede. Die heutigen, touristischen Zwecken dienenden Hinweisschilder mit dem Planwagen als Symbol sind entlang moderner Straßen aufgestellt. Die historische „Salzstraße" verlief anders. Der ungepflasterte Weg führte von Lüneburg nach Artlenburg; dort mußte die Elbe überquert werden, um nach Schnakenbeck zu gelangen. Über Lütau ging die „Königsstraße" nach Siebeneichen, Roseburg und Hornbek, passierte das Breitenfelder Moor, um dann Mölln zu erreichen. Bis 1741 führte der Weg von Mölln nach Lübeck über Marienwohlde, Hollenbek, Berkenthin, Krummesse und Rothebek; nach 1741 wurde eine andere Strecke gewählt: über Fredeburg, Einhaus, am Westufer des Ratzeburger Sees entlang nach Groß Sarau und Grönau. Dieser Weg war die einzige Nord-Süd-Straßenverbindung von Bedeutung; für ihre Unterhaltung und Sicherung hatte der Landesherr zu sorgen. Mölln war die einzige Stadt, die von der „Salzstraße" passiert wurde. Benötigt wurde von den Kaufleuten die kürzeste Verbindung, nicht die von Ort zu Ort.

Neben dem Landweg konnten auch der Wasserweg oder eine Kombination von Wasser- und Landweg benutzt werden. In den Jahren 1391 bis 1398 wurde der Stecknitzkanal vom Lauenburger Herzog eingerichtet. Es war der erste in Nordeuropa gebaute schiffbare Scheitelstrecken-Kanal. Für diesen Wasserweg von Lübeck nach Lauenburg waren 97 Kilometer zurückzulegen und im 19. Jahrhundert noch 13 Schleusen zu überwinden: bis zur Scheitelstrecke waren von Lübeck aus vier Schleusen zu passieren; für die „Talfahrt" wurden neun gebraucht. Im Jahr 1900 wurde der Stecknitzkanal durch den Elbe-Lübeck-Kanal ersetzt, der nur 63 Kilometer lang ist und sich mit sieben Schleusen begnügt (siehe auch den Beitrag von Ingo Heidbrink, S. 483).

Der neue und die Reste des alten Kanals, so vor allem die Palmschleuse in Lauenburg, sind nicht weniger Touristenattraktionen als die „alte Salzstraße". Jahrhundertelang waren die Gebühren für die Nutzung des Kanals eine wichtige Einnahmequelle für die Lauenburger Herzöge, die sich deshalb heftig dagegen wehrten, daß die Hansestädte Hamburg und Lübeck einen neuen Kanal bauen ließen, der die Alster, die Beste und die Trave miteinander verband. Der „Alster-Beste-Trave-Kanal" wurde zwar im August 1530 eröffnet, war aber nur sehr kurz in Betrieb, weil nicht genügend Wasser auf die Scheitelstrecke gebracht werden konnte.

Der Kreis Herzogtum Lauenburg hat nicht nur einen ungewöhnlichen Namen, sondern auch eine eigene Geschichte, die erst im späten 19. Jahrhundert wieder mit der Schleswig-Holsteins in Verbindung trat. Der eigene Weg hatte 1180 begonnen, als die Askanier einen Teil des sächsischen Erbes antraten, nachdem Heinrich der Löwe das Reich hatte verlassen müssen. Ratzeburg, Sitz der Kreisverwaltung und zeitweise Residenzstadt, ist aufs engste mit Heinrich dem Löwen verbunden.

Bis zum Inkrafttreten des Groß-Hamburg-Gesetzes am 1. April 1937 war der Weg von der Stadt Ratzeburg zum Dom mit einem Grenzübertritt verbunden, denn während Ratzeburg lauenburgisch war und seit 1864/65

preußisch regiert wurde, gehörte die Dominsel zum Freistaat (vor 1918 zum Großherzogtum) Mecklenburg-Strelitz. Ein Schilderhaus und einen Schlagbaum, wie auf einem alten Foto zu sehen, gibt es an dieser Grenze schon lange nicht mehr. Wer aber auf der Dominsel wohnt oder arbeitet, lebt durchaus in dem Bewußtsein, sich nicht nur geographisch, sondern auch historisch an exponierter Stelle zu befinden.

Ratzeburg war vor der Eroberung durch das Deutsche Reich Hauptsitz der Polaben, eines wendischen Teilstammes. Der erste Graf von Ratzeburg war Heinrich von Badwide; für ihn ist gleich nach seinem Tode, um 1164, ein Gedenkstein errichtet worden, und zwar an der Grenze zwischen dem städtischen und dem Dombezirk oder – politischen Veränderungen Rechnung tragend – an der Grenze zwischen Lauenburg und Mecklenburg-Strelitz. Seine Inschrift lautet: „Zu Zeiten König Konrads und des Sachsenherzogs Heinrich kam Graf Heinrich nach Ratzeburg und schuf dort als erster für das Christentum eine Grundlage." Dieser Heinrich hatte nämlich die Burg Ratzeburg, die Stadtinsel, dem Bischof des neu gegründeten Bistums als Sitz zugewiesen. Der Ratzeburger Dom, mit dessen Bau etwa 1165 begonnen wurde, ist der erste der vier sogenannten Löwendome (neben Ratzeburg noch Schwerin, Lübeck und Braunschweig), deren Bau durch den Sachsenherzog Heinrich den Löwen nachhaltig gefördert wurde. Als Baumaterial wurde Backstein verwendet, der gerade in Mode gekommen war. Der Ratzeburger Dom, dessen Bau im Jahre 1220 abgeschlossen war, ist der einzige in seiner ursprünglichen, das heißt (spät-)romanischen Gestalt erhaltene deutsche Backsteindom. Im

Ein Blick auf die Dominsel von Ratzeburg rückt neben dem Dom selbst auch das Gebäude der 1764–1766 errichteten Probstei in den Mittelpunkt. Dieser schloßartige Bau dient heute als Museum; im Obergeschoß befindet sich der bemerkenswert gut restaurierte Rokoko-Saal.

Die Maria-Magdalenen-Kirche in Lauenburg entstand um 1300 und war um die Wende vom 16. zum 17. Jahrhundert die Hofkirche der Askanier. Sie war aber auch Bürgerkirche, wie der spätgotische Marienleuchter (Ende des 15. Jahrhunderts) ausweist, der auf der einen Seite eine „Mondsichel-Madonna" (rechts) und auf der anderen eine „Anna Selbdritt" (links) zeigt. Es handelt sich um eine Gabe der wohlhabenden Gilde der Elbschiffer.

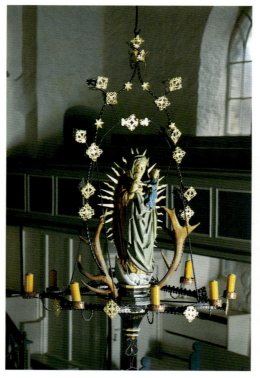

13. Jahrhundert entstand in Anlehnung an den Dom ein Kloster, das ebenfalls trotz der umfangreichen Renovierungen am Ende des 19. Jahrhunderts seinen romanischen Ursprung erkennen läßt. Das schloßartige Gebäude, das – westlich vom Dom gelegen – heute besonders exponiert erscheint, ist erst im 18. Jahrhundert entstanden. Es handelt sich um die ehemalige Domprobstei (in mecklenburgischer Schreibweise); die Anlage beherbergt heute das Heimatmuseum des Landkreises und bietet der Stadt in ihrem Rokokosaal einen der schönsten Festräume des Landes.

Die Stadt Ratzeburg hat eine vom Dombezirk weitgehend unabhängige Geschichte. Als im Jahre 1616 Burg und Schloß Lauenburg durch einen Brand zerstört wurden, verlegten die Herzöge von Sachsen-Lauenburg, die Askanier, ihre Residenz nach Ratzeburg. Als diese Linie im Mannesstamm 1689 ausstarb, traten die Herzöge von Braunschweig-Lüneburg, mehr von der Gewalt als vom Recht gelenkt, die Nachfolge an. Das fand nicht die Zustimmung des Königs von Dänemark, der Ratzeburg 1693 belagern und beschießen ließ, was mit der völligen Zerstörung der Stadt endete. Der Wiederaufbau erfolgte im hannoverschen Geiste. Das Herzogtum Lauenburg war im 18. Jahrhundert hannoverscher und gleichzeitig königlich-englischer Besitz. Napoleon I. machte es zu einem Stück Frankreich, danach wurde es erst preußisch, dann dänisch und nach 1864 wieder preußisch. Und dabei blieb es bis zur Aufhebung des preußischen Staates durch Kontrollratsbeschluß 1947. Seither ist Ratzeburg Teil des historischen Erbes, welches das Bundesland Schleswig-Holstein 1949 übernommen hat, auch jenes Bezirks, der „eigentlich" seit 1648 zu Mecklenburg-Strelitz gehört.

1667 veröffentlichte Kunrat von Hövelen eine Chronik „der lobwürdigen Hoch Fürstl. Stadt und Stifts Ratseburg", in der es heißt: „Dise Lobwürdige Stadt liegt gar lustig in Nidersaksen an dem See Wakeniz, so Südwerts hin auf ins Land flihsset und Südlich an Lübeck stohsset." Und weiter ist zu lesen: „Heutigen Zustandes und Bewandnis nach, so stäget es mit Razeburg noch zimlich für. Westwärts liget das Slos, Ostlich die Stadt und Nördlich der Duhm, Südlich und Ostlich umhin streichet die Razbürger

See herum und mag man nicht als über die West- und Ostbrücke dazu kommen."

Neben Ratzeburg war Lauenburg die wichtigste Residenzstadt (daneben gab es zeitweilig herrschaftliche Sitze in Grönau und Franzhagen). Herzog Bernhard I. ließ 1182 auf einem Hügel des Geestplateaus eine Burg errichten, zu deren Füßen um die Mitte des 13. Jahrhunderts eine Siedlung entstand, der schon bald das Stadtrecht verliehen wurde. Die Elbschiffahrt war die Grundlage des wirtschaftlichen Wohlstands der Stadt. In der Maria-Magdalenen-Kirche hat die Schiffergilde Zeugnis von ihrer Bedeutung abgelegt. Diese Kirche war zeitweilig sogar „Hofkirche". Sie wurde auch zur herzoglichen Grablege, bis die letzten Askanier im 17. Jahrhundert katholisch wurden und sich überwiegend in Böhmen aufhielten. Von dem aus der ursprünglichen Burg hervorgegangenen Schloß sind noch wenige Reste zu erkennen. Eine Feuersbrunst hat 1616 den Plänen, noch einmal höfisches Leben in Lauenburg zu begründen, ein Ende gesetzt. Attraktiv ist heute die am Elbufer gelegene „Unterstadt". Sie hat zahlreiche Fachwerkbauten bewahrt. Das Elbschiffahrtsmuseum im früheren Rathaus dokumentiert nicht nur die Geschichte der Stadt, sondern bewahrt auch viele Exponate von historischem Rang.

Die Zündholzfabrikation des 19. Jahrhunderts ist längst eingestellt worden. Teile der alten Gebäude beherbergen heute eine politische Bildungsstätte der Friedrich-Naumann-Stiftung. Die Werftindustrie hat unter wirtschaftlichen Problemen zu leiden. Zu einem neuen Wahrzeichen der Stadt ist eine Bronzeplastik, der „Rufer", geworden. Angeblich sollte er verkünden: „Makt de Elv wedder

Die Stadt Lauenburg hat zwei „Ebenen": die Ober- und die Unterstadt. Die Maria-Magdalenen-Kirche bildet den Mittelpunkt der Unterstadt.

Bis zur Reformation war das Büchener Gotteshaus eine vielbesuchte Wallfahrtskirche. Der um die Mitte des 13. Jahrhunderts entstandene Bau mußte während des 15. Jahrhunderts erweitert werden, als die wundertätige Madonna zahlreiche Pilger anzog. Trotz der Umbauten des 19. Jahrhunderts sind die mittelalterlichen Ursprünge der Büchener Marienkirche nicht zu übersehen. Die während des 14. Jahrhunderts entstandenen Malereien in der Gewölbezone des Westteils machen die Büchener Marienkirche zu einem einzigartigen Kunstwerk im Herzogtum Lauenburg.

frie!". Nachdem dieser Wunsch in Erfüllung gegangen ist, steht der Rufer noch immer an seinem Platz. Jetzt ruft er über die Elbe: „Nich na Mallorca, na Lauenborg möt jü kamen!"

Wer die Worte des Rufers so versteht, wird – wenn er ihnen Folge leistet – nicht enttäuscht werden. Er könnte beispielsweise die dritte wichtige Stadt entdecken: Mölln, etwa in der Mitte des Herzogtums Lauenburg gelegen.

Wer von Lauenburg nach Mölln die kürzeste Wegstrecke wählt, muß Büchen passieren. Hier lohnt sich ein kleiner Umweg nach Büchen-Dorf, wenige Kilometer östlich gelegen. Die Marienkirche in Büchen entstand im 13. Jahrhundert und war im Spätmittelalter eine Wallfahrtskirche, die viele Pilger aus der näheren Umgebung angezogen hat. Noch Jahrzehnte nach der Reformation gab es heimliche Wallfahrten nach Büchen. Die in der Kirche bewahrte und verehrte Marienfigur ist erst im Dreißigjährigen Krieg abhanden gekommen. Die Büchener Kirche wirkt von außen unscheinbar, sie birgt im Inneren aber eines der eindrucksvollsten Kunstwerke im Lauenburgischen überhaupt: die aus dem 14. Jahrhundert stammenden Gewölbemalereien, in denen die Glaubenswelt des späten Mittelalters sichtbar wird. Gleich neben der Kirche befindet sich die „Priesterkate", das sorgfältig restaurierte, gleich nach dem Dreißigjährigen Krieg erbaute ehemalige Wohnhaus des Pastors, das heute als Kulturzentrum und Ausstellungsraum dient.

Mölln hat seine städtebauliche Prägung erfahren, als es sich im Pfandbesitz der Hansestadt Lübeck befand, von 1359 bis 1683. Was Herzog Erich II. für 10 000 Mark verpfändet hatte, konnte sein Nachkomme, Herzog Julius Franz, erst mehr als 300

Jahre später nach einem langwierigen Rechtsstreit für 90 000 Mark wieder einlösen. Während der „Pfandzeit" profitierte Mölln von der Bindung an die florierende Hansestadt im Norden. Rathaus, Gerichtslaube, Stadtkirche und die Fachwerkhäuser am Markt künden von dieser Blütezeit. Der Sitz des lübeckischen Stadthauptmanns und das historische „Herrenhaus" dokumentieren die Pfandherrschaft am nachhaltigsten. Diese historischen Gebäude sind während der letzten Jahre mit großem Aufwand restauriert worden und befinden sich heute im Besitz der „Stiftung Herzogtum Lauenburg"; der Stadthauptmannshof beherbergt die „Lauenburgische Akademie für Wissenschaft und Kultur".

Die St.-Nikolai-Kirche auf dem Eichberg prägt nicht nur die Stadtsilhouette, sondern stellt auch das bedeutendste architektonische Denkmal Möllns dar. In dieser Kirche haben sich die Stecknitzfahrer, eine wohlhabende Gilde, mehrere Denkmäler von Rang gesetzt, darunter vor allem den siebenarmigen Leuchter aus dem Jahr 1436. Mölln hat mit einer weiteren Attraktion aufzuwarten, sie ist „Till-Eulenspiegel-Stadt". Der bekannteste Schalksnarr der deutschen Literaturgeschichte soll hier 1350 im Heiligen-Geist-Hospital an der Pest gestorben sein. Es gibt in Mölln ein Eulenspiegel-Museum, und in die Wand der Nikolai-Kirche wurde ein alter Gedenkstein eingemauert, auf dem es heißt: „Ulenspeegel liggt hierunder begraven". Vor dem Rathaus (aber auch zu Füßen seines Gedenksteins) sitzt Eulenspiegel in Bronze gegossen. Die Plastik hat der Bildhauer Karlheinz Goedtke geschaffen, dem Lauenburg den „Rufer" verdankt. Aus der Wand hinter dem Brunnen blinzelt George Bernhard

Mölln war jahrhundertelang im Pfandbesitz der Hansestadt Lübeck. Das hat sich auf die Architektur der Stadt ausgewirkt. Im Mittelpunkt steht die auf einem Hügel errichtete Kirche St. Nikolai, die von 1200 bis 1250 erbaut wurde.
Mölln wirbt damit, Eulenspiegelstadt zu sein; angeblich ist Till Eulenspiegel hier um 1350 gestorben. Sein vermeintlicher Grabstein befindet sich direkt neben der Kirche. Zu deren Füßen blinzelt eine Bronzefigur des Schalksnarren dem Relief des von der Stadt Mölln geehrten Dichters George Bernhard Shaw bedeutungsvoll zu.

Der Schaalsee bildet heute die Grenze zwischen Mecklenburg und Lauenburg. Bis 1945 gehörte ein Teil der östlich gelegenen Gebiete mit Stintenburg und Thurau zum Kreis Herzogtum Lauenburg. Der Schaalsee ist ein Naturschutzgebiet von hohem Rang.

Shaw Till Eulenspiegel aus einem Porträtrelief listig zu. Shaw wurde 1950 zum Ehrenbürger Möllns ernannt. Diese Ehre hat den großen irischen Schriftsteller so sehr getroffen, daß er noch im selben Jahr sein irdisches Leben beendete.

Mölln liegt am Schmalsee, ist von Wald umgeben und hat auch sonst viele Qualitäten, die eine Stadt zum Kurort machen. Nach Süden hin schließt sich eine Kette von kleineren Seen an den Schmalsee an: der Lüttauer See, der Drüsensee, der Krebssee, der Sarnekower und der Gudower See, dem nach Osten hin der Segranner See vorgelagert ist.

Wenn Lauenburg als „das stille Herzogtum" bezeichnet wird, dann wegen seiner unübertrefflichen Symbiose aus Natur und Kultur. Die Wälder und die großen und kleinen Seen stehen für die Natur; die Städte und einige der adligen Herrenhäuser sind Zeugnisse für die kulturelle Entwicklung der Region.

Der Schaalsee liegt an der Grenze zu Mecklenburg; Zarrentin, im Süden des Sees gelegen, war stets mecklenburgisch. Teile des Ostufers gehörten bis 1945 zum Herzogtum Lauenburg, darunter auch Stintenburg, einer der Herrensitze der Bernstorffs. Ihn hat Friedrich Gottlieb Klopstock (1724–1803), der im späten 18. Jahrhundert der am meisten verehrte deutsche Dichter und häufiger Gast der Bernstorffs war, in einer 15-strophigen Ode – „Stintenburg" überschrieben – besungen, die mit folgenden Zeilen beginnt:

Insel der froheren Einsamkeit,
Geliebte Gespielin des Widerhalls
Und des Sees, welcher itzt breit, dann,
*   versteckt*
Wie ein Strom, rauscht an des Walds
*   Hügeln um her ..."*

Bis zur Wiedervereinigung ging die Grenze zwischen den beiden deutschen Staaten durch diesen See. Stintenburg war Kaserne der DDR-Grenztruppen. Der Schaalsee, dem sich im Norden mit dem Goldensee, dem Gülpiner See, dem Grammsee, dem Lankower und dem Mechower See eine ähnliche Kette anschließt wie dem Schmalsee bei Mölln nach Süden hin, hat eine Fläche von 2298,2 Hektar. Mit einer maximalen Wassertiefe von 71,5 Metern ist er der tiefste und nach dem Plöner See, der eine Fläche von 2910,71 Hektar aufzuweisen hat, der zweitgrößte Binnensee Schleswig-Holsteins. Der Schaalsee hat als Naturschutzgebiet von der Lage an der „Zonengrenze" profitiert. Nach der Grenzöffnung bedarf es besonderer staatlicher Maßnahmen, um diesen Naturraum zu schützen. Gleichwohl gehört eine Fahrt (am besten mit dem Fahrrad) um den Schaalsee zum Besten, was der Kreis Herzogtum Lauenburg und der Westen Mecklenburgs touristisch zu bieten haben.

Nach Nordwesten hin läßt sich über den Piper- und den Salemer See und den Schaalsee-Kanal eine Verbindung mit dem Ratzeburger See herstellen, der von jeher ein Ziel für Reisende gewesen ist. Er hat eine Fläche von 1406,87 Hektar und ist bis zu 24 Meter tief. Ratzeburg und sein See sind eng mit dem Rudersport verbunden. Der „Ratzeburger Achter" ist zu einem Markenzeichen geworden.

Bei der Entstehung der Gutsherrschaft hatte die Patrimonialgerichtsbarkeit eine besondere Rolle gespielt. Im Herzogtum Lauenburg gab es 23 adlige Gerichte (von denen heute zwei in Mecklenburg liegen). Die repräsentativen Wohnhäuser der adligen Guts- und Gerichtsherren waren in der Regel Zentren einer ausgedehnten Landwirtschaft. 19 dieser Herrenhäuser (eins davon liegt heute in Mecklenburg) haben sich erhalten. Hinzu kommen Friedrichsruh, das erst nach 1871 entstand, und Alt-Horst, das bis 1937 mecklenburgisch war. Nur wenige befinden sich in einem baulichen Zustand, der sie zu einem lohnenden Ausflugsziel machen würde. Die meisten wurden immer wieder umgebaut und stellen deshalb durchweg Architekturdenkmäler des 19. Jahrhunderts dar.

Seit 1470 sind die Bülows Herren auf Gudow. Bis 1882 hatten sie das Amt des Landmarschalls inne, das sie zur führenden Familie in der Ritter- und Landschaft, der Ständevertretung, machte. Das in schönster Lage 1826 nach Plänen von Christian Joseph Lillie errichtete Herrenhaus ist das letzte im klassizistischen Stil entworfene Gebäude dieser Art in Schleswig-Holstein.

Wer nach Gudow fährt, sollte nicht versäumen, die St.-Marien-Kirche zu besuchen, einen romanischen Feldsteinbau aus dem späten 12. Jahrhundert mit einem bemerkenswerten Schnitzaltar aus dem frühen 15. Jahrhundert und zahlreichen Zeugnissen aus der Familiengeschichte der Patronatsherren, der Bülows.

An der Westseite des Schaalsees liegt Niendorf. Da es noch Niendorf an der Stecknitz gibt, trägt das Herrenhaus, in dessen Nähe sich einmal der Stammsitz der Parkentins befunden hat und das heute der Hamburger Kaufmanns- und Bankiersfamilie Sloman gehört, den Namen Niendorf am Schaalsee. Trotz einiger Umbauten im 19. und 20. Jahrhundert präsentiert sich Niendorf als charakteristisches Herrenhaus-Ensemble des 18. Jahrhunderts. Wer nach Paradigmen für die lauenburgische Herrenhauskultur im 18. Jahrhundert sucht, wird an Niendorf am Schaalsee nicht vorbeigehen können. Die Anlage gehört, seit Friedrich-Wilhelm Sloman sie erworben und sorgfältig hat restaurieren lassen, zu den gepflegtesten im Lande.

Im Nordwesten des Kreises liegt Steinhorst, dessen Herrenhaus ebenfalls zu den Perlen der lauenburgischen Adelsbauten zählt. Gottfried von Wedderkop war der Bauherr des 1722 entstandenen prächtigen Hauses. Er hatte sich aber finanziell übernommen; deshalb fiel Steinhorst 1738 an den Landesherrrn zurück, was allerdings mit einem Kleinkrieg zwischen kurhannoverschen und dänischen Truppen verbunden war. Verhandlungen entschieden den Konflikt zugunsten des Kurfürsten von Hannover und Herzogs von Lauenburg, der auch englischer König war. Das Haus wurde Sitz des Amtmanns und später Gericht. Nach 1957 diente es als Mietshaus und war innerhalb weniger Jahre so heruntergekommen, daß es vom Land Schleswig-Holstein nicht mehr gehalten werden konnte. 1973 erwarb es eine Hamburger Kosmetikfirma, ließ es mit großem Aufwand restaurieren und nutzt es seither als Gästehaus und Tagungsstätte. Vor allem dient Steinhorst der Präsentation der „Sammlung Schwarzkopf zur Kulturgeschichte der Haar- und Schönheitspflege", einer Einrichtung von internationalem Ruf.

Es ist die Frage gestellt worden, ob es sich beim Herrenhaus Steinhorst um einen schloßähnlichen oder um einen städtisch geprägten Bau handelt. Architekt war der Hamburger Nikolaus Kuhn. Die ursprüngliche barocke Monumentalwirkung kann nur erfaßt werden, wenn das Haus gemeinsam mit dem Park gesehen wird.

Das bekannteste lauenburgische Herrenhaus dürfte – spätestens seit

Die ursprünglich aus Mecklenburg stammende Familie der Bülows ist seit 1470 auf Gudow ansässig und übt seit dieser Zeit das Amt des Landmarschalls aus. Ihr Wappen ziert auch die spätromanische Gudower Kirche aus dem späten 12. Jahrhundert.

Wotersen gehört seit der Fernsehserie „Die Guldenburgs" zu den bekanntesten Herrenhäusern in Schleswig-Holstein. Die mittelalterliche Burganlage aus dem 14. Jahrhundert wurde während des Dreißigjährigen Krieges zerstört. Mit der Errichtung des heutigen Herrenhauses wurde 1721 begonnen; nach etlichen Unterbrechungen wurde der Bau 1772 abgeschlossen.

der Fernsehserie „Die Guldenburgs", in der es als Kulisse diente – Wotersen sein. Obgleich seine Besitzer es „Schloß" nennen, ist es ein klassisches Herrenhaus, im Zentrum einer weiträumigen Wirtschaftsanlage gelegen, deren Hauptgebäude die Wirkung langgezogener Seitenflügel haben.

Jahrhundertelang gehörte Wotersen den Herren von Dalldorf, die zum lauenburgischen Uradel zählen. 1717 gelangten die Bernstorffs in den Besitz von Wotersen. Sie sorgten für den Neubau des Herrenhauses, nachdem das alte – auf der Grundlage einer mittelalterlichen Burg – entstandene während des Dreißigjährigen Krieges zerstört worden war. Der Neubau wurde 1721 begonnen und 1725 weitgehend abgeschlossen. Kurz danach nahm

Der erste Bernstorff auf Wotersen: Andreas Gottlieb von Bernstorff (1649–1726) war in Ratzeburg geboren worden. Er begann seine politische Karriere in mecklenburgischen Diensten, bevor er zu den Welfen nach Celle und Hannover überwechselte. Mit König Georg I. ging er nach London, um von hier aus als europäischer Staatsmann zu wirken. 1720 zog er sich auf sein Gut Gartow zurück und widmete sich der Familienpolitik. 1717 hatte er Wotersen mit zahlreichen umliegenden Höfen erworben. Die Bernstorffs blieben bis 1996 im Besitz von Wotersen. Der neue Besitzer, ein Hamburger Kaufmann, will die kulturellen Aktivitäten, die Wotersen zu einem beliebten Treffpunkt von Kunst- und Musikfreunden gemacht hatten, fortsetzen.

man die Bautätigkeit wieder auf und setzte sie bis 1772 fort. Im 19. Jahrhundert folgte der Anbau einer Veranda; ansonsten stellt auch Wotersen einen klassischen Bau des 18. Jahrhunderts dar. Mit der Wiedervereinigung hat der Kreis Herzogtum Lauenburg seinen Status als „Zonenrandgebiet" verloren und wächst wieder in seine historische Rolle als Brücke sowohl zwischen West und Ost als auch zwischen Süd und Nord hinein. Davon kann der östlichste Landkreis Schleswig-Holsteins wirtschaftlich profitieren. Wünschenswert ist aber, daß Lauenburg ein „stilles Herzogtum" bleibt, daß die Harmonie zwischen Natur und Kultur erhalten wird.

Sieben goldene Türme: Hansestadt Lübeck und die Lübecker Bucht

Konrad Dittrich

Bei vielen Städten muß der Besucher sich erst durch einen Kranz neuerer Vororte hindurcharbeiten, um zum Stadtkern vorzudringen. Nicht so in Lübeck. Wer sich der einstigen „Königin der Hanse" nähert, von der Autobahn oder mit dem Zug, steht unvermittelt vor der Silhouette der Altstadt, dem „eigentlichen Lübeck". Denn trotz moderner Trabantensiedlungen, in denen der Großteil der etwa 215 000 Einwohner lebt, spielt sich das öffentliche und weitgehend auch das private Leben außerhalb der eigenen vier Wände immer noch in der von Wasserarmen umgebenen historischen Altstadt ab. Diese Wasserläufe haben im Mittelalter die Stadt zusammen mit Mauern und einem ausgeklügelten System von Verteidigungsanlagen geschützt. Sie wurden erst im 19. Jahrhundert durch den Ausbau der Vorstädte St. Lorenz, St. Jürgen und St. Gertrud gesprengt.

Wer aus dem Bahnhof heraustritt, erblickt nach wenigen Schritten ein großartiges Panorama: das Holstentor am Ende einer Grünanlage, links daneben die Doppelturmfassade der „Bürgerkathedrale" St. Marien, rechts den Turm der Petrikirche und davor das Ensemble der historischen Salzspeicher, in denen das „weiße Gold", das Salz der Salinen von Lüneburg, bis zum Weitertransport über die Ostsee gelagert wurde. Auch wer von Bad Segeberg oder Kiel kommt, sieht plötzlich die Silhouette der Stadt mit den „sieben goldenen Türmen", womit die Helme der Stadtkirchen gemeint sind. Mit etwas Phantasie läßt sich ausmalen, wie anziehend diese Stadt auf dem Hügel zwischen den Flüssen Wakenitz und Trave als reiche Kaufmannssiedlung auf Reisende, aber auch auf feindliche Kriegsherren und ihre Heere gewirkt haben muß.

Die Faszination lag in der Geschlossenheit des Stadtbildes begründet. Durch Vorschriften des Rates mußten die Häuser in Stein gebaut werden. Da dies im norddeutschen Flachland nur Backstein sein konnte, der in Ziegelbrennereien unmittelbar neben den Großbaustellen hergestellt wurde, weil zudem der Raum zwischen den Flüssen begrenzt war, die Grundstücke also lang und schmal waren, reihte sich in den Straßen Fassade an Fassade, Stufengiebel an Stufengiebel. Dieses vorgegebene Muster ließ selbst bei unterschiedlich breiten Straßenfronten Straßenzüge wie aus einem Guß entstehen. So schwärmte 1935 der hannoversche Stadtbaurat Rudolf Hillebrecht nach einem Rundflug über Lübeck: „Diese Straffung der beiden Straßenzüge, Breite Straße und Königstraße, in einem Zug von Tor zu Tor, das ovale Bild des geschlossenen Stadtkörpers, von Wasser umgeben, und dann jene Reihung von Giebel neben Giebel, gleichgerichtet einer neben dem anderen, diese herrlichen Dachflächen in ihrer Ordnung – das war das Unerhörte, das Einmalige, eben das Schöne dieser Stadt, was sie aus dem guten Dutzend anderer der schönsten und berühmtesten Städte des Reiches heraushob."

Ein Großteil dieser Pracht verschwand in einer einzigen Nacht oder doch in deren Folge. Am Abend vor Palmarum 1942 flog die Royal Air Force ihren ersten Flächenangriff auf eine deutsche Großstadt gegen Lübeck. In der mondhellen Nacht – Fliegeralarm wurde kurz nach 23 Uhr ausgelöst – war das Ziel, die vom glitzernden Band der Flüsse umgebene Altstadt, gut zu sehen. Die Angriffe dauerten mehrere Stunden. 300 Menschen starben in den Flammen, rund 20 Prozent der Bausubstanz im „Rothenburg des Nordens" war vernichtet. Auch das Rathaus und die größten der Kirchen aus Romanik und Gotik waren ausgebrannt. Sie erstanden nach dem Krieg neu. Nur wer

sich vor Augen hält, daß gegen Ende des Krieges fast 100 000 Flüchtlinge hier eine neue Heimat fanden, vermag die Wiederaufbauleistung zu würdigen. Aus rund drei Dutzend Lagern zogen die Flüchtlinge nach und nach in neue Wohnquartiere um.

Rathaus und Kirchen wurden wieder aufgebaut. Andere ausgebrannte Häuser, etwa die der Fischstraße unterhalb der Türme von St. Marien, wurden abgerissen und im Einheitsstil der fünfziger Jahre neu errichtet. Diese Neubauten sind genau jene Teile der Altstadt, die 1987 ausgeklammert wurden, als die UNESCO beschloß, die Lübecker Altstadt in die Liste des Kulturerbes der Menschheit aufzunehmen. Daß der Stadt diese verpflichtende Auszeichnung zuteil wurde, belegt auf der anderen Seite, daß von der alten Substanz ein großer Teil die Zeiten und auch den letzten Krieg überstanden hat. Daß dies so ist, verdankt Lübeck dem Gelehrten Carl Jakob Burckhardt. Ihm gelang es nach dem verheerenden Angriff vom 28. auf den 29. März 1942, Lübeck zur „internationalen Rot-Kreuz-Stadt" erklären zu lassen. Von kleineren Angriffen abgesehen, hielten sich die Alliierten bis zum Kriegsende an die Schutzfunktion dieses Begriffs.

Beginnen wir den Stadtrundgang beim Holstentor, das nach seiner Fertigstellung im Jahre 1478 wirklich als Stadttor diente. Es war das innere Tor einer gestaffelten Verteidigungsanlage, der Hauptzugang von Westen. Das äußere Tor, das zu einem Wall aus der Mitte des 16. Jahrhunderts gehörte, ist beim Bau der ersten Eisenbahnlinie nach Hamburg abgebrochen worden. Am Holstentor fallen dem Besucher die schiefen Türme auf. Die Türme waren schon bald nach Fertigstellung schief. Der Untergrund ist morastig. Obwohl das Tor auf Balkenroste

Eines der schönsten Gebäude der alten Hansestadt Lübeck ist das 1535 errichtete Haus der Schiffergesellschaft (oben). Lübecker Kapitäne und Kaufleute, die vom Seehandel und der Schiffahrt lebten, gründeten im 15. Jahrhundert diese Gemeinschaft. Das Bild mit dem Dreimaster über dem Eingang entstand im 17. Jahrhundert. Heute befindet sich in dem Gebäude ein Restaurant mit einzigartigem Ambiente. Typisch für die Budenbebauung ist die Aneinanderreihung einfacher, meist gleichförmiger Wohneinheiten mit wenigen Geschossen und geringer Geschoßhöhe. Hier wohnte die ärmere Bevölkerung zur Miete. In Lübeck weisen die hofseitigen Buden des Ilhornstifts, Glockengießerstraße 39, und die abgebildeten Buden (unten) in der Düvekenstraße 1–9 ins Spätmittelalter zurück.

Im Lübecker Rathaus trafen sich vom 14. Jahrhundert an die Vertreter von mehr als 100 Städten zu ihren Hansetagen. In der Kriegsstube, hinter den Fenstern des rechten Gebäudeteils, wurde nicht nur über Fragen der Wirtschaft diskutiert, sondern auch über Krieg und Frieden entschieden.

gesetzt wurde und der Grund durch solide Granitpackungen verstärkt worden war, senkten sich die Mauern nach außen. Sie haben hier nämlich eine Stärke von dreieinhalb Metern, während sie innen, zur Stadt hin, wo es nichts zu schützen gab, nur einen Meter dick sind.

Das Holstentor wäre Mitte des 19. Jahrhunderts beinahe abgerissen worden. Es war schadhaft geworden, und im Stadtparlament, der Bürgerschaft, wurde diskutiert, ob man das „Relikt aus Vätertagen" noch brauche. Mit einer einzigen Stimme Mehrheit stimmten die Abgeordneten am 15. Juni 1863 für die Restaurierung und den Erhalt. Heute sind Sammlungen zur Stadtgeschichte, bis hin zu „Strafrechtsmitteln", wie die Folterwerkzeuge aus der Frühzeit der Stadtgeschichte vornehm genannt werden, im Holstentor-Museum zu betrachten.

Der Verkehr fließt heute rechts und links um das Tor herum. Vorbei am Tor gelangt man über die leicht ansteigende Holstenstraße zum Mittelpunkt der Stadt. An der höchsten Stelle des Hügels errichteten die Lübecker ihr Rathaus und die Ratskirche St. Marien. Daneben blieb freier Platz für den Markt ausgespart. Der Markt und die ihn nach Norden und Osten abschließenden Teile des Rathauses sind die „gute Stube" der Stadt. An schönen Sommerabenden, wenn aus dem Ratskeller Tische und Stühle herausgetragen werden, kann eine fast südlich heitere Atmosphäre aufkommen.

Das Rathaus selbst entstand in mehreren Bauphasen, wurde immer wieder vergrößert oder nach dem jeweils herrschenden Zeitgeschmack verschönert. Von den ursprünglichen Backsteingiebelhäusern des frühen 13. Jahrhunderts finden nur Kenner noch Reste. Vom Markt her bewun-

dern die Besucher die aus glasierten Ziegeln aufgemauerten Wände des Langhauses oder „Danzelhuses". Als Schmuck dient dem schiefergedeckten Bauwerk ein Wappenfries. Zu sehen sind abwechselnd der lübische Doppeladler und das Rot-weiß der Hanse. Im Rathaus nämlich trafen sich seit der Mitte des 14. Jahrhunderts die Vertreter des Städtebundes zu den sogenannten Hansetagen. Das Langhaus steht quasi auf Stelzen. Zwischen den Granitsäulen hatten bis 1868 die Goldschmiede ihre Buden aufgeschlagen. Da dies altes verbrieftes Recht war, mußte der Baumeister bei der Rathauserweiterung die Gesellschaftsräume ins Obergeschoß verlegen, den Bau also ohne Erdgeschoß planen.

Zur Marienkirche hin erblickt man einen Vorbau in schönstem Renaissancestil. Dieser mit Sandstein verkleidete Anbau, die sogenannte Laube, entstand als Arkadengang 1570/71. Hier wurde sogar Gericht gehalten, öffentlich zur allgemeinen Belehrung. Dahinter ragt die alte Mauer aus Backstein auf. Um diese Schauwand vom Winddruck zu entlasten, ließ der Baumeister zwei große Löcher hineinschneiden. Der Eingang des Rathauses befindet sich in der Breiten Straße, neben einem Renaissance-Erker mit Prunktreppe, die jedoch nie benutzt wird. Die Eingangshalle bietet sich neugotisch dar; sie wurde 1881 umgestaltet. Die Malereien im Treppenhaus zeigen Szenen der Stadtgeschichte. Anstelle des alten Hansesaals entstand im Obergeschoß in den Jahren 1887 bis 1891 der Versammlungsraum des Stadtparlaments, der Bürgerschaft.

Prunkstück für besondere Anlässe ist jedoch der sogenannte Audienzsaal im Erdgeschoß, rechts neben dem Eingang. Hinter einer Schranke, etwas

Das älteste der Lübecker Gotteshäuser ist der Dom, zu dem Heinrich der Löwe anno 1173 den Grundstein legte. Im Krieg schwer beschädigt, wurde er bis 1977 wieder aufgebaut. Der Dom ist heute Predigtstätte des evangelischen Bischofs für Holstein/Lübeck.

Das Heiligen-Geist-Hospital, im 13. Jahrhundert von Lübecker Bürgern gegründet, ist eine der ältesten Sozialeinrichtungen Deutschlands. Die Kirchenhalle am Koberg steht quer zur Straßenfront. Im Inneren trennte der Lettner (kleines Bild) Kirchenhalle und Langhaus, in dem die Krankenbetten an den Wänden entlang standen.

erhöht, tagte das Obergericht, das bei Streitigkeiten auch für andere Hansestädte letzte Rechtsinstanz war. Die heutige Rokokoausmalung des Saals schuf der aus Bologna stammende Maler Stefano Torelli. Die Bilder an der Westwand stellen vor dem Hintergrund italienischer Landschaften die Tugenden eines guten Stadtregiments dar: Freiheit, Barmherzigkeit, Gerechtigkeit, Frieden, Einigkeit, Vorausschau, Klugheit, Mäßigkeit, Verschwiegenheit.

Besonders alt sind die schweren Gewölbe des Ratskellers, in dem der Rat einst seinen Weinhandel betrieb. Inzwischen werden die Räume gastronomisch genutzt. Ein Teil trägt die Bezeichnung „Germanistenkeller". Im Vorrevolutionsjahr 1847 tagte in Lübeck der „Deutsche Germanistenkongreß". Nach heißen Diskussionen tagsüber trafen sich die Akademiker abends zum Bier in diesem Teil des Ratskellers. Die Gastlichkeit Lübecks wird gerühmt. In der Altstadt gibt es nahezu keine Straße ohne Restaurant oder Café. Am bekanntesten sind, weit über die Stadtgrenzen hinaus, das Schabbelhaus in der Mengstraße und die Schiffergesellschaft am Koberg, der 1995/96 fußgängerfreundlich neugestaltet wurde.

Manche Erinnerung an die reiche Tradition der Stadt ist in den Museen bewahrt. Neben dem bereits erwähnten Holstentor-Museum trifft dies vor allem auf das St.-Annen-Museum zu. Der Bau vom Anfang des 16. Jahrhunderts diente nur wenige Jahre als Kloster. Nach Einführung der Reformation 1531 wurden die Gebäude für verschiedene soziale und allgemeine Zwecke genutzt. Die Klosterkirche brannte 1843 aus und wurde 1875 bis auf Reste abgebrochen. 1915 wurde hinter Klostermauern, aber natürlich für die Öffentlichkeit zugänglich, das St.-Annen-Museum eröffnet, eines der schönsten Museen seiner Art in Deutschland. Es beherbergt Zeugnisse der bürgerlichen Kultur der Stadt: Wohn- und Arbeitsräume, die prächtige Diele eines Kaufmannshauses, Möbel, Leuchter, Tafelgerät, Musikinstrumente, Keramik, Schmuck, Spielzeug – bis hin zu großen Fayence-Öfen und der einzigartigen Sammlung mittelalterlicher Flügelaltäre. Alle Exponate stehen in Bezug zur Vergangenheit der Stadt, entstammen Lübecker Häusern, Kirchen oder Fabriken. Wie das Großbürgertum um 1800 lebte und wohnte, kann man auch im Museum Behnhaus/Drägerhaus in der Königstraße sehen. Die großzügige Raumfolge vom Vorderhaus bis zum Gartenflügel beherbergt außerdem die städtische Gemäldesammlung.

Reichen Anschauungsunterricht erhält der Besucher auch im Heiligen-Geist-Hospital. Die Anlage vom Ende des 13. Jahrhunderts zählt zu den ältesten Sozialeinrichtungen Deutschlands. Arme, Kranke und Alte wurden hier aufgenommen. Obwohl der Bischof die Ordnung genehmigen mußte, war das Hospital keine kirchliche, sondern eine bürgerliche Gründung. Zunächst schliefen die Bewohner in Reihen von Betten entlang der Außenwände, streng nach Frauen und Männern getrennt. Später wurden die heute noch sichtbaren „Kabäuschen" im Langhaus eingebaut. Erst in den sechziger Jahren unseres Jahrhunderts zogen die Alten aus diesen Verschlägen aus. Sie sind in den Nachbargebäuden untergebracht.

Quer zur Straße hin wurde die Kirche errichtet. Der Prediger war sowohl in der Kirchenhalle als auch von Bettlägerigen im Langhaus zu hören. Der Kirchenraum mit wertvollen Wandmalereien und reicher Ausstattung am Lettner, der Wand, die in diesem Fall Kirche und Schlafsaal trennt, ist ganzjährig zu besichtigen, ebenso das Langhaus. Zu echtem Leben erwachen die Räume im Advent während des Weihnachtsmarktes. Dieser Markt ist im Norden so bekannt, daß täglich Busse aus Dänemark und Schweden kommen. Skandinavisches Kunsthandwerk ist dann einer der Verkaufsschlager in den heiligen Hallen. Ein sehr rühriger Verein führt im Straßenzug Kolk ein Privatmuseum. Das Museum für Figurentheater ist das größte seiner Art in Deutschland.

Was wäre Lübeck ohne seine alten Stadtkirchen? Im Mittelpunkt des Besucherinteresses steht dabei die Marienkirche neben Markt und Rathaus. Sie gilt als „Modell der Backsteingotik" im deutschen Norden, hat jedoch darüber hinaus weit nach Skandinavien ausgestrahlt. Kirchen nach dem Formenprinzip von St. Marien zu Lübeck finden sich auch im südlichen Schweden und in Dänemark. Es sind keine Kopien der Mutterkirche. Das verbot sich schon aus Platz- und Finanzgründen. Aber die Idee der hohen lichten Halle oder Basilika, vor allem die Übertragung der gotischen Formen vom Naturstein in den heimischen Backstein ist in St. Marien erstmals exemplarisch gelungen.

Rund 100 Jahre wurden benötigt, um über der beim Stadtbrand von 1251 beschädigten romanischen Kirche einen gotischen Neubau zu errichten. 1350 war das gewaltige Werk

vollendet. Fast 40 Meter ragt das Mittelschiff auf. Ein System von Strebebögen leitet die Schübe auf das Außenmauerwerk und die Pfeiler ab. Wuchtig stehen die 125 Meter hohen Zwillingstürme heute inmitten des Fußgängerstroms.

St. Marien verlor nach dem Bombenangriff von 1942 die gotische und barocke Ausstattung nahezu vollständig. Nur einzelne Stücke haben sich aus alten Zeiten erhalten. Dazu zählt der Marienaltar von 1518, eine Arbeit der Antwerpener Schule, ein doppelter Flügelaltar mit vergoldeten Figuren im Schrein und gemalten Außenflügeln. Gerettet wurde die Skulptur des Evangelisten Johannes, die Henning van der Heide 1505 schuf. Der barocke Hauptaltar des Thomas Quellinus, 1697 aufgestellt, erlitt starke Beschädigungen. Der Marmoraltar wurde in Teile zerlegt und eingelagert. Über die Möglichkeit einer Aufstellung wird diskutiert. Neu sind die Orgeln, die Schreiterfenster der Briefkapelle oder der Sakramentsaltar von Heinz Heiber, Nürnberg.

Älteste Kirche und ein früher Monumentalbau in Backstein ist der Dom. Heinrich der Löwe legte 1173 den Grundstein zum steinernen Gotteshaus. Um 1230 war der Dom als

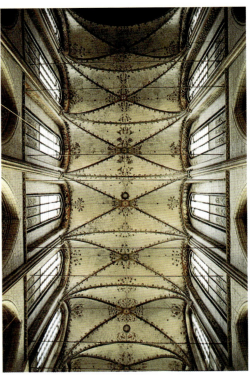

Ein Kunstwerk, das in einer Seitenkapelle von St. Marien den Krieg überstanden hat, ist der Marienaltar von 1518 (oben), eine Arbeit der Antwerpener Schule.
In der „Mutterkirche der Backsteingotik" fasziniert auch der Blick in die Gewölbe des Mittelschiffs, das sich fast 40 Meter über das Fußbodenniveau erhebt.

Ein besonderes Kleinod der Baukunst des 13. Jahrhunderts ist die spätromanische Vorhalle des Lübecker Domes (großes Bild). In diesem sogenannten Paradies wurden die Armen gespeist; hier wurde jedoch auch geistliches Gericht gehalten.
Das bedeutendste Kunstwerk im Dom ist das 17 Meter hohe Triumphkreuz von Bernt Notke, das 1477 aufgestellt wurde.

romanische Pfeilerbasilika vollendet. Im folgenden Jahrhundert wurde anstelle der östlichen Apsiden ein gewaltiger gotischer Chor vorgesetzt und 1341 eingeweiht. Auch der Dom brannte am Palmsonntag 1942 aus. Seine Türme stürzten als lodernde Fackeln in sich zusammen. Während der Wiederaufbau von St. Marien die ersten 15 Nachkriegsjahre in Anspruch nahm, erfolgte der Wiederaufbau des Domes erst anschließend und war 1977 im wesentlichen abgeschlossen. Gerettet werden konnte trotz einiger Beschädigungen das 17 Meter hohe Triumphkreuz des Bernt Notke, 1477 abgeliefert. Auch die Verkleidung des Lettners mit den vier Schutzpatronen unter Baldachinen ist eine Notke-Arbeit. Die große Uhr im Lettner läuft noch immer mit ihrem ersten Werk von 1628.

Mit relativ leichten Beschädigungen kam St. Aegidien über den Krieg. Eine Luftmine hatte das Dach angehoben, sämtliche Fenster waren zu Bruch gegangen. Erhalten blieben der Barockaltar in der Nachfolge des Altars aus der Marienkirche, das Kastengestühl, der große Singechor von Tönnies Evers und das Originalgehäuse der Orgel, das sich wie ein Schiffsbug in die Kirche vorschiebt. Hinter dem Prospekt des frühen 17. Jahrhunderts stecken allerdings moderne Pfeifen. Alte Orgelpfeifen findet man in der Seefahrerkirche St. Jakobi, die den Krieg fast unbeschädigt überstanden hat. Ihre beiden historischen Orgeln haben in der Norddeutschen Orgelbewegung nach 1925 eine bedeutende Rolle gespielt. Seinerzeit ging die Musikwelt nach dem Ende der Romantik, in der Orgeln ein ganzes Orchester ersetzen sollten und immer größer wurden, wieder zur Schlichtheit und Klarheit des Barock zurück. Auch in St. Jakobi sind der Barockaltar und zahlreiche weitere wertvolle Kunstwerke erhalten geblieben.

Am schlimmsten getroffen hatte es 1942 unter den Kirchen St. Petri, die gotische Schwester zwischen St. Marien und dem Dom. Sogar Abrißpläne wurden diskutiert, weil die Mauerreste umstürzen und Passanten gefährden konnten. 1960, als die Marienkirche wiedererstanden war, erhielt die Petriruine ein Dach. Dann zog die Bauhütte zum Dom um. Äußerlich scheinbar wiederhergestellt, blieb St. Petri im Inneren Ruine. Da die Gemeinde auf die Nachbarkirchen verteilt war, fiel St. Petri in einen Dornröschenschlaf, aus dem sie erst 1983 durch einen neugegründeten Bauverein wachgeküßt wurde. Die fünfschiffige gotische Hallenkirche wurde im September 1987 wiedereingeweiht. Da sie als Gemeindekirche nicht benötigt wurde, entwickelte sie sich zur „Kulturkirche", zur Begegnungsstätte zwischen Kirche und den Nachdenklichen unter ihren Kritikern mit Vorträgen, Seminaren, Ausstellungen, Konzerten oder Gottesdiensten in neuer Form und zu ungewöhnlicher Zeit. Von ihrem Aussichtsturm kann man Lübeck von oben betrachten. Der Blick geht bis zu den Ostseebädern und nach Mecklenburg.

Eine Besonderheit stellt St. Katharinen dar. Die ehemalige Hauptkirche

der Franziskaner im Ostseeraum ist seit der Reformation, seit 1531, Teil des Katharineums, der ersten bürgerlichen Lateinschule der Stadt. Sie untersteht der Museumsverwaltung und wird auch zu Ausstellungen genutzt. Bekannt ist sie wegen des Figurenfrieses in der Fassade. Ernst Barlach begann mit den Arbeiten Anfang der dreißiger Jahre. Da die Nazis ihn als entarteten Künstler einstuften und Barlach den Auftrag nicht zu Ende führen konnte, ergänzte Gerhard Marcks die Figurengruppe nach dem Krieg.

Lübeck ist inzwischen Hochschulstandort. Aus der Medizinischen Hochschule wurde eine Universität, aus der Landesmusikschule Schleswig-Holsteins einzige Musikhochschule. Die Fachhochschule mit mehreren tausend Studierenden hat einen internationalen Ruf. Das Stadttheater wurde 1996 nach dreijähriger Totalsanierung wiedereröffnet. Es ist das einzige in Deutschland noch vollständig erhaltene Theater des berühmten Dresdner Jugendstilarchitekten Martin Dülfer. Seit Oktober 1994 besitzt die Stadt mit der Musik- und Kongreßhalle erstmals in ihrer Geschichte einen akustisch einwandfreien großen Konzertsaal. Zu Beginn des Jahres 1996 zog die Intendanz des Schleswig-Holstein Musik Festivals nach Lübeck um. Eine weitere Villa am Jerusalemsberg soll für das Brahms-Institut restauriert werden, das der Musikhochschule angegliedert ist. Die Musikhochschule selbst ist in einem Altstadtquartier, das aus 22 historischen Häusern besteht, untergebracht. Die Kaufmannshäuser der Großen Petersgrube konnten dadurch gerettet werden. Dieser Straßenzug vermittelt einen Eindruck vom Aussehen des alten Lübeck vor dem Krieg, genauso wie am östlichen

Liebevoll restaurierte Stiftshöfe findet man hinter mehreren Gassen der Lübecker Altstadt, besonders häufig in der Glockengießerstraße. Die kleinen Häuschen, zentral und doch ruhig gelegen, sind bei alten Menschen beliebte Wohnungen. Das Bild zeigt einen Blick in den Haasenhof.

In den Salzspeichern an der Obertrave (großes Bild) wurde in früheren Jahrhunderten das „weiße Gold" der Lüneburger Salinen gelagert und zu Transporten über die Ostsee zusammengestellt.

In der Altstadt zwischen Untertrave und der Straße Alsheide findet man ein kleines Labyrinth idyllischer Gänge mit Häuschen aus verschiedenen Zeiten (kleines Bild).

Rücken der Altstadt etwa die Glockengießerstraße mit ihren Gängen und Stiftshöfen, die mit großem Aufwand restauriert wurden.

Wirtschaftlich geht es der Stadt nicht mehr so glänzend wie einst zur Blütezeit der Hanse. Die Metallhütte, Anfang des Jahrhunderts gegründet, um schwedischen Stahl zu verarbeiten, gab einem ganzen Stadtteil, Herrenwyk, Lohn und Brot. Der Konkurs in den achtziger Jahren bescherte Lübeck auf einen Schlag mehrere tausend Arbeitslose. Größter Arbeitgeber ist heute der Hafen. In den stadtnahen Häfen und in Travemünde werden große Mengen von Stückgütern umgeschlagen. Vom Schweden- und Oslokai, dem sogenannten Skandinavienkai, in Travemünde bestehen Fährverbindungen vor allem zu den Ostseeanrainerstaaten. Sie dienen seit Jahrzehnten dem Urlaubsverkehr, bieten im Winter Tanz- oder Eisfahrten nach Schweden und Finnland.

Die Stadt ist jedoch auch selbst Urlaubsort. In Lübeck blüht der Städtetourismus mit ein bis zwei Übernachtungen pro Gast. Zudem gibt es an der Lübecker Bucht eine ganze Reihe reger Seebäder. Lübecks „schönste Tochter", das Ostseebad Travemünde, ist Teil der Hansestadt.

Travemünde erhielt 1317 Stadtrechte, blieb aber über Jahrhunderte hauptsächlich eine Fischersiedlung. Erst als Ärzte Ende des 18. Jahrhunderts die gesundheitsfördernde Wirkung des Badens in der See betonten, wandelte sich der Charakter des Ortes. 1802 erhielt Travemünde den Titel eines Seebades. Zu Beginn des 20. Jahrhunderts war Travemünde beliebter Ferienort der Prominenz. Zu den Gästen in dieser Zeit gehörten Kaiser Wilhelm II., Thomas Mann und Richard Wagner. Eine neue Entwicklung brachte der Massentourismus nach dem Zweiten Weltkrieg. Bis auf das „Maritim", das Hochhaus mit 35 Stockwerken, über dessen Bau Anfang der siebziger Jahre heftig gestritten wurde, bestimmen jedoch Pensionen und kleine Hotels das Bild.

Auch die gegenüberliegende Seite der Bucht, die Halbinsel Priwall, ist Feriengebiet. Mehrere Campingplätze und Jugendheime laden zum preiswerten Sommerurlaub ein. Als wichtiges sportliches Ereignis feiern die Lübecker und ihre zahlreichen internationalen Gäste jedes Jahr im Juli die Travemünder Woche, ein Seglerfest mit Familiencharakter.

Dem Lübecker Stadtteil Travemünde schließt sich entlang der Küste

eine beliebte Urlaubsregion an. Der Tourismus gehört hier, im Kreis Ostholstein, zu den wichtigsten Erwerbszweigen. Von Travemünde aus läßt sich das nächste Seebad, Niendorf, sogar zu Fuß erreichen. Man lernt dabei ein einzigartiges Stück Natur kennen, die Steilküste des Brodtener Ufers. Der Wanderweg führt in 15 bis 20 Meter Höhe direkt an der Küste entlang. Der Blick kann frei über die See und nach Mecklenburg schweifen.

Der Wanderweg muß immer wieder korrigiert werden, da Wind und Wellen ungehindert am Ufer „nagen" dürfen. Durch Unterspülung und Abbrüche an der Kante sind in den vergangenen 200 Jahren fast 200 Meter der Küste verlorengegangen. Man könnte das durch Schutzmaßnahmen verhindern, würde dadurch aber das freie Spiel der Kräfte unterbinden. Allerdings ist den Jumbofähren, die zum Skandinavienkai Travemünde fahren, eine Geschwindigkeitsbegrenzung auferlegt worden, um der Natur nicht durch künstliche Wellen „nachzuhelfen". Auf halber Strecke liegt die Hermannshöhe, benannt nach dem Lübecker Bürgermeister Hermann Fehling, der den ersten Wanderweg anlegen ließ. Die Gesamtstrecke Travemünde–Niendorf beträgt sechs Kilometer.

Niendorf gehört zur Gemeinde Timmendorfer Strand. Besonders reizvoll ist ein Bummel zum Niendorfer Fischereihafen. Frisch geräucherter oder eingelegter Fisch wird in Buden direkt neben den Bootsanlegern zum Verzehr angeboten. Lohnend ist der Besuch des Vogelparks oder eine Wanderung zum Hemmelsdorfer See.

Timmendorfer Strand selbst hat sich zum mondänen Seebad entwickelt, mit großen Kongreßhotels und dem ETC, dem Eislauf- und Tennis-Center. Manchmal hört man, Timmendorfer Strand sei „das Sylt der Ostsee", womit ausgedrückt werden soll, daß sich hier durchaus finanzkräftige Gäste ein Stelldichein geben. Auch die gehobene Gastronomie gehört zu diesem Bild.

Scharbeutz und Haffkrug sind die westlichsten Bäder der Bucht. Die langen flachen Strände machen sie für den Familienurlaub besonders geeignet. Während in Timmendorfer Strand auch Modellkleider auf der Promenade spazierengetragen werden, geht es in Scharbeutz locker und leger zu.

Frohe Ferien kann der Gast in den Bädern der Lübecker Bucht verleben, wie der Blick auf die Szenerie von Timmendorfer Strand ahnen läßt. Eine schöne Fernsicht ermöglicht der Besuch des Restaurants im 35. Stock des Maritim in Travemünde (kleines Bild), das vom Leuchtfeuer bekrönt wird. Es sichert den Schiffen die Fahrt zum sogenannten Skandinavienkai.

Durch die Holsteinische Schweiz zur Ostsee: Von Eutin bis Fehmarn

Konrad Dittrich

Das östliche Holstein zwischen Eutin und Fehmarn ist kulturell und landschaftlich besonders abwechslungsreich. Den Besucher erwarten keine Sensationen, aber im Wechsel von Seen, Wäldern und Weiden ist so viel stille Schönheit zu finden, daß schon der bekannteste Reisende des vorigen Jahrhunderts ins Schwärmen geriet. Karl Baedeker notierte 1859 in seinem Tagebuch: „Eine der lieblichsten Landschaften Deutschlands". Ob im späten Frühjahr, wenn die Rapsfelder gelb aufleuchten, im Sommer, wenn am blauen Himmel weiße Wolken segeln, quasi als Spiegelbild der nahen Ostsee mit ihren Booten, im „goldenen Oktober", der das Grün der Buchen braun färbt und den Ahorn golden schimmern läßt, selbst im Winter mit frischer gesunder Seeluft – immer findet Ostholstein seine Freunde.

Die hügelige Landschaft erhielt ihre Gestalt durch die letzte Eiszeit. Die Gletschermassen schoben Geröll und Gestein vor sich her. Sie formten Mulden, die sich später mit Wasser füllten und zu Seen wurden, häuften Hügel und schoben sogar einige Berge auf. Heute bildet das östliche Holstein – die Küste zwischen Neustadt und Fehmarn, die Holsteinische Schweiz, die Seen rund um die Kreisstädte Plön und Eutin – ein einheitliches Urlaubsgebiet. Der Tourismus ist neben Landwirtschaft, Fischfang, Viehzucht und Handwerk zum tragenden Wirtschaftsfaktor geworden.

Das Herz der Holsteinischen Schweiz schlägt in Eutin, dem Sitz des Kreises Ostholstein. Die „Rosenstadt", wie sie wegen der vielen Blumenbeete auch genannt wird, ist in Wälder und Seen eingebettet. Rund 100 Kilometer Wanderwege sind ausgeschildert. Erster Förderer des Ortes war Bischof Gerold, dem der Schauenburger Graf Adolf II. 1156 das Land zur wirtschaftlichen Absicherung des Bistums Lübeck überschrieb. Gerold ließ auf dem Hügel zwischen Großem und Kleinem Eutiner See einen Markt anlegen, den er Utin nannte. Der Markt mit seinen an den Ecken abzweigenden Straßen bildet noch immer den Ortsmittelpunkt. Hier stehen die ältesten erhaltenen Gebäude aus dem 17. Jahrhundert. In der Nachbarschaft erhebt sich die beherrschende Michaeliskirche mit dem wuchtigen Turm, der erst im 19. Jahrhundert die heutige Form erhielt. Die spätromanische dreischiffige Kirche stammt ansonsten aus dem ersten Drittel des 13. Jahrhunderts. Außer einem spätgotischen Triumphkreuz sind die meisten Ausstattungsstücke im Kircheninneren aus Renaissance und Barock.

Das Eutiner Schloß war lange Residenz der Lübecker Bischöfe. Durch die häufigen Auseinandersetzungen mit dem Rat der freien Stadt Lübeck zogen sich die Bischöfe im 13. Jahrhundert auf ihren Landsitz Eutin zurück und erhoben 1309 die Stadtkirche zum Niederstift. Nach der Reformation wurde Eutin 1534 protestantisches Fürstbistum; das Haus Holstein-Gottorf stellte die Regenten. 1773 wurde der Fürstbischof zugleich Herzog von Oldenburg und führte fortan den Titel eines Großherzogs.

Die heutigen Schloßgebäude stammen größtenteils aus der fürstbischöflichen Ära, namentlich aus den ersten Jahrzehnten des 18. Jahrhunderts. Im Schloß befindet sich eine der größten Porträtsammlungen Norddeutschlands, unter anderem mit Arbeiten des Goethefreundes Johann Heinrich Wilhelm Tischbein, dem Herzog Peter Friedrich Ludwig 1808 nach den Wirren der Französischen Revolution in seiner Residenz Zuflucht bot. Zum Schloßkomplex gehören die ehemaligen Marstallgebäude, in die kulturelle Einrichtungen einzogen, darunter das Ostholstein-Museum mit seiner regio-

nalhistorischen Sammlung und regelmäßigen Sonderausstellungen. Die prunkliebenden Barockfürsten luden viele Künstler und Gelehrte ein, so daß Eutin sich den Ruf eines „Weimars des Nordens" erwarb. 20 Jahre lang, von 1782 bis 1802, war Johann Heinrich Voß, der bis heute gelesene Homer-Übersetzer, Leiter der Eutiner Gelehrtenschule. Das Voßhaus im Stadtzentrum erinnert an ihn.

Auch Carl Maria von Weber, der bedeutende Komponist der deutschen Romantik, trägt bis heute zum Ruhme Eutins bei. Er wurde hier 1786 als Sohn eines Hofmusikers geboren. Aus Anlaß seines 125. Todestages wurde 1951 die Eutiner Sommerspiele GmbH gegründet, die seither im Schloßpark Opernfestspiele organisiert. In der romantischen Naturkulisse wurde besonders häufig Webers „Freischütz" aufgeführt. Im Geburtshaus des Komponisten, im Café Weber in der Lübecker Straße, kann man einkehren.

Empfehlenswerte Unternehmungen sind romantische Bootsfahrten auf dem Großen See, Ausflüge zum Kellersee oder eine Wanderung rund um den versteckt liegenden Ukleisee.

Über dem Uklei liegt das reizende Jagdschlößchen, das der Eutiner Hof sich 1776/77 errichten ließ. Hier finden regelmäßig Konzerte mit klassischer Musik statt. Der Blick von der Terrasse zum See ist jedoch auch ohne Noten voller Musik.

Für die zentrale Region Ostholsteins hat sich die Bezeichnung „Holsteinische Schweiz" eingeprägt. Angeblich hat der Lübecker Maler Heinrich Grosch 1790 gesagt, Holstein sei „ein würdiges Pendant zur Schweiz". Aber erst 100 Jahre später wurde mit dem zugkräftigen Begriff Reklame gemacht. Beschreibungen aus dieser Zeit nennen als Herz des Landstrichs das fürstbischöfliche Eutin, die herzogliche Residenz Plön sowie die Kurorte Malente und Gremsmühlen.

Malente-Gremsmühlen kam mit dem Bau der Eisenbahn 1905 zu seinem Doppelnamen und ist seit 1955 als Kneipp-Heilbad anerkannt. Die ersten Gäste wurden in der Gremsauer Mühle bewirtet. Da diese bald nicht ausreichte, bauten die Besitzer das Hotel Gremsmühlen und warben schon 1867 mit dem Slogan „Gremsmühlen – die Schweiz Holsteins". In der Nähe des Bahnhofs, an der Seba-

Mittelpunkt der Holsteinischen Schweiz ist Eutin, früher Sitz der Lübecker Bischöfe. Im frühen 18. Jahrhundert erfolgte der Ausbau der fürstbischöflichen Residenz zu einem Barockschloß mit großem Garten. Der Kupferstich von Martin Engelbrecht aus dem Jahr 1743 zeigt neben Schloß und Park eine geplante Seeinselfestung „Adolphsburg", entworfen von Johann Christian Lewon (Löwen), die jedoch nicht erbaut wurde.

Ein farbenprächtiger Anblick sind im Mai/Juni die blühenden Rapsfelder der Holsteinischen Schweiz. Das Blau des Himmels und das Dunkelgrün der Knicks kontrastieren für mehrere Wochen mit dem strahlenden Gelb der Felder.

stian-Kneipp-Straße, steht die 300 Jahre alte Tewskate, die älteste erhaltene Räucherkate Holsteins. Sie war bis 1967 bewohnt und wurde 1969 vom Markt an ihren jetzigen Standort versetzt, um neuen Bauten Platz zu machen. Den Reiz der Holsteinischen Schweiz kann der Besucher beispielsweise mit dem Schiff bei einer Fünf-Seen-Fahrt erleben. 1882 verkehrte das erste „Lustboot" auf dem Kellersee. Heute verbinden moderne Fahrgastschiffe Diek-, Langen-, Biehler-, Höft- und Edebergsee. Auch die Kellerseefahrt besteht weiter.

Beim Bootsanleger Fegetasche berühren sich die Wasserflächen der „Fünf Seen" und der Große Plöner See beinahe. Die nahegelegene Kreisstadt Plön wird von dem hellen Bau des Schlosses überragt. Herzog Joachim Ernst ließ die Dreiflügelanlage in

Viele Wassersportmöglichkeiten bieten die Seen Holsteins. Segler, Paddler und Ruderer kommen auf ihre Kosten, wie das Bild vom östlichen Ufer des Großen Plöner Sees ahnen läßt. Im Hintergrund sind Schloß und Stadtkirche von Plön zu erkennen.

den Jahren 1633–36 für seine Gattin Dorothea Augusta errichten. Vorher stand auf dem Schloßberg eine Burg der Schauenburger Grafen.

Plön erhielt in der ersten Hälfte des 17. Jahrhunderts eine besondere Bedeutung als Residenz des selbständigen Herzogtums Schleswig-Sonderburg-Plön. Der Nachfolger des Schloßerbauers, Johann Adolf, vergrößerte Plön durch die Anlage der Neustadt. In ihr durften sich Hugenotten ansiedeln, die wegen ihres Glaubens aus Frankreich geflohen waren. Geistiges Zentrum der Hugenotten wurde die Neustädter Johanniskirche aus dem Jahr 1685. 1761 starb die Plöner Herzogslinie aus. Das Land fiel an die dänische Krone. 1842 erklärte Dänenkönig Christian VIII. das Schloß zur Sommerresidenz.

Ansicht von Plön. Kolorierter Kupferstich (ca. 1595) von Georg Braun und Franz Hogenberg aus dem V. Band des Städtebuchs „Civitates Orbis Terrarum". Heinrich Rantzau (1526–1598) hat dieses Werk nachhaltig gefördert. Die Künstler tragen dem Rechnung, indem sie den Gönner ins „rechte Licht" rücken. Schloß Rantzau (im Bild links oben) liegt tatsächlich noch weiter „rechts", nämlich nordöstlich von Plön, etwa auf halber Höhe zwischen Plön und Lütjenburg.

1868, nach den preußisch-dänischen Kriegen, richtete Preußen im Schloß eine Kadettenanstalt ein. Auch die Söhne des letzten deutschen Kaisers Wilhelm II. wurden hier erzogen. Sie wohnten am Eingang des Schloßgartens, im sogenannten Prinzenhaus, einem Palais im Rokokostil. Reizvoll ist von hier ein Spaziergang rund um die langgestreckte Prinzeninsel oder eine Bootsfahrt zu deren Spitze, wo im niedersächsischen Bauernhaus ein Restaurant untergebracht ist.

Die Schiffe fahren weiter über den Plöner See bis nach Bosau, dessen Geschichte nicht nur eng mit den ersten Bischöfen des Landes verknüpft ist, sondern auch mit einem seiner ältesten Chronisten. Helmold von Bosau begleitete Bischof Vicelin auf dessen Missionsreisen und verfaßte um 1170 seine „Slawenchronik". Vicelins Nachfolger Gerold starb am 13. August 1163 bei einem Besuch Bosaus. Ein Kleinod ist die spätromanische Feldsteinkirche am Seeufer. Das Triumphkreuz stammt vom Anfang des 16. Jahrhunderts. Vier Engel umschweben den Heiland am Kreuz und fangen in Kelchen das Blut auf, das aus den Wunden fließt.

Wer im östlichen Holstein unterwegs ist, wird immer wieder auf Herrenhäuser und Schlösser stoßen. Mehr als 200 Guts- und Herrenhäuser waren es einst, über 100 sind es noch immer. In vielen Fällen sind sie ihrem einstigen Zweck entfremdet, sind Schullandheim geworden, Seniorensitz oder Kulturzentrum. Die meisten Herrensitze entstanden nach der Reformation, als der zuvor klösterliche oder kirchliche Besitz säkularisiert wurde. Zudem mußte die rapide wachsende Bevölkerung ernährt werden. Mit Korn und Kartoffeln ließ sich damals viel Geld verdienen, so daß sich die Großgrundbesitzer prächtige Herrensitze bauen konnten.

An der Straße steht das Torhaus, meist eine architektonische Zierde. Ihm gegenüber kann man die Front des Herrenhauses erblicken, rechts und links Wirtschaftsgebäude, Ställe, Scheunen. Hinter dem Herrenhaus beginnt der private Bereich, oft ein Park. Ostholstein ist so reich mit Herrenhäusern gesegnet, daß man es den Grafenwinkel genannt hat.

Die „Schlösser" stammen aus unterschiedlichen Epochen. Manche gehen zurück auf alte Burganlagen und haben noch Teile des Grabensystems, das die Burgen schützte. Beispiele hierfür sind die Anwesen Gaarz, Sierhagen oder bei Neustadt das Gut Brodau. Gut Nehmten am Plöner See ist das beste Beispiel eines streng klassizistischen Hauses, Dobersdorf das bemerkenswerteste Rokoko-Gebäude im Lande. Schloß Rantzau, der Stammsitz eines politisch besonders aktiven Adelsgeschlechts, galt als prächtigster Bau der Renaissance. Das Schloß aus den Jahren 1593/94 wurde jedoch Mitte des 18. und des 19. Jahrhunderts dem jeweiligen Zeitgeschmack angepaßt. Für das Gut Rastorf entwarf der Eutiner Hofbaumeister Rudolf Matthias Dallin eine geschlossene Barockanlage, die ab 1723 entstand. Dallin war

für die Umgestaltung mehrerer Herrenhäuser verantwortlich, zum Beispiel Güldenstein, einem Hauptwerk spätbarocker Herrenhausarchitektur. Testorf, Kletkamp oder Hasselburg besitzen besonders schöne Torhäuser. Farve ließ Ernst Graf Reventlow, der Vertreter eines weiteren bedeutenden Adelshauses, 1837 zur Vierflügelanlage in romantischer Burgengotik völlig umgestalten, mit auffallendem Rundturm an der Nordwestecke. Moderne Architektur findet man auf Garkau, wo Hugo Häring 1924/25 Stallungen mit Betonpfeilern, Klinkerwänden und Holzverschalung entwarf.

Das hügelige Holstein hat auch einige Berge aufzuweisen; freilich darf man den Begriff nicht allzu streng fassen. Der höchste Berg Schleswig-Holsteins ist der Bungsberg bei Schönwalde. Er ist 168 Meter hoch und besitzt sogar einen Skilift. Den Berg verdanken wir den eiszeitlichen Gletschern, die hier mehrere Moränenwälle aufschichteten. Auf der Kuppe des Bungsberges wurde 1853–64 ein Aussichtsturm errichtet. Der nach der Großherzogin von Oldenburg i. H. benannte Elisabethturm ist 23 Meter hoch und aus Granitquadern zusammengesetzt. Zur Aussichtsplattform führt im Inneren eine Wendeltreppe empor. Konkurrenz bekommen hat der Elisabethturm in modernen Zeiten. Der neue Fernsehturm mißt 179 Meter. Beide stehen nicht auf der Spitze des Berges, sondern in 164 Meter Höhe. Der Vermessungsstein, der die Spitze markiert, liegt gut 100 Meter nördlich. Drei Flüßchen entspringen in den Moränenwällen: die Schwentine, die Kremper Au und die Lachsbek (Laßbek). Bis vor tausend Jahren war die Gegend ein fast undurchdringlicher Urwald. Im 12. Jahrhundert, verstärkt dann zu Beginn des folgenden, wurden Rodungen vorgenommen, um Platz für Bauernhäuser, Äcker und Weideland zu erhalten. Stendorf, Langenhagen, Halendorf und Kniphagen sind frühe Rodungsdörfer.

Wenige Kilometer vom Bungsberg entfernt liegt Schönwalde. Es wurde 1210 von Lübecker Benediktinern gegründet, die später in Cismar ihr Kloster bezogen. Kirche, Dorfmuseum und einige historische Bauten wie Küster- und Doktorhaus laden zum Besuch ein. Kirchnüchel in der Nähe kann auf einen Superlativ verweisen. Die weißgekalkte gotische Feldsteinkirche mit barocken Anbauten ist mit 116 Metern über Normalnull das höchstgelegene Gotteshaus im Lande. Sehenswert sind eine klei-

Vom Bungsberg, mit 168 Metern Schleswig-Holsteins höchste Erhebung, schweift der Blick weit über das hügelige Land (oben). Die unterschiedlichen Grüntöne von Getreidefeldern, Weiden und Wäldern, dazu der Raps zur Blütezeit und die roten Dächer der Rodungsdörfer geben ein ungemein lebendiges Bild ab.
Die Kirche von Bosau (links) vom Anfang des 13. Jahrhunderts ist eng mit der Geschichte der Christianisierung des Landes verbunden. Bischof Vicelin gründete Bosau Mitte des 12. Jahrhunderts als Stützpunkt seiner Missionstätigkeit. Heute wird die Kirche gern für Konzerte genutzt.
Gut Nehmten (rechts), eines der vielen schönen Herrenhäuser in der Holsteinischen Schweiz, wurde 1839 von Georg Ludwig Friedrich Laves klassizistisch gestaltet.

Das Wallmuseum von Oldenburg dokumentiert die Geschichte der Stadt und der im Mittelalter slawisch besiedelten Region Wagrien. Nicht nur im Haupthaus und den angrenzenden Scheunen wird die Vergangenheit lebendig gehalten, sondern auch durch Außenanlagen, die die Phantasie der Besucher beflügeln sollen.

ne Elfenbeinmadonna vom Anfang des 14. Jahrhunderts, die Grabkapelle der Grafen Brockdorff und – überraschend für eine alte Dorfkirche – moderne Fenster von Max Schegulla (1970). Vom Vorplatz überblickt man den Kellersee.

Von Kirchnüchel und Schönwalde ist es nicht mehr weit bis zu den Orten an der Ostsee. Neustadt ließ Graf Adolf IV. von Schauenburg 1226 als Konkurrenzhafen zu Lübeck gründen, das Heinrich der Löwe seinen Vorfahren abgenommen hatte. Am Ausgang der Lübecker Bucht sollte mit der „Nighestad" ein weiterer Ostseehafen entstehen. Die Gegend um das Binnenwasser, den Neustädter See, war jedoch schon früher besiedelt. Aus dem Jahre 1156 wird ein Priester namens Deilaw erwähnt, der „Heiden und Seeräuber" missionieren sollte. Später wurde am Ende des Binnenwassers das Gotteshaus für ein weiträumiges Kirchspiel gebaut. Nach der Krempine (oder Kremper Au) erhielt das Dorf den Namen Altenkrempe. Ein großer Ort hat sich hier nie entwickelt. Bis heute überragt der gewaltige Kirchturm die wenigen Häuser in der Nachbarschaft. Die zugehörigen Dörfer sind im Gut Hasselburg aufgegangen. Ältester Teil des spätromanischen Bauwerks ist der um 1190 aufgerichtete Chor mit halbrunder Apsis. Der Typ der Basilika gebundenen Systems, einer auf quadratischen Grundformen beruhenden Architektur, bestimmt das Anfang des 13. Jahrhunderts angefügte Langhaus. Über dem dritten Joch erhebt sich der mächtige Turm.

Im Gegensatz zu Altenkrempe vergrößerte sich Neustadt, das „neue Krempe", rasch. Das Zentrum lag rund um den Markt, der seine rechteckige Form bis heute bewahrt hat. Rathaus, Kirche und Bürgerhäuser stehen hier beisammen. Neustadt erhielt 1244 Stadtrechte. Von der alten Befestigung steht nur noch das Kremper Tor, 1907/08 in der heutigen Form restauriert. Im Tor und im Nachbarhaus ist das Kreisheimatmuseum untergebracht. Es erinnert auch an die Cap Arcona, jenes Schiff, das gegen Kriegsende mit KZ-Häftlingen und Flüchtlingen vollgepfercht war und von den Briten bombardiert wurde. Etwa 8 000 Menschen von der Cap Arcona und anderen Schiffen starben Anfang Mai 1945 in der Neustädter Bucht. Die Hintergründe dieser Katastrophe sind nach wie vor nicht völlig geklärt.

Das Stadtzentrum, der Hafen und die Badestrände sind Besuchsziele in Neustadt. Das Rathaus am Markt, ein klar gegliederter Bau von 1819/20, entstand nach Plänen des Architekten Friedrich Christian Heylmann anstelle eines 1817 abgebrannten Vorgängerbaus. Die dreischiffige gotische Stadtkirche war als Hallenkirche von drei Joch Tiefe errichtet worden. Mitte des 14. Jahrhunderts wurde das Mittelschiff erhöht, die Halle zur Basilika umgeformt. Man spricht von einer „Stutzbasilika", da das hohe Mittelschiff, das zu einer Basilika gehört, hier nur angedeutet ist. Die Fenster im Obergaden sind zudem nicht wirklich vorhanden, sondern aufgemalt, ebenso die gotische Rosette über dem Chorbogen.

Wer am Hafen entlangbummelt, bleibt am Kornspeicher von 1830 stehen. Wegen seiner ungewöhnlichen Dachkonstruktion wird er als Pagodenspeicher bezeichnet. Direkt an der Brücke steht das Brückengeld-Einnehmerhaus von 1846. Bis 1930 mußte hier „für Mensch, Vieh und Fuhrwerk" Zoll gezahlt werden. Auf der Landseite sieht man die Gebäude des Heiligen-Geist-Hospitals. Die Dörfer Pelzerhaken und Rettin sind seit langem eingemeindet. Sie verfügen zusammen über einen zehn Kilometer langen Strand. Da er flach ins Wasser führt, ist die Region für Familienurlaub geeignet.

Gern besucht werden nördlich von Neustadt die Badeorte Grömitz, Kellenhusen und Dahme. Weit über die Grenzen des Landes bekannt ist das Kloster Cismar, das zur Gemeinde Grömitz gehört. Nicht zuletzt locken die Sommerausstellungen des Landesmuseums in seiner Dependance Kloster Cismar Gäste an. Gegründet wurde das Kloster 1238. Nach der Reformation wurden mehrere Gebäude abgebrochen. Erhalten blieb die gotische Backsteinkirche, die man zusammen mit Teilen des alten Klosters, einem Naturkundlichen Museum im Park sowie einer Galerie im „Weißen Haus" besichtigen kann.

Ein besonders altes Siedlungsgebiet liegt am Rande des sogenannten Oldenburger Grabens, einer Senke in Ost-West-Richtung, die den nördlichsten Zipfel Holsteins quasi abtrennt. Oldenburg hieß früher Starigard, was Alte Burg bedeutet. Es war das Zentrum Wagriens, der einst slawisch besiedelten Halbinsel zwischen Kiel und der Lübecker Bucht. Keimzelle des Ortes war ein Burgwall, der einen 4,5 Hektar großen Raum umschloß, die größte frühgeschichtliche Burganlage Ostholsteins. Kaiser Otto I. erklärte Oldenburg 968 zum Bischofssitz. Von hier sollte die Christianisierung der Wagrier und Obotriten vorangetrieben werden. Der Versuch endete 983 bei einem Slawenaufstand in einem Blutbad. Ähnliches passierte 1043. Erst unter den Schauenburgern und ihren Lehnsherren, den Welfen, faßte das Christentum nachhaltig Fuß. Heinrich der Löwe übertrug das erneuerte Bistum Oldenburg dem „Apostel der Wagrier", dem bereits erwähnten Bischof Vicelin. Die Oldenburger Johanneskirche ist ein Bau von Gerold, dem Nachfolger Vicelins. Gerold verlegte allerdings den Bischofssitz 1160 nach Lübeck. Die Johanneskirche aber blieb, wie Chronist Helmold formulierte, „die höchst verehrungswürdige Mutterkirche des Bistums". Graf Adolf IV. verlieh Oldenburg 1235 das Stadtrecht. Großbrände vernichteten weitgehend die alte Bausubstanz. Die Geschichte der Stadt und der Umgebung ist im Wallmuseum in mehreren Häusern anschaulich dokumentiert.

Nördlich von Oldenburg bietet Heiligenhafen am Fehmarnsund mit Hafen, Binnensee sowie den Lagunen von Stein- und Graswarder ein eindrucksvolles Landschaftpanorama. Den Kern der Altstadt bildet der Markt. Am Steinwarder herrscht im Sommer reger Badebetrieb, der Graswarder wurde zum Vogelschutzgebiet erklärt.

Heiligenhafen enthält durch zwei charakteristische Landzungen vor der Bucht, Stein- und Graswarder, ein eigenes Panorama. Am Steinwarder herrscht im Sommer Badebetrieb, während der Graswarder zum Vogelschutzgebiet erklärt wurde.

Fehmarn, die einzige Ostseeinsel Schleswig-Holsteins, wird gern als Kornkammer des Landes bezeichnet. Es ist Bauernland, flach, ohne große Wälder, in dem viele Traditionen bewahrt wurden. Da es den Bauern per Gesetz verboten war, Land an den Adel zu verkaufen, sind auf Fehmarn keine großen Güter entstanden. Die 42 Dörfer und die einzige Stadt, Burg auf Fehmarn, sind ländlich geprägt, sogar in Zeiten des Massentourismus. Fehmarn ist zwar als Urlaubsinsel beliebt, hat „Massen" allerdings ganz an den Südstrand verwiesen. Hier, in Burgtiefe, stehen einige Hochhäuser, und es wurden Ferienzentren angelegt. In unmittelbarer Nähe ist ein altes Stück der Insel entdeckt worden, das Fundament der Burg Glambeck vom Anfang des 13. Jahrhunderts. Fehmarn ist ein Vogelparadies. Drei Regionen wurden als Naturschutzgebiete ausgewiesen: der Grüne Brink im Norden sowie Wallnau und Krummsteert im Westen der Insel.

Vielen ist Fehmarn nur als Teil der Vogelfluglinie ein Begriff, der Straßen- und Schiffsverbindung nach Dänemark. Seit 1963 nämlich ist das Eiland durch die Fehmarnsundbrücke „nach Europa gekommen", wie die Insulaner sagen. Schon von der Brücke her grüßt der Turm der Nicolaikirche von Burg. Das gotische Gotteshaus ist Fehmarns mächtigste Kirche. Auch die Zentren der übrigen Kirchspiele haben schmückende, durchaus zutreffende Beinamen. Petersdorf hat die höchste, Bannesdorf die kleinste und Landkirchen die feinste Kirche. Sie sind allesamt in Backstein erbaut und gehen in ihren Anfängen zurück ins 13. Jahrhundert.

Fehmarn ist 185 Quadratkilometer groß und mißt entlang der Vogelfluglinie, also in Nord-Süd-Richtung 13, in seiner Ost-West-Ausdehnung 16 Kilometer. Die Nord-Süd-Verbindung endet in Puttgarden, dem Fährhafen nach Dänemark. Im Nordosten bietet eine Steilküste abwechslungsreiche Ausblicke. Im Norden, in der Nähe des Grünen Brink, findet man am Strandweg das Niobe-Denkmal. Es erinnert an die Katastrophe, bei der 1932 das Segelschulschiff „Niobe" vor dem Strand kenterte und sank. 69 Männer fanden damals den Tod, nur 40 konnten sich retten.

Beschaulich geht es nicht nur in den Inseldörfern mit ihren Teichen und Viehsammelplätzen zu, sondern auch in der Hauptstadt Burg. Selbst die Hauptstraße, die Breite Straße, ist noch kopfsteingepflastert. Gleich neben der Kirche befindet sich das Museum; es ist in einem Fachwerkdoppelhaus untergebracht. Das Nachbargebäude ist das Predigerwitwenhaus in der Breiten Straße 53, das älteste erhaltene Haus der Stadt. Freunde der Kunst finden Anregungen in der Burg-Galerie.

Das grüne Fehmarn ist für einen Urlaub sehr zu empfehlen. Wie die Statistik belegt, regnet es hier weniger als im übrigen Holstein, weil die meisten vom Westen heranziehenden Wolken schon über dem Festland abregnen. Die Ostseeinsel gehört zudem zu den wärmsten Gegenden Deutschlands. Durch die meist herrschende „leichte bis frische Brise" wird es jedoch nie unangenehm heiß.

Ein Wahrzeichen des östlichen Schleswig-Holstein ist die Fehmarnsundbrücke. Die 963 Meter lange Brücke wurde im Mai 1963 eingeweiht. Sie ist ein wichtiges Stück der Vogelfluglinie nach Skandinavien und verbindet die Insel mit dem Festland.

Von der Landeshauptstadt ostwärts: Kiel, die Probstei und der Selenter See

Gerd Stolz

Der schleswig-holsteinischen Landeshauptstadt Kiel sollte man sich auf dem Wasserweg über die Förde nähern, denn nur so wird man von dem freundlichen Eindruck einer angenehmen Küstenlandschaft empfangen. Wer sich dagegen von der Landseite Kiel nähert, erfährt schnell die wenig originellen Formen des raschen, vielfach gedankenlosen Wiederaufbaus einer total zerstörten Stadt nach dem Zweiten Weltkrieg. Nostalgie ist in Kiel unangebracht.

Und doch, die 1233 auf einer 17 Hektar großen Halbinsel zwischen der Förde und dem Kleinen Kiel angelegte Siedlung „tom kyle" hat große europäische, deutsche und landesgeschichtliche Momente erlebt. Bereits 1242 erhielt Kiel Stadtrechte. Als Handelshafen lag es aber trotz seiner günstigen Lage immer weit hinter Lübeck zurück.

1460 unterzeichnete man im herzoglichen Kieler Schloß die „Tapfere Verbesserung", einen Vertrag, der die im Ripener Privileg desselben Jahres dem Adel verbrieften Rechte – unter anderen Fürstenwahlrecht, Zusammengehörigkeit der Herzogtümer – gegenüber dem dänischen König bestätigte. Bei der Teilung der Herzogtümer Schleswig und Holstein gelangte Kiel zum Gottorfer Anteil.

Knapp 300 Jahre später war das Schloß Schauplatz eines staatsmännischen Kuhhandels. Herzog Carl Friedrich von Holstein-Gottorf hatte 1725 Anna, die Tochter des Zaren Peter der Große, geheiratet. Nach ihrem Tode bestieg ihr 1728 im Kieler Schloß geborener Sohn Karl Peter Ulrich im Jahre 1762 als Peter III. den Zarenthron. Damit wurde der gottorfische Anteil Holsteins ein russisches Großfürstentum. Peter III. hatte schon als Thronfolger 1745 die Prinzessin Sophie Auguste von Anhalt-Zerbst geheiratet, die nach dem mysteriösen Tod ihres Mannes – das Gerücht um den Gattenmord ist zwar nie bestätigt worden, aber auch nie verstummt – als Katharina II. oder „die Große" seine Nachfolgerin wurde. Zugleich war sie damit Landesfürstin in Kiel geworden und herrschte nunmehr am Ost- und Westufer der Ostsee. Weder den anrainenden deutschen Fürsten noch dem dänischen König behagte diese Situation, die erst der aus dem Bürgertum stammende Caspar von Saldern geschickt löste. In Absprache mit dem Grafen Bernstorff d. Ä. leitete er einen Tausch ein, den 1773 abgeschlossenen Kieler Vertrag. Dabei kam Holstein insgesamt an Dänemark, die im Fürstbistum Lübeck mit Sitz in Eutin regierende Gottorfer Linie erhielt Oldenburg und Delmenhorst. Der dänische Gesamtstaat war wiederhergestellt; es setzte die „Ruhe des Nordens" ein, eine Friedensperiode mit wirtschaftlichem Aufschwung.

Sie dauerte allerdings nicht allzu lange, denn in den Napoleonischen Kriegen stand Dänemark auf seiten Frankreichs. 1813 überflutete ein schwedisch-russisch-preußisches Heer die Herzogtümer. Der Kieler Frieden vom 14. Januar 1814 beendete diese Periode.

Die nach der französischen Revolution erstarkende Nationalstaatsidee ließ auch Schleswig-Holstein nicht unberührt. Die schleswig-holsteinischen Nationalliberalen erstrebten ein selbständiges Land in einem größeren, vereinten Deutschland und widersetzten sich Bestrebungen einer Eingliederung Schleswigs in das Königreich Dänemark. Am 24. März 1848 verlasen die Schleswig-Holsteiner vor dem Rathaus am Alten Markt in Kiel eine Proklamation, nach der sie sich „den deutschen Einheits- und Freiheitsbestrebungen" anschlossen. Die folgende dreijährige Erhebung endete nach mehreren Waffengängen in der Niederlage.

Ansicht von Kiel aus dem Städtebuch von Braun und Hogenberg, 1588.
In der Beischrift zu dem Kupferstich wird Kiel zwar „ansehnlich und altehrwürdig" genannt, doch zugleich mit Schloß und angrenzendem Rantzau-Bau gewichtiger als andere Städte vergleichbarer Größe dargestellt. Die Hörn und der Kleine Kiel waren seinerzeit noch offene Gewässer, der heutige Straßenzug Holstenbrücke tatsächlich noch eine beiderseits durch Torbauten gesicherte Brücke. Der Schwerpunkt des Kieler Hafens liegt aber heute noch da, wo auf dem Stich die Schiffe vor Anker gegangen sind: in Höhe des heutigen Oslo- und Schwedenkais.

Die Silhouette Kiels wird um 1880 vom Turm der Nikolaikirche und dem wuchtigen Baukörper des Schlosses bestimmt, doch hat die Stadt ihr mittelalterliches Gepräge bereits eingebüßt.

Seit der Bestimmung Kiels als Kriegshafen im Jahre 1865 bis zum Ersten Weltkrieg prägte die kaiserliche Marine die Stadt. Wahrzeichen noch nach der Jahrhundertwende war die Kruppsche Germaniawerft mit ihren vier verglasten Hellingen, wo zahlreiche Kriegsschiffe gebaut wurden.

Der hieraus resultierende dänisch-deutsche Krieg von 1864, in dessen Folge Kiel für nahezu zwei Jahre zwischen Preußen und Österreich geteilt und damit die erste geteilte Stadt in Deutschland war, brachte im Ergebnis die Flotte nach Kiel. 1865 wurde Kiel Kriegshafen, die Marine damit zum Schicksal der Stadt. Werften wurden aus dem Boden gestampft, große Kaianlagen für die Flotte gebaut. Kiels Einwohnerzahl explodierte förmlich, innerhalb von 25 Jahren wuchs sie um das Zehnfache.

Doch 1918 war es damit vorbei. Die jahrelange Untätigkeit der in Nord- und Ostsee eingesperrten kaiserlichen Flotte sowie Gerüchte eines Durchbruchversuchs zu einer Zeit, als der Erste Weltkrieg schon verloren war, nährten die Unzufriedenheit der Matrosen. Ihren Forderungen machten sie im November-Aufstand Luft, der die Revolution einläutete.

Der wenig erfolgreiche Versuch in den 1920er Jahren, der Arbeitslosigkeit durch Ausbau des Handelshafens und Umstellung der Werftproduktion Herr zu werden, wurde ab 1933 vom nationalsozialistischen Regime zugunsten neuer Rüstungen aufgegeben. In Kiel wurden wieder Kriegsschiffe, vor allem U-Boote, gebaut. So wurde Kiel ab 1940 zum bevorzugten Angriffsziel alliierter Bomber.

Als im Mai 1945 in Europa die Waffen schwiegen, waren die Altstadt nahezu vollständig und 75 Prozent der Wohnbauten zerstört, bedeckten fünf Millionen Kubikmeter Schutt die Stadt, war die Kieler Förde mit Hunderten von Wracks einer der größten Schiffsfriedhöfe der Welt. Zum zweiten Mal war Kiel um seine Existenzgrundlage gebracht.

Nach dem Zweiten Weltkrieg bemühte sich die Stadt, die Trümmer der Vergangenheit wegzuräumen. Sie

ist heute nicht nur Landeshauptstadt, sondern als Universitätsstadt auch geistiges Zentrum des Landes. Das Institut für Weltwirtschaft mit seiner 2,3 Millionen Bände umfassenden Bibliothek genießt Weltruf ebenso wie das direkt am Fördeufer gelegene Institut für Meereskunde mit Aquarium und Seehundsbecken.

Bestimmend für das Stadtbild sind der 111,5 Meter hohe Portalkran der Howaldtswerke Deutsche Werft AG (HDW) am Ostufer und das 1907–11 für vier Millionen Goldmark – doppelt so viel wie veranschlagt – erbaute Rathaus. In dem 106 Meter hohen Turm klagt das Glockenspiel:
Kiel hat kein Geld,
das weiß die Welt.
Ob's noch was kriegt,
das weiß man nicht.

In Kiel ist der Wind bis in die Innenstadt zu spüren. Kein Wunder also, daß ein besonderer Anziehungspunkt der Stadt der Segelsport und sein traditioneller Höhepunkt im Jahreslauf die Kieler Woche im Juni ist. Die erste Segelregatta auf der Kieler Förde wurde 1882 abgehalten, und der Gedanke, alljährlich Segelwettfahrten durchzuführen, fand schnell viele Anhänger.

Kiel ist trotz aller Sprödheit eine kunstsinnige Stadt mit zahlreichen Plastiken. Das ungewöhnlichste Standbild ist der „Geistkämpfer" von Ernst Barlach (1928), ein schwerttragender Engel in Bronze, auf dem Rücken einer Bestie stehend. Es wurde von den Nationalsozialisten geächtet und war zur Vernichtung vorgesehen, wurde aber gerettet und fand schließlich 1954 in einer Außennische der Nikolai-Kirche einen neuen Standort.

Das Angebot ergänzen neben zahlreichen Galerien und Ausstellungen die Stiftung Pommern mit ihrer Gemäldegalerie – darunter Werke von

Die Entwicklung Kiels wurde in den letzten 130 Jahren ganz wesentlich durch die Marine, den militärischen und in geringerem Maße auch durch den zivilen Schiffbau bestimmt. Die heute zum Preussag-Konzern gehörenden Howaldtswerke Deutsche Werft AG (HDW), deren Ursprünge bis zum Jahre 1865 zurückgehen, zählen zu den bedeutendsten Schiffbauplätzen in Europa. Der große Portalkran der Werft ist eines der Wahrzeichen der Landeshauptstadt Kiel.

Für Kiel bezeichnend ist die unmittelbare Nachbarschaft von City, Hafen, Schiffbau und -fahrt. Trotz weitgehender Zerstörung der Altstadt im Zweiten Weltkrieg hat die historische Stadtinsel zwischen Kleinem Kiel und Innenförde ihre Funktion als Zentrum wiedergewinnen können.

Weithin sichtbares Wahrzeichen Kiels ist der Turm des 1907–11 nach Entwürfen von Hermann Billing, Karlsruhe, erbauten Rathauses.

Frans Hals, Philipp Otto Runge, Max Liebermann, Vincent van Gogh – im Rantzaubau des Schlosses, die Kunsthalle mit Werken deutscher Malerei des 17. – 20. Jahrhunderts und der Antikensammlung, der Brunswiker Pavillon mit wechselnder Präsenz schleswig-holsteinischer Künstler.

Vor den Toren Kiels, doch zur Gemeinde Molfsee gehörig, liegt das 1965 eröffnete, 60 Hektar große Schleswig-Holsteinische Freilichtmuseum. Mit seinen Bauten gibt es einen vortrefflichen Überblick über die Bauernhausformen und Lebensarten in den verschiedenen Landschaften. Ganze Gehöfte, Wohn- und Wirtschaftsgebäude, Scheunen, Wind- und Wassermühlen sind im Gelände aufgestellt und vermitteln mit ihren alten Einrichtungen, Gerätschaften und Fahrzeugen ein Bild vergangenen bäuerlichen Lebens.

Die Kieler Förde ist die südlichste der Ostseeförden, 17 Kilometer lang und bis 6,5 Kilometer breit, ein Eldorado sommerlicher Seglerfreuden. Zweimal war sie mit ihren günstigen Wind- und Strömungsverhältnissen Austragungsort der Olympischen Segelwettbewerbe. Der ehemalige Olympiahafen von 1936 ist heute Teil des Sporthafens Düsternbrook vor dem Kieler Yacht-Club. 1972 war Schilksee mit seinem aufwendigen Olympiazentrum Standort der Spitzensegler.

Wer mit dem Boot oder Fördedampfer aus dem Kieler Hafen hinausfährt, passiert bald hinter den Holtenauer Schleusen mit der „Mündung" des über 100 Jahre alten Nord-Ostsee-Kanals die engste Stelle der Förde bei Friedrichsort. Die einzige noch erhaltene Seefestung Deutschlands liegt hier. Sie geht zurück auf das 1632–37 angelegte Fort „Christianspries", das der dänische König Christian IV. zur Abwehr schwedischer Angriffe anlegte, und ist mit ihren Eckbastionen, Gräben und Wallresten noch gut erkennbar.

Gegenüber auf dem östlichen Fördeufer sehen wir auf der einstigen um 1849 angelegten Schanze von Möltenort das U-Boot-Ehrenmal, eine Gedenkstätte für alle auf See gebliebenen U-Boot-Fahrer der beiden Weltkriege. Die Namen der über 35 000 Nicht-Heimkehrer sind auf 106 Bronzetafeln im halbkreisförmig in die Erde eingelassenen Umgang verzeichnet.

Am Ausgang der Kieler Förde im Ostseebad Laboe, dem alten Hafen der Probstei, erhebt sich das Marine-Ehrenmal mit seinem weithin sichtbaren Turm 85 Meter über die Ostsee. Initiator der Gedenkstätte, bei deren Passieren in- wie ausländische Kriegsschiffe die Flagge dippen, war der ehemalige Obermaat der Kaiserlichen Marine Wilhelm Lambertz. Der 1927–36 nach Plänen des Düsseldorfer Architekten Prof. Gustav August Munzer erstellte Bau mit dem hohen Turm hat immer wieder die menschliche Phantasie beflügelt – einige sehen darin den Bug eines Wikingerschiffes, einen U-Boot-Turm, eine zum Himmel züngelnde Flamme oder die Gestalt einer trauernden Frau.

Vor dem Marine-Ehrenmal steht seit 1972 auf dem Strand des Förde-Ufers das ehemalige U-Boot U 995, 1943 bei Blohm + Voss in Hamburg gebaut und 1952–62 als „Kaura" im Dienst der norwegischen Kriegsmarine. Man kann das Schiff besichtigen, die drangvolle Enge im Innern erkennen, sich an zahllosen Rohren und Leitungen den Kopf stoßen.

Ostwärts der Kieler Förde erstreckt sich die Probstei, einst Besitz des Klosters in Preetz. Wenn der Name auch häufig für das gesamte Gebiet zwischen Förde bis nach Lütjenburg verwendet wird, so ist der historische Bereich nur das Stück von Laboe bis Stakendorf und bis zum Passader See. Das einst von slawischen Wenden dünn besiedelte Gebiet gab Graf Adolf IV. 1226 dem neugegründeten Kloster Preetz, und es

Am Eingang der Kieler Förde begrüßt das Marine-Ehrenmal in Laboe die Schiffe auf dem Weg vom beziehungsweise zum Nord-Ostsee-Kanal und zum Kieler Hafen.
Die Antriebsschraube (Durchmesser 4,04 Meter, Gewicht mit Wellenstumpf 17 Tonnen) des 1938 in Kiel erbauten schweren Kreuzers „Prinz Eugen" ist ein Geschenk der US-Navy. Taucher bargen die Schraube im Sommer 1979 von dem im Pazifik im Jahre 1946 gekenterten und als Zielschiff der amerikanischen Marine verwendeten Kreuzer.

Ein besonderes Kleinod der Holsteinischen Schweiz ist das auf Rantzauische Bauten um 1700 zurückgehende Herrenhaus Panker in der Nähe Lütjenburgs. Es ist eine schlicht-elegante Dreiflügel-Anlage. Weiß leuchtet sie aus dem Grün des umliegenden gepflegten Parks (oben). Das – nicht zu besichtigende – Innere des herrschaftlichen Sitzes zeigt unter anderem im Vestibül Deckenmalereien aus der Kasseler Orangerie (18. Jahrhundert), während die Wände erst in diesem Jahrhundert mit Phantasieprospekten des Golfs von Neapel von Prinz Heinrich von Hessen ausgemalt wurden.

wurde einem „Probsten" unterstellt. Auf diese 20 Dörfer umfassende Klosterherrschaft geht der Name zurück.

Zentrum der Probstei mit zahlreichen Badeplätzen, wie zum Beispiel Heidkate, Kalifornien – dessen Name sich vom Schriftzug auf einer aus Strandgut errichteten Bretterbude herleiten soll – oder Brasilien – dessen Name von der Bude daneben stammen soll –, ist Schönberg. Von größerer Anmut allerdings ist Probsteierhagen mit der barock ausgestatteten St.-Katharinen-Kirche und dem 1649 erbauten Herrenhaus Hagen, einem der vielen Adelssitze des Geschlechts Blome.

In Stakendorf erinnert ein 1956 auf dem Dorfplatz aufgestellter Gedenkstein an einen Mann, dem der Weltruhm versagt blieb: Peter Plett. Der Hauslehrer führte 1802 die erste

Am Nordrand der Holsteinischen Schweiz finden wir eine weitgehend erhaltene, behutsam gepflegte Gutslandschaft unter der Ostseeküste. Große Gutsflächen, Äcker, Knicks, Waldstücke, Hölzungen und Hügel gewähren immer neue Ausblicke, immer wieder wechselnde Stimmungsbilder.
Die Ansprüche des Menschen an diese Landschaft haben stark zugenommen. Er nutzt sie nicht allein für Landwirtschaft und Lebenserwerb, sondern in immer stärkerem Maße auch für den Fremdenverkehr und als Naherholungsgebiet.

Pockenschutzimpfung durch, die von hier aus im Herzogtum Holstein verbreitet wurde – das geschah fünf Jahre vor der offiziellen „Entdeckung" durch den britischen Mediziner Edward Jenner.

Das Bauerntum in der Probstei war einst wohlhabend und entwickelte ein reiches Volksleben mit besonderen Bräuchen und Sitten. Weithin bekannt war das „Fenstern" oder „Na'n Deerns gahn", wie es in einem Bericht von 1847 überliefert ist:

„Mehrere junge Leute, oft ganze Schwärme, und je größer ihre Anzahl war, desto gefahrloser, beredeten sich zu einem nächtlichen Besuch zuweilen bei einem Mädchen, zuweilen unbestimmt bei mehreren auf andern Dörfern, wozu sie den Bauern ihre Pferde aus den offenen Ställen ungefragt wegnahmen. Die Seitentür des

Der Selenter See ist der zweitgrößte Binnensee Schleswig-Holsteins. Mit seinem nahezu quadratischen Silberspiegel, seinen dunklen schilf- und waldgesäumten Ufern gehört er heute zu den reizvollsten und wohlbehütetsten Landschaftsteilen der Holsteinischen Schweiz.

Hauses war nie verschlossen, sie gingen ungehindert ein, und umlagerten nun das Bett des Mädchens von allen Seiten. Zuweilen mußte das Mädchen aufstehen, Licht anzünden und Getränk holen, dann ging sie wieder zu Bette, und die jungen Leute hielten dann vertraute Unterredungen oder sangen Volkslieder. So machten sie in einer Nacht mehrere Besuche."

Herzstück dieser Park- und Gartenlandschaft ostwärts von Kiel ist der Selenter See, mit 2 240 Hektar der zweitgrößte Binnensee Schleswig-Holsteins. Dunkle Wälder und Schilf säumen seine Ufer. Es ist eine wohlbehütete, reizvolle Landschaft mit großen Gutsflächen, Bächen, Teichen, Waldstücken, schönen Dorfkirchen und historisch bedeutsamen Herrenhäusern.

Einen Höhepunkt landschaftlicher Schönheit finden wir in Panker mit dem historischen Gasthaus „Ole Liese" und dem „Hessenstein", einem Aussichtsturm auf dem 128 Meter hohen Pilsberg. Gut Panker hat in den zurückliegenden zwei Jahrhunderten bis heute stets aufs neue Reisende, Künstler und Maler angezogen. Im Jahre 1739 kaufte es der schwedische König Frederik I., zugleich regierender Landgraf von Hessen-Kassel, zur Versorgung seiner beiden Söhne aus der Verbindung zur linken Hand, also standesungleicher Ehe, mit der Gräfin Taube – „la belle colombe" (die schöne Taube) genannt. Friedrich Wilhelm, der ältere der beiden Brüder, der erst 1808 starb und seinen jüngeren Bruder damit um 39 Jahre überlebte, war schwedischer Reichsrat und Generalfeldmarschall, Generalgouverneur von Schwedisch-Vorpommern und Kanzler der Universität Greifswald. Er war ein eigenwillig-schrulliger Herr und traf die Bestimmung, daß sein ebenso betagter Reitknecht Behrens für das alte, treue Reitpferd „Liese" bis an dessen Lebensende sorgen sollte. Als Gegenleistung durfte Behrens Branntwein brennen und glasweise ausschenken, und hieraus entwickelte sich das Gasthaus „Ole Liese". Loriot schrieb ins Gästebuch: „Hier möchte ich eigentlich nie wieder weg." Heute ist Gut Panker eine Zuchtstätte der 1945 aus Ostpreußen geretteten Trakehner-Pferde und im Besitz der Hessischen Hausstiftung.

Einen Steinwurf von Panker entfernt liegt Waterneverstorf, ursprünglich eine Wasserburg aus dem 14. Jahrhundert. Bekanntester Eigentümer war Generalfeldmarschall Alfred Graf von Waldersee, dessen Name mit der Niederwerfung des Boxeraufstandes in China im Jahre 1900/01 bekannt wurde und der im nahen Gehölz seine letzte Ruhe gefunden hat.

Das vielleicht seltsamste Bauwerk dieser Landschaft ist die Blomenburg in Selent. Das 1842–45 von Otto Graf Blome auf einer bewaldeten Höhe erbaute Jagdschloß ist das Hauptwerk romantischer Burgengotik und das einzige Bauwerk der Schinkel-Schule in Schleswig-Holstein. Die Blomenburg erinnert in ihrem „englischen", also neugotischen Stil stark an Schloß Babelsberg in Potsdam.

Auf dem anderen Ufer des Selenter Sees liegt das Kulturzentrum

Salzau, das nach einem jahrelangen Dornröschenschlaf zu neuem Leben in alter Schönheit wiedererstanden ist. Otto Graf Blome ließ das Herrenhaus von dem Architekten J. E. Moose nach dem Brand des Vorgängerbaus auf dessen Grundmauern 1881 errichten; es ist mit einer Frontbreite von 72,5 Metern der größte Bau dieser Art in Schleswig-Holstein.

Seit 1987 ist Salzau Herzstück des Schleswig-Holstein Musik Festivals und der von Leonard Bernstein begründeten Orchesterakademie; es ist Ausstellungs-, Konzert-, Festspiel- und Begegnungsort. Einst gab es im Salzauer Park eine Bank mit der Inschrift:
Wenn das Leben ein Traum ist, welches Glück hier zu träumen!,
und noch heute in sommerlichen Tagen, wenn die Luft von den Klängen der Musik erfüllt ist, will es so scheinen.

Im Übergang der Seenlandschaft nach Kiel liegt der alte Schusterort Preetz, einst ein Zentrum des Schuhmacherhandwerks. Glanzstück der Stadt ist das 1211 gestiftete Benediktinerinnen-Kloster, seit der Reformation ein adliges Damenstift, in dem auch die Mutter des späteren preußischen Generalfeldmarschalls Helmuth von Moltke im Jahr 1815 für einige Zeit Zuflucht nach der Trennung von ihrem Mann fand. Inmitten des weitläufigen, ruhigen Klosterbezirks, den man durch das 300 Jahre alte Torhaus betritt, liegt die gedrungene, turmlose Stiftskirche, 1325 auf den Fundamenten eines Vorgängerbaus errichtet. Prachtvoll ist die Ausstattung mit dem großen Holzaltar von 1743, dem gotischen Gestühl für 70 Nonnen, dem schmiedeeisernen Chorgitter von 1736 und dem 1656 geschaffenen Schnitzaltar von Hans Gudewerdt d. J. Dieser besondere Schatz war ursprünglich für die Kirche in Dänischhagen geschaffen und ist mit seiner eindringlichen Darstellung von der Geburt Christi und dem Heiligen Abendmahl ein Hauptwerk des Knorpelbarock in Schleswig-Holstein.

Im großen Gegensatz zur Klosterkirche steht die Stadtkirche, um 1200 als Feldsteinkirche erbaut. Nach vielen Veränderungen erhielt sie ihre heutige Gestalt im Jahr 1725 durch den Hofbaumeister Rudolf Matthias Dallin aus Eutin, der sie zu einer barocken Saalkirche mit einem Tonnengewölbe von 18 Meter Spannweite umbaute. In der Mitte des Kircheninnern hängt die sogenannte Schusterkrone, der im Jahre 1696 von 32 Schusteramtsmeistern des Fleckens Preetz gestiftete Leuchter – als gute Sponsoren ließen sie ihre Namen auf der großen Kugel eingravieren.

Preetz, die freundliche Schwentine-Stadt, liegt lieblich zwischen dem Lanker und dem Postsee. Sie ist das nördliche Tor zur Holsteinischen Schweiz.

Das im Jahre 1211 gestiftete, ehemalige Benediktinerinnen-Kloster Preetz ist heute ein adliges Damenstift. Mittelpunkt des abseits des großen Verkehrs gelegenen Klosterbezirks ist die 1325 auf Fundamenten eines Vorgängerbaus aus dem 13. Jahrhundert errichtete turmlose Kirche.

Hügelland, Steilküsten und ein Musenhof: Vom Dänischen Wohld bis Rendsburg

Gerd Stolz

Die Landschaft westlich von Kiel gliedert sich in das Küstengebiet zwischen Kieler Förde und Eckernförder Bucht, den Dänischen Wohld, und die weitläufige Moränenlandschaft um den Westensee südlich des Nord-Ostsee-Kanals. Kennzeichen dieser Region sind das harmonische Zusammenspiel von Wasser und Land, von Hügeln, Tälern und Niederungen, von Ufern, Seen, Bach- und Flußläufen.

Die Weltwirtschaftsstraße Nord-Ostsee-Kanal trennt heute mit einem tiefen Einschnitt die beiden einst verbundenen Landschaftsteile. Die alten Verbindungswege werden zwar aufrechterhalten durch Hochbrücken (Holtenau, Levensau, in und bei Rendsburg), Fähren (Landwehr, Sehestedt, Schacht-Audorf, Rendsburg) und Tunnel (Rendsburg), doch das Landschaftsbild wurde nachhaltig verändert. Das Gebiet nördlich und südlich des Nord-Ostsee-Kanals ist heute ein großes Freizeitrevier für Wanderer, Radfahrer, Sportfischer, Segler, Badende und Sonnenhungrige, aber auch für Tausende von Seh-Leuten, die den „großen Pötten" aus aller Welt auf dem Kanal sehnsüchtig nachschauen.

Der Name Dänischer Wohld läßt das Dunkel der Geschichte, der Märchen und Sagen anklingen. Der „dänische Wald" war einst ein unwegsamer Urwald und damit eine natürliche Grenze zwischen Dänen und Holsten, finster und undurchdringlich. Auch heute prägen zahlreiche Gehölze das Bild des Landstrichs, der mit 1 700 Hektar Waldbestand immer noch eines der waldreichsten Gebiete in Schleswig-Holstein ist.

Der Dänische Wohld ist ein alter Siedlungsraum, viele stumme Zeugen vorgeschichtlichen Lebens sind noch in dieser Gegend vorhanden. Er ist reich an Überresten der Vorzeit, besonders an Stätten vergangener Siedlungen und Burgplätze. Bei Bülk, Sprenge, Dänisch-Nienhof und Birkenmoor gibt es zahlreiche Megalith-, also Großsteingräber, Zeugen einer grauen Vorzeit. Häufig sind ihre Kuppen baumbestanden und verleihen der Landschaft einen besonderen Reiz. Dort, wo von der Straße Birkenmoor–Gettorf der Weg nach Altenholz abzweigt, liegen unter mächtigen Eichen und Buchen zwei ca. 40 Meter lange Riesenbetten aus der Zeit vor etwa 4 000 Jahren. Tausende von Pfeilen, Pfeilspitzen und Dolchen aus Flintstein sind im Dänischen Wohld gefunden worden. Es sind Hinweise auf die große Dichte einer frühen ersten Besiedelung.

Unweit der Landeshauptstadt Kiel liegt am hohen Ufer des Nord-Ostsee-Kanals das Herrenhaus Knoop, umgeben von Resten gestalteter Landschaftsteile nach dem Vorbild englischer Parkanlagen. Knoop zählt zu den ältesten Siedlungsplätzen des Dänischen Wohlds. Ursprünglich war hier eine Wasserburg auf einer von einem Hausgraben umgebenen quadratischen Insel. In den Jahren 1792–96 entstand die heutige Hofanlage mit dem strahlend weißen Herrenhaus, das der junge Baumeister Axel Bundsen entwarf.

Knoop ist kein barockes, in die Hügellandschaft sich einfügendes Palais, sondern ein die Umgebung dominierendes, klassizistisches herrschaftliches Landhaus von 13 Längsachsen. Dem Gepräge und der Eleganz, denen sich Graf Friedrich von Baudissin und seine Frau Caroline, die „Venus Holsteins", eine Tochter des dänischen Schatzmeisters Schimmelmann, durch Herkunft, Stand und Finanzkraft verpflichtet sahen, entspricht die Ausgestaltung der Räumlichkeiten. Die angesehensten Künstler der Zeit wurden herangezogen: der Maler Guiseppe Anselmo Pellicia, der

Stukkateur Francesco Antonio Tadey, der Eutiner Hofmaler Ludwig Philip Strack.

In beinahe ursprünglicher Nachbarschaft zu Knoop liegt ein Teilstück des alten Eiderkanals, ein verträumtes Idyll mit baumgesäumten Ufern. Am Ende dieses Wassers liegt die 1781 erbaute und 1983/84 restaurierte Rathmannsdorfer Schleuse mit dem alten Wärterhaus und der Treidelscheune in Backsteinfachwerk.

Von Dänisch-Nienhof, einst ein adliges Gut, ist der Weg zur Steilküste an der Eckernförder Bucht nicht weit. Zwar gibt es an der schleswig-holsteinischen Ostseeküste insgesamt fast 110 Kilometer Steilufer, einer der großartigsten Punkte ist aber das sogenannte Stohler Kliff, von dessen 20 Meter hoher Kante der Blick weit hinaus auf das Meer bis zum Leuchtturm Kiel in der Kieler Förde geht. Wie angenagt von der unaufhörlich anbrausenden See wirkt das Steilufer, das hier aus ungeschichtetem grauem Mergel, einer Mischung aus Sand, Ton und Kalk, besteht. Eingelagert sind viele Steine verschiedener Größe und Herkunft. Es gibt sowohl skandinavisches Urgestein als auch Feuersteine aus dänischer Kreide.

In dem 1361 erstmals urkundlich erwähnten Krusendorf, das zur Gemeinde Schwedeneck gehört, lohnt ein Besuch der kleinen Dorfkirche. Die mittelalterliche Kirche stand an der Steilküste nahe der Mündung eines Baches, dessen Wasser als Taufwasser diente. Da die Kirche abzustürzen drohte, wurde 1733–37 das neue Gotteshaus St. Trinitatis errichtet. Im Turmraum liegt die Grabkapelle der Familie von Brockdorff, die durch ein größtenteils aus schweren Vierkantstäben gearbeitetes schmiedeeisernes Gitter von 2,34 Meter Höhe abgeschlossen ist; das Gitter ist wohl die Arbeit eines künstlerisch wie handwerklich begabten Gutsschmieds – denn der Name des Meisters ist nicht überliefert.

Wie angenagt von der unaufhörlich anbrausenden, gefräßigen See wirkt das Steilufer an der Ostseeküste bei Dänisch-Nienhof. In den grauen Mergel eingelagert sind viele Steine unterschiedlicher Größen und Herkunft.

Im Schatten der Kirche zeigt ein aus Granitblöcken aufgemauertes Familienbegräbnis in der Mitte der Deckplatte eine Bronzetafel mit einem schreitenden Löwen und dem Schriftzug NOER. Hier ruht Generalleutnant Prinz Friedrich von Noer, der sich bei Ausbruch der schleswig-holsteinischen Erhebung am 24. März 1848 dem Kampf seiner Landsleute um Einheit und Freiheit anschloß und mit der Kieler Garnison die Festung Rendsburg überrumpelte.

Den Namen Noer führte der Prinz nach dem benachbarten Gut, das seine Mutter, eine Tochter des dänischen Königs Christian VII., im Jahre 1831 für ihn gekauft hatte. Bei seiner zweiten Heirat im Jahre 1864 verlieh ihm Kaiser Franz Joseph von Österreich den Titel eines Fürsten von Noer.

Zentraler Ort des Dänischen Wohlds ist das in der Mitte zwischen Kiel und Eckernförde gelegene große Kirchdorf Gettorf, das erstmals 1236 genannt wird. Es liegt im Kreuzungspunkt zahlreicher historischer Wege, und sein Bild wird beherrscht von dem wuchtigen Turm der Kirche St. Georg oder St. Jürgen. Hier war im Mittelalter eine bekannte Wallfahrtsstätte mit einem silbernen Gna-

Seit 1928 bilden die Ortschaften und Dörfer Dänisch-Nienhof, Grönwohld, Hohenhain, Sprenge, Birkenmoor, Krusendorf und Surendorf die Gemeinde Schwedeneck, ein Name, der an Ereignisse des Dreißigjährigen Krieges erinnert. Kirchort der Gemeinde ist Krusendorf mit dem 1733–37 errichteten Gotteshaus St. Trinitatis (oben), dessen barocker Turmhelm den schlichten, rechteckigen Ziegelbau überragt.
Die Kirche St. Georg oder St. Jürgen in Gettorf (unten) ist das stattlichste Gotteshaus im Dänischen Wohld. Der Turm wurde 1478–91 von dem Kieler Maurermeister Hans Kroen errichtet und ist – weithin sichtbar – Orientierungspunkt in der Landschaft.

denbild des heiligen Georg, das verschollen ist. Die 1319 erstmals erwähnte Kirche ist das stattlichste Gotteshaus im Dänischen Wohld und erhielt ihre heutige Gestalt im wesentlichen vom 12. bis Anfang des 16. Jahrhunderts durch mannigfache Um- und Anbauten.

Der Turm wurde in der Zeit von 1487 bis 1491 von einem Kieler Maurermeister errichtet. Im Jahre 1849 befand sich auf dem Turm eine Station des „optischen Küstentelegraphen" der Schleswig-Holsteinischen Marine, also eine Station der marineeigenen Fernmeldeverbindung Kiel–Eckernförde, von der hier die geplante, aber nicht mehr fertiggestellte Linie Gettorf–Rendsburg abzweigen sollte. Eine Schnitzerei im Turmgebälk der Kirche erinnert an diese Nachrichtenlinie und das „Seegefecht vom Gründonnerstag 1849" vor Eckernförde.

Kurz vor Eckernförde liegt Altenhof, das in den Jahren 1722–28 erbaut wurde und zu den bedeutendsten Herrenhäusern in ganz Schleswig-Holstein zählt. Im Jahre 1868 wurde es umgebaut und 1904–10 von dem Architekten Paul Schultze-Naumburg bedeutend erweitert; in jener Zeit erhielt es auch die großen Flügelanbauten.

Mittelpunkt des Gutshofes ist das schloßartige Herrenhaus, dessen Ausstattung im Innern ein großartiges Spiegelbild der Adelskultur des 18. Jahrhunderts im dänischen Gesamtstaat ist. Landesgeschichtliche Bedeutung gewann Altenhof durch zwei „Episoden". Nach dem Zweiten Weltkrieg diente das Herrenhaus ab 1946 als Wohnsitz des britischen Militärgouverneurs für Schleswig-Holstein, und nahezu 100 Jahre früher tobte hier einer der Kämpfe um die Einheit und Freiheit der Herzogtümer. Am

Karfreitag 1848, es war der 21. April, kämpfte das von der Tannsche Freikorps gegen die von Eckernförde gen Süden anrückenden Dänen, doch der Durchbruch gelang nicht. An die 19 gefallenen Freikorps-Angehörigen erinnert ein Gedenkstein unmittelbar vor dem Bahnübergang bei der Gaststätte Schmeerhörn.

Im Süden des Dänischen Wohlds liegt das über 700 Jahre alte Dorf Sehestedt, das durch den Nord-Ostsee-Kanal in zwei Teile zu beiden Seiten der Wasserstraße zerrissen ist. Mitten im Dorf, dort wo sich die einstigen Landwege nach beziehungsweise von Rendsburg, Kiel und Eckernförde trafen, steht auf freiem Platz das Denkmal zur Erinnerung an das Gefecht vom 10. Dezember 1813. Der Obelisk auf dreistufigem Granitsockel ist umgeben von einer rechteckigen Umfriedung, deren zwölf „Pfosten" senkrecht eingegrabene Kanonenrohre sind. Das Denkmal ist ein Geschenk des Landgrafen Carl von Hessen, des seinerzeitigen Generals en chef der schleswig-holstein-dänischen Truppen.

Ein zweites bemerkenswertes Denkmal im Dorf Sehestedt steht auf dem südlichen Ufer. Inmitten einer Rasenfläche liegt unter Bäumen ein Findling; er erinnert an den Tod britischer Fallschirmjäger des 15th (Scottish) Parachute Battalion, die bei einem nächtlichen Absprung im Rahmen der Übung „Bold Guard" 1974 im Nord-Ostsee-Kanal ertranken. Die Gedenkstätte wurde 1975 in Anwesenheit einer Abordnung schottischer Fallschirmjäger aus Glasgow eingeweiht.

Am Wittensee entlang, dem mit 1 033 Hektar größten Binnensee des ehemaligen Herzogtums Schleswig, gelangt man auf dem Weg nach Rendsburg durch Groß-Wittensee, ein altes, organisch gewachsenes Bauerndorf, das erstmals im Jahre 1327 erwähnt wird. Über 200 Jahre – von 1700 bis 1900 – hatte die Familie Schleth hier den Bürgermeister gestellt. Die Einwohner Groß-Wittensees legen besonderen Wert auf die Erhaltung beziehungsweise Wiederherstellung des charakteristischen Dorfbildes mit den zahlreichen alten Eichen und Linden. Wahrzeichen des Ortes ist die Windmühle von 1877, die durch private Spenden erhalten blieb. Groß-Wittensee liegt inmitten des Naturparks Hüttener Berge, dessen höchste Erhebung der Scheelsberg mit 106 Metern ist. Die sanft gewellte Landschaft mit den vielen, für Schleswig-Holstein typischen Knicks lädt zum Wandern ein.

Im Städte-Dreieck Kiel-Rendsburg-Neumünster liegt der 1969 gegründete Naturpark Westensee, der seinen Namen von dem See ableitet und im Sommer wie Winter ein beliebtes Ausflugsziel der Kieler ist. Der Westensee wird von der Eider durchflossen, einem Fluß, in dessen natürliche Verhältnisse wiederholt gewaltsam eingegriffen wurde, und ist mit 720 Hektar der drittgrößte See Holsteins. Eingebettet in eine von Wäldern und großen Ackerflächen durchsetzte Moränenlandschaft zählt der fischreiche Westensee mit seinen idyllisch gelegenen Badestellen zu den schönsten Seen Schleswig-Holsteins. Im Mittelalter ging über die Eider und durch den See nach der Überlieferung ein alter Handelsweg flämischer Kaufleute. Der Name des malerisch gelegenen Ortes Flemhude weist noch darauf hin, daß die Flamen dort einen Stapelplatz besaßen. König Christoph II. gestattete 1300 den Kieler Kaufleuten, ihre Waren von der Elbe und der Nordsee über die Eider bis nach Flemhude zu bringen, so daß das Dorf gleichsam der Nordseehafen Kiels war.

Sehenswerte kulturelle Ziele im Naturpark Westensee sind die „drei Schlösser" Emkendorf, Deutsch-Niendorf und Schierensee. Im Schatten mächtiger Eichen am Fuß des Heeschenbergs liegt Schierensee, das sich Caspar von Saldern nach einer erfolgreichen diplomatischen Laufbahn als Alterssitz 1774–78 erbauen ließ. Die Front des Hauses trägt in goldenen Lettern die Devise: Non mihi sed posteris (Nicht für mich, sondern für die Nachkommen).

Saldern vereinte in seiner Person weltmännisches Geschick, eine gehörige Portion Bauernschläue und derbes Standvermögen. Als Vertrauter des Zaren Peters III. und als Staatsminister Katharinas II. gelang ihm sowohl der Austausch des großfürstlichen Anteils von Holstein unter Eingliederung in den dänischen Gesamtstaat als auch die Wahrung des deutschen Charakters des Landes.

Etwa drei Kilometer westlich von Schierensee liegt Deutsch-Nienhof, das 1472 erstmals als Wasserburg im Rantzauischen Besitz erwähnt wird. Das dreiflügelige Herrenhaus wurde Ende des 16. Jahrhunderts auf den Fundamenten der alten Burg erbaut, von der noch spätgotische Kreuzgewölbe im Keller erhalten sind.

Bei dem Umbau des Herrenhauses gegen Ende des 18. Jahrhunderts war wohl auch an einen Neubau des Torhauses gedacht worden, zu dem der Eutiner Hofbaumeister Greggenhofer die Pläne lieferte. Doch kam es wahrscheinlich aus finanziellen Gründen nicht zu diesem Neubau – der reizvolle Entwurf wurde erst 200 Jahre später realisiert, als 1977 nach diesen Plänen das Torhaus als Verwaltungsgebäude des Schleswig-Holsteinischen Freilichtmuseums in Molfsee geschaffen wurde – ein Eingangsbau für ein adliges Gut als Bürogebäude einer kulturhistorischen Sammlung bäuerlicher Wohn- und Wirtschaftsbauten.

Einen Steinwurf westlich von Deutsch-Nienhof liegt Emkendorf, das seine Glanzzeit als Musenhof des Nordens um 1800 unter Friedrich Graf von Reventlow und seiner Frau Julia, Tochter des dänischen Schatzmeisters Graf Schimmelmann, hatte.

Vor den Toren der Landeshauptstadt Kiel liegt der Naturpark Westensee, dessen Landschaft aufgrund der Bodengestaltung in ihren unterschiedlichen Entwicklungs- und Erscheinungsformen zu den reizvollsten in Schleswig-Holstein gehört. Herzstück ist der reich mit Buchten gegliederte, von der Eider durchflossene Westensee mit einer Fläche von 767 Hektar. Seine größte Tiefe beträgt 20 Meter.

Die kinderlose, etwas überspannte Julia, die „schöne Seele", wie sie genannt wurde, war der Mittelpunkt des „Emkendorfer Kreises", zu dem die bedeutendsten Geister der Zeit gehörten – nur Goethe kam dem Wunsch eines Besuches auf Emkendorf nicht nach, er wollte nicht als „sündiger Mensch die Zuchtrute der Damen über sich ergehen" lassen.

Julias Seelenfreund und Berater Matthias Claudius dichtete hier nach der Überlieferung (tatsächlich schrieb er es aber wohl vor dieser Zeit) das Abendlied „Der Mond ist aufgegangen", das zu einem der schönsten deutschen Volkslieder wurde.

Das Gotteshaus für die „drei Schlösser" liegt im Dorf Westensee. Die Pfarrkirche St. Catharinen ist ein schlichter Feldsteinbau aus dem 13. Jahrhundert und war im Mittelalter Wallfahrtskirche. Wenn auch von den Kunstschätzen der Kirche im Laufe der Jahrhunderte viel verlorenging, so ist das als geradezu fürstlich zu bezeichnende Renaissance-Grabmal des Daniel Rantzau zu nennen, der 1569 als dänischer Feldmarschall in Schweden fiel; er hatte während seiner dreijährigen Studienzeit in Wittenberg im Hause Luthers gelebt und war im 16. Jahrhundert eine der kraftvollsten Persönlichkeiten des Nordens. Das Grabmal besteht aus der Rückwand mit zwei Inschrifttafeln sowie der verstümmelten Liegefigur des Feldherrn.

Schon von fern sehen wir dann das Wahrzeichen Rendsburgs, die Eisenbahnhochbrücke über den Nord-Ostsee-Kanal. Damit die Eisenbahn die Höhe von über 42 Metern erklimmen kann, waren fünf Kilometer lange Rampen erforderlich, die auf der Nordseite die sogenannte Schleife bilden. Die Eisengitterbrücke auf hohen Stelzen ist 2,46 Kilometer lang.

Mitten im Lande, im Kreuzungspunkt wichtiger Handels-, Heer- und Verkehrswege gelegen, hat Rendsburg als Festung Jahrhunderte hindurch in der Geschichte Schleswig-Holsteins eine bedeutende Rolle gespielt. Um das Jahr 1100 entstand auf der Eiderinsel eine Zwingburg, die später den Namen Reinholdsburg (Rendsburg) erhielt. Jenen Platz nimmt heute das ursprünglich als Schloßkaserne 1768 erbaute „Hospital zum Heiligen Geist", eine moderne Altenwohnanlage, ein.

Die Zweiteilung Rendsburgs in die mittelalterliche Altstadt auf der Eiderinsel und den barocken Festungsteil Neuwerk, der 1690–95 angelegt wurde, ist noch heute im Stadtbild zu erkennen. Von dem drei Hektar großen Paradeplatz in Neuwerk gehen fächerförmig die Straßen ab, deren Namen der Platzverteilung bei der königlichen Hoftafel samt Blumenschmuck entliehen sind. Der italienische Baumeister Dominicus Pelli schmückte den Platz mit stilvollen Bauten.

In der Südwestecke des weiten Paradeplatzes wurde 1695–1700 auf Anordnung König Christians V. nach dem Grundriß eines griechischen Kreuzes die Christkirche erbaut. Der Innenraum ist in eindrucksvoller Weise von zwei einander durchdringenden Holztonnengewölben überspannt und wird von dem 1708 einge-

Die 1913 fertiggestellte, ca. 2,5 Kilometer lange Eisenbahnhochbrücke über den Nord-Ostsee-Kanal ist das Wahrzeichen Rendsburgs. Unterhalb der Brücke verkehrt eine Schwebefähre, ein Unikum, denn es ist die einzige noch erhaltene Fähre dieser Art in Deutschland.

bauten, reich dekorierten „Königstuhl" beherrscht.

Als ein „Juwel ersten Ranges" wurde das Jüdische Museum im Dr.-Bamberger-Haus in der Prinzessinstraße von einer Gästegruppe des Canadian Jewish Congress einmal bezeichnet. In dem früheren Synagogengebäude, das in der Pogromnacht des Jahres 1938 erhalten blieb, finden zum Bereich „Jüdische Künstler – Jüdische Themen" Ausstellungen, Lesungen, Konzerte und Vorträge statt. Eine Dauerausstellung zeigt die Geschichte der jüdischen Gemeinden Schleswig-Holsteins, die sämtlich untergingen.

Schwansen: Halbinsel zwischen Schlei und Eckernförder Bucht

Gernot Kühl

Nein, Insulaner sind sie nicht, die Schwansener. Aber sie sind diesem Schicksal – wie immer man es auch interpretieren mag – nur knapp entronnen. Hätten die Gesteinsmassen und Gletscherzungen der letzten Eiszeit vor über 14 000 Jahren etwas tiefere Furchen und Rinnen in die Landschaft gepflügt, die sich später mit Schmelzwasser und durch den nacheiszeitlichen Meeresspiegelanstieg mit Wasser füllten, wäre Schwansen heute womöglich die größte deutsche Ostseeinsel – und nicht Fehmarn. Nur wenige Kilometer Landweg zwischen dem Windebyer Noor vor den Toren Eckernfördes und der Großen Breite der Schlei bei Fleckeby – unterbrochen durch den Großen und Kleinen Schnaaper See, den Bültsee bei Kosel und den Langsee – stehen dem Inselstatus entgegen, machen aus Schwansen eine Halbinsel.

Die mit zahllosen Reizen gespickte Landschaft zwischen der Eckernförder Bucht im Osten und dem flußähnlichen, über 40 Kilometer langen Meeresarm Schlei im Westen, den Städten Eckernförde im Süden und Kappeln im Norden, bezieht ihren unaufdringlichen Charme aus der Lebensart ihrer Bewohner, dem landschaftlich imposanten Großgrundbesitz ihrer Gutsherren und dem lebhaften sommerlichen Küstenleben an den Natur- und Kurstränden der Ostsee. Sanft geschwungene grüne Hügel, im Sommer sattgelbe Rapsfelder, das farbliche Zusammenspiel von Himmel und Wasser: Wer Idylle sucht, kann sie hier finden. An der See tummeln sich, maßgeblich angezogen von der Ferienhochburg Ostseebad Damp sowie den Campingplätzen zwischen Hemmelmark und Schönhagen jedes Jahr Abertausende von Urlaubern. Sie lassen die Verkehrsdichte auf der Hauptverkehrsader B 203 („Schwansenstraße"), die Schwansen auf der Trasse der ehemaligen Kreisbahnlinie (1890–1958) auf der Nord-Süd-Achse zwischen Kappeln und Eckernförde durchquert, ins Vielfache ansteigen. Dennoch steuert das 250 Quadratkilometer große Land zwischen den Förden keineswegs auf einen touristischen „Overkill" zu. Das empfindsame Gleichgewicht zwischen Ökologie und Ökonomie, zwischen Geben und Nehmen, beginnt teilweise zu wanken, befindet sich aber insgesamt noch in einem gesunden Verhältnis. Und das, obwohl allein das 1970 errichtete Ferienzentrum Ostseebad Damp an zwei guten Sommertagen mit bis zu 20 000 Gästen mehr Menschen lockt, als in ganz Schwansen leben.

Schwansen kann nicht protzen mit großen Metropolen oder kulturellen Höhepunkten. Dafür finden die Menschen dort aber eine weitgehend intakte Natur mit weiten Feldern, imposanten Herrenhäusern, 13 lebendigen Gemeinden, vielen abgeschiedenen Siedlungen und Wegen. Eine stille, kultivierte Schönheit, die sich selbst genügt.

Dabei fanden die Ur-Schwansener, deren älteste Siedlungsspuren im Raum Kosel in der Altsteinzeit um 10 000 v. Chr. nachgewiesen wurden, eine tundraähnliche Landschaft wie im nördlichsten Zipfel Skandinaviens vor. Eindrucksvolle Monumente wie das etwa 4 500 Jahre alte Karlsminder Langbett, eine mächtige, von über 100 tonnenschweren Findlingen gesäumte Grabanlage mit den Maßen 60 x 5,5 x 2,5 Meter und drei Grabkammern (Dolmen), belegen eine zunehmend dichte Besiedlung im dritten Jahrtausend v. Chr. Die archäologische Sehenswürdigkeit ist frei zugänglich und liegt erhaben auf einer Kuppe zwischen Karlsminde und Ludwigsburg nahe der Ostsee. Aus zahlreichen Einzelfunden von der mittleren Steinzeit (8 000 bis 3 000

v. Chr.) bis zur Eisenzeit (um 500 v. Chr.) ergeben sich lokal unterschiedliche Siedlungsschwerpunkte. Vor allem der schleinahe Standort Kosel und die Umgebung bis nach Bohnert, Gammelby und Rieseby war bei den Schwansener Vorfahren gefragt. Auch die Wikinger, die gefürchteten Freibeuter und seefahrenden Händler, ließen sich zwischen dem 9. und 11. Jahrhundert nicht nur in Haithabu, sondern eben auch in der Gegend um Kosel nieder. Einen großen Friedhof aus der Wikingerzeit mit 23 Grabanlagen legten Wissenschaftler in den siebziger Jahren am Schleiufer südwestlich von Gut Bienebek frei.

Noch vor den Wikingern, etwa ab Mitte des 8. Jahrhunderts, siedelten sich jütische Einwanderer aus Dänemark südlich der Schlei-Danewerk-Linie in Schwansen an. Der Einzug der Jüten markiert die Wiederbesiedlung der Halbinsel nach jahrhundertelanger menschlicher Abstinenz. Eine Rolle dabei spielte neben einer vermutlichen Klimaveränderung die Völkerwanderung und die Eroberung Englands durch die Angeln und Sachsen im 5. Jahrhundert. Durch den Wegzug der Bewohner und das üppige Wachstum der Natur breitete sich in Schwansen ein Urwald aus, der „Isarenhoe" (Eisenwald).

Während von Norden die Dänen nach Schwansen drängten, bevölkerten von Süden sächsische Kolonisten das Land zwischen Eider und Schlei und kamen auch auf die Halbinsel. Die dänisch-deutsche Besiedlung dokumentieren nicht zuletzt die Ortsnamen, die häufig by-, dorf- oder holz-Endungen aufweisen. Das ursprünglich dänischsprachige Gebiet kam mehr und mehr unter niederdeutschen und später hochdeutschen Einfluß.

Für die Zeit des Hoch- und Spätmittelalters (11. bis 15. Jahrhundert) liegen nur spärliche Erkenntnisse vor. Erstmals fällt in dieser Zeit aber der Name „svansio", und zwar in einer

Urkunde aus dem Jahr 1260. Gemeint war damit „Schwanensee", aller Wahrscheinlichkeit nach der Name für den Schwansener See nahe Karby im Norden Schwansens. Der Name des Sees dürfte auf die Halbinsel übertragen worden sein. Zwischen 1150 (Kosel) und 1400 (Waabs) wurden alle fünf Schwansener Kirchen gebaut. Neben Kosel und Waabs stehen in Sieseby (um 1200), Rieseby (1220–30) und Karby (Ende des 13. Jahrhunderts) wehrhafte romanische und gotische Kirchen.

Schwansen erlebte heftige Auseinandersetzungen zwischen dänischen Königen und holsteinischen Grafen, die in der begehrten Grenzregion zwischen Schlei, Eider und Ostsee ebenfalls Fuß faßten. In die Kämpfe war auch der Klerus verwickelt, da der mächtige Schleswiger Bischof, der über stattliche Besitztümer in Schwansen verfügte, für die dänische Seite Partei ergriff. Der Bischofssitz Stubbe an der Schlei wurde zerstört. Umkämpft war auch die benachbarte Königsburg bei Bohnert, die der Dänenkönig Erich von Pommern errichten ließ. In diese Zeit fällt vermutlich auch der Bau der Schwonsburg bei Sundsacker, deren Geschichte bis heute noch nicht enthüllt ist. Von

Die reetgedeckten Fachwerkhäuser am Siesebyer Schleiufer stehen unter Denkmalschutz und sind für jeden Betrachter eine Augenweide. Sie sind im Besitz der herzoglichen Familie zu Schleswig-Holstein-Sonderburg-Glücksburg.
In dem Karlsminder Langbett (unten) einer mächtigen Grabanlage, wurden vor 4 500 Jahren Menschen bestattet. Die archäologische Sehenswürdigkeit in Sichtweite der Ostsee wurde 1976–78 freigelegt und ist seitdem für die Öffentlichkeit zugänglich.

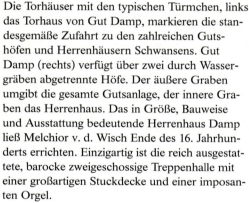

Die Torhäuser mit den typischen Türmchen, links das Torhaus von Gut Damp, markieren die standesgemäße Zufahrt zu den zahlreichen Gutshöfen und Herrenhäusern Schwansens. Gut Damp (rechts) verfügt über zwei durch Wassergräben abgetrennte Höfe. Der äußere Graben umgibt die gesamte Gutsanlage, der innere Graben das Herrenhaus. Das in Größe, Bauweise und Ausstattung bedeutende Herrenhaus Damp ließ Melchior v. d. Wisch Ende des 16. Jahrhunderts errichten. Einzigartig ist die reich ausgestattete, barocke zweigeschossige Treppenhalle mit einer großartigen Stuckdecke und einer imposanten Orgel.

Kriegen blieb Schwansen auch nach dem Mittelalter nicht verschont. Der Dreißigjährige Krieg (1618–48), der Dänisch-Schwedische Krieg (1657–60) und der Nordische Krieg (1700–21) brachten Leid und Elend unter die Bevölkerung; Plünderungen, Brandschatzungen und Mißhandlungen waren in diesen wirren Jahren an der Tagesordnung. Hochadel, Adel, Klerus und die Gottorfer Landesherren waren in der Entwicklung Schwansens von ausschlaggebender Bedeutung. Ihnen gehörte quasi die ganze Landschaft, wobei die Herrschaft wechselte, aber immer in genannten Kreisen verblieb. Die hohen Herren führten dabei höchst unterschiedliche Regimenter. Einige gingen eher rigoros mit ihren Untergebenen um, andere wiederum sollen sogar fürsorgliche Züge entwickelt haben.

Eine wichtige Rolle spielten die zahlreichen Güter in Schwansen. Die prächtigen Hofanlagen, die die teilweise schloßähnlichen Herrenhäuser umgaben, und die großen Ländereien sind heute Kulturgüter, die den Menschen vor Augen führen, wie die Landbevölkerung und ihre Herren früher lebten. An der Stirnseite des Gutes stand das Herrenhaus, häufig mit Park im Hintergrund und von einem Wassergraben oder einer Teichanlage umgeben. An den Seiten der geschlossenen Hofanlage befanden sich die riesigen, reetgedeckten Scheunen, Kuh- und Pferdeställe. Gegenüber dem Herrenhaus diente zumeist ein Torhaus als standesgemäße Zufahrt, die wiederum über eine lange Allee erreicht wurde. Güter wie Hemmelmark, Grünholz, Ludwigsburg oder Damp waren im 18. und 19. Jahrhundert weitgehend selbständige Verwaltungs- und Lebensgemeinschaften mit Werkstätten, Handwerksbetrieben und Arbeiterhäusern. Landgraf Carl von Hessen (1744–1836) hob 1790 auf Gut Gereby, heute Carlsburg, als erster Gutsherr in Schwansen die Leibeigenschaft auf. Ihm folgten die übrigen Schwansener Güter. 1805 wurde die Leibeigenschaft dann in ganz Schleswig-Holstein abgeschafft.

Nach dem Zweiten Weltkrieg sorgten sowohl die Bodenreformgesetze als auch die Aufnahme unzähliger Flüchtlinge für einschneidende Veränderungen. Die Ländereien der Großgrundbesitzer sollten durch die britische Militärregierung enteignet und neu verteilt werden. Niemand, so die Alliierten, sollte mehr als 100 Hektar Land bewirtschaften. Das hätte das

Aus für die gewachsene Schwansener Gutsstruktur bedeutet. Auf dem Verhandlungswege erreichten einflußreiche Grundbesitzer dann, daß dieses Vorhaben nicht durchgeführt wurde. Aber auch sie konnten nicht verhindern, daß in Schleswig-Holstein insgesamt 30 000 Hektar für Siedlungszwecke bereitgestellt werden mußten. Neue Bauernhöfe, Nebenerwerbsstellen und Resthöfe entstanden. Am Beispiel Carlsburgs liest sich das so: 303 Hektar gingen 1949 an die Landgesellschaft Schleswig-Holstein; der letzte Pächter bekam den Resthof von 98 Hektar; je ein Drittel wurde zur Errichtung von sieben Bauernhöfen und 47 Nebenerwerbssiedlungsstellen verwandt; das Schloß mit allen Nebengebäuden und dem Park blieb im Besitz der herzoglichen Familie zu Schleswig-Holstein-Sonderburg-Glücksburg.

Mehr und mehr entwickelten sich die Gutshöfe infolge der Mechanisierung und des Strukturwandels von autarken Gemeinwesen zu maschinell bewirtschafteten, landwirtschaftlichen Großbetrieben. Die Zahl der Landarbeiter ging drastisch zurück. Heute verschlingt der Unterhalt der Herrenhäuser große Summen. Dennoch werden große Anstrengungen unternommen, diese für Schwansen so typischen Gutsanlagen zu erhalten. Das Gutsmuseum auf Hohenstein, das nur bei Voranmeldung zu besichtigen ist, vermittelt den Besuchern einen authentischen Einblick in die wechselvolle Gutsgeschichte.

Der Strukturwandel auf dem Land erfaßte natürlich auch die 13 Gemeinden in Schwansen. Jedoch haben sie größtenteils ihren eigenen Charakter bewahrt; die über Generationen gewachsenen Dorfgemeinschaften erwiesen sich als sattelfest, aber auch integrationsfähig neuen Mitbürgern und neuen Entwicklungen gegenüber. Die Gemeinde Loose zwischen Barkelsby und Holzdorf mag als Beispiel dienen: In den zurückliegenden drei Jahrzehnten schlossen zwei Kaufmannsläden, die Arztpraxis, die Polizeistation, der Elektrikerbetrieb, die Schlachterei, der Frisör, die Schmiede und die große Meierei. Außerdem wurde die Hauptschule aufgelöst. Hinzugekommen sind neue Betriebe und öffentliche Einrichtungen. Diese erheblichen Einschnitte in die dörfliche Struktur dokumentieren zum einen die veränderte Lebensweise der Bevölkerung, die weitaus mobiler und flexibler geworden ist. Zum anderen spiegelt sie auch den allgemeinen Strukturwandel wider.

Die Menschen erledigen ihre Besorgungen häufig in den Städten, in denen sie arbeiten, und nehmen dort auch die entsprechenden Dienstleistungen wahr. Und es fehlten in dem einen oder anderen Fall auch familiäre Nachfolger, die den Betrieb oder das Geschäft weiterführen wollten.

Die Dörfer haben sich dadurch zwar verändert, aber keineswegs an

Wehrhaft ragt das 1580 erbaute Torhaus von Gut Ludwigsburg in die Landschaft. Es hat einen fast festungsartigen Charakter. Die Gutsanlage ist von einem Wassergraben umgeben. Die Bunte Kammer (oben) ist eine außergewöhnliche Sehenswürdigkeit im Herrenhaus von Gut Ludwigsburg. Das große gerahmte Holzwerk im Speisesaal des Erdgeschosses zeigt in fünf Reihen 145 Bilder allegorischen Inhalts. Über den Tafeln sind Sprichwörter in den Weltsprachen der damaligen Welt (um 1630) zu lesen. In einem anderen Zimmer sind weitere 25 kleinere Deckenbilder zu sehen.

Die großen Klinik- und Hotelgebäude des 1970 aus dem Nichts entstandenen Ostseebads Damp sind weithin zu sehen. Damp ist mittlerweile zu einer festen touristischen Größe in Schleswig-Holstein geworden und mit knapp 2 000 Mitarbeitern mit Abstand der größte private Arbeitgeber der Region.

Attraktivität eingebüßt, wie unter anderem die vielen neuen Baugebiete beweisen. Das Vereinsleben und die traditionellen Volksfeste wie das Reiterfest in Loose mit den Disziplinen Ringreiten und Lanzenreiten tragen trotz aller Veränderungen zum Fortbestand des dörflichen Lebens zwischen der Eckernförder Bucht und der Schlei bei. Als bevorzugte Freizeitaktivitäten bieten sich in Schwansen besonders Wandern, Radfahren, Reiten und Wassersport an.

Schwansen ist keine abgeschiedene Halbinsel mehr. Seit 1970, dem Bau von Damp 2000, das sich vor einigen Jahren wegen der bevorstehenden Endlichkeit seines einst zukunftsweisenden Titels den Namen Ostseebad Damp legte, hat der Tourismus sprunghaft an Bedeutung gewonnen. Überall in Schwansen bieten mittlerweile Privatvermieter, Gasthäuser und große Campingplätze Übernachtungsmöglichkeiten an und profitieren vom Urlauberstrom, der vor allem im Sommer unablässig fließt. Das hoch aufragende Ferien- und Gesundheitszentrum (zwei Kliniken, Kureinrichtungen sowie Sport- und Freizeiteinrichtungen) spielt nicht nur für den Fremdenverkehr eine zentrale Rolle, sondern hat auch als Arbeitgeber von fast 2 000 Beschäftigten eine herausragende wirtschaftliche Bedeutung für die Region.

Schwansen ist in der glücklichen Lage, seinen Reiz aus Gegensätzen beziehen zu können. Die lebhaftere und turbulentere Variante von Freizeitvergnügen und Urlaub ist im Ostseebad Damp und auf den Campingplätzen an der Ostseeküste zwischen Hemmelmark und Schönhagen zu finden. Stiller, beschaulicher und naturverbundener geht es am entgegengesetzten Schwansener Schleiufer zwischen Missunde und Sundsacker zu. Wasser und Land verbinden sich zu einer einzigartig-harmonischen Landschaft. Die vorbildlich restaurierten Reetdachkaten in Sieseby genießen nicht nur den Schutz der Denkmalpflege, sondern auch den Ruf, der am meisten bewunderten Siedlung am Schwansener Schleiufer.

Die über 40 Kilometer tief ins Land reichende Schlei ist nicht nur die natürliche Grenze der Landschaften Schwansen und Angeln, sondern trennt auch die Kreise Rendsburg-Eckernförde und Schleswig-Flensburg. Einst von elementarer wirtschaftlicher Bedeutung für die Wikingerstadt Haithabu (804–1066) und später Schleswig am inneren Schleibecken, ist aus dem wichtigen Schifffahrtsweg, der in der Wikingerzeit dem Ost-West-Handel zur Blüte verhalf, ein einzigartiges, aber auch sensibles Naherholungs- und Urlaubsgebiet geworden. Der stete Wandel der Ufer, die mal fluß- und mal seenartige Ausprägung der Schlei, die abgeschiedenen Moore, der Richtung Schleswig rapide abnehmende Salzgehalt, die Fähren von Missunde und Sundsacker, die Brücken in Lindaunis und Kappeln – all das macht den besonderen Reiz dieses Meeresarms aus.

Die nur 150 Meter breite Verbindung zur Ostsee bei Schleimünde muß wegen der ständig „arbeitenden" Ostseeküste von Zeit zu Zeit ausgebaggert werden. Sand und Geröll, die

die Wellen bei entsprechendem Wind aus dem Schönhagener Kliff herausbrechen, werden durch die küstenparallele Strömung gen Norden gespült und lassen die Schleimündung versanden. Das Phänomen der Ausgleichsküste ist auch an anderen Stellen der 30 Kilometer langen Schwansener Ostseeküste, etwa den Strandseen von Karlsminde zu beobachten. Die Schlei und die Eckernförder Bucht, die Grenzgewässer Schwansens, sind in der Eiszeit geformt und im Zuge der großen Bodensenkung, die das Land 20–30 Meter absenkte und für die heutige Küstenlinie sorgte, mit Wasser ausgefüllt worden.

Wer das Vergnügen hat, an der Schwansener Küste spazierenzugehen, und im Sommer an den nur spärlich besuchten Naturstränden oder den dichtbevölkerten Stränden rund um die Campingplätze und das Ostseebad Damp Badefreuden genießt, hat ein überschaubares Stück Ostsee vor Augen: die Eckernförder Bucht. Überschaubar (im Sinne von Land erblickend) ist die Bucht allerdings nur bis etwa in Höhe Waabs/Booknis, bis dahin ist die gegenüberliegende Küste des Dänischen Wohlds zu sehen. Weiter nördlich bis hinauf nach Schönhagen und Olpenitz hat man freie Sicht bis an den Horizont, die nur durch die zwei Ölbohrplattformen im Offshore-Feld „Schwedeneck-See" zwischen Damp und Schwedeneck aufgehalten wird. Das unterseeische Erdölvorkommen soll noch etwa bis zur Jahrtausendwende wirtschaftlich genutzt werden. Fisch- und Angelkutter, Segelschiffe, groß und klein, und die „weiße Flotte" der Fahrgastschiffe fahren vom Heimathafen Eckernförde hinaus auf die Bucht; starten zu Fischzügen (Butt, Hering, Dorsch), Segeltörns und Einkaufsfahrten bis in dänische Gewässer. Kümos und russische Frachter verschiffen von Eckernförde aus Raps, Dünger und Gebrauchtwagen in andere Ostseehäfen. Marineschiffe und U-Boote laufen aus zu Übungen und Manövern. Als „Exot" jagt seit mehreren Jahren ein Prototyp der Hamburger Werft Blohm + Voss über die Eckernförder Bucht – der über 40 Knoten schnelle Luftkissen-Katamaran „Corsair". Es wird auf verschiedene Tauglichkeiten hin erprobt. Und alle Schiffe passieren auf jeder Fahrt die Schwansener Küste. Langweilig wird es auch für Seh-Leute dort nie.

Vor allem dann nicht, wenn zum alljährlichen Auftakt der Kieler Woche an die 200 Yachten und ein Dutzend Traditionssegler auf der sogenannten „Aalregatta" (jeder Teilnehmer bekommt einen geräucherten Aal) Kurs auf Eckernförde nehmen. Die schmale Bucht ermöglicht den Zuschauern vom Ufer aus einen unvergeßlichen Anblick. Früher legten auch die kaiserlichen Majestäten mit ihren Großseglern „Meteor" oder „Hohenzollern" zur Kieler Woche am Borbyer Ufer an und gaben so manches rauschende Fest. Mit an Bord der kaiserlichen Yachten waren die legendären Eckernförder Yachtmatrosen: selbstbewußte Fischer, die wußten, wie der Wind weht, und die durch ihr seglerisches Können dem Kaiser zu Regattasiegen verhalfen. Den Verein der Yachtmatrosen gibt es noch heu-

Der Hafen von Eckernförde mit seinen Wahrzeichen Holzbrücke und Rundsilo war früher eine Hochburg der Fischer. Die Schlote von über 30 Fischräuchereien ragten gen Himmel. Heute gibt es nur noch eine Handvoll Berufsfischer und drei Räuchereien.

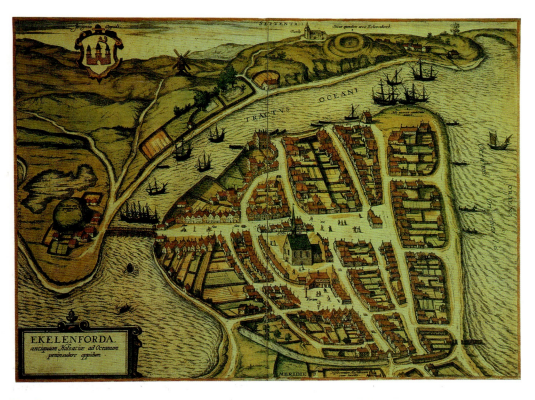

Der Eckernförder Stadtkern Ende des 16. Jahrhunderts (oben) aus dem Städtebuch von Braun und Hogenberg. Die planmäßig angelegte Gründungsstadt wurde zwischen 1250 und 1288 errichtet. In diese Zeit fällt auch der Bau der Nikolaikirche im Zentrum der Stadt. Eckernförder Bucht und Windebyer Noor waren noch verbunden und schützten den Stadtkern von drei Seiten.

te; nur der aktive Part, der gehört der Vergangenheit an und lebt lediglich beim monatlichen Stammtisch wieder auf.

Nicht nur auf hoher See, auch am Ufer betätigte man sich maritim. Das Badeleben entlang der Küste, das bereits 1831 in Borby, heute ein Stadtteil von Eckernförde, erwachte und mit dem Bau des nach dem Ersten Weltkrieg abgerissenen „Marien-Louisen-Bades" seinen zwischenzeitlichen Höhepunkt fand, lockt in der Sommersaison weit über 100 000 Urlauber an. Eckernfördes kilometerlanger, feiner Sandstrand, die Naturstrände in Schwansen mit eindrucksvollen Steilküsten bei Hemmelmark, Waabs und Schönhagen und seit kurzem auch ein Nichtraucher-Strand im Ostseebad Damp und ein FKK-Abschnitt in Eckernförde lassen kaum Wünsche offen. Daß die Wehrtechnische Dienststelle für Schiffe und Marinewaffen vor Eckernförde eine Torpedoschießbahn unterhält, bemerken die Badegäste und Freizeitkapitäne kaum – die schnurgerade verlaufende Bahn zur Erprobung der Unterwassergeschosse ist Sperrgebiet und als solches durch entsprechende Bojen markiert.

Weitaus ärger und für die Schiffsbesatzungen schmerz- und leidvoller ging es noch vor einigen Jahrhunderten auf der Eckernförder Bucht zu. Wer ahnt schon bei all der Beschaulichkeit, daß im 14. und 15. Jahrhundert Seeräuber ihr Unwesen trieben und ihre Beutezüge von Eckernförde aus planten. Reihenweise enterten die Piraten dänische Handelsschiffe. Dramatische Ereignisse verzeichnet die Stadtchronik am 5. April 1849, dem „Tag von Eckernförde". Die beiden bis an die Zähne bewaffneten dänischen Kriegsschiffe „Christian VIII." und „Gefion" tauchten während der schleswig-holsteinischen Erhebung vor Eckernförde auf, um die Stadt unter Beschuß zu nehmen. Eine Kanonenkugel, abgefeuert von der Südschanze traf jedoch die Pulverkammer der stolzen und mit 84 Kanonen bestückten „Christian VIII.", die mit einem ohrenbetäubenden Knall explodierte. Über 100 Mann verloren ihr Leben. Das Heimatmuseum Eckernförde hat diesem historischen Ereignis eine eigene, kleine Abteilung aus Schiffstrümmern, Fundstücken und bildlichen Darstellungen gewidmet. Noch immer liegen Wrackteile des Schiffes auf dem Meeresgrund vor Eckernförde.

Die Zeit der Auseinandersetzungen ist vorbei. Die Eckernförder Bucht ist heute ein ideales Erholungs- und Freizeitrevier. Alle Arten von Wassersport – vom Segeln bis zum Tauchen – können dort ausgeübt werden. Die abwechslungsreiche Küste erfreut jedoch nicht nur Wassersportler, Badegäste und Sonnenanbeter, sondern bietet auch Wander- und Naturfreunden ein eindrucksvolles Refugium. Die Bucht und die Landschaft Schwansen ergänzen einander in idealer Weise und bilden eine harmonische Einheit aus maritimer Weite und erdiger Bodenständigkeit.

Die 23 000 Einwohner große Stadt Eckernförde, die der Bucht ihren Namen gab, ist dank einer behutsamen

Stadtentwicklung ein liebenswerter Ort in reizvoller Lage geblieben. Der kilometerlange Sandstrand mit seiner Promenade, nur einen Steinwurf von der lebhaften Innenstadt mit der Altstadt und den Fußgängerzonen entfernt, reicht von der Steilküste in Altenhof bis zum Hafen und ist das Herzstück aller sommerlichen Betätigungen. Ein über lange Zeit gebührenfreies Strand- und Badevergnügen, doch heute wird meist die Ansicht vertreten, die Kurtaxe sei nötig, um das Defizit des Kurbetriebes zu verringern.

Eckernförde befindet sich trotz aller Reize keinesfalls im touristischen Schwitzkasten. Überrollen lassen wollen sich die Eckernförder nicht. Und daß sich in der Stadt alles, letztlich auch der Fremdenverkehr, mit der Natur arrangieren muß, trug dem Ostseebad 1995 den vielbeachteten Titel „Bundeshauptstadt für Natur- und Umweltschutz" ein.

Die Stadt ist vital, kulturell vielschichtig und voller Charme das gesamte Jahr über. Das Leben endet keineswegs mit der Abreise der Touristen nach der Hauptsaison. Eckernförde ist eine gewachsene Ortschaft und erst dann ein Fremdenverkehrsort, obwohl die „weiße Industrie" für die heimische Wirtschaft inzwischen von zentraler Bedeutung geworden ist. Jung und alt finden in Eckernförde von der Kinderstube bis zum betreuten Wohnen einen angemessenen Platz, und das gut ausgebaute Schulangebot reicht von der Schule für geistig Behinderte über ein Gymnasium bis hin zu Schulen in freier Trägerschaft. Der Einzelhandel floriert, und ein Technik- und Ökologiezentrum (TÖZ) im neuen Industriegebiet macht seine ersten, vielversprechenden Gehversuche. Als bisher einzige deutsche UNO-Stadt hat sich Eckernförde per Dekret der Völkerverständigung verschrieben. Gewachsene Strukturen und neue Entwicklungen, die die zentrale Bedeutung Eckernfördes für die Region unterstreichen. Die Bundesmarine ist der größte Arbeitgeber der Stadt. Ein Ausbildungszentrum für U-Boote, Eliteeinheiten wie die Waffentaucher, eine Marinewaffenschule und die Wehrtechnische Dienststelle für Schiffe und Marinewaffen belegen den Ruf Eckernfördes als Garnisonsstadt. Der Truppenabbau wird allerdings auch in Eckernförde nicht ohne Folge bleiben.

Lange Zeit war der Fisch das Markenzeichen Eckernfördes. Anfang dieses Jahrhunderts boomte die Fischerei und Fischverarbeitung. Über 30 Schlote ragten in den Himmel und bliesen den Rauch frisch geräucherter Sprotten in die Luft. „In Eckernför dor hebbt se't rut, ut Sülver Gold to maken" hieß es – silbern waren die Fischleiber in den Netzen, golden nach dem Ofengang. Räucher-Wohlstand in Eckernförde. Der Segen hielt nur wenige Jahrzehnte an: Leer gefischte Fanggründe, wachsende Konkurrenz und verlorengegangene Absatzmärkte im Osten nach dem Zweiten Weltkrieg legten die Eckernförder Räucherindustrie lahm. Von den über 30 Räuchereien sind drei übriggeblieben. Und auch die Zahl der Fischer nahm rapide ab: von 350 um die Jahrhundertwende auf nicht einmal ein Dutzend Berufs- und Nebenerwerbsfischer. Nur die berühmten „Kieler Sprotten", die kommen nach wie vor aus Eckernförde. Der Exportschlager erhielt nur deshalb die Ortsbezeichnung Kiel, weil die Räucherspezialität früher nicht vom Eckernförder, sondern vom Kieler Bahnhof aus verschickt werden mußte und den entsprechenden Stempel erhielt. Jetzt läßt sich der eingeführte Name natürlich nicht mehr korrigieren.

Keineswegs so klar wie die Luft und das Wasser ist das Datum der Stadtgründung. Die schriftlichen Quellen lassen eine exakte Datierung nicht mehr zu. Fest steht aber, daß Ende des 12. Jahrhunderts eine dörfliche Siedlung am Ende der Bucht am Übergang nach Schwansen lag. Anfang des 13. Jahrhunderts entstand dort eine Burg – die Ykern- beziehungsweise Eckernburg (übersetzt: Eichhörnchenburg). Das Eichhörnchen hat sich bis heute im Eckernförder Stadtwappen erhalten. Später wurde der Name der Burg auf den Ort übertragen. Die Stadtgründung erfolgte zwischen 1250 und 1288. Später wurde aus Eckernburg schließlich Eckernförde. Übrigens: Der Ortsname Eckernförde hat nichts mit der Förde zu tun, sondern heißt „Eichhörnchenfurt" (zwischen Ostsee und Windebyer Noor, die früher miteinander verbunden waren). Einst sollen die „Kadeker", wie die Eichhörnchen auf Plattdeutsch heißen, in Massen den rings um Eckernförde wachsenden dichten Wald bevölkert haben. Erzählungen zufolge sollen die flinken Kletterer sogar die Strecke Eckernförde–Kiel von Baumwipfel zu Baumwipfel springend bewältigt haben, ohne auch nur einmal den Boden berührt zu haben.

Durch das Land Angeln: Schleswig, Flensburg und die Schlei

Gerd Vaagt

Schon einige Kilometer vor der Domstadt Schleswig, wenn man von Eckernförde kommend auf der B 76 das Dorf Fleckeby passiert hat, sieht man in der Ferne das Schloß Gottorf liegen. Die Chaussee scheint schnurgerade auf das noch neun Kilometer entfernte Bauwerk zu führen. Doch hinter Fahrdorf paßt die Chaussee sich dem Verlauf des Schleiufers an. Sie führt über den Haddebyer Damm, der erst vom Landgrafen Carl zu Hessen-Kassel in den 1790er Jahren angelegt wurde, und das Noor, einst eine flache Bucht, von der Schlei trennt, und weiter durch den Stadtteil Friedrichsberg zum imponierenden Bau des Schlosses. Auf dieser letzten Strecke vor Schleswig sieht man hinüber auf die gegenüberliegende Seite der Schlei und auf die Stadt, die überragt wird von dem Turm des Petri-Domes.

Wer jedoch auf der Autobahn A 7 vom Rendsburger Kreuz kommend sich der Schleistadt nähert, erblickt als erstes den Wiking-Turm, eine moderne Wohnanlage, durch die alte Proportionen der Stadt, einst dominiert von Schloß und Dom, beeinträchtigt werden.

Die Stadt Schleswig

Erkennbar wird beim Anblick der Stadt, wie sie aus verschiedenen Teilen zusammengewachsen ist. Schleswig übernahm im 11. Jahrhundert vom nahegelegenen Haithabu die Funktion der Handelsmetropole und wuchs zur bedeutendsten Handelsstadt des Ostseeraumes heran. Ihr Stadtrecht wurde um 1200 kodifiziert. Die alten Schwerpunkte sind der Dom St. Peter (Baubeginn um 1120) und das Schloß (Umbau 1698–1703), verbunden durch den lang sich erstreckenden Lollfuß, einen Stadtteil rätselhaften Namens. Östlich von Dom, Markt und Rathaus liegt der „Holm", eine Fischersiedlung, die ihr altertümliches Gepräge erhalten hat, doch nur wenige kleinere Fischerboote liegen noch an den Ufern der Hausgrundstücke und laufen gelegentlich zum Fang aus. Die große Zeit der Schleswiger Fischer, die in der Schlei bis Kappeln das Fangrecht besaßen, ist seit langem vorbei, auch wenn Schleiheringe frisch als Salzheringe oder geräuchert als Bücklinge noch auf den Markt kommen. Weiter östlich liegt das St.-Johannis-Kloster, seit der Reformation als adliges Frauenstift genutzt.

Im Zentrum der Stadt, wenn auch etwas abseits vom lebhaften Fußgängerbereich und Geschäftsviertel, erhebt sich der ehrwürdige Dom, ein gotischer Hallenbau des 12.–15. Jahrhunderts. Er war von überragender Bedeutung für die Christianisierung des Landes und wird noch heute vom Bischof für den Sprengel Schleswig als Predigtstätte genutzt. Ein Besuch ist angeraten, um den imposanten Bau auch in seinem Inneren auf sich wirken zu lassen, vielleicht in der Stunde des Gottesdienstes oder einer Kirchenmusik, in der auch die herrliche Orgel (Prospekt 1610–1701) erklingt. Auf jeden Fall sollte man den mächtigen Bordesholmer Altar des Meisters Brüggemann in Muße betrachten, dieses herausragende Werk norddeutscher Schnitzkunst der Dürerzeit (geschaffen 1514–1521). Das Meisterwerk, das vor allem durch die genaue Charakterdarstellung der annähernd 400 Figuren besticht, gelangte 1666 aus der Bordesholmer Klosterkirche nach Schleswig. Der spätgotische Schnitzaltar zeigt Szenen aus dem Alten und Neuen Testament. Beeindruckend sind Christi Passion, Himmelfahrt und Auferstehung sowie das Jüngste Gericht dargestellt. Imponierend ist auch die riesenhafte Standfigur des Christopherus vom gleichen Meister (Eiche, um 1510–1515). Auf die geschichtliche Bedeutung der Schleistadt weist das Grabmal (1551–55) des Königs Friedrich I. von Dänemark, er war der vierte aus dem Hause Oldenburg, hin. In den Grüften haben die Gottorfer Herzöge mit ihren Familien die letzte Ruhe gefunden.

Nach Überqueren des Marktplatzes kommt man zum Rathaus. Die Ursprünge dieses Gebäudes aus dem 11. Jahrhundert gehörten zu einer königlichen Pfalz, die einst hohe Feste und bedeutsame Zusammenkünfte hoher Herren und ihrer Gefolge erlebt hat. Später zu einem Kloster umgebaut, ist es heute nach gelungener Renovierung das Rathaus der Stadt. Deren heutige Vertretung tagt im Ständesaal, in dem seinerzeit ab 1836 das erste gewählte Parlament des Herzogtums Schleswig seine Sitzungen abhielt.

Ein kurzer Abstecher zum Hafen kann seine frühere Bedeutung deutlich machen und einen schönen Blick auf die Schlei bieten. Doch dann wird man nordwärts streben, um in das lebhafte Geschäftsviertel zu gelangen. Die Sanierungen und passende Neubauten überzeugen und sind in das Stadtbild integriert. Schleswig, seit 1974 Kreisstadt des Großkreises Schleswig-Flensburg, der die Landschaft Angeln bis an die Tore Flensburgs umfaßt, ist eine dynamische Stadt. Mit Erfolg pflegt sie seit Jahren das Stadtbild und tut viel für die Einwohner und Besucher. Der Weg führt nun die Hauptstraße entlang nach Westen zum Schloß Gottorf. Wie schon der reisende Schuhmacher vor Zeiten sang:
Un bi Slesvig keem ik ok vörbi,
liggt dor lingelangs an de Slie,
is en gans verdammt langes Nest,
un de Dom, seggt he, is dat best.

Es geht den Stadtweg entlang und weiter den Lollfuß, vorbei am Stadttheater, das im Verbund des Schleswig-Holsteinischen Landestheaters, Sitz Schleswig (gegr. 1974), ein Dreispartentheater mit beachtlichem Niveau ist. Hier kann man nach Süden abbiegen, um auf dem Strandweg am Schleiufer entlangzugehen und den Blick auf die Möweninsel zu werfen oder hinüber auf das südliche Schleiufer. Man passiert die Schleihallenbrücke, wo die Boote zur Schleifahrt ablegen, im Sommer an sonnigen Tagen ein geruhsames Vergnügen eigener Art. Rechter Hand an der Flensburger Straße liegt das durch einen modernen Anbau vergrößerte Kreishaus, doch sollten die Landesmuseen im Schloß Gottorf Ziel des Weges und für ein längeres Verweilen sein. Kenner meinen, ein ganzer Tag genüge nicht, die so verschiedenartigen Sammlungen, die in den letzten Jahren durch hochherzige Stifter und großzügige Leihgeber beachtlich erweitert werden konnten, in ruhigen Augenschein zu nehmen. Doch zunächst die Ausstellungen zur Vor- und Frühgeschichte: Sie haben, wie auch das neue Wikinger Museum Haithabu bei Haddeby, internationales Format. Die Nydam-Halle zeigt Schätze aus dem Thorsberger Moor bei Süderbrarup und das älteste seegängige germanische Eichenboot aus dem 4. Jahrhundert (Länge 22,84 Meter, Breite 3,26 Meter, Besatzung 45 Mann, davon 36 Ruderer, da ohne Se-

Blick auf Schleswig und den Dom St. Peter, erbaut vom 12. bis 15. Jahrhundert. Die Stadt an der Schlei entwickelte sich nach dem Niedergang Haithabus vom 11. bis zum 13. Jahrhundert zum Bischofssitz und zur bedeutendsten Handelsstadt im Ostseeraum. Als politisches Zentrum des Herzogtums Schleswig blieb der Ort auch nach dem Aufstieg Lübecks in der Hanse eine wichtige Stadt im dänischen Reich.
Der Bordesholmer Altar im Schleswiger Dom, geschaffen 1514–21 von Meister Brüggemann (unten). Fast 400 feingearbeitete Figuren schmücken den Schnitzaltar.

Durch das Land Angeln: Schleswig, Flensburg und die Schlei

Über mehrere Jahrhunderte, von 1544 bis 1713, prägten die Gottorfer Herzöge die Geschicke des Landesteils Schleswig. In dieser Zeit wurde Schloß Gottorf zu einem vierflügeligen Renaissanceschloß ausgebaut. Ihren Höhepunkt erlangte die „Gottorfer Kultur", die neue Entwicklungen in Kunst, Architektur und effizienter Verwaltung einleitete, unter Herzog Friedrich III. (1616–1659). Er ließ im Südwestteil eine Bibliothek und eine Kunstkammer einrichten, die Gelehrte aus vielen Ländern anzogen. In preußischer und deutscher Zeit als Kaserne genutzt, ist der Bau heute wieder eine Stätte der Bildung und Kultur – als Schleswig-Holsteinisches Landesmuseum.

Die mächtige Hauptfassade des Gottorfer Schlosses in einer Ansicht aus dem 18. Jahrhundert.

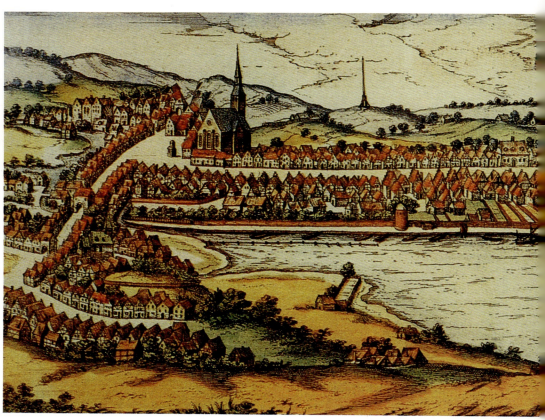

gel). Es wurde 1863 bei Nydam auf der dänischen Halbinsel Sundewitt gefunden. Wer die Welt der Wikinger erleben und die Kinder für ihre Lebensart und Kultur begeistern will, wird die sommerlichen „Wikingertage" in Schleswig besuchen.

Im Schloß Gottorf dann der weitere Rundgang durch die reichen Sammlungen: Zu sehen sind die Schätze der mittelalterlichen Kunst, die Malerei aus den herzoglichen Glanzzeiten des Schlosses oder andere Schwerpunkte wie die nordische Malerei des 19. Jahrhunderts, erst kürzlich erweitert durch eine Jugendstilsammlung (Bilder, Kunsthandwerk, Möbel, Teppiche, Fayencen und Gläser). Der interessierte Besucher wird nun, so schwer es auch fallen mag, das Hauptgebäude des Schlosses verlassen, um in die ehemaligen Reithallen und den Kreuzstall zu gehen, wo moderne Kunst in geschickt hergerichteten und großzügigen Räumen zu besichtigen ist beziehungsweise Sonderausstellungen von europäischem Rang präsentiert werden. Nur schwer wird man sich losreißen von diesen Schätzen, vielleicht noch einen Gang machen zum Fürstengarten, der rekonstruiert wird, gewiß noch einen Blick in die Schloßkapelle werfen, den Hirschsaal bewundern und die wiederhergestellte „Laterne" aus der Renaissancezeit im Innenhof beachten. Wen wundert's, daß an sommerlichen Abenden hier klassische Musik ertönt oder der „Jedermann" den Theaterfreunden zu verstehen gibt, daß es außer den Freuden des Lebens auch anderes zu bedenken gilt ...

Geht es nun die Gottorfstraße entlang, womöglich in Richtung Bahnhof, liegt rechter Hand der imposante Bau des Oberlandesgerichts, einst in preußischer Zeit errichtet als Sitz der Provinzialregierung. Es folgt das Prinzenpalais, stilvoll restauriert und vergrößert durch moderne Erweiterungsbauten, heute das Schleswig-Holsteinische Landesarchiv, das dem Forscher oder neugierigen Laien beachtliche Dokumente und Akten aus der Geschichte der Herzogtümer, dann der Provinz und heute des Bundeslandes vorlegen kann. Wem noch Zeit bleibt, der sei auf das Städtische

Blick von Osten auf die Stadt Flensburg im Jahr 1588 (aus: „Theatrum urbium" von Georg Braun und Franz Hogenberg). Von Norden (rechts) nach Süden: Schloß Duburg, St. Marien (noch ohne Turm), die Kirche zum Heiligen Geist, das Rathaus (an der Hauptstraße, in der Mitte zwischen den beiden Märkten), St. Nikolai und das Kloster.

Museum im Günderother Hof (linker Hand) hingewiesen, das nicht nur eine reiche lokalhistorische Sammlung bietet, sondern auch interessante Sonderausstellungen. Der Friedrichstraße folgend mag man sich im Stadtteil Friedrichsberg umschauen, dort hat man das südwestliche Ende der Stadt erreicht. Wieder und immer wieder macht der Wikingturm während unseres langen Weges auf sich aufmerksam; der Bootshafen zu seinen Füßen läßt auch denjenigen, der sich nicht zu den Seglern zählt, erkennen, daß die etwa 40 Kilometer lange Schlei als Segelparadies beliebt ist. Doch nicht nur die Segler schätzen es, daß ihre Ufer in vielen Teilen in natürlicher Schönheit erhalten sind.

Flensburg an der Förde

Es ist ungerecht, die Stadt Flensburg nach ihrem heute bekanntesten Produkt, dem Rum, zu benennen. Damit sagen wir nur etwas über die letzten 250 Jahre ihrer Geschichte aus. Die Stadt an der Förde ist älter, das Stadtrecht erhielt sie bereits 1284.

Die erste Ansiedlung auf ihrem heutigen Gebiet lag um die St.-Johannis-Kirche. Hier im innersten Winkel der Förde wohnten Fischer, die früh ihre Kirche ländlichen Charakters im Stil der Angeliter Feldsteinkirchen errichteten, eine Tochterkirche jener von Adelby. Der west-östliche Handelsweg von Friesland nach Angeln hinein lief hier vorbei. Ein Ritter namens Fleno aus dem friesischen Hafen Leck, so erzählt es die Sage, wurde vom dänischen Markgrafen Knud Laward um 1130 hierhergerufen, um den Frieden am Orte zu wahren und die Zolleinnahmen zu sichern. Er baute sich bei der St.-Johannis-Kirche eine Turmburg, die in stilisierter Form noch heute im Stadtwappen Flensburgs zu erkennen ist. Merkwürdig, stadtbildend war diese Ansiedlung nicht. Vielmehr erwuchs die Stadt aus zwei Märkten, dem Nordermarkt mit der frühen St.-Marien-Kirche im Stil der nordischen Backsteingotik (ab 1284 erbaut), dort, wo eine Abzweigung des Heerweges an einen natürlichen Hafen traf und sich Land- mit Seehandel verband, und dem Süder-

Diese Hökerei (Lädchen), ein zweistöckiges Traufhaus mit einem Obergeschoß in Fachwerk aus dem 17./18. Jahrhundert, findet sich in der Flensburger Marienstraße. Im Hintergrund ist der Turm der St.-Marien-Kirche zu erkennen; in seiner heutigen Gestalt wurde er 1879/80 errichtet.

markt mit der St.-Nikolai-Kirche. Sie wurde ab 1390 dort erbaut, wo die genannte West-Ost-Handelsstraße den Heerweg kreuzte, der, aus späterer Zeit auch als „Ochsenweg" bekannt, vom hohen Norden Jütlands bei Viborg die Zimbrische Halbinsel bis an die Elbe durchquert. Das alte Rathaus lag genau in der Mitte zwischen den beiden Märkten und Stadtteilen an der heutigen Rathausstraße. Wer in unseren Tagen auf dieser verkehrsberuhigten Hauptstraße Flensburgs, der Großen Straße und dem Holm, das Geschäfts- und Bankenviertel erlebt, wandelt auf alten Spuren.

Der heutige Besucher der Stadt wird es nicht versäumen, von der westlichen Höhe, wo einst das königliche Schloß „Duburg" stand, den Blick schweifen zu lassen: über die Förde zu ihrem dänischen Ufer und östlich zur einst „kaiserlichen" Marineschule Mürwik. Dann wird er auf die Stadt im Tal schauen und ihre alte topographische Struktur mit der einen Hauptstraße erkennen. Da Flensburg im letzten Krieg von Bombenangriffen so gut wie verschont blieb, ebenso wie von Zerstörungen aus Kampfhandlungen – hier kapitulierte bekanntlich am 8. Mai 1945 die Regierung Dönitz –, ist vieles aus alter Bausubstanz erhalten, was jedoch auch große Bemühungen und Kosten für Sanierungen erfordert. Ein anderer guter Blick ergibt sich von der östlichen Höhe, von der St. Jürgentreppe, auf den Hafen und die lang sich hinstreckende Altstadt sowie auf die westlichen Höhen mit ihren markanten Gebäuden. Die beste Vorstellung von der Stadt um 1600 mit ihren Häusern, Mauern und Toren und dem Umfeld bietet jedoch das Modell, das im Schiffahrtsmuseum zu besichtigen ist. Dessen Sammlung vermittelt darüber hinaus in Abbildungen, Modellen und diversen Schiffahrtsutensilien einen guten Einblick in die Tätigkeiten dieser Handels- und Schiffahrtsstadt und ihrer Werften. Ein originelles Rum-Museum im Keller fehlt nicht. Hier lebt die Vergangenheit, denn bis auf den Rum ist fast alles, was Seefahrt und weltweite Handelsbeziehungen einst ausmachten, heute abhanden gekommen. Im Hafen verkehren vor allem Förde- und Schnapsschiffe (für zollpflichtige Waren und Getränke noch bestehende Lücken in der EG-Gesetzgebung ausnutzend) sowie Sportsegler; und dann und wann gleitet der alte Salondampfer „Alexandra" (Baujahr 1908, 140 BRT) ruhig dahin, während die Museums-Schiffe, mit Liebe und Eifer wiederhergerichtet und bewohnbar gemacht, vor dem Schiffahrtsmuseum ihre Liegeplätze haben.

Aus der ersten „goldenen Zeit" der Stadt, so um 1600, als die Hanse in der Ostsee an Bedeutung verloren hatte und der Ochsenhandel sich schon lohnte, sind einige Gebäude erhalten geblieben: das Nordertor (als „Tor zum Norden" auch von Briefmarken bekannt), das Gebäude der Schrangen am Nordermarkt, wo einst im offenen Bogengang Fleisch und Brot verkauft wurde, und das Kompagnietor, das Haus der Schiffergilde am Hafen. Hinzu kamen damals künstlerisch wertvolle Ausstattungen der Kirchen, denn die reichen Handelsherren bedachten auch ihr Seelenheil. Zu den Prunkstücken gehören in St. Marien die Kanzel, die Taufe und der Hochaltar; in St. Nikolai die Kanzel und eine Todesmahntafel in niederdeutscher Sprache sowie der gewaltige Orgelprospekt (1604–09) von Heinrich Ringerink – imponierend das gewaltige klingende Werk dieser Königin der Instrumente, einer der großen Orgeln Norddeutschlands; sowie in St. Johannis die Kanzel und die Taufe. Der Dreißigjährige Krieg (1618–48), als Wallenstein mit seinen Truppen im Lande lag, und die folgenden Nordischen Kriege zerstörten Handelsbeziehungen und vernichteten die Vermögen der Kaufherren. Am Nordgiebel des Nordertores ist noch heute zu lesen: „Friede ernährt – Unfriede verzehrt."

Erst in der Mitte des 18. Jahrhunderts ergaben sich für den Flensburger Handel neue Möglichkeiten, als 1755 die Versorgung der Dänisch-Westindischen Inseln (St. Croix, St. Thomas, St. Jan) auch für ihn freigegeben wurde, weil der dänische König die Erweiterung des Kolonialhandels wünschte. Die Rückfracht aus Westindien bestand unter anderem aus Zucker, Rum, Tabak, seltenen Hölzern. Für Flensburg bot es sich an, den Rohzucker am Ort zu verarbeiten und den Rum zu veredeln (wobei die ausnehmend gute Wasserqualität des Ortes unentbehrlich war und ist) und zu vertreiben. So erwuchs in Jahrzehnten risikoreicher Schiffahrt zu den Jungferninseln ein neues Gewerbe in Flensburg und ein neuer Geschäftszweig. Als das Zuckerrohr durch den landeseigenen Anbau der Zuckerrüben an Bedeutung verlor, hielt sich die Rumdestillation. Nach dem Deutsch-Dänischen Krieg 1864 wurde Flensburg zusammen mit den Herzogtümern Schleswig und Holstein aus dem dänischen Reichsverband gelöst und kam zu Preußen/Deutschland. Die Rumfabrikation wurde weiterhin betrieben, wenn auch nun mit Jamaika als Herkunftsland und einer neuen Geschmacksrichtung, dem „german flavour". Ein heißer Grog – Rezept im Flensburger Deutsch: „Rum mutt, Szucker kann, Water bruukt nich" – wird von Kennern zu jeder Jahreszeit getrunken, andere bevorzugen einen altbekannten Aquavit, den „Bommerlunder". Doch die frühe Zeit des westindischen Handels bis 1806 und dann wieder nach 1815, wenn auch abflauend bis zur Mitte des Jahrhunderts, war die große Zeit für den Flensburger Rum-Import und -Handel. Einige der großen Kaufmannshöfe, deren Grundstücke bis an den Hafen reichten, sind heute renoviert und mit neuer Nutzung versehen (Norderstraße, Große Straße). Und der neuartige Versuch, die überlangen Grundstücke der Kaufmannsgewese zum Hafen hin durch neugezogene Parallelstraßen (Speicherlinie, Segelmacherstraße) zu teilen und mit Leben zu füllen, hat seine ersten Jahre der Bewährung bestanden.

Aus dieser guten Zeit um 1800 sind einige klassizistische Gebäude beziehungsweise vorgesetzte Ziergiebel erhalten, so daß ein Rundgang vom Nordertor bis zur Angelburger Straße mit aufmerksamen Blicken in die renovierten Höfe lohnt. Schöne Beispiele sind der Kaufmannshof Norderstraße 86 aus dem 18. Jahrhundert und der sechsgeschossige Westindienspeicher (erbaut 1789) des reichsten Kaufmanns der Stadt im Hof Große Straße 24. Doch auch Seitenstraßen gefallen, so die einheitliche Bebauung der Toosbüy-Straße. Zum Teil weisen die Gebäude Jugendstilelemente auf, die wir auch anderswo, zum Beispiel in der Nikolaistraße, finden.

Aufmerksamkeit verdienen auch die neugotischen Gebäude der unteren Rathausstraße und das Ensemble der Schifferhäuser in der Jürgensstraße. Es gibt viele gefällige Gassen und Straßen wie den Oluf-Samsons-Gang, die Kompagnie- und die Süder-Fischer-Straße. Von besonderem Reiz ist die „Flensburger Hofkultur" mit Musik, Theater, Film, Galerien und Gaststätten in den engen Handwerkerhöfen der Roten Straße, die vom Südermarkt nach Süden führt. An markanten Gebäuden in der Hauptstraße sind zu nennen das „Flensborghus", ein ehemaliges Waisenhaus, erbaut 1723–24 aus den Steinen der Duburg, die als baufällig zum Abriß freigegeben worden war; oder als Prototyp eines Flensburger Patrizierhauses das „Alt-Flensburger-Haus" in der Norderstraße 8 (Mitte 18. Jahrhundert), in dem der Luftschiff-Pionier und Zeppelin-Manager Hugo Eckener (1868–1954) geboren wurde. Kommt man an der Heilig-Geist-Kirche (um 1390 erbaut) vorbei, die nun der dänischen Minderheit als Gotteshaus zur Verfügung steht, so kann der Weg die Rathausstraße hinauf am Theater vorbei zum Städtischen Museum führen, dessen Schätze (Bilder, darunter von Nolde, Möbel, Geräte und Porzellan, Bauernstuben u. a.) nach einer lange geplanten Erweiterung angemessen präsentiert werden können.

Der angrenzende Alte Friedhof bewahrt Kriegergräber aus den Kriegen von 1848–50 und 1864, gewinnt jedoch seine Bedeutung durch beachtenswerte klassizistische Bürgergrabmale, oft mit ägyptischem Einschlag. Einige wurden nach Entwürfen so bedeutender Künstler wie Christian Daniel Rauch und Karl Friedrich Schinkel geschaffen, dabei mehrfach als neues Material Gußeisen verwendet. Das Besondere dieses frühen kommunalen Friedhofs im norddeutschen Raum wird verstärkt durch die klassizistische Kapelle, 1810–13 von Axel Bundsen gebaut, der es an ägyptisierenden Merkmalen nicht fehlt. Noch heute vermag dieser Friedhof dem beschaulichen Besucher Ruhe und würdige Besinnung zu vermitteln, weitab von der Geschäftigkeit des Alltags.

Hinabgestiegen zum Südermarkt, führt ein kleiner Abstecher zum ehemaligen Franziskanerkloster (Bauteile des 13.–19. Jahrhunderts), heute ein Altenstift. Gegenüber steht ein imponierender Klinkerbau mit vierkantigem Turm, das Deutsche Haus (errichtet 1927–30). Flensburg hat in diesem Gebäude mit seinem getäfelten Konzertsaal (1 500 Sitzplätze) ein Kulturzentrum, um das die Stadt beneidet wird. Es wurde den Bürgern der Stadt als „Reichsdank für Deutsche Treue" geschenkt, da sie in schwerer Notzeit in einer Volksabstimmung mit Mehrheit für den Verbleib beim Deutschen Reich votierten (14. März 1920). Damals ging der Wirtschaft der Stadt das nördliche

Das Wasserschloß Glücksburg, erbaut 1582–87. Nach dem Aussterben des Hauses Glücksburg 1779 fiel das Schloß an den dänischen König, der es 1824 dem Herzog von Schleswig-Holstein-Sonderburg-Glücksburg übertrug. 1854–63 diente der mächtige Renaissancebau Friedrich VII., König von Dänemark, als Sommerresidenz.

Hinterland verloren (Nordschleswig/Amt Sønderjylland), und sie geriet in eine Randlage. Im Kraftfahrt-Bundesamt mit seiner wenig beliebten „Verkehrssünder-Kartei" sind jedoch krisensichere Arbeitsplätze vorhanden. Die Pädagogische Hochschule, sie wurde kürzlich zur Universität erhoben, und eine aufblühende Fachhochschule für Technik und Wirtschaft geben dem Oberzentrum Flensburg Ausstrahlung, ebenso ein reich gefächertes deutsches wie dänisches Schulwesen: Denn in der Stadt wie in der Region lebt eine dänische Minderheit, die ungehindert ihre Kultur- und Schularbeit betreibt. Das kann das Leben in der Stadt bereichern. Die Nähe zur Staatsgrenze gibt den Menschen ein eigenes Bewußtsein, obwohl sie offen sind für eine Zusammenarbeit über die Grenze hinweg und für ein Näherrücken der Völker und Staaten in einem Europa mit zunehmenden Gemeinsamkeiten.

Angeln und die Schlei

Von Flensburg führt die alte Angelburger Straße in die Landschaft Angeln. Am Hafermarkt teilt sie sich in die Glücksburger und die Kappelner Straße. Folgt man der letzteren, geht es quer durch die hügelige, von der letzten Eiszeit geformte Landschaft mit ihren Fluren und Feldern, Knicks, Hünengräbern, Wäldern, Bächen und Seen. Die Landwirtschaft prägt die Dörfer und Ansiedlungen mit ihren zahlreichen reetgedeckten Dächern. Das bekannte Angler Rind mit seinen hohen Milchleistungen dominiert den Viehbestand, während das Angler Sattelschwein fast ausgestorben ist. Zu jeder Jahreszeit – im Frühjahr, zur Zeit der Rapsblüte, im Sommer und im Herbst stellt sich die Landschaft so dar, wie es einst Caspar Danckwerth sagte (1652): „... also daß die Einwohner große Ursache haben, Gott dem Herrn hohen Dank zu sagen für das gute Land, das er ihnen gegeben hat, sintemal alles reichlich darin wächst und zu finden ist, was zu des menschlichen Lebens Aufenthalt mag gefordert werden."

Veränderungen zu einst fallen ins Auge: Die früher in vielen Dörfern den Mittelpunkt bildenden Meiereien sind der Zentralisierung zum Opfer gefallen, überall auf den Weiden erzeugen moderne Windrotoren Strom, während die älteren Windmühlen, in wenigen Exemplaren als Getreidemühlen erhalten oder wenigstens so restauriert, eigentlich nur die frühere Kulturlandschaft repräsentieren. Getreidesilos, oft den Kirchturm des Dorfes überragend, haben vielfach auch schon ihre Bedeutung verloren. Doch sind große Dreiseithöfe geblieben mit ihren stattlichen Wohnhäusern und imponierend großen Scheunen und Ställen, die vom ländlichen Reichtum des vorigen Jahrhunderts zeugen. Die schönen Kirchen, nicht immer im Dorfmittelpunkt errichtet, sondern auf einem Hügel beim Dorf oder zwischen den Gemeinden, laden zu einer besinnlichen Rast ein. So sollte man auf unserem Weg über Sörup fahren, um die Kirche in Augenschein zu nehmen.

Denn mit den Kirchen und also der Christianisierung beginnt die Geschichte Angelns. Die ältesten Granitquaderkirchen stammen aus dem 12. Jahrhundert. Dazu gehören die Gotteshäuser in Sörup, der früheste und größte Bau, in Munkbrarup und in Husby oder in Norderbrarup mit dem vom Kirchenbau entfernt stehenden hölzernen Glockenturm. Später errichtete man Feldsteinkirchen, unter denen die von Ulsnis an der Schlei bemerkenswert ist wegen des reichen Südportals und der beiden im Sockel eingemauerten romanischen Bildquader rätselhaften Inhalts. Die frühen Taufkirchen Angelns weisen ausländischen Einfluß auf. In Sörup steht eine gotländische Taufe mit Bilderschmuck, in Munkbrarup eine dem nordischen Kunstkreis zugehörige romanische Granittaufe mit der Darstellung eines Löwenkampfs.

Andere wiederum ziehen es vor, von Flensburg nach Angeln hinein auf der Nordstraße zu reisen, die auf der Trasse einer früheren Kleinbahn (1954 abgebrochen) über Glücksburg und Gelting nach Kappeln führt. So bleibt man in der Nähe der Flensburger Förde und erreicht immer wieder die offene Ostsee, wenn man abbiegend einen Strand oder die Steilküste aufsucht. Auf diesem Weg wird bald Glücksburg erreicht. Hier imponiert das weiße Wasserschloß. Es wurde 1582–87 dort errichtet, wo die Mönche einst ihr Kloster hatten. Ihre Karpfen schwimmen noch im Schloßsee. Der Erbauer des Schlosses, Herzog Johann der Jüngere, ein Sohn des dänischen Königs Christian III., ließ über dem Eingangsportal seinen Wahlspruch anbringen: GGGMF (Gott gebe Glück mit Frieden). Das Gebäude besteht aus drei nebeneinander gesetzten Langhäusern, an deren Außenecken sich vier achteckige Türme erheben. Es gehört der herzoglichen Familie zu Schleswig-Holstein-Sonderburg-Glücksburg. Im vorigen Jahrhundert an das königlich dänische Haus gebunden, entstammt ihm mit Christian VIII., dem „Schwiegervater Europas", der Stammvater der heutigen königlichen Familie Dänemarks. Eine Besichtigung des Schlosses mit reichen Sammlungen lohnt. Oft bietet ein Kammerkonzert im historischen Saal den Urlaubern und Einheimischen willkommene Abwechslung. Die Stadt Glücksburg ist nämlich seit 1872 Kurort und wegen des milden Klimas und der Wandermöglichkeiten

Ein typisches Motiv an der Schlei: ein Segelboot, blühende Rapsfelder und die wellige Landschaft Angelns. Obgleich eine Förde, wirkt die langgezogene Schlei an den schmalen Stellen eher wie ein Fluß.

Auf der Geltinger Birk, einer Halbinsel an der Flensburger Außenförde: Der Wind hat diesen Baum verformt.

in den umliegenden Wäldern gern besucht. Der große Seglerhafen und die bekannte Yachtschule in Verbindung mit dem Strandleben und der Fördeschiffahrt (auch zu dänischen Häfen) prägen die sommerliche Urlaubszeit.

Viele Feriengäste ziehen aber die Halbinsel Holnis mit ihren guten Bade- und Surfmöglichkeiten an der Außenförde vor und machen einen Spaziergang um die Spitze der Halbinsel zum Naturdenkmal „Holnis Kliff". Freunde ehrwürdiger Kirchen werden von Glücksburg nach Munkbrarup fahren. Lohnend für eine Familie ist allemal ein Besuch im Museumsdorf Unewatt oder die Besichtigung eines der zahlreichen Dorfmuseen. Der Naturlandschaft der Langballigau folgend gelangt man wiederum an die Küste, um neben den Kliffs der Steilküste die Idylle zu genießen.

Dann geht es die Nordstraße weiter. Von der Gelting-Mole setzt die große Fähre nach Fünen/Dänemark über. Im Ort selbst bildet die Kirche einen Akzent, noch mehr etwas abseits das vom Wassergraben umzogene Schloß des „Adligen Gutes Gelting", eine zweigeschossige, weißverputzte Dreiflügelanlage mit weitem Vorplatz. Übergroße holländische Schiebefenster gliedern den hohen Mittelbau. Die Halbinsel, Geltinger Birk genannt, ist Naturschutzgebiet und lädt zu längeren Wanderungen ein. Weiter im Inneren der Landschaft gibt es zahlreiche Möglichkeiten für einen Urlaub auf dem Bauernhof. Der Scheersberg (60 Meter über NN) mit seinem Bismarckturm gewährt einen Rundblick über das Land bis zur blauen Förde. Einige adlige Herrenhäuser, meist umgeben von großen Wirtschaftsgebäuden, wie Rundhof, Drült, Roest, Dollrott, Lindau an der Schlei (wo die Fernseh-Serie „Der Landarzt" spielte), weisen auf den frühen Einfluß alter Geschlechter im Lande hin, sind jedoch heute wirtschaftlich kaum zu unterhalten.

Die Stadt Kappeln mit ihrer malerischen Hafenpartie an der Schlei, überragt von der Kirche und der Holländerwindmühle „Amanda", bietet nicht nur geräucherten Aal und andere leckere Fischgerichte, sondern weist mit dem Heringszaun, der aus Zweigen geflochtenen Reuse in der Schlei, ein eigenartiges Denkmal früherer Fangtätigkeit auf, die zur wirtschaftlichen Grundlage des Ortes gehörte (1642 gab es 41 Heringszäune zwischen Arnis und Schleimünde). Die „Heringstage" im Mai mit ihren originellen Wettbewerben und dem Volksvergnügen ziehen viele Besucher an. Die Butter- und Schnapsschiffe beleben ansonsten den Hafen. Von Kappeln bietet sich ein Abstecher zum reizvollen alten Fischerdorf Maasholm mit seinem Fischer- und Seglerhafen an oder sogar weiter nach Schleimünde und ins Vogelschutzgebiet Oehe.

Auf mehreren Wegen kann es zurück nach Schleswig gehen, an sonnigen Sommertagen wird man – so es möglich ist – eine Schiffsreise wählen und die abwechslungsreichen Uferpartien in Augenschein nehmen oder den Segelbetrieb beobachten. Von besonderem Reiz ist auch eine Fahrt mit der Museumsdampfeisenbahn nach Süderbrarup. Ebenfalls bietet sich die alte Landstraße über Süderbrarup an, diesem noch heute zentralen Ort in Angeln. Ist gerade Ende Juli „Brarup-Markt", wird man dieses alte Volksvergnügen aufsuchen und den Kindern einen solchen „Jahrmarkt" gönnen. Wer will, mag beim Ort das Thorsberg-Moor besichtigen, die alte germanische Opferstätte. Ein Abstecher zur hoch über dem Dorf gelegenen spätromanischen Kirche in Norderbrarup (um 1200) mit ihrem reich verzierten Süderportal und dem mittelalterlichen Glockenhaus sollte nicht versäumt werden.

Von der Landstraße nach Schleswig zweigen mehrfach Straßen ab hinunter an die Schlei, so schon bald nach Arnis, der kleinsten Stadt Deutschlands (45 Hektar Stadtgebiet, um 500 Einwohner). Arnis ist ein beschaulicher Ort. Die etwa 600 Meter lange Hauptstraße mit ihrer Kette von Giebelhäusern führt hinunter zur Schlei und zu einer Fähre. Eine Bootswerft ist der größte Arbeitgeber. Ein Abstecher nach Missunde, zur schmalsten Stelle der Schlei (135 Meter), lohnt. Die langgezogene Bucht wirkt wie ein Fluß. Die Überfahrt mit einer Fähre ist möglich und läßt einen Blick auf die Große Breite (etwa vier Kilometer) zu. Nähert man sich der Stadt Schleswig, fällt zunächst die große Anlage der Zuckerfabrik auf, die einheimische Zuckerrüben verarbeitet. Doch endlich kommt der hohe Turm des Domes in Sicht, und bald auch der Wikingturm.

Lange Jahre vor Bau der Autobahn Hamburg – Schleswig – Flensburg – Kolding/Dänemark nahm die alte Chaussee (B 76) von Schleswig nach Flensburg den meisten Verkehr auf. Sie bildet die Westgrenze Angelns, das ja sonst von der Flensburger Förde, der Ostsee und der Schlei eindeutig in seinen Grenzen bestimmt ist. Diese Chaussee spielte im kriegerischen Geschehen der Jahre 1848–50 eine Rolle, als bei Idstedt die dänische Armee die schleswig-holsteinische am 25. Juli 1850 besiegte. Es lohnt ein Besuch der dortigen Gedenkstätte. Im Deutsch-Dänischen Krieg 1864 vertrieben österreichische Truppen am 6. Februar bei Oeversee die dänische Nachhut. Doch sei hier auch auf den Poppostein bei Helligbek (= heiliger Bach) hingewiesen, eine gewaltige freistehende Grabkammer (errichtet um 3500 v. Chr.), wo der legendäre Bischof Poppo um 966 die ersten Angeliter durch die Taufe zu Christen machte, wie erzählt wird.

Angeln – in früheren Zeiten für den nordeuropäischen Raum ein wichtiges Glied zwischen Mittel- und Nordeuropa, bedeutsam durch vielerlei Einflüsse in der Wikingerzeit. Welthistorisch geriet es einmal in den Blickpunkt, als die Angeln mit den Sachsen und Jüten im 5. Jahrhundert ihren Lebensraum verließen, um in England ihre neue Heimat zu finden. Die angelsächsische Welt wurde in ihren Anfängen auch von Menschen unseres Raums gestaltet, der heute der Landwirtschaft, dem kleineren Gewerbe und dem Fremden- und Urlaubsverkehr dient. Angeln ist eine Reise wert und der Begegnung mit Natur, Kultur und bedächtigen wie aufgeschlossenen Menschen.

Blick in das Innere der spätbarocken Kirche zu Kappeln, erbaut 1789–93. Der Altaraufsatz von 1641 stammt aus der Vorgängerkirche und wurde 1792/93 umgebaut. Er gilt als herausragendes Werk des nordischen Knorpelbarock.

Nordfriesland: Landschaft der Eigenarten

Georg Quedens

Nordfriesen gibt es seit über tausend Jahren, das politische Gebilde „Nordfriesland" aber erst seit 1970. In diesem Jahre wurden die drei Landkreise Südtondern, Husum und Eiderstedt, das Siedlungsgebiet der Nordfriesen, im Zuge der Gebietsreform im Bundesland Schleswig-Holstein zum Kreis Nordfriesland zusammengefaßt. Kreisstadt wurde die „graue Stadt am Meer", Husum.

Der Kreis Nordfriesland hat eine Größe von 2 041 Quadratkilometern und zählt um die 162 000 Einwohner, von denen etwa 123 000 auf dem Festland und rund 39 000 auf den Inseln und Halligen zu Hause sind. In wirtschaftlicher Hinsicht wird der Kreis geprägt von der Landwirtschaft auf dem Festland und vom Fremdenverkehr auf den Inseln.

Die geographische Teilung in Festland und Inselwelt bedingt die landschaftlichen Eigenarten Nordfrieslands und natürlich manche kulturelle Besonderheit.

Eine dieser Besonderheiten ist die Sprachenvielfalt in der Region mit dem bunten Nebeneinander von Friesisch, Plattdeutsch und Hochdeutsch sowie an der deutsch-dänischen Grenze mit Resten des Dänischen, genauer dem Sönderjysk.

Eine andere Eigenart Nordfrieslands sind die Familiennamen. Unverändert heißen die meisten Hansen und Petersen, Clausen und Christiansen, Jensen und Jürgensen und weisen damit auf die bis Ende des 18. Jahrhunderts gebräuchliche Namensgebung hin – der Bildung des Stammnamens aus dem Vornamen des Vaters, ob Hans oder Peter, Claus oder Christian, Jens oder Jürgen. Auf den Inseln kommen noch spezielle Namen dazu. Wer Bleicken oder Prott heißt, kann nur von Sylt stammen. Arfsten und Rörden gibt es nur auf Föhr und Gerrets nur auf Amrum.

Nordfriesland ist das Land der Deiche und der Dünen, der grauen Watten und grünen Weiden sowie des allgegenwärtigen Horizonts, der Land und Meer vom hohen Himmel trennt. Die Wolken- und Wetterstimmungen dieses Himmels haben immer wieder Maler inspiriert, darunter so berühmte wie Emil Nolde, der auf Seebüll wohnte. Rainer Maria Rilke schrieb nach einem Besuch über diese Landschaft: „Weit ist das Land – in Winden eben, dem hohen Himmel preisgegeben", während Detlev von Liliencron, im 19. Jahrhundert Hardesvogt auf Pellworm, also Amtsvorsteher, die mit Sturmfluten verbundene Dramatik dieses Landschaftsraums in seiner Ballade „Trutz, Blanke Hans" zum Ausdruck brachte. Der „Blanke Hans" war bereits im frühen Mittelalter die Bezeichnung für die stürmische Nordsee. Auch Theodor Storm hat mit seinen Romanen und Novellen, insbesondere dem „Schimmelreiter", dem ewigen Ringen der Nordfriesen mit der „Mordsee" ein literarisches Denkmal gesetzt.

„Lieber tot als Sklave"

In der Zeit um 800 bis 1000 unserer Zeitrechnung wanderten die Friesen in das heutige Nordfriesland ein. Sie stammten aus Gegenden an der Rheinmündung, besiedelten das nördliche Holland (das heutige Westfriesland) und kamen per Schiff über Ostfriesland und Wesermündung, Dithmarschen rechts liegenlassend, in die Wildnis der Marschen und Moore an der schleswigschen Westküste. Dort fanden sie eine weitgehend von der vor- und frühzeitlichen Bevölkerung verlassene Landschaft vor und begannen bald, diese zu kultivieren. Wenig später waren die Wikinger auf Reisen und setzten sich auf den Geestinseln fest, wo sie in den von der altgermanischen Bevölkerung hinterlassenen „Burgen", Ringwällen aus Erde, bei Tinnum auf Sylt und bei Borgsum auf

Föhr sowie in einer Turmburg bei Norddorf auf Amrum hausten. Sagen und einer Überlieferung des Sylter Priestersohnes Hans von Kiel zufolge, hat es Kämpfe zwischen Friesen und Wikingern gegeben. Aber der Sylter Chronist Christian Peter Hansen berichtet auch, daß Friesen und Wikinger gemeinsam über die Nordsee segelten, um andere Länder, vor allem Britannien, auszuplündern, nachdem sie vorher ihren gemeinsamen Gott Wotan angerufen hatten.

Die Wikinger verschwanden, die Friesen blieben. Sie wohnten auf den hohen Geestinseln Sylt, Föhr und Amrum und auf zunächst noch flachen Warften in den Niederungen an der Westküste, der „Uthlande", also Außenlande, wie diese Gegend in ersten schriftlichen Zeugnissen hieß. Das Land, damals zerrissen in eine Unzahl von Inseln und Halligen, wurde entwässert und durch Deiche gegen Meeresüberflutungen geschützt, um neben Viehzucht auch Ackerbau betreiben zu können. Frühzeitig entdeckten die Friesen auch ein Verfahren, durch das aus dem Salztorf im Watt und im Untergrund der Marsch Salz gewonnen werden konnte. Es begann ein reger Handel mit Vieh, Getreide und Salz auf eigenen Schiffen westwärts bis Holland sowie über Eider, Treene und Schlei zur Ostsee. Die Friesen gaben der Landschaft zwischen Eider und Jütland Gestalt und Geschichte, Sprache und Siedlungsbild.

Eine politische Einheit aber brachten sie nicht zustande. Schon bald gerieten die Nordfriesen unter die Oberhoheit dänischer Könige und später, nach Entstehung des Herzogtums Schleswig im 12. Jahrhundert, unter die Regierungsgewalt von Grafen und Herzögen. Nur die Abgelegenheit und gebietsweise Unzugänglichkeit der Uthlande bedingten lange Zeit eine gewisse Selbständigkeit, sowie auch die bald entstehende „Deichpflicht" die Leibeigenschaft verbot.

Ursprünglich bestand das Gebiet des heutigen Nordfriesland aus 16 Harden (den drei Geestharden Karrharde, Norder- und Südergoesharde und den 13 Marschen- bzw. Inselharden Bökingharde und Wiedingharde auf dem Festland, den drei Landen Everschop, Utholm und Eiderstedt, damals noch Einzelinseln des heutigen Eiderstedt, den fünf Harden Pellworm-, Beltrings-, Wierichs-, Edoms-, und Lundenbergharde auf Alt-Nordstrand sowie den Geestinselharden Sylt, Oster-

Die historische Landkarte des Kartographen Johannes Meyer, um 1650 entstanden, zeigt Nordfriesland, wie es vor 1240 ausgesehen haben könnte. Deutlich zu erkennen ist die Aufteilung in Harden, in Rechts- und Verwaltungsbezirke.

landföhr und Westerlandföhr, letzteres als „Westerharde" im Verbund mit Amrum). Die Harde war ein dänischer Verwaltungsbezirk, bezogen vermutlich auf eine gewisse Bevölkerungsmenge und deren Beitrag zur Aufstellung des Heeres.

Diese Harden hatten aber zu keiner Zeit eine gleiche, einende politische und juristische Gesetzgebung. Als beispielsweise im Jahre 1426 in der St.-Nicolai-Kirche zu Boldixum auf Föhr das weitgehend mündliche Rechtsgefüge in einer „Beliebung" beraten und niedergeschrieben wurde, waren nur sieben Harden beteiligt. Nur in wenigen Fällen, so 1252, als der dänische König Abel höhere Steuern eintreiben wollte, kam es zum gemeinsamen Handeln und zu einem Aufstand, der mit dem Tod des Königs endete.

Ansonsten agierte jede Harde für sich, und insbesondere auf Föhr und Sylt vertieften sich die Gegensätze, als die Osterharde 1435 endgültig an das Herzogtum Schleswig fiel, während die Westerharde mit Amrum eine Enklave des Königreichs Dänemark blieb, ebenso wie der nördliche Teil von Sylt, das Listland. Dieser Status bestand bis zum Krieg 1864, und so war es kein Wunder, daß in den Harden des Herzogtums der Sieg der preußisch-österreichischen Truppen über Dänemark gefeiert, in den Enklaven aber mit Betroffenheit zur Kenntnis genommen und mit einer umfangreichen Auswanderung nach Nordamerika als Flucht vor der preußischen Militärpflicht beantwortet wurde. Waren die Inselfriesen doch seit 1735 vom dänischen König Christian VI. für „ewige Zeiten" von allen Kriegsdiensten zu Lande befreit worden, damit sie ungehindert dem Walfang und der Seefahrt nachgehen konnten.

Ein besonderes Bewußtsein friesischer Eigenständigkeit und Eigenart gab es bis Mitte des 19. Jahrhunderts nicht. Als es dann, propagiert und publiziert vor allem von Harro Harring (1798–1870) und Knudt Jungbohn Clement (1803–1873), die einen Freistaat Friesland anstrebten, zu einer Bewegung wurde, geriet es in die Auseinandersetzung zwischen Deutschland und Dänemark.

Die Unfähigkeit oder vielmehr der Unwille zur Einigkeit und somit das Fehlen eines politischen und kulturellen Zentrums in Nordfriesland bedingten auch das Fehlen von Wappen und Fahne. Das zeit- und gebietsweise verwendete Wappen mit Krone, Adler und Grütztopf und dem Kernspruch „Leewer duad üüs Slaav" (Lieber tot als Sklave) ist eine Schreibtischkonstruktion, eine Art Widerstandsemblem aus der „Kampfzeit" gegen Dänemark, entstanden in den 1840er Jahren. Es ist heraldisch als Traditionswappen nicht anerkannt und in keinem Werk über Wappen zu finden. Das heutige Wappen des Kreises Nordfriesland ist ein seit 1613 gebräuchliches Symbol aus Eiderstedt – drei Schiffe mit Pflug, Fisch und Ochsenkopf –, es hat aber keine allgemeine Verwendung gefunden.

Wer nicht will deichen, muß weichen

Die Geschichte Nordfrieslands wurde weniger durch politische Ereignisse, als durch Naturgewalten geprägt. Schon der Blick auf die Landkarte mit einer zerrissenen Inselwelt läßt ahnen, daß hier dramatische Ereignisse – der nacheiszeitliche Anstieg des Meeresspiegels und Sturmfluten – wirksam gewesen sind.

Die Reihe der großen Sturmfluten beginnt mit der ersten „Großen Manndränke" im Januar 1362. An der gesamten Nordseeküste verloren einige zehntausend Menschen ihr Leben, und am Heverstrom nahe der heutigen Hallig Südfall ging der legendäre, aber durch Urkunden und Siegel belegte Hafenort Rungholt verloren. Auch der „Friesenhafen" Wenningstedt auf Sylt und andere Dörfer sollen durch diese Flut zugrunde gegangen sein. Der Heverstrom brach bis Husum durch, und im Zentrum des heutigen Halligmeeres bildete sich eine große Insel, „Strand", später Alt-Nordstrand genannt, heraus. Diese rund 200 Quadratkilometer große, von etwa 8 600 Menschen bewohnte Insel wurde am 11. Oktober 1634 durch eine plötzliche Sturmflut zerstört, wobei 6 123 Menschen und etwa 50 000 Stück Vieh ertranken. Pellworm, Nordstrand und die Hallig Nordstrandisch-Moor sind die Reste dieser einstigen großen und reichen Insel.

Weitere Sturmfluten setzten die Schreckens- und Vernichtungschronik fort. Am 3./4. Februar 1825 ging eine der bisher höchstgemessenen Sturmfluten über Nordfriesland hinweg. Auf den Halligen ertranken 74 Menschen, und etliche Warften wurden ganz entvölkert. Von 330 Häusern wurden alle bis auf 27 zerstört. Viele der überlebenden Halligbewohner flohen auf Nimmerwiederkehr zum Festland und nach Föhr.

Unvergessen sind auch die Orkanflut vom 16. Februar 1962 mit ihren Schäden an Hallighäusern, Deichen und sonstigen Küstenschutzwerken, die sehr hohen Fluten am 3. und 20./21. Januar 1976 und jene vom 21. November 1981, deren Auswirkungen aber in Grenzen blieben, weil sie auf stabile Werke des Küstenschutzes stießen.

Der Küstenschutz ist das „Generalthema" der Nordfriesen, der Menschen am Meer. Und Deiche sind die bedeutendsten Werke im Kampf gegen den „Blanken Hans", wie man die stürmische Nordsee auch nennt.

In gerader Linie oder sanft geschwungen begrenzen die Deiche zwei Welten – Land und Meer. Fast ganzjährig sind die steilen Innen- und die flach auslaufenden Außenböschungen von Schafen beweidet, die den Boden festtreten und die Grasnarbe kurz und dicht halten. Heutige

Nordfriesland: Landschaft der Eigenarten

Orkanflut! An den Strandpromenaden und Hafenmauern steigen haushohe Sturmseen auf und verdeutlichen Wut und Kraft des entfesselten Meeres.

Fensterbild mit der Darstellung des Untergangs von Alt-Nordstrand 1634 im „Momme-Nissen-Haus" auf Pellworm. Über 6 000 Menschen und 50 000 Stück Vieh kostete diese zweite „Große Manndränke" das Leben.

Grüppelbagger heben im Lahnungsfeld flache Entwässerungsgräben (Grüppen) aus dem Boden (oben). Über die Jahre wächst allmählich Land aus dem Meer.
Unermüdlich sind die „Rasenmäher", die Schafe, auf den Deichen unterwegs. Sie halten die Grasnarbe kurz und erhöhen so die Festigkeit des Deichs.

Seedeiche, sogenannte Landesschutzdeiche, sind an der Sohle bis zu 100 Meter breit und bis zu 8 Meter über NN (Normalnull, eine Linie zwischen Hoch- und Niedrigwasser) hoch. Deiche markieren aber nicht nur die Küstenlinie, sondern ziehen sich auch überall im Binnenland in den Marschenkögen hin. Und jeder dieser Deiche ist einmal ein Schutzwall am Meer gewesen, ehe nach vorangegangener Landgewinnung seewärts ein neuer Koog mit neuem Deich entstand.

Nordfriesland zählt auf Festlands- und Inselmarschen insgesamt rund 100 Köge, die vom 14. Jahrhundert bis zur Gegenwart bedeicht wurden und deren Deichlänge knapp 1 000 Kilometer erreicht. Grün und fast unauffällig fügen sie sich in die Landschaft ein, und ein flüchtiger Betrachter wird kaum ahnen, welche Dramatik sich mit dem Deichbau verbindet und daß er hier eines der großen Werke der Menschheit vor Augen hat. Deiche mußten nicht nur mit bescheidenen Hilfsmitteln errichtet – noch um 1900 war die Schubkarre in Gebrauch –, sondern auch immer wieder gegen Sturmfluten verteidigt und nach Brüchen erneuert werden. Die Techniken des Deichbaus und Küstenschutzes werden in dem Beitrag von Jürgen Newig ausführlich dargestellt (S. 468).

Die Sicherung des Landes erforderte strenge Gesetze. Jeder Grundbesitzer unterlag der „Deichpflicht" und mußte im Verhältnis zu seinem Besitz ein entsprechendes Deichstück unterhalten. Wer dieser Pflicht nicht nachkam und somit den Bestand des Deiches und des ganzen Landes gefährdete, wurde entsprechend dem Artikel 8 des Spadelandrechts, des Deichrechts von 1556, mit entschädigungsloser Enteignung bedroht. Aus diesem Artikel entstand der Spruch: „Wer nicht will deichen, muß weichen."

Jahrhundertelang lagen Landgewinnung und Eindeichung in Händen der Küstenbewohner, der Gemeinden oder Interessenverbände, aber auch von wohlhabenden Persönlichkeiten wie beispielsweise Graf Desmerciers oder Sönke Nissen. Erst im Laufe des 19. Jahrhunderts griff der Staat zunehmend in die Gesetze und Probleme des Küstenschutzes ein, deklarierte diese aber erst seit den 1870er Jahren zur Staatsaufgabe und beanspruchte von da an auch den Anwuchs. Heute werden alle Fragen und Aufgaben des Küstenschutzes vom Amt für Land- und Wasserwirtschaft in Husum betreut. Die letzten großen Vorhaben waren und sind die Verstärkung der Deiche und sonstiger Küstenschutzwerke im Rahmen des „Generalplans Küstenschutz", die Bedeichung des „Friedrich-Wilhelm-Lübcke-Kooges" (1954), des „Hauke-Haien-Kooges" (1959) und des „Beltringsharder Kooges" (1987) sowie einiger kleinerer Köge und der Bau des Eidersperrwerks im Jahre 1973.

Städte zwischen Meer und Heide

Nordfriesland zählt acht Städte, neben der Kreisstadt Husum und den bekannten Nordseebädern Westerland und Wyk gehören Niebüll, Bredstedt, Garding, Tönning und Friedrichstadt dazu (siehe auch die Beiträge von Manfred Jessen-Klingenberg über Eiderstedt und Stapelholm, S. 188 und S. 196).

Husum, im frühen Mittelalter ein kleiner, fast namenloser Ort, gewann an Bedeutung erst nach dem Untergang von Rungholt und dem Einbruch des Heverstroms im Jahre 1362. Den Namen dieser Stadt hat ihr bekanntester Sohn, Theodor Storm, in die Welt hinausgetragen. So grau, wie Storm seine Heimatstadt in einem Gedicht geschildert hat, ist sie aber gar nicht – im Gegenteil. Rund um den großen Marktplatz mit der klassizistischen Marienkirche und dem Tine-Brunnen, der nach einer Frauenskulptur, die 1902 von Adolf Brütt geschaffen wurde, benannt ist, reihen sich gefällige Bürger- und Kaufhäuser und pulsiert das Geschäftsleben. Nicht weniger bunt ist das Bild der Häuserzeilen am Hafen mit dem Werkslärm der Schiffswerft, den ein- und ausfahrenden Krabbenfischern und den Aalbuden. Sehenswert ist auch das Nissen-Museum mit Ausstellungen über Natur, Kultur und Geschichte Nordfrieslands. Es wurde begründet von Ludwig Nissen (1855–1924), der als armer Jüngling im 19. Jahrhundert nach Amerika auswanderte und dort als Diamantenhändler ein Vermögen erwarb. Das Schloß von Husum beherbergt heute das Kreisarchiv, und der Schloßgarten ist berühmt für seine Krokusblüte.

Auch Bredstedt, heute eine freundliche Marktstadt auf dem hohen Geestrand, war einmal Hafenort mit Seeverkehr. Aber Ende des 15. Jahrhunderts verlor der Ort seine Lage am Meer, weil seewärts neue Köge eingedeicht wurden. Heute blickt man vom

nahen „Stollberg" weithin über grünes Land und Bauernhöfe und ahnt nur noch die Nordsee in der Ferne hinter dem Deich. In Bredstedt ist das „Nordfriisk Instituut" zu Hause, das sich um die Pflege und Förderung der friesischen Sprache, Geschichte und Kultur bemüht. Erst im Jahre 1900 erhielt Bredstedt das Stadtrecht.

Noch jünger ist Niebüll, das erst nach 1920 an Bedeutung gewann, als durch die Abstimmung im deutsch-dänischen Grenzraum Tondern an Dänemark fiel und Niebüll Verwaltungssitz des neuen Kreises Südtondern wurde. Für weiteres Wachstum sorgten die Einrichtung eines Bahnknotenpunkts für die Strecke nach Dagebüll und der Schiffsanschluß nach Föhr und Amrum sowie der Bau des Hindenburgdamms nach Sylt, der 1927 eingeweiht wurde.

Weniger bekannt sind die Orte und Dörfer im Hinterland auf der Geest, den relativ unfruchtbaren Sanden der Eiszeit. Geläufiger ist vielen vielleicht Leck, weil hier das Finanzamt ist, aber Namen wie Drelsdorf, Ostenfeld, Viöl, Joldelund oder Süderlügum sind den meisten fremd. Koppeln mit Knicks, Reste einst weit verbreiteter Heide und Aufforstungen auf dem dürren Boden sowie wenige letzte

Die Krokusblüte im Schloßpark von Husum lockt alljährlich im Frühjahr zahlreiche Besucher an (oben).
Das Friesenmuseum in Deezbüll hat außen und innen Zeugnisse früheren Lebens bewahrt. Uthlandfriesische Häuser wie dieses zeichneten sich durch die Zweiteilung in eine Wohn- und eine Stallhälfte aus. Das Dach wurde nicht von der Mauer, sondern von Ständerbalken getragen.

Haus „Kliffende" bei Kampen – einst Feriendomizil von Kunstschaffenden – liegt direkt an der Abbruchkante am Meer. Auch Thomas Mann und Emil Nolde waren in den „goldenen Zwanzigern" Gäste der „Prominentenherberge". Heute ist das Anwesen Erholungsheim einer großen deutschen Bank.

Moore prägen hier das Landschaftsbild – und manches erinnert noch an das „Abseits", wie Theodor Storm die Gegend charakterisierte.

Sylt, Föhr und Amrum: Gebilde der Eiszeit

Draußen vor den Deichen der Festlandsküste, wie losgelöst von einer unruhigen Welt, liegen die Inseln und Halligen im Wattenmeer und in der Nordsee. Strenggenommen sind aber manche Eilande heute keine Inseln mehr, weil sie eine feste Verbindung zum Festland haben. Nach Nordstrand führt seit 1935 ein Damm mit Autostraße, und die Halligen Nordstrandisch-Moor, Oland und Langeneß sind durch Feldbahngleise, die auf Ständern oder niedrigen Dämmen ruhen, mit dem Festland verbunden. Sie dienen dem Transport von Küstenschutzmaterial. Aber einige Halligbewohner haben sich Dieselloren angeschafft und nutzen den Damm, um auf dem Festland einzukaufen oder Kurgäste abzuholen. Die bekannteste Dammverbindung hat Sylt mit dem Hindenburgdamm. Er wurde mit einer Schiene der damaligen Reichsbahn nach vierjähriger Bauzeit im Sommer 1927 fertiggestellt. Der Hindenburgdamm ist auch ein politisches Werk, nachdem der vormalige Festlandshafen für Sylt, Hoyer, 1920 durch die Abstimmung an Dänemark gefallen war.

Sylt nennt sich „Königin der Nordsee". Doch wenn man mit Bahn bzw. Autozug über Nösse, Morsum, Keitum und Tinnum nach Westerland fährt, blickt man allenthalben auf die „Hinterhöfe", auf Bau-, Material- und Schrottlager sowie sonstige Anzeichen eines übersteigerten Fremdenverkehrs. Erst auf weiteren Wegen erschließt sich die Insel mit ihrer Kultur und Natur – den vor- und frühzeitlichen Hünengräbern, den originalen Friesenhäusern und unvergleichlichen Naturlandschaften.

Urtümlich liegt das Morsum-Kliff mit seinen bunten, tertiären Sanden; nicht weniger eindrucksvoll ist aber auch das Rote Kliff vor Wennigstedt und Kampen. Braunrot „erglüht" im Abendlicht diese bis zu 20 Meter hohe Steilwand aus eiszeitlichem Geschiebelehm, am Fuße bedrängt von einer Brandung, die vor keiner anderen Nordseeinsel so gewaltig ist. Die Macht des Meeres bedingt aber auch die dauernden Probleme des Küstenschutzes, und trotz eines jährlich in die Millionen gehenden finanziellen Aufwands hat man bis heute kein Mittel gefunden, um Sylt auf Dauer gegen den „Blanken Hans" zu schützen. Die wiederkehrenden Sandvorspülungen bewirken nur eine Verzögerung der Substanzverluste. Oben im Listland leuchten noch einige mächtige Wanderdünen, die dem vorwiegenden Westwind gehorchend langsam nach Osten wandern. Zwischen den Dünen sind Täler mit schwermütig-dunkler Heide und grüner Krähenbeere eingebettet. Große Heideflächen mit Grabkammern aus Findlingen – umsponnen vom Sylter Sagenkranz – liegen zwischen Kampen und Keitum auf der hohen Geest. Und wenn im Spätsommer ein rosaroter Blütenschimmer sich ausbreitet, sagt man auf Sylt:

„Di Hiid es Briir" – die Heide ist Braut.

In Sylter Dörfern ist noch manche Urtümlichkeit früheren Insellebens, insbesondere aus der Zeit der Seefahrt, zu finden. Keitum vor allem war das Dorf der Kapitäne. Im Altfriesischen Haus sieht man, wie die Insulaner lebten, bewundert die Weltoffenheit und den gleichzeitigen festen Bezug zur Heimat. Fast alle älteren Häuser haben dem Modernisierungswahn standgehalten. In Keitum wie auch in Morsum fallen die zahlreichen, handwerklich gestalteten Türen auf.

In den Kirchen St. Severin zu Keitum und St. Martin zu Morsum ist die Zeit stehengeblieben. Heute wie vor 500 Jahren blicken die Statuen der Heiligen aus ferner, katholischer Zeit auf die Besucher herab. Andere alte Kirchen, wie jene zu List, zu Eidum und Rantum, sind unter Dünen oder im Meer verschwunden und erst im Laufe des 20. Jahrhunderts durch neue Gotteshäuser ersetzt worden. Die alte „Dorfkirche" von Westerland im Schatten der großen St.-Nicolai-Kirche ist Mittelpunkt eines familiären Kirchenlebens geblieben.

Sylt hat zwei Seiten. Wer Trubel, Geschäftigkeit und die Atmosphäre des internationalen Fremdenverkehrs sucht, findet dies vor allem in Westerland. Auf der Strandpromenade vermischt sich das Rauschen des Meeres mit der Musik des Kurkonzertes, und Geschäfte und Gastronomie bieten genug Gelegenheit, Geld auszugeben. Sylt ist aber auch bekannt durch Kampen, das Dorf, wo die Prominenz und solche, die sich dafür halten, residiert. Sommertags hat Sylt 50 Kilometer Badestrand mit bunten Strandkörben und Badegästen mit und ohne Textil. Gerade letzteres hat Sylt bekannt gemacht. Erwartungsfrohe Vorstellungen werden am FKK-Badestrand aber schnell von der Erkenntnis verdrängt, daß es in der Säugetierwelt gelungenere Gebilde gibt als den nackten Menschen.

Am Morsum-Kliff (oben) kann die Landesgeologie bis in das Tertiär zurückverfolgt werden. Das reiche Farbenspiel der Gesteine und der Pflanzen verleihen dem Naturdenkmal im Osten Sylts seine außergewöhnliche Schönheit.

Derb geschnitzt, aber eindrucksvoll – der Altarschrein von St. Martin zu Morsum (um 1500). Im Mittelteil links reicht der Namenspatron St. Martin einem Bettler eine Gabe, in der Mitte zeigt Gottvater der Menschheit seinen toten Sohn, rechts steht St. Severin, Namenspatron der Kirche von Keitum. Sie werden umgeben von den zwölf Aposteln.

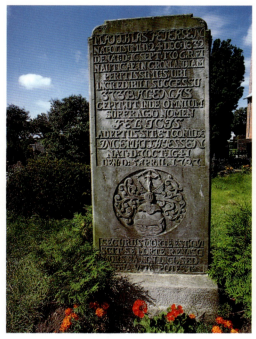

Das Innere der Kirche St. Nikolai zu Boldixum-Wyk auf Föhr (oben). Die Ausmalung stammt aus der Erbauungszeit der Kirche im 13. Jahrhundert, den Schnitzaltar schuf Johann Schnitzer 1643.

Der Grabstein des Kommandeurs Matthias Petersen auf dem Friedhof der St.-Laurentii-Kirche auf Westerland-Föhr (unten) erinnert an die große Zeit des Walfangs. Im 17./18. Jahrhundert erbeutete er auf seinen Fahrten 373 Wale.

Ein Tor aus mächtigen Walkieferknochen am Dr.-Carl-Haeberlin-Friesenmuseum in Wyk auf Föhr. Viele Föhrer Familien stellten über Generationen Kommandeure und Steuermänner für die Walfangschiffe holländischer, Altonaer oder Hamburger Reeder.

Föhr nennt sich die „Grüne Insel", eine Bezeichnung, die sich bestätigt, wenn man vom grünen Deich über grüne Marschen und die vom Grün der Bäume eingehüllten Dörfer blickt.

Nach Föhr fährt man mit den Fähren der „Wyker Dampfschiffs-Reederei" und lernt dabei nicht nur das bedeutendste Unternehmen der Stadt Wyk, sondern auch die größte Reederei der schleswig-holsteinischen Westküste kennen. Über den großflächigen Fähranleger und das umfangreiche Hafengelände mit Jollen und Yachten, Frachtschiffen, Krabbenkuttern und Miesmuschelfischern führen die Straßen hinein in die Stadt. Wyk ist benannt nach seiner geographischen Lage an der Wik, ein nordgermanisches Wort für Bucht. Erst um 1600 entstand der Ort, löste sich bald vom Mutterdorf Boldixum und gewann schnell an Bedeutung, als anno 1704 der Hafenbau erfolgte.

Wyk ist das älteste Seebad an der Westküste. Es wurde 1819 gegründet, als die Seefahrt in einer Krise war und neue Erwerbswege gesucht werden mußten. Schwierige Jahre und Jahrzehnte folgten, und erst der Besuch des dänischen Königs Christian VIII. mit Gefolge in der Zeit von 1842 bis 1847 begründete die „Königszeit" des Badeorts. Heute pulsiert auf dem „Sandwall" und am „Südstrand" das Badeleben im Schatten einiger Hochbauten, aber in einer ansonsten gemütlich gebliebenen Stadt mit schmalen Gassen, Villen und Pensionen aus der Gründerzeit und umfangreichen Parkanlagen.

Föhr hat 16 Dörfer, von denen Nieblum das eindrucksvollste Beispiel stilgerechter Ortsgestaltung bietet. Eines allerdings hat sich geändert: Es gibt nur noch wenige Bauernhöfe mit „würzigen Mistställen" im unmittelbaren Ortsbereich. Fast alle Landwirte wurden nach vorheriger Flurbereinigung seit den 1960er Jahren ausgesiedelt, die meisten hinaus in die Weite der bis dahin unbebauten

Marsch, wo – entsprechend dem Geschmack jener Zeit – unschöne Zweckhöfe entstanden, die erst später hinter Bäumen und Gebüsch verschwanden. Unverändert spielt die Landwirtschaft auf Föhr, dank der fruchtbaren Marsch und des gegenüber Sylt und Amrum besseren Geestbodens, eine große Rolle. Immer noch wird in den Föhrer Vogelkojen nach altertümlicher Weise der Fang von Wildenten betrieben. Von den sechs Anlagen, die als kleine, abgeschlossene „Wäldchen" am Deich liegen, haben vier noch die Fang-Konzession. Vogelkojen wurden nach holländischem Vorbild auf den nordfriesischen Inseln angelegt, zuerst 1730 bei Oevenum auf Föhr. Die neueste Landesverordnung vom Dezember 1994 genehmigt aber nur noch den Fang von jährlich höchstens 1 000 Stockenten, die nach alter Weise von einem zentralen Süßwasserteich in netzüberspannte Seitenkanäle, die „Pfeifen", gelockt und dort „geringelt", das heißt geschlachtet werden.

Die eigentlichen Föhrer „Wahrzeichen" aber sind die Kirchen. Hoch ragen sie über die flachgewellte Geest: St. Nikolai zu Wyk-Boldixum, St. Johannis bei Nieblum und St. Laurentii bei Süderende. St. Johannis wird wegen ihrer Größe und reichen Ausstattung auch „Friesendom" genannt. Sehenswert sind auch die Friedhöfe rund um die Kirchen. Im Grün des Rasens stehen zahlreiche Grabsteine aus dem 17. bis 19. Jahrhundert, viele davon Kapitänen, Schiffern und Kommandeuren gesetzt. Sie sind mit Barockschnörkeln verziert, zeigen im Giebel Handels- und Walfangschiffe und berichten in oft ausführlicher Weise über Leben und Tod. Besonders bekannt ist der Grabstein des „Glücklichen Matthias", des Kommandeurs Matthias Petersen, der in Diensten Hamburger und holländischer Reeder im 17./18. Jahrhundert 373 Wale erbeutete.

Unter den 16 Dörfern auf Föhr besitzt Nieblum im Süden der Insel das eindrucksvollste Beispiel gelungener Dorfgestaltung.

Auf Föhr und Amrum bleibt Tradition lebendig. An Festtagen tragen auch heute noch viele Friesinnen die Tracht mit dem kostbaren Silberschmuck.

Zwischen leuchtenden Wanderdünen liegen dunkle Täler mit im Hochsommer blühender Heide (oben).
Nebel auf Amrum (unten) ist – wie Keitum auf Sylt und Nieblum auf Föhr – ein Dorf der Friesenhäuser. Rot und weiß leuchten die Fassaden der Häuser mit den markanten Spitzgiebeln. Der Dachbodenraum alter Friesenhäuser wurde nicht zum Wohnen, sondern als Heulager genutzt. Daran erinnern die Giebelfenster. Erst später wurden Giebel zu Dachkammern ausgebaut und die Luken durch Fenster ersetzt.

Föhr ist, anders als Sylt und Amrum, eine Insel mit überwiegenden Kulturlandschaften. Marsch und Geest unterliegen der Landwirtschaft. Dünen und Heide fehlen fast ganz. Bei Ebbe verwandelt sich Föhr in eine Watteninsel, die – mit Ausnahme der Hafeneinfahrt nach Wyk – an allen Ufern trockenfällt, so daß man nach Sylt, zum Festland und hinüber nach Amrum wandern kann.

Amrum ist in geologischer Hinsicht die kleine Schwester von Sylt. Hier wie dort besteht die Insel im Kern aus hoher Geest, die in der Saaleeiszeit entstand, mit im Norden und Süden angelagerten Dünennehrungen und der Dünenwildnis, die fast die Hälfte der Inselfläche bedeckt. Amrum gilt als die „Geliebte des Blanken Hans", denn anders als Sylt liegt die Insel nicht im Abbruch einer unmittelbaren Strandbrandung, sondern zeichnet sich durch eine umfangreiche Sandzufuhr an der Seeseite aus. Diese Sandmassen bilden den Kniepsand, der bis zu einem Kilometer breit vor der Westküste liegt und diese gegen Sturmfluten schützt. Einmalig ist auch, daß Amrum gegen Wind und Wasser wächst, denn ständig bilden sich durch Sandaufwehungen über den Kniepsand an der Westküste neue Dünenwälle. Der Kniepsand ist die Landschaft der leuchtenden Leere, ein Spielfeld für stiebende Sandschlieren, wandernde Wolkenschatten und ein unerschöpflicher, freier Raum für den Fremdenverkehr.

Später als Wyk (1819) und Westerland (1856) öffnete sich Amrum den Kur- und Sommergästen. Zunächst fürchtete man „den Verderb der guten hiesigen Sitten", wie es im Protokollbuch des Gemeinderats im Jahre 1885 heißt. Aber die Inselbevölkerung lebte nach dem Niedergang der Seefahrt in einer wirtschaftlich schwierigen Zeit, die von der Auswanderung nach Nordamerika bestimmt war. 1890 mußte dann doch auf Anordnung der Obrigkeit die Badekonzession erteilt werden. Zunächst entstanden auf der bis dahin unbewohnten Amrumer Südspitze Wittdün die ersten Hotels und Logierhäuser eines inselfremden Stils, der noch heute den Badeort prägt. Gleichzeitig errichtete Pastor Friedrich von Bodelschwingh, der Gründer der Heilanstalten von Bethel, oben bei Norddorf seine Seehospize für ein ruhesuchendes Publikum, sozusagen ein „christliches Gegengewicht zum weltlichen Wittdün" mit seinem wilhelminisch-bürgerlichen Gesellschaftsleben.

Der eigentliche, ursprüngliche Siedlungscharakter Amrums tritt erst im Kirchdorf Nebel in Erscheinung. Friesenhäuser reihen sich längs schmaler Gassen unverändert mit bunten Blumen- und Obstbaumgärten. Mittelpunkt des Dorfs ist die St.-Clemens-Kirche, und wie auf Föhr, so finden wir auch hier auf dem Friedhof Reihen kunstvoll gestalteter Grabsteine, die, mit Schiffen im Giebel geschmückt, auf den Gräbern der Seefahrer stehen. Aber unverkennbar haben der Fremdenverkehr und die damit verbundene Infrastruktur im Siedlungsbereich aller Inselorte ihre Spuren hinterlassen. Wie auf Sylt, wird auch der Reiz der Insel Amrum weniger von Bauwerken als von den

Der Kniepsand an der Westküste von Amrum ist urtümliche Landschaft, Küstenschutz und Badestrand zugleich. Die Sandzufuhr erfolgt mit dem Gezeitenstrom aus Südwesten.

unberührten Naturlandschaften bestimmt, wozu neben dem Kniepsand und den Dünen ausgedehnte Waldflächen und das stille Ufer des Wattenmeers mit seiner Seevogelwelt gehören.

Nordstrand und Pellworm: zwei Inseln unter dem Meer

Als im Oktober 1634 die große Insel Alt-Nordstrand auseinanderriß, blieben als Reste Pellworm, das heutige Nordstrand und die Hallig Nordstrandisch-Moor zurück. Den Bewohnern der Harde Pellworm gelang es mit Hilfe eines reichen Holländers, die zerstörten Deiche bald zu reparieren. Aber die anderen, wenigen Überlebenden des restlichen Alt-Nordstrands konnten die Deichreste nicht wieder instand setzen, und schließlich wendete der Landesherr, Herzog Friedrich III., den Artikel 8 des Spadelandrechts an. Die Nordstrander wurden enteignet, und ihr Besitz wurde einer Gesellschaft niederländischer und französischer Partizipanten zugesprochen, die 1654 mit der Bedeichung der heutigen Insel Nordstrand begannen. Die neuen Landesherren waren vorwiegend katholischen Glaubens. Als Mitte des 18. Jahrhunderts die Katholiken sich in eine römisch-katholische und eine jansenistische (heute alt-katholische) Richtung spalteten, kam es zu heftigen Glaubenskämpfen. So gab und gibt es auf Nordstrand drei Religionen, wobei die Alt-Katholiken nur noch mit einem halben Dutzend Mitgliedern vertreten, aber immer noch im Besitz der St.-Theresia-Kirche sind, während die römisch-katholische Gemeinde erst 1866 ihre St.-Knud-Kirche erbauen konnte. Nordstrand wurde aber vor allem bekannt, weil hier im Jahre 1872 anläßlich einer Tauffeier auf dem Hof

Die Nordermühle auf Pellworm (oben). Ein hoher Deich schützt die fruchtbare Marschinsel gegen den „Blanken Hans".

Die alten Bauernhöfe Pellworms (unten) liegen flutsicher auf hohen Warften. Wie die Schwesterinsel Nordstrand ist auch Pellworm ein Rest der großen Insel Alt-Nordstrand, die 1634 unterging.

des Bauern Georg Johannsen der „Pharisäer", ein Mokkagetränk mit Rum und Sahnehaube, erfunden wurde.

Heute ist Nordstrand keine Insel mehr. Schon 1906 wurde ein Damm zum Festland gebaut und 1935 als Autostraßendamm erweitert. Endgültig ging der Inselcharakter aber erst 1987 verloren, als zwischen Nordstrand und dem Festland der Beltringharder Koog entstand und Nordstrand zu einer Halbinsel machte.

Über den Hafen Strucklahnungshörn erreicht man mit den Fähren der „Neuen Pellwormer Dampfschiffs-Gesellschaft" die Schwesterinsel Pellworm. Das Wahrzeichen dieser Insel ist nicht der Leuchtturm, den der Anreisende über dem geraden Strich des Deiches erblickt, sondern die Turmruine der „Alten Kirche" im Westen der Insel. Braunrot ragt dieses urtümliche Bauwerk über den Deich – von weitem sichtbar für den Wattenschiffer. 1611 stürzte die innere Hälfte bei windstillem Wetter ein; vermutlich trug sie bis dahin ein Helmdach. In der Kirche gibt es noch eine der wenigen Orgeln des Orgelbaumeisters Arp Schnitger. Die „Neue Kirche" in der Inselmitte birgt als kostbarstes Inventar einen figurenreichen Altaraufsatz,

der ursprünglich zur 1634 versunkenen Kirche zu Ilgroff gehörte.

Fruchtbar ist das Marschenland beider Inseln, und Landwirtschaft bestimmt das Inselleben. Aber auch der Fremdenverkehr spielt seit etlichen Jahren eine große Rolle. Auf den Deichkronen ziehen sich die kleinen Häuser hin, größere Höfe liegen auf Warften, aufgeworfenen Hügeln – nicht ohne Grund. Denn das Land beider Marscheninseln liegt infolge von Absackungen des moorigen Untergrunds teilweise bis zu einem Meter unter dem Meeresspiegel, und nur durch hohe Deiche wird der Bestand beider Inseln gesichert.

Die Halligen: Eilande unter Wind und Wolken

Vom Deich des Festlands und von benachbarten Inseln aus gesehen, schwimmen die Halligen mit dem Strich ihres niedrigen Landes nur eben über dem Horizont. Deutlicher ragen die Warften mit ihren Häusern empor – als ob hier eine Flotte vor Anker liegt. Bei Sturmfluten wird das Halligland überflutet und es heißt „Land unter". Nur noch die Warften ragen dann wie Mini-Inseln aus dem Meer. „Land unter" gibt es im Laufe eines Jahres einige dutzendmal.

Das Merkmal der Halligen ist die Einsamkeit, unter dem Licht des Sommerhimmels ebenso wie unter schwerem Regengewölk im Herbst und Winter. Jahrhundertelang lagen die Halligen sozusagen am Ende der Welt. Traditionelle Lebensformen blieben bis in die Gegenwart bewahrt und begründeten eine verbreitete Hallig-Nostalgie. Erst Ende der 1950er Jahre begann die Versorgung der größeren Halligen mit elektrischem Strom und allem, was daran hängt. In den 1960er Jahren wurden dann auch erste Süßwasserleitungen vom Festland durch das Watt zu den Halligen verlegt. Bis dahin hatte man Regenwasser in Hausbrunnen und Feetinge, meist in

„Land unter!" Nur die Warften – hier die Rixwarft auf Langeneß – ragen noch aus dem Meer. Einige dutzendmal pro Jahr bietet die Welt der Halligen diesen ungewöhnlichen Anblick.

Der „Königs-Pesel", eine Kapitänsstube aus dem 18. Jahrhundert auf Hallig Hooge. Seinen Namen erhielt er von dem dänischen König Friedrich VI., der hier bei seinem Besuch nach der Sturmflut von 1825 auf der Hanswarft übernachtete.

Nordfriesland: Landschaft der Eigenarten

Wie Schiffe ragen die Warften aus dem feinen Strich des Halliglandes hervor. In der Dämmerstunde tritt der urtümliche und romantische Charakter dieser Landschaft besonders deutlich hervor. Das Leben auf den Halligen erfordert bis in unsere Zeit Anpassungs- und Durchhaltevermögen, insbesondere während der winterlichen Sturmfluten, wenn die Eilande oft tagelang von der Außenwelt abgeschnitten sind.

Warftmitte befindliche offene Bodenvertiefungen, geleitet. Am auffälligsten aber veränderte sich das Siedlungsbild durch staatliche Schutz- und Sanierungsprogramme. Fast alle alten Hallighäuser, einst schutzsuchend nebeneinander hingeduckt, sind seit 1961 durch Abbruch verschwunden und durch „moderne" Häuser ersetzt, deren Stil und Baustoffe nicht mit der Tradition und dem Landschaftsbild harmonieren. Nur einige Warften, so die Westerwarft auf Hooge, die Ketelswarft auf Langeneß und die Warften auf Gröde haben ihr ursprüngliches Bild weitgehend bewahrt.

Wie auf den Geestinseln Sylt, Föhr und Amrum, so war auch das Leben der Halligbewohner jahrhundertelang zur See gewandt. Als Walfänger und Handelsseefahrer machten sich die Männer einen Namen. Im „Königs-Pesel" auf Hooge, im „Kapitän-Tadsen-Haus" und in der „Friesenstube" auf Langeneß sind die Zeugnisse dieser großen Zeit bewahrt. Später dominierte die Viehhaltung mit eigenem und mit „Pensionsvieh", das im Sommerhalbjahr von den Nachbarinseln auf das von Landwirten gepachtete Halligland gebracht wurde, das Wirtschaftsleben. Seit den 1960er Jahren gewann der Fremdenverkehr auf den Halligen an Bedeutung. Größter Arbeitgeber ist derzeit das Amt für Land- und Wasserwirtschaft, das viele jüngere Kräfte im Küstenschutz beschäftigt. Erst Ende des 19. Jahrhunderts wurden die Halligufer gesichert, nachdem sie schon über die Hälfte, ja bis zwei Drittel ihrer früheren Größe verloren hatten. Seit 1961 haben die beiden großen Halligen Hooge und Langeneß eine tägliche Verbindung mittels kombinierter Auto-Passagierfähren zum Festland. Zu kleinen Halligen fahren aber unverändert und nur bei Bedarf Motorboote.

Klein und bescheiden, aber doch von eigenartiger Atmosphäre gekennzeichnet, sind die mit Reet gedeckten Halligkirchen, sogenannte „Saalkirchen". Sie fallen hinsichtlich ihrer Größe nicht aus dem Rahmen der anderen Häuser heraus. Wuchtige Glockenstühle stehen an den Kirchen von Hooge, Oland und Langeneß, stark genug, um Sturmfluten standzuhalten, die öfter über die Friedhöfe gingen. Auf Nordstrandisch-Moor liegen die Grabsteine flach im Rasen, damit sie von den Wellen nicht umgeworfen werden können. Die Kirche auf Gröde ist unter einem langgestreckten Reetdach vereint mit der Schule – der kleinsten Deutschlands, nur von ein oder zwei Schülern besucht.

Manche Halligen sind vom Menschen schon ganz verlassen, wie Habel und Norderoog, Südfall und Süderoog, oder nur noch zeitweilig bewohnt. Und doch herrscht auch hier im Sommer ein unbeschreibliches Leben, wenn Tausende von Seevögeln diese Halligen als Brutplätze in ihren Besitz nehmen – betreut und bewacht von Vogelwächtern, die in Hütten und einsamen Häusern hausen.

Helgoland: die heilige Insel

Helgoland liegt schon außerhalb der Grenzen Nordfrieslands und gehört auch nicht zum Kreisgebiet, sondern zu Pinneberg, obwohl die Helgoländer von Herkunft und Sprache eindeutig Friesen sind.

Helgoland entstand im Tertiär, als Bewegungen des Zechsteinsalzes aus dem Untergrund die Buntsandstein- und Kreide-Muschelkalkschichten an die Oberfläche hoben. Später gingen die Gletscher der Eiszeit über den hohen Felsen hin und hobelten ihn platt. Sturmfluten nagten ringsum, aber auch der Mensch trug seinen Teil zum Abbau des Felskomplexes bei. Durch den Abbruch und Verkauf des Muschelkalks brach 1711 nach einer Sturmflut die Verbindung zwischen Hauptinsel und „Weißer Klippe", der heutigen Düne, und das Meer bildete schnell ein Tief aus.

So klein die Insel ist, so hat sie doch durch ihre exponierte Lage eine bewegte Geschichte zu verzeichnen. Immer wieder wechselten Besitzer und Besatzer. Helgoland heißt auf friesisch Heiliges Land und galt in der Zeit des Asaglaubens als Sitz von Göttern, insbesondere des Rechtsgottes Fosete. Um 787 errichtete hier der Friesenapostel Liudger eine erste Kirche, nachdem vorherigen Christianisierungsversuchen kein dauernder Erfolg beschieden war. Nach der Besiedlung durch die Friesen wurde Helgoland – wie das übrige Nordfriesland – durch das dänische Königshaus in Besitz genommen, kam dann aber in den nachfolgenden Jahrhunderten unter die Herrschaft der Hanse, ehe es 1684 von Dänemark zurückerobert, aber 1689 an das Herzogtum Schleswig abgetreten wurde. 1714 nahm der dänische König das Herzogtum und damit auch Helgoland erneut in Besitz. Im Zusammenhang mit den Napoleonischen Kriegswirren wurde Helgoland 1807 von Großbritannien erobert und nach dem Ende des Krieges zwischen England und Dänemark 1814 an England abgetreten. Erst 1890 kam Helgoland im Austausch gegen deutsche Rechtsansprüche auf Wituland und das ostafrikanische Sansibar zum Deutschen Reich. Es folgte das unangenehmste Kapitel seiner Geschichte. Schon im Ersten Weltkrieg wurde die Insel zur Festung erklärt, und die Helgoländer wurden während der Kriegsdauer (1914–1918) zum Festland evakuiert. Der Zweite Weltkrieg ließ nicht lange auf sich warten und noch kurz vor Kriegsende 1945 wurde die Insel von 1 000 Bombern der Alliierten angegriffen und die gesamte Bausubstanz zerstört. Die Helgoländer wurden abermals zum Festland evakuiert, während ihre Insel als Bombenübungsziel mißbraucht wurde. Erst 1952 wurde die Insel wieder freigegeben, und in kurzer Zeit erfolgte ein beispielhafter Wiederaufbau zum heutigen Bild.

Im Jahre 1826 begründete der Zimmermann Andresen Siemens das Seebad auf der Insel. Bis dahin hatten die Heringsfischerei und die Seefahrt, der Lotsendienst zur Elbe und Weser, aber auch die „Strandräuberei" eine große Rolle gespielt. Dabei ging es nicht immer mit „rechten Dingen" zu, wie Vorfälle aus jener Zeit, insbesondere im Zusammenhang mit einem amerikanischen Handelsschiff im Jahre 1765, beweisen. Das Handelsschiff verfehlte die Einfahrt zur Elbe, und die Helgoländer lauerten auf die Strandung, um ein Geschäft mit dem Bergelohn zu machen. Ein ehrlicher Lotse aber brachte das Schiff in Sicherheit und hatte deshalb auf der Insel später viel zu leiden. Schon vorher, 1631, hatten die Helgoländer den Bau einer Feuerblüse (eines Vorläufers späterer Leuchttürme) zunichte gemacht, weil diese die Schiffe leitete und den Lotsendienst minderte.

Helgoland hat nicht nur durch die Natur, sondern auch infolge menschlichen Wirkens sein Bild verändert. Der Durchbruch zwischen Insel und Düne wurde schon genannt. Für militärische Zwecke wurde in den 1930er bis 1940er Jahren das Nordostland aufgespült, das heute die Bade- und Kureinrichtungen trägt. Ein künstliches Gebilde ist auch das umfangreiche Hafengelände im Südosten der Insel. Das „Mittelland", ein Krater, entstand im Gefolge einer Munitionssprengung im April 1947.

Der Buntsandstein ist kein harter Fels, und die Brandungsterrassen ringsum zeugen vom dauernden Abbau durch das Meer. Deshalb wurde schon 1911 mit dem Bau einer Schutzmauer begonnen, die heute zusammen mit Tetrapoden und Betonblöcken die Westküste schützt. Nur an den Vogelfelsen, zwischen April und Juli bevölkert von einigen tausend Trottellummen und Dreizehenmöwen, gibt es unbetonierte Überhänge. So können die jungen Lummen ungefährdet von ihren Brutplätzen ins Wasser springen und ihren Eltern aufs Meer folgen. Helgoland wird auch das „Standesamt der Zugvögel" genannt. Als Ruhestation auf dem Zuge über die Nordsee fallen hier unzählige Vögel ein, die im Reusengarten der Vogelwarte gefangen, beringt und wieder freigelassen werden.

Auch das Wahrzeichen von Helgoland, die sogenannte „Lange Anna", wird durch eine Brandungsmauer geschützt. Trotzdem mußten im Jahre 1979 die Brandungskolke am Fuße mit beachtlichem Aufwand plombiert werden, um dieses Naturdenkmal zu bewahren.

Ein anderes Merkmal hat Helgoland durch die Zeit gerettet und zuletzt noch gegen die Europa-Bürokratie verteidigt – die Zollfreiheit. Sie lockt vor allem im Sommerhalbjahr täglich Tausende von Besuchern zur Insel, die mit weißen Bäderschiffen auf der Reede ankern, von den Booten der Fischergenossenschaft „Börte" an Land gesetzt werden und bald mit vollen Tüten zwischen den Geschäften hin und her eilen, um Dinge einzukaufen, die eigentlich zum Leben nicht nötig sind.

Helgoland, die Hochseeinsel mit rotem Buntsandsteinfels, ist von ewiger Brandung umtost (oben). Brandungsmauern und Betonblöcke sollen das weiche Gestein vor der Gewalt des Meeres schützen.
Der Hafen Helgoland mit Hummerbuden und Fischerbooten (unten). Seitdem Helgoland 1826 Seebad wurde, hat der Tourismus der Fischerei und dem Lotsendienst den Rang als wichtigster Erwerbszweig abgelaufen.

Die historischen Dreilande: Eiderstedt

Manfred Jessen-Klingenberg

Man mag über das 1973 fertiggestellte Eidersperrwerk, über die Eiderbrücke bei Tönning, von Friedrichstadt oder von Husum aus in die Halbinsel Eiderstedt hineinfahren: Rasch wird man gewahr, daß hier die Bauern auf Einzelhöfen wohnen und wirtschaften. Hin und wieder bekommt man auch noch das für Eiderstedt typische Bauernhaus zu Gesicht, den Haubarg. Es soll das größte Bauernhaus der Welt sein. Dieser Haustyp entstand nach niederländischem Vorbild gegen Ende des 16. Jahrhunderts in einer Zeit intensiver Getreide- und Milchwirtschaft. Sein Dach wird von hohen Eichenständern getragen, die den Vierkant einschließen, in dem Heu und Stroh bis zum First hinauf gespeichert (geborgen) werden können.

Während der Fahrt durch Eiderstedt wird man auch schnell erkennen, daß die dörflichen Siedlungen klein sind oder es jedenfalls bis vor wenigen Jahrzehnten waren. Nur wenige Häuser gruppierten sich in vergangenen Zeiten um die Kirche: das Pastorat, das Schulhaus, der Kirchspielskrug, die Häuser der Handwerker, der Höker und der Landarbeiter, der kleinen Leute.

So sind bis auf den heutigen Tag am Siedlungsbild der Landschaft Eiderstedt historische Elemente ihrer Wirtschaftsweise, ihrer sozialen und nicht zuletzt ihrer politischen Gliederung zu erkennen. „Landschaften" hießen die Gebiete Schleswig-Holsteins (Eiderstedt, Dithmarschen, Stapelholm, Nordstrand, Pellworm, Sylt, Fehmarn), die – zumeist mit Privatrechten ausgestattet und im Besitze besonderer Privilegien – das Recht einer freien inneren Verwaltung ausübten. Hierbei gab es mancherlei Unterschiede und Abstufungen. In Eiderstedt waren die Herren auf den Haubargen in erster Linie Träger der Selbstverwaltung. Diese hat eine lange Geschichte, die bis ins hohe Mittelalter zurückreicht.

Um das Jahr 1000 wurden die drei Harden (Gerichts- und Verwaltungsbezirke) Eiderstedt, Everschop und Utholm von Friesen besiedelt. Sie wuchsen im Laufe der Zeiten mehr und mehr zusammen, wurden zusammengedeicht und nannten sich dann die „Dreilande". Erst im 18. Jahrhundert setzte sich für sie der Name Eiderstedt durch. In dieser Zeit war schon längst die plattdeutsche Sprache in Eiderstedt heimisch geworden.

Im Mittelalter gehörten die drei Harden zu den friesischen Uthlanden und unterstanden dem dänischen König, der hier zwar durch Beauftragte Gericht halten und eine geringe Steuer einziehen ließ, im übrigen aber keine Herrschaft ausübte. Die Einwohner regelten ihre Angelegenheiten weitgehend selbst. Ihre wichtigste Aufgabe war und blieb die Sicherung des Landes gegen die Meeresfluten und die Gewinnung neuer Köge, und zwar aus eigener Tasche und mit dem nur ihnen eigenen Sachverstand. Das lag auch im Interesse des Landesherrn. In der ältesten uns erhaltenen Privilegienbestätigung, einer Urkunde Graf Adolfs VIII. von Schauenburg aus dem Jahre 1454, werden den Dreilanden ihre Rechte und Freiheiten zugesichert, „uppe dat se deste flitiger beholden ere lande und bewaren de mit diike unde damme".

Als der dänische König 1544 die Herzogtümer Schleswig und Holstein zwischen sich und seinen jüngeren Brüdern aufteilte, wurden die Dreilande Teil des Herzogtums Gottorf. Herzog Adolf von Gottorf (1544–1586) war tatkräftig bestrebt, in seinem Herzogtum ein modernes Staatswesen zu errichten. Nur einige Maßnahmen des Herzogs und seiner Räte seien hier genannt: Rechtskodifikationen unter Einbeziehung des römischen Rechts, neue Gerichtsverfassungen und Prozeßordnungen, Ausbau der landes-

herrlichen Finanzverwaltung, Förderung von Deichbau und Landgewinnung. Die Eiderstedter haben sich den Neuerungen keineswegs widersetzt, sondern sie dann, wenn sie zugleich Verbesserungen in Recht und Verwaltung mit sich führten, übernommen. Wollte man die autonome Stellung der Landschaft erhalten, dann waren die überlieferten Institutionen, Rechte und Gewohnheiten den Erfordernissen der Gegenwart anzupassen.

1572 erhielten die Eiderstedter ein neues Landrecht, das herkömmliche Rechtsgewohnheiten mit neuen, präzisen römischrechtlichen Bestimmungen verband und den Rechtsgang erheblich vereinfachte. Sie zahlten dafür die stattliche Summe von 9 000 Mark. Zehn Jahre später sanktionierte der Landesherr die von den sogenannten Gevollmächtigten ausgearbeitete neue Deichordnung. Beide Kodifikationen erschienen zunächst in niederdeutscher, bald darauf in hochdeutscher Sprache.

Als das „fundamentale privilegium" der Landschaft galt das Stallerprivileg. Der Staller war der höchste Beauftragte des Landesherrn in der Landschaft, den er in Gericht und Verwaltung vertrat. Im Stallerprivileg von 1590 sicherte der Herzog den Dreilanden zu, daß dieses Amt keinem Adligen und nur begüterten Eingesessenen, „so auch hiezu genugsambt qualificiret und duchtigh", nach vorheriger Präsentation durch die Gevollmächtigten übertragen werden solle. Dabei solle der Staller dem Landesherrn unmittelbar unterstehen, so daß die Landschaft einen eigenständigen Verwaltungsbezirk bildete. Der berühmteste Staller der Landschaft ist zweifellos Caspar Hoyer (1540–1594) auf Hoyerswort gewesen. 1633 wurde das Stallerprivileg vom Herzog bestätigt und präzisiert; die Landschaft

Der Haubarg, das für die Landschaft Eiderstedt charakteristische Bauernhaus, entstand gegen Ende des 16. Jahrhunderts, zu einer Zeit, als die Milch- und die Getreidewirtschaft prosperierten. Dieser schöne Haubarg steht in Tating. Das hohe Dach wird von Eichenständern getragen, die ein rechteckiger Rahmen verbindet. Im Vierkant zwischen den Ständern lagerte man die Ernte (Heu und Stroh) bis hoch unter das Dach. Um den Vierkant gruppieren sich die Wohnräume, die Ställe und die Lohdiele, in der man wintertags das Korn drosch.

Die historischen Dreilande: Eiderstedt

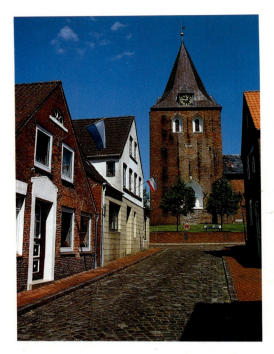

Die gepflasterte Straße in der Kleinstadt Garding ist auf die Kirche mit ihrem massiven viereckigen Westturm ausgerichtet. Er stammt aus spätgotischer Zeit; seinen Spitzhelm erhielt er freilich erst im Jahre 1818.

bewilligte ihm dafür 10 000 Reichstaler.

Der Rektor der Gardinger Lateinschule, Friedrich Carl Volckmar, schrieb in seinem 1795 erschienenen „Versuch einer Beschreibung von Eiderstedt", die Landschaft habe „in der Tat mehrere Tonnen Goldes" für das Stallerprivileg an den Landesherrn gezahlt. Volckmar hatte bei dieser bildhaften Übertreibung die Jahrzehnte vor und nach 1600 im Sinn, eine Zeit, in der die Landesvorsteher besonders oft mit dem Herzog um ihre Sonderrechte verhandelten und handelten; sie befanden sich dabei in einer glänzenden Position.

Den Großbauern der Dreilande brachten damals der Getreideanbau und die von Niederländern in Gang gesetzte Milchwirtschaft hohe Gewinne. Zu Beginn des 17. Jahrhunderts exportierte die Landschaft alljährlich 2,5 bis 3 Millionen Pfund Käse über den Tönninger Hafen. 1615 wurden 30 000 Tonnen Getreide außer Landes abgesetzt; auch Wolle wurde in großen Mengen verkauft. „In dem jungen, stets geldbedürftigen Gottorfer Staat war die Landschaft Eiderstedt eine Kapitalmacht ersten Ranges" (Volquart Pauls). Die Gevollmächtigten haben es verstanden, zumal wenn der Herzog außerordentliche Abgaben verlangte, ihren Wohlstand zugunsten der landschaftlichen Autonomie zu nutzen.

Von der Wirtschaftsblüte dieser Jahre profitierten auch die Schiffseigner, Handel und Handwerk, vor allem in Tönning und Garding. 1590 wurde beiden Orten das Stadtrecht verliehen. Im aufstrebenden Tönning hatte Herzog Johann Adolf (1590–1616) bereits 1581–1583 ein Schloß erbauen lassen, einen Renaissance-Bau mit vier Ecktürmen (1735 abgerissen), in dem Caspar Hoyer seinen Amtssitz hatte. Der Herzog, dem die wirtschaftliche Prosperität nur willkommen sein konnte, sorgte auch für den Ausbau des Tönninger Hafens und für die Grabung eines schmalen Kanals, der Norderbootfahrt, bis Garding.

Das einträchtige Verhältnis zwischen beiden Landesherren in Schleswig-Holstein, dem König von Dänemark und dem Herzog von Gottorf, zerbrach, als sich 1625 König Christian IV. (1588–1648) entschloß, in den Dreißigjährigen Krieg einzugreifen, um für Dänemark eine beherrschende Stellung in Norddeutschland und im Ostseeraum zu gewinnen. Herzog Friedrich III. von Gottorf (1616–1659) hielt dagegen an seiner Neutralitätspolitik fest. 1644 begann der Herzog mit dem Ausbau Tönnings zur Festung. Der Interessenkonflikt zwischen ihm und seinem königlichen Mitregenten vertiefte sich mehr und mehr und verband sich rasch mit den Gegensätzen und den Kriegen der europäischen Großmächte. Die Gottorfer Herzöge fanden in Schweden, dem Rivalen Dänemarks, einen zuverlässigen Verbündeten. Mehrfach wurde die Landschaft Eiderstedt von Kriegstruppen heimgesucht, und dies besonders im Nordischen Krieg (1700–1721). Auf diese Zeit geht der bekannte Trinkspruch der Eiderstedter Bauerntochter Martje Flors zurück, den sie betrunkenen jungen Offizieren entgegenbrachte: „Et gah uns wohl op unse olen dage!" (Es ergehe uns wohl in unseren *alten* Tagen).

1713 rückte der schwedische General Steenbock mit einem großen Heer in die Landschaft ein und zog sich vor den dänischen Truppen in die Festung Tönning zurück; noch im gleichen Jahr mußte er kapitulieren. Die Festung wurde geschleift.

Schweden war der Verlierer des Nordischen Krieges und mit ihm sein Verbündeter Gottorf, das beim Friedensschluß – de facto bereits 1713 – seine Anteile im Herzogtum Schleswig dem dänischen König überlassen mußte. Somit kam auch Eiderstedt unter die dänische Herrschaft.

1731 bestätigte König Christian VI. (1730–1746) die Eiderstedter Privile-

gien, „so annoch gültig und auf heutige Zeiten applicables sind". Nicht mehr zeitgemäß waren für den dänischen Absolutismus Vorrechte, Befreiungen von allgemeinen Lasten und Steuern. Die Sonderrechte der Landschaft blieben ungeschmälert in Kraft. Dafür hatte sie jetzt, wie auch bei späteren Bestätigungen, dem Landesherrn ein Donativ von 10 000 Reichstalern zu zahlen. Das Stallerprivileg wurde freilich fünf Jahre später eingeschränkt. Von 1736 an war der Amtmann von Husum zugleich Oberstaller der Landschaft. Damit wurde Eiderstedt dem Amt Husum zwar nicht eingegliedert, aber doch angeschlossen. Im übrigen blieb das Privileg ungeschmälert, aber das Amt des Stallers verlor an Kompetenzen und mehr noch an Ansehen; es geriet im Laufe der Zeit zunehmend in die Abhängigkeit von der Landschaft, das heißt von der Landesversammlung.

Diese war die wichtigste Institution der Landschaftsverfassung. Die Landesversammlung setzte sich zusammen aus je einem Lehnsmann der 18 Kirchspiele, je einem Deputierten der beiden Städte, den beiden Pfennigmeistern und dem Landsekretär. Sie tagte viermal im Jahr, meist aber häufiger, in Tönning. Dabei bildeten die landschaftlichen Finanzen und Steuern, Deichangelegenheiten sowie Wahlen und Präsentationen – etwa zum Staller- oder Deichgrafenamt – die bedeutsamsten Themen der Beratungen. Abwicklung der Geldgeschäfte, Haushaltsführung und Steuererhebung waren Aufgabe der Pfennigmeister, von denen einer für den Osterteil (Eiderstedt) und einer für den Westerteil (Everschop, Utholm) zuständig war, beide aber kollegialisch für die gesamte Landschaft, die sie auch nach außen, in der Regel zusammen mit dem Landsekretär, vertraten. Es spricht für die Kraft der Eiderstedter Selbstverwaltung, daß das landesherrliche Amt des Deichgrafen mit der Zeit zu einem landschaftlichen wurde.

Autonom war die Landschaft auch im Recht und im Gerichtswesen. In den beiden Landgerichten (für den Oster- und für den Westerteil) fungierten jeweils sechs Ratsmänner unter dem Präsidium des Oberstallers und dem Direktorium des Stallers als Richter. Sie wirkten zugleich als obervormundschaftliche Behörde und als Konkursrichter. Für ihre Amtsführung hafteten sie mit ihrem gesamten Vermögen.

Das obere Bild aus dem berühmten Städteatlas von Georg Braun und Franz Hogenberg zeigt Tönning um 1595. Der gerade fertiggestellte herzogliche Renaissance-Schloß beherrscht die Szene. Der Hafen ist noch nicht ausgebaut. Dem Stadtporträt hinzugefügt wurden die Wappen und Siegel von Eiderstedt, Tönning, der Kirche zu Garding und von Nordstrand (von links nach rechts).

Mit dem Bau des Eidersperrwerks 1973 ist der Tönninger Hafen zu einem Binnenhafen geworden. Das große Packhaus aus dem Jahre 1783, das im Zusammenhang mit dem Bau des Eiderkanals entstand, hat man allerdings nur selten mit Waren füllen können.

Die historischen Dreilande: Eiderstedt

Strandseglern bietet der Sand vor St. Peter-Ording einzigartig gute Bedingungen. Von den Piloten, Segler und Rennfahrer in einer Person, werden hohe Konzentration und beträchtliche Geschicklichkeit verlangt. Für die Zuschauer ist diese relativ junge Sportart fast ebenso faszinierend wie für die Aktiven.

Im verhältnismäßig großräumigen dänischen Staatsverband war die Landschaft weitaus weniger staatlichen Pressionen ausgesetzt als in dem kleinen und finanzschwachen Gottorfer Herzogtum. Der dänische Absolutismus ließ die gewachsenen Formen landschaftlicher Selbstverwaltung im allgemeinen bestehen. Wo die Kommunen ihre Verwaltung selbst besorgten, brauchte der Staat keine Beamten zu bestallen. Die Eiderstedter Landesvorsteher hatten freie Hand, ihre inneren Verhältnisse zu gestalten, und sie nutzten diese Freiheit dazu, ihre Einrichtungen ständig zu verbessern. Mißstände wurden beseitigt und die Möglichkeiten, ein Amt zu mißbrauchen, fast ausgeschlossen. Der preußische Landrat von Lavergne-Peguilhen, der 1864 Schleswig-Holstein zu sozialpolitischen Studien bereist hatte, schrieb sogar von „Eiderstedter Staatskunst" und von „bäuerlichen Staatsmännern", die ihm dort begegnet seien.

Freilich wird man nicht, wie es gelegentlich geschehen ist, sagen können, es habe in Eiderstedt eine „demokratische Selbstregierung" gegeben. Denn das aktive und passive Wahlrecht besaßen hier allein die Interessenten. Die Interessentenschaft aber war an eine bestimmte, in den einzelnen Kirchspielen unterschiedlich bemessene Größe des Grundbesitzes geknüpft (2,5–30 Hektar). 1840 gab es in der Landschaft 452 Interessenten – nicht mehr als 3,3 Prozent der Gesamtbevölkerung –, die über Dreiviertel des Grundbesitzes verfügten. Von den Interessenten in den Kirchspielen wurden dem Oberstaller die Lehnsmänner zur Ernennung präsentiert.

Als Schleswig-Holstein 1867 eine preußische Provinz wurde, war die historische Stunde der Eiderstedter Autonomie abgelaufen. Preußen hat dann schrittweise, und keineswegs abrupt, neue Formen der kommunalen Selbstverwaltung eingeführt, so daß auch die „kleinen Leute" das Recht zur politischen Mitwirkung erhielten. Aus der Landschaft wurde der Kreis Eiderstedt.

Auch während der königlich-dänischen Zeit war Eiderstedt der Distrikt, der die größte Steuerkraft in Schleswig-Holstein aufzuweisen hatte. Die Grundlage des Wohlstandes der „Großen" war und blieb die Landwirtschaft. Sie stellte sich im 19. Jahrhundert zunehmend auf Viehzüchtung und -gräsung um. Von dem legendären Export Eiderstedter Rinder nach England profitierte nicht zuletzt die Hafenstadt Tönning. So exportierte um 1870 die Tönninger Dampfschiffahrtsgesellschaft jährlich rund 50 000 Stück Hornvieh und 60 000 Schafe. Englische Zollbestimmungen setzten 1888 diesem lukrativen Geschäft ein Ende. Auch den kleinen Industriebetrieben, die sich hauptsächlich in Tönning ansiedelten (Schiffswerften), war keine lange Lebensdauer beschieden.

Heute zählt der Luftkurort Tönning rund 5 000 Einwohner. Eine besondere Attraktivität stellt das beheizte Meerwasserschwimmbad dar. Die Nationalparkbehörde Schleswig-Holsteinisches Wattenmeer sowie das für Seezeichen und Häfen zuständige Wasser- und Schiffahrtsamt haben in Tönning ihren Sitz.

Den Strandhäusern von St. Peter-Ording kann selbst eine hohe Flut nichts anhaben. Gleichsam mitten im Wasser seinen Kaffee zu trinken, hat einen besonderen Reiz.

Das Stadtbild wird vornehmlich bestimmt durch die romanisch-gotische Laurentiuskirche mit ihrem barocken Turm. In der Kirche befindet sich das Epitaph des Malers Jürgen Ovens (1623–1678), der in Tönning geboren wurde, und seiner Frau. Von der herzoglichen Schloßanlage sind noch der Park und der Graben erhalten. Das beherrschende Gebäude am Hafen ist das Packhaus. Es entstand 1783 im Zusammenhang mit dem Schleswig-Holsteinischen Kanal (Eiderkanal), der die Untereider bei Rendsburg mit der Kieler Förde verband. Die Hoffnungen, die an dieses Gebäude geknüpft waren, erfüllten sich indessen nicht: Tönning wurde kein Umschlag- und Stapelplatz im Seehandel. Heute ist im restaurierten Packhaus unter anderem eine stadtgeschichtliche Sammlung untergebracht.

Die Schwesterstadt Garding, einst Hauptort der Harde Everschop, hat etwa 2 700 Einwohner. Ihre Kirche entstammt in ihren ältesten Teilen dem 12. Jahrhundert. Im Diakonatshaus am Markt, dem wohl ältesten Wohnhaus der Stadt, wurde der Historiker Theodor Mommsen (1817–1903) geboren, der aufgrund seiner „Römischen Geschichte" 1902 als erster Deutscher den Nobelpreis für Literatur erhielt.

St. Peter-Ording, an der äußersten Spitze der Halbinsel gelegen, gilt als das größte Nordseebad der schleswig-holsteinischen Festlandsküste. Besonderen Heilzwecken dient die aus der Tiefe gepumpte Schwefelsole. Seit langem genießt St. Peter-Ording den guten Ruf eines kinderfreundlichen Erholungsortes. Zahlreiche Heime ermöglichen es Jugendlichen und Kindern, auch einmal „Ferien ohne Eltern" zu machen. Strandsegler und Surfer finden hier ein ideales Revier. Über Geschichte und Kultur der

Die historischen Dreilande: Eiderstedt

Erst seitdem die Eider abgedämmt ist und die Deiche ihre schützende Funktion weitgehend verloren haben, läßt man Bäume und Büsche an den Ufern wachsen. Von der Frachtschiffahrt wird der Fluß kaum noch genutzt. Indessen haben Motorbooteigner und Ruderer hier ein ideales Urlaubsrevier gefunden.

Landschaft unterrichtet den Besucher das Eiderstedter Heimatmuseum.

Der 1907 erbaute Leuchtturm von Westerheversand auf dem nordwestlichen Zipfel der Halbinsel – sein Licht reicht bis zu 50 Kilometer weit – ist fast schon zu einem Wahrzeichen Eiderstedts geworden. Vor seiner Errichtung wurde der aus dem Jahre 1370 stammende Kirchturm von Westerhever als Seezeichen genutzt.

In der Nähe des Leuchtturms finden sich Salzwiesen. Grundkenntnisse über Flora und Fauna dieses Biotops vermittelt ein 1990 eingerichteter Lehrpfad. Naturkundlich und besonders ornithologisch Interessierten bietet das Informationszentrum im Katinger Watt unweit des Eidersperrwerks umfassende und detaillierte Auskunft. In diesem Naturschutzgebiet haben mehr als siebzig Vogelarten ihre Rast-, Nahrungs- und Brutplätze.

Im Inneren hat die flache, in vorwiegend grünen Farbvariationen sich darbietende Landschaft ihr überliefertes Bild weitgehend bewahrt. Man sieht es: Milchwirtschaft, Rinderzucht und -mast, Schafhaltung, aber auch Ackerbau (Weizen, Raps) bestimmen die Ausrichtung der Landwirtschaft in Eiderstedt. Orientierung für alle, die die Landschaft durchwandern oder durchfahren, bilden die Kirchen. Sie sind übrigens durchweg hohen Alters – aus dem 12. und 13. Jahrhundert – und bergen eine Fülle von Kunstwerken, die zu einem erheblichen Teil von wohlhabenden Hofbesitzern gestiftet wurden. Von den Haubargen seien zwei der stattlichsten genannt: der „Rote Haubarg" bei Simonsberg, in dem heute ein Restaurant und ein landwirtschaftliches Museum untergebracht sind, sowie der Haubarg „Hochdorf" in Tating. Das einzige Gut in der Landschaft Eiderstedt war Hoyerswort, wenige Kilometer südlich von Oldenswort gelegen. Der Erbauer des im Renaissance-Stil gestalteten Herrenhauses ist kein Geringerer als der Namenspatron des einstigen Gutes: Caspar Hoyer.

Seine administrative Eigenständigkeit hat Eiderstedt freilich nicht wahren können. Erstmalig wurde 1932 der Kreis Eiderstedt aufgelöst und dem Kreis Husum eingegliedert. Nach heftigen Protesten der Eiderstedter, die auf ihrer historisch verankerten Eigenständigkeit beharrten, hob das preußische Innenministerium seine Entscheidung wieder auf. Die – wohl endgültige – Auflösung des Kreises erfolgte mit der schleswig-holsteinischen Gebietsreform des Jahres 1970. Seitdem ist die einstige Landschaft mit ihren 17 000 Einwohnern Teil des Kreises Nordfriesland. Trotzdem und trotz aller notwendigen Umgestaltungen, die das Industriezeitalter mit sich brachte, ist Eiderstedt das geblieben, was bereits 1799 der Kieler Professor Niemann feststellte: „Ein vorzüglich merkwürdiger", das heißt der Aufmerksamkeit würdiger Teil des Landes.

Der Leuchtturm von Westerhever mit den beiden Wärterhäusern wurde 1907 auf einer Warft errichtet. Dieses beliebte Fotomotiv ist längst zum Wahrzeichen des Nordens geworden und im übrigen auch ein begehrter Werbeträger.

Die historischen Dreilande: Eiderstedt

Von Niederländern geprägt: Stapelholm und Friedrichstadt

Manfred Jessen-Klingenberg

Man hat die geographische Gestalt der Landschaft Stapelholm mit einem nach links, also nach Westen, ausgerichteten Kleeblatt verglichen, dessen Ränder durch die Flüsse Eider, Treene und Sorge markiert werden. Auf dem äußersten Ende des Mittelblattes läge dann die jüngste Siedlung auf dem Boden der Landschaft, Friedrichstadt. Sie gehörte indessen von Anfang an nicht zur Landschaft und führte ein rechtliches, administratives und wirtschaftliches Sonderdasein, zum Teil bis in unsere Tage. Die Stapelholmer Dörfer finden sich auf dem nördlichen bogenförmigen Geestrücken mit den Kirchspielen Süderstapel und Bergenhusen sowie auf der südlichen Geestinsel mit dem Kirchspiel Erfde. Die übrigen Flächen des Kleeblattes sind ausgefüllt von den Flußniederungen mit ihren Wiesen, Mooren und Wasserläufen. Die flußnahen Wiesen weisen sogar eine dünne, mit der Entfernung vom Meer abnehmende Kleischicht auf, die hier abgelagert wurde, als der Gezeitenstrom der Nordsee sich noch über die unbedeichten Flüsse bis ins Landesinnere auswirken konnte.

Stapelholm war einst mit seinen Flüssen, Seen, Mooren und Sümpfen ein durchaus verkehrs- und – von den Geestinseln abgesehen – siedlungsfeindlicher Raum und bildete eine natürliche Grenzzone zwischen den Herzogtümern Schleswig und Holstein. Bis in unsere Zeit reichen die Anstrengungen, dem Wasser Einhalt zu gebieten, um die Niederungsgebiete sicher und dauerhaft für die Gräsung, die Heu- und die Torfgewinnung nutzen zu können.

Bereits 1570 wurde auf Anregung Herzog Adolfs von Gottorf (1544–1586), um die Niederung vor Sturmfluten und Überschwemmungen zu schützen, die Treene vor ihrer Mündung abgedämmt und durch Siele und Schleusen in die Eider geleitet. Eben an dieser Stelle entstand fünfzig Jahre später Friedrichstadt.

Viel stärker waren die Eingriffe in den Lauf der Sorge, die um 1630 von kapitalkräftigen und im Wasserbau erfahrenen Niederländern vorgenommen wurden: Die Sorge dämmte man vor ihrem Eintritt in den Meggersee (heute Meggerkoog) ab und führte sie durch einen Umleitungskanal und durch die Sandschleuse dem Ende des Unterlaufs zu. Den mittleren Flußlauf leitete man durch die Neue und die Alte Schlote zur Steinschleuse und in die Eider. Das eigentliche Ziel dieser aufwendigen Maßnahmen, den Meggerkoog trockenzulegen, wurde erst in diesem Jahrhundert erreicht, nicht zuletzt durch das 1915 bei der Steinschleuse (zwischen Norderstapel und Erfde) installierte Schöpfwerk. Da sich innerhalb der Eiderdeiche die Fluten mehr und mehr stauten und Sturmfluten zu zahlreichen folgenschweren Deichbrüchen führten, wurde die Eider 1936 in der Höhe Drage/Nordfeld durch ein Sperrwerk mit Schleuse abgedämmt. Fortan waren die Niederungen oberhalb der Abdämmung sturmflutsicher; gleichwohl blieb auch dieser Eingriff nicht ohne negative Folgen (Versandung), die wiederum den Bau des großen Sperrwerks zwischen Eiderstedt und Dithmarschen (1968–1973) mit veranlaßten. Alle Entwässerungs- und Sicherungsmaßnahmen in Stapelholm haben Probleme mit sich gebracht, nicht zuletzt ökologische, die den Fachleuten und nicht minder den Einwohnern bis heute zu schaffen machen.

Die Stapelholmer genossen, wie auch die Dithmarscher und die Eiderstedter, Jahrhunderte hindurch das Recht der freien inneren Selbstverwaltung, freilich in vergleichsweise eingeschränktem Maße. Auch hier gab es eine ausgeprägte soziale und politische Hierarchie in der Bevölkerung. So waren allein die Besitzer der Staven, der unteilbaren Bauernhöfe, berechtigt, an der Kommunalverwaltung teilzunehmen. Erst die preußische Regierung bahnte ab 1867 demokratischen Zuständen den Weg.

Trotz der permanenten Schwierigkeiten mit der Entwässerung der Niederungen und trotz der Kargheit des Geestbodens haben es die Stapelholmer in vergangenen Zeiten zu einem bescheidenen Wohlstand bringen können, wenn dieser auch bei weitem nicht dem Reichtum vieler Marschbauern gleichkam. Die historische Bauernhaus-Architektur, an der sich auch die Lebensweise und der Lebensstandard ablesen ließen, ist weitgehend der ländlichen Industrialisierung zum Opfer gefallen. Immerhin sind noch einige dieser Zeugnisse des einstigen Bauernlebens erhalten oder restauriert worden: in Bergenhusen, Süderstapel (Haus Ohlsen) sowie in Norderstapel das Haus Jöns, ein Fachhallenhaus, dessen älteste Teile auf das Jahr 1526 zurückgehen. Hin und wieder kann man auch in den anderen Dörfern ganz oder teilweise erhaltene Altbauten sehen, wenn man den Weg durch die Seitenstraßen nicht scheut.

Von den drei Kirchen der Landschaft ist die Bergenhusener Barockkirche, im 18. Jahrhundert erbaut, die jüngste; sie hatte vermutlich eine recht alte Vorgängerin. Die turmlose Erfder Kirche (mit hölzernem Glockenturm) entstand um 1200, die Süderstapeler Kirche mit ihrem Rundturm wohl einige Jahrzehnte früher.

Eine Besonderheit der Landschaft Stapelholm stellen ihre Bauernglocken dar. Es handelt sich um 30 bis 50 Zentimeter hohe Bronzeglocken, die in den Gabeln von sieben bis zehn Meter hohen Stämmen oder an Gerüsten hängen. Sie finden sich in Süderstapel mit seinen Kirchspieldörfern Norderstapel, Seeth und Drage sowie in Erfde; hier wurde die Bauernglocke erst 1951 aufgestellt. Ob sie eine historische Vorgängerin hatte, ist nicht zweifelsfrei nachgewiesen. Wann die übrigen Glocken installiert wurden, ist nur schwer zu bestimmen. Für die immer wieder vorgetragene Behauptung, sie hätten bereits im späten Mittelalter als Alarmglocken bei Überfällen der Dithmarscher gedient, gibt es keinen überzeugenden Beweis. Die Bauernglocken sind wahrscheinlich nicht vor dem 17. und 18. Jahrhundert eingeführt worden. Man läutete sie bei Feuer und bei Wassereinbrüchen oder um die Dorfschaft zu gemeinsamen Arbeiten und anderen Zwecken zusammenzurufen. Auch wenn die Bauernglocken jünger sind als oft gewünscht, so bleiben sie doch eine einzigartige Einrichtung der Landschaft Stapelholm.

Bergenhusen ist weithin bekannt als das Storchendorf. Noch vor einem knappen halben Jahrhundert nisteten die Weißstörche, in Stapelholm „Hoierboier" genannt, in allen Dörfern der Landschaft. Ihre Horste bauten sie auf den Firsten der Reetdächer. Die feuchten Niederungen boten dem Storch reichlich Nahrung. Indessen haben die Absenkung des Wasserspiegels, der Einsatz von Landmaschinen, die zunehmende Anwendung chemi-

Seenartig erweitert und von breiten Schilfgürteln umsäumt präsentiert sich die abgedämmte Treene in ihrem Endstück bei Friedrichstadt – ein Paradies für Segler, Ruderer, Surfer und nicht zuletzt für Angler. Wer baden und schwimmen möchte, wird freilich das stadtnahe Treenebad aufsuchen.

Die Weißstörche nisteten bis vor einigen Jahrzehnten in allen Dörfern Stapelholms. Im Storchendorf Bergenhusen zogen im Jahre 1939 nicht weniger als 177 Brutpaare 335 Jungvögel groß. Heute finden sich hier alljährlich etwa 14 Brutpaare ein. Den Rückgang hat in erster Linie die Trockenlegung der Treene- und Sorgeniederung verursacht. Dem Einsatz vieler Helfer ist es zu verdanken, daß wenigstens die verbliebenen Störche noch hinreichend Nahrung finden.

schen Düngers und wohl auch die Zunahme der Hartdächer zu einer erheblichen Verminderung des Storchenbestandes geführt. In Bergenhusen ist man seit langem bemüht, den Störchen wieder einen adäquaten Lebensraum zu schaffen, und zwar mit Erfolg. Hier also sind die selten gewordenen Sommergäste noch zu beobachten; überdies kann man sich im Naturschutzzentrum des Medau-Hauses über Fauna und Flora der Landschaft zuverlässig informieren.

Dort, wo Stapelholm mit seinen Nachbarlandschaften Dithmarschen und Eiderstedt zusammentrifft, wo die Treene in die Eider geleitet wird, ließ Herzog Friedrich III. von Gottorf (1616–1659) im Jahre 1621 die nach ihm benannte „Newstadt", wie man zunächst sagte, erbauen. Der Landesherr hatte großartige Pläne: Friedrichstadt sollte gleichsam die Rolle einer Drehscheibe des Handels zwischen Indien, Persien, Westeuropa und dem westlichen Mittelmeer einnehmen. Dazu bedurfte es kundiger und kapitalkräftiger Großkaufleute, um die der Herzog in den Niederlanden warb. Hier waren 1618/19 auf der Synode zu Dordrecht die Remonstranten, die für eine liberalere Grundauffassung und Praxis im calvinistischen Glauben eintraten, aus der Kirche ausgestoßen worden. Viele ihrer führenden Persönlichkeiten, unternehmende Kaufleute sowie Gelehrte, gingen daraufhin außer Landes. Friedrich III. versprach den Remonstranten freie Religionsausübung, Abgabenerlaß, städtische Selbstverwaltung und andere Privilegien. Bereits im September 1621 konnte der Grundstein des ersten Wohnhauses der neuen Stadt gelegt werden. Es kamen nicht nur Remonstranten hierher. Sie waren es aber, die das städtische Leben vornehmlich bestimmten und die der Stadt ihre unverwechselbare Gestalt gaben. Bedeutsam ist, daß hier im Laufe des unduldsamen 17. Jahrhunderts eine religiöse Freistatt entstand, in der sieben, zeitweise auch mehr Religionsgemeinschaften, wenn auch nicht immer problemlos, so doch in einem im ganzen erträglichen Verhältnis neben- und miteinander lebten und wirkten: Remonstranten, Evangelisch-Lutherische, Katholiken, Juden, Mennoniten, Quäker, Sozianer.

An dieser Stelle darf nicht verschwiegen werden, daß sich Friedrichstadt als Stätte der Toleranz in der Zeit der nationalsozialistischen Diktatur nicht bewährt hat. Denn auch hier fand der inhumane Antisemitismus Anhänger, die – nicht zuletzt in der „Reichskristallnacht" vom 9./10. November 1938 – mithalfen, ihre jüdischen Mitbürger einem höllischen Schicksal auszuliefern.

Die weitgespannten Handelsprojekte und Spekulationen Herzog Friedrichs wurden in keiner Weise verwirklicht, und sie konnten auch aus mancherlei Gründen nicht in die Tat umgesetzt werden. Was aus den Projekten wurde und von ihnen blieb, ist gleichwohl nicht wenig: eine Insel praktisch gelebter religiöser Toleranz, die Kleinstadt Friedrichstadt. Sie hat, von den ersten Generationen ihrer Bürger planvoll angelegt und ausgebaut, mit ihren rechtwinkligen Straßenzügen und den Burggräben (Grachten) bis heute ihr niederländisches Aussehen bewahrt. Im September und Oktober 1850 legten die Geschütze der schleswig-holsteinischen Armee zwar fast die ganze Vorderstadt in Schutt und Trümmer, die Einwohner bauten sie aber in wenigen Jahren wieder auf, ohne den eigentümlichen Charakter der Stadt zu verändern.

Wie gewöhnlich in den alten Städten liegt auch hier der Marktplatz in der Mitte. Aber es fehlt hier die Kirche, die in den mittelalterlichen Städten als beherrschendes Gebäude am Markt ihren Platz hatte. In Friedrichstadt konnte man sich nach diesem historischen Vorbild nicht richten. Hier waren alle Religionen und Glaubensrichtungen im Prinzip gleich, und dementsprechend erhielten die Kirchen ihre Plätze – in der Stadt verteilt – zwischen den Bürgerhäusern. Einer einzigen eine bevorzugte Lage einzuräumen, wäre mit der ideellen Konzeption der Stadt nicht vereinbar gewesen.

Jede der Kirchen hat ihre eigene Geschichte – und Gegenwart. Hier mögen wenige Hinweise genug sein. Die evangelisch-lutherische Kirche, 1643–1649 erbaut, birgt eine besondere Kostbarkeit: das von Jürgen Ovens (1623–1678) im Jahre 1675 geschaffene Altarbild „Beweinung Christi". Die remonstrantisch-reformierte Kirche, deren Vorgängerin 1850 zerstört wurde, ist 1852–1854 im spätklassizistischen Stil errichtet worden. Ebenso mußte die katholische Kirche nach 1850 neu gebaut werden. Die Mennoniten haben ihr Bethaus in einem rückwärtigen Querbau der Alten Münze, eines besonders bemerkenswerten Bürgerhauses der niederländischen Renaissance. Das Gebäude der 1847 errichteten jüdischen Synagoge ist noch erhalten, jedenfalls in seinen Außenmauern; es wird heute als Wohnhaus genutzt: auch eine Folge der nationalsozialistischen Barbarei.

Die westliche Häuserreihe am Markt mit den typischen Treppengiebeln niederländischer Kaufmannshäuser vermittelt wohl am besten einen Eindruck vom ursprünglichen Stadtbild. Von den neun Häusern dieser Reihe zählen sechs zu den alten niederländisch gestalteten Bürgerhäusern. Aber auch außerhalb des Marktbereiches sind noch etliche Gebäude aus der Frühzeit der Stadt erhalten: so die schon genannte Alte Münze, in der übrigens niemals Münzen geprägt wurden (1626, Mittelburgwall), das Grafenhaus (1622, Lohgerberstraße) oder das prächtige Paludanushaus (1637, Prinzenstraße).

Das Wirtschaftsleben der Friedrichstädter ist die Jahrhunderte hindurch kleinstädtisch geblieben. Die Industriebetriebe, die sich hier vor allem in der zweiten Hälfte des 19. Jahrhunderts angesiedelt hatten, sind wieder verschwunden. Dagegen haben sich kleinere Läden mit einem vielfältigen Warenangebot erhalten oder sie sind neu entstanden. Die Einwohnerzahl der Stadt ist über die Jahrhunderte nahezu konstant geblieben. 1769 wohnten hier 2 260 Menschen, heute sind es nicht mehr als 2 600. Erst von 1948 an ist die Stadt über ihren historischen Grundriß ein wenig hinausgewachsen.

Bereits die niederländischen Erbauer Friedrichstadts haben im 17. Jahrhundert die Burggräben (Grachten) angelegt. Eine Fahrt auf den Grachten ist die reizvollste Art, die Kleinstadt an der Treene kennenzulernen.
Maßvoll modernisierte, sachkundig restaurierte und durchweg in gutem Zustand gehaltene Häuser bestimmen das Bild der Stadt. Die sorgsam gepflegten Rosenstöcke, die allenthalben vor die Häuser gesetzt wurden, mildern die Strenge und Nüchternheit mancher Fassaden und schaffen eine behagliche Atmosphäre.

Dithmarschen: Skizze einer maritimen Kulturgeschichte

Nis R. Nissen

Der tägliche Wechsel von Ebbe und Flut, die Urlandschaft des Wattenmeers, die, wie es der immer wieder zitierte Römer Plinius schon vor 2 000 Jahren beschrieb, einmal am Tag zum Meer und einmal am Tag zum Land gehört, legen den Bewohnern Dithmarschens „amphibische" Handlungsmuster auf, wenn sie die wandelbaren Elemente von Wasser und Land an diesem Küstensaum nutzen wollen. Und das wollen sie seit vielen Jahrtausenden, mit flachen Booten, hohen Stiefeln oder bloßen Beinen, je nachdem, ob sie Waren transportieren, im begrünten Vorland Vieh hüten, Heu machen, Strandgut bergen oder in den Prielen den Fischen nachstellen wollen.

Was freilich bis ins 19. und 20. Jahrhundert der Daseinsfristung diente, ist inzwischen zu einem Hobby oder Sport geworden – außer bei der Kutterfischerei auf Krabben. Diese so natürlich wirkende Fangmethode mit großen, von Kuttern an Auslegern über den Grund geschleppten Netzen ist erst eine Erscheinung der Industriezeit, braucht Eisenbahn beziehungsweise Lkw, technisierte Verarbeitungs- und Verteilungssysteme, um eine Berufsgruppe ernähren zu können. Die Fischer haben ihr Gegenstück in den Scharen von Urlaubern, die in diese amphibische Welt vor den Deichen strömen.

Der Küstensaum Dithmarschens mit seinen weitläufigen Watten und den mannigfaltigen Nutzungsformen hat in den vermoorten Binnenniederungen seine Komplementärflächen. Eider, Sorge und Treene an den Grenzen, aber auch Miele und Süderau bei Meldorf oder Brooklandsau in der nördlichen, Burgerau und andere Bäche in der südlichen Geest schlängeln oder schlängelten sich durch das flach gewellte Land in kleinen und großen, hier und dort riesigen Niederungen der Nordsee zu.

In diese Niederungen läuft das Wasser von den Hängen und flachen Neigungen der Geest. Die Niederungen liegen tiefer als die Marsch, oft um oder gar unter Normalnull. Über viele Verästelungen dringt die Flut der Nordsee in sie hinein. Und wo die Flut nicht direkt hinkommt, hindert sie, die ja um Meter höher aufläuft, das Binnenwasser am stetigen und zügigen Ablauf. Es kommt zu einem ständigen Rückstau des Binnenwassers, bei anhaltendem Westwind sogar zu oft größeren Überschwemmungen. Und das seit Jahrhunderten und Jahrtausenden. Vor allem dieser Rückstau durch die See ließ die Niederungen des Binnenlandes versumpfen und schließlich vermooren. Die meist ausgedehnten Moorgebiete, die vor etwa 200 Jahren zusammen mit Heide etwa die Hälfte der Oberfläche Dithmarschens und Schleswig-Holsteins einnahmen, sind erst in jüngster Vergangenheit, viel später als die Marsch, kultiviert, also in Weiden und gelegentlich auch Äcker umgewandelt worden. Worauf es uns ankommt: Die Moore sind die Geschöpfe, Folgen der Nordsee-Gezeiten, wie es auch das Watt ist.

Manche Partien sind heute unter Naturschutz gestellt oder als Wandergebiete gekennzeichnet worden. Um nur Beispiele zu nennen: Im Süden bietet der Kudensee der Vogelwelt eine offene Wasserfläche für Durchzügler oder Einheimische. Das Areal ist erreichbar über Kuden oder Burg auf Fußwegen am ehemaligen, geschützten Steilufer, das jetzt mitten im Land liegt.

Das Delver Moor an der Eider oder der erschlossene Wanderpark östlich von Lunden liegen an Nebenwässern der Eider. Das „Weiße Moor" oder der Rest davon an der Straße von Heide-Wesseln nach Neuenkirchen soll der Sage nach über die

Nordsee von England her angeschwemmt worden sein. Das ist unsinnig und doch bemerkenswert als volkstümliche Erklärung für die Ungewöhnlichkeit der Lage des Moores. Es liegt auf der festen Marschoberfläche, ist also erst nach ihr und das heißt nach Christi Geburt aufgewachsen.

Durch die Moore hat die Nordsee die Verteilung der menschlichen Siedlungen mitbestimmt. Alle Dörfer der Dithmarscher Geest liegen auf festem Grund, aber in Reichweite von Niederungen. Ihre Ränder boten dem Vieh Weidegrund, auf ihren weicheren Partien ließ sich Heu machen als Winterfutter, während die Geest den festen Grund für Häuser und Äcker bot. Mögen unsere Dörfer auch erst im Mittelalter ihren heutigen Standort und Namen erhalten haben, auf diese Zweiheit von Ackerbau und Viehhaltung, auf Interesse an festem und grünem Land stoßen wir von Anfang an, seit die Bewohner unseres Landes in der Jungsteinzeit seßhaft geworden sind. Von ihnen gibt es eindrucksvolle Monumente, besonders in und um Albersdorf, der „klassischen Quadratmeile der Archäologie" (Volker Arnold). Der „Brutkamp" in Albersdorf oder der „Schalenstein" von Bunsoh sind guterhaltene, zur Besichtigung freigelegte jungsteinzeitliche Kammergräber, die vermutlich von den ältesten Ackerbauern und Viehhaltern, den ersten Generationen der Seßhaften, erbaut worden sind, als ewiges Haus für ihre Toten oder toten „Bosse". Informationen dazu bietet das sehenswerte Museum für Dithmarscher Vorgeschichte in Heide.

In dem Verhältnis von Geest und Marsch, jenem unmittelbar von der Nordsee angelieferten Land, sind die Bewohner Dithmarschens günstiger dran als etwa die von Nordfriesland. Dithmarschen ist vom Schicksal besonders bevorzugt worden. An den Nahtstellen von Geest und Marsch, genauer entlang der einst buchtenreichen alten Küste hat eine Nord-Süd-Strömung eine Nehrungslinie aufgebaut, auf die Dünen aufwehten. Vor ihr wuchs die Marsch. So liegt die Nehrung jetzt im Lande und reicht von Lunden über Stelle-Wittenwurth, liegt zum Teil im Untergrund zwischen Heide-Hemmingstedt-Meldorf und setzt sich über Gudendorf

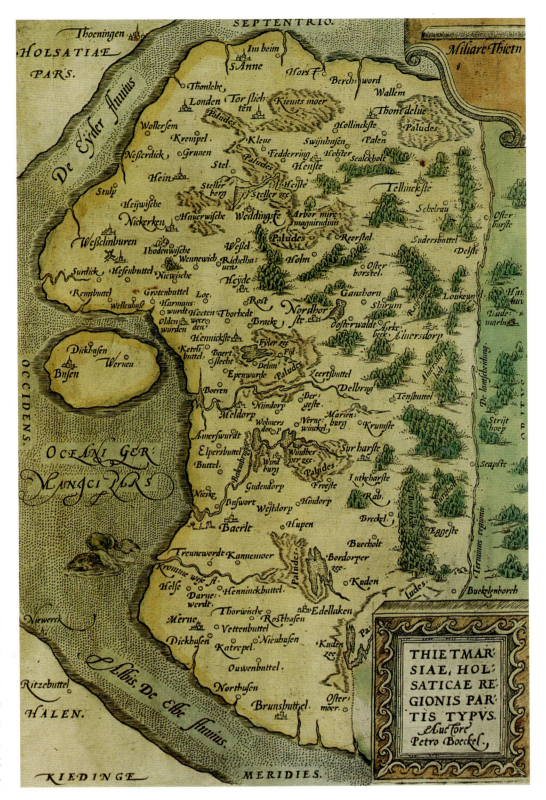

Die Karte von Peter Boeckel von etwa 1560 gibt die Lage Dithmarschens zwischen Eider, Elbe und Nordsee gut wieder. Geographische Genauigkeit im heutigen Sinn war nicht beabsichtigt. Büsum bildet noch eine Insel.

Dithmarschen: Skizze einer maritimen Kulturgeschichte

Weite Sicht auf das Vorland und die Elbe bei Neufeld nahe Brunsbüttel. Durch die Fototechnik wird die Elbe schmal, und hinter ihrem jenseitigen Uferstreifen taucht der Höhenzug der Wingst in Niedersachsen auf.

Verschiedene Darstellungen von Bewohnern der Westküste aus der Sammlung des Humanisten Heinrich Rantzau vom Ende des 16. Jahrhunderts. Die ersten drei Paare stehen für Dithmarscher: erst die „Kriegerischen und Starken" („bellicosi et fortes"), dann die ältere („matrona") und die unverheiratete Frau („virgo"). Zwei Männer tragen die als typisch geltenden weiten, unten geraden Hosen. Diese ähneln der Föhrer (Foere), Sylter (Sildia) und Stapelholmer Beinkleidung.

nach Süden fort, sich zum Dinger- und Averlakerdonn auffächernd. Donn heißt Düne. Bahn und Straße (B 5) benutzen diesen guten Untergrund streckenweise. Die größten Marschgebiete Dithmarschens liegen seewärts, westwärts dieser Donnlinie. Die vermoorten Niederungen dagegen östlich. So blieben Marsch und Moor in großen Teilen säuberlich getrennt, die Marsch frei von Mooren im Untergrund. Wer auf dem Deich von Büsum steht, hat außer den achteinhalb Metern Deich ungefähr zwanzig Meter kompakte Marsch unter sich, in Friedrichskoog sogar über dreißig Meter. Hier gab es keine Moorschichten wie in Nordfriesland, wo Marsch und Moor nicht so säuberlich getrennt gepackt sind. Zwar gab es in Dithmarschen genauso Deichbrüche wie in Nordfriesland, aber der Schimmelreiter konnte zu Hause bleiben. Nach der Flut ließen sich die Deichlücken wieder schließen, oft genug sogar mit einem Zugewinn an Land. Denn die Marsch war hoch genug, um von der nächsten normalen Flut nicht mehr überschwemmt zu werden. Dithmarschen hat fast immer nur Land dazu gewonnen, bis zur Eindeichung des Speicherkoogs 1978, dessen Hauptsiel vor Meldorf mit dem von Surfern benutzten Speicherbecken ein beliebtes Ausflugsziel ist. Das war in Nordfriesland anders, obgleich das Land genauso auszusehen scheint. Dort aber ging in den letzten sechs Jahrhunderten viel Land verloren.

Die verschiedenen Landschaftsentwicklungen trugen zu wesentlichen

Unterschieden in den Berufen und in der sozialen Gliederung der Bevölkerung bei. Dies wird durch eine Anekdote charakterisiert. Wenn ein Nordfriese auf dem Deich steht, so schaue er seewärts, ob nicht ein Schiff auftauche, auf dem er sein Geld verdienen könne. Während ein Dithmarscher auf dem Deich landeinwärts gucke und mit großer Handbewegung sage: „All min".

Es gilt als Allgemeinplatz, daß Matrosen, Steuerleute und Kapitäne aus Nordfriesland jahrhundertelang niederländische und anderer Händler oder Eigner Schiffe auf der Nordsee, im Eismeer und schließlich auf allen Ozeanen fuhren. Wer hat dergleichen aber je von Dithmarschern gehört? In Dithmarschen blieb das Land Ernährungsbasis und schuf die bäuerliche Struktur, wenn auch mit einem großen Anteil kleiner Besitzungen. In Nordfriesland hingegen reichte das nach den großen Fluten etwa von 1362 und 1634 verbliebene Land nicht hin und her und nötigte die Männer, nach Erwerb auf fremden Schiffen Ausschau zu halten.

Diese verschiedenen sozialen Phänomene sind durch die unterschiedlichen maritimen Schicksale zu begründen. Diese führten zu einem weiteren Unterschied, der Dithmarschen von allen anderen Küstenlandschaften absetzt: der Funktion und Bedeutung der „Geschlechter". Sie sind in Dithmarschen von Hause aus keine Sippen, sondern aus verschiedenen Familien gebildete Verbände, die sich als Siedlungs- und Rechtsschutzverbände zur Deichung und zur Kultivierung der Marsch zusammengeschlossen haben. Die Geschlechter blieben auch nach dem Deich- und Grabenbau zusammen, weil das gewonnene Land praktisch und rechtlich behauptet werden wollte. So gewannen die Personalverbände der Geschlechter einen erheblichen Einfluß auf die öffentlichen Angelegenheiten in Dithmarschen. Die Ausbildung der dithmarsischen Spielart des Geschlechterwesens zeigt sich also als eine Folge der dithmarsischen Spielart des Landzuwachses, der Trennung von Marsch und Moor durch die Nehrungslinie und der Küstensituation zwischen Elbe und Eider. Sie ermöglichte einen frühen Deichbau, der parallel zur Küsten- und Nehrungslinie große Vorlandareale in einem Zug in Kultur brachte. Das ließ sich nur überörtlich organisieren und von kooperierenden Verbänden leisten – während die mehr inselartig im Mit- und Nacheinander gedeichten Marschgebiete der Nachbarlandschaften die Frucht lokalorganisierter Sippen beziehungsweise Genossenschaften gewesen sein dürften.

Wie bei der Entstehung waren auch beim Ende der Geschlechtermacht in Dithmarschen maritime Faktoren wirksam. Diese Personalverbände hatten über lange Zeit, vom

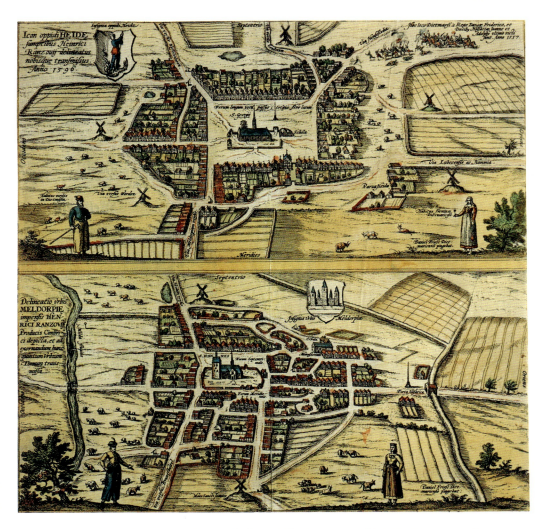

Heide (oben) und Meldorf (unten) im 16. Jahrhundert, gezeichnet von Daniel Freese, gedruckt im Städtebuch von Braun und Hogenberg von 1598. Die Stadtanlagen sind charakteristisch wiedergegeben, obgleich sie geometrisch geordnet, Straßen und Plätze begradigt wurden. Heides Kirche ist sogar fälschlich mitten auf den Platz gestellt worden, analog zu Meldorf.

Die Form der Lundener Kirche, erbaut im 12./13. Jahrhundert, ist charakteristisch für Dorfkirchen aus dem Mittelalter. An einen größeren Saal aus Feldsteinmauern schließt sich ein schmalerer für den Chor an. Er ist durch einen Anbau noch vor der Reformation ungewöhnlich lang geworden. Die Einrichtung wurde nach einem Brand 1835 neu beschafft. Die Kirche ist vom sogenannten Geschlechterfriedhof umgeben.

12. bis 15. Jahrhundert, in oft blutiger Rivalität untereinander und zu den territorial organisierten Kirchspielsgemeinden gestanden, denen die Hauptlast der Friedenswahrung oblag.

In diesen Auseinandersetzungen setzten die Hansestädte, Schrittmacher waren die Hamburger, auf die Territorialeinheiten der Kirchspielsgemeinden. Sie wurden wie die Städte von kleinen Ratskollegien großer Bauern regiert, die nach Bedarf mit den Hamburgern kooperierten. In den 1430er Jahren entspann sich wegen dieser und vielleicht weiterer Streitfragen eine schwere und blutige innerdithmarsische Fehde. In ihrem Verlauf lief eine kleine Flotte aus Büsum aus und versenkte in einem Überraschungsangriff Schiffe im Hamburger Hafen.

Hamburg steckte überall mit drin. Die Hansestadt an der Elbe stärkte die Partei, der an einer dauerhaften Instrumentalisierung der Friedenssicherung zwischen den einzelnen, zum Teil rivalisierenden Kirchspielen und zwischen ihnen und den Geschlechtern gelegen war. Das Ergebnis war die Etablierung eines Obersten Gesamtdithmarsischen Richterkollegiums, des Rates von 48 Herren, die ständig, das heißt jeden Sonnabend, auf dem Heider Markt zusammentraten. Das heutige Zentrum der Landschaft, Heide, das selbst nie am Wasser lag, verdankt seine Entstehung also einem Seekrieg, um es pointiert, wenn auch nicht ganz genau zu sagen. Das größte Dokument dieser Auseinandersetzungen wurde der Marktplatz in Heide, mit einer Grundfläche von mehr als vier Hektar unübertroffen in Deutschland. Der Platz wurde 1434–1438 „auf der Heide" für politische Versammlungen abgesteckt und mit einer Kapelle bestückt. Er setzte sich als Zentrum der Dithmarscher Landesversammlung gegen Meldorf durch, das bis dahin Metropole war. Um den Platz herum entstand ein neuer Ort, Heide eben, und auf ihm fand sich viel Raum für Viehhandel, Markt, Jahrmarkt – bis heute hin.

Mit dem Wirken dieses Obersten Schiedsgerichts wurden wilde Fehden schwieriger. Es brachte eine gewisse Befriedung, eine Disziplinierung der Geschlechter. Ihre Entmachtung aber brauchte noch rund 90 Jahre, bis ihnen von den inzwischen zu Regenten, das heißt regierenden Herren, aufgestiegenen 48 Richtern die Basis ihrer öffentlichen Wirksamkeit entzogen wurde: das Fehderecht. Es forderte am Ende noch ein prominentes Opfer, Peter Swin, „pater patriae", der 1537 im Zuge der Abkündigung des Beschlusses der 48er erschlagen wurde. Sein zeitgenössischer Gedenkstein („Sühnestein") steht aufrecht auf dem sogenannten Geschlechterfriedhof in Lunden, dem einzigen in alter Form erhaltenen Kirchhof, auf dem die Sandstein-Gruftplatten noch in originaler Situation liegen. Nur einzelne Steine stehen aus besonderem Grund aufrecht wie der von Peter Swin. Früher sahen alle Dithmarscher Friedhöfe so oder so ähnlich aus.

Mit der Ausbildung einer ständig präsenten zentralen Gewalt im Rat der 48 zwischen 1447 und 1537, dem Todesjahr von Peter Swin, verwandelte sich die Dithmarscher Föderation von Kirchspielen in ein Gemeinwesen mit staatlichem Charakter und eigener Obrigkeit, den 48ern. Zu ihnen stießen in der Zeit auch die Südstrander, die Elbanwohner in den Kirchspielen Eddelak, Burg, Brunsbüttel und Marne, die sich bei der Berufung der 48er draußen vor gehalten hatten. Es war verabredet gewesen, aus jeder der fünf Döfften, der alten Kirchspielsgruppen, zwölf Männer zu entsenden. Fünf mal zwölf, also 60 hätten es sein müssen, wenn nicht in Dithmarschen anders gerechnet worden wäre: Fünf mal zwölf sind 48. Das Fernbleiben der südlichen, im Elbmündungsbereich liegenden Kirchspielsbewohner läßt uns auch von dieser Seite her erkennen, wie die inneren Konflikte, die zur Ausbildung eines staatlichen Charakters führten, wesentlich motiviert worden sind von dem Verhältnis der Bewohner zur See, zur Elbe, zum hamburgisch-hansischen Verkehr – zu maritimen Fragen also.

Hinter alldem steckte wesentlich mehr als der Eigensinn führender Bauern, die auf dem Deich doch einmal seewärts schauten, um Mittel und Wege zu finden, an dem Schiffsverkehr zu partizipieren. Dahinter standen bäuerliche Schiffsherren, wie der Überfall auf den Hamburger Hafen zeigt, die im hansischen Verkehrsgebiet, in der Nordsee wie auch in der Ostsee bis ins Baltikum, operierten. Wo es ihnen vorteilhaft erschien, nahmen sie die Privilegien der Hansemitglieder in Anspruch, etwa beim Einkauf direkt bei Erzeugern im Baltikum. Wo es mehr Gewinn brachte, leugneten sie jede Verbindung mit der Hanse. Das brachte den Dithmarschern doppelten Gewinn. Die Rats- und Kaufherren in Lübeck sahen über die freibeuterische Wirtschaftspolitik der Dithmarscher Bauern hinweg und unterstützten sie seit etwa 1500 in ihrem Bestreben, Mitglied der Hanse zu werden. Für die Lübecker dürften weniger die im ganzen gesehen nicht allzusehr ins Gewicht fallenden querköpfigen Handelsaktivitäten der Dithmarscher interessant gewesen sein als die politische Stellung und Bedeutung der Bauernrepublik an der Nordsee zwischen Elbe und Eidermündung.

Seit auch die Herrschaft über Holstein im Jahre 1460 an das dänische Königshaus gefallen war, hatten die Lübecker ihre gefährlichsten fürstlichen Gegner unmittelbar vor der Haustür. In der weiträumiger gewordenen fürstlichen Herrschaft bildete allein der Bauernstaat noch eine republikanische Insel. Die Hansestädter sahen diese lieber am Elbmündungsgebiet als jeden Fürsten, auch wenn

Das Porträt von Markus Swin und seiner Frau von 1552 (oben) zeigt einen der „Regenten", d. h. regierenden Bauern Dithmarschens, aus Lehe bei Lunden. Das Porträt und der respektable Wohn-Schlafraum des Paares – der „Swinsche Pesel" – sind im Dithmarscher Landesmuseum Meldorf zu sehen.

Nach dem Verlust der Selbständigkeit 1559 wurde Dithmarschen am 21. Juli 1568 dreigeteilt. König Friedrich von Dänemark, Herzog Adolf (Gottorf) und Herzog Johann (der Ältere, Hadersleben) erhielten je ein Drittel und setzten ihr Siegel unter die Teilungsurkunde.

In Friedrichskoog (Bild) und Büsum bilden die Fischkutter kleine, aber eindrucksvolle, äußerst seetüchtige Flotten. Dort lassen sich Krabben und anderes Meergetier fangfrisch kaufen, sobald die Schiffe festgemacht haben.

die Bauern nicht immer bequeme Partner waren.

Die Hansemitgliedschaft Dithmarschens scheiterte letztlich am Widerspruch ausgerechnet der baltischen Städte. Sie wollten das selbstherrliche Auftreten der Dithmarscher, die sich je nach eigenem Vorteil als Hanseangehörige ausgaben oder nicht, nicht auch noch legalisiert wissen.

Im Jahre 1559 erledigte sich die Frage durch den Verlust der Selbständigkeit Dithmarschens und damit auch der eigenen Seehandelspolitik – abgesehen davon, daß es mit der hansischen Kooperation auch zu Ende ging, da viele Städte das Schicksal der Bauern teilten und fürstlich inkorporiert wurden.

Ganz sicher blieb die Basis der maritimen Orientierung unabhängig vom Regime erhalten. See und Flüsse blieben Hauptverkehrswege. Export der eigenen Agrarprodukte und Import gewerblicher Erzeugnisse für die Einrichtung der Häuser, der Kirchen und Friedhöfe blieben ein Thema bis etwa zum Ersten Weltkrieg. Kirchen und Museen, vor allem das Dithmarscher Landesmuseum in Meldorf, bieten reichlich Beispiel für die Zugehörigkeit des alten Dithmarschen zur Nordseeküstenkultur.

Beladen und gelöscht wurden die Schiffe in allen Jahrhunderten nicht an einzelnen ausgebauten Hafenplätzen, sondern an mindestens einem Dutzend Stellen vor den Deichsielen von Eider, Elbe, Nordsee, an einzelnen festen Uferkanten wie in Pahlhude oder vor Flußdeichen wie in Burg. Dabei waren, wie wir wenigstens fürs 18. und 19. Jahrhundert sagen können, Ladeplätze und Heimatorte der Schiffer respektive Schiffseigner keineswegs immer identisch. In Delve wohnten zeitweilig 20 und mehr Schiffer, es legten aber nur einzelne Schiffe im Laufe des Jahres zum Umschlag an. In Pahlhude war es umgekehrt. Hunderten von Schiffen, die dort jährlich be- und entluden, entsprachen nur wenige Schiffer, die dort beheimatet waren.

Die Lithographie von 1864 zeigt den „Hafen" von Wöhrden zwischen Meldorf und Büsum. In einer für Dithmarschen und die Westküste typischen Art liegt er ungeschützt vor dem Deich, dort, wo ein Siel, das im Vordergrund zu sehen ist, das Binnenwasser durch den Deich in einen Priel der Nordsee leitet. Eine Anlegebrücke wie hier gab es längst nicht überall, da sie im Winter der Zerstörungskraft der Sturmfluten ausgesetzt war. Der Ladeplatz ist durch den Speicherkoog verschwunden.

Mehrere Häfen sind heute noch aufzufinden, meistens im Ausbauzustand vom Anfang unseres Jahrhunderts. An der Eider sind es Pahlhude, Delve und Schülper Neuensiel, wo noch ein alter Speicher steht. Inzwischen im Binnenland liegen Wöhrden und Meldorf. Der älteste Teil des Büsumer Hafens vor dem Wellenbad lag vor dem Krieg noch außerhalb des damaligen Seedeichs. An der Elbe haben Neufeld und Brunsbüttel noch alte Hafenbecken. Der heutige Fischereihafen von Friedrichskoog, wo sich Krabben vom Kutter kaufen lassen, ist bei der Gewinnung des Koogs 1853/54 als Frachthafen wie üblich außerhalb des Deichsiels angelegt worden, mit nur geringen, jeder Sturmflut ausgesetzten Uferbefestigungen. Seinen Deichschutz erhielt er erst 1935 mit der Gewinnung des Dieksanderkoogs.

Moderne Schiffahrt in Schleswig-Holstein heißt heute Ostseeschiffahrt. Die Westküste gilt als schiffahrtsfeindlich, wäre auch nur lokal interessant, gäbe es nicht den Nord-Ostsee-Kanal. Seine Umschlagplätze halten eine Verbindung zur Weltschiffahrt offen. Dafür liegen an Dithmarscher Ufern bei Brunsbüttel mehrere Häfen beziehungsweise spezielle Ladeplätze. Die ganz großen Schiffe, auch Supertanker, die nicht mehr in den Kanal fahren können, haben seit 1967 einen eigenen Anleger vor dem Elbdeich östlich der Kanaleinfahrt. Er hat tiefes Wasser und entsprechende Ladegeräte. Binnenseits der Schleusen lassen sich Stückgut, Rohöl oder Ölprodukte umschlagen.

Allzeit spannend ist es auch, unmittelbar an den Schleusen das Ein- und Ausfahren großer Schiffe zu beobachten. Es sieht so aus, als ließen sie sich steuern wie Barkassen.

Der Ortsteil Brunsbüttel, der am Kanal beginnt, ist mit dem Bau der Wasserstraße 1886–95 als Kanalort „Brunsbüttelkoog" entstanden. Viele Häuser sind noch typisch für Bauten vor und nach 1900. Auch die Kirche ist für Spezialisten bemerkenswert,

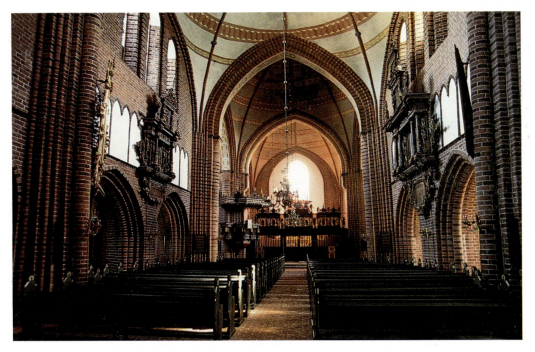

Ein Meisterwerk abendländischer Architektur: Der Meldorfer „Dom" gilt als der bedeutendste mittelalterliche Kirchenbau der Westküste zwischen Hamburg und Ribe/Dänemark. Am ehemaligen Hauptversammlungsplatz in Meldorf gelegen, ist er ein eindrucksvolles Zeugnis der weitreichenden Kontakte und der Macht der Republik Dithmarschen.

denn für die Bauzeit 1908–14 ist sie sehr modern.

Sehenswert ist das alte Kirchspieldorf Brunsbüttel, eine barocke Dorfanlage mit zentralem rechteckigem Platz, im Geviert angelegten Straßen und einer schönen Dorfkirche von 1679–1724. Das alte, aus dem Mittelalter stammende Dorf lag vor dem heutigen Elbdeich und ist in den 1670er Jahren wegen der zerstörenden Wirkung des Elbstroms zurückverlegt und in damals zeitgemäßer Form neu aufgebaut worden. Ein Museum am Kirchplatz bietet interessante Aspekte aus dem Schicksal des Ortes.

In Marne lief die Geschichte umgekehrt. Als die erste Kirche im 12./13. Jahrhundert gebaut wurde, kam sie dicht hinter dem Seedeich zu stehen. Seitdem ist immer wieder vorgedeicht worden, vom Marner Deich (16. Jahrhundert), Sophienkoog (1718), Kronprinzenkoog (1787), Friedrichskoog (1854) usw. bis zum Dieksanderkoog (1935). Marne wurde Zentrum mitten in der Marsch. Seit 1891 Stadt, bemühte es sich in der Folgezeit, den Stadtcharakter auch baulich zur Geltung zu bringen. Das Rathaus von 1914 und der Neubau der Kirche 1904–06 setzten interessante Akzente. Mit historisierenden Stilelementen gelang ein im Grunde moderner, großzügiger Hallenbau.

Indirekt kommt die Mittelpunktslage des Ortes auch im Museum des Marner Skatklubs von 1873 zum Ausdruck. Es enthält, gesammelt von prominenten Marner Skatbrüdern, die auch das Haus bauten, außer Kuriositäten viele bemerkenswerte Stücke alter Wohnkultur, vor allem von den einst wohlhabenden Bauernhöfen der Marsch. Das ist schon eine charakteristische, sehenswerte lokale Besonderheit. Museum und Kirche können den Eindruck erwecken, als sei an Meldorf Maß genommen.

Die Meldorfer Kirche – der sogenannte Dom – der einzigen mittelalterlichen Stadt des Bauernlandes zwischen Elbe und Eider, gilt als der bedeutendste gotische Kirchenbau zwischen Hamburg und Ribe in Dänemark. Es ist ein Backsteinbau des 13. Jahrhunderts mit Kuppeln, also eine Rarität. An seiner Stelle standen schon Jahrhunderte früher, seit 810–20, ältere Kirchen, von denen die Mission und später der Aufbau der Kirchenorganisation Dithmarschens ausgingen. Um die Kirche und den umliegenden Versammlungsplatz der Männer des Gaues Dithmarschen ist dann im 12./13. Jahrhundert die Stadt gebaut worden, deren Straßen und Wege heute noch benutzt werden.

In Meldorf zeigt das Dithmarscher Landesmuseum von 1872 eine vortreffliche Sammlung reicher bäuerlicher Kultur. Ihm ist seit 1975 die benachbarte ehemalige Gelehrtenschule angeschlossen mit sehenswerten Einrichtungen der Industriezeit – Bahnhof, Schule, Läden, Operationssaal, Kino, Wohnung und vielem anderen.

1986 ist eine große Außenstelle, die äußerlich wie eine eigene Einrichtung erscheint, eröffnet worden. Das Landwirtschaftsmuseum verdeutlicht, wie die bäuerliche Welt seit etwa 1850

zügig und zunehmend von Mechanisierung, Chemisierung und Industrialisierung erfaßt worden ist – ein wegweisendes Museum. Zu ihm gehört auch eine planvoll zusammengesuchte Aufpflanzung Alter Rosen, einst Schmuckstücke der bäuerlichen Gärten.

Am Meldorfer Markt lädt die Domgoldschmiede in einem historischen Haus auch zur Besichtigung eines vielfarbigen und vielgestaltigen Mineralienkellers ein. Nicht weit davon liegen die sogenannten Museumswerkstätten mit Handweberei, an der Straße nach Albersdorf außerdem eine Kunstweberei. Auch eine Kulturkneipe und Angebote für alternatives Bauen gehören zum Spektrum dieser reizvollen kleinen Stadt, die nicht viel mehr als 7 000 Einwohner hat.

Die neue Metropole Dithmarschens, Heide, ist hingegen mit reichlich 20 000 Einwohnern neben Husum eine der großen Städte der Westküste Schleswig-Holsteins. Von dem dominierenden Markt und seiner Entstehung im 15. Jahrhundert war schon die Rede. Die hervorragende wirtschaftsgeographische Lage brachte den aktiven Handel und Gewerbe treibenden Bewohnern guten Ertrag, hinterließ auch kulturelle Spuren wie das schon genannte Museum für Dithmarscher Vorgeschichte; ferner in dem Altstadtteil „Lüttenheid" das Geburtshaus-Museum des Mannes, der im vorigen Jahrhundert die plattdeutsche Sprache literaturfähig machte und selber viel dazu schuf: Klaus Groth (1819–1899).

Bemerkenswert ist auch die Kirche, im 15./16. Jahrhundert wie ein großer Dorfkirchenbau angelegt in Feldsteinen und Ziegeln. Von der Einrichtung fällt besonders der prunkvolle Barockaltar (1699) auf.

Heide lief Meldorf den Rang als Hauptort ab. Es begann im Jahr 1434 auf einem damals unbebauten Platz, dem heutigen Markt. Um ihn herum wuchs seitdem die Stadt. Dank guter wirtschaftsgeographischer Lage ist sie heute die größte Stadt Dithmarschens – wie Husum nördlich der Eider in Nordfriesland.

Dichtgedrängt stehen die Strandkörbe auf dem grünen Deich in Büsum, das bereits seit 1837 Seebad ist. Vom Deich aus gibt es großartige Ausblicke auf die Küste, das Meer, die Wolken und das Badeleben!

Das Pastorat und Sitz der Propstei des Kirchenkreises Dithmarschen-Nord neben der Kirche ist von Johann Georg Schott erbaut worden, einem Heider Zimmermann, der 1737/38 der Kirche in Wesselburen ihre heutige Gestalt gab. Ihm gelang damit ein kühner, eindrucksvoller Barockbau, hineinkonzipiert ins romanisch-gotische Außenmauerwerk, das als einziges bei einem großen Brand 1736 stehengeblieben war.

Das Feuer war in dem Haus östlich der Kirche entstanden, in dem heute das Museum des in Wesselburen geborenen Dramatikers Friedrich Hebbel (1813–1863) untergebracht ist. Es gehörte einst dem Kirchspielvogt, bei dem Hebbel als Junge und Helfer diente und mit Literatur in Kontakt kam. Wesselburen besitzt seit 1899 Stadtrecht, kann aber doch die Entstehung aus einem Kirchspieldorf nicht verleugnen. Es liegt auf einer alten Wurt (Wohnhügel) inmitten einer fruchtbaren Marsch.

Ist es recht, Büsum als letzten größeren Ort zu erwähnen? Was Besucherzahlen, Bekanntheit und Tradition als Seebad – seit 1837 – betrifft, müßte es an erster Stelle stehen. Eine Spur der dörflichen Tradition haftet ihm noch an durch die Wurt, auf der Kirche und Rathaus stehen, letzteres unverkennbar von demselben Architekten Carl Mannhardt erbaut wie das Marner. Aber auch im Gesamtcharakter blieben die Dimensionen der Bauten des Ortes bis auf einzelne Ausnahmen in traditionellen Maßen – ein wohltuendes Erbe.

Zum dörflichen Erbe gehört auch die Kirche, ein Bau des 15. Jahrhunderts mit schöner Einrichtung. Sie wird gern und irreführend als Fischerkirche bezeichnet, da die Fischerei und ihr Hafen heute einen großen Raum einnehmen. Das ist aber alles aus dem 20. Jahrhundert. Fischerei mit überörtlichem Absatz hatte hier erst Chancen seit dem Bau des Eisenbahnanschlusses (1883) zu den städtischen Märkten. Auch die Kutterflotten kamen erst damals auf!

War es das mit Dithmarschen?

Gewiß nicht. Offen gelassen sind viele Fragen zur Landschaft, zu Ortschaften, Wanderzielen, zur „Dithmarscher Schweiz" zwischen Albersdorf und Burg oder auch zu Kirchen als Dokumenten der Sozialtopographie. Gibt es doch Bauten, die schon fast als Eigenwerke großer Bauern angesehen werden können wie St. Annen bei Lunden, Neuenkirchen bei Wesselburen oder, unerwartet, das kaum auffindbare Kirchlein der Moorbauern in Schlichting. Landarbeiter und Kleinhandwerker haben sich eine eigene Kirche geschaffen, 1611 die von St. Michaelisdonn. Auch sie waren und sind Dithmarscher, ohne zu den immer wieder zitierten großen Bauern zu gehören, die den Ton angaben – früher, denn heute gehört der Berufsstand zur Minderheit von vielleicht sechs Prozent der Gewerbetreibenden. Auch im alten Bauernland sind Dienstleistung, Gewerbe sowie Industrie die Hauptarbeitgeber – und die Erholungsuchenden, nicht nur für die Küstenorte, sondern auch für viele Bauernhöfe.

Das mittlere Holstein und der Naturpark Aukrug: Von Bordesholm bis Bad Oldesloe

Gerd Stolz

Die Landstriche zwischen Bordesholm und Neumünster sowie von Bad Segeberg bis Bad Oldesloe werden gemeinhin unter der Bezeichnung Mittleres Holstein zusammengefaßt. Es ist ein Raum mit zahlreichen landschaftlichen Schönheiten zwischen flachen Ebenen, mit Wald und moorigen Niederungen, den letzten hügeligen Ausläufern der ostholsteinischen Endmoränen sowie Bächen, Seen und Flüssen.

In dieser Landschaft trennen sich die Einzugsbereiche von Ost- und Nordsee. Die Schwentine fließt in die Kieler Förde, die 124 Kilometer lange Trave, nachdem sie den Wardersee durchquert hat, in die Lübecker Bucht. Schwale und Stör, die sich bei Neumünster vereinigen, nehmen den Weg nach Westen zur Elbe und Nordsee – nur die Eider macht eine Ausnahme. Sie strebt zuerst zur Ostsee, knickt nur drei Kilometer vor der Kieler Förde am sogenannten Hornheimer Riegel ab, um dann nach Westen zu fließen und bei Tönning in die Nordsee zu münden. Mit 190 Kilometern ist die Eider der längste Fluß Schleswig-Holsteins.

Mitten durch diese weite, friedliche Endmoränenlandschaft verlief eine in der Frühzeit unserer Geschichte hart umkämpfte Grenze von der Kieler Förde über Bornhöved bis zur Trave bei Bad Segeberg und weiter nach Süden – der Limes Saxoniae (Sachsenwall). Doch von einer mit Mauer und Gräben befestigten Linie wie in Süddeutschland kann keine Rede sein, wenn es auch zahlreiche Burgen hüben und drüben gab. Davon sind einige heute noch als Erdwälle erhalten und für das geübte Auge in der Landschaft erkennbar. Bei Tensfelderau östlich von Bornhöved überquerte damals einer der wenigen Ost-West-Wege in einer Furt den zum Großen Plöner See fließenden Bach, und Adam von Bremen (um 1070) nennt als Richtungspunkt der Limes-Linie für die Agrimeswidil genannte Furt einen Stein zur Erinnerung an einen Kampf zwischen Sachsen und Slawen.

Dieser Raum sah im Jahre 1227 ein geschichtliches Ereignis, das bis auf den heutigen Tag wirksam ist. Auf dem Schlachtfeld von Bornhöved errangen in der „wüsten Einöde und der grenzenlosen Einsamkeit", die der Bremer Domherr Vicelin hier einst vorfand, die Holsteiner, Dithmarscher, Hamburger und Lübecker unter Führung von Graf Adolf IV. von Schauenburg im Kampf gegen die Dänen unter König Waldemar II. am Maria-Magdalenen-Tag (22. Juli) die Unabhängigkeit ihres Landes. Sie sicherten damit das Verbleiben Holsteins beim Reich und der Hansestadt Lübeck die ein Jahr zuvor verliehene Reichsfreiheit. Zur Festigung seiner Herrschaft gründete Graf Adolf IV. als letzte seiner holsteinischen Kolonisationsstädte an der Ostsee Kiel. Die dänische Vorherrschaft auf der Ostsee war dahin.

Die geographische Lage Bornhöveds im Schnittpunkt der großen Handelswege von Nord nach Süd, von Ost nach West war bereits Ursache für die erste dort stattgefundene Schlacht im Jahre 798, als die mit Karl dem Großen verbündeten slawischen Abotriten die sächsischen Nordalbingier schlugen.

Noch ein drittes Mal wurde Bornhöved Kriegsschauplatz. Am 7. Dezember 1813 schlug hier der schwedische Thronfolger und Regent Bernadotte, einst französischer Marschall in Napoleons Diensten, die mit Frankreich verbündeten, nach Norden fliehenden dänisch-schleswig-holsteinischen Truppen.

Jean-Baptiste Bernadotte wurde als Sohn eines Advokaten 1763 im süd-

Einst auf einer Insel – einem Holm – gelegen, ist von dem ehemals bedeutenden Augustiner-Chorherren-Stift in Bordesholm allein die heutige Kirche (oben) erhalten geblieben. Das turmlose Backsteingotteshaus läßt bereits in der Außenansicht verschiedene Bauabschnitte erkennen. Durch das lichte Langhaus geht im Innern der Blick auf den hochgotischen Chor, in dem einst der 1666 in den Dom zu Schleswig überführte, weltberühmte Schnitzaltar des Hans Brüggemann stand.

französischen Pau geboren, nahm seinen militärischen Aufstieg in den Armeen der Revolution und kam 1810 dem Ruf nach, dem kinderlosen Karl XIII. aus dem Hause Wasa auf den schwedischen Thron zu folgen – es war ein Glücksgriff für Schweden, denn aufgrund seiner klugen, umsichtigen Politik begann mit dem Kieler Frieden von 1814, in dem er Norwegen von Dänemark für Schweden gewann, eine lang anhaltende Friedensperiode, die auf ganz Skandinavien ausstrahlte. Bernadotte bestieg 1810 als Carl XIV. Johan den schwedischen Thron, doch weigerte sich die schwedische Ritterschaft, den Begründer der Dynastie als Bürgerlichen in den Ritterstand aufzunehmen – kein Wunder, denn einer Überlieferung zufolge soll der einstige Revolutionär auf seiner Brust die Tätowierung „Mort aux Rois!" (Tod den Königen!) getragen haben.

Vicelin, der aus Westfalen stammende Apostel der Wenden, weihte 1149 die seinen Namen tragende Kirche in Bornhöved, ein markantes Denkmal der Missionszeit in Holstein, und war auch der Ahnvater des von Neumünster nach Bordesholm verlegten Klosters. Sein Grab befand sich einst neben dem Altar der Kirche in Bordesholm. Doch als 1614 Herzog Wilhelm von Bayern die Auslieferung der Gebeine verlangte, wurden sie heimlich an einen unbekannten Platz innerhalb der Klostergebäude umgebettet und sind seitdem verloren.

In der Zeit von 1327 bis 1332 zogen die Augustiner Chorherren aus dem unruhigen Neumünster auf die ruhige Insel im See nahe dem damaligen Dorf Eiderstede. Von den wohl ehemals umfangreichen Klosterbauten in Bordesholm sind allerdings außer der Kirche nur einige Kellergewölbereste im benachbarten Altersheim erhalten.

Die turmlose, nur mit einem Dachreiter geschmückte, um 1500 vollendete Backsteinkirche St. Maria bietet viele Sehenswürdigkeiten. Im Innern fallen dem Besucher sogleich das 1509 gestiftete Chorgestühl mit 30 Sitzen, ein Meisterwerk spätgotischer, vermutlich lübischer Holzschnitzkunst, und das prächtige Bronze-Freigrab von 1514 mit den liegenden Stifterfiguren des späteren Königs Friedrich I. von Dänemark und seiner Frau Anna Markgräfin von Brandenburg ins Auge.

In der sogenannten Russischen Kapelle, dem letzten Rest des klösterlichen Kreuzgangs, steht der helle Marmorsarkophag des 1739 verstorbenen Herzogs Carl Friedrich von Holstein-Gottorf, der mit Anna Petrowna, der ältesten Tochter Peters des Großen, verheiratet war. Er war der Vater des 1762 ermordeten Zaren Peter III., des Stammvaters der russischen Zarendynastie. Und auch der Staatsmann Caspar von Saldern, der die holstein-gottorf-russische Frage lösen half, fand 1786 in einer – der Öffentlichkeit nicht zugänglichen – Kapelle seine letzte Ruhe.

In der Kapelle neben dem Eingang stehen die beiden ovalen Sarkophage (1763) aus graugrünem Marmor von Herzog Georg Ludwig von Holstein-Gottorf, dem Onkel der Zarin Katharina II. und Statthalter der Großfürstlichen Lande in Holstein, und seiner Frau Sophie Charlotte, die durch ihren Sohn Peter Friedrich Ludwig zu den Stammeltern des großherzoglich-oldenburgischen Hauses wurden. Den Text der Nachrufe auf den beiden Sarkophagen verfaßte Johann Heinrich Voß, der berühmte Homer-Übersetzer.

1566 wurde das Chorherren-Stift im Zuge der Reformation aufgehoben und in den Klostergebäuden eine Gelehrtenschule gegründet, aus der mit ihrer Verlegung nach Kiel im Jahre 1665 die Landesuniversität erwuchs. Da die Klosterkirche nun keine Gemeinde mehr besaß und verödete, wurde auf herzogliches Geheiß 1666 der um 1520 geschaffene, mit 16 Meter Höhe gewaltige Schnitzaltar von Hans Brüggemann in den Dom St. Petri der Residenzstadt Schleswig übergeführt – der „Bordesholmer Altar" ist dort noch heute.

Vor der Kirche steht eine große ca. 400 Jahre alte Gerichtslinde, deren Zweige 28 Meter weit klaftern. In ihrem Schatten fand einst das Tilialgericht, eine Art Schöffengericht (lateinisch tilia = Linde), statt.

Auf der Landbrücke am Bordesholmer und Einfelder See vorbei, wo sich die Reste einer Rückzugsburg der Holsten befinden, erreicht man bei Einfeld den Zugang zum Dosenmoor. Es ist das südöstlichste Vorkommen eines offenen atlantischen Hochmoors mit einer bis zu zwölf Meter starken Torfschicht. Die höchste Wölbung des Dosenmoors liegt ca. sieben Meter über dem Spiegel des Einfelder Sees.

Die Entstehungsgeschichte des Bordesholmer Klosters führt zurück nach Neumünster. Als Pfarrherr des Ortes Wippenthorp gründete Vicelin 1127 das „Novum Monasterium", das Neue Münster, und dieser Name ging auf die Siedlung über und blieb ihr bis heute. Neumünster lag an der Kreuzung zweier großer Handelswege, der „Lübschen Trade" und des sogenannten Ochsenweges. Von zahllosen Gästen, Pilgern und Wallfahrern überlaufen, wurde das Kloster ab 1327 nach Bordesholm verlegt. Das 1164 errichtete Gotteshaus an der Stelle einer zuvor um 1120 von Vicelin errichteten und von den Wenden zerstörten Kirche wurde 1811 abgebrochen. Ersetzt wurde es 1828–34 durch einen Neubau des Landbaumeisters Christian Friedrich Hansen – gleichzeitig mit der Marienkirche in Husum. Die Vicelinkirche gilt als die bedeutendste, ausdrucksvollste klassizistische Kirche in Schleswig-Holstein.

Nach schweren Kriegszerstörungen ist in Neumünster kaum noch etwas an alter Bausubstanz außer Kirche und einstigem Amtshaus (heute Jugendherberge) erhalten. Caspar von Saldern ließ den stattlichen, heute seinen Namen tragenden Herrensitz von 1744 bis 1746 im Stil zwischen Rokoko und Klassizismus errichten. Die beiden seitlichen Anbauten wurden 1947 auf Anordnung der britischen Besatzungsmacht hinzugefügt, als sie das Haus für ihre Zwecke nutzte.

Auf Salderns Einfluß zurückzuführen ist auch die Katharinen-Kirche im nahegelegenen Großenaspe. Sie wurde 1771/72 von Landbaumeister Johann Adam Richter in der Zeit der zehnjährigen vormundschaftlichen Regentschaft Katharinas II. für ihren minderjährigen Sohn Paul, der rechtmäßiger Erbe von Holstein-Gottorf war, erbaut. Man sagt, die Einwohner Großenaspes hätten Katharina bei einem Besuch der Großfürstlichen Lande besonders herzlich begrüßt, und aus Freude darüber hätte sie die Mittel für den Bau der Kirche bereitgestellt. Der Wahrheit entspricht eher, daß Saldern in Erinnerung an seine Jugend und Tätigkeit als Amtsverwalter in Neumünster seinen Einfluß bei der Zarin geltend machte für den Neubau der Kirche an Stelle einer baufällig gewordenen Kapelle aus dem 16. Jahrhundert.

Neumünster liegt als zentraler Verkehrsknotenpunkt zwischen Hamburg, Itzehoe, Kiel, Lübeck und Schleswig. Nach schweren Zerstörungen im Zweiten Weltkrieg blieb der Stadt nur wenig alte Bausubstanz erhalten. Ein kaum beachtetes Prachtstück der Stadt an der Schwale ist die Vicelinkirche (1828–34), ein klassizistischer Neubau von Christian Friedrich Hansen anstelle des zuvor abgerissenen Vorgängerbaues.

Der Naturpark Aukrug liegt westlich von Neumünster in einer „Nische" zum Nord-Ostsee-Kanal. Zahlreiche Wanderwege bieten reizvolle Ausblicke auf die wiesen- und gewässerreiche Region.
Im Naturpark Aukrug liegt im Ortsteil Bünzen die Wassermühle (unten) mit dem oberschlächtigen, also durch Wasser von oben angetriebenen, ca. zwei Meter breiten „Pansterrad", wie es jahrhundertelang unverändert für Mühlen dieses Typs gebaut wurde. Ab Mitte des 19. Jahrhunderts verschwanden diese klassischen Wassermühlen durch den Wandel in der Mühlentechnik nach Erfindung der Turbine im Jahre 1849.

Andererseits soll die Zarin nach der Überlieferung bei einem zweiten Besuch ausgerufen haben, sie hätte eine Kirche bezahlt und einen Stall vorgefunden. Das Gotteshaus, dessen Ausstattung noch aus der Erbauungszeit stammt, erhielt seinen Namen allerdings nach der Bauherrin, nicht nach der Schutzpatronin.

Südlich von Großenaspe in einem Niederungssystem zwischen der Osterau, der Schmalfelder Au und der sich hier aus ihnen bildenden Bramau liegt in einer ruhigen Landschaft auf trockenem Boden das 1274 zum ersten Mal urkundlich erwähnte Bad Bramstedt. Seinen Ruf als „Rheuma-Heilstätte" allerdings verdankt der Ort nicht der bereits 1681 durch einen Zufall entdeckten Heilquelle – obgleich als „Gesundbrunnen" bis in das 19. Jahrhundert genutzt – sondern der 1872 erbohrten Moorsalzquelle.

Die geographisch günstige Lage an den Übergängen zwischen Niederungen, Mooren und Flüssen – auch hier kreuzten sich große Handelsstraßen von Lübeck nach Dithmarschen und der „Ochsenweg" – ließ die Marktsiedlung entstehen. Wahrzeichen des Ortes und der Marktgerechtigkeit des Platzes sowie Mittelpunkt der Blee(c)k genannten marktartigen Verbreiterung der Straße ist der Roland – nicht immer friedliche Zeitläufe sah die Figur, und so ist der heutige Roland auch keineswegs das ursprüngliche Standbild. Die älteste Figur aus dem 15. Jahrhundert war aus Holz und verbrannte 1626; der zweite Roland, ebenfalls aus Holz, wurde 1654 aufgestellt, 1693 vom Sturm umgeweht und danach durch einen steinernen ersetzt, der 1813 durch in dem Ort lagernde Truppen stark beschädigt und 1827 so wiederhergestellt wurde, wie er heute steht – auf verputztem Postament ein ca. 2,40 Meter großer, bärtiger Mann in römischer Kriegstracht, in der seitwärts ausgestreckten Rechten ein Schwert emporhaltend.

Wenige Schritte hinter dem Roland steht das breite, 1647 errichtete Torhaus, der einzige Rest und einst der Zugang zu einer weitaus größeren Hofanlage. Der dänische König Christian IV., ehemals Eigentümer der Anlage, schenkte das Gut 1633 der im Nachbardorf geborenen Bauerntochter Wiebke Kruse, die nach einer nicht ganz stichhaltigen Überlieferung seine ihm „zur linken Hand" angetraute dritte Gemahlin gewesen sein soll – auf jeden Fall wandte er seine Aufmerksamkeit der wegen ihrer natürlichen Frische und offenen Art gepriesenen jungen Holsteinerin zu.

Wenden wir uns von hier für einen Abstecher nach Nordwesten. In einer „Nische" zum Nord-Ostsee-Kanal liegt der Naturpark Aukrug (ca. 35 000 Hektar), eingerahmt von den Orten Hohenlockstedt, Hohenwestedt, Nortorf und Kellinghusen, das im 18. Jahrhundert durch seine Fayencemanufakturen berühmt wurde. Aukrug wurde als vierter Naturpark Schleswig-Holsteins 1971 gegründet. Sein Nordteil gehört zum Kreis Rendsburg-Eckernförde, der Südteil zum Kreis Steinburg. Die „Gipfel" des Naturparks haben eine Höhe um die 60-Meter-Marke, so daß sich die Landschaft mit ihren Höhenzügen und zahlreichen Waldstücken dem Wanderer ohne Schwierigkeiten erschließt und viele reizvolle Ausblicke in eine zugleich wiesen- und gewässerreiche Gegend bietet.

Das Privatmuseum „Dat ole Hus", ein Fachhallenhaus ohne Schornstein aus dem Jahre 1804 im Ortsteil Bünzen, vermittelt dem Besucher in einer Wohnung einen Eindruck von den Lebens- und Arbeitsverhältnissen in dieser ländlichen Gegend vor ca. 200 Jahren, eine zweite Wohnung ist mit Hausrat und Möbeln aus der Zeit um die Jahrhundertwende eingerichtet. „Die" Attraktion des Ortes ist allerdings die alte Wassermühle aus dem 17./18. Jahrhundert, eine der ganz wenig erhaltenen in Schleswig-Holstein, deren Räder und Mahlwerk noch vorhanden sind.

Im Westen des Naturparks Aukrug und nur wenige Kilometer vor dem Nord-Ostsee-Kanal liegt der Doppelort Hanerau-Hademarschen. In das holsteinische Kirchdorf Hademarschen, in dem sein Bruder Johannes ein Sägewerk und einen ausgedehnten Holzhandel betrieb, zog sich Theodor Storm nach seiner Pensionierung 1880 zurück. Er baute sich dort eine Altersvilla aus heimischem Backstein, die er im Mai 1881 bezog und die aufgrund des Steinmaterials als „roter Würfel" bekannt wurde. Die letzten sieben Jahre seines Lebens verbrachte Storm in diesem Haus. Als letzte Erzählung vollendete er hier 1888 den „Schimmelreiter", wohl die Krönung seines Schaffens und sein bekanntestes, bis heute lebendiges Werkstück.

In der Nähe des Waldfriedhofs, von Storms Tochter Gertrud in ihren „vergilbten Blättern" als Mennonitenfriedhof bezeichnet, unfern des Herrenhauses des Gutes Hanerau, kündet seit 1993 eine lebensgroße, in Heiligenstadt von Werner Löwe geschaffene Bronzestatue von Theodor Storms Lebensabend – auf einer Bank sitzend, den Körper seitwärts aufgestützt, schmückt der alternde Storm jene Stelle, die häufig in seinen letzten Lebenstagen Ziel seiner Spaziergänge war und wo er unter schattigen Bäumen einst ruhen wollte.

Doch zurück ins mittlere Holstein: Auf dem Weg von Neumünster nach Bad Segeberg fährt man an Trappenkamp, einer Neugründung in Schleswig-Holstein nach dem Zweiten Weltkrieg, vorbei. Ursprünglich eine als Übungsplatz genutzte Heidelandschaft, wurde das Gebiet nach dem Ersten Weltkrieg aufgeforstet und ab 1936 mit schließlich 150 Bunkern und anderen Gebäuden eines Sperrwaffenarsenals der Kriegsmarine bebaut. Nach dem Zweiten Weltkrieg diente das entmilitarisierte Gelände zunächst als Standort für Notunterkünfte für Heimatvertriebene, ab 1956 entwickelte sich in der dann selbständigen Gemeinde eine gewerblich-industrielle Wirtschaftsstruktur mit neuen Wohnbauten, Schulen, kulturellen und Versorgungseinrichtungen.

Inmitten einer seen- und waldreichen Landschaft liegt malerisch am Fuße des heute 91 Meter hohen Kalkberges im Travebogen die Kreisstadt Bad Segeberg. Der Name der Segeberger Landmarke ist irreführend, denn die Schale des Berges besteht im wesentlichen aus Gips. Ursprünglich hatte der Berg eine 110 Meter hohe, kegelförmige Kuppe, die einst die 1134 auf Anraten Vicelins erbaute Burg, die Sigeburg (Siegesburg) trug. Schon sehr zeitig begann man mit dem Gipsabbau, und die Hansestadt Hamburg unterhielt zeitweise sogar einen regelrechten Frachtverkehr, um den Kalk über die Alster nach Hamburg zu bringen. Einziger Überrest der Burg ist der noch vorhandene, einst 84,2 Meter, doch heute nur noch 42,5 Meter tiefe Burgbrunnen.

Durch den jahrhundertelangen, erst 1950 eingestellten Gipsabbau wurde nicht nur der alte Burgplatz zerstört, sondern es entstand im Laufe der Zeit ein tiefer Einschnitt, in dem dann das auch wegen seiner guten

Die Umgebung der Kreisstadt Bad Segeberg ist geprägt von zahlreichen Seen – u. a. Großer Segeberger See, Ihlsee, Mözener See und Warder See. Sie sind Reste eines großen eiszeitlichen „Eisstausees" im Bereich der heutigen oberen Trave, dessen Größe einst eine Fläche von circa 12 000 Hektar bedeckte. Heute liegen sie als Binnengewässer – zum Teil mit erheblichen Umweltschäden – eingebettet in die ostholsteinische Knicklandschaft.

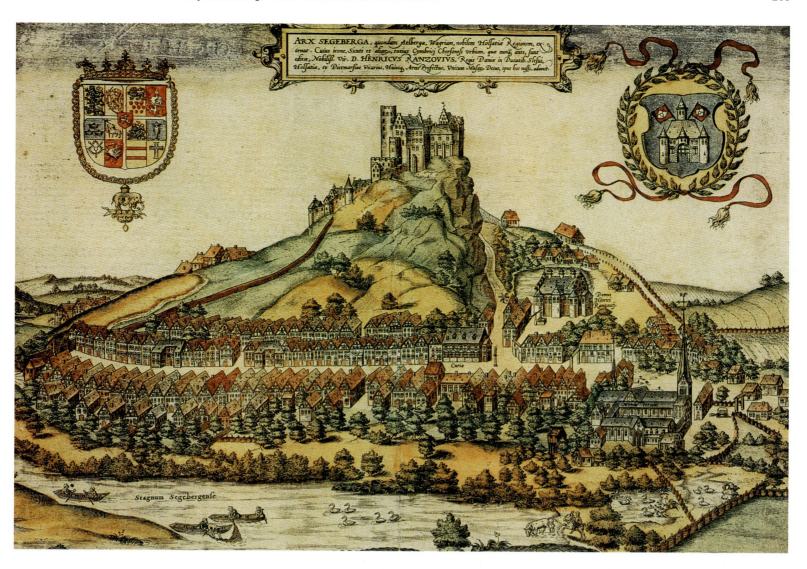

Alle frühen Bilddarstellungen Bad Segebergs – hier aus dem Städtebuch von Braun-Hogenberg, 1588 – zeigen zwei Dominanten: die Burg, die Kaiser Lothar III. im Jahre 1134 auf Anraten des tatenfreudigen Vicelin auf dem ungewöhnlichen Gipsfelsen anlegte, und die um 1160 begonnene Kirche des Augustiner-Chorherren-Konvents am Fuße des Kalkbergs. Die Burg wie auch den dritten bedeutenden Bau der Stadt, das Haus Heinrich Rantzaus – der von 1556 bis 1598 als Statthalter des Herzogs von Holstein auf der Burg residierte –, gibt es nicht mehr. Lediglich die St.-Marien-Kirche hat mit einigen baulichen Veränderungen die Zeitläufe überstanden und ist einer der monumentalen Backstein-Kirchenbauten Norddeutschlands.

Akustik bekannte, 1938 vollendete Freilichttheater mit Plätzen für 1 000 Besucher gebaut wurde. Seit 1952 finden vor der Felsenkulisse alljährlich in den Sommermonaten die Karl-May-Festspiele statt, die die Stadt weit über die Landesgrenzen hinaus bekanntgemacht haben.

Seit spielende Kinder im Jahre 1913 die 1 300 Meter langen Kalkberg-Höhlen entdeckten, haben schon über fünf Millionen Besucher die unterirdische Wunderwelt aus vielen Farben, Gängen, Grotten und Seen betrachtet. Zahlreiche seltene Moose, ca. 140 verschiedene Fledermaus-Arten und der nur hier vorkommende Höhlenkäfer Choleva Holsatica haben bei nahezu hundertprozentiger Luftfeuchtigkeit hier ein Zuhause.

Gleichsam im Schatten des Kalkbergs liegt hinter einer ausgedehnten Rasenfläche die St.-Marien-Kirche, eine der frühesten norddeutschen Backsteinkirchen und neben dem Ratzeburger Dom der einzige spätromanische Großbau Schleswig-Holsteins. Die einstige Klosterkirche wurde um 1160 begonnen. Die Gestalt der Stiftskirche des späten 12. Jahrhunderts ist weitgehend bewahrt, während vom ehemaligen Kloster nur noch die zweischiffige St.-Johannis-Kapelle im Winkel zwischen Chor und Norderarm geblieben ist. Großartig ist die Wirkung des schlichten Innenraums, in dem erstmals in aufwendiger Weise der Backstein als neuartiger Werkstoff auch für Pfeiler und Säulen verwendet worden ist.

Südlich von Bad Segeberg liegt am hohen Ufer der Trave im Schatten alter Linden Traventhal, einst der Lieblingssitz der Herrscher des Herzogtums Schleswig-Holstein-Sonderburg-Plön. Hier wurde 1700 der vom schwedischen König Carl XII. erzwungene Frieden mit Dänemark geschlossen, hier spielte sich 1770 bei einem Besuch der Königin Caroline Mathilde ein Teil ihrer tragischen Liebesromanze mit dem Grafen Struensee ab. Das kleine Schlößchen existiert nicht mehr, von dem seinerzeit berühmten Garten ist nur die verfallene Grotte erhalten.

Von der Straße Bad Segeberg–Ahrensbök durchschnitten wird der von der Trave durchflossene Wardersee, ein mächtiger nacheiszeitlicher Stausee von ehemals ca. 12 000 Hektar Ausdehnung, heute ca. 470 Hektar groß. Das Gebiet um den See war in vorgeschichtlicher Zeit dicht besiedelt, denn es gibt dort zahlreiche bronzezeitliche Hügelgräber, alteisenzeitliche Urnenfriedhöfe und Reste wendischer Burgen, unter anderem bei Strenglin die größte einteilige Burg der Slawen in Wagrien aus dem 9./10. Jahrhundert.

Auf dem Weg nach Bad Oldesloe überquert man die Grenze nach Stormarn, früher ein weit nach Westen bis an die Krückau reichender Gau der Sachsen. Stormarn war im Mittelalter das Durchgangsland für den Handel zwischen Hamburg und Lübeck, was sich auf die Wegeführung und Lage der Siedlungen auswirkte.

Ein Denkmal dieser hansischen Wirtschaftsgeschichte ist in Sülfeld mit den Resten des Alster-Trave-Kanals erhalten. Der 1525–30 erbaute Kanal mit zahlreichen Kastenschleusen war wasserbautechnisch unzureichend. Nach 20jährigen Betrieb wurde die durchgehende Kanalschiffahrt eingestellt.

Bei Alt-Fresenburg nördlich von Bad Oldesloe kann man noch heute das Gegeneinander von Slawen und Holsten am Limes Saxoniae erkennen. In der Nähe einer wohl schon in vorgeschichtlicher Zeit benutzten Furt durch die hier sehr schmale Trave liegt mit der Alt-Fresenburger Schanze die am weitesten nach Westen vorgeschobene slawische Befestigung, ihr gegenüber die von Holsten errichtete Nütschauer Schanze.

In Bad Oldesloe erinnert ein kleines weißes Reetdachhaus, die Menno-Kate, an Menno Simons, der die letzten Jahre seines Lebens bis zu seinem Tod 1561 in Alt-Fresenburg verbrachte. Die um die Mitte des 16. Jahrhunderts aus Flandern vertriebene strenggläubige Religionsgemeinschaft der Mennoniten fand hier eine Zuflucht. In der Menno-Kate, dem einzig erhalten gebliebenen Gebäude ihrer Heimstätte, betrieben sie eine Druckerei.

Die Travestadt Bad Oldesloe, in der 1637 Dietrich Buxtehude geboren wurde und 1821–34 Theodor Mommsen seine Jugendjahre verlebte, bietet ansonsten kaum touristische Attraktionen. Auf halbem Wege zwischen der Kreisstadt und Lübeck liegt aber Reinfeld, ein beschaulicher Ort, dem man seine einstige überragende Bedeutung als Gründung der von Graf Adolf III. von Schauenburg ins Land gerufenen Zisterzienser im Jahre 1186 und eines Zentrums großer klösterlicher Sinn- und Machtentfaltung nicht mehr ansieht. Auch daß hier im 17./18. Jahrhundert die Herzöge von Schleswig-Holstein-Sonderburg-Plön ein Schloß hatten, kann man mit großem Spürsinn nur noch an bescheidenen Resten ausmachen.

Die Zisterzienser brachten ausgehend von ihrer Ordensregel, nach der sie Fische als Fastenspeise benötigten, große Kenntnisse in der Teichbewirtschaftung und Fischzucht mit. So werden heute noch nach über 800 Jahren in dem von ihnen angelegten Herrenteich die schmackhaften Reinfelder Silberkarpfen gezüchtet. Die „Ernte", das Abfischen dieses wie der anderen Teiche, wird alljährlich mit dem Karpfenfest gefeiert. Der Karpfen ist im übrigen das Reinfelder Wappentier.

Unweit des Herrenteiches liegt das ehemalige Pastorat, ein hübscher Fachwerkbau, in dem 1740 der Pastorensohn Matthias Claudius geboren wurde, der „Wandsbecker Bote", wie er in Anlehnung an seine 1771 erschienene Schrift häufig liebevoll genannt wird.

Das mittlere Holstein zählt zu den lieblichsten Landstrichen Schleswig-Holsteins, hier ist die Landschaft weitläufig und „einfach". Gegensätze treten nicht so kraß in Erscheinung, und daß mit dem 60 Quadratkilometer großen Segeberger Forst in diesem Bereich das zweitgrößte geschlossene Waldgebiet Schleswig-Holsteins nach dem Sachsenwald liegt, wird kaum bewußt. Naturerlebnisse, die Tier und Pflanze als Bedeutungsträger für unsere Umwelt aufzeigen, vermitteln in unterschiedlicher Art der Heimattierpark Neumünster, der Wildpark Trappenkamp und der Wildpark Eekholt – sie zeigen, daß die Natur als biologischer Kreislauf nur im Miteinander funktioniert und der Mensch lediglich ein Teil dieser Lebensgemeinschaft ist.

Rund um Hamburg: Der Halbkreis von Glückstadt bis Geesthacht

Eckardt Opitz

Die Anfänge Hamburgs sind Teil der Geschichte Stormarns; doch schon früh hat die Stadt den Willen bekundet, sich aus der territorialen Herrschaft der Schauenburger Grafen zu lösen. Jahrhundertelang hatte sich die Existenz als „Freie Reichsstadt" als vorteilhaft erwiesen. Aber bereits im 19. Jahrhundert wurde deutlich, daß der Stadt die Mauern zu eng geworden waren. Selbst Altona, die konkurrierende „Schwester" suchte nach Größe und verband sich 1927 mit Ottensen zu „Groß-Altona". Im Groß-Hamburg-Gesetz von 1937 wurden die Grundlagen für den heutigen Stadtstaat Hamburg durch eine Expansion nach allen Himmelsrichtungen geschaffen. Dabei fielen auch Gemeinden des Kreises Stormarn an Hamburg. Die Hansestadt hatte dafür Groß-Hansdorf und Geesthacht – beide Orte waren zuvor Exklaven – an Schleswig-Holstein (und damit an Preußen) abzugeben.

Viele Hamburger, die während des Krieges ausgebombt wurden, fanden Zuflucht und Unterkunft im Umland. Die meisten kehrten später zurück, andere blieben auf dem Lande wohnen, auch wenn sie in Hamburg wieder einen Arbeitsplatz fanden. Nach 1945 entstanden nördlich der Elbe zwei Länder: Hamburg und Schleswig-Holstein. Der wirtschaftliche Aufschwung nach 1948 erlaubte es den Hamburgern bald, in der Freizeit und an Wochenenden Erholung im Umland zu suchen. Zwischen der Stadt und ihrer Umgebung entstand eine Verbindung, die sich durch politische Vorgaben kaum begrenzen ließ. Was als Tages- und Wochenendtourismus begann, entwickelte sich weiter. Viele Hamburger machten aus ihren Ausflugszielen Domizile; man zog aufs Land, weil dort die Grundstückspreise günstiger waren. Darüber hinaus ergab sich eine Gegenbewegung, die letztlich einen ähnlichen Effekt hatte: Hamburg bietet für viele Bewohner des Umlandes Arbeitsplätze. Das Pendeln hat also nicht nur zwei Motive, sondern auch zwei Richtungen. Begreifen wir diese als eine Art Dialog, ergibt sich daraus eine reizvolle, aber auch spannungsgeladene Auseinandersetzung zwischen der Metropole und dem weitgefächerten Umland.

Um Hamburg herum entstand ein „Speckgürtel": Gemeinden, in denen Menschen leben, die in Hamburg arbeiten, aber außerhalb der Grenzen des Stadtstaates wohnen und dort auch ihre Steuern zahlen. Im Laufe der Jahrzehnte ergab sich nach Süden und Norden gleichermaßen ein Raum, der zwar nicht historisch zu begründen ist, der aber als wirtschaftliche und auch kulturelle Realität begriffen werden kann.

Wer von Hamburg elbabwärts fährt, kommt zunächst nach Wedel, einer holsteinischen Stadt, die zwar wirtschaftlich von der Nähe Hamburgs profitiert hat, aber auch nach längerem Atemholen nicht bereit ist, ihre kulturelle Eigenständigkeit preiszugeben. Wedel war jahrhundertelang der Platz, an dem sich der von Jütland nach Süden führende Ochsenweg gabelte. Auf dem Marktplatz, unter dem Schutz des Rolands (die Frage, ob es sich bei dieser erst 1651 errichteten Figur um einen Roland oder um ein Standbild Karls des Großen handelt, kann und soll hier nicht erörtert werden) wurden die Viehherden nach Süden oder nach Westen über die Elbe hinweg verkauft und verschifft.

Im 17. Jahrhundert gingen von Wedel literarische Impulse aus, die in ganz Deutschland Beachtung fanden. Von 1634 bis 1667 wirkte Johann Rist (1607–1667) als Pastor in Wedel. Er war einer der bedeutendsten Lyriker seiner Zeit und der Begründer des „Elbschwanenordens", einer der zu seiner Zeit in Mode gekommenen „sprachreinigenden Gesellschaften".

Von Wedel gelangt man in die Haseldorfer Marsch, eine Landschaft, in der bis vor kurzem das Handwerk der Bandreißer gepflegt wurde. Dabei handelt es sich einerseits um den Anbau von Weiden (zumeist im Vordeichgebiet) und andererseits um die Fertigkeit, Weidenzweige so zu spalten, daß daraus Körbe geflochten oder Faßbänder gefertigt werden können. In der Haseldorfer Marsch haben die Ahlefeldts über lange Zeit eine bedeutende Rolle gespielt. Detlev von Ahlefeldt war Diplomat im Dienst des dänischen Königs und zugleich ein begabter Schriftsteller, wie seine Memoiren ausweisen. Haseldorf präsentiert sich auch heute noch als Gutsherrschaft mit einer klassischen Anlage. Das von Christian Friedrich Hansen für Heinrich von Schilden entworfene Herrenhaus entstand 1804 anstelle einer Burganlage, die bis ins Mittelalter zurückreicht. Die Kirche bietet bis heute ein Zeugnis für das Wirken der Patronatsherren.

Seit 1896 lebte Emil Prinz zu Schönaich-Carolath-Schilden (1852–1908) auf Haseldorf. Er war zu Beginn unseres Jahrhunderts ein bekannter Dichter; vor allem seine Naturlyrik fand viel Beachtung. Für einige Jahre war Haseldorf ein Musenhof, denn Rainer Maria Rilke, Detlev von Liliencron, Richard Dehmel, Gustav Falke, Gustav Frenssen und andere waren hier zu Gast. Der Hausherr war Anreger und Mäzen zugleich. Seit ein paar Jahren haben die Musen wieder Einzug gehalten. Haseldorf hat einen festen Platz im Programm des Schleswig-Holstein Musik Festivals. Der Schloßpark, dessen größter Teil Besuchern offensteht, zieht im Frühjahr viele Rhododendronfreunde an, die hier besonders große Exemplare finden.

Am Rande der Marsch liegt Uetersen, eine Kleinstadt, für deren Wirtschaft die chemische Industrie eine

Rolle spielt, die aber berühmt ist als Zentrum der Rosenzucht. Das Rosarium ist mit sieben Hektar der größte Rosengarten Norddeutschlands, in dem mehr als 800 alte und neue Rosensorten gezeigt werden. Seit 1235 gibt es in Uetersen ein Kloster. Im Zuge der Reformation wurde es nicht aufgelöst, sondern in ein evangelisches „adliges Jungfrauenkloster" umgewandelt. Das Kloster Uetersen gehört – wie auch Itzehoe, Preetz und St. Johannis bei Schleswig – der Schleswig-Holsteinischen Ritterschaft.

Die Rellinger Kirche zählt zu den eigenwilligsten Kirchenbauten im Lande überhaupt. Rellingen war ein großes Kirchspiel, es reichte von Uetersen bis Quickborn. Als sich das Land von den Kriegen des 17. und frühen 18. Jahrhunderts erholt hatte, wurde die aus dem Mittelalter stammende Kirche zu klein, und weil sie überdies baufällig geworden war, mußte eine neue errichtet werden. Dies geschah von 1754 bis 1756 durch den Architekten Cai Dose, in Anlehnung an die Sonninsche Michaeliskirche in Hamburg. Cai Dose gelang ein Meisterwerk des spätbarocken Kirchenbaus: ein achteckiger Backsteinzentralbau mit Pilastern, hohen Rundbogenfenstern und Rokokoportalen

Haseldorf war über zweihundert Jahre im Besitz der Ahlefeldts. Das 1804 gebaute Herrenhaus (oben) entstand im Auftrag Heinrich von Schildens. Christian Friedrich Hansen war der Architekt.
Ob es sich bei der 1651 in Wedel errichteten Figur um einen Roland oder ein Standbild Karls des Großen handelt, ist in der Forschung umstritten. Die Wedeler haben damit keine Probleme; das Wahrzeichen der Stadt ist ihr Roland!

Die Kirche von Rellingen, gebaut 1754–1756 von Cai Dose, gehört zu den bedeutenden Baudenkmälern in Schleswig-Holstein. Lithographien aus der Zeit um 1850 geben Zeugnis von der Eigenart, aber auch von der inneren und äußeren Schönheit des Gotteshauses.

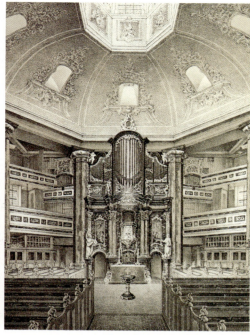

sowie einem Kuppeldach mit hoher Laterne, durch die reichlich Licht in die Kirche fällt. Der im Ursprung romanische Turm war schon 1702 barockisiert worden und hatte dabei den leicht schiefen Spitzhelm erhalten. Auch durch die Verbindung dieses Turms mit dem Kirchen-Oktogon wird eine große architektonische Wirkung erzielt. Als die Rellinger Kirche erbaut wurde, befand sich der protestantische Gedanke, die Kirche habe vor allem ein Ort der Predigt zu sein, auf dem Höhepunkt. Daraus erklärt sich, daß die Kanzel in der Rellinger Kirche, zusammen mit der Orgel, einen so zentralen Platz einnimmt.

Der Maler Francesco Martini hat die Fresken geschaffen, die bei einem Blick in die Laterne sichtbar werden. Die Orgel baute der Glückstädter Meister Johann Mathias Schreiber; sie konnte mit der neuen Kirche eingeweiht werden. Aus diesem Anlaß komponierte Georg Philipp Telemann, Musikdirektor der Hamburger Hauptkirchen, eine Einweihungsmusik mit dem Titel „Singet Gott, lobsinget seinem Namen".

Seit Caspar von Vogt im Zuge seiner landwirtschaftlichen Reformbemühungen auch Baumschulen und die Rosenzucht propagiert hatte, ist die Landschaft um Pinneberg und Rellingen durch diese Sonderform der Landwirtschaft geprägt worden. Noch heute gilt (mit Einschränkungen), was Henning Oldekop (1908) in seiner Topographie des Herzogtums Holstein schrieb: „Die zahlreichen Baum- und Rosenschulen verschönern die Umgebung und verleihen dem Ort ein freundliches Aussehen."

In Elmshorn werden nicht nur Rosen, sondern auch Pferde gezüchtet. Zu den bedeutendsten Persönlichkeiten der Stadt gehörte ein „Meteor" (1943–1965); für ihn wurde ein Gedenkstein errichtet, denn es galt, das „erfolgreichste Springpferd der Welt" zu ehren. Elmshorn ist außerdem Standort für die Nahrungsmittel-, Leder- und Textilindustrie sowie ein überregional bekannter Platz für den Teppichhandel. Die größte Stadt des Kreises Pinneberg entstand an der Grenze zwischen Marsch und Geest an einem günstig gelegenen Platz an der Krückau, einem Nebenfluß der Elbe. Der Ort wurde 1141 erstmals urkundlich erwähnt und hat lange Zeit zum Hamburger Domkapitel gehört. Von 1627 bis 1629 war Elmshorn Hauptquartier Wallensteins. 1657 wurde der Ort von schwedischen Truppen in Schutt und Asche gelegt. Seit dem 18. Jahrhundert sorgte der Hafen für erneute wirtschaftliche Prosperität, so zum Beispiel, als er im 19. Jahrhundert zur Basis von Walfangschiffen und Ausgangspunkt für einen ausgedehnten Getreidehandel wurde.

Politische Bedeutung erlangte Elmshorn 1863, als auf dem Propsteifeld die erste große Landesversammlung stattfand, in der Erbprinz Friedrich von Augustenburg als Herzog Friedrich VIII. zum neuen Landesherrn in den Herzogtümern Schleswig und Holstein ausgerufen wurde.

Glückstadt verdankt seine Existenz den Plänen des dänischen Königs Christian IV. Dieser Monarch, der in

Dänemark zu den populärsten Königen aus dem Geschlecht der Oldenburger zählt, ließ 1617 die Stadt an der Mündung des Rhins in die Elbe errichten, um einerseits Hamburg wirtschaftliche Konkurrenz zu machen und andererseits am Nordufer der Elbe eine günstige Kontrolle über die südlich der Elbe gelegenen Bistümer Bremen und Verden zu etablieren. Die Stadt und Festung wurde mathematisch genau angelegt: Vom sechseckigen Marktplatz gehen 13 Straßen ab; sie bilden den Kern der Stadt. Der Hafen ist durch eine Schleuse von der Elbe getrennt. Die ursprüngliche Intention Christians IV., am Unterlauf der Elbe „der Städte Meisterstück" zu errichten, konnte nicht verwirklicht werden. Glückstadt wurde zu einer starken Festung, nicht aber zu einem blühenden Handelsplatz. Als Regierungs- und Gerichtssitz hatte es später eine gewisse Bedeutung. Seit dem 18. Jahrhundert war die Stadt auch Stützpunkt für den Walfang. Glückstadt gehört zu den religiösen Freistätten in Schleswig-Holstein. Portugiesische Juden, die im 17. Jahrhundert besonders umworben waren, haben sehr früh erkannt, daß Glückstadt weder Stadt noch glücklich sei, obgleich das Stadtwappen die Göttin Fortuna zeige. Im heutigen Stadtbild sind noch viele Zeugnisse der Gründerzeit sichtbar.

Unterhalb von Glückstadt mündet die Stör in die Elbe. Der Fluß trennt die Kremper Marsch im Osten von der Wilster Marsch im Westen. Die Marschen, im Mittelalter von Holländern besiedelt, erreichten ihren wirtschaftlichen Höhepunkt im 16. und 17. Jahrhundert, als der Getreidehandel florierte. Davon zeugen bis heute die Städte Krempe und Wilster, aber auch einige der meist im 13. Jahrhundert entstandenen Dorfkirchen.

Krempe, das 1255 Stadtrecht erhielt, entwickelte sich im 16. Jahrhundert zu einem wichtigen Handels- und Hafenplatz und wurde von den dänischen Königen zur Festung ausgebaut. Mit der Verschlickung der Kremper Au und der Gründung von Glückstadt begann der Niedergang. Vom einstigen Wohlstand zeugen noch das Rathaus und der Königshof sowie der 1654 errichtete Kirchturm mit seiner eigenwilligen Haube.

Wilster, 1163 erstmals urkundlich erwähnt, war im 16. und 17. Jahrhundert einer der wichtigsten Getreideexporthäfen in Norddeutschland; die Stadt hatte drei Marktplätze. Die wirtschaftliche Entwicklung des Ortes verlief günstiger als die Krempes; es kam im 18. Jahrhundert zu einem erneuten Aufschwung. Deshalb weist Wilster neben den sorgfältig restaurierten Gebäuden aus der Renaissance auch repräsentative Bauzeugnisse des 18. Jahrhunderts auf. Zu den Wahrzeichen der Marsch gehört die Mühle von Wilster, ein sogenannter Zwickstellholländer aus dem Jahr 1870, der den schönen Namen „Hoffnung" trägt.

Karl der Große, auf den man sich in Itzehoe als Gründungsvater der Stadt gern beruft, ist dort nie gewesen. Er hat um 810 einen Grafen Egbert damit beauftragt, nördlich der Elbe an strategisch günstiger Stelle einen fränkischen Brückenkopf einzurichten,

Zu den besonders repräsentativen Gebäuden in Glückstadt gehört das zwischen 1710 und 1720 entstandene Palais Wasmer. Sein reich verzierter Festsaal im Obergeschoß gilt als anspruchsvollste spätbarocke Raumgestaltung Schleswig-Holsteins.

Der Kupferstich von Braun und Hogenberg hat den Zustand Itzehoes im Jahr 1588 festgehalten: eine blühende Stadt. Sie wurde 1657 von den Truppen Carls X. Gustav von Schweden völlig zerstört, nachdem Dänemark in den Schwedisch-Polnischen Krieg eingegriffen hatte.

von dem aus Slawen und Dänen kontrolliert werden konnten. Kein Ort war dafür besser geeignet als der Platz an der Stör, an dem seit vorgeschichtlicher Zeit drei wichtige Handelswege zusammentrafen, weil dort ein günstiger Übergang über den Fluß lag, aber auch eine Schiffsverbindung zum linken Elbufer hinüber bestand. Wo die karolingische Burg „Esesfelth" genau gelegen hat, ist bisher nicht mit Sicherheit geklärt.

Im 12. und 13. Jahrhundert befand sich auf der Störinsel eine immer wieder hart umkämpfte Burg der Schauenburger Grafen. Graf Adolf IV., der Sieger von Bornhöved, ließ südlich der Burg eine Kaufmannssiedlung entstehen, die 1238 lübisches Recht erhielt. Der „Neustadt" gegenüber lag eine ältere Siedlung, in der es bereits früh eine Laurentiuskirche gab und in deren Nähe ein von Graf Adolf IV. nach der Schlacht von Bornhöved (1227) gestiftetes Nonnenkloster, das ursprünglich in Ivenfleth an der Störmündung gelegen hatte, im Jahre 1256 verlegt wurde. St. Laurentius wurde zur Klosterkirche, nachdem die holsteinischen Grafen dem Kloster ihre Patronatsrechte übertragen hatten. 1303 wurde das Stadtrecht auf die „Altstadt" genannte Siedlung ausgedehnt. Es entwickelten sich drei Bezirke: der landesherrliche mit der Burg, der städtische und der klösterliche. Itzehoe war in Schauenburger Zeit eine beliebte landesherrliche Residenz. Das erklärt auch, warum so viele Schauenburger Grafen in der Itzehoer Kirche beigesetzt wurden, darunter auch Gerhard der Große und der letzte Schauenburger, Herzog Adolf VIII. (gest. 1459).

In der heutigen Stadt Itzehoe ist nichts zu sehen, was vor 1657 erbaut worden wäre. Im August dieses Jahres rückte der Schwedenkönig Carl X. Gustav vor Itzehoe und schoß die Stadt in Brand; sie ging dabei restlos zugrunde. Der Wiederaufbau Itzehoes vollzog sich langsam. Erst im 18. Jahrhundert entstanden einige Gebäude, die der Stadt wieder zu Ansehen verhalfen. Die Laurentiuskirche wurde 1716–18 als weiträumiger Barocksaal neu aufgebaut; 1894 wurde sie erneuert und erhielt einen mächti-

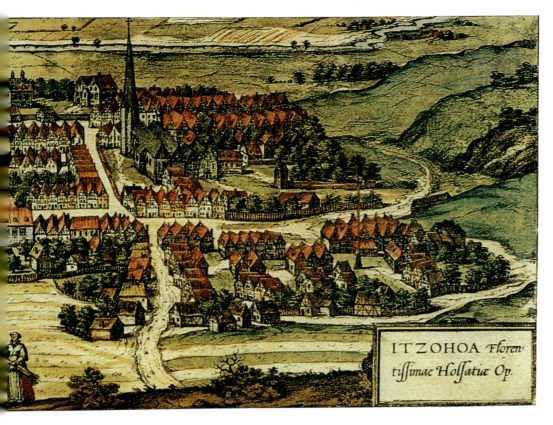

Auch die St.-Laurentii-Kirche in Itzehoe fiel der schwedischen Belagerung zum Opfer und wurde erst 1718 wiederaufgebaut. Die Lithographie aus der Mitte des 19. Jahrhunderts zeigt den Zustand der Kirche vor der gänzlichen Erneuerung 1894. In der Gruft, die seit 1961 zugänglich ist, befinden sich kunstvoll gestaltete Adelssarkophage aus dem 17. und 18. Jahrhundert.

gen Turm. Altar, Kanzel und Orgelprospekt stammen noch aus dem 17. und frühen 18. Jahrhundert. Die größten Kostbarkeiten wurden aber 1961 bei Bauarbeiten unter der Kirche entdeckt: acht Grabgewölbe, in denen sich reich mit Silberschmiedearbeiten verzierte Sarkophage des 17. und frühen 18. Jahrhunderts befinden. Beigesetzt wurden Adlige der Familien Ahlefeldt, Rantzau, Buchwaldt und von der Lühe, darunter auch Äbtissinnen und Conventualinnen des Klosters. Das Kloster gehört zu den vier Adligen Jungfrauenklöstern. Das Kloster in Itzehoe wurde ebenfalls wiederaufgebaut; seine Gebäude, um einen Teich herum gelegen, entsprechen noch der ursprünglichen Anlage.

Itzehoe entwickelte sich im 19. Jahrhundert zu einer modernen Industriestadt, deren Bild von der am Rande gelegenen Zementfabrik geprägt wird. In politischer Hinsicht rückte die Stadt zwischen 1835 und 1846 in den Mittelpunkt der Landesgeschichte, als hier in dem eigens an das Rathaus angebauten Saal die Holsteinischen Stände zusammentraten, ein wichtiges Ereignis in der Geschichte des Parlamentarismus Schleswig-Holsteins.

Barmstedt und der Rantzauer See sind beliebte Ausflugsziele. Das Amt Barmstedt war von 1650 bis 1726 eine reichsunmittelbare Grafschaft. Erst danach wurde dieses Territorium vom König von Dänemark in seinen Anteil der Herzogtümer einbezogen. Spuren der Rantzauer Herrschaft sind bis heute sichtbar. Besondere Aufmerksamkeit verdient die Heilig-Geist-Kirche, die 1717/18 errichtet wurde und mit ihrer reichen Bemalung im Inneren nach wie vor eine Herausforderung an die Fachleute für Emblematik darstellt.

Norderstedt ist zwar eine junge Stadt, kann aber auf eine längere Vorgeschichte zurückblicken. Denn erst 1970 wurden die Dörfer Friedrichsgabe, Garstedt, Glashütte und Harksheide zur fünftgrößten Stadt Schleswig-Holsteins zusammengeschlossen. Als Schlafstadt und Naherholungsgebiet am Stadtrand Hamburgs gelegen, ist der Ort wirtschaftlich und kulturell eng mit der Elbmetropole ver-

Ahrensburg ist berühmt wegen seines Schlosses, das viele Werbeprospekte ziert. Die alte Patronatskirche aus dem 16. Jahrhundert und die „Gottesbuden" sind nicht so spektakulär und deshalb weniger bekannt. Der Kanzelaltar, der Taufengel und die Herrschaftsstühle (oben) sind 1716 entstanden.
Die „Gottesbuden" (1594–1596 erbaut) waren „Sozialwohnungen" für alte und kranke Gutsuntertanen.

bunden; politisch gehört Norderstedt aber zum Kreis Bad Segeberg. Garstedt, das bis 1969 zum Kreis Pinneberg gehörte, brachte die reichste Mitgift ein: etwa 21 000 Einwohner und ein Areal von 2 300 Hektar. Dabei war Garstedt bis zum Ende des 19. Jahrhunderts ein unbedeutendes Dorf, das sich plötzlich zu einer großen Handwerkersiedlung entwickelte und nach 1921 von der engeren Verkehrsanbindung an Hamburg profitierte. Der Zustrom von ausgebombten Hamburgern und Heimatvertriebenen ließ die Einwohnerzahl 1945 auf 9 000 steigen. Als 1953 die Industrialisierung begann, verdoppelte sich die Bevölkerung innerhalb von zehn Jahren. Ähnlich rasante Strukturveränderungen hat es auch in anderen Stadtteilen Norderstedts gegeben. Friedrichsgabe, am Nordrand der Harksheide gelegen, die noch im 17. Jahrhundert das größte geschlossene Heidegebiet in Holstein darstellte, entstand zu Beginn des 19. Jahrhundert als Armenkolonie „Frederiksgabe", genannt nach König Frederik VI. von Dänemark. Das Modell für diese Kolonie, in der während der Sommermonate Kleinlandwirtschaft und während des Winters Heimarbeit betrieben werden sollte, kam aus den Niederlanden. Doch mager wie der Boden war auch das Leben in dieser Siedlung bis in unser Jahrhundert hinein. Dasselbe gilt auch für den Ortsteil Glashütte.

Eine Stadt vom Zuschnitt Norderstedts hat weder historische Gebäude noch andere Zeugnisse einer kulturellen Entwicklung aufzuweisen. Die Stadtobrigkeit hat dafür gesorgt, daß moderne Schul- und Ausbildungszentren, Sport- und Kultureinrichtungen und ein Rathaus als Verwaltungsmittelpunkt errichtet wurden. Diese Zukunftsorientierung lohnt sich offenbar; die Einwohnerzahl ist auf 70 600 gestiegen.

Auch Bargteheide, an der alten Königstraße von Hamburg nach Lübeck gelegen, hat sich durch die Ausrichtung nach Hamburg hin zu einer Stadt (seit 1970) entwickelt. Aus dem Dorf, das urkundlich 1314 erstmals genannt wurde, ist ein politisches und gewerbliches Zentrum geworden, das sein modernes Gesicht offen zeigt.

Im selben Jahr wie Bargteheide – 1314 – wird auch Ahrensburg als Bauerndorf „Woldenhorn" erstmals genannt; neben dem Dorf gab es die Burg „Arnesvelde". Aus dem Gutsdorf, das der gegen Schweden erfolgreiche dänische Feldherr Daniel Rantzau (dessen Grabmal eine Sehenswürdigkeit in der Kirche von Westensee bei Rendsburg darstellt) von König Friedrich II. als Geschenk erhielt, entwickelte sich eine Landgemeinde, der 1949 das Stadtrecht verliehen wurde. Heute ist die Stadt mit mehr als 28 000 Einwohnern eine wirtschaftliche und kulturell aufstrebende Kommune im Süden Schleswig-Holsteins. Das bedeutendste Kulturdenkmal der Stadt – und eines der wichtigsten im Land überhaupt – ist das aus einer mittelalterlichen Burg hervorgegangene, am Ende des 16. Jahrhunderts entstandene Schloß, dessen drei parallele Langhäuser durch vier Ecktürme zu einem monumentalen Bau im Stil der Renaissance zusammengeschlossen werden. Der Bauherr war Peter Rantzau, dessen Nachkommen bis ins 18. Jahrhundert hinein über Gut und Herrenhaus/Schloß verfügten.

1759 kaufte der aus dem Bürgerstand zum dänischen Lehnsgrafen und königlichen Schatzmeister aufgestiegene Heinrich Carl von Schimmelmann Ahrensburg und ließ es in den folgenden Jahren zu einem herrschaftlichen Sitz ausbauen. Carl Gottlob Horn war einer der maßgebenden Architekten. Seit dem 18. Jahrhundert wird Ahrensburg als „Schloß" bezeichnet, obgleich es nie die Residenz eines Landesherrn war. Die exponierte Lage des herrschaftlichen Hauses, deutlich abgesetzt von den Wirtschaftsgebäuden und den sozialen Einrichtungen, den „Gottesbuden" bei der „Schloßkirche", unterscheiden Ahrensburg deutlich von den meisten „klassischen" Herrenhäusern, die sich als Mittelpunkt von landwirtschaftlichen Großbetrieben präsentieren. Ahrensburg war zum Hauptsitz der „Dynastie Schimmelmann" geworden. Bei der Inneneinrichtung gibt es viele Parallelen zu Emkendorf und Knoop, die sich leicht erklären lassen: In allen Häusern waren Künstler wie Giuseppe Anselmo Pellicia tätig. Die Schimmelmanns mußten sich 1932 aus wirtschaftlichen Gründen von Ahrensburg trennen. Danach hat sich Hans Schadendorff dafür eingesetzt, daß der Staat sich in Ahrensburg engagiert hat. Heute ist das Schloß, in dem auch Interieurs aus Emkendorf präsentiert werden, ein Museum für schleswig-holsteinische Adelskultur.

Neben Ahrensburg gibt es im Kreis Stormarn 18 weitere Herrenhäuser (Schlösser), denen historische und kulturelle Bedeutung zukommt.

Das Herrenhaus Jersbek mit seinem ansehnlichen Torhaus entstand im späten 17. Jahrhundert, als die Buchwaldts Eigentümer waren und über ihre Rechte an der Alster auch Einfluß auf die Geschichte Hamburgs zu nehmen vermochten. Als die Ahle-

feldts Besitzer von Jersbek wurden, entstand zwischen 1726 und 1740 eine der bedeutendsten Parkanlagen in Schleswig-Holstein. Die Reste dieser Anlage sind noch erkennbar; die ursprüngliche Pracht ist aber nur über den Kupferstich von Fritzsch aus dem Jahre 1747 zu erfassen. In Jersbek ist auch ein Eiskeller aus der frühen Neuzeit erhalten (teilweise rekonstruiert).

Das einzige katholische Kloster nach der Reformation in Schleswig-Holstein ist 1951 in Nütschau entstanden, als die Benediktiner das alte Rantzauische Herrenhaus übernahmen und ein dem heiligen Ansgar geweihtes geistliches und kulturelles Zentrum errichten konnten. Das von Heinrich Rantzau erbaute Herrenhaus erstrahlt heute in altem Glanz, daneben sind neue Gebäude entstanden, darunter eine Kapelle in sehr moderner Architektur, die zum kontemplativen Mittelpunkt des Klosters geworden ist.

In Trittau gab es seit dem 14. Jahrhundert einen Rittersitz und im 15. Jahrhundert ein Schloß, von dem heute nicht einmal Spuren erhalten sind; 1627 nutzten sowohl Tilly als auch Wallenstein Trittau als Hauptquartier. Heute zählt der Ort zu den bedeutendsten Ausflugszielen und gilt

Das Herrenhaus Nütschau ist im Kern ein klassischer Rantzaubau des 16. Jahrhunderts. Das Innere und der Turm wurden im 18. und 19. Jahrhundert verändert. Seit 1951 ist Nütschau ein Kloster des Benediktinerordens, das erste katholische Kloster in Schleswig-Holstein nach der Reformation. Die religiösen und sozialen Aktivitäten des St.-Ansgar-Klosters in Nütschau sind zu einem festen Bestandteil im kulturellen Leben des Landes geworden.

Otto von Bismarck schied 1890 nicht im Frieden mit dem neuen Kaiser, Wilhelm II., aus dem Amt als Reichskanzler. Der junge Kaiser versuchte, eine „Versöhnung" zwischen ihm und dem Hause Bismarck zustandezubringen, wohlwissend, daß die Popularität des Reichsgründers auch seiner Herrschaft nützen könne. Einer der „Versöhnungsauftritte" fand am 26. März 1895 in Friedrichsruh statt.
Erst unter dem ältesten Sohn Herbert von Bismarck (1849–1904) wurde Friedrichsruh durch zahlreiche Ergänzungsbauten zu einem halbwegs repräsentativen Schloß umgewandelt.

als Mittelpunkt der „Stormarner Schweiz".

Vom 13. Jahrhundert bis zur Auflösung und anschließenden Zerstörung im Jahre 1534 hatte, an der Bille gelegen, dem alten Grenzfluß zwischen Stormarn und Sachsen-Lauenburg, das Zisterziensernonnenkloster Reinbek bestanden. Den ehemaligen Klosterbezirk kaufte Friedrich I., und sein Sohn Herzog Adolf, der Begründer der herzoglichen Linie Schleswig-Holstein-Gottorf und ein besonders baufreudiger Fürst (auf ihn gehen auch die Schlösser Husum und Tönning sowie Ausbauten in Gottorf und Kiel zurück), ließ von 1572 bis 1576 das Schloß in Reinbek errichten, nicht als Residenz, sondern von vornherein als Jagd- und Lustschloß. Andere Funktionen hatte es nicht, und das erklärt auch seine Architektur, die leicht und südlich wirkt und im Norden durchaus einzigartig war und blieb. Der Baumeister war sicherlich ein Niederländer, denn dem niederländischen Renaissancestil ist Reinbek am stärksten verpflichtet. Auch nach Herzog Adolfs Tod war Schloß Reinbek Sommer- und Jagdsitz der Gottorfer, erhielt aber zusätzlich, da als Leibgedinge ausgewiesen, die Funktion eines Witwensitzes, auch dann, wenn die Herzoginnen sich lieber in Kiel oder Husum aufhielten als in der Nähe des finsteren Sachsenwaldes. Zudem ließ der Komfort zu wünschen übrig, besonders im Winter war es dort unwirtlich. Im Laufe des 18. Jahrhunderts wurde das Haus baufällig, wie die erhaltenen Reparaturrechnungen und die Klagen der Verwalter ausweisen.

1816 wurde in Kopenhagen ernsthaft erwogen, das Schloß Reinbek bis auf einen Flügel abzureißen. Der dänische Oberbaudirektor und führende Architekt während der ersten Jahrzehnte des 19. Jahrhunderts in Dänemark und den Herzogtümern, Christian Friedrich Hansen, hat diesen Plan nicht nur verhindert, sondern vielmehr für eine Instandsetzung des Schlosses gesorgt. Nachdem Schleswig-Holstein 1867 preußisch geworden war, begann ein weiteres Kapitel in der Geschichte Reinbeks und seines Schlosses. Reinbek wurde dem neugebildeten Kreis Stormarn zugeteilt, und der Landrat des Kreises machte das Schloß Reinbek zum Sitz der Kreisverwaltung.

Doch nach der Verlegung des Landratsamtes, zunächst nach Wandsbek und dann nach Oldesloe, verlor das Schloß seine Funktion und wurde

Das „Bismarck-Museum" diente zunächst als Gästehaus. Heute gehört es zu den meistbesuchten Museen Schleswig-Holsteins.
Das Arbeitszimmer Otto von Bismarcks befand sich ursprünglich im Schloß. Es wurde nach 1945 in das Museum integriert.

1873 meistbietend versteigert. Otto von Bismarck, der 1871 das ehemalige Amt Schwarzenbek mit einer Gesamtfläche von etwa 7 500 Hektar für seine Verdienste vom Kaiser als Geschenk erhalten hatte, beabsichtigte Schloß Reinbek zu ersteigern, denn er suchte nach einer geeigneten „Residenz". Weil seine Hunde aber auf dem Weg zur Versteigerung nicht davon abzuhalten waren, ein Reh zu hetzen, kam er zu spät. Den Zuschlag erhielt der Reinbeker Gemeindevorsteher, der es aber rasch an einen Hotelier weiterverkaufte. Das Schloß wurde unter der Familie Specht in einen großen Hotelbetrieb verwandelt. Dabei verschwanden die meisten Relikte der einstigen Renaissancearchitektur in oder hinter neu eingezogenen Wänden.

1972 begann das „Kuratorium Schloß Reinbek" mit seinen Bemühungen, das inzwischen vom Kreis Stormarn und der Stadt Reinbek erworbene Schloß wieder in das Aussehen, das es im 16. Jahrhundert gehabt hatte, zurückzuverwandeln. Viele Initiativen waren nötig, um dieses Vorhaben 1985 zu einem guten Ende zu bringen. Vor Aufnahme der Baumaßnahmen erfolgte eine gründliche Erforschung. Ihre Ergebnisse erlaubten es dem Hamburger Architektenbüro Horst von Bassewitz, bis in die Details hinein den alten Zustand mit Schieferdach und stilgerechten Dachgauben und mit den alten Bogenarkaden im Hof wiederherzustellen. Heute dient der asymmetrische, dreiflügelige, zweigeschossige Schloßbau als Kulturzentrum; neben einem Restaurant gibt es Veranstaltungsräume verschiedenster Art – ein würdiger Rahmen für Ausstellungen und Konzerte.

Weil er Schloß Reinbek 1873 nicht hatte ersteigern können, machte Otto von Bismarck ein schmuckloses Hotel zu seinem „Fürstensitz": Friedrichsruh wurde zwar „Schloß" genannt, war aber zu Lebzeiten des Reichsgründers alles andere als repräsentativ.

Kern des Amtes Schwarzenbek ist der Sachsenwald, mit einer Fläche von mehr als 60 Quadratkilometern das größte geschlossene Waldgebiet Schleswig-Holsteins. Der Sachsenwald mit Aumühle und Friedrichsruh sind beliebte Ausflugsziele. Natur und Geschichte ziehen viele Menschen an, ohne daß daraus ein Touristenrummel entstanden wäre. Das alte Schloß – Bismarcks ältester Sohn Herbert hatte das „Hotel" so erweitert und umgebaut, daß es die Bezeichnung Schloß

Herzog Adolf, Begründer der herzoglichen Linie Schleswig-Holstein-Gottorf, ließ 1572–1576 Schloß Reinbek als Sommer- und Jagdsitz errichten. Nach vielen Umbauten wurde der Renaissancebau mit den Bogenarkaden im Innenhof 1985 stilgerecht wiederhergestellt.

zu Recht trug – war am 29. April 1945 von einer britischen Bomberstaffel angegriffen und zerstört worden. 1949 wurde auf den Grundmauern des alten Hauses ein Neubau errichtet; 1982 kam ein neuer Trakt hinzu. Das Schloß wird von der Familie bewohnt und ist deshalb nicht zu besichtigen. Manchmal ist das eine oder andere Tor geöffnet; dann ergibt sich die Gelegenheit, einen Blick auf das Haus und den ausnehmend schönen Park zu werfen. Eine große Anziehungskraft haben immer noch das Bismarck-Mausoleum und das Museum – nicht nur für Schulklassen. Zu den neueren Attraktionen gehört seit 1986 der Schmetterlingspark der Fürstin Elisabeth von Bismarck; was zunächst nicht viel mehr sein sollte als ein Appendix zur Schloßgärtnerei, hat sich zu einem „Renner" entwickelt.

Friedrichsruh und der Sachsenwald sind altes lauenburgisches Gebiet. Südlich des großen Waldes liegt Geesthacht an der Elbe; heute der bedeutendste Industriestandort des Kreises Herzogtum Lauenburg. 1966 feierte Geesthacht sein 750jähriges Bestehen. 1216 ist das Kirchdorf als „Hachede" erstmals urkundlich erwähnt worden. Die Siedlung dürfte aber bis ins 9. Jahrhundert zurückgehen. Bis 1420 unterstand das Dorf den askanischen Herzögen. Nach der Niederlage Herzog Erichs V. gegen die Städte Hamburg und Lübeck mußten die Askanier neben Bergedorf und den Marschlanden auch Geesthacht im Frieden von Perleberg abtreten. Geesthacht gehörte bis 1867 zum „beiderstädtisch" regierten Gebiet; von 1868 bis 1937 gehörte es als Exklave zum Hamburger Stadtstaat, erhielt aber schon 1924 Stadtrechte. Heute umfaßt Geesthacht eine Fläche von über 3 300 Hektar und hat 28 000 Einwohner.

Bis zur Mitte des 19. Jahrhunderts lebten in Geesthacht neben den Bauern einige Fischer und Schiffer und – wie in der Haseldorfer Marsch – Bandreißer. Seit dem 17. Jahrhundert sind Anbau und Verarbeitung von Weiden bezeugt. Die Geesthachter belieferten die Korbmacher in den Hansestädten mit Rohmaterial. 1849 entstand in Geesthacht eine Glasfabrik, die den Dünensand nutzte. Um die Flaschen transportieren zu können, mußten sie „beflochten" werden. Damit hielt die Korbmacherei auch im Ort selbst Einzug und wurde zu einem wichtigen Erwerbszweig. Geesthacht wurde zu einem Industrieort; es entstanden erste Arbeiterwohnungen. Bis zum Ende des Ersten Weltkriegs florierten die Geschäfte mit Flaschen und Körben.

1865 entstand im Ortsteil Krümmel (das damals noch lauenburgisches Gebiet war) die Pulverfabrik des Schweden Alfred Nobel; aus ihr wurde nach der Erfindung des Dynamits (1867) die größte Sprengstoffabrik in Europa. 1877 entstand in Düneberg eine zweite Pulverfabrik, die bald zum wichtigsten Arbeitgeber wurde.

70 Prozent der Geesthachter Bevölkerung waren um die Jahrhundertwende Arbeiter. Nach dem Ersten Weltkrieg hatten sich sowohl die Munitionsfabrikation als auch die Glasbläserei erledigt. Die Arbeitslosigkeit war groß und blieb auch drückend, als die Pulverfabriken ihre Arbeit wieder aufnahmen. Erst allmählich kamen neue Gewerbebetriebe hinzu. Nach 1935 hatte Dynamit wieder Konjunktur, mit der Folge, daß gegen Ende des Zweiten Weltkriegs Geesthacht zum Ziel alliierter Bombenangriffe wurde. Bereits nach den Bombenangriffen auf Hamburg 1943 waren viele der Ausgebombten in schnell errichteten Behelfssiedlungen auf dem „Spakenberg" untergebracht worden. Nach dem Ende des Krieges strömten Flüchtlingstrecks in die Stadt. Bis in die fünfziger Jahre war Geesthacht ein überregionaler Problemfall.

Bereits in den dreißiger Jahren hatten die Hamburger Elektrizitätswerke (HEW) in Geesthacht eine Siedlung für Rentner errichtet. Dieses frühe

Engagement wurde zwanzig Jahre später gekrönt durch den Bau eines Pumpspeicherwasserwerks (1958), das den Geestrücken nutzt, um während der Nacht Wasser aus der Elbe in ein 3,8 Millionen Kubikmeter fassendes Becken zu pumpen. Bei höherem Stromverbrauch tagsüber wird das Wasser durch eine 85 Meter hohe Fallröhre zu den Turbinen geleitet, die der Stromerzeugung dienen.

In den Jahren 1957 bis 1959 wurde in Geesthacht ein weiteres technisches Großprojekt realisiert: die Elbstaustufe zur Regulierung des Wasserspiegels der Elbe. Sie bietet flußaufwärts fahrenden Schiffen eine bessere Fahrmöglichkeit, während elbabwärts das entstandene Gefälle durch ein weiteres Kraftwerk genutzt werden kann.

Am 18. April 1956 wurde die „Gesellschaft für Kernenergieverwertung in Schiffbau und Schiffahrt" gegründet. Die „Otto Hahn" war das erste und einzige deutsche Schiff, dessen nuklearer Antrieb in Geesthacht entwickelt und bis zur Stillegung kontrolliert wurde. 1958 entstand in der Nähe der nach 1945 von den Engländern gesprengten Dynamitfabriken der Atomreaktor Krümmel, der 1960 die volle Leistungskraft von 5 000 Kilowatt erreichte.

Die junge Stadt Geesthacht, zu Beginn der fünfziger Jahre „Armenhaus Schleswig-Holsteins", verfügt heute über technische Großbauten und über breitgefächerte Industrie- und Gewerbebetriebe. Die damit verbundenen ökologischen Probleme sind neben die ökonomischen getreten. Ihnen könnte man zwar über die neue Elbbrücke nach Süden entfliehen. Doch die Sorge um die Entsorgung bleibt.

Den Wandel Geesthachts vom Elbschiffer- und Korbmacherort zur Stadt mit technischen Großbauten und Industriebetrieben dokumentiert das Museum im liebevoll restaurierten Krügerschen Haus.

Schon in den dreißiger Jahren unseres Jahrhunderts entfalteten die Hamburger Elektrizitätswerke in Geesthacht Aktivitäten, die Aufsehen erregten. 1955 wurde mit dem Bau des Pumpspeicherwerkes (oben) begonnen: Während der Nacht wird Wasser aus der Elbe in einen Stausee gepumpt, um während des Tages über Turbinen wieder talwärts gelenkt zu werden. Auf dem gleichen Areal befinden sich seit kurzem auch Sonnenkollektoren und ein Windrad zur Stromerzeugung. Für die Elbschiffahrt ist die Staustufe (Schleuse, unten) von großer Bedeutung. Sie ermöglicht es, den Wasserspiegel der Elbe um bis zu vier Meter über den mittleren Wasserstand anzuheben.

Abendstimmung im Wattenmeer vor St. Peter-Ording. Eine Wanderung durch diese einzigartige Naturlandschaft gehört zu den eindrucksvollsten Erlebnissen, die Schleswig-Holstein Einheimischen und Besuchern zu bieten hat. Der 1985 gegründete „Nationalpark Schleswig-Holsteinisches Wattenmeer" ist der größte Mitteleuropas.

Land und Leute

Land und Leute

Büsum, das bekannte Nordsee-Heilbad an der Westspitze der Nordermarsch, verfügt über einen kilometerlangen Rasen- und Sandstrand. Hier, im ältesten Seebad Dithmarschens (1837), wurden 1818 die ersten Badekarren entwickelt und gebaut. Längst sind die attraktiven Strandkörbe an ihre Stelle gerückt. Der rotweiß gestreifte Büsumer Leuchtturm wurde 1912/13 direkt hinter dem Deich aus vorgefertigten, gußeisernen Bauteilen errichtet. Er dient nicht nur den vielen Krabben- und Hochseekuttern, die von Büsum aus auf Fangfahrt gehen, als Orientierung, sondern sein weit in die Nordsee reichendes weißes, rotes und grünes Licht ist auch für die Großschiffahrt wichtig.

Land und Leute

Zwischen den Landschaften Angeln und Schwansen liegt die Schlei, die längste Ostseeförde. Das zwischen Flensburg und Schleswig liegende Angeln ist hügeliges, dünn besiedeltes Land, während das zwischen der Schlei und der Eckernförder Bucht gelegene Schwansen durch Gutshöfe und Herrenhäuser sowie weite Felder geprägt wird. Einsam liegt dieses Reetdachhaus am Schilfgürtel des Schwansener Schleiufers.

Land und Leute

Die Kieler Woche, die jährlich im Juni stattfindet, gilt als das größte Segelfest der Welt. In der über 100jährigen Vergangenheit dieses Sportereignisses spiegelt sich auch ein Stück deutscher Zeitgeschichte. Heute ist Kiel das Mekka des Segelsports, und wer zur Weltelite gehören will, muß bei der Kieler Woche gewinnen können.

Land und Leute

„S" wie Schleswig-Holstein, „S" wie Seefahrt und Schiffbau: Beide Wirtschaftszweige haben im vom Meer umgebenen Bundesland seit Jahrhunderten Tradition. Detailaufnahme von den Howaldtswerken Deutsche Werft AG, Kiel.

Gutsherren und Landschaftsgärtner: Die Entwicklung der Landwirtschaft

Klaus-J. Lorenzen-Schmidt

Schleswig-Holsteins Landwirtschaftsgeschichte ist nur zu verstehen, wenn man die geomorphologische Grundgliederung des Landes betrachtet. Es gleicht – wie man scherzhaft sagt – einem Mastschwein: am Rücken mager, an den Seiten fett. Die älteste Landschaft ist die magere Geest, die sich als Mittelrücken von Norden nach Süden zieht und der vorletzten und letzten Eiszeit ihre Entstehung verdankt. Während das östliche Hügelland lehmige beziehungsweise tonige Böden und die Marschen an der Westküste junge Fluß- und Meeressedimente mit hohem Mineralreichtum aufweisen, wird die Geest (der Name bedeutet unfruchtbares Land) von Sänden und aus abflußlosen Stehgewässern erwachsenen Mooren beherrscht.

Schleswig-Holstein war bis zum Beginn unseres Jahrhunderts ein Land, das von der Landwirtschaft dominiert wurde. Erst dann wurden die Einflüsse von Handel und Gewerbe so stark, daß sie die Landwirtschaft als führenden Wirtschaftssektor verdrängten. Noch heute würden viele Menschen, die das nördlichste Bundesland besuchen, sagen, daß es sich um eine ländliche Region handelt. Doch das ist angesichts der seit 1870 stattfindenden Prozesse der Industrialisierung und – damit einhergehend – der Urbanisierung ein Fehlschluß, der vor allem von der ländlich-dörflichen Fläche verursacht wird.

Bis 1900 war aber die Zahl der Erwerbspersonen, die in der Landwirtschaft tätig waren, größer als die der in anderen Wirtschaftssektoren Beschäftigten. Der Nahrungserwerb durch die vorausschauende Bewirtschaftung von Land durch Ackerbau und Viehhaltung, später auch Viehzucht, ist hier seit der Jungsteinzeit (ca. 2700–1700 v. Chr.) festzustellen.

Erst die jungsteinzeitlichen Menschen wurden seßhaft und wanderten ihren Nahrungsquellen nicht mehr hinterher. Alle nachfolgenden Phasen der gesellschaftlichen und wirtschaftlichen Entwicklung waren bis zum Durchbruch der Industrialisierung Ende des letzten Jahrhunderts von der Agrarproduktion bestimmt. Herrschaft konnte sich nur durch Besitzanhäufung etablieren. Daß eine Schichtung oder Klassenteilung schon lange bestand, läßt sich in der Bronzezeit zuerst feststellen (ca. seit 1700 v. Chr.). Auch die eisenzeitlichen Germanen auf der Zimbrischen Halbinsel kannten keine klassenlose Gesellschaft: Häuptlingsherrschaft im Stammesverband und auf untergeordneter Ebene war überall anzutreffen. Es gab vor allem auch Unfreiheit, weil die Gesellschaft der Germanen durchaus Sklaven kannte.

Die in vorchristlicher Zeit herausgebildeten Strukturen der germanischen Bauerngesellschaft konnten sich relativ lange weiterentwickeln, weil römische Einflüsse fehlten. Zwar gab es im Frühmittelalter (ca. 500–900 n. Chr.) Auseinandersetzungen mit den Slawen, doch haben diese keine Veränderung der Gesellschaftsstruktur bewirkt. Anders verlief der Kontakt mit den fränkischen Eroberern, die zur Zeit Karls des Großen (um 800) in den sächsischen Siedlungsraum eindrangen und die Stammesorganisation langfristig veränderten. Die Landwirtschaft in Holstein, das damals von Sachsen (Holsten, Stormarnern und Dithmarschern) und Slawen besiedelt war, und in Schleswig, in dem Jüten und Friesen siedelten, wurde auf Einzelhöfen betrieben. Diese Gehöfte waren in der Nachfolge aus einstigen eisenzeitlichen Dorflagen entstanden. Die Einzelhöfe waren offenbar Sippenhöfe, in denen Mehrgenerationenfamilien und seitlich erweiterte Familien, also zum Beispiel Familien von Brüdern, lebten und wirtschafteten. Die Landwirtschaft hatte keine sehr intensive Form. Das Ackerland war klein und wurde als ewiger Acker benutzt, als Weide dienten Auen, Moore und Wälder. Jagd und Fischfang ergänzten die Nahrung.

Der Handel mit landwirtschaftlichen Produkten war gering entwickelt, weil es noch keine Städte im Sinne der späteren Zeit gab. Auch das von Wikingern als Handelsplatz gegründete Haithabu oder das slawische Alt-Lübeck (Buku) waren eher große, befestigte Dörfer mit Häfen, deren Einwohner auch Landwirtschaft trieben.

Das 12. Jahrhundert ist für Schleswig-Holstein, vor allem aber für Holstein, eine Zeit erheblicher Veränderungen. Denn in der Zeit nach der Übernahme der Grafengewalt durch die Schauenburger (1111) wurden zwei Prozesse in Gang gesetzt, die langanhaltende Wirkungen haben sollten.

Zunächst beginnt der Prozeß der Kolonisation von Siedelland. Er richtete sich gegen die Slawen in Ostholstein, die besiegt und nach und nach vertrieben beziehungsweise integriert wurden. Siedler für das eroberte Land kamen, wie etwa ein Teil der Adligen, aus dem Altsiedelland beziehungsweise aus den westlichen Teilen des Reiches, aus Westfalen, vom Niederrhein oder aus den heutigen Niederlanden. Gleichzeitig setzte die Besiedlung der holsteinischen Elbmarschen ein – einer bis dahin amphibischen Landschaft, die nun bedeicht und entwässert wurde. Siedler kamen hier ebenfalls aus dem holsteinischen Altsiedelland und aus den westlichen Reichsteilen; deshalb spricht man oft unzutreffend von Holländersiedlungen.

Die zweite neue Entwicklung ist der Ausbau eines Städtesystems in dem einst städtelosen Gebiet. Vor allem dem vierten Grafen des schauenburgischen Geschlechts Adolf IV. sind nach seinem Sieg bei Bornhöved (1227) zahlreiche Stadtrechtsbewid-

mungen zu verdanken, mit denen er die Städtepolitik seiner Vorgänger fortsetzte. Die Städte dienten einmal als Stützpunkte im neu eroberten Ostholstein oder an dessen Rand (Oldenburg, Neustadt, Lütjenburg; Kiel, Segeberg, Oldesloe), zum anderen als verläßliche Getreue im Altsiedelland beziehungsweise in den neu besiedelten Marschen (Rendsburg, Itzehoe, Krempe). Die Privilegien der Städte ermöglichten auch Handel mit Agrarprodukten, von denen also ein Überschuß erzeugt werden mußte. Für die Marschen war das klar – einer der Hauptgründe für die Kultivierung dieser Gebiete war der zu erwartende hohe Ertrag. Aber auch in Ostholstein setzte eine durch die Neusiedler intensiver betriebene Landwirtschaft Ressourcen frei. Hinzu kam, daß im Westen Europas die Nachfrage nach Agrareinfuhren stieg, weil hier gewerbliche Entwicklungen wie flandrische Tuchproduktion oder Metallverarbeitung in Nordwestfrankreich früh einsetzten.

Das Hochmittelalter (hier etwa 1100–1300) schuf nicht nur in den Neusiedelgebieten den Typ des Dorfes mit Ballung oder Reihung der Bau-

Arbeitsalltag auf einem Gutsgetreidefeld bei Rumohr um 1910: Der Mäher schärft seine Sense, die einen hölzernen Fangkorb für das Schwad hat. Die Binderin hinter ihm windet mehrere zusammengedrehte Halme um die Garbe, die aus mehreren Schwaden gebildet wird. Vier solcher Arbeitsgruppen brauchten einen Tag, um einen Hektar zu ernten.

Gutsherren und Landschaftsgärtner: Die Entwicklung der Landwirtschaft

Die Gutswirtschaft großen Stils, in der auf mehreren hundert Hektar Getreide gebaut wurde, benötigte große Vorratsgebäude, um die Ernte bis zum Ausdrusch aufzunehmen. Die mit einem Ziergiebel versehene Rastorfer Scheune (oben) aus dem Beginn des 18. Jahrhunderts stellt ein solches großdimensioniertes Vorratshaus (mit drei Toren) dar.
Der von einer Dampflokomobile betriebene Dreschdampfer (unten) machte aus dem sonst den Winter über andauernden Drusch ein kurzes Stoßgeschäft: Etwa 20 Mann vom Maschinenmeister bis zum niedrigsten Hilfsarbeiter gehörten zur Besatzung. Die ungelernten Arbeiter waren zum größten Teil „Monarchen", Wanderarbeiter auf der Grenze zum Vagabundentum. (Dithmarschen um 1900)

ernhöfe, während zuvor die Streusiedlung mit Einzelhöfen dominiert zu haben scheint. Das hat wesentlich mit dem Ausbau des Kirchensystems zu tun. Standorte der Kirchen wurden nun Mittelpunkte der Kirchspiele, auf die hin sich die Dörfer ausrichteten. Diese Siedlungsform machte anfällig für die Übertragung von Seuchen, und so kann es nicht verwundern, daß Schleswig und Holstein vom ersten Pestumzug 1350 schwer getroffen wurden. Mit dieser – und folgenden – Katastrophen wurde die Bevölkerung stark dezimiert. Zusammen mit anderen Faktoren bewirkten die Epidemien die „Krise des Spätmittelalters", die vor allem für die adlige Führungsschicht schwierige wirtschaftliche Verhältnisse zur Folge hatte. „Bauernmangel" wird noch im 15. Jahrhundert beklagt. Doch trifft das nicht für alle Teile des Landes zu. Anderwärts nahm die Bevölkerung so zu, daß nun schon landarme Bevölkerungsschichten, „Kätner", entstehen. Kätner sind Landwirtssöhne, die keinen Hof mehr erhalten können und sich mit kleinen Landstellen zufrieden geben müssen. Das zwingt sie, sich Nebenerwerb zum Lebensunterhalt zu suchen. In der Folge entsteht ein differenziertes Landhandwerk.

Der wirtschaftliche Aufschwung des späten 15. Jahrhunderts führt zum sogenannten „langen 16. Jahrhundert", einer Friedensperiode von nahezu 150 Jahren – nur unterbrochen von der Grafenfehde zwischen Dänemark-Holstein und Lübeck 1534/35. In diese Phase fallen Beginn und Ausbau der Gutswirtschaft. Vor allem holsteinische Adlige – sie waren im Hochmittelalter massiv nach Schleswig und Jütland eingewandert und dominierten im 14./15. Jahrhundert die landständischen Versammlungen beider Territorien – setzten 1524 gegenüber einem geschwächten Landesherrn Privilegien für ihre Herrenhöfe im Kolonisationsland Ostholsteins, aber auch im Osten Schleswigs durch. Damit war der Grund für den Ausbau der Gutsherrschaft gelegt, die im Ostteil des Landes zu Schollenband und Leibeigenschaft der bäuerlichen Bevölkerung führte. Güter waren große Wirtschaftsbetriebe, teilweise durch Filialen (Vorwerke, Meierhöfe) ergänzt, in denen die Bauern – soweit sie überhaupt eigenes Hoffeld behalten konnten – zu Diensten für die Gutsherrschaft herangezogen wurden. Zahlreiche Bauerndörfer wurden zu den Hoffeldern der Güter gelegt und die „holsteinische Koppelwirtschaft" entwickelt. Die Milchviehherden wurden zumeist einem in der Milchverarbeitung erfahrenen „Holländer" gegen gutes Geld verpachtet. Diese Spezialisten kamen als politische und Glaubensflüchtlinge aus den spanischen Niederlanden und ließen sich in Eiderstedt und der Wilstermarsch nieder. Ihre Fähigkeit, Süßmilchkäse nach holländischer Art herzustellen, machte sie zu gefragten Fachleuten, so daß die Bezeichnung „Holländer" für den Milchbetriebswirt und „Holländerei" für diesen Betrieb allgemein wurde.

Doch auch die Bauerngemeinden verharrten nicht im Zustand des Mittelalters. Während an der Westküste auch politische Veränderungen wie die Eroberung und Unterwerfung Dithmarschens 1559 die Prosperität der Marsch aufgrund ihrer Exporte nach Westeuropa nicht brechen konnten, drängten in Nordostschleswig die Bauern die Gutsherrschaft zurück und entfalteten eine ertragreiche Landwirtschaft. Hier begannen auch erste Verkoppelungen. Denn es zeigte sich, daß die mittelalterliche Gemengelage von Ackerland, das zur Bestellung Flurzwang, also die gemeinsame Bearbeitung, voraussetzte, wenig effektiv war. Bauern begannen, die Ackerländereien so zu verteilen, daß jeder Dorfgenosse separate Stücke des Ackerlandes erhielt, mit denen er nach seinen Vorstellungen wirtschaften konnte. Diese Idee ist erst durch die erste große Agrarreform in der zweiten Hälfte des 18. Jahrhunderts für beide Herzogtümer gesetzlich fixiert und durchgesetzt worden. Schwierigkeiten gab es dabei mit den unterbäuerlichen Schichten, den landarmen Kätnern, und den Land- und Hausbesitzlosen, die als Insten (von „indersten", Einliegern – also Mietern) bezeichnet wurden; sie wurden bei den Verkoppelungen benachteiligt.

Die zweite große Agrarreform war die Aufhebung der Leibeigenschaft auf den Gütern (1805), die allerdings nach einer langen Phase von Zeit- und Erbpacht erst in unserem Jahrhundert zu bäuerlichem freiem Eigentum führte. Sie hat die überragende soziale Position der Großgrundbesitzer in der ländlichen Gesellschaft Ostholsteins nicht wesentlich mindern können.

Das 19. Jahrhundert sah in seiner ersten Hälfte vor allem eine der größten Agrarkrisen der neueren Geschichte (1819–29). Die Notzeit löste aber auch eine Innovationswelle aus, die seit den 1840er Jahren zum Aufbau einer leistungsfähigen, modernen Landwirtschaft im Lande führte. Die Periode zwischen 1840 und 1914/18 kann – trotz aller politischen Turbulenzen durch den Schleswig-Holsteinischen Sezessionskrieg (1848–50)

und den Deutsch-Dänischen Krieg (1864) – als die „goldene Zeit" der Landwirtschaft bezeichnet werden. Nicht nur in den traditionellen Überschußgebieten konnten die Produkte zu Höchstpreisen vermarktet werden, auch die bis dahin eher rückständige Geest fand dank heimischem Mergel, aus Südamerika eingeführtem Guano und Chilesalpeter, später den industriell anfallenden Kunstdüngern Thomasmehl (beispielsweise) den Anschluß. Das seit 1844 ständig ausgebaute Eisenbahnnetz, begleitet vom immer weiter ausgebauten Straßennetz, sorgte für Anfuhr von Baumaterial, Düngemitteln und neuen Geräten sowie die Abfuhr von Erzeugnissen (Vieh, Schweine, Butter, Getreide, Hackfrüchte). Eine breite gewerbliche Verarbeitung entwickelte sich durch die gestiegene Lebensmittelnachfrage der industriellen Ballungsgebiete. So entstanden etwa Sauerkrautfabrikation, Getreidemühlen und Großschlachtereien. Die Landwirte selbst schlossen sich zu Meiereigenossenschaften nach dänischem Vorbild zusammen und brachten dank rascher Eisenbahnverbindungen Frischmilch und Milchprodukte in die großen Städte. Neue Produkte wurden im Gemüsebau in Dithmarschen oder im

Die Erfindung der Zentrifuge machte die rationelle Be- und Verarbeitung von Milch möglich. Gekoppelt mit der Dampfmaschine ließ sie Sahne-, Milch-, Butter- und Käseherstellung in großen Mengen aus der Milchlieferung vieler Bauern zu. Eisenbahnanschlüsse schafften diese Produkte in die städtischen Ballungszentren. (Dithmarschen um 1900)

Feldkohlanbau hat sich um 1900 in den Dithmarscher Seemarschen verbreitet. Die Nachfrage der industriellen Ballungszentren nach fettreicher Kost (Schweinespeck) und haltbarem Gemüse (Sauerkraut) ließ Sauerkohlfabriken entstehen. Noch heute ist die Ernte (hier im Auguste-Viktoria-Koog) weitestgehend schwere Handarbeit.

Obstbau an der Unterelbe hergestellt, die Qualität der alten durch Zucht- und Kontrollvereine andauernd verbessert. Die holsteinische Pferdezucht fand in Elmshorn (Reit- und Fahrschule seit 1894) ein Zentrum. Die Mechanisierung der Landwirtschaft machte einen großen Sprung nach vorn. Das Bild des „reichen" Bauern in Schleswig-Holstein ist so wesentlich geprägt durch die Kaiserzeit.

Schwierig wurde es nach dem verlorenen Ersten Weltkrieg, als in der Landwirtschaft ein enormer Rückstau im Investitionsbedarf entstanden war, zahlreiche Produktionsmittel, vor allem Pferde, knapp waren und der Absatz aufgrund der fehlenden Massenkaufkraft stockte. Durch die schwierigen Währungsverhältnisse und die Inflation fehlte auch Zuversicht für die wirtschaftliche Entwicklung. Nach der Währungsreform 1923, die einerseits eine Dezimierung bäuerlicher Geldvermögen, andererseits aber auch eine Entschuldung landwirtschaftlicher Betriebe mit sich brachte, ging es rasch bergauf. Der Aufschwung war jedoch durch US-Kredite fremdfinanziert und mit hohen Zinsen bezahlt. Als Absatzschwierigkeiten 1927/28 einen Einkommenseinbruch vor allem bei spekulativ wirtschaftenden Landwirten mit Schweine- und Rindermast auf der Basis ausländischer Futtermittel herbeiführten, kam es zu massiven Protesten der Bauern: Die Landvolkbewegung erschütterte die Provinz zwei Jahre lang. Daß dabei sogar Bomben an öffentlichen Gebäuden gezündet wurden, ist vor allem einer kleinen radikalen Gruppe des Landvolks zu „verdanken", deren führende Köpfe wegen Hochverrats ins Zuchthaus kamen.

Trotz der Proteste blieb die Lage der Landwirtschaft schwierig. Nicht umsonst fanden die Nationalsozialisten mit ihrem Programm der Autarkie, der wirtschaftlichen Unabhängigkeit des Deutschen Reiches, also auch der Lebensmittelselbstversorgung, starke Resonanz in der Landbevölkerung. Sie erzielten schon 1932 massive Wählergewinne in den ländlichen Gemeinden. 1933 erhielten sie in manchen Gemeinden Schleswigs über 70 Prozent der Wählerstimmen.

Die Situation besserte sich leicht – vor allem, weil sofort ein Vollstreckungsschutz für die Bauernhöfe von Schuldnern ausgesprochen wurde, dann aber auch, weil die Inlandnachfrage stieg und Preisregulierungen griffen. Die „goldenen Jahre" der Kaiserzeit kehrten nicht zurück, aber die Landwirte waren auf ihren durch das Reichserbhofgesetz gesicherten Höfen auch vor den Tücken der Marktgesetze geschützt.

Nach dem Ende des Nationalsozialismus nahm die Landwirtschaft einen raschen Aufschwung. Arbeitskräfte – vor allem Flüchtlinge – waren billig, und die Lebensmittelnachfrage konnte kaum befriedigt werden. Doch schon bald hatten die Betriebe mit Anpassungsinnovationen zu rechnen. Die Ende der 1950er Jahre einsetzende Motorisierung mit allen Weiterungen führte zu erheblichen Umstrukturierungen. Eine Hauptfolge war, daß immer weniger Menschen genügten, um immer mehr Land zu bebauen. Heute gibt es kaum noch Landarbeiter in Schleswig-Holstein – von Mägden und Knechten auf den Höfen ganz zu schweigen. Zumeist arbeitet eine Bauernfamilie allein auf ihrem Land. Der zunehmende Konkurrenzdruck aus Gebieten, in denen bestimmte Produkte besser gediehen oder leichter zu erzeugen waren, führte zum Rückgang des Anbaus hierzulande. War es zuerst Obst aus südlichen Gebieten, so ist es schon lange Weizen aus den USA, Fleisch aus Südamerika und Butter von überall her. Gegen den hohen Konkurrenzdruck und eine zunehmende Regelung des überschüssigen Agrarmarktes innerhalb der Europäischen Union müssen auch die schleswig-holsteinischen Bauern einen harten Kampf führen. Insgesamt nahm zwischen 1949 und 1994 die Ackerfläche um elf Prozent ab. Dafür stieg die Zahl der Milchkühe zwischen 1949 und 1965 um 19 Prozent, um danach bis 1994 erheblich zurückzugehen. Heute werden wieder soviele Kühe gemolken wie 1949. Von den Ackerflächen wird heute ein gutes Viertel mit Weizen bebaut, 18 Prozent dienen der Erzeugung von Feldfutterpflanzen. Der Raps, der im Frühjahr vor allem in Ostholstein das Landschaftsbild mit seinem leuchtenden Gelb bestimmt, wird nur auf 15 Prozent der Ackerfläche angebaut. Feldgemüse, vor allem Kohl, der in Dithmarschen so sehr ins Auge fällt, kommt nur auf etwas über einem Prozent der bebauten Fläche vor. Heute geben aber immer mehr Landwirte den Kampf um ihr wirtschaftliches Überleben auf. Die Zahl der landwirtschaftlichen Betriebe ist zwischen 1980 und 1993 um gut ein Fünftel zurückgegangen; davon profitierten vor allem die größeren Betriebe, die ihre Flächen vergrößerten. Aber auch Flächenstillegungen machen sich bemerkbar. In Schleswig-Holstein müssen sich immer mehr Bauern der Frage stellen, ob ein Le-

ben als von öffentlichen Mitteln unterhaltener „Landschaftsgärtner" erstrebenswert ist. Für ihre Kinder sehen viele längst keine Perspektiven mehr in einem Land, das einstmals für seine Agrarprodukte europaweit berühmt war und auch heute noch bekannt ist. Daß das Land immer noch als landwirtschaftlich geprägt wirkt, liegt auch daran, daß nahezu 84 Prozent seiner Gesamtfläche von Landwirtschaftsfläche und Wald bedeckt sind – auch wenn die Landwirtschaft heute nur noch fünf Prozent der Erwerbstätigen beschäftigt.

Die Marktanforderungen haben die ostholsteinische Gutswirtschaft stark verändert. Heute werden auf den Großbetrieben von 500 bis 800 Hektar vor allem Getreide und Raps angebaut (hier ein Weizenfeld in Ostholstein). Ein Betrieb von 700 Hektar Nutzfläche kann mit zwei Arbeitskräften bearbeitet werden. Jeder Arbeitsplatz fordert wegen der hohen Mechanisierung und Motorisierung etwa 800 000 DM Investitionskosten.

Hochseetrawler, Krabbenkutter, Karpfenteiche: Fischerei in Schleswig-Holstein

Hans Otto Boysen

Schleswig-Holstein, das Land zwischen den Meeren, mit seinen zahlreichen Seen und Flüssen ist eine Region der Bauern und Fischer. Das Bild unserer Häfen wird von Kuttern und Booten, von der Geschäftigkeit der Fischer geprägt. Fisch als gesundes Nahrungsmittel hat einen hohen Stellenwert in unserer Bevölkerung. Das Leben und die Arbeit der Fischer kennen allerdings nur wenige, denn auf See sind sie mit sich und ihren Booten allein.

Historisches

Über die Fischerei aus der Frühzeit ist kaum etwas bekannt. Hinweise auf den Fischfang liefern nur Reste von Fischskeletten und Muschelschalen, die Archäologen bei Ausgrabungen in den Abfallhaufen von Wikingersiedlungen fanden. Schriftliche Zeugnisse sind erst aus dem Mittelalter überliefert. Die Fischerei verhalf den Hansestädten an der Ostsee zu großer Blüte, als im 11. Jahrhundert der Heringsfang in der Ostsee aufblühte. Der berühmte Schonenhering wurde vor der schwedischen Küste gefangen. Er war von so großem Wert, daß um ihn sogar Kriege geführt wurden. Hart geräuchert oder mit Salz eingerieben und getrocknet kam er in den Handel. Im 15. Jahrhundert ging man dazu über, ihn zur Konservierung zu pökeln, das heißt einzusalzen und in Fässern zu verschicken. Die Hansestadt Lübeck besaß das Monopol für Salz und Hering, eine einzigartige Voraussetzung für den Handelserfolg. Die Bedeutung der Fischerei im Mittelalter wird belegt durch die Tatsache, daß bereits im 12. Jahrhundert Fischereirechte in der Schlei und der Lübecker Bucht von der Landesherrschaft an die Städte Schleswig und Lübeck verliehen wurden. Diese Rechte haben bis heute überlebt. Die Fischergenossenschaften halten ihre Tradition als Fischerzunft aus alter Zeit aufrecht.

Zeugnisse über die Fischerei im Binnenland sind seit der Christianisierung des Nordens schriftlich überliefert. Das Fastengebot der Mönchsorden förderte die Teichwirtschaft, da der Verzehr von Fisch erlaubt war. Mit der Ausbreitung der Klöster im 12. Jahrhundert kam die Karpfenzucht nach Holstein. Besondere Berühmtheit erlangten die Reinfelder Teiche, die noch heute als Karpfenteiche genutzt werden. Die Fischzucht in Teichen lieferte Fisch als Fastenspeise und erlaubte eine gute „Konservierung" des Fisches, konnte man ihn doch zu jeder Jahreszeit frisch aus dem Teich auf den Tisch bringen. Im auslaufenden Mittelalter gingen im Rahmen der Säkularisierung die meisten Teiche zwar an die großen Güter der weltlichen Herren über; die Blüte der holsteinischen Teichwirtschaft hielt aber bis zum Ende des 17. Jahrhunderts an. Im 18. Jahrhundert wurden zahlreiche Teichanlagen in Äcker umgewandelt. Viehzucht trat an die Stelle der Fischzucht. Im 19. Jahrhundert stiegen die Fänge der Seefischerei, die technisch weiterentwickelt wurde, gewaltig an. Der rasche Transport mit der Eisenbahn nahm den Teichwirtschaften ihren Standortvorteil. Meeresfische verdrängten die Süßwasserfische von den Märkten. Erst um die Wende zum 20. Jahrhundert begann die Teichwirtschaft, nun auch mit der Zucht von Forellen, wieder aufzublühen.

Die Technisierung der Fischerei

Mit der Inbetriebnahme des ersten Dampftrawlers „The Toiler" in England begann Ende des letzten Jahrhunderts eine gewaltige Entwicklung der Fischerei und ihrer Fangtechniken. Die Einführung von Petroleummotoren und Hydraulikwinden erhöhte die Fangkraft der Kutter. War die schleswig-holsteinische Flotte bis dahin auf den Fang in Küstennähe beschränkt, konnte sie nun auch auf das Meer hinausfahren und von weit her Fisch an den Markt bringen. Es entwickelten sich als neue Sparten die Große Heringsfischerei (Loggerfischerei) und die Große und Kleine Hochseefischerei. Heute sind die Kutter mit modernster Funk- und Navigationstechnik vom Funktelefon bis zur Satellitennavigationsanlage ausgestattet. Arbeitskräfte sind durch Technik ersetzt worden. Am Ende der Entwicklung steht ein hochtechnisiertes Fangfahrzeug mit viel Elektronik und kleiner Besatzung.

Im Jahre 1895 begann in Glückstadt die Große Heringsfischerei mit vier Heringsloggern, die mit langen Treibnetzen (Fleeten) von Juli bis November in der Nordsee Hering fingen und auf See zu Matjes und Salzhering verarbeiteten. Mit dem Zusammenbruch der Heringsbestände in den siebziger Jahren ging die Große Heringsfischerei ein. Die letzten Logger sind längst abgewrackt; in Glückstadt gibt es keine Fischer mehr. Die traditionelle Eröffnung der Matjessaison wird aber in jedem Frühjahr noch gefeiert. Eine Große Hochseefischerei konnte sich in Schleswig-Holstein erst nach dem Zweiten Weltkrieg etablieren. Die ehemalige Torpedowerft am Ufer der Schwentine wurde zum Seefischmarkt umgestaltet. Von Kiel aus gingen Frischfischfänger auf Fangreisen bis Labrador, Grönland und in die Barentssee. Rotbarsch, Heilbutt, Kabeljau und seltene Fische wie Leng und Meerwolf kamen regelmäßig zur Auktion. Bis 1962 löschten 16 Fischdampfer regelmäßig ihre Fänge in Kiel. Als die ersten Fangfabrikschiffe, die ihren Fang auf See verarbeiten und tiefgefrieren konnten, von Kiel aus in Fahrt kamen, begann der Stern der Kieler Flotte schon zu sinken. 1971 löschten die letzten Fischdampfer ihren Fang in Kiel.

Bis zum Zweiten Weltkrieg entwickelte sich in der Ostsee und der Deutschen Bucht eine Kleine Schleppnetzfischerei auf Plattfische wie Flunder und Scholle. Um 1930 wurde die „Gespannfischerei" entwickelt, bei der zwei kleine Fischkutter ein relativ großes Netz mit größerer Geschwindigkeit schleppen konnten. So erschlossen sich den Kutterfischern auch schneller schwimmende Fischarten wie Dorsch, Hering und Sprotte. Einen starken Zuwachs erhielt die schleswig-holsteinische Küstenfischerei, die fast nur Boote und wenige Kutter aufwies, 1945 durch Flüchtlingsfischer aus den Ostgebieten, die von hier aus unter anderem Lachs in ihren angestammten Fanggebieten in der östlichen Ostsee und dann natürlich Dorsch, Hering und Plattfische vor unserer Küste fingen. Die seerechtlichen Entwicklungen, die 1977 zur Aufteilung der Ostsee in nationale Wirtschaftszonen führten, erzwang durch den Wegfall bedeutender Fanggründe eine erhebliche Reduzierung der Fischereiflotte Schleswig-Holsteins.

Der letzte Heringszaun in Kappeln steht unter Denkmalschutz. Er wurde bereits im 15. Jahrhundert urkundlich erwähnt. Früher war diese Fangmethode an der Schlei weit verbreitet.

Ein Bild aus alten Tagen. Reusen aus Baumwolle hängen zum Trocknen aus. Früher erforderte die Pflege der Netze viel Arbeit; heute werden Fanggeräte aus pflegeleichten, nicht rottenden synthetischen Fasern hergestellt.

Seefischerei heute

Trotz aller Widrigkeiten und negativen Entwicklungen hat sich, mit staatlicher Unterstützung, bis heute eine Fischerei an Nord- und Ostsee in Schleswig-Holstein erhalten. Unsere Fischer landen Fische, Muscheln und Krabben an. Es überwiegt die Küstenfischerei mit eintägigen Fangreisen; nur wenige große Kutter (Kleine Hochseefischerei) fahren auf längere Fangreisen in die nördliche Nordsee oder nach Bornholm. Die Anlandungen unserer Flotte liegen heute bei ca. 20 000 Tonnen Frischfisch, 5 000 Tonnen Krabben und 5 000 bis 40 000 Tonnen Muscheln im Jahr.

Die Flotte ist an der *Ostsee* in den Fischereihäfen in Kappeln, Maasholm, Eckernförde, Heikendorf, Laboe, Heiligenhafen, Burgstaaken, Niendorf und Travemünde sowie verstreut in kleineren Orten an der Küste beheimatet. 176 Kutter von 15 bis 20 Meter Länge und 140 Boote laufen täglich zum Fang in die Kieler und Lübecker Bucht aus. Mit Grundschleppnetzen stellen sie Dorsch, Plattfisch und Hering nach. Gleichstarke Kutter schließen sich zu sogenannten Tuckpartien in der Gespannfischerei zusammen und teilen den Fang unter den Tuckpartnern auf.

Boote (offene Fahrzeuge) und die kleineren Kutter (kleine, gedeckte Fahrzeuge) können keine Netze schleppen. Sie werden zum Einsatz stehender Fanggeräte wie Stellnetze, Reusen, Bundgarne und Langleinen benutzt. In den Stellnetzen verfangen sich die Fische in den Maschen; Reusen und Bundgarne sind Fischfallen, in die die Fische hinein-, aber nicht mehr herausschwimmen können. Mit Stellnetzen werden Heringe, Dorsche und Plattfische gefangen; Reusen und Bundgarne dienen hauptsächlich dem Aalfang. Langleinen sind Angeln mit zahlreichen beköderten Haken zum Fang von Dorschen und Aalen. Die meisten Fanggeräte werden überall an der Küste eingesetzt, Bundgarne allerdings in großer Zahl nur rund um Fehmarn. Die Betriebe der Kleinen Hochseefischerei mit Kuttern bis 30 Meter Länge sind auf Heiligenhafen konzentriert. Ihre Fanggebiete liegen um Bornholm und in der Nordsee. In der Ostsee wird Dorsch, so heißt der Kabeljau in diesem Gewässer, und Plattfisch gefangen. In der Nordsee stellen die Fischer dem Kabeljau, Schellfisch und Plattfisch auf bis zu zweiwöchigen Fangreisen nach.

An der *Nordseeküste* sind nur in Büsum wenige Frischfischkutter beheimatet, die mit Schleppnetzen Kabeljau und Plattfische in der Deutschen Bucht fangen. Die größeren Kutter fahren bis Norwegen, Schottland oder sogar Irland zum Fang von Kabeljau und vor allem Seelachs, der auch Köhler heißt. Stellnetze werden in der Nordsee von den Helgoländer Fischern mit ihren Booten zum Dorsch- oder Plattfischfang eingesetzt. Im Sommer fahren auch einige Ostseefischer in die Deutsche Bucht, um mit Stellnetzen Seezungen zu fangen. Eine Besonderheit ist der Fang von Hummern in beköderten Hummerkörben um Helgoland. 105 Krabbenkutter gehen von den Häfen Husum, Tönning, Büsum und Friedrichskoog aus auf Krabbenfang. Die Nordseekrabbe oder -garnele zieht von April bis November in das Wattenmeer. Krabbenfischer benutzen Baumkurren zum Fang. Dieses Fanggerät ist nach dem langen Baum bezeichnet, der das Netz quer zur Schlepp(Kurr)-richtung offenhält. Sicher hat jeder schon Krabbenkutter mit aufgetoppten (hochgezogenen) Netzen links und rechts des Kutters gesehen. In Büsum kann man sie sogar vom Strand aus beobachten. Die Krabben werden sofort nach dem Fang an Bord in Salzwasser gekocht.

Acht Betriebe der Muschelfischerei fischen nördlich von Eiderstedt, meist von Dagebüll aus, Miesmuscheln mit Fahrzeugen, die eher wie Frachtschiffe aussehen. Die Muschelfischer betreiben Kulturwirtschaft. Sie fangen im Sommer und Herbst junge Muscheln, die Muschelbrut oder -saat, im Wattenmeer und bringen sie auf Kulturflächen wieder aus. Nach zwei Jahren sind diese Saatmuscheln so groß, daß sie abgefischt und vermarktet werden können. Als Fanggerät verwenden die Muschelfischer Dredgen, Eisenkratzer mit angehängtem Netzbeutel, mit denen die Muscheln vom Grund abgekratzt werden. Auf Sylt züchtet ein Betrieb Austern in der Blidselbucht. Junge Austern (japanische Felsenaustern) werden in Säcken (poches) auf Gestellen ausgelegt und, wenn sie marktreif und 70 bis 90 Gramm schwer sind, abgeerntet.

Binnenfischerei heute

Die Binnengewässer Schleswig-Holsteins umfassen 30 000 Hektar Seen, Fließgewässer und Kanäle. Sie sind, im Gegensatz zu den Küstengewässern, privates oder öffentliches Eigentum und fast ausnahmslos an Binnenfischereibetriebe verpachtet, die meist

schon seit Generationen an den Gewässern wirtschaften. Die wichtigsten Wirtschaftsfische sind Aal, Hecht, Zander, Barsch, Maräne, Brasse (Blei), Plötze, Forelle und Meerforelle. Von besonderer Bedeutung in allen Gewässern ist der Aal wegen seines hohen Marktwerts. Hecht und Barsch leben in allen, Zander in zahlreichen und Maränen nur in einigen großen Gewässern. Die Bedeutung von Brassen und Plötzen als Speisefisch ist gering, obwohl gerade diese beiden Arten in Massen vorkommen. Die Binnenfischer fangen ihre Fische mit stehendem Gerät, also Reusen, Stellnetzen und Aalschnüren, und mit der Zugwade, einem langen Netz, das mit Winden durch das Wasser zum Ufer gezogen wird. An einigen Flüssen gibt es fest eingebaute Aalfänge zum Fang der zum Laichen ins Meer wandernden Aale. Ihre Fische verkaufen die Binnenfischer in eigenen Läden direkt am Fischereigehöft. Durch Veredelung (Räuchern, Salate, Filetieren) wird der Wert der Fische im Eigenbetrieb gesteigert.

In der Seenfischerei in Schleswig-Holstein sind 32 Haupterwerbsbetriebe tätig, die meist als Familienbetrieb arbeiten. Nur wenige größere Betriebe beschäftigen noch Personal. Die Seen-

Ein Krabbenkutter aus Wittdün (Amrum) auf der Heimreise. Die Netze sind aufgetoppt und an Bord geholt. Gleich nach dem Fang – noch auf See – werden die Krabben gekocht. Nur so erhalten die Nordseegarnelen ihren so geschätzen Geschmack.

Ein alter Fischer mit Südwester. Wind und Wetter haben sein Gesicht gekennzeichnet.

fischerei konzentriert sich auf den Bereich der Holsteinischen Schweiz und des Herzogtums Lauenburg, da hier auch die überwiegende Zahl der schleswig-holsteinischen Seen liegt. An unseren Flüssen und Kanälen, vor allem an den Flußmündungen, wirtschaften noch rund ein Dutzend Erwerbsbetriebe, die zum Teil auch im Meer dem Fischfang nachgehen. Die Binnenfischer fangen, mit wenigen Ausnahmen, mit den gleichen Geräten die gleichen Fischarten wie die Seenfischer. Hinzu kommt im Bereich der Trave und auf dem Nord-Ostsee-Kanal in großen Mengen Hering, der im Frühjahr zum Laichen ins Süßwasser zieht.

Die Teichwirtschaft ist weit über den Landesteil Holstein verbreitet. Teiche sind künstlich angelegte Gewässer, deren Wasserstand sich regulieren läßt. Zum Fischfang wird das Wasser abgelassen. In der Teichwirtschaft werden Fische aller Altersklassen in Laich-, Brutstreck- und Abwachsteichen gehalten. In kleinen, warmen Teichen laichen die Karpfen ab. Wenn aus den Eiern die Larven geschlüpft sind, wird diese Fischbrut in Brutstreckteiche überführt, um dort den ersten Lebenssommer zu verbringen. In Abwachsteichen von mehreren Hektar Größe wachsen Karpfen, getrennt nach Altersklassen, zu Speisefischen heran. Nach insgesamt drei Sommern sind sie marktreif. Durch Zufütterung läßt sich das Wachstum beschleunigen. Spezialisierte Betriebe haben nur jeweils eine bestimmte Betriebsform, wie etwa Satzfischproduktion oder Speisefischaufzucht. Insgesamt gibt es in Schleswig-Holstein etwa 1 500 Hektar Teichfläche, die von 172 Betrieben bewirtschaftet wird; davon sind jedoch gut die Hälfte Kleinstbetriebe mit weniger als 2 Hektar Teichfläche. Die „Hauptfische" der Teichwirtschaft sind Karpfen in wärmeren, flachen und Forellen in kühlen, schneller durchströmten Teichen. Als „Nebenfische" werden vielfach Schleie und Hechte produziert. Die Bedeutung der Speisefischproduktion ist in jüngster Zeit etwas zurückgegangen zugunsten der Erzeugung von Satzfischen für den Besatz natürlicher Gewässer. Es sind Fischarten in die Teichwirtschaft aufgenommen worden, die kaum wirtschaftliche Bedeutung haben, wohl aber für den Artenschutz wichtig sind. Einige Spezialbetriebe züchten Aquarienfische oder Edelkrebse.

Sportfischerei

In Schleswig-Holstein wird an allen Gewässern geangelt. Das Land mit seinen zahlreichen Seen und Flüssen und seinen langen Küsten bietet viele Möglichkeiten, die Angel auszuwerfen. In den Küstengewässern ist der Fischfang mit der Handangel frei, in Binnengewässern, die alle in privatem oder öffentlichem Besitz stehen, geben die Eigentümer oder Pächter Angelkarten aus. Angler stellen wie die Fischer Aal, Hecht, Meerforelle, Zander, Barsch und Plötze nach. Jeder Angler hat dabei seine eigene Technik, seine eigenen Tricks, seine eigenen Köder, auf die er schwört und die er nicht verrät. 60 000 Angler allein aus Schleswig-Holstein belegen die Bedeutung dieses Fischereizweigs für unser Land. Wieviele Urlauber in Schleswig-Holstein angeln, ist nicht bekannt. Sicher ist aber, daß so mancher seinen Urlaub hier verbringt, um seine Angel auszuwerfen.

Die Fischerei in Schleswig-Holstein hat heute zwar keine große volkswirtschaftliche Bedeutung. Sie ist aber aus unserem Land nicht wegzudenken. Mit steigendem Erfolg von Umweltschutzmaßnahmen wird sich der Zustand der Gewässer verbessern und eine nachhaltige Nutzung der Fischbestände sichern. Die Fischerei wird ihren festen Platz in der Wirtschaft und Kultur Schleswig-Holsteins behalten.

Krabbenkutter im Hafen von Büsum. „Dat Schipp is gut in Farv." Viel Mühe wenden die Fischer zur Pflege ihrer Kutter auf.

Land der Seefahrer: Schiffahrt und Schiffbau in Schleswig-Holstein

Alexander Rost

Das Containerschiff, das aussieht wie ein Rennboot und etwa auch so schnell ist, knapp Tempo 100, bleibt vorerst Gedanken- und Computerspiel: 80 Meter lang, mit Doppelrumpf wie ein Segelkatamaran, könnte der „Cargo Cat" von HDW (Howaldtswerke Deutsche Werft AG) in Kiel dem Luftfrachtverkehr rationell Konkurrenz bereiten. Eher allerdings wird man die fix und fertigen Pläne für einen neuen U-Boot-Typ verwirklichen. Von HDW kommt aber auch die „Deutschland", ein neues Kreuzfahrtschiff für 650 Passagiere. Das historisch notorische Dilemma, daß friedliche und, wie's heute im Politikerdeutsch heißt, „Frieden sichernde" Seefahrt nicht zu trennen sind, ist eine offenbar unendliche Geschichte – zumal im Schiffahrts- und Schiffbauland Schleswig-Holstein.

Begonnen hatte die Seefahrtsgeschichte im Land zwischen den Meeren, als Wikinger aus Skandinavien, die sich von kriegerischen Beutemachern zu beutelschneiderischen Händlern mauserten, die Schlei aufwärts segelten und ruderten und im 9. Jahrhundert einen Warenumschlagplatz einrichteten: in Haithabu, der (aus der altnordischen Sprache übersetzt) „Siedlung auf der Heide". Sie entwickelte sich rasch zu einem Ort mit kunstfertigen Handwerkern und einer eigenen Münzstätte und wurde ein Fernhandelszentrum. Zwischen Haithabu und dem Wasserweg zur Nordsee lag eine damals nur 17 Kilometer breite Landbarriere. Daß die Wikinger ganze Schiffe zwischen Haithabu und Hollingstedt am Eider-Nebenfluß Treene hin- und herrollten, ist eine Mär. Die Waren wurden auf Ochsenkarren umgeladen. Wieder auf ein Schiff verfrachtet, erreichten sie das Frankenland. Im Jahre 934 wurde Haithabu vom deutschen König Heinrich erobert und Ostseehafen seines Reiches; aber die Wirtschaftsblüte welkte rasch. Haithabu verödete und wurde zerstört. Die ausgegrabenen, im Moorboden zum Teil guterhaltenen Wikingerschiffe im Schleswig-Holsteinischen Landesmuseum im Schloß Gottorf in Schleswig und im Wikinger Museum Haithabu erinnern daran, daß schon die ersten Seefahrer im Norden Europas jenem Problem gegenüberstanden, dessen Lösung noch fast tausend Jahre auf sich warten ließ: Wie kommt man durch das meerumschlungene Land hindurch, zu Schiff?

In den Zeiten der Hanse blieben Schleswig und Holstein meist „in Lee" liegen, wie der Seemann sagt, gleichsam auf der Windschattenseite der Handelsinteressen. Kiel, das 1242 das Stadtrecht erhalten hatte, war von 1281 an zwar Mitglied des mächtigen Bundes der Kaufmannsstädte; aber statt Geld zu scheffeln, mußte es in den Kriegen der Hanse gegen die piratischen Vitalienbrüder und, bis 1438, gegen Dänemark tief in die eigene Kasse greifen. 1581 schied es aus der Hanse aus. Und Lübeck, die führende Hansestadt, hatte mit schleswig-holsteinischer Schiffahrt nur randständig zu tun (erst 1937 wurde die Freie Reichsstadt vom Land Preußen vereinnahmt, dem seit 1866 auch Schleswig-Holstein unterstand).

Im Land, das an der Ostseeküste mit vielen Buchten und Förden und an der Nordseeküste, von der Elbe an seiner südlichen Grenze abgesehen, nur mit der Trichtermündung der Eider sich den Meeren öffnet, war Seefahrt vor allem Angelegenheit von Fischern und Küstenschiffern. Für das, was man „Charaktergeschichte" eines Landes nennen kann, war das keine Kleinigkeit. Auf kleinen Booten in navigatorisch schwierigen, meteorologisch meist rauhen Gewässern wuchsen Generationen heran, die von Kindesbeinen an Seebeine hatten: „See-

männische Bevölkerung", wie ein Begriff der Marinebürokratie lautete, als um 1900 immer mehr Wehrpflichtige für die Kaiserliche Flotte benötigt wurden.

Die ersten an der Westküste Schleswig-Holsteins, die auf die „hohe See" gingen, getrieben von der Armut auf ihren Inseln, waren vor allem Männer und Jungen, ab zwölf Jahre, von Föhr, Amrum, Sylt und den Halligen. Sie heuerten im 16. und 17. bis Ende des 18. Jahrhunderts auf holländischen, später auf hamburgischen Walfangschiffen an. Das Fanggebiet lag bei Spitzbergen. Nicht wenige Inselfriesen dienten sich zum obersten Rang hoch: Als „Kommandeur" segelte zum Beispiel der berühmte Lorenz de Haan aus Alt-Rantum auf Sylt ab 1693 38mal ins Nordmeer, wo er 169 Wale fing. Welchen Preis die Inselfriesen für den durch Seefahrt erlangten Wohlstand zu zahlen hatten, lassen eine Katastrophe und zwei Zahlen aus einer Dorfchronik ahnen:

1744 kenterte im Sturm vor Sylt ein Zubringerschiff, das Walfangmannschaften nach Holland bringen sollte. Acht Mann konnten sich retten; 82 ertranken. Das Wrack wurde bei Kampen angetrieben. Und eine Liste der 170 Einwohner von Alt-Rantum, dem damals reichsten Dorf auf Sylt, weist für das Jahr 1740 einen Frauenüberschuß von 50 Prozent aus. Daß Männer „auf See blieben", war alljährliches Schicksal.

Als sich die Walfangreisen nicht mehr lohnten, nahmen die nordfriesischen Inseln erst recht eine führende Stellung im Schiffahrtsland ein. Aus dörflichen Seemannsschulen kamen, so der Sylter Chronist C. P. Hansen, „mehrentlich tüchtige Navigateure und gebildete Schiffscapitaine". 1780 hatten auf Föhr etwa 150 Kapitäne und Kommandeure ihr Zuhause, auf

Obwohl ohne eigenen Überseehafen, war Schleswig-Holstein Heimatland welterfahrener, auf allen Ozeanen bewährter Kapitäne. In der klassischen Zeit der Segelschiffahrt, die im Bild der Bark „Flying Dutchman" beispielhaft verkörpert ist, stellten Hamburger Reeder bevorzugt Nautiker von den Nordfriesischen Inseln als Schiffsführer ein.

Namenlose Seeleute: Wie auf Sylt gibt es auch auf Amrum einen Friedhof unbekannter, an den Strand getriebener Opfer der See.
Namhafte Kapitäne: Typisch für Hunderte, die aus Nordfriesland kamen, war Andreas Albert Klein (1810–1873) von der Insel Sylt, ab 1859 Kapitän der Hamburger Bark „Flying Dutchman".

Sylt 104 Kapitäne und 164 Steuermänner. Die Zahlen sanken ab, nachdem die Ausbildung zum Nautiker ausschließlich Sache staatlicher Seefahrtsschulen geworden war. Um so lieber stellten die Reeder in den großen Hafenstädten qualifizierte Schiffsführer von den Inseln ein. Von 1824 bis 1914 wurden allein ins Hamburger Register der Kapitäne eingetragen: 87 von Sylt, 65 von Föhr, 21 von Amrum und neun von den Halligen. Kapitäne aus Nordfriesland führten Windjammer über alle Ozeane; und um beispielhaft einen Namen zu erwähnen: Kapitän Boye Richard Petersen von der Hallig Langeneß hatte von 1904 bis 1908 das Kommando auf dem Fünfmastvollschiff „Preußen", dem größten, schönsten, stolzesten aller deutschen Segelschiffe. Mit Musik- und anderen Dampfern hatten die Kapitäne von den Nordfriesischen Inseln wenig im Sinn; sie bevorzugten Segelschiffe, solange es sie gab.

Den „Inseln der Seefahrer" fiel übrigens eine bemerkenswerte sozialgeschichtliche Rolle zu: als „Inseln der Frauen"; sie führten dort, während die Männer auf See waren, schon ein emanzipatorisches Regime in Haus und Hof, als Bauern- und Bürgerfrauen allgemein noch nichts zu sa-

gen, nichts zu melden hatten. Heimathäfen der Schiffe, auf denen ihre Männer Kap Hoorn oder das Kap der Guten Hoffnung umrundeten, waren vorwiegend Hamburg und Bremen.

Der Segelschiffsverkehr von und zu den Häfen Schleswig-Holsteins hatte meist kaum über die Küste und selten über die Randmeere hinaus gereicht. Von weit her kamen fast nur Schiffe, die unter dänischer Flagge den Rum aus Westindien nach Flensburg brachten. Mit der technischen Revolution auf See aber, als das Segelschiff vom Dampfer verdrängt wurde, und nachdem 1864 Dänemark im Krieg mit Preußen (und Österreich) die Oberhoheit über Schleswig-Holstein verloren hatte, erhielt das meerumschlungene Schiffahrtsland auch die stärksten Entwicklungsschübe. Die Marine kreuzte auf. 1865 wurde Kiel, was bislang Danzig war: preußischer Kriegshafen. Und der technische Fortschritt ermöglichte auch die Lösung des Problems, das einst die Wikinger in Haithabu geplagt hatte.

Eine Verbindung der Meere war schon von 1777 bis 1784 unter dänischer Regierung hergestellt worden: der Eiderkanal, 34 Kilometer von Holtenau an der Kieler Förde zur Obereider bei Rendsburg; die gesamte Wegstrecke bis zur Nordsee, eiderabwärts, betrug 173 Kilometer. Die Durchfahrt, mit sechs Schleusen im Kanalabschnitt, dauerte von Holtenau bis Tönning zwei bis drei Tage. Die Schiffe wurden getreidelt, von Pferden an langen Leinen gezogen. Die Kanalausmaße reichten aus für einen damals üblichen Küstenschiffstyp von knapp 30 Meter Länge und wenig mehr als zweieinhalb Meter Tiefgang.

Den Eiderkanal, dessen Anlage seinerzeit eine große technische Leistung war, hatte nur die Kleinschiffahrt nutzen können. Doch 1895 waren der alte, immer dringender gewordene Wunsch der Seefahrer und der Kaufleute an Ost- und Nordsee und die jüngere Forderung deutscher Marine-

strategen endlich erfüllt: Der Weg quer durch das Land war auch für große Schiffe frei.

Seither ist der Nord-Ostsee-Kanal, 98,6 Kilometer zwischen der Kieler Förde und der Elbemündung, das Rückgrat des Schiffahrtslandes Schleswig-Holstein. Er ist die meistbefahrene künstliche Seewasserstraße der Welt: Jährlich passieren den „Kiel Canal", wie er international benannt ist, heute etwa 40 000 Schiffe aller Art. Die Durchfahrt zwischen den Schleusen an den Kanalein- und ausgängen in Kiel-Holtenau und Brunsbüttel dauert etwa siebeneinhalb Stunden. Beide Schleusen sind so groß wie sonst nur im Panamakanal; die Ausmaße der Schleusenkammern, je zwei: 330 Meter Länge, 45 Meter Breite. In den verkehrsreichsten, von Wirtschaftskrisen ziemlich freien Jahren waren fast 80 000 Schiffe aus 80 Nationen durch den Kanal gelaufen, ob Küstenmotorschiff, Tanker, Kreuzfahrtschiff; Sportboote nicht mitgezählt.

Der deutsche Kaiser Wilhelm I. und sein Kanzler Bismarck hatten im März 1886 das in nur zwei Paragraphen mit wenigen Zeilen gefaßte Gesetz zum Bau des Kanals unterzeichnet. Im Oktober desselben Jahres nahm die „Kaiserliche Kanalkommission", die Planungs-, Leitungs- und Kontrollbehörde, Sitz in Kiel, ihre Tätigkeit auf. Am 3. Juni 1887 legte der 90jährige Kaiser, begleitet von seinem Enkel Prinz Wilhelm (von 1888 an Kaiser Wilhelm II.), in Holtenau feierlich den Grundstein, wonach er, ein Mann ohne Machthaber-Allüren, mit einem fahrplanmäßigen Zug nach Berlin zurückfuhr.

Bis zu 7 500 Arbeiter mit Spaten und den damals modernsten Baumaschinen stellten den Kanal, Schleusen, Brücken fertig. Bauherr war das Deutsche Reich; die oberste Bauleitung hatten hohe Verwaltungs- und Baubeamte. Sie vollbrachten eine auch heute noch imponierende Leistung. Weder Termine noch Kosten, 156 Millionen Goldmark, wurden überschritten.

Am 20. Juni 1895, im Morgengrauen, durchschnitt in Brunsbüttel die Kaiseryacht „Hohenzollern", auf

Das größte rahgetakelte Segelschiff der Welt, die „Preußen", 133 Meter lang, wurde von Boye Richard Petersen kommandiert. Aufgewachsen auf den Halligen Langeneß, wo er 1869 geboren wurde, und Gröde, war er schon als Zwölfjähriger allein von Insel zu Insel gesegelt. Als Kapitän brachte er 1902 bis 1908 die „Preußen" 21mal sicher um Kap Hoorn.

Zur Eröffnung der Seeschiffsverbindungen quer durch das meerumschlungene Schleswig-Holstein waren im Juni 1895 fast hundert große Kriegsschiffe aller Seemächte, zehn Passagierdampfer und eine Unzahl von Yachten und kleineren Fahrzeugen auf der Kieler Förde versammelt. In Bildmitte links, weiß mit zwei gelben Schornsteinen: die Kaiseryacht „Hohenzollern".

dem Brückendeck Wilhelm II., eine von Ufer zu Ufer gespannte schwarzweißrot geflochtene Schnur: Der Nord-Ostsee-Kanal war eröffnet. Ein Konvoi von 24 fürstlichen Yachten, großen deutschen Passagier- und einigen ausländischen Kriegsschiffen dampfte nach Holtenau, wo der Kaiser am nächsten Tag einen Schlußstein, zugleich Grundstein für ein Denkmal Wilhelms I., legte. Mit Hinweis auf seinen Großvater verkündete Wilhelm II., der Kanal heiße „Kaiser-Wilhelm-Kanal". An Land mit einem Bankett für mehr als tausend damals hoch- und höchstgestellte Personen, auf der Förde mit Flottenschau und -paraden, wurde das glänzendste Fest auf dem Höhepunkt der wilhelminischen Ära gefeiert. Wenige Jahre nur, und der Kanal mußte bei laufendem Verkehr verbreitet und vertieft werden; die neuen Linienschiffe der Kaiserlichen Marine waren zu groß für ihn geworden. Erst kurz vor Kriegsausbruch 1914 waren die Ausbauarbeiten beendet.

Mit der Aufrüstung der Marine entwickelte sich das Schiffahrtsland rasch auch zum Schiffbauland. Kleinere Schiffe liefen in Schleswig-Holstein seit je vom Stapel; die großen und größten aber, die schnellen Passagierdampfer schließlich, entstanden in Hamburg, Bremen, Stettin. Erst die Kaiserliche Flotte machte auch Kiel zu einer Werften-Metropole. Seit 1871 Kriegshafen des Deutschen Reiches,

Das Kieler Gedenkblatt erinnert an das größte maritime Fest der wilhelminischen Epoche.

war Kiel schließlich die Heimat für 30 000 Matrosen und Offiziere. An den Festmachebojen auf der Förde lagen Panzerschiffe, Kreuzer, Linienschiffe zu Dutzenden. Zum größten Teil stammten sie von den Kieler Werften.

Die Stadt lebte von der Marine. Der größte Arbeitgeber war die Kaiserliche Werft mit 14 000 Beschäftigten, dazu noch 2 000 in den Torpedowerkstätten und zahllose in anderen für die Marine tätigen Betrieben. Fast ausschließlich für die Marine arbeiteten auch die beiden großen Privatwerften, die Kruppsche Germaniawerft und die Howaldtswerke, mit je mehr als 7 000 Beschäftigten. Die Germaniawerft baute von 1906 an die ersten Unterseeboote in Deutschland. Das allererste, das auf der Förde getaucht war, hatte ein ehemaliger bayerischer Unteroffizier, Wilhelm Bauer, konstruiert. Sein „Brandtaucher", erdacht, um Sprengkörper an stilliegenden Blockadeschiffen anzubringen, war ein eisernes Gefährt für drei Mann; die Antriebsschraube wurde mit einer Handkurbel gedreht. Auf der Probefahrt im Februar 1851 sackte der „Brandtaucher" auf den Grund in 17 Meter Tiefe ab. Wilhelm Bauer und seine Gehilfen Witt und Thomsen konnten aussteigen und tauchten in Luftblasen wieder auf; die Zuschauer am Ufer hatten just angefangen, eine Gedenkandacht abzuhalten.

Land der Seefahrer: Schiffahrt und Schiffbau in Schleswig-Holstein

Heute in Holtenau: Manchmal machen Oldtimer-Segelschiffe Station. Hinter der grünen Ecke liegen die Schleusen zum Nord-Ostsee-Kanal, die neben jenen des Panamakanals die mächtigsten Kammern, 330 Meter lang, und breitesten Tore haben. Die Zahl der Schiffe, die den Kanal passieren, ist auf jährlich etwa 40 000 zurückgegangen, dazu einige tausend Sportboote; doch er ist heute noch eine der meistbefahrenen Seeschiffahrtsstraßen der Welt.

Der Untergang der wilhelminischen Epoche in Krieg und einer Revolution, die zuerst unter den Matrosen in Kiel ausbrach, hinterließ 1919 eine von Kriegsschiffen leergefegte Förde; und Handelsschiffahrt und Schiffbau-Industrie gerieten in den nächsten Jahren immer tiefer in die Wirtschaftskrise. Die Werften hungerten nach Aufträgen. Für eine amerikanische Multimillionärin baute die Germaniawerft 1931 die „Hussar", die größte Segelyacht der Welt, als Viermastbark getakelt, aber auch mit starken Dieselmotoren ausgerüstet, 72 Mann Besatzung. Unter dem Namen „Sea Cloud" fährt sie heute noch als Kreuzfahrtschiff. Auf den Deutschen Werken in Kiel, der ehemaligen Kaiserlichen Werft, lief 1931 die „Deutschland" vom Stapel, das erste Panzerschiff der Reichsmarine der Weimarer Republik. Ein halbes Dutzend Jahre darauf waren bei Deutsche Werft, Germaniawerft und Howaldtswerke insgesamt 40 000 Arbeiter und Angestellte beschäftigt. Wie vordem für die Kaiserliche, bauten alle drei Kieler Großwerften nun für die Kriegsmarine des Nazi-Regimes – und waren 1945 ein Trümmerhaufen.

Alte Werftnamen verschwanden; neue signalisierten die Fusion von Unternehmen. In dem sogenannten „Wirtschaftswunder" nach 1950 herrschte noch einmal Flut in den Bilanzen. Der griechische Großreeder Aristoteles Onassis ließ in Kiel eine Walfangflotte ausrüsten und eine kanadische Korvette, die zur U-Boot-Jagd gedient hatte, zur legendär gewordenen Luxusyacht „Christina" umbauen. Immer mehr Neubauten kamen aus Kiel, darunter die ersten Fischfabrikschiffe, auf denen der Fang schon auf hoher See versandfertig verarbeitet wird. Die Frachtschiffe wurden immer größer; die Tanker wuchsen zu Supertankern heran. Die Wassertiefe der Kieler Förde erlaubt den Stapellauf größter Schiffe. In Kiel wurde auch das erste und einzige deutsche Schiff mit Atomantrieb gebaut, die „Otto Hahn", 1968 in Dienst gestellt; das Frachtschiff fuhr bis 1979 – pannenfrei. 1960 hatten die Kieler Howaldtswerke einen Weltrekord erzielt: Schiffe in einer Gesamtgröße von 270 266 BRT (Bruttoregistertonnen) wurden abgeliefert, weit mehr als von irgendeiner anderen Werft.

Vollbeschäftigt waren auch wieder die Werften an der Trave: Schlichting-Werft, Travemünde, Lübecker Flender-Werke und Lübecker Maschinenbau-AG, die auch große Saugbagger für Iran und Pakistan bauten. In Kiel-Friedrichsort hatte sich die Lindenau-Werft etabliert, die vorher in Elbing in Ostpreußen ansässig gewesen war und sich mit dem Bau von Spezialschiffen, unter anderem dem ersten Erdöl-Bohrschiff aus Deutschland, einen neuen Qualitätsnamen machte. Die Flensburger Schiffbaugesellschaft blühte noch einmal auf; 1872 gegründet, hatte sie 1875 zuerst einen Dreimastschoner, 1876 ihren ersten Dampfer und bis 1900 schon 200 weitere Schiffe geliefert; ihnen folgte nun eine Reihe von Frachtmotorschiffen. Die Werften, die am Nord-Ostsee-Kanal entstanden waren, die Kröger- und die Nobiskrug-Werft in Rendsburg, bauten ebenfalls größere Seeschiffe, darunter die „Deutschland", 1963 auf der Nobiskrug-Werft vom Stapel gelaufen; sie war das größte, mittlerweile außer Dienst gestellte Schiff der Bundesmarine. Und beschäftigt war auch immer noch die älteste Schiffswerft im Lande, die schon im 17. Jahrhundert gegründete Husumer Werft.

Anfang der siebziger Jahre setzte die Ebbe in den Auftragsbüchern der Werften ein. 1978 lieferten sämtliche Seeschiffswerften der Bundesrepublik noch 930 000 BRT, 1980 nur etwa ein Drittel davon. Das Werftensterben in Deutschland begann. Mittlerweile ist unter den deutschen Großwerften HDW die einzige, die nicht voller Überlebensangst in die nächste Zukunft schaut.

Und im Blick zurück verdämmert eine Unzahl von Namen und Geschichten im Schiffbau- und Schiffahrtsland: Daß 1870 Elmshorner Schiffe an Walfang und Robbenschlag beteiligt waren, daß in Elmshorn, Uetersen und Mooregge Dutzende seetüchtiger Ewer gebaut wurden, daß im „Bauernhafen" von Kollmar noch 1899 eine Flotte von 26 Ewern lag, daß 1623 eine isländische Handelskompanie von Glückstadt aus auf Walfang gegangen war oder daß die Glückstädter Heringsfischerei vor dem Ersten Weltkrieg mit 20 Hochseekuttern und zwei Fischdampfern florierte – das sind nur Beispiele dafür, wie die Bewohner des meerumschlungenen Landes allenthalben ihr Wirtschaftsheil in der Seefahrt suchten.

Im Rundblick heute mischen sich die Bilder zu einem Kaleidoskop: In der Marineschule in Flensburg-Mürwik, in der schon die Fähnriche der Kaiserlichen Marine unterrichtet wurden, büffelt heute der Offiziersnachwuchs der Bundesmarine. Die Krabbenkutter in Büsum tragen jedes Jahr zum Badegäste-Spaß ein Rennen ums „Blaue Band" aus. Der „Feuerturm Kiel" steht auf seiner Beton-Insel draußen vor der Förde an derselben Stelle, wo das „Feuerschiff Kiel" lag, das als das „meistgerammte" vor Deutschlands Küsten galt; es war auf einer der meistbefahrenen Schiffahrtsrouten stationiert. Und Fährschiffe, die mit Hunderten von Passagieren und Karawanen von Autos zwischen Kiel oder Travemünde und Oslo oder Helsinki oder anderen skandinavischen Häfen pendeln, erinnern in Größe und Geschwindigkeit an Ozeanliner.

Und dann und wann kommt das Segelschulschiff „Gorch Fock". Kiel ist sein Heimathafen; und wenn es alle Segel setzt, „unter Vollzeug" auf der Förde seinen Gala-Auftritt hat, erübrigt sich jedes Wort über Geschichte und Geschehen im Schiffahrtsland Schleswig-Holstein. Dann sind das Gestern und Heute aufs friedlichste vereint.

Ferien an der See: Badeleben und Tourismus

Jürgen Newig

Urlaub in Schleswig-Holstein, das heißt vor allem: die frische Luft genießen und im Meer baden – in der Nordsee oder in der Ostsee.

Die Nordsee wurde von den Touristen früher entdeckt als die Ostsee, allerdings nicht die deutsche Nordseeküste, sondern die englische. In England stand die Wiege der modernen Industrialisierung, daher war das Erholungsbedürfnis der Insulaner groß. Schon in der ersten Hälfte des 18. Jahrhunderts kamen in England die ersten Nordseebäder auf. Meist lagen sie in der Nähe einer großen Stadt, deren Einwohner an der See Erholung suchten von dem Streß in den verrauchten Städten der frühindustriellen Zeit. Der Badetourismus in Schleswig-Holstein aber begann an der Ostsee.

Urlaub an der Ostsee

In Schleswig-Holstein befinden sich die meisten der großen Städte an der Ostküste, da dort in den geschützten Winkeln der Förden die besten Hafenplätze existieren. Anfang des 19. Jahrhunderts herrschte das höchste Lebenstempo und damit der größte Erholungsbedarf in der ehrwürdigen Hansestadt Lübeck. So entstand zwangsläufig das erste Seebad unseres Bundeslandes vor den Toren dieser Stadt in Travemünde. Das Seebad Travemünde wurde 1802 gegründet, und schon bald zog diese Novität auch Künstler an. Die Rolle der Dichter und Maler für die Entdeckung des Meeres als Erholungslandschaft kann gar nicht hoch genug eingeschätzt werden. In der damaligen Zeit verbreiteten vor allem die Romantiker ihre Sichtweise von der Harmonie zwischen Mensch und Natur in Wort und Bild. Für sie war die See eine faszinierende Landschaft, die es lohnte, sie kennenzulernen. Zwar empfanden auch sie noch das Unheimliche, das die Menschen früher dazu bewog, das Meer zu meiden, aber sie propagierten zugleich die Großartigkeit der See und der Küste. Bei den unternehmungslustigeren unter den Touristen der ersten Stunde weckten sie die Neugierde, diese Landschaft zu erleben.

Der Romantiker Joseph Eichendorff beschrieb 1805 seine Empfindungen bei der Anreise nach Travemünde. Bei Eichendorff spürt man noch das Kokettieren mit dem Gedanken der Gefährlichkeit des Meeres: „Mit der gespanntesten Erwartung sahen wir dem Augenblick entgegen, wo wir das Meer zu Gesicht bekommen würden. Endlich, als wir den Gipfel der letzten Anhöhe von Travemünde erreicht hatten, lag plötzlich das ungeheure Ganze vor unseren Augen und überraschte uns so fürchterlich, daß wir alle in unserem Innersten erschraken. Unermeßlich erstreckten sich die grausigen Fluten in unabsehbare Fernen. In schwindlichter Weite verfloß die Riesen-Wasserfläche mit den Wolken, und Himmel und Wasser schienen ein unendliches Ganzes zu bilden. Im Hintergrunde ruhten ungeheure Schiffe, wie an den Wolken aufgehangen. Trunken von dem himmlischen Anblicke erreichten wir endlich Travemünde, ein fast wie Karlsbad an der Küste erbautes niedliches Städtchen, welches wegen des dortigen Seebades von Fremden sehr häufig besucht wird."

Hundert Jahre später war der Urlaub am Meer für die Menschen, genauer für die Angehörigen der Oberschicht, bereits eine undramatische Selbstverständlichkeit. Mehr noch: Das Erlebnis des Badeortes war jetzt dazu angetan, die Alltagssorgen abzustreifen. Der Sproß einer angesehenen Lübecker Kaufmannsfamilie, Thomas Mann, läßt in den „Buddenbrooks" den Jungen Hanno fühlen: „Sommerferien an der See! ... Eine Sekunde schlaftrunkener, wonniger Verwirrung – und dann begriff er, daß er in Travemünde war, für vier unermeßliche Wochen in Travemünde! Er regte sich nicht; er lag still auf dem Rücken in dem schmalen gelbhölzernen Bette ... Und dieser sanft belebte Friede erfüllte den kleinen Johann alsbald mit der köstlichen Empfindung jener ruhigen, wohlgepflegten und distinguierten Abgeschiedenheit des Bades, die er so über alles liebte ...

Oftmals kamen einzelne Herren aus der Stadt, die sich von ihren Geschäften nicht während der ganzen Woche fesseln ließen, die sich amüsieren und nach dem Essen die Roulette ein wenig in Bewegung setzen wollten: Konsul Peter Döhlmann ..., Senator Doktor Cremer, der alte Polizeichef; ... (Am Sonntag waren) die Ruhe und Abgeschlossenheit des Bades gestört. Eine Menge von Leuten aus der Stadt, die gar nicht hierher gehörten, ‚Eintagsfliegen aus dem guten Mittelstande', wie Ida Jungmann sie mit wohlwollender Geringschätzung nannte, bevölkerten am Nachmittage Kurgarten und Strand, um Kaffee zu trinken, Musik zu hören, zu baden, und Hanno hätte am liebsten im geschlossenen Zimmer den Abfluß dieser festlich geputzten Störenfriede erwartet ..."

Deutlicher als hier kann kaum ausgedrückt werden, daß der Besuch eines Seebades von der Oberschicht als ein nur ihr zustehendes Privileg gesehen wurde.

Nach dem Ersten Weltkrieg, besonders aber nach dem Zweiten, eroberte sich der Mittelstand seinen Platz in den Erholungsorten. Dennoch ist den Seebädern ein wenig von ihrer Exklusivität geblieben – zumal bekanntlich ein Urlaub in Deutschland heute meist teurer ist als ein Urlaub am Mittelmeer oder in anderen touristischen Zentren des Auslandes.

Die kleineren unter den Ostseebädern öffnen sich von vornherein allen Schichten und hießen besonders Familien mit Kindern willkommen. Die Ostsee galt und gilt im Vergleich zur Nordsee als das lieblichere und auch für Kinder angenehmere Meer. Diese Empfindung der Menschen beruht auf nachprüfbaren natürlichen Unterschieden:

Auf ihrem Weg über das Land haben die Winde viel von ihrer Kraft verloren, so daß ihre Geschwindigkeit deutlich geringer ist als an der Nordseeküste. Das Klima wirkt dadurch an der Ostsee angenehmer und wärmer.

Die Meerestiefe nimmt durch zahlreiche Sandriffe in Strandnähe zunächst nur wenig ab. Zwischen dem Strand und dem ersten Sandriff bildet sich ein flaches Becken, in dem sich das Wasser bei Sonne schnell auf Temperaturen über 20 Grad Celsius erwärmt, so daß sich die Kinder hier lange aufhalten können, ohne zu frieren. Sie brauchen auch keine Angst vor zu starker Wellenbewegung haben, denn die meist ablandig wehenden westlichen Winde wirken hier brandungsmindernd. Der geringere Gezeitenunterschied fixiert darüber hinaus die Wasserlinie, so daß die Kinder stets an derselben Stelle spielen können.

Nord- und Ostsee bieten ausgezeichnete Reviere für den Wassersport, für Surfer unter anderem im Fehmarnsund.

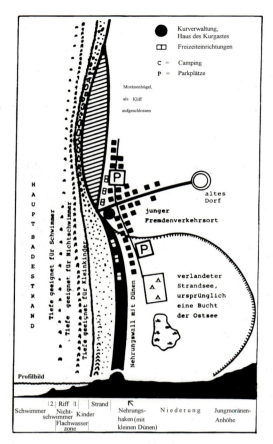

Schema eines typischen Fremdenverkehrsortes an der Ostseeküste (oben). Aus verlandeten Meeresbuchten entstanden feinsandige Badestrände (Entwurf J. Newig; nach: W. Hassenpflug u.a., 1985).
Die drei Punkthochhäuser des Ferienzentrums Burgtiefe auf Fehmarn (unten). Architektonisch umstritten, sind die „Bettenburgen" mit ihrem umfangreichen Freizeit- und Ferienprogramm ein bedeutender ökonomischer Faktor.

Die Abbildung links zeigt, wie ein typisches Ostseebad in der Lübecker Bucht aussieht, beispielsweise Grömitz. Die weiten Badestrände liegen auf den langen Sandhaken, die ehemalige Meeresbuchten von der Ostsee abgeschnürt haben. Ihr Material stammt weitgehend von benachbarten Kliffen. Vor diesen ist der Strand meist schmaler und steinig, weil viele eiszeitliche Geschiebe, unter anderem die bis zu metergroßen Findlinge, aus dem Moränenmaterial ausgespült werden. Der vor Beginn des Fremdenverkehrs vorhandene, meist langsam gewachsene Ort liegt hochwasserfrei auf einer Moränenhöhe, während sich die touristischen Ortsteile nahe dem Meer und zunehmend küstenparallel ausbreiten und sich teilweise bis in die überflutungsgefährdeten Niederungen ausdehnen. Dieses ebene, früher relativ wertlose Gelände nimmt heute auch die Park- und Campingplätze auf. An der Grenze zwischen Niederung und Anhöhe liegt der Haupt-Strandübergang, und in seiner Nähe befinden sich die wichtigsten Freizeiteinrichtungen.

Die Anlage nach diesem Schema verleiht den Ostseebädern eine gewisse Ähnlichkeit untereinander, wenngleich im einzelnen deutliche Unterschiede zu bemerken sind. Timmendorfer Strand ist stark durchgrünt und sehr gepflegt und auf dem besten Wege, dem ehrwürdigen Travemünde den Rang abzulaufen. Konkurrenten für die etablierten Bäder sind einige Ferienzentren geworden, vor allem Burg auf Fehmarn, Weißenhäuser Strand und Heiligenhafen. Hoch im Norden, am Ausgang der Eckernförder Bucht, befindet sich das Ferienzentrum Damp.

Ferienzentren sind Einrichtungen für den Tourismus, die unter einheitlicher Leitung stehen und in zumeist mehrstöckigen Gebäuden mehrere hundert Betten anbieten. In einem Ferienzentrum findet man eine Vielzahl von Einrichtungen für den Fremdenverkehr wie Schwimmbäder, Saunen, Restaurants, Diskotheken, Leseräume, Kinos und Einzelhandelsgeschäfte. An der See fehlen auch Yachthafen und Strandanlagen nicht. So bieten diese vielfach als „Bettenburgen" geschmähten Anlagen dem Urlauber ein touristisches „Gesamtpaket" an. Da das Angebot in den siebziger Jahren die Nachfrage an der Ostseeküste Schleswig-Holsteins weit überstieg, sind zahlreiche Ferienzentren inzwischen in Freizeitwohnanlagen umgewandelt worden; die Wohnungen gehören nun als Teileigentum zahlreichen Privatleuten.

In welchem Ausmaß die Ostseebäder der neuen Bundesländer, wie Boltenhagen, Stammgäste abziehen werden, ist gegenwärtig noch nicht abzuschätzen.

Campingplätze sind an der Ostsee sehr beliebt – ganz im Gegensatz zur windigen Nordseeküste, wo sie nur sporadisch zu finden sind. Die weitaus meisten Camper bevorzugen das Dauercamping. Besonders viele Hamburger Gäste schwören auf ihr „Textil- oder Caravan-Appartement" in der kuppigen Landschaft von Schleswig-Holsteins Osten. Stolz können sie darauf verweisen, daß sie mit 11 743 864 Übernachtungen (1994) die offizielle Zahl der Übernachtungen in festen Quartieren um rund 50 Prozent übertreffen.

Welches der beiden Meere ist das beliebteste? Die einen sagen mit der gleichen Bestimmtheit „die Ostsee", wie die anderen die „Nordsee" nennen, je nachdem, ob sie dem einen oder dem anderen Meer mehr abgewinnen können. Die Wahrheit liegt – wie so oft – in der Mitte.

Nach der offiziellen Statistik liegt die Ostsee allerdings klar vorn – jedoch nur statistisch. Denn nach einer schildbürgerstreichartigen Änderung des entsprechenden Gesetzes werden seit 1980 nur noch die Großvermieter (ab neun Betten) offiziell erfaßt. Aber es gibt beispielsweise allein auf Sylt über zwei Millionen Übernachtungen in Kleinbetrieben, und auch St. Peter-Ording bringt mit Umgebung nochmals fast eine Million Übernachtungen auf die Waage. Mit anderen Worten: Halten wir uns an die Praktiker, die beiden Meeren den gleichen Beliebtheitsgrad einräumen.

Die bevorzugten Urlaubsgebiete lassen sich anhand der Karte rechts gut erkennen: die Lübecker Bucht an der Ostsee und der Kreis Nordfriesland an der Nordsee. Die drei schwarz eingefärbten Kreise symbolisieren die Orte mit mehr als 8 000 Betten: Westerland, Grömitz und St. Peter-Ording. Alle anderen namentlich auf der Karte aufgeführten Fremdenverkehrsorte weisen mindestens 3 000 Betten auf.

Urlaub an der Nordsee

Mit „Urlaub an der Nordsee" verbindet man das Erlebnis von Brandung und besonders frischer Luft. Die auflandigen Westwinde verstärken die Brandung, besonders vor Sylt. Die Nordseeluft ist staub- und pollenarm. Das Brandungsaerosol mit seinen Salzen wirkt außerdem desinfizierend, so daß Menschen mit empfindlichen Atemwegen besonders gern die Nordseebäder aufsuchen.

In Nordfriesland begann der Tourismus nicht in den heute größten Orten, in Westerland oder St. Peter-Ording, sondern in Wyk auf Föhr, und zwar schon 1819. Wyk erfreute sich als Fremdenverkehrsort von Anfang an der Förderung durch die dänische Krone. So stiftete König Friedrich VI. tausend Bäume zur Bepflanzung des „Sandwalls", um eine Allee entstehen zu lassen. Noch heute ist ein Blick von dieser Promenierstraße durch die Bäume auf die vorgelagerte Hallig Langeneß ein Erlebnis, scheinen doch die Warften wie ankernde Schiffe am Horizont zu liegen.

Eine erste Blüte erlebte Wyk ab 1842, als der dänische König Christian VIII. zu seinem ersten Aufenthalt nach Wyk kam. Unter den Gästen des Hofes war im Jahre 1844 auch der berühmte dänische Märchendichter Hans Christian Andersen. Die Anreise von Kopenhagen mit der Kutsche dauerte mehrere Tage, denn neben der beachtlichen Landstrecke mußte dreimal ein Meeresarm mit Hilfe einer Fähre überwunden werden.

Die Touristenströme nach Westerland auf Sylt kamen nicht aus dem Norden, sondern aus dem Süden. Sie setzten erst ein, nachdem die Ära des Eisenbahnbaus die verkehrstechnischen Voraussetzungen geschaffen hatte. So hing das Gründungsdatum des Bades 1855 mit der Fertigstellung der Bahnlinie nach Husum und Flensburg zusammen. Hamburger Kaufleute konnten von da an in einer kalkulierbaren Zeit von zwei Tagen die Insel erreichen. Später, nachdem Sylt zunächst zu Preußen und dann zu Deutschland kam, erweiterte sich der Einzugsbereich der Gäste gewaltig. Die ersten österreichischen „Touri-

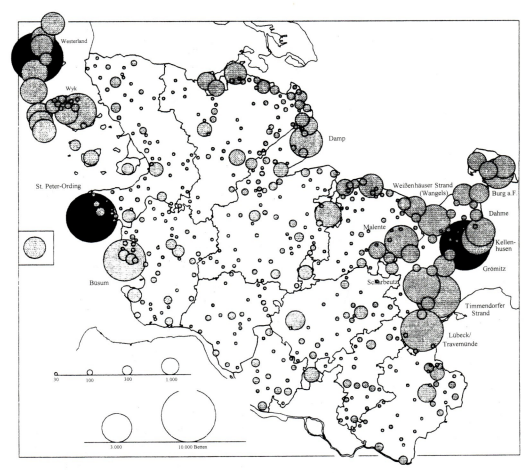

Die Verteilung der Fremdenbetten 1993 (oben) verdeutlicht die touristischen Zentren auf Sylt, Eiderstedt und an der Ostsee. Berücksichtigt wurden Beherbergungsstätten mit neun und mehr Betten (nach: Statistisches Landesamt Schleswig-Holstein, 1995; mit Ergänzungen durch den Verf.).

Mehr als 500 000 Fremdenübernachtungen muß Westerland auf Sylt (unten) allein im Juli jedes Jahres verkraften. Die Faszination des einzigartigen Naturraums blieb trotz überfüllter Strände erhalten.

Um die Jahrhundertwende avancierte Westerland zum „wilhelminischen Weltbad". Ein Zentrum des pulsierenden Lebens waren die Musikmuschel und die hölzerne Kurpromenade. Die Villa Baur-Breitenfels (im Hintergrund) wurde 1919 abgerissen.

sten" waren Soldaten: denn im Deutsch-Dänischen Krieg 1864 waren die Österreicher mit den Preußen verbündet, und so hatte man auf Sylt vom Juli bis November österreichische Truppen stationiert. Friesen und Österreicher feierten in Westerland und Keitum gemeinsam den Geburtstag (18. August) des österreichischen Kaisers Franz Joseph I. Einige der steirischen Gebirgsjäger fanden unter den Friesinnen die Frau ihrer Träume und kehrten später zurück, um auf Sylt zu heiraten. Sie berichteten zu Hause von der schönen Insel, und so wurden die ersten Verbindungen zwischen Sylt und Österreich geknüpft. Später stellten sich auf der Nordseeinsel die Spitzen der österreichischen Gesellschaft ein. Auch die Preußen, die stolz darauf waren, so weit im Norden ein Seebad ihr eigen zu nennen, kamen in immer größerer Zahl – vor allem aus Berlin. So wurde Westerland nach 1871 zu einem Forum, wo Preußen und Österreicher in der Ruhe der Sommerfrische über die große Politik nachdachten. Ab 1891 entwickelte sich der Geburtstag des österreichischen Kaisers zum gesellschaftlichen Hauptereignis der Saison, und der Gottesdienst wurde ökumenisch in der katholischen Kirche mitten in der Stadt – an der Neuen Straße – zelebriert.

Die sozialen Verhaltensweisen, die in den heimischen Metropolen der Gäste galten, wurden in der Sommerfrische in gewisser Weise fortgeführt. Als besonders angesehen galt, wer mit großem Gepäck und natürlich Dienerschaft anreiste. So zeigte man nicht nur, daß man wohlhabend war, sondern auch, daß man in der Lage war, zu planen und zu organisieren.

Man suchte im Seebad der Kaiserzeit vor allem Zerstreuung und Erholung unter Gleichgestellten. Die langen Promenaden, die Konversationshäuser, die Spielcasinos, die Restaurationshallen der großen Hotels am Strand, die Warmbadehäuser, die Musikpavillons und die Lesehallen waren Ausdruck des damaligen Freizeitverhaltens. Eine zentrale Rolle spielte in einem Seebad des 19. Jahrhunderts die Promenade. Hier gab es auch für den Geldadel der Gründerzeit die Möglichkeit, mit dem Blutsadel in Kontakt zu treten. Die Familien reisten mit allen unverheirateten Angehörigen. Auf der Promenade konnte man sehen und wurde gesehen. Es verwundert daher kaum, daß 1909 in Westerland 69 Verlobungen unter Gästen gezählt wurden.

Zwar hielt sich auch damals ein großer Teil der Gäste am Strand auf, aber nur wenige badeten, denn dies war sehr umständlich. Viele Regularien mußten beachtet werden, bevor man ins Wasser steigen konnte. Zunächst hatte man sich anhand der jeweils geltenden Vorschriften über die Länge der Badekleider zu informieren. Gebadet werden durfte laut Reglement von 1870 in der Zeit von sechs Uhr morgens bis ein Uhr mittags. Paragraph 5 besagte für Westerland: „Das Damenbad und die angrenzenden Dünen sind während der Badezeit streng abgesperrt. Nach 2 Uhr dagegen sind alle Theile des Strandes einem Jeden zugänglich." Unter diesen Umständen galt es als

Sensation, als nach der Jahrhundertwende die ersten Familienbäder etabliert wurden, so daß fortan die Familienmitglieder nicht mehr getrennt zu baden brauchten.

Inzwischen haben sich viele Verhaltensweisen weiter verändert. Immer mehr Menschen bevorzugen das hüllenlose Baden und schütteln mit der Kleidung zugleich die Zwänge des Alltagslebens ab. Zwar gibt es immer noch demonstratives Verhalten, aber das zeigt sich eher in der Automarke und nicht mehr im Umfang des Gepäcks. Im Gegenteil: Zuviel Gepäck erscheint eher als Belastung. Schließlich gibt es Kredit- und Bankkarten, und wenn man etwas braucht, so kauft man es im Fremdenverkehrsort. Nicht mehr die Andenkenläden dominieren im Straßenbild, sondern zahlreiche Geschäfte des gehobenen Bedarfs. Man nächtigt auch nicht mehr in großen Hotels wie damals zur Kaiserzeit und speist in deren Restaurationshallen am Strand, sondern wohnt im eigenen Haus im Friesenstil, das meist aber mit dem Friesenhaus lediglich das Reetdach gemeinsam hat.

Weniger gut Betuchte erwerben eine kleine Wohnung oder mieten sich irgendwo ein, zumeist in einem Appartement, denn selbst bei den privaten Vermietern wird das klassische Gästezimmer immer seltener. Appartements bringen Vorteile für Mieter und Vermieter. Der Mieter erhält mit dem Schlüssel den Zugang zu einem kleinen Reich, in dem er sich für eine Reihe von Tagen ungestört aufhalten kann. Der Vermieter braucht nicht täglich Frühstück anzubieten und die Betten zu beziehen. So hat sich in den vergangenen Jahrzehnten in der Beherbergung eine stille Revolution vollzogen: Das Appartement oder das Ferienhaus ist heute in ganz Schleswig-Holstein zur beliebtesten Übernachtungsform geworden.

Eine zweite Revolution stellt die Saisonnivellierung dar, das heißt die Zunahme der Übernachtungen in der Zeit außerhalb der sommerlichen Hochsaison, vor allem in den großen Fremdenverkehrsorten. Hierzu tragen nicht unwesentlich die Eigentümer der Appartements und Ferienhäuser bei, die gern im Sommer – meist über eine Agentur – weitervermieten, aber im Herbst selbst erscheinen, um in ihrer Wohnung nach dem Rechten zu sehen. In guter Lage an der Nordsee können pro Jahr bis zu 200 Übernachtungen und mehr erzielt werden. Das geht weit über die früher „sicheren" 90 Belegtage der privaten Vermietung hinaus.

Die Seebäder an der Nordsee tragen ausgeprägte individuelle Züge, und das hängt nicht zuletzt mit ihrer jeweils ganz unterschiedlichen Umgebung zusammen. Sie liegen aufgrund der jeweiligen Insel- bzw. Halbinsellage voneinander weitgehend isoliert, und auch die Anreise erfordert zusätzlichen Aufwand. Von den nord-süd-verlaufenden Haupt-Zufahrtswegen, der Bundesstraße 5 sowie der Bundesbahn, führen die Verkehrswege zu den Nordseebädern stegartig nach Westen. Zum Teil werden dabei noch Fähren eingesetzt, so nach Föhr, Amrum und Pellworm.

Westerland und St. Peter-Ording liegen an der sandigen Außenküste

Westerland wurde zur Kaiserzeit auch das „Verlobungsbad" genannt. Nicht zu Unrecht: Allein 1909 gab es 69 Verlobungen unter den Gästen.

Die Außenböschung des Landesschutzdeiches vor Büsum, der „grüne Strand". Die Dithmarscher Küste ist ein ausgezeichneter Ausgangspunkt für Wattwanderungen.

und sind damit – neben den kleineren Bädern auf Amrum – die beiden großen Fremdenverkehrsorte mit Nordseebrandung. Vor Westerland ist sie am stärksten, weil der untermeerische Strand relativ rasch bis zur 10-Meter-Tiefenlinie abfällt. Da Westerland an einer Rückgangsküste gelegen ist, muß der Strand ständig durch Sandvorspülungen ergänzt werden. Vor St. Peter-Ording hingegen breiten sich kilometerweite Sandbänke aus. Wer lange Fußmärsche liebt, kommt hier auf seine Kosten. Hier ist auch das Dorado für Strandsegler, die gern in Wettbewerben ihre Fähigkeiten unter Beweis stellen. Für eine begrenzte Zeit darf man noch mit dem PKW auf bestimmte Teile der Sandbänke fahren. Charakteristisch für St. Peter-Ording sind die Restaurants auf hohen Stelzen, die bei Sturmfluten einsam im Wasser stehen.

Das Erlebnis der Gezeiten prägt vor allem die Hafenorte Wyk und Büsum, denn aufgrund des flachen Watts zieht sich bei Ebbe das Meer so weit zurück, daß ein Baden in Strandnähe nicht mehr möglich ist. Das Badeleben spielt sich also weitgehend nach dem Tidekalender ab. Wyk befindet sich an der Zwischenküste, mitten im Wattenmeer. Seinen Sandstrand verdankt das Bad der Strömung des Auetiefs sowie dem benachbarten Kliff von Goting, einem natürlichen Sandspender. Inzwischen hilft man auch am Strand von Wyk mit Sandvorspülungen nach.

Büsum breitet sich an der Innenküste auf der „platten" Marsch aus und hat keinen Sandstrand, sondern einen „grünen Strand", das heißt einen sanft auslaufenden Deich, auf dessen Außenböschung die Strandkörbe aufgestellt sind. Das Wattwandern ist eine über hundert Jahre alte Spezialität von Büsum. Vor allem ältere Menschen schätzen es, in Straßenkleidung auf dem Deich spazierengehen zu können und sich danach ohne Kleiderwechsel im Strandkorb auszuruhen.

Das Binnenland

Die Fremdenverkehrsorte des Binnenlandes verteilen sich ohne erkennbares Muster über die Fläche, mit Ausnahme der Holsteinischen Schweiz und ihrem Zentrum Malente. Malente teilt sich mit Mölln das Privileg eines anerkannten Kneippkurortes und ist Ausgangspunkt der Fünf-Seen-Fahrt, eines der touristischen Höhepunkte der Region. Doch nicht nur mit dem Schiff lassen sich die Reize des Gebiets erkunden, Ostholstein ist ein Paradies für Radfahrer und Wanderer. Die ruhige ländliche Umgebung, der Reichtum an Seen und Wäldern gibt der Holsteinischen Schweiz ein eigenes Flair. Nicht umsonst ist der Anteil der kurenden Gäste hier besonders hoch. Vielfältige Ausflugsmöglichkeiten bieten sich – zum Beispiel in die ehemaligen Residenzstädtchen Plön am Großen Plöner See und Eutin. In Eutin wurde Carl Maria von Weber (1786–1826) geboren, und die Freilichtbühne im Schloßpark zieht jeden Sommer viele tausend Menschen zu den Operndarbietungen an.

Aus dem Reisegebiet Schleswig-Holstein seien darüber hinaus die bei-

den Mineral- und Moorbäder Bad Bramstedt und Bad Schwartau genannt, die neben Malente und Mölln zu den vier Heilbädern des Landes gehören. Unter den zahlreichen Luftkurorten gehört das kleine Holländerstädtchen Friedrichstadt, das knapp 30 Kilometer östlich von St. Peter-Ording an der Südgrenze von Nordfriesland liegt, sicherlich zu den attraktivsten. Friedrichstadt ist ganzjährig ein beliebtes Ausflugsziel, besonders für Busreisen. Zum touristischen Standardprogramm zählt hier eine Grachtenrundfahrt, auf der man die Atmosphäre dieses Anfang des 17. Jahrhunderts erbauten Ortes auf angenehme Weise genießen kann. In den vergangenen Jahren ist viel für die Erhaltung dieses städtebaulichen Kleinods getan worden, so daß es sich heute schöner denn je präsentiert. Auch in anderen Orten hat die Innenstadtsanierung den touristischen Wert stark erhöht – man denke nur an Mölln, Schleswig oder Flensburg. Es gibt in Schleswig-Holstein viel zu entdecken. Fahren Sie los!

Der zehn Kilometer lange Plöner See ist Schleswig-Holsteins größter See und eines der beliebtesten Ausflugsziele der Holsteinischen Schweiz. Die Wasserfahrt ermöglicht ungewohnte Blicke auf das Hügelland.

Die Zukunft im Blick: Wirtschaftsstandort Schleswig-Holstein

Wolf-Rüdiger Janzen

Schleswig-Holstein erstreckt sich auf einer Fläche von knapp 16 000 Quadratkilometern im äußersten Norden Deutschlands. Sein Mittelpunkt ist die Landeshauptstadt Kiel. In Schleswig-Holstein liegen aber auch die traditionsreiche Hansestadt Lübeck, Flensburg als Zentrum im Norden und Neumünster als wichtiger Industriestandort in der Mitte des Landes. Städte wie Rendsburg, Schleswig, Oldenburg oder Pinneberg erfüllen in der Fläche wichtige Versorgungsfunktionen und sichern auch dort einen hohen Lebensstandard. Sie bieten mehr Lebensqualität als vergleichbare Städte in den Ballungsgebieten Deutschlands, die häufig zu reinen Wohn- und Schlafstädten degradiert wurden. Zu Schleswig-Holstein gehören auch Deutschlands einzige Hochseeinsel – Helgoland – und die meistbefahrene künstliche Wasserstraße der Welt – der Nord-Ostsee-Kanal –, der 1995 seinen 100. Geburtstag feiern konnte. Mit etwa 2,7 Millionen Einwohnern und rund einer Million Arbeitsplätzen in mehr als 100 000 Betrieben erwirtschaftete Schleswig-Holstein 1994 ein Bruttosozialprodukt von ca. 100 Milliarden DM.

Der Wirtschaftsstandort Schleswig-Holstein durchlebt seit einigen Jahren einen tiefgreifenden Strukturwandel, der im wesentlichen durch den Übergang von der Industrie- zur Dienstleistungs- oder Informationsgesellschaft bestimmt ist. Die „Norderweiterung" der Europäischen Union und die Renaissance der Transformationsländer in Ost- und Mittel-Ost-Europa bieten auch der Wirtschaft gänzlich neue Perspektiven. Der Entstehung neuer Märkte steht die Herausforderung eines zunehmenden Wettbewerbsdrucks gegenüber. Um die aus diesen Umwälzungen resultierenden Chancen nutzen zu können, mußten rechtzeitig die Weichen für eine Modernisierungs- und Innovationsoffensive gestellt werden; eine Aufgabe, die das Land frühzeitig und konsequent angegangen ist. Schleswig-Holstein weist heute, nicht zuletzt durch eine flexible und kreative, vornehmlich mittelständisch strukturierte Wirtschaft bereits beachtliche Erfolge auf und kann sich zu Recht als moderner, innovativer und attraktiver Standort präsentieren.

Die Landwirtschaft erwirtschaftet im nördlichsten Bundesland nur noch etwa zwei Prozent der Bruttowertschöpfung des Landes, dient dabei allerdings der stark vertretenen Nahrungs- und Genußmittelindustrie als wichtiger Grundstofflieferant für deren moderne Veredelungsbetriebe. Der produzierende Sektor selbst hält noch etwa 30 Prozent Anteil an der gesamten Wirtschaftsleistung des Landes. Die Tendenz ist dabei, wie in der Landwirtschaft, fallend. Große Bedeutung haben in Schleswig-Holstein aber immer noch der Maschinen- und Anlagenbau und die Elektro- und Medizintechnik. Insbesondere ist die Region nach wie vor ein Zentrum der Ortungs- und Navigations- sowie der Meß- und Regeltechnik.

Auch heute noch sind Bundeswehr und Wehrtechnik in Schleswig-Holstein stark vertreten, wenngleich das Ende des „Kalten Kriegs" hier einen schmerzlichen Schrumpfungsprozeß einleitete. Besonders davon betroffen ist im „meerumschlungenen" Schleswig-Holstein natürlich der maritime Sektor, der die Region und vor allem den Kieler Raum seit über hundert Jahren mit zahlreichen Großbetrieben und einer gleichermaßen breiten wie tiefen Zulieferstruktur geprägt und viele industrielle Arbeitsplätze zur Verfügung gestellt hat. Dennoch haben sich weltbekannte, im Land ansässige Unternehmen erfolgreich auf

vielen Märkten behauptet und sind nach wie vor ein Synonym für erstklassige Qualität „made in Schleswig-Holstein". Auch zahlreiche namhafte ausländische Unternehmen fanden den Weg in den hohen Norden und bezeugen die Attraktivität des Landes als Investitionsstandort. Doch auch diese Ansiedlungs- und Umstrukturierungserfolge können nicht über die negativen Auswirkungen am Arbeitsmarkt hinwegtäuschen, die per saldo nicht durch entsprechende Zuwächse in anderen industriellen Bereichen ausgeglichen werden konnten.

Enorme Wachstumsraten, sowohl bezüglich des Anteils an der Wirtschaftsleistung als auch hinsichtlich der Beschäftigtenzahlen, erzielt dagegen der Dienstleistungssektor. Er erreicht heute schon über 50 Prozent und, rechnet man die Bereiche Handel und Verkehr hinzu, sogar fast 70 Prozent der Bruttowertschöpfung.

Dabei konnte er seine Beschäftigtenzahl seit 1976 mehr als verdoppeln, mit weiter steigender Tendenz. Hierzu trägt zunächst ein facettenreiches Angebot im Fremdenverkehrsbereich bei. Gemessen an den Übernachtungen pro Einwohner ist Schleswig-Holstein mit ca. fünf Millionen Gästen und 27,5 Millionen Übernachtungen pro Jahr Deutschlands Urlaubsland Nr. 1 und in absoluten Zahlen noch die Nr. 2 hinter Bayern. Diese Zahlen belegen eindrucksvoll den Stellenwert, den der Fremdenverkehr hierzulande ohne Zweifel immer noch hat und angesichts des enormen Freizeit- und Erholungswerts der Region sicher auch behalten wird.

Für die Positionierung im internationalen Wettbewerb wesentlich bedeutender ist aber die Entwicklung bei den wirtschaftsnahen Dienstleistungen, beispielsweise im Kommunikations- und Logistiksektor. Das ra-

Die Schiffbauindustrie (im Bild: Howaldtswerke Deutsche Werft AG in Kiel) ist – wie das ganze Land – seit Jahren einem grundlegenden Strukturwandel ausgesetzt. Im Wettbewerb mit zum Teil hochsubventionierten Konkurrenten insbesondere aus dem Fernen Osten hat sie sich zu einer echten High-Tech- und Zukunftsbranche entwickelt, mit einer Schrittmacherfunktion für die in Schleswig-Holstein ebenfalls sehr bedeutenden Bereiche der Ortungs- und Navigationstechnik, der Meß- und Regeltechnik und vor allem der Werkstoffkunde. Für diese Branchen ist die Schiffbauindustrie einerseits ein wichtiger Auftraggeber, andererseits aber auch enger Partner in Forschung und Entwicklung.

sante Tempo, das der technische Fortschritt gerade in diesem Sektor an den Tag legt, führt zu einem ständig zunehmenden Forschungs- und Entwicklungbedarf auf der einen und einem ebenso schnell expandierenden Beratungs- und Betreuungsbedarf auf der anderen Seite. Daraus resultieren zahlreiche Unternehmensgründungen und steigende Beschäftigtenzahlen auch in Schleswig-Holstein. Diese von Flexibilität und Innovationskraft geprägte Entwicklung ist charakteristisch für weite Bereiche des äußerst heterogenen Dienstleistungssektors. Nicht von ungefähr setzt auch Schleswig-Holstein für die Zukunft große Hoffnungen auf diesen Bereich.

Damit sich diese Hoffnungen erfüllen und der Standort Schleswig-Holstein im „Europa der Regionen" dauerhaft attraktiv bleibt, müssen allerdings einige elementare Grundvoraussetzungen sichergestellt sein. So bedarf es eines ausreichenden Reservoirs hochqualifizierter und hochmotivierter Arbeitskräfte, einer breiten Palette leistungsfähiger Forschungsinstitute, eines funktionierenden Technologietransfers, einer lebendigen und vielseitigen Existenzgründerlandschaft und nicht zuletzt einer leistungsfähigen Verkehrsinfrastruktur.

Folgerichtig wird gerade der Aus- und Weiterbildung im Lande höchste Priorität eingeräumt. Die gesunde Basis bildet das Duale System der Berufsausbildung, das für den notwendigen Nachwuchs an hochqualifizierten Fachkräften in knapp 400 Berufen sorgt. Mit seiner Kombination von praktischer und theoretischer Ausbildung ist dieses System einer der bedeutendsten Standortvorteile Deutschlands im internationalen Wettbewerb. Zudem steht den Unternehmen und ihren Mitarbeitern in Schleswig-Holstein auch im Bereich der beruflichen Weiterbildung eine breite Palette anerkannter Institutionen mit einem facettenreichen Angebot zur Verfügung. Darunter sind etwa die Wirtschaftsakademie Schleswig-Holstein (WAK) und das Überbetriebliche Ausbildungszentrum (ÜAZ), die mit zahlreichen Regionalbüros in der Fläche vertreten sind. Insbesondere die Berufsakademie an der WAK ist mit ihrer Kombination von beruflicher und theoretischer Ausbildung ein wesentlicher Pfeiler der mittelstandsorientierten Aus- und Weiterbildungsstruktur Schleswig-Holsteins. Auch die privat getragene Fachhochschule „Nordakademie" in Elmshorn bietet Studiengänge an, die betriebliche und wissenschaftliche Ausbildung kombinieren und das Angebot bereichern.

Hohe Priorität genießt in Schleswig-Holstein auch die Stärkung von Wissenschaft und Forschung. Kiel ist mit der bereits 1665 gegründeten Christian-Albrecht-Universität (CAU) der bedeutendste Hochschulstandort im Lande und Heimat für über 30 000 Studenten. An der CAU ist das international renommierte Institut für Weltwirtschaft (IfW) angesiedelt. Gezielte Stärkung erfuhren auch die technischen Disziplinen. Nachdem die Fachhochschule Kiel Forschung und Lehre in diesem Bereich lange Jahre alleine getragen hat, wurde 1995 auch eine Technische Fakultät an der CAU gegründet. Die Erhöhung der Kapazitäten für Forschung und Lehre und die angestrebte enge Kooperation beider Hochschulen wird diesem für die Zukunft so wichtigen Bereich wesentliche neue Impulse geben. Auch das Institut für Meereskunde, die größte und vielseitigste ozeanographische Forschungsstätte Mitteleuropas, hat seinen Sitz an der CAU in Kiel. Gemeinsam mit dem Institut für marine Geowissenschaften (GEOMAR) macht es Kiel zu einem der bedeutendsten europäischen Zentren für Meerestechnik. Die GEOMAR-Konzeption ist gleichzeitig ein Musterbeispiel für eine gelungene institutionalisierte Verknüpfung anwendungsnaher Forschung und ihrer Umsetzung in industrielle Produktion. Neben dem Institut wurde von Beginn an auch die von Unternehmern der Region getragene GEOMAR-Technologie-GmbH (GTG) in die Konzeption einbezogen, die einen Großteil ihrer Aufträge vom Institut erhält und dessen Forschungsergebnisse auf kürzestem Wege in meßbare wirtschaftliche Erfolge ummünzt. Mittlerweile beschäftigt das Institut mehr als 300 Wissenschaftler, und die GTG hat sich zu einer festen Größe in der Technologie-Landschaft Schleswig-Holsteins entwickelt. Nicht unerwähnt bleiben dürfen im Zusammenhang mit der Hochschullandschaft auch die Fachhochschulen in Flensburg, Wedel und Heide sowie die Universität in Lübeck mit ihrer hochmodernen Universitätsklinik, die sehr eng mit der gerade in der Hansestadt stark vertretenen medizintechnischen Industrie kooperiert. Alle diese Hochschuleinrichtungen gemeinsam sichern und verankern das wissenschaftliche Forschungs- und Ausbildungspotential in Schleswig-Holstein auch in der Fläche. Diese Verwurzelung gibt wichtige Impulse für die Weiterentwicklung der Region.

Auch die institutionalisierte Verbindung zwischen hochkarätiger Forschung im Fraunhofer-Institut für Siliziumtechnik (ISiT) und deren Umsetzung im angegliederten Innovations- und Gründerzentrum Itzehoe (IZET) wurde von Beginn an als Kristallisationspunkt für neue kreative Unternehmen und innovative Produktionen ausgelegt, ein Ansatz, der sich als derart erfolgreich erwiesen hat, daß er mittlerweile bereits vielfach kopiert wurde. Um die Technologieförderung und den Technologietransfer landesweit weiter zu optimieren, wurden in Schleswig-Holstein die Technologie-Stiftung (TSH) und die Technologie-Transferzentrale Schleswig (TTz) gegründet. Dabei ist die Stiftung, dotiert aus den Mitteln des Verkaufs der Landesteile an der

Howaldtswerke Deutsche Werft AG (HDW), für die Initiierung und Finanzierung von Projekten zuständig, während die TTz, an der die TSH und die drei schleswig-holsteinischen Industrie- und Handelskammern zu gleichen Teilen beteiligt sind, für die konkrete Umsetzung in und mit den Unternehmen verantwortlich zeichnet. Insgesamt acht Technologiezentren arbeiten derzeit über ganz Schleswig-Holstein verteilt. Zum Jahreswechsel 1995/96 erst gingen in Eckernförde das Technik- und Ökologiezentrum (TÖZ), das sich auf ökologisches Bauen spezialisiert hat und eng mit der Fachhochschule Kiel kooperiert, sowie das Kieler Innovations- und Technologie-Zentrum (KITZ) in Betrieb.

In allen diesen Technologie- und Gründerzentren sorgen neue Unternehmensansiedlungen für frischen Wind am Standort Schleswig-Holstein. Um international auch als Produktionsstandort dauerhaft wettbewerbsfähig zu sein, bedarf es intelligenter Paketlösungen, die die Produktion innovativer, qualitativ und technisch hochwertiger Produkte mit der Bereitstellung und Abwicklung der zugehörigen wirtschaftsnahen Dienstleistungen koppeln, die heute einfach zum internationalen Geschäft gehören. Nur diese Kombination kann die industrielle Basis und damit eine Zukunft als modernen, zukunftsorientierten und wettbewerbsfähigen Wirtschafts- und Produktionsstandort im Europa der Regionen sichern. Und schließlich werden auch nur so die so dringend benötigten neuen hochqualifizierten und damit dauerhaft konkurrenzfähigen Arbeitsplätze entstehen.

Nicht zuletzt gilt es auch, die verkehrsmäßige Anbindung Schleswig-Holsteins an die Märkte Deutschlands und die seiner wichtigsten Wirtschaftspartner sicherzustellen, um die sich aus dem Umbruch im Ostseeraum ergebenden Chancen nutzen zu können. Die Hauptverkehrsachsen unseres Landes, insbesondere die A 1 und die A 7, gewährleisten, daß die langjährige Randlage Schleswig-Holsteins zugunsten einer Drehscheibenfunktion im Ostseeraum überwunden werden kann. Der daraus resultierenden deutlichen Zunahme gerade des Straßenverkehrs, via Dänemark und auch via Fähren über die „nasse Autobahn Ostsee", wird mit der vierten Röhre für den Elbtunnel und den Planungen zu einer festen Elbquerung westlich von Hamburg im Rahmen der geplanten „Ostsee-Autobahn" A 20 Rechnung getragen. Zudem wurden die Bahnstrecken in Schleswig-Holstein elektrifiziert und damit konkurrenzfähiger. Diese gute verkehrstechnische Anbindung ist auch ein wichtiger Trumpf für die stark expandierenden Häfen. Dabei hat sich der Kieler Hafen zum zahlenmäßig bedeutendsten Passagierhafen Deutschlands entwickelt, Puttgarden und Lübeck-Travemünde folgen auf den Plätzen zwei und drei. Der Bau des neuen Flughafen-Terminals in Hamburg-Fuhlsbüttel stärkte nochmals die weltweite Luftverkehrsanbindung Schleswig-Holsteins, und zusätzlich sorgt der Kieler Flughafen für die Anbindung der Region an die anderen Luftverkehrskreuze Deutschlands.

Schleswig-Holstein ist also auf einem guten Weg, um die Herausforderungen der Zukunft als Chancen zu nutzen. Erfolge zeigen sich nicht zuletzt in einem Wirtschaftswachstum, das mittlerweile über, und einer Arbeitslosenquote, die unter dem Durchschnitt der alten Bundesländer liegt. Dies zeigt, daß die Wirtschaft im hohen Norden – und damit quasi „im Kopf" der Republik – gute Rahmenbedingungen vorfindet und diese zum Wohle aller zu nutzen weiß. Die sprichwörtliche Nüchternheit seiner Einwohner wird auch in Zukunft dafür sorgen, daß dies so bleibt.

Das Mehrsprachenland Schleswig-Holstein und die Vielfalt des Friesischen

Ommo Wilts

Daß Schleswig-Holstein ein Mehrsprachenland ist, ist kaum bekannt. Dabei kann die schleswig-holsteinische Mehrsprachigkeit zumindest in der Bundesrepublik Deutschland eine gewisse Einzigartigkeit beanspruchen. Denn hier treffen beziehungsweise trafen sich nicht nur zwei, wie in Grenzgebieten üblich, sondern drei beziehungsweise vier völlig unterschiedliche Sprachen: 1. das binnengermanische Deutsch, einschließlich des Niederdeutschen, 2. das nordgermanische Dänisch, einschließlich des Jütischen, 3. das nordseegermanische Friesisch in seinen verschiedenen Dialektformen und schließlich 4. das Slawische.

Die weitgehende Unbekanntheit dieses Phänomens darf allerdings nicht verwundern, denn diese Mehrsprachigkeit ist nur noch eine Relikterscheinung und mittlerweile auf einen sehr engen regionalen Bereich beschränkt. Anders als etwa im sorbischen Sprachgebiet der Oberlausitz, wo Bautzen auch als *Budyšin* angegeben wird, zeigt in Schleswig-Holstein kein Ortsschild an, daß man sich jetzt in einem anderssprachigen Gebiet befindet. Einzig die Insel Helgoland begrüßt ihre Gäste mit einem fremdartigen *Welkiimen iip Lun* (Willkommen auf der Insel) und verabschiedet sich mit einem *kumm weer* (komm wieder). Auf einen anderssprachigen Hintergrund lassen allenfalls friesische und niederdeutsche Haus- und Straßennamen schließen, wie etwa der *Gurtstich* (Große Straße) auf Sylt. Die Konturen der ehemaligen Sprachgebiete zeichnen sich jedoch noch heute durch die Ortsamen ab: das friesische Gebiet mit seinen *-um-* und *-büll-*Namen wie Rantum und Niebüll, das jütische Gebiet mit seinen *-by-*Namen wie Sieseby und Rieseby und das slawische Gebiet mit seinen *-au-* und *-in-*Namen wie Grabau und Grebin. Man kann vermuten, daß auch die politische Geschichte Schleswig-Holsteins dazu beigetragen hat, den mehrsprachigen Charakter des Landes eher zu ignorieren als zu betonen. Denn in einem zwischen zwei Nationen umstrittenen Grenzland kam es vor allem auf die Durchsetzung der jeweiligen Nationalsprache, nämlich Deutsch oder Dänisch, an und nicht auf den Erhalt der dort ebenfalls gesprochenen Minderheitensprachen (siehe hierzu auch den Beitrag von Bent Søndergaard, S. 284).

Die Ursprünge der schleswig-holsteinischen Mehrsprachigkeit liegen in der Zeit der Völkerwanderung. Nachdem Schleswig-Holstein fast völlig von seinen alten Bewohnern verlassen wurde, drangen neue Siedlergruppen in das nun menschenleere Gebiet ein. Slawische Stämme besiedelten Ostholstein bis in den Raum Kiel. Siedlungen jütischsprachiger Dänen entstanden im Norden bis zu der Linie Husum–Eckernförde. Sachsen siedelten im Süden bis zur Eider, und der nordwestliche Küstenstreifen von Eiderstedt bis zur dänischen Grenze wurde von den Friesen in zwei Einwanderungswellen in Besitz genommen.

Das relative Gleichgewicht dieser vier Sprachen besteht allerdings nur so lange, wie die verschiedenen Siedlungsräume nicht miteinander in Berührung kommen. Verschiebungen der Machtverhältnisse und Änderungen in der politischen Zugehörigkeit entscheiden auch über die Schicksale der einzelnen Sprachen. Bereits im Mittelalter mußte das Slawische im Zuge der Ostkolonisation dem Niederdeutschen weichen; es verschwand bis auf die Ortsnamen völlig.

Mit dem Aufstieg des Mittelniederdeutschen als Sprache der Hanse zur überregionalen Amts- und Verkehrssprache verlieren im Spätmittelalter auch das Jütische und das Friesische an Bedeutung. Sie bleiben als reine Regionalsprachen auf den mündlichen Sprachgebrauch beschränkt, während der Schriftverkehr und die Fixierung von Gesetzen auf Mittelniederdeutsch erfolgt. Der Einfluß des Niederdeutschen wird sogar noch gestärkt, als es mit der Reformation zur Kirchensprache aufsteigt. Auch nach Aufkommen des Hochdeutschen als Standardsprache behält das Niederdeutsche zunächst seinen Rang als die andere Sprachen überlagernde Verkehrssprache bei. Das als „Kartoffeldänisch" sozial abgewertete Jütische wird seit dem 19. Jahrhundert von dem Niederdeutschen Zug um Zug bis auf einen schmalen Streifen südlich der deutsch-dänischen Grenze zurückgedrängt. Auch das kleine friesische Sprachgebiet muß von Süden nach Norden durch den Einfluß des Niederdeutschen erhebliche Einbußen hinnehmen. Mit dem Anschluß Schleswig-Holsteins an Preußen und später an das Deutsche Reich verstärkt sich der Druck des Hochdeutschen entscheidend. So wie das Niederdeutsche die anderen Sprachen verdrängte, wird es nun selbst in den Bereich der Dorfmundart und Familiensprache abgedrängt. Es teilt sich im wesentlichen das gleiche Rückzugsgebiet mit dem Friesischen und dem Jütischen, das heißt die eigentliche Hochburg des Niederdeutschen ist die nordfriesische Westküste (siehe hierzu auch den Beitrag von Willy Diercks, S. 280).

Nach 1920, also nach Festlegung der neuen deutsch-dänischen Staatsgrenze, verändert sich die schleswig-holsteinische Sprachenlandschaft noch einmal durch das neu hinzugekomme Reichsdänisch. Reichsdänisch und nicht etwa das durchaus noch gesprochene angestammte Jütische wird als Schulsprache in den nach 1920 und vor allem nach 1945 gegründeten dänischen Minderheitenschulen Schleswig-Holsteins eingeführt. Es ist jetzt vor allem die Sprache der Angehörigen der dänischen Minderheit. Damit werden in Schleswig-Holstein nun zwei Standardsprachen, Hochdeutsch und Reichsdänisch, und drei Volkssprachen, Niederdeutsch, Friesisch und Jütisch, gesprochen.

Abbild der frühen schleswig-holsteinischen Sprachenvielfalt sind die Verhältnisse in der im äußersten Nordwesten gelegenen Wiedingharde, bekannt als die Wahlheimat des Nordschleswigers Emil Nolde (eigentlich Hansen). In diesem sprachlichen Rückzugsgebiet begegnen sich nämlich durch gegenseitige Überlappung jetzt vier Sprachen in unterschiedlichen Funktionen: Jütisch und Friesisch werden als Familiensprachen benutzt, Niederdeutsch (soweit es beherrscht wird) dient als Ortsmundart, und Hochdeutsch ist die übergeordnete Standardsprache. Grundsatz der Kommunikation in einer mehrsprachigen Familie, wo möglicherweise vier Sprachen gesprochen werden, ist die Anrede in derjenigen Sprache, in der man mit dem Angesprochenen üblicherweise privat verkehrt. Typisch ist derzeit folgende Sprachkonstellation: Die Großeltern unterhalten sich auf Friesisch oder auf Jütisch. Sie sprechen aber mit ihren Kindern Niederdeutsch. Diese wiederum unterhalten sich auf Niederdeutsch und sprechen mit ihren Kindern, das heißt, mit der Enkelgeneration, nur noch Hochdeutsch. So dürfte es leider allen Förderungsmaßnahmen zum Trotz nur noch eine Frage der Zeit sein, daß die Mehrsprachigkeit dieses Gebiets der Einsprachigkeit weicht.

Friesisch

Nordfriesisch ist eine der Nachfolgesprachen des Altfriesischen, das sich nach der Völkerwanderungszeit in dem Gebiet zwischen Rheinmündung und Ems entwickelte und zusammen mit dem Altenglischen und dem Altsächsischen den nordseegermani-

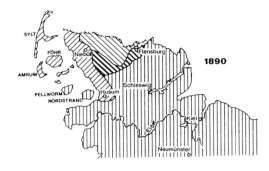

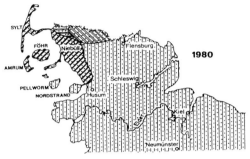

▨ friesisch
▨ jütisch
▨ niederdeutsch
▨ jütisch, niederdeutsch
▨ friesisch, jütisch, nieder- und hochdeutsch
▨ jütisch, niederdeutsch und hochdeutsch
▨ niederdeutsch und hochdeutsch
▨ friesisch, jütisch, nieder- und hochdeutsch

Die Entwicklung der schleswig-holsteinischen Mehrsprachigkeit zwischen 1890 und 1980 (nach: Walker, 1996).

Ein extremes Beispiel für das Auseinandergehen der friesischen Dialekte ist die Bezeichnung für „Tisch":

Sylt	*Staal* (sprich stool)
Föhr	*boosel* (sprich booßel)
Helgoland	*Taffel*
Wiedingharde	*skiuw* (sprich skiuu)
Bökingharde	*scheew*

Das Motto der Friesen „Lieber tot als Sklave" lautet in diesen Dialekten:

Sylt	*Lewer duar üs Slaav.*
Föhr/Amrum	*Leewer duad üüs slaaw.*
Helgoland	*Liiwer doaad es Skloaaw.*
Wiedingharde	*Liiwer duuid as sloow.*
Bökingharde	*Liiwer düüdj as sloow.*

schen Sprachzweig bildete. Charakteristika dieses Sprachzweigs sind zum Beispiel die Entwicklung von *k* vor hellen Vokalen zu einem Zischlaut und die Vokalisierung des auslautenden *g*. So werden dt. „Kirche" und „Käse" zu engl. *church, cheese*, fries. *sark, sees* und dt. „Weg" und „Tag" zu engl. *way, day*", fries. *wai, dai*.

Friesisch hat in Schleswig-Holstein eine etwa 1200jährige Geschichte. Im 8. Jahrhundert besiedelten friesische Siedler aus dem Bereich der südwestlichen Nordseeküste die Geestinseln Sylt, Föhr und Amrum sowie die Felseninsel Helgoland und die höher gelegenen und flutsicheren Marschgebiete. Nachdem durch das Sinken des Meeresspiegels weitere Marschgebiete zugänglich wurden, kam im 11. Jahrhundert eine zweite friesische Siedlergruppe und ließ sich an dem Küstenstreifen zwischen Eiderstedt und der heutigen dänischen Grenze nieder.

Man bezeichnete diese eingewanderten Friesen (heute etwa 8000 Sprecher) als Nordfriesen, um sie von den Westfriesen in den Niederlanden (ca. 350000 Sprecher) und den Saterfriesen in Niedersachsen (ca. 2000 Sprecher) zu unterscheiden. Nur die Festlandsfriesen nennen sich Friesen, während die Inselfriesen sich als Sylter, Föhrer, Amrumer und Helgoländer bezeichnen. Die Bezeichnungsfrage ist wichtig, weil es ein Merkmal der friesischen Sprachlandschaft ist, daß es kein einheitliches Nordfriesisch gibt, sondern nur das Nebeneinander einzelner friesischer Dialekte. Man unterscheidet zwei Hauptgruppen, das Inselnordfriesische und das Festlandsnordfriesische, die sich wiederum in Hauptdialekte und Unterdialekte unterteilen. So besteht das Inselnordfriesische aus Sylterfriesisch, Föhr/Amrumerfriesisch und Helgoländerfriesisch.

Das Festlandsnordfriesische teilt sich derzeit auf in Wiedingharderfriesisch, Bökingharderfriesisch, Karrharderfriesisch, Goesharderfriesisch und Halligfriesisch.

Die Sprachunterschiede zwischen den einzelnen Dialekten sind so erheblich, daß die Verständigung der Nordfriesen untereinander zum Teil äußerst schwierig ist. Das gilt besonders für die Unterschiede zwischen dem Festlandsfriesischen und dem Inselfriesischen.

In keinem anderen Teil der Bundesrepublik gibt es eine derartige sprachliche Vielfalt auf engstem Raum wie in Nordfriesland. Ursprünglich unterschied man zehn Hauptdialekte, die aber jetzt auf etwa acht reduziert sind. Dazu kommen noch zahlreiche Unterdialekte. So teilt sich das Föhrer Sprachgebiet etwa in Westerland-Föhr, Osterland-Föhr und Südföhr auf. Äußerer Anlaß für diese große Zahl von Dialekten ist zum einen der mehrere Jahrhunderte betragende zeitliche Abstand zwischen der ersten und der zweiten Siedlergruppe, zum anderen die geographische Zerrissenheit des Landes, in dem ursprünglich zahlreiche Wattströme die einzelnen Siedlungsgebiete voneinander trennten. Die Halligen bei „Land unter" mit den verschiedenen sich aus dem Meer heraushebenden Warften dürften einen Eindruck dieser alten Siedlungsverhältnisse vermitteln.

Nicht minder wichtig sind jedoch psychologische Faktoren. Die Insellage der einzelnen Sprachgebiete verstärkte die Neigung, das eigene Friesisch für das jeweils beste und reinste zu halten und deshalb eher die Unterschiede zum Nachbardialekt zu betonen als die Gemeinsamkeiten hervorzuheben. Ein sichtbares Zeichen dieser bewußten Abgrenzung sind noch heute die unterschiedlichen Orthographien in den einzelnen Sprachgebieten. Da es auf Grund der Orientierung der Nordfriesen nach außen kein gemeinsames politisches und wirtschaftliches Zentrum gab – wichtig waren vielmehr Städte wie Amsterdam, Hamburg und Kopenhagen –, entfiel für die Nordfriesen auch der Zwang zu sprachlicher Anpassung, zumal man sich bei Verständigungsschwierigkeiten jederzeit einer der gängigen Verkehrssprachen bedienen konnte.

Gemeinsam ist allen nordfriesischen Dialekten die mehr oder weniger starke Durchmischung mit skandinavischen Lehnwörtern, was den Abstand des Friesischen zum Deutschen verstärkt. Dieser starke nordgermanische Einschlag läßt nicht nur in geographischer Hinsicht, sondern auch in sprachlicher Hinsicht die Bezeichnung „Nordfriesisch" als adäquat erscheinen. Skandinavischen Ursprungs sind unter anderem die Alltagswörter (Föhrer Friesisch): *ei* – „nicht", *dring* – „Junge", *skaas* – „Löffel", *knif* – „Messer", *köör* – „fahren", *fu* – „bekommen".

Von den vier Volkssprachen Schleswig-Holsteins hat sich das Friesische relativ am besten behauptet. Geschützt wurde es zum einen durch seine extreme Randlage und die Unzugänglichkeit des Gebietes – erst Ende des 19. Jahrhunderts gab es eine in Nord-Süd-Richtung verlaufende Bahnlinie. Zum anderen war es lange Zeit von dem Jütischen wie eine schützende Barriere umgeben, so daß es von dem expandierenden Niederdeutschen zunächst nicht unmittelbar erreicht werden konnte. Hinzu kommt, daß die Friesen aufgrund der geringen Größe ihres Sprachgebiets früh den Wert der Mehrsprachigkeit erkannt und sich entsprechend sprachlich arrangiert hatten. Man erlernte die übergeordneten Verkehrssprachen, um Handel zu treiben und auswärts seinem Broterwerb nachzugehen, behielt aber das Friesische als Haus- und Familiensprache bei. So war zur Blütezeit der friesischen Seefahrt im 17. und 18. Jahrhundert die gleichzeitige Kenntnis des Hochdeutschen, des Niederdeutschen, des Niederländischen, des Englischen und des Dänischen keine Seltenheit. Auch heute ist etwa auf Föhr durch die engen Beziehungen zu Amerika das amerikanische Englisch als zweite Hochsprache durchaus noch präsent. So entsorgte man auf der Insel schon über den *gaabitsch* (am. garbage), als man im deutschen Sprachbereich dazu noch „Ascheimer" sagte, spülte im *sink* und fror das Fleisch im dem *friiser* (am. freezer) ein.

Aufgrund dieser klar geregelten Verteilung zwischen friesischer Familiensprache einerseits und nicht-friesischer Verkehrs- und Standardsprache andererseits konnte sich das Friesische erstaunlich lange halten. Bedrohungen für das Friesische gingen zunächst weniger von den anderen Sprachen als vielmehr vom Meer aus. So etwa in der Sturmflutkatastrophe von 1634, als mit dem Alten Strand eines der wichtigsten Sprachgebiete verlorenging. So rechneten auch Sprachpfleger des 19. Jahrhunderts wie Christian Johansen von Amrum und Christian Peter Hansen von Sylt viel eher mit dem Untergang ihrer Inseln als mit dem Untergang ihrer friesischen Sprache.

Der rapide Rückgang des Friesischen in diesem Jahrhundert hat sowohl sprachliche als auch wirtschaftliche Gründe. Mit der verkehrsmäßigen Erschließung Nordfrieslands und der Entwicklung des Fremdenverkehrs dringen das Niederdeutsche und vor allem das Hochdeutsche massiv in das friesische Gebiet vor. Friesisch behauptet sich vor allem dort, wo es am weitesten von den Zentren des Fremdenverkehrs entfernt ist, etwa in Morsum auf Sylt, auf Westerland-Föhr und in Norddorf auf Amrum. Auf dem Festland ist die Gemeinde Risum-Lindholm eine Hochburg des Friesischen. Hinzu kommen die großen Bevölkerungsbewegungen nach 1945, die die Friesen auch in ihren Stammgebieten zu einer Minderheit werden lassen.

Ein entscheidender Einschnitt für das Friesische waren vor allem die

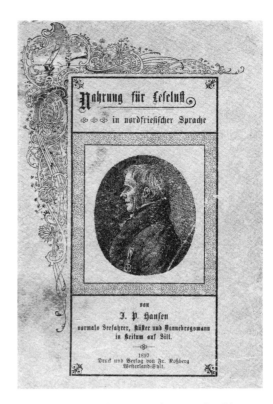

Jap Peter Hansen (1767–1855), Sylter Seefahrer und Küster, verfaßte 1809 das erste Buch in friesischer Sprache und entwarf die Grundzüge der friesischen Orthographie. Die zweite Auflage seiner „Nahrung für Leselust in nordfriesischer Sprache" erschien 1833.

Christian Peter Hansen (1803–1879), wie sein Vater J.P. Hansen Küster auf Sylt, wurde bekannt als Chronist der Insel. Seine Erzählungen legten die Grundlage zur Ausbildung einer eigenen friesischen Mythologie.

sechziger Jahre, als die jetzige Großelterngeneration das Friesische aus pragmatischen Erwägungen häufig nicht mehr weitergab. Das hat zur Folge, daß das Friesische weitgehend von der Generation der Fünfzig- bis Sechzigjährigen und der noch Älteren gebraucht wird, während in den jüngeren Generationen Friesischkenntnisse dramatisch abnehmen. Das Friesische wird zusätzlich dadurch gefährdet, daß die jüngere Generation in den Fremdenverkehrsgebieten, die auch Hochburgen des Friesischen sind, nur sehr eingeschränkte Berufsmöglichkeiten vorfindet und vor allem durch den Mangel an erschwinglichem Wohnraum zur Abwanderung gezwungen wird.

Das grundsätzliche Aus bedeutet diese negative Entwicklung für das Friesische allerdings noch lange nicht, da Gebrauch und Weitergabe dieser Sprache nicht mehr länger an ihre kommunikative, sondern an ihre identifizierende Funktion gebunden sind. Während die Bedeutung des Friesischen als verknüpfendes Band zwischen den Dorfnachbarn fast völlig verschwunden ist, weil es die friesischsprechenden Nachbarn kaum noch gibt, wird es jetzt innerfamiliär als Bestandteil der Familientradition und als unveräußerbares Stück regionaler Identität weitergegeben. Zugleich hat es angesichts immer noch steigender Touristenzahlen und der Zunahme der Zweitwohnungsbesitzer eine neue Funktion als Erkennungsmerkmal der Einheimischen gegenüber den Nicht-Einheimischen bekommen. So kann es angesichts friesischer Beharrlichkeit und Eigensinnigkeit noch eine Zeit dauern, bis tatsächlich das immer wieder totgesagte Friesisch verklungen ist.

Der fast vollständige Rückzug des Friesischen in das Private hat bewirkt, daß es in der Öffentlichkeit kaum noch hervortritt. Man wird jahrelang, wenn nicht jahrzehntelang in der Region Nordfriesland Urlaub machen können, ohne auch nur einmal mit gesprochenem Friesisch konfrontiert zu werden. Denn die Friesen gehen im Bewußtsein der Unverständlichkeit ihres Idioms in Gegenwart von Nicht-Friesischsprechern automatisch zum Hochdeutschen über. Ausnahmen sind die öffentlichen friesischen Reden anläßlich des Petritages beim Biikenfeuer am 21. Februar und die Heimatabende mit friesischen Theateraufführungen, wo allerdings die kleine Schar der Friesen am liebsten unter sich ist. Auch in den Medien ist das Friesische kaum präsent, sieht man von sporadischen Beiträgen in den lokalen Zeitungen und einer wöchentlichen dreiminütigen Sendung im lokalen Rundfunk ab.

Um so bedeutungsvoller ist angesichts der eher zurückgezogenen Existenz des Friesischen der Umfang institutionalisierter Förderung. Friesisch wird an den Universitäten Kiel und Flensburg nicht nur in Forschung und Lehre vertreten, sondern hat mit der Nordfriesischen Wörterbuchstelle in Kiel und dem Nordfriisk Instituut in Bredstedt sowohl eine eigene universitäre als auch eine eigene regionale Einrichtung, die sich der Sprache annehmen. Trotz der nur noch geringen Zahl von Schülern, die von Haus aus friesischsprachig sind, werden im Augenblick etwa 1 000 Schüler aller Schulstufen und Schulformen auf freiwilliger Basis von etwa 25 Lehrern im Friesischen unterrichtet. Auch die Einbeziehung von Kindergärten in den Friesischunterricht wird derzeit erprobt. Eigens für Fragen zur friesischen Volksgruppe hat sich ein Gremium konstituiert, das sich aus Mitgliedern des Schleswig-Holsteinischen Landtages und Vertretern der Nordfriesen zusammensetzt. Interessierten Außenstehenden, die sich mit dem Friesischen befassen möchten, stehen zumindest für die Hauptdialekte Wörterbücher, Kurzgrammatiken und Sprachkurse zur Verfügung.

Die Förderungsmaßnahmen zugunsten des Friesischen reflektieren den hohen Grad der Bedrohung dieser Sprache, wobei wohl auch politisches Kalkül in Hinblick auf den Minderheitenstatus der Friesen eine Rolle spielt. Entscheidend ist jedoch vor allem der energische Einsatz der kleinen friesischen Sprachgemeinschaft selbst für ihre Sprache. In einer wohl am besten mit dem Begriff Sprachmythos zu charakterisierenden Sprachauffassung werden bei den Nordfriesen Gruppenschicksal und Geschick der Sprache auf einzigartige Weise miteinander verknüpft. So wie es die Sylter Nationalhymne *Üüs Sölring Lön* (Unser Sylt) ausdrückt, die bei aller Pathetik den Kern friesischen Empfindens trifft.

Friesische Literatur

Ablesbar ist dieses primär sprachliche Interesse der Nordfriesen auch an der erstaunlich großen Zahl von Wörterbüchern, die seit dem 19. Jahrhundert bis heute entstanden sind. Hauptziel dieser meist von Laien erstellten Wörterbücher ist dabei nicht die Spracherhaltung, sondern die Sprachüberlieferung, so wie sich die friesischen Kapitäne der Walfangschiffe schon bei Lebzeiten ihre Grabsteine meißeln ließen. Vergleichsweise bescheiden ist dagegen die Entwicklung der friesischen Literatur. Abgesehen davon, daß literarisches Schaffen dem nüchternen pragmatischen Wesen der Nordfriesen wohl wenig entspricht – es gibt praktisch keine friesischen Märchen – sind vor allem die Zersplitterung in Dialekte, das Fehlen einer Lese- und Schreibtradition und der kleine Kreis möglicher Leser Haupthindernis für die Ausbildung einer friesischen Literatur. Hauptgebiete literarischen Schaffens sind Lyrik und Komödie. Seltener sind Prosaerzählungen. Trotz der relativ geringen Produktion kommt der nordfriesischen Literatur eine erhebliche Bedeutung für den Spracherhalt zu, indem Schauspiele und Liedgut – kein anderes Sprachgebiet verfügt über so viele Liederbücher – wesentlich zur Festigung des Sprachbewußtseins beitragen.

Geschriebene Zeugnisse des Nordfriesischen setzen mit dem Anfang des 17. Jahrhunderts ein. Das erste gedruckte Buch in nordfriesischer Sprache ist eine Komödie des Sylter Seefahrers und Küsters Jap Peter Hansen (1767–1855) aus dem Jahr 1809; es erscheint immerhin fast gleichzeitig mit den alemannischen Gedichten Johann Peter Hebels. Die friesischen Erzählungen seines Sohnes Christian Peter Hansen, des bekannten Sylter Chronisten, schaffen die Grundlage für die Ausbildung einer eigenen friesischen Mythologie. Eine friesische Übersetzung des Neuen Testaments aus der zweiten Hälfte des 19. Jahrhunderts wurde leider nicht gedruckt. Höhepunkt literarischen Schaffens sind die zwanziger Jahre dieses Jahrhunderts, wo mit dem *Göljn, rüüdj an ween* (golden, rot und blau) des Festlandfriesen Nis Albrecht Johannsen das klassische friesische Fahnenlied entstand.

Der bedeutendste nordfriesische Dichter ist wohl der Sylterfriese Jens Mungard (1885–1940). Leben und Werk dieses Mannes belegen, daß man sich selbst in einer so regional begrenzten Sprache wie dem Friesischen nicht dem Machtanspruch eines totalitären Regimes entziehen konnte, wenn das Beharren auf einer eigenen friesischen Identität in Konflikt geriet mit einer staatlich verordneten, gleichgeschalteten Kultur. Unangepaßt, von der Gemeinschaft ausgegrenzt und mit Schreibverbot belegt, starb er 55jährig nach mehrmaliger „Schutzhaft" im Konzentrationslager Sachsenhausen.

Üüs Mooterspraak, wü wel höör iari,
jü bleft, sa lung wü Sölring sjung.
Mai jens die Nuursee üüs fortiari,
jer skel üüs Spraak ek önergung.

Unsere Muttersprache, wir wollen sie ehren,
sie bleibt, solang wir Friesisch singen.
Mag einst die Nordsee uns verzehren,
vorher soll unsere Sprache nicht untergehn.

(Zitat aus dem Sylter Nationallied *Üüs Sölring Lön*/Unser Sylt)

Nicht nur eine Sprache des Herzens: Niederdeutsch in Schleswig-Holstein

Willy Diercks

Die Überschrift dieses Artikels weist bereits auf ein Charakteristikum des Niederdeutschen hin: Wie bei den Dialekten des Hochdeutschen muß man zwischen geographischen – groß- und kleinräumigen – Varianten der niederdeutschen Sprache unterscheiden. Die Beschränkung auf den nördlichsten Teil des niederdeutschen Sprachraums wirft die Frage auf nach einer historischen Entwicklung Schleswig-Holsteins und seiner Sprachen in den vergangenen Jahrhunderten bis zur Entstehung des Bundeslandes nach dem Zweiten Weltkrieg.

Zwei Begriffe müssen zunächst erläutert werden: Niederdeutsch und Plattdeutsch. Verbreiteter als der Terminus Niederdeutsch ist Plattdeutsch. Für beide Bezeichnungen fand der Sprachhistoriker Sanders (1982) Bezüge zum Niederländischen. Niederdeutsch setzt den Gegensatz zwischen Niederländern (flacher Norden) und Oberländern (gebirgiger Süden), wie er im Mittelalter benannt wurde, fort und findet sich in dem Sammelbegriff Jacob Grimms und der germanischen Sprachwissenschaft für die nicht-hochdeutschen Dialekte Norddeutschlands wieder.

„Plat", das im Mittelalter niederdeutsch-niederländisch soviel wie „klar, deutlich, jedermann verständlich" bedeutete, habe – so Sanders – in der Bezeichnung der niederdeutschen Sprache im 17. Jahrhundert bereits eine Bedeutungsverschlechterung erfahren: von einer volkstümlich einfachen zu einer niedrig derben Sprechweise. Die Durchsetzung des Hochdeutschen als Sprache der Gebildeten ließ das Niederdeutsche als Mundart einfacher Leute kulturell absinken.

Der wissenschaftliche Begriff ist seit Beginn des 19. Jahrhunderts „Niederdeutsch". Unter denen, die sich für das Niederdeutsche einsetzen, gibt es viele, die die Negativbesetzung des Wortes Plattdeutsch nicht akzeptieren, sondern „Plattdüütsch" und nicht „Nedderdüütsch" als korrekte Bezeichnung für ihre Sprache ansehen.

Zur Geschichte des Niederdeutschen in Schleswig-Holstein

Die Geschichte der komplizierten sprachlichen Verhältnisse Schleswig-Holsteins, die des Niederdeutschen und seiner Mundarten, des Hochdeutschen, des Dänischen im Norden und seiner Mundarten, der friesischen Mundarten und auch des Niederländischen im Westen des Landes, ist noch nicht geschrieben. Sie würde die enge Beziehung zwischen den Sprachen und der politisch-wirtschaftlichen Entwicklung des Landes zeigen. Solch eine historische Betrachtung könnte auch die Brückenfunktion der Region zum Norden und zum Osten in den zurückliegenden Jahrhunderten belegen.

In der Völkerwanderungszeit ist diese Rolle des Raums zwischen Skandinavien und dem mittleren Europa an Bewegungen über diese Landbrücke gut abzulesen. Als die sächsischen Stämme feste Siedlungszonen einnahmen – etwa unter gleichzeitiger Besiedlung Südenglands durch Teile der Angeln, Sachsen und Jüten um 450 – entstand der sächsische Raum als Stammesgebiet mit den Jüten als Nachbarn nördlich einer Linie entlang der Schlei, dem Danewerk und der Treene. Friesen besiedelten Teile der Nordseeküste nördlich Dithmarschens. Östlich war der sächsische Raum begrenzt durch die slawischen Siedlungen in Ostholstein. Das Niederdeutsche – im Mittelalter stets *Sächsisch* genannt – breitete sich östlich der Linie Kiel–Bad Segeberg–Bad Oldesloe erst mit der Ostkolonisation im 11. und 12. Jahrhundert aus.

Im Norden, also im Schleswiger Raum, gewinnt das Niederdeutsche durch das politische und wirtschaftliche Machtstreben der holsteinischen Adligen, insbesondere der Schauenburger, an Einfluß. Wiederholt wandern zahlreiche Adlige und Bauern von Holstein nach Schleswig ein. Das Niederdeutsche breitet sich auf diese Weise im eigentlich jütischen Mundartgebiet Schleswig aus. Die Hanse stützt mit der Verwendung des Niederdeutschen als Amts- und Verkehrssprache dessen Durchsetzung. Ende des 14. Jahrhunderts ist die mittelniederdeutsche Hansesprache überall im Ostseeraum gültig als Sprache der Diplomatie und des Adels.

Aufgrund der fortgeschrittenen Entwicklung Mitteleuropas gegenüber dem skandinavischen Norden im handwerklichen und kulturellen Bereich – vom Schuhmacherhandwerk bis zur Buchdruckerei – finden Teile des niederdeutschen Sprachsystems und Wortschatzes auch in die skandinavischen Sprachen Eingang. Mit der „Kaufmannshanse" wird seit Mitte des 14. Jahrhunderts das Niederdeutsche zur Verkehrssprache. Lübeck ist Ende des 15. Jahrhunderts der größte Druckort im Holsteinischen. Die bedeutende Mohnkopf Druckerei beispielsweise bringt den „Totentanz" (1489) und „Reynke de vos" (1498) hervor. Geistliche und weltliche Literatur in lateinischer, hochdeutscher und niederdeutscher Sprache werden nach der neuen Methode des Buchdrucks gesetzt und als wichtiges Wirtschaftsgut exportiert.

Es bleibt aber festzuhalten, daß die Hansezeit ihren schriftlichen Schwerpunkt in der Vertrags-, Urkunden- bzw. allgemein in der Geschäftssprache hat. Aus diesem Bereich stammen die meisten überlieferten schriftlichen Quellen der Hansestädte und ihrer Bewohner. In Form von Tagebüchern und chronikalischen Aufzeichnungen geben sie Zeugnis vom Alltag der Hansekaufleute, etwa über das Leben der Kaufmannsgehilfen in der „Deutschen Brücke" in Bergen. Der mittelhochdeutschen Literatur vom Minnesang bis zur Artusepik kann der niederdeutsche Norden kaum etwas Vergleichbares entgegensetzen.

Mit dem Niedergang der Hanse, der in der Veränderung der wirtschaftlich-politischen Situation Europas begründet war – Amerika wurde entdeckt, die atlantischen Seemächte Westeuropas gewannen an Macht –, verlor die niederdeutsche Sprache an Bedeutung. Schon im 15. Jahrhundert setzt die Konkurrenz des Hochdeutschen ein. Zwischen 1500 und 1600 verfällt mit der Zentralität Lübecks auch das sprachliche Vorbild. Statt der Lübecker Norm entwickeln sich unter dem Einfluß des Hochdeutschen mundartliche Differenzierungen. Von 1600 bis Mitte des 19. Jahrhunderts entstehen nur noch verhältnismäßig wenige Drucke in niederdeutscher Sprache; man muß von einem Verlust der Schriftlichkeit sprechen.

Die neuniederdeutsche Literatur wird erst im 19. Jahrhundert wieder greifbar; eine umfassende Auseinandersetzung mit der Bedeutung des Niederdeutschen folgt. Herausragendes Ereignis in dieser Wiederaufnahme des Niederdeutschen ist das Erscheinen des „Quickborn" im Jahre 1852, einer Sammlung von Gedichten des Heiders Klaus Groth

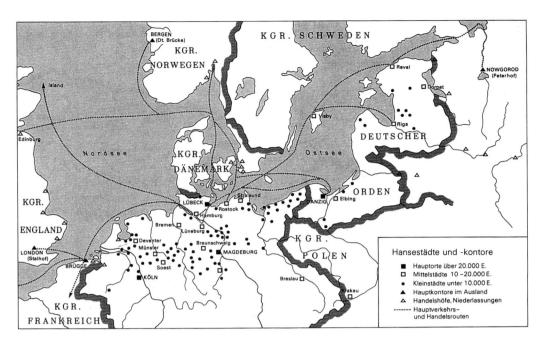

Durch die Hanse wird Niederdeutsch zur Verkehrssprache, Lübeck zu einem bedeutenden Druckort. Die Karte verdeutlicht die Ausbreitung des hansischen Städtebundes im 14. und 15. Jahrhundert und die zentrale Lage Lübecks (nach: Sanders, 1982).

(1819–1899) in niederdeutscher Sprache (siehe hierzu auch den Beitrag von Reinhard Goltz, S. 384). Seine programmatischen Erklärungen zum Verhältnis zwischen dem Niederdeutschen und dem Hochdeutschen, seine Wiederentdeckung des Wertes von Volkssprache und Mundart rufen ein starkes Echo hervor. Vereinsgründungen zur Pflege des Plattdeutschen in aller Welt, zum Beispiel in Nordamerika und natürlich auch in Schleswig-Holstein, schließen sich an. Die rasche Wiederbelebung einer niederdeutschen Literatur, die Gründung von niederdeutschen Theatern, die Erforschung des Niederdeutschen und die Publikation von Sekundärliteratur sowie das Erscheinen von Zeitschriften wie „Quickborn", „Moderspraak" und „Heimat" sind Zeichen des Aufschwungs der Sprache in der zweiten Hälfte des 19. und am Beginn des 20. Jahrhunderts. Die Heimatkunstbewegung mit ihrer Tendenz, ländliches, bäuerliches Leben dem großstädtischen überzuordnen und die typischen Charaktere eines Landstrichs wahrzunehmen, verstärkt die Akzeptanz für die Regionalsprachen.

In der protestantischen Kirche entwickeln sich plattdeutsche Kreise (Krinks), nachdem im 17. Jahrhundert das Niederdeutsche im Zuge des allgemeinen Vordringens des Hochdeutschen aus den Kirchen vertrieben worden war.

Das 19. Jahrhundert ist auch von der Aufladung sprachlicher Gegensätze mit nationalen Motiven gekennzeichnet. Die in Angeln zu Beginn des Jahrhunderts noch verbreitete angeldänische Mundart wird von den beiden deutschen Sprachen, der hochdeutschen Verkehrssprache und der niederdeutschen Volkssprache, verdrängt. Am Ende des Jahrhunderts ist die deutsche Sprache durchgesetzt worden.

Als Folge der wechselhaften Entwicklung ergibt sich die heutige geographische Verteilung des Niederdeutschen: im Norden die schleswigsche Mundart, die bis zum Nord-Ostsee-Kanal reicht; im Osten stellt die Schlei die Grenze dar zwischen den schleswigschen und den südlichen Mundarten. Zu den schleswigschen Mundarten gehören die der Landschaft Angeln, der Geest und die der Westküste, die dort mit den friesischen Mundarten konkurriert, und schließlich die Eiderstedts. Grundsätzlich gilt, daß im Osten Schleswigs die Einflüsse der südlichen Mundarten zum Teil schon weit über die Schlei vorgedrungen sind. Die dialektalen Großräume des Südens sind der mittelholsteinische Bereich, die dithmarsischen Mundarten, die Mundarten der Elbmarschen und die Mundarten Ostholsteins – hier mit besonderen Ausprägungen im Begegnungsgebiet mit dem Mecklenburgischen. Die Insel Fehmarn hat eine sprachliche Eigenentwicklung hinter sich.

Niederdeutsch heute

Gegenwärtig beobachten wir ein steigendes öffentliches Interesse an der neben dem Hochdeutschen verbreitetsten Sprache im Lande. Neben dem Hochdeutschen und dem Niederdeutschen werden Standarddänisch (Reichsdänisch) in der dänischen Minderheit, Friesisch an der Westküste zwischen Husum und der Landesgrenze und zum Teil noch Sønderjysk (Südjütisch) in einigen grenznahen Orten gesprochen.

Einige auf der Basis von Befragungen (Kamp/Lindow, 1967, und Stellmacher, 1987) beruhende Zahlen über die Verbreitung des Niederdeutschen belegen – bei allem Vorbehalt gegenüber den angewendeten Erhebungsmethoden und Untersuchungen – die ungebrochene Bedeutung des Niederdeutschen als gesprochene Sprache.

1967 gaben 70 Prozent der männlichen und nahezu 65 Prozent der weiblichen befragten Personen an, Plattdeutsch zu sprechen. 1984 konnten 71 Prozent aller Männer und Frauen in Schleswig-Holstein Platt sprechen; von diesen antworteten 25 Prozent, daß sie sehr oft diese Sprache nutzen. Dies ist wohl die Zahl derer, die täglich Niederdeutsch sprechen.

Die Angabe über die Fähigkeit, Niederdeutsch zu sprechen, wurde 1965 auch nach den damaligen Kreisen aufgeschlüsselt. Hier zeigte es sich, daß Eiderstedt mit 87 Prozent, Husum mit 80, Süderdithmarschen mit 79, Flensburg Land mit 79, Plön mit 78, Schleswig mit 76 und Norderdithmarschen mit 75 Prozent die meisten Plattsprecher verzeichnen, während Eutin mit 52, Pinneberg mit 53 und Kiel mit 56 Prozent am Ende rangieren.

Trotz dieser an sich hohen Zahlen befindet sich das Niederdeutsche auf dem Rückzug, da der Gebrauch der Mundart mit den Generationen nachläßt. Die wesentlichen Funktionen einer Sprache werden alle im Hochdeutschen wahrgenommen. Mobilität, Urbanität, Bildung und Medien sind Stichworte, die eine Entwicklung erklären, in der immer weniger junge Leute das Niederdeutsche erlernen.

Zur Zeit befinden sich Mundarten allgemein wieder in einer positiven Phase der Einschätzung. Diese Entwicklung hält insgesamt bereits zu lange an, als daß sie als eine pure nostalgische Mode abqualifiziert werden könnte. Vielmehr gehört das Interesse am Niederdeutschen in eine europa-, ja, weltweite Beschäftigung mit der Identität der Menschen. Bildungspolitisch ist es nicht mehr üblich, vor den Gefahren der Mundarten für den Spracherwerb und die Sprachentwicklung zu warnen, ob es nun früher berechtigt war oder nicht. Die Verkehrssprache ist überall gegenwärtig, vor allem in den Medien und besonders im Fernsehen.

Über Jahrhunderte hatte es schon die Furcht vor der gesellschaftlichen Abwertung des Niederdeutschen gegeben; bereits 1704 trug Bernhard

Raupachs aus Tondern in seiner Dissertation an der Rostocker Universität diesen Aspekt vor: „Von unbilliger Verachtung der Plat-Teutschen Sprache".

Die gegenwärtige gesellschaftliche Anerkennung der Mundart hat bereits deutliche politische Konsequenzen hervorgerufen. Das ausgesprochene Interesse vieler Bürger am Niederdeutschen hat dazu geführt, daß sich Schleswig-Holstein für die Aufnahme des Niederdeutschen in die Europäische Charta für Regionalsprachen einsetzt. Zugleich besteht ein Erlaß für die Schulen aus dem Jahr 1992, der die Absicht formuliert, an allen Schulen Schleswig-Holsteins verbindlich Kenntnisse über das Niederdeutsche zu vermitteln.

Besonders der Rundfunk verstärkt sein Engagement für die Regionalsprachen; sicherlich auch, weil Sender in der Regionalisierung ihrer Programme Möglichkeiten zur Sicherung der Hörergunst sehen. Tageszeitungen geben gelegentlich niederdeutschen Texten Raum. In den Redaktionen besteht allerdings die Befürchtung, daß die niederdeutschen Texte von Lesern nicht verstanden und damit Teile der Information nicht weitergegeben werden können.

Immer wieder wird die Frage gestellt, wer wann mit wem über was Plattdeutsch spricht. Das Niederdeutsche gilt als Familiensprache und Sprache der Freunde, der älteren Generation, gleichrangiger Personen, alter handwerklicher Berufe, bestimmter Regionen. In den letzten Jahrzehnten engten sich die Verwendungsbereiche des Niederdeutschen deutlich ein, auch als Folge der Zuschreibung der Sprache zum Familien- und Freundeskreis, zum Kreis der Vertrauten. Mit dieser *Einengung der Funktionsbereiche* wächst der qualitative, emotional wertende Gegensatz zwischen dem Hochdeutschen und dem Niederdeutschen. Das Niederdeutsche wird stereotyp als Sprache des Vertrauens, des Herzens und des Humors bewertet. Daß diese gutgemeinten Urteile die Anwendungsmöglichkeiten, die Sprachlichkeit des Niederdeutschen schmälern, wird im Vergleich zur Einschätzung des Hochdeutschen erkennbar, das man „überall" gebrauchen kann.

In diesem Zusammenhang ist die politische Initiative des Landes für das Niederdeutsche von großer Bedeutung, das auch die Zentren für Niederdeutsch in Leck und Ratzeburg konzipiert hat. In ihnen werden vielfältige regionale Aktivitäten koordiniert. Ohne die Arbeit von Verbänden, Interessengruppen und Einzelpersonen ist auf einen Erhalt des Niederdeutschen nicht zu hoffen.

Illustration von Ludwig Richter zu einem niederdeutschen Kinderreim von Klaus Groth aus dem Buch „Voer de Goern", Leipzig o. J. (1858).

Sprachen auf Wanderung: Das Südjütische und das Reichsdänische im Landesteil Schleswig

Bent Søndergaard

Die jetzige, im Jahr 1920 etablierte Staatsgrenze zwischen dem Königreich Dänemark und der Bundesrepublik Deutschland (und damit dem Bundesland Schleswig-Holstein) ist in mancher Beziehung künstlich. Das gilt unter anderem auch sprachgeschichtlich, denn linguistisch gesehen bildet das alte Herzogtum Schleswig, also das Gebiet zwischen Kongeåen im Norden und der Eider im Süden, eine Einheit.

Im Jahr 1920 wurde diese Einheit aber zerrissen, denn Nordschleswig, das heute Sønderjyllands Amt entspricht, wurde in Dänemark eingegliedert, während Südschleswig, also der Landesteil Schleswig des Bundeslandes Schleswig-Holstein, ein Teil von Deutschland wurde. Im folgenden wird aber nur die Sprachentwicklung in dem letztgenannten Gebiet berücksichtigt. Holstein wird in diesem Beitrag ausgeklammert, weil es immer deutschsprachig gewesen ist.

Von jeher ist der Landesteil Schleswig/Südschleswig ein mehrsprachiges Gebiet, in dem ursprünglich drei Sprachen heimisch waren, sogenannte autochtone Sprachen: Niederdeutsch (vgl. S. 280), Nordfriesisch (vgl. S. 274) und Dänisch, das heißt, die dänische Mundart Südjütisch (sønderjysk). Hinzu kamen später zwei ursprünglich ortsfremde, sogenannte allochtone (Hoch-)Sprachen, nämlich Hochdeutsch und Reichsdänisch (rigsdansk). Wenn von Dänisch in diesem Gebiet gesprochen wird, muß also zwischen zwei verschiedenen Formen des Dänischen unterschieden werden, nämlich zwischen Südjütisch und Reichsdänisch. Erst ziemlich spät wurden sie miteinander direkt verknüpft.

Die geographische Verteilung der drei einheimischen Sprachen in Südschleswig ist in Hauptzügen einfach, aber in Einzelheiten kompliziert, und für die älteren geschichtlichen Perioden ist unser Wissen über die Sprachverhältnisse spärlich und fragmentarisch. Zuerst aber das sprachliche Gesamtbild, schematisch vereinfacht: Drei Sprachen „wanderten" in das Gebiet. Aus westlicher Richtung kam Nordfriesisch. Aus dem Süden kam Niederdeutsch und aus dem Norden Südjütisch. Irgendwann müssen diese Sprachen sich zum ersten Mal begegnet sein, aber wo und wann, das ist die große Frage. Möglicherweise geschah es erst im Laufe des Mittelalters. Das Quellenmaterial deutet darauf hin, daß die ursprüngliche „Sprachgrenze" zwischen Niederdeutsch und Südjütisch etwa von Husum über die Stadt Schleswig bis zur Eckernförder Bucht verlief. Seit der Nationalromantik besteht in Dänemark die beliebte Vorstellung, daß diese „Sprachgrenze" mit der später historisch-politisch bedeutsamen Eidergrenze identisch war. Dies ist aber ein Irrtum, denn eine Analyse der ursprünglichen Ortsnamen belegt, daß die südlichsten Teile dieser Landschaft von deutschsprachigen Einwanderern besiedelt wurden. Die Einwanderung geschah vermutlich ziemlich spät, weil es sich um ein Gebiet handelt, das landwirtschaftlich schwer nutzbar war. Außerdem ist es vermutlich irrtümlich, überhaupt von „Sprachgrenzen" zu sprechen, obwohl es in der Forschung bis heute üblich ist. Der Begriff Sprachkontaktzone, in der es linguistische Überschneidungen gibt, kommt dem Sachverhalt näher.

Um die spätere Sprachverschiebung in diesem Landesteil verstehen zu können, ist als Ausgangspunkt festzuhalten, daß in dem Gebiet unmittelbar nördlich der Eidergrenze immer eine Bevölkerung lebte, deren Muttersprache Deutsch war.

Die Sprachverhältnisse brachten allmählich mit sich, daß sich in Teilen der Bevölkerung Zweisprachigkeit oder Mehrsprachigkeit entwickelte, ausgehend von den südlichsten Handelsstädten Husum und Schleswig, nicht zuletzt mit Rücksicht auf das niederdeutschsprechende Holstein – und Norddeutschland insgesamt. Außerdem setzte eine langsame Verschiebung von der südjütischen zur niederdeutschen – in einer späteren Phase hochdeutschen – Umgangssprache ein. Dieser Prozeß der Sprachverschiebung in Form einer von Süden nach Norden verlaufenden Bewegung findet kontinuierlich vom Mittelalter bis heute statt, weil es immer noch Menschen im Landesteil Schleswig gibt – wie viele, weiß man nicht –, die in ununterbrochener Tradition Südjütisch sprechen. Doch handelt es sich meist um ziemlich alte Menschen in ländlichen Gebieten im nordwestlichen Landesteil. Mit ihren Kindern und Enkeln sprechen sie durchgehend deutsch, weshalb Südjütisch einen sehr begrenzten „Kommunikationsradius" hat (siehe Skizze).

Für eine richtige Beurteilung der sprachlichen Verhältnisse des Gebiets ist es wichtig zu wissen, daß Südjütisch immer ein nationalpolitisch neutraler Sprachcode war – und ist. Als solcher wurde und wird er sowohl von Minoritäts- als auch von Majoritätsmitgliedern verwendet, weil er im Gegensatz zum Reichsdänischen keine prodänische Haltung signalisiert.

Es ist auffällig, daß der totale Sprachwechsel von der dänischen zur deutschen Umgangssprache so viele Jahrhunderte in Anspruch genommen hat, obwohl es sich um ein sehr begrenztes geographisches Gebiet handelt. Der Abstand von der ursprünglichen „Sprachgrenze" zur heutigen Staatsgrenze beträgt nämlich nur etwa 50 bis 60 Kilometer. Dieses langsame Voranschreiten der Entwicklung ist aber kaum durch eine bewußte Sprachloyalität der ursprünglichen Muttersprache gegenüber zu erklären, sondern eher die Folge eines sprachlichen Konservatismus in ländlichen Gebieten mit geringer geographischer und sozialer Mobilität. Außerdem haben Forscher errechnet, daß der totale Wechsel von dänischer zu deutscher Umgangssprache in einem Dorf 100 bis 200 Jahre dauert.

Wann die einzelnen Phasen in dieser umgangssprachlichen Verschiebung in den verschiedenen Teilen Südschleswigs eingetreten sind, ist mit wissenschaftlicher Genauigkeit nur schwer nachzuweisen, obwohl es schon mehrmals versucht wurde. Das Bild ist sehr kompliziert, und nur die Hauptzüge sind erkennbar. Vielleicht sind folgende Faktoren entscheidend für die Entwicklung der Mehrsprachigkeit und für den damit verbundenen Wechsel der Umgangssprache:

– In den Städten war der Bedarf für Mehrsprachigkeit am größten, und hier fing auch der Sprachwechsel an, während die Landgebiete länger südjütischsprechend verblieben.

– Je südlicher und östlicher das Teilgebiet Südschleswig, desto ausgeprägter war die deutsche Sprache. Umgekehrt war es mit dem Südjütischen, das am längsten im nördlichsten und westlichsten Landesteil erhalten blieb.

– Eine gewisse soziale Gegensätzlichkeit war vorhanden, indem der Sprachwechsel in den privilegierten Schichten früher durchgeführt wurde als in den niedrigen sozialen Schichten.

– Das Verhältnis von Kultursprache und Umgangssprache war auch von Bedeutung. Deutsch war diejenige Sprache, welche die Formen der „Hochkultur" vermittelte, während das Südjütische sich nicht über das Niveau der täglichen Umgangssprache hinaus entwickelte.

– Die südjütische Mundart, die in Südschleswig gesprochen wurde, war

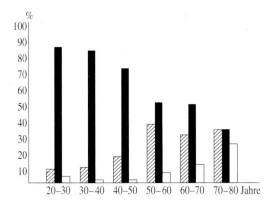

Diese Graphik gibt an, welche Sprache Eltern im Umgang mit ihren Kindern 1970 im südschleswigschen Ort Achtrup verwendeten. Die schwarze Säule zeigt die Hochdeutschsprechenden, die schraffierte die Plattdeutschsprechenden und die weiße die Südjütischsprechenden. Deutlich wird das Gefälle zwischen dem hohen Anteil älterer Achtruper, die südjütisch in der Familie sprechen, und dem geringen Anteil junger Menschen (nach: S. R. Petersen, 1975).

kein „echter" dänischer Dialekt, sondern stark davon geprägt, daß sie in einer Kontaktzone mit anderen Sprachen (Plattdeutsch, Hochdeutsch, Nordfriesisch) existierte. Deshalb wurde sie herabsetzend als „ein unästhetisches Patois", also als schlecht klingende Volksmundart, charakterisiert.

Nachdem das Niederdeutsche im 16./17. Jahrhundert als offizielle Sprache dem Hochdeutschen gewichen war, stellte sich die sprachliche Situation des Landesteils wie folgt dar: Es gab eine Diskrepanz zwischen der offiziellen hochdeutschen Sprache einerseits und den „Volkssprachen" (Südjütisch, Plattdeutsch und Nordfriesisch) andererseits, aber die örtliche Bevölkerung empfand diese Lage wohl kaum als unnatürlich. Vor Beginn des 19. Jahrhunderts gab es anscheinend keine Veranlassung zu großen Sprachkonflikten, vor allem weil das Sprachliche und das Nationale noch nicht miteinander verknüpft wurden. Sprache wurde ausschließlich als Kommunikationsmittel aufgefaßt und verfügte nicht wie später über eine nationalpolitische Symbolfunktion. Deshalb war Mehrsprachigkeit nützlich. Die Sprachauffassung war einfach und rational.

Wenn es daher in der Mitte des 19. Jahrhunderts zum Kampf zwischen Hochdeutsch und Reichsdänisch als offizieller Sprache kommt, ist diese Auseinandersetzung nicht von einem verborgenen oder offenen Verlangen der örtlichen Bevölkerung verursacht worden, sondern durch das störende Eingreifen politischer Kräfte außerhalb der Region, vor allem durch die dänische Regierung. In Kopenhagen hatte man nämlich seit einiger Zeit mit Sorge den Rückgang der südjütischen Umgangssprache in Südschleswig beobachtet und sich überlegt, wie man ihn bremsen könne. Praktische Schritte blieben jedoch aus. Nachdem Dänemark aber den Ersten Schleswigschen Krieg (1848–51) siegreich beendet hatte, entstand eine neue politische – auch sprachpolitische – Situation. Das neue Ziel der dänischen Regierung war es, eine geographische Übereinstimmung von Umgangssprache (Südjütisch) und der neuen offiziellen Sprache (Reichsdänisch) herzustellen.

Diese Zielsetzung spiegelte die romantische Ideologie der Muttersprache und Nationalsprache wider. Sie bedeutete aber eine Verkennung einer mehrere Jahrhunderte dauernden und wohl im großen und ganzen konfliktfreien Sprachentwicklung. Die neue Sprachideologie wurde schicksalhaft für „unser" Gebiet, wo es bislang nicht das Entscheidende gewesen war, ob man Dänisch oder Deutsch als Muttersprache hatte, sondern ob man sich dem dänischen König gegenüber loyal verhielt.

Die offizielle Sprachpolitik wurde in den sogenannten Sprachreskripten von 1851 festgelegt. Danach sollte die Schulsprache und teilweise auch die Kirchensprache, aber nicht die Gerichtssprache, dort Reichsdänisch sein, wo die Bevölkerung südjütisch sprach. Offiziell wollte man also eine geographische Übereinstimmung zwischen Muttersprache und Nationalsprache schaffen. In der Forschung ist aber nachgewiesen worden, daß man inoffiziell einen Teil des Gebietes zurückerobern wollte, in dem die südjütische Umgangssprache schon verlorengegangen war. Deshalb führte man die offizielle reichsdänische Sprache in einem größeren Gebiet ein als jenem, in dem Südjütisch tatsächlich zu diesem Zeitpunkt die dominante Umgangssprache war.

Die Maßnahmen betrafen somit auch Gegenden, wo der Sprachwechsel im wesentlichen vollzogen war. In der praktischen Umsetzung der Sprachreskripte gab es also geographische Inkonsequenzen. Es muß aber eingeräumt werden, daß das sprachliche Bild so bunt war, daß es kaum möglich war, logische „Sprachgrenzen" zu ziehen.

Der Widerstand der örtlichen Bevölkerung war stürmisch. Er kam auch von vielen, die Südjütisch als Erstsprache hatten. Sie lehnten Reichsdänisch als offizielle Sprache ab. Mit anderen Worten: Die Einwohner Südschleswigs teilten keineswegs die romantische Auffassung von Muttersprache und Nationalsprache. Um diesen Widerstand zu verstehen, muß man wissen, daß der sprachliche Abstand zwischen Reichsdänisch und Südjütisch so groß ist, daß es sich nach den herkömmlichen Kriterien um zwei verschiedene Sprachen handelt. Reichsdänisch als Hochsprache war folglich für die Bevölkerung eine fremde Sprache, die sie als importierte Kunstsprache auffaßte.

Die Redanisierungspolitik per Sprachreskripte wurde mit Härte durchgesetzt – ohne Rücksicht auf die vielen örtlichen Proteste. Vermutlich war die gesamte Sprachpolitik ein unnatürlicher Versuch, zu einem späten Zeitpunkt einen jahrhundertelangen freiwilligen Sprachverschiebungsprozeß aufzuhalten und zu ändern, und zwar mit Hilfe einer „ortsfremden" Sprache, die bisher als offizielle Sprache keine Rolle in diesem Landesteil gespielt hatte. Dieses kurzzeitige sprachliche „Experiment", das mit dem Zweiten Schleswigschen Krieg 1864 sein Ende fand, hatte keinen tiefgreifenden Einfluß auf die umgangssprachlichen Verhältnisse. Das Endergebnis wäre sicher nicht anders ausgefallen, wenn das Experiment länger gedauert hätte. Die Sprachverschiebung ging entsprechend ihrer eigenen inneren Logik weiter, auch als der Landesteil von 1864 bis 1920 ein Teil von Preußen war.

Aus dem Kampf um die Sprachreskripte konnte nur eine Folgerung gezogen werden: Eine Bevölkerung kann durch Machtgebote „von oben" und „von außen" nicht gezwungen werden, ihre umgangssprachlichen Gewohnheiten zu ändern, wenn eine neue offizielle Sprache eingeführt wird. Es gibt also nicht notwendigerweise eine Kausalität zwischen der offiziellen Sprache und der „Volkssprache". Nach der Grenzziehung von 1920 hat man dieses erkannt. Deshalb ist man sprachpolitisch zu den Zuständen vor dem Sprachenkampf zurückgekehrt. Man hat es den örtlichen Kräften frei überlassen, das Ergebnis der Sprachverschiebung festzulegen, und wie schon gesagt, ist Südjütisch der Verlierer.

Aus diesem Grund ist die sprachliche Zukunft des Dänischen im schleswigschen Landesteil vor allem mit dem anderen dänischen Sprachcode, dem Reichsdänischen, verbunden. Stellen wir als Ausgangspunkt folgendes fest: In der Praxis können ziemlich viele Menschen hier Reichsdänisch verstehen beziehungsweise sprechen, aus verschiedenen Gründen, wie zum Beispiel deutsch-dänischen „Mischehen", verwandtschaftlichen Beziehungen zu Dänemark usw. Viele Erwachsene haben Dänisch an deutschen Volkshochschulen gelernt. Außerdem gibt es an einigen öffentlichen Schulen (Hauptschulen, Realschulen, Gymnasien) in ganz Schleswig-Holstein einen fremdsprachlichen Dänischunterricht, und Dänisch als Fach ist an zwei Hochschulen des Bundeslandes vertreten (an der Bildungswissenschaftlichen Hochschule Flensburg und an der Universität Kiel). Dazu kommen die privaten dänischen Minderheitenschulen, die versuchen, den Schülern eine zweisprachige Kompetenz im Dänischen zu vermitteln.

Bedenkt man jedoch, wie viele Schüler die dänischen Schulen seit 1920 besucht haben und noch im Landesteil seßhaft sind, mag es Außenstehende vielleicht wundern, daß nur wenige alteingesessene Südschleswiger Reichsdänisch als Haussprache haben. In der oben erwähnten sprachgeschichtlichen Perspektive ist es allerdings ganz logisch. Die Tatsache, daß viele dieser Menschen über eine hohe Kompetenz im Dänischen verfügen, ändert also nicht automatisch ihre Umgangssprache. Für die meisten eingeborenen Südschleswiger war Reichsdänisch niemals die natürliche Haussprache – es gibt ja auch keine historische Begründung für ein solches Vorgehen. Allgemein anerkannt ist es aber, daß Reichsdänisch die offizielle – und damit auch die symbolische – Sprache der Minderheit ist, zum Beispiel die Hauptsprache der Minderheiteninstitutionen und -organisationen.

Obwohl keine wissenschaftlichen Untersuchungen vorliegen, ist also kaum anzunehmen, daß die massive Verwendung des Reichsdänischen als Institutionssprache einen meßbaren Effekt auf die Ausbreitung dieses Sprachcodes als Haussprache unter den Einheimischen gehabt hat; auch wenn einige Minoritätssprecher dann und wann für eine häufigere Anwendung des Reichsdänischen im privaten Bereich plädieren. Solche Aktionen zeigen aber anscheinend keine langfristige Auswirkung zu haben. In letzter Zeit gibt es auch seitens der deutschen Mehrheit Initiativen, der dänischen Sprache einen offizielleren Status zu verleihen, zum Beispiel in Flensburg. Ein solcher Vorstoß erscheint jedoch wenig realistisch, vor allem, weil derartige Versuche tradierte, latent vorhandene deutsch-dänische Gegensätze wiederbeleben könnten. Nichtdestoweniger weisen diese Stadt sowie der Landesteil insgesamt in der Praxis einen gewissen Grad von Zweisprachigkeit auf, sowohl im privaten als auch im öffentlichen Bereich. Dies ist für die vielen grenzüberschreitenden Kontakte außerordentlich wichtig. Es wäre daher wünschenswert, daß dänische Sprach- und Kulturkenntnisse südlich der Staatsgrenze noch mehr verbreitet würden.

Nahe Verwandte: Die dänische Minderheit

Johann Runge

Wenn deutsche Touristen an einem der verkaufsoffenen Sonnabende durch Flensburgs Hauptstraßen bummeln, können sie den Eindruck gewinnen, in einer ausländischen Stadt zu sein. Viele der Passanten sprechen eine fremde Sprache, nämlich Dänisch, einige Norwegisch. An normalen Werktagen ist diese Sprachvielfalt verschwunden, das Deutsche übertönt das nur noch hin und wieder zu hörende Dänisch. Vielleicht entdecken einige Touristen in der Innenstadt Gebäude, auf denen „Borgerforeningen", „Det lille Teater", „Sydbank", „Aktivitetshus", „Dansk Centralbibliotek for Sydslesvig", „Dansk Boghandel" oder „Flensborghus" zu lesen ist. Daß die „Union Bank" ein dänisches Geldinstitut ist, bemerkt man wohl erst, wenn man dort Bankgeschäfte zu erledigen hat. Auf dem nördlichsten Teil der westlichen Anhöhe thront unübersehbar der große Doppelbau der „Duborg-Skole", des dänischen Gymnasiums in Flensburg. Architekturinteressierte stoßen in der Häuserfront der Großen Straße auf eine kleine Kirche mit Barockgiebel, die sich „Helligåndskirken" nennt, und in der sonntags eine „Højmesse" gehalten wird. Manche bemerken vielleicht auch, daß es eine Tageszeitung mit dem Namen „Flensborg Avis" gibt.

Diese dänischen Namen, von denen außerhalb der Innenstadt noch einige mehr zu entdecken sind, verdanken ihr Dasein keineswegs dem Zufall: In Flensburg gibt es eine dänische Minderheit, die etwa 18 Prozent der Stadtbevölkerung ausmacht, und Flensburg ist das organisatorische und kulturelle Zentrum der etwa 50 000 Menschen, die sich im Landesteil Schleswig zur dänischen Minderheit zählen. Die wechselvolle Geschichte dieser Minderheit reicht in die bis 1864 dauernde, 400jährige Epoche des dänisch-schleswig-holsteinischen Gesamtstaates zurück, in der das gesamtstaatspatriotische Flensburg der zentrale Handelsort für das ganze nördliche Schleswig und große Teile Jütlands war. Die glückliche Zeit der Herzogtümer im dänischen Staatsverband gehört zum Geschichtsbewußtsein der dänischen Minderheit wie auch der Kampf um die Erhebung des eigenen Dänentums während der preußischen Zeit von 1864 bis 1918 und dann vor allem während des Dritten Reichs. Die Bezeichnung Südschleswig, wie der Landesteil Schleswig von den Dänischgesinnten genannt wird, erinnert an die alte und enge Verbindung mit Nordschleswig, das seit 1920 zu Dänemark gehört. Erst in unserer Gegenwart wächst eine junge Generation heran, die sich stärker als dänischgesinnte Südschleswiger in Schleswig-Holstein versteht und die das demokratische Deutschland als ihren Staat anerkennt, anerkennen kann. Wesentliche politische Entwicklungen der Nachkriegszeit haben diesen Wandel ermöglicht.

Die Vertreter der alten Minderheit aus der Zeit vor 1945 hatten – trotz kleiner Anhängerschaft – nie den Gedanken einer Grenzrevision, den Gedanken an die „Rückkehr" nach Dänemark, aufgegeben. In den Nachkriegswirren konnten sie bei den ersten Landtagswahlen 1947 über 50 Prozent der einheimischen Bevölkerung Schleswigs für sich gewinnen. Die Ernüchterung folgte, als man einsehen mußte, daß Dänemark nicht bereit war, die Niederlage Deutschlands zu einer Eingliederung deutscher Gebiete auszunutzen, und dann vor allem mit der allmählichen Stabilisierung der wirtschaftlichen und politischen Verhältnisse und der Bildung eines demokratischen deutschen Staates. Die sogenannte neudänische Bewegung halbierte sich ab 1950 und zählte 1954 nur noch 15,4 Prozent aller Schleswiger zu ihren Mitgliedern. Zu diesem Zeitpunkt hatte eine kleine Gruppe junger „Neudänen", die nach 1945 den nationalen Gesinnungswandel bewußt vollzogen hatte, ein neues, damals revolutionäres Selbstverständnis entwickelt. Für sie war es eine politische Tatsache, daß die „Wiedervereinigung" Südschleswigs mit Dänemark dem Bereich des Machbaren entrückt war. Jede Propagierung der Grenzrevision hielt sie für sinnlos. Sie deutete die politische Wiedervereinigungsthese der Älteren um in eine von den einzelnen Südschleswigern frei gewählte, persönliche, kulturelle Vereinigung mit dem Dänischen. Diese Gruppe junger Neudänen wollte dem Grenzland neue geistige Kräfte zuführen. Von den dänischgesinnten Südschleswigern forderte sie ein gebendes und nehmendes Zusammenleben mit den deutschen Schleswigern. Das Grenzland sollte „Front und Brücke" zugleich werden. Die dänische Kultur sollte in Südschleswig in einen beide Seiten bereichernden friedlichen Wettbewerb mit der deutschen Kultur treten. Diese Vorstellungen stießen innerhalb der Minderheit zunächst auf starken Widerstand – setzten sich aber in den folgenden Jahren durch. Und zwar auch, weil sich das politische Umfeld in Westdeutschland entscheidend änderte.

Eine wesentliche formale Voraussetzung für die zukünftige Entwicklung bildeten die Bonn-Kopenhagener Erklärungen vom März 1955. In zwei einseitigen, aber parallelen Erklärungen bestätigten die deutsche Bundesregierung und die dänische Reichsregierung, daß die durch die Grundgesetze beider Staaten garantierten bürgerlichen Grundrechte auch für die Mitglieder der dänischen Minderheit in Deutschland und der deutschen Minderheit in Dänemark gelten. Es wurde festgelegt, daß in beiden Staaten das Bekenntnis zur Minderheit frei ist und von Amts wegen weder bestritten noch nachgeprüft werden darf.

Des weiteren wurde das besondere Interesse der Minderheiten anerkannt, ihre religiösen, kulturellen und fachlichen Verbindungen mit ihrem Mutterland zu pflegen. Diese Erklärungen waren ein wichtiger Schritt auf dem Wege zur Gleichberechtigung der Minderheiten mit den Mehrheitsbevölkerungen beider Staaten. Formal gesehen noch schwerwiegender und zugleich Ausdruck des heutigen Zusammenlebens ist die neue „Verfassung des Landes Schleswig-Holstein" vom 13. Juni 1990. Im Artikel 5 dieser Landesverfassung heißt es: „(1) Das Bekenntnis zu einer nationalen Minderheit ist frei; es entbindet nicht von den allgemeinen staatsbürgerlichen Pflichten. (2) Die kulturelle Eigenständigkeit und die politische Mitwirkung nationaler Minderheiten und Volksgruppen stehen unter dem Schutz des Landes, der Gemeinden und Gemeindeverbände. Die nationale dänische Minderheit und die friesische Volksgruppe haben Anspruch auf Schutz und Förderung." Auch wenn hier die Formulierung „Gleichberechtigung mit der deutschen Mehrheitsbevölkerung" fehlt und obwohl noch nicht alle Gemeinden und Gemeindeverbände in Südschleswig bereit sind, im Sinne dieses Verfassungsartikels zu handeln, wenn es um die Förderung der kulturellen Arbeit der Minderheit geht, so ist mit diesem Verfassungsartikel eine wichtige Absichtserklärung abgegeben worden. In Zeiten knapper Finanzmittel und strammer Haushaltspolitik sparen einige Gemeinden auch heute noch zu gerne bei den „freiwilligen Leistungen", und das sind die Zuschüsse für die Minderheit. Aber immer mehr Gemeinden bemühen sich, die finanzielle Gleichberechtigung deutscher und dänischer Kulturarbeit im Grenzland anzustreben und so dem Geist der Landesverfassung zu entsprechen. Die dänische Minderheit vermißt natürlich einen entsprechenden Artikel im Grundgesetz der Bundesrepublik.

Die verfassungsmäßige Sicherung und Verwirklichung der Rechte der dänischen Minderheit veränderte die Haltung der Minderheitsangehörigen zur deutschen Umwelt. Alte Berührungsängste wurden abgebaut. Die junge Generation der Minderheit drängt in unserer Zeit danach, gesellschaftspolitische Probleme anzugehen und in deutsch-dänischer Zusammenarbeit zu lösen. Die Jungen von heute wollen weniger „reichsdänisch" sein als die ältere Generation. Sie entwickeln ein ausgeprägteres südschleswigsches Dänentum, das nach ihrer Ansicht den Bedingungen des deutsch-dänischen Grenzlandes besser entspricht. Sie fordern eine größere Anerkennung des Plattdeutschen als Regionalsprache und der heimischen Kulturtraditionen. Ihnen ist bewußt, daß jede Generation sich ihre nationale Identität neu erwerben, bewußt machen und gestalten muß. In Grenzgebieten mit „doppeltem nationalem Angebot" ist der Nationalitätenwechsel stets möglich. Es gibt immer Übergangsphasen, und die vollständige Deckung von Sprache und nationaler Gesinnung wird nie bei allen Mitgliedern erreicht werden. Vielleicht übersieht diese junge Generation jedoch, daß die Zugehörigkeit zu einer Minderheit unter anderem auch bedeutet, ein stärkeres nationales Selbstbewußtsein als die Mehrheit zu besitzen, gegen den breiten Strom zu schwimmen und eine doppelte Leistung zu erbringen: Der Minderheitenangehörige muß für die Sprache und Kultur der Mehrheit offen sein, als loyaler Bürger politisch für das Wohl des Staates wirken, in dem er lebt, und zugleich Sprache und Kultur der Nation beherrschen, zu der er sich bekennt. Der Traum der Minderheit ist, daß die Mehrheitsbevölkerung einmal dieselbe Offenheit für die dänische Geschichte und Kultur unseres Grenzlandes gewinnt und zu ihrer eigenen kulturellen Bereicherung die immer noch bestehende Sprachbarriere überwindet. Dann könnte das Grenzgebiet zu einem echten Übergangsland zwischen Deutschland und Dänemark werden.

Etwas über 8 Prozent der Bevölkerung im Gebiet zwischen der Eider und der deutsch-dänischen Grenze bekennen sich heute zur dänischen Minderheit. Viele, doch bei weitem nicht alle, nehmen aktiv am Vereinsleben der Minderheit teil. Eine reiche Palette der unterschiedlichsten Zusammenschlüsse auf Landes-, Kreis- und Ortsebene bietet hierzu viele Möglichkeiten. Der Südschleswigsche Verein (SSV) mit seinen etwa 17 500 Mitgliedern ist die kulturelle Dachorganisation des dänischen Bevölkerungsteils in Südschleswig. Der SSV und seine 29 angeschlossenen Vereine bieten ein breites kulturelles Angebot mit Theatergastspielen, Konzerten, Vorträgen, Ausstellungen, Unterhaltung, Filmvorführungen und Veranstaltungen für Senioren. Über 100 000 Personen nehmen jährlich dieses Angebot an. Zu den großen Ereignissen zählt das „Jahrestreffen", das immer am ersten Wochenende im Juni stattfindet. An die 6 000 Menschen besuchen die Abendveranstaltungen, während die mit dem Dannebrog, der dänischen Nationalflagge, geschmückten Festplätze in Flensburg, Husum und Schleswig am Sonntag bis zu 15 000 Menschen anziehen. Seit einigen Jahren nehmen auch Repräsentanten des Landes Schleswig-Holstein, Ministerpräsident(in), Landräte, Oberbürgermeister und Bürgermeister, als Gäste und Redner an diesem Fest teil. Im Rahmen seiner humanitären Arbeit betreibt der SSV in Flensburg, Schleswig, Eckernförde und Rendsburg Rentnerwohnheime mit zusammen über 100 Wohnungen. Und seit 1990 gibt es in Dannewerk bei Schleswig ein kleines Museum, dessen Sammlungen und Ausstellung die wechselvolle Geschichte des über 1 200 Jahre alten dänischen Grenzwalls „Danevirke" sichtbar machen.

Der Südschleswigsche Wählerverband (SSW) mit über 5 000 Mitgliedern ist die politische Vertretung der Minderheit. Bis 1955 war er mehr oder weniger eine Partei, die die Wiedervereinigung Südschleswigs mit Dänemark anstrebte. Doch seit 1968 ist der SSW eine Minderheiten- und Regionalpartei, die in staatsbürgerlicher Mitverantwortung konstruktiv an der demokratischen Gestaltung Schleswig-Holsteins mitarbeitet. Seit der Landtagswahl 1996 entsendet der SSW zwei Vertreter (vorher einen) in den schleswig-holsteinischen Landtag und über 100 Vertreter in die Kommunalparlamente in Schleswig. In Flensburg ist der SSW die drittstärkste Fraktion der Ratsversammlung.

Der dänische Schulverein für Südschleswig verfügt zur Zeit über 61 Kindergärten und 53 Schulen, unter diesen ein Gymnasium und vier Realschulen, mit zusammen über 2 000 Kindern und 5 500 Schülern. Durchschnittlich 9 Prozent aller Schulanfänger in Südschleswig werden jährlich für die dänische Schule angemeldet. Die Unterrichtssprache ist Dänisch, und es werden überwiegend dänische Lehrbücher benutzt. Die Schulen sind der Aufsicht des Kultusministers in Kiel unterstellt. Durch die Lehrpläne muß gewährleistet sein, daß die Schüler die gleichen Unterrichtsziele erreichen wie die Schüler der entsprechenden deutschen Schulen. Die Abschlußzeugnisse sind denen der deutschen gleichwertig, und das Abitur des Gymnasiums „Duborg-Skole" berechtigt zum Studium in Deutschland und in Dänemark. 1994 betrug der finanzielle Zuschuß der Landesregierung zur dänischen Schularbeit 48,4 Millionen DM (46 Prozent), der des dänischen Staates 47,7 Millionen DM (45,4 Prozent).

Es könnte noch über die Jugendvereine mit über 12 000 Mitgliedern berichtet werden oder über die dänische Zentralbibliothek in Flensburg mit fast 600 000 Ausleihen, ein Archiv der Minderheit und eine Forschungsabteilung, oder über die dänische Kirche in Südschleswig mit ihren etwa 7 000 Mitgliedern. Andere nennenswerte Einrichtungen wären noch der Dänische Gesundheitsdienst, der eigene Sozialstationen betreibt und ein Jugendheim besitzt. „Das kleine Theater" mit eigener Bühne in Flensburg führt klassische und moderne dänische Schauspiele und Singspiele auf. „Der dänische Erwachsenenunterricht" und die „Volksuniversität" sind weitere erfolgreiche Einrichtungen.

Das reiche Kulturangebot der dänischen Minderheit gehört heute zur schleswigschen Kulturlandschaft. Frühere nationale Gegensätze sind durch gute Nachbarschaft abgelöst. Südlich und auch nördlich der deutsch-dänischen Staatsgrenze hat der friedliche kulturelle Wettstreit den Schulen, Bibliotheken, allen kulturellen und sozialen Einrichtungen einen für staatliche Randgebiete besonders hohen Standard beschert. Die Minderheit wird nicht mehr als Fremdkörper, sondern als gegenseitig bereicherndes Element empfunden. Begünstigt wird das positive politische und kulturelle Klima natürlich durch die enge Zusammenarbeit Deutschlands und Dänemarks auf internationaler Ebene und durch die Tatsache, daß in Schleswig nahe verwandte Traditionen und Kulturen aufeinandertreffen. Die kulturelle Vielfalt, das gegenseitige Anerkennen und die unvoreingenommene Teilnahme am Kulturgut des anderen können ein Vorbild für das zukünftige Europa sein.

Köstlich für Kenner: Die Küche im Norden

Jutta Kürtz

Für die kritischen Freßpäpste und die Sternchen-Verteiler der Gastronomieführer-Elite gibt es seit Jahren keinen Zweifel: In Deutschlands Norden wird „ganz oben" am besten gekocht. Ganz oben – das ist Sylt, „die" Insel, hierzulande wohl die beste und elitärste Arena für Küchenkünstler. Jörg Müller in Westerland ist der Star unter ihnen. Seit Jahren gehört er auch bundesweit zu den hochprämierten Spitzenköchen. Das Rezept des Zauberers an Topf und Pfanne: beste Zutaten, unglaubliches Können und unvorstellbare Phantasie. Hinzu gibt er ganz gewiß ein geheimes Quentchen Irgendwas, das dem Gourmet Jörg Müllers Köstlichkeiten nur so auf der Zunge zergehen läßt ...

Aber der Insel-Star ist nicht der einzige, der durch Zungenzeugen-Berichte der norddeutschen Gastronomie Glanzlichter aufsetzt. Mehr als ein Dutzend sehr lobenswerter Küchenmeister haben auf der Insel im nördlichsten Norden mit den Jahren ihre Kritiker-Krönchen gesammelt. Und die Unbestechlichen der Restaurantführer haben einem guten Dutzend Gasthäusern der Insel immer wieder eine „sehr gute Küche" attestiert.

Nun ist Schleswig-Holstein trotz solch erklärter Feinschmecker-Oasen, trotz mancher Highlights im Lande und trotz vielgerühmter gastronomischer Festivals noch kein Mekka für Genußsüchtige, und nicht jedesmal wird ein Mahl ein Augen- und Gaumenschmaus. Leider wird mancher hungrige Herumreisende berichten, daß nicht alle Landgasthöfe zwischen Nord- und Ostsee besondere kulinarische Ansprüche erfüllen, und daß touristische Freßtempel zuweilen doch die Qualität der entsinnlichten Küche von Fast-food-Ketten erreichen ...

Das mag vor allem daran liegen, daß die traditionelle Küche des Landes eigenwillig ist und kaum jemals Wallfahrten der Gourmets verursachte. Im mittleren gastronomischen Angebot Schleswig-Holsteins hat sich daher eine absolut austauschbare, konturenlose Jedermann-Küche breitgemacht – inmitten der Extreme von Top-Gastronomie und vorzüglichen regionalen Spezialitätenrestaurants.

Die Speisen und Köche im Norden hatten es immer schon schwer. Südlich des Schweinebacken-Landes spricht man seit Jahrhunderten abwertend von der deftig-kräftigen, derben norddeutschen Fleisch-Gemüse-Kost. Mancher meint wohl auch heute noch, nördlich der Elbe ernähre man sich nur von labbrigem Labskaus und von anderen eigentümlichen Eintöpfen, von Zusammengekochtem sonderbarster Komposition. „Man" sagt, hier serviere man graue Grützen und schwarze Suppen und „Snuten un Poten" als Leibgericht und verwerte alles, was es im Tier und an seinen Enden gibt. Ins Schreckensbild gehören dann noch fetttriefende Friteusen-Fische und die zu sauer geratenen gebratenen Heringe. Nein, mit solchen Gruselgeschichten läßt sich wahrhaftig kein Feinschmecker in den Norden locken!

Dabei hat die traditionelle Küche durchaus ihren Reiz. Von alters her fußt die heimische Kost – wie sollte es bei ländlicher Nahrung anders sein – auf dem, was Himmel und Erde an Produkten lieferten. Und das war und ist hierzulande eine ganze Menge! Dazu gehörte immer schon der immense Reichtum der Meere, der Seen und Flüsse: Fisch, vor allem Hering und Kabeljau, weil man sie konservieren konnte, und allerlei delikates Seegetier. Dazu gehörten seit je herrliches speckreiches Borstenvieh als der Hauptfleischlieferant und Rind der schmackhaftesten Sorten, Schaf und Lamm von Wiesen und Deichen, Wild aus den Wäldern und vielerlei

Köstlich für Kenner: Die Küche im Norden

Delikatesse aus dem Meer: Von alters her garantiert die Miesmuschel, die kleine Schwester der Auster, ein großes Eßvergnügen.

Geflügel, wildes und gezüchtetes. Feld und Flur, Busch und Baum lieferten kräftiges Gemüse und köstliche Früchte. Das also waren die Geschichten, aus denen norddeutsche Küchenträume wuchsen – und noch wachsen. Man muß nur damit umgehen können.

So, wie die Historie des Landes Schleswig-Holstein eine Sammlung der Geschichten ihrer vielen Regionen ist, so ist auch die Küchen-Geschichte an Nord- und Ostsee und im Land dazwischen von großer Regionalität und unterschiedlichen Geschichten geprägt. Denn nicht nur die Menschen unterschieden sich – auch ihre Lebensformen, der Reichtum oder die Kargheit ihrer Boden- und Küchenschätze und die berufs- und handelsbedingten Einflüsse von außen. Während zum Beispiel die han-

Mit viel Fett in der alten Pfanne gebacken: Förtchen (auch Förn, Futtjes), die wohlschmeckenden kleinen Berliner der Norddeutschen.

delstüchtigen lübschen Hanseaten an der Trave schon im 16. Jahrhundert allerlei Fisch und Fleisch mit importierten Gemüsen und Gewürzen zubereiteten und hinreißend dinierten, sättigte sich der Landmann noch mit Breien, Grützen und Kohl der einfachsten Art. Während man sich zum Beispiel am Gottorfer Hof und auf den Adelsgütern im Ostholsteinischen schon vor Jahrhunderten den Import von französischen Köchen und Köstlichkeiten leistete, griff die Landfrau bis in unser Jahrhundert ganz bescheiden ins Pökelfaß und zu Dörrobst und kochte häufig kindskopfgroße Klöße zum Sattwerden. Noch ein Beispiel: Während man friesische Austern tonnenweise in Tang verpackt bis zum russischen Zarenhof verschiffte – eine Delikatesse, an der sich nicht nur Kaiserin Katharina II. delektierte –, hark-

Brutstätte für Austern: Wie zu Zeiten der Römer werden die köstlichen „Aristokraten des Meeres" auf Bänken im Meer gezogen.

ten friesische Frauen im Watt mühselig Porren mit der Gliep, von Hand gefischte Krabben also, als (einst noch) wohlfeile Speise. Krasse Unterschiede gab es also immer schon: Wohlstand und Welterfahrung bestimmten hier die Speisepläne – Not und die Abhängigkeit von der Natur andernorts die Nahrungsmöglichkeiten. Allen gemeinsam war aber, daß das harte Klima und die Arbeit auf dem Land und an den Küsten nach einer handfesten, kräftigenden Kost verlangten. Das führte zu deftiger Verarbeitung.

Dabei hatte ein jegliches noch seine Zeit. Im frühen Sommer gab's Rhabarber- und Holunderblüten und Erdbeeren, Spargel und neue Kartoffeln sowie alle jungen Gemüse für „Schnüsch" und „Frische Suppen". „Fisch, Förn und Stickelbeermus" (gebratene Flunder zu Förtchen, also der kleinen Berliner-Variante, und Stachelbeerkompott) gehörte in die Gildezeit, in den Frühsommer; auf den Inseln aß man dann den seltenen Suden (Meeresstrandwegerich); viel saftiges Obst brachte Sommergrützen in die Teller. Fliederbeeren und Quitten versüßten den Herbst; der Martinstag versprach die Gans; kalte Tage machten die dorfrunden Schlachtfeste möglich, und Grünkohl für den üppigen Schmaus und Schlehen für den Likör gab's nach dem ersten Frost. Wenn im Frühjahr die Saatkrähen die schwarzglänzenden Schollen bevölkerten, dann lachte des Jägers Herz. Wie im Herbst, wenn das farbenprächtige Federkleid der Fasane mit dem Blätterbunt der Bäume wetteiferte. Oder in kalter Winterszeit, wenn sich die Krammetsvögelscharen in winterkahlen Zweigen durch die roten Beeren pickten. So aß man sich durchs Jahresrund, und jede Köstlichkeit hatte ihre Saison. Kultivierung von Raum und Zeit war das. Hier wie allerorten.

In der ländlichen norddeutschen Küche kochte man alles das zusammen, was man gerade hatte. Fisch und Fleisch, Obst und Gemüse – frisch, wenn die Jahreszeit es erlaubte, konserviert in anderen Zeiten. Das Gesalzene und Gesäuerte, das Gedörrte und Geräucherte – es prägte im eigenwilligen Zusammenspiel die Gerichte im Norden und bestimmt bis heute die typischen Geschmacksrichtungen: Broken söot und söotsuur, die durch Fettes und Geräuchertes aufgebrochene obstige Süße und das versüßte Saure. Im Norden mag man das.

Birnen, Bohnen, Speck, der „gröne Heini", das ist so ein Gericht – von Kennern nur am Ausgang des Sommers zubereitet, wenn der Schinken bis auf den Knochen verzehrt ist, wenn die Bohnen jung und die kleinen Kochbirnen reif sind. Zusammengekochtes auf beste norddeutsche Art. Die gebratene gefüllte Schweinerippe mit der goldglänzenden Schwarte ist ein Festessen – die Tasche gut gestopft mit Brotwürfeln, Apfelstücken und Backpflaumen, gewürzt und gekräutert und dann aufgeschnitten serviert, von buntem Gemüse umgeben. Auch der große Grünkohl ist so ein besonderes Gericht – mit reichlich gepökeltem Fleisch und fetter Schweinebacke gekocht und auf irgendeine Art süß gewürzt oder mit süßen Kartoffeln und dem Zuckertopf auf den Tisch gebracht. Zuweilen gibt es auch zu Fisch Süßes – Fruchtmus zu Bratfisch, süße Senfsauce zum Angeldorsch. Die inhaltsschwere Holsteiner Aalsuppe schmeckt erst richtig, wenn sie mit viel Fett und viel Gemüse und dreierlei Dörrobst gekocht wird. Gänsekeulen brät man süßsauer. Zum mächtigen Mehlbeutel aus dem Tuch und dem „Großen Hans", der Mehlspeise aus der Zapfenform, gehören außer fetter Schweinebacke fruchtige Saucen oder Kompott.

Mag sein: Alles dieses ist das, was man(cher) nur zuweilen noch zu Hause ißt. Aber regionale Häuser mit hervorragender Hausmannskost gibt es überall im Lande. Und vieles findet man in veränderter Form auch bei den Küchenstars wieder. Denn die reiche Vielfalt der bodenständigen häuslichen Kost hat in den letzten Jahren auch im Norden die Köche inspiriert. Wie schon bei den uralten Ägyptern die Männer die Alltagsrezepte der Frauen übernommen und für die höfische Kochkunst umgeformt haben und noch vor einem Jahrhundert der wegweisende französische Meisterkoch Escoffier auf Traditionen aufbauend Neues im Kulinarischen bewegt hat, so ist auch in diesem Lande nach mancher „Mode" die Wiederbelebung des Tradierten mit neuen küchentechnischen Erkenntnissen und Verfahren die bestgeübte Praxis.

Auch wenn man keine Stare oder Wacholderdrosseln mehr schießt, Früchte nicht mehr nur aus dem Garten holt und das Vieh nicht von der eigenen Weide, so sind doch wie früher vielfältige und qualitätvolle Produkte die Voraussetzung für eine gute Küche. Der Nordmensch liebt immer noch sein gutes Stück Fleisch – am liebsten den festlichen Doppelbraten von Schwein und Rind (mit reichlich Sauce – aber die darf heute „leicht" sein …). Er liebt Deftiges wie das gute alte Rübenallerlei (nun zu Mus oder zarter Gemüsevielfalt verwandelt), und mag Löwenzahn oder Brennessel wie früher schon (heute in vollwertigem Salat oder samtenen Süppchen). Die ganze Beerenpracht wird ohnehin immer zu schleckrigen Grützen (oder himmlischen Variationen). Viel Beispielhaftes gäbe es da.

Lange ließe sich so in Gedanken durch Gestriges und Heutiges hindurchschmausen. Man muß es nur mögen.

Gäbe es in der Bundeshauptstadt ein Kabinett samt Kopf aus dem Norden, so würde man vielleicht für die nordfriesische Saumagen-Variante schwärmen, nämlich die „Saure Rolle", und dann wären wohl von Aal bis Zander, von Dickmusik bis Lübecker National und Weinsuppe alle norddeutschen Spezialitäten in aller Munde. So aber wird die Vielfalt der Küche des Landes – das Weißt-du-noch-Gestrige ebenso wie die köstliche Cuisine d'auteur der großen Küchen-Kompositeure – wohl leider weiterhin ein Mauerblümchen bleiben, dessen eigentlichen Wert nur die hartgesottenen Nordlichter und die Kenner unter den Zugereisten erschmecken.

Für viele das Beste vom Schwein: mildgeräucherter Schinken, im Norden eine Spezialität mit großer Tradition. Bei der Riechprobe wird die Reife des Schinkens geprüft.

Das Angebot ist vielfältig: Feste und Brauchformen in Schleswig-Holstein

Nils Hansen/Kai Detlev Sievers

Das Feiern eines Geburtstages oder eines Richtfestes, das Aufstellen eines Weihnachtsbaumes, das Freisprechen von Handwerkslehrlingen, Erntefeste, Vereinsfeiern – das alles sind Brauchformen, trotz aller Unterschiede. Vordergründig scheint klar zu sein, was mit Bräuchen gemeint ist: Es sind liebgewordene, meist seit langer Zeit bestehende Gewohnheiten, die Menschen zu bestimmten Anlässen zusammenführen. Daran ist manches richtig, aber Wesentliches bleibt doch außer acht. So werden Bräuche nicht beliebig und spontan ausgeübt, sondern regelmäßig, wiederkehrend und nach einem festen Schema. Sie werden von bestimmten Gruppen veranstaltet, deren Teilnehmer spezifische Rollen übernehmen, und sie treten oft durch bestimmte „Zeichen" in Erscheinung. Das können Kostüme, Fahnen und Musikinstrumente sein, aber auch Umzüge, Aufmärsche, Formationsbildungen und ebenso Gestik, Mimik, Sprechformeln, Tänze und Lieder, Speis und Trank. Bräuche dienen zur Gliederung der Zeit, sie markieren – früher noch mehr als heute – den Rhythmus von Arbeit und Freizeit, und ihr Sinn liegt in der Pflege zwischenmenschlicher Kontakte. Sie binden den Menschen in den Jahres- und Lebenslauf ein und ermöglichen ihm, im Zusammensein mit anderen Freude oder Trauer auszudrücken, gegen soziale Mißstände zu protestieren oder Übereinstimmung mit den Werten einer Gesellschaft zu bekunden. So können sie ihm helfen, sein Leben zu bewältigen.

Bräuche gehen auf religiöse, politische, wirtschaftliche oder gesellschaftliche Bedürfnisse und Bestrebungen zurück. Das Sternsingen beispielsweise war ein religiös motivierter, sozial bedingter Bettelbrauch verarmter Erwachsener zur Adventszeit. Er wird seit dem 19. Jahrhundert aber fast nur noch von Kindern ausgeübt. Als sogenannter Heischebrauch entstand das Sternsingen in den Unterschichten der Bevölkerung. Andere Bräuche wurden dagegen in den Oberschichten entwickelt. Das in Schleswig-Holstein verbreitete Ringreiten zum Beispiel entstammt dem adligen Turnierreiten. Bräuche werden aber nicht nur aus einer Sozialschicht in die andere übernommen, sondern breiten sich auch geographisch über weite Gebiete aus. Ein gutes Beispiel dafür ist der Adventskranz. Am Ende des 19. Jahrhunderts im Rauhen Haus in Hamburg, der 1833 gegründeten Fürsorgeeinrichtung für Jugendliche, entstanden, wurde er nach dem Ersten Weltkrieg in anderen Teilen Deutschlands populär. Heute ist er auch in katholischen Gebieten Brauchrequisit der Vorweihnachtszeit.

Die genannten Beispiele deuten zweierlei an: Die meisten Brauchformen in Schleswig-Holstein sind nicht „uralt", sondern stammen aus dem vorigen oder erst aus diesem Jahrhundert, und sie sind nicht nur in Schleswig-Holstein zu finden. Zwar gibt es ortsübliche Ausprägungen, aber entsprechende Bräuche existieren in aller Regel auch in anderen Landschaften. Wenn überhaupt etwas „typisch" für Schleswig-Holstein ist, dann vielleicht die Tatsache, daß religiöse Bräuche im Vergleich zu katholischen Gebieten fast keine Rolle spielen. Aber das gilt auch für andere protestantische Gegenden. Am deutlichsten treten Bräuche im Rahmen von Festveranstaltungen in Erscheinung. Sie sind Höhepunkte im menschlichen Leben und schaffen nicht nur die Möglichkeit, den Zwängen der Gegenwart für eine kurze Zeit zu entgehen, sondern können sogar die geltende Ordnung auf den Kopf stellen, wie etwa beim Karneval. Die Last des Alltags wird wenigstens vorübergehend aufgehoben, und Arbeit und Mühe, Zwänge und Sorgen, Angst und Verzweiflung treten in den Hintergrund. Feste sind daher befreiende, entlastende Ausnahmesituationen und als solche für das Funktionieren einer Gesellschaft gar nicht hoch genug einzuschätzen. Andererseits dienen sie auch zur sozialen Kontrolle: Wer nicht oder nicht in der üblichen Weise mitmacht, wird schnell zum Außenseiter.

Selbstverständlich gibt es auch noch andere Bräuche: im Berufsleben beispielsweise verschiedene Formen von Arbeitsabschlußfeiern oder den nach bestimmten Regeln ablaufenden Betriebsausflug. Auch im Freizeitbereich haben sich in Familien und Freundeskreisen bestimmte Traditionen entwickelt. Aber das sind eher Gewohnheiten, die stark von individuellen Vorgaben geprägt und ganz gewiß nicht nur hierzulande verbreitet sind. Bleiben wir also bei den Festen und ihren Brauchformen, von denen einige Beispiele, wie es sie noch heute in Schleswig-Holstein gibt, vorgestellt werden sollen.

Feste im Lebenslauf

Die klassischen Festtermine im Lebenslauf des Menschen sind Geburt/Taufe, Kommunion/Konfirmation, Hochzeit und Beerdigung, aber heute kommen wir damit nicht mehr aus. Einschulung, Schulabschluß, Antritt des Ruhestandes, Hochzeitsjubiläen und anderes mehr werden ebenfalls gefeiert, und die Geburtstagsfeier wird deutlich höher bewertet als in früheren Zeiten. Über rund 300 Jahre hinweg, vom 16. bis ins 19. Jahrhundert hinein, ist den Menschen in Schleswig-Holstein immer wieder von den Obrigkeiten untersagt worden, allzu ausschweifende Feste zu feiern. Die Anzahl der Gäste sowie das „Freten un Supen" nahmen überhand bei solchen Anlässen, und häufig kam es zu Streitereien und Handgreiflichkeiten. Aber die Menschen ließen sich die Verbote nicht ohne weiteres gefallen. Wer ein großes Fest ausrichtete, zeigte damit, daß er sich etwas leisten konnte, und auf diese Art Repräsentation verzichtete niemand gern. Ein wenig davon hat sich bis heute erhalten. Hochzeiten im bäuerlichen Milieu sind mitunter immer noch große Feiern mit 100, 150 und noch mehr Gästen. Auch an Hochzeitsjubiläen, der Goldenen Hochzeit etwa, und den Feiern „runder" Geburtstage nimmt auf dem Land manchmal das „halbe Dorf" teil. Der Grund dafür liegt in den oft recht engen nachbarschaftlichen Beziehungen, wie es sie in den Städten seltener gibt. Im übrigen aber ist zum Beispiel eine Hochzeitsfeier hier wie dort nicht mehr unbedingt selbstverständlich, denn unter den jüngeren Leuten legen manche nicht mehr so viel Wert darauf.

Ein wichtiges Fest ist noch immer die Konfirmation, obwohl von ihrer früheren Bedeutung einiges verlorengegangen ist. Neben ihrer kirchlich-religiösen Funktion markierte die Konfirmation nämlich den Übergang vom Schulleben in ein Lehr- oder Dienstverhältnis. Davon kann heute keine Rede mehr sein, denn Schulabschluß, Ausbildungsbeginn und Kon-

Das Biikenbrennen am Abend des 21. Februar ist in Nordfriesland eines der traditionellen Feste im Jahreslauf. Ursprünglich wohl Signalfeuer für die Versammlung der „freien Friesen", war es seit dem 17. Jahrhundert Abschiedsfeuer für die auf Walfang gehenden Männer. Heute wird es in erster Linie als Volksbelustigung für Einheimische und Touristen veranstaltet.

Das Angebot ist vielfältig: Feste und Brauchformen in Schleswig-Holstein

Eine Hochzeitsfeier um 1900. Das Hochzeitspaar ist gar nicht so leicht zu entdecken: Es sitzt links in der Mitte der langen Tafel. Braut, Bräutigam und fast alle Gäste wirken etwas angestrengt. Sie mußten stillhalten, weil der Fotograf wegen der damals noch umständlichen Fototechnik eine lange Belichtungszeit für die Aufnahme benötigte.

firmation sind völlig voneinander abgekoppelt. Dennoch hat das Konfirmationsfest seit den 1950er Jahren in Folge des gestiegenen Wohlstands an Ausmaß und Intensität gewonnen.

Gleiches gilt für die Geburtstagsfeier. Wer ihre Geschichte verfolgt, stößt auf ein merkwürdiges Phänomen: In der früheren Landessprache Schleswig-Holsteins, dem Niederdeutschen, gibt es anscheinend keine eigene Bezeichnung dafür. Offenbar wurde der Geburtstag nicht so wichtig genommen und ist daher nicht gefeiert worden. Nachdem aber Adel und bürgerliche Schichten im 17. und 18. Jahrhundert damit begonnen hatten, verbreitete sich die Feier langsam in allen Bevölkerungsteilen. Der Durchbruch zur ausgelassenen Geburtstagsparty kam jedoch erst nach dem Zweiten Weltkrieg. Daneben ist es seit den siebziger Jahren bei jüngeren Leuten beliebt, wenn ihr Geburtstag in die Sommermonate fällt und sie direkt an Nord- oder Ostsee wohnen, Strandfeten zu veranstalten. Meist dauern sie bis zum nächsten Morgen, Lagerfeuer und Übernachtung im Schlafsack am Strand inbegriffen.

Jahresfeste

Bei den Jahresfesten denken wir meist nur an die „großen" Termine wie Weihnachten, Ostern und Pfingsten. Schleswig-Holstein hat aber einige lokale und regionale Besonderheiten zu bieten, von denen drei vorgestellt werden sollen: das Rummelpottlaufen, die Lichtmeßwette in Heiligenhafen und das Biikenbrennen in Nordfriesland.

Das Rummelpottlaufen gehört zu den Heische-, also den Bettelbräuchen und wird in der Weihnachtszeit von Kindern in meist abenteuerlicher Maskerade veranstaltet. Der Name ist von dem typischen Begleitinstrument abgeleitet: Es ist ein Topf (niederdeutsch: Pott), früher mit einer Schweinsblase, heute eher mit einer Folie bespannt, durch die ein Stöckchen gesteckt wird. Durch Bewegungen wird damit ein dumpfes, „rummelndes" Geräusch erzeugt, daher Rummelpott. Die Kinder ziehen damit von Haus zu Haus, singen ein Weihnachts- oder ein Bettellied, mit dem sie um kleine Geschenke bitten. Der Brauch ist in Schleswig-Holstein seit etwa 1800 bekannt und mehrmals „totgesagt" worden, nicht zuletzt, weil viele Geistliche und sogenannte bessere Leute die Bettelei als unpassend für die andächtig-stille Weihnachtszeit empfanden und sie daher ablehnten. Aber das Rummelpottlaufen hat überlebt, auch wenn es selten geworden ist. Früher bot es Kindern aus den untersten Sozialschichten eine der wenigen Chancen, überhaupt Weihnachtsgeschenke zu bekommen. Heute machen sich Mädchen und Jungen eher einen Jux daraus, und statt Äpfeln und Nüssen nehmen sie als kleine Gabe lieber Geld.

Ein Spaß, der zur Förderung des Fremdenverkehrs beitragen soll, ist die Lichtmeßwette in Heiligenhafen. Seit den 1970er Jahren wird sie jeweils am 2. Februar, dem Tag Mariä Lichtmeß, veranstaltet. Das Wort Lichtmeß kommt nicht von „messen", sondern von „Messe", meinte also ursprünglich wohl eine Kerzenmesse beziehungsweise Kerzenfeier. In Heiligenhafen aber wird augenzwinkernd das Licht gemessen, und zwar in Verbindung mit einer Wette: „Wenn Lichtmeß mittags zwischen zwölf und eins die Sonne so lange scheint, wie ein Reiter braucht, um sein Pferd zu satteln, wird der Fehmarnsund diesen Winter noch zufrieren." Stimmt's oder stimmt's nicht? Das ist die Frage, auf die das Publikum hin seine Wettscheine ausfüllt, ohne Risiko übrigens, weil keine Einsätze verlangt werden. Auf Kommando werden dann einige Pferde gesattelt, wobei die ganze Aktion nicht unbedingt ernst gemeint ist. Um den 1. April herum werden schließlich die Wettscheine ausgewertet und Gewinner ausgelost.

Eine vergnügliche Angelegenheit ist auch das Biikenbrennen in Nordfriesland, vor allem auf den Inseln, am Abend vor dem Petritag, dem 22. Februar. Große Feuer werden angezündet, Fackelzüge, Musik und Ansprachen sowie Punsch- und Schnapsrunden gehören dazu. Anschließend folgt meist ein Grünkohlessen. Das Biikenbrennen wird zum ersten Mal im 17. Jahrhundert erwähnt. Es hat wohl im Mittelalter als Signalfeuer für die Zusammenkunft der nach Landesrecht „freien Friesen" gedient, wenn sie sich im Frühjahr versammelten. Seit dem 17. Jahrhundert war es Abschiedsfeuer für diejenigen Männer und Jungen, die am Petritag Nordfriesland verließen, um auf Walfang zu gehen. Heute ist das Biikenbrennen als Volksbelustigung eine Touristenattraktion, wird gelegentlich aber auch gern als Zeichen für „Friesentum" propagiert.

Anlaßgebundene Feste

So wichtig geregelte und fixierte Termine für Feste sind, so sind sie doch nicht unbedingt notwendig. Es werden ja nicht nur etwa von Kirche oder Staat vorgegebene sowie regelmäßige und wiederkehrende Festtage im Lebens- und Jahreslauf gefeiert, sondern auch andere Tage und Ereignisse, die sich als Höhepunkte mit einer gewissen Eigendynamik aus der Lebenspraxis ergeben. Diese Feste entwickeln sich zu bestimmten Anlässen sozusagen aus dem Alltag heraus, werden im Lauf der Jahre zur Tradition und bekommen einen fast gewohnheitsrechtlichen Charakter. Ein gutes Beispiel dafür ist das Richtfest beim Hausbau. Es ist nicht an einen bestimmten oder sogar wiederkehrenden Termin gebunden, sondern allein abhängig vom jeweiligen Bauvorhaben. Seine Tradition reicht in Schleswig-Holstein zumindest bis ins späte Mittelalter zurück. Und der gewohnheitsrechtliche Anspruch des Richtfestes wird spätestens dann klar, wenn der Bauherr es nicht feiert: Mögen Verwandte und Nachbarn vielleicht noch Verständnis dafür haben, die beteiligten Handwerker jedoch werden ihm deutlich zu verstehen geben, daß ein Richtfest mit Richtkrone, Richtspruch und Richtschnaps sowie Speis und Trank stattzufinden hat, und zwar ohne jedes Wenn und Aber.

Der Dachstuhl ist aufgerichtet: Zum Richtfest, hier ein Foto aus den Jahren um 1900, gehören Bier und „ein Schluck aus der Pulle", wie es der Mann auf der Leiter anzudeuten scheint.

Die „Lustige Person" bei der Schipperhöge in Lauenburg ist ein Nachfahre der in früheren Jahrhunderten auf vielen Festen auftretenden Spaßmacher. Als Redner und Sänger haben sie aber nicht nur Witze gerissen, sondern auch manche Kritik an den zeitgenössischen Zuständen geübt.

Warum gerade dieses Beispiel für Schleswig-Holstein genannt wird? Aus zwei Gründen: Erstens ist das Richtfest hier ein kräftig lebender Brauch, und zweitens ist die Richtkrone ein echter „Exportschlager", der sich von Norden her allmählich auch in anderen Teilen Deutschlands verbreitet hat.

Berufsfeste

Jedem Verein sein Fest, das gilt auch für Berufsverbände. Vielleicht sogar in ganz besonderem Maß, denn Berufsfeste sollen nicht nur der Geselligkeit dienen, sondern den Zusammenhalt unter den Kolleginnen und Kollegen nachhaltig stärken. In früheren Zeiten hieß das Stichwort für diese Verbände fast immer „soziale Absicherung". Kranken-, Unfall-, Renten- und Pflegeversicherungspflicht sind schließlich erst seit rund 100 Jahren nach und nach eingeführt worden. Zuvor mußten sich die Mitglieder eines Berufsstandes selbst helfen. So auch in der Stadt Lauenburg an der Elbe, wo als eines der ältesten Berufsfeste in Schleswig-Holstein die Höge (niederdeutsch = Fest) der Schifferbrüderschaft gefeiert wird. Nach dem Vorbild der Handwerkerzünfte entstand diese Vereinigung im Jahr 1635 als Zusammenschluß der im Warentransport auf der Elbe und dem nach Lübeck führenden Stecknitzkanal tätigen Schiffer. Ihre Hauptfunktion war die einer Sterbe- und Unterstützungskasse für ihre Mitglieder, aber es ging auch um die Pflege der Geselligkeit. Dem zuletzt genannten Zweck wird noch heute mit der Schipperhöge kräftig gefrönt. Am zweiten Wochenende im Januar versammelt sich die Brüderschaft zu ihrem Jahrestreffen, regelt ihre Vereinsangelegenheiten, veranstaltet Umzüge durch die Stadt, lädt zu Kindertanz und zwei Festbällen für die Erwachsenen ein und beendet die Höge am Sonntag mit einem Katerfrühstück des Vorstandes. Bei allem Vergnügen gibt es doch einige strenge Regeln: Zum Festball am Freitagabend gehören Umtrunk und Trinksprüche auf die Schiffahrt, den Handel, die Stadt Lauenburg und so weiter; auf der Hauptversammlung darf, während die sogenannte Lade mit den Insignien und Unterlagen der Brüderschaft geöffnet ist, weder geraucht, getrunken noch eine Kopfbedeckung getragen werden; beim Festzug am Sonnabendnachmittag tragen die Schifferbrüder traditionell dunklen Anzug und Zylinder.

Eine der zentralen Figuren der Schipperhöge ist die „Lustige Person". Mit Gesichtsmaske und einem Lumpenkostüm verkleidet, zieht sie am Freitag und Sonnabend mit einem Kinderschwarm durch die Stadt, wobei Süßigkeiten an die Mädchen und Jungen verteilt werden, und sie führt den Festzug der Schifferbrüder am Sonnabendnachmittag an. Solche Narrengestalten, die wir heute vor allem aus der west- und süddeutschen Fastnacht beziehungsweise vom Karneval her kennen, waren ursprünglich auch in Norddeutschland bei vielen Festen dabei, nicht nur als harmlose Spaßmacher, sondern zugleich als Redner und Sänger, die mit ihren kritischen Texten den Menschen einen Spiegel vorhielten. Besonders beliebt aber waren solche Figuren, weil sie fast immer auch die Obrigkeiten „veräppelten". Kleine Anspielungen genügten schon. So dient etwa der Stab, den die „Lustige Person" in Lauenburg mit sich führt, die sogenannte Pritsche, in diesem Zusammenhang dazu, das hoheitliche Zepter, mit dem sich Fürsten so gern schmückten, lächerlich zu machen.

Dörfliche Feste

Schleswig-Holsteins Siedlungsstruktur entsprechend gibt es zahlreiche ländliche Feste. In ihrer Gestaltung unterscheiden sie sich heute oft nur wenig von städtischen Festen, aber es gibt doch immer noch eine ganze Anzahl, die ihren eigentümlichen Charakter bewahrt haben. Dazu gehört das Buerreeken (Bauerschaftsabrechnung) am Sonnabend vor Rosenmontag in der Dithmarscher Gemeinde Ostrohe. Den Anlaß dazu gibt die Versteigerung von gemeindlichen Wegerändern, die in früheren Zeiten von Tagelöhnern zur Grasnutzung, beispielsweise für die Ziegenfütterung, gepachtet wurden. Der Erlös wurde jährlich abgerechnet und von den Bauern verzehrt. Heute ist das Buerreeken ein allgemeines Dorffest. Man kommt am frühen Nachmittag in der Gaststätte bei Kaffee und Heißewecken (Hefegebäck aus Weizenmehl, Butter, Zucker und verschiedenen Gewürzen) zusammen, hört sich vom Bürgermeister einen Rückblick über die kommunalen Probleme des vergangenen Jahres an, läßt sich die Geschichte des Buerreekens ins Gedächtnis rufen und verbringt den Nachmittag bei Klönschnack und Kartenspiel. Dazu wird Teepunsch mit „gelem Köm" (Kümmelschnaps) gereicht. Gegen Abend beginnt die Versteigerung der Wegeränder wie in alter Zeit, nur daß ihre Nutzung nicht mehr ernsthaft in Betracht kommt. In der Regel erbringt die Versteigerung mehr als 1000 DM. Der Betrag muß jedoch erst beim nächsten Buerreeken gezahlt werden, um das Fest zu finanzieren. Den Abschluß bildet ein „Rundstück warm", also getoastetes Weißbrot mit Rinder- oder Schweinebraten und mit heißer Bratensoße übergossen.

Einen ganz anderen Charakter besitzt Brarup-Markt, Schleswig-Holsteins größter ländlicher Jahrmarkt, der vom Freitag vor dem letzten Julisonntag bis zum Dienstag danach in dem Angeliter Kirchdorf Süderbrarup stattfindet und inzwischen bis zu hunderttausend Besucher, darunter viele Urlauber, anzieht. Süderbrarup war im Mittelalter ein Wallfahrtsort, nachdem seine Kirche 1150 dem Apostel Paulus geweiht worden war. Seit 1595 ist ein Pferde- und Krammarkt nachweisbar. Im Lauf der Zeit trat das Marktvergnügen immer mehr in den Vordergrund. Doch stand es nicht an jedem Festtag allen Bevölkerungsschichten offen. Einen Tag reservierten sich die Hofbesitzer, ein anderer wurde den Kindern überlassen, ein dritter den Tagelöhnern und dem Gesinde. Auch für die Eheanbahnung spielte Brarup-Markt eine gewisse Rolle. Heute sind die Angebote der Schausteller und besonders der Tanz- und Schankzelte gefragt. Am Sonntag wird in einem Zelt der Brarup-Gottesdienst mit Taufen und Konfirmation für die Schaustellerfamilien abgehalten. Die wirtschaftliche Bedeutung des Pferdemarktes hat in den letzten Jahren wieder zugenommen.

Städtische Feste

Das größte städtische Fest in Schleswig-Holstein ist die Kieler Woche in der letzten Juniwoche (siehe auch den Beitrag von Alexander Rost, S. 306). Ihre Schwerpunkte liegen heute auf Sport, Kultur und Vergnügen. Ausgangspunkt waren 1882 Segelregatten auf der Kieler Förde, die zu einem internationalen Sportereignis wurden. Schon vor dem Ersten Weltkrieg gehörten Besuche ausländischer Marineeinheiten zum Festgeschehen. Die Kieler Bevölkerung blieb jedoch weitgehend auf die Zuschauerrolle beschränkt. Erst nach dem Zweiten Weltkrieg entwickelte sich die Kieler Woche zu einem Volksfest mit kulinarischen Spezialitäten, einem breitgefächerten kulturellen Programm und vor allem der „Spiellinie" für Kinder an der Uferpromenade.

Ein anderes traditionsreiches städtisches Fest ist das Hahnebier (-bier, niederdeutsch = Fest) der Norder-, Süder- und Östereggen (-egge, niederdeutsch = Ortsteil) in Heide, das an drei aufeinanderfolgenden Montagen während der Fastenzeit stattfindet. Ursprünglich handelt es sich dabei um eine Volksbelustigung, bei der ein lebender, später ein hölzerner Hahn in einer Tonne zwischen zwei Pfähle gehängt wird. Ziel war, die Tonne mit Holzknüppeln solange zu bewerfen, bis sie zertrümmert und der Hahn befreit oder getötet beziehungsweise die hölzerne Nachbildung sichtbar geworden war („Hahn ut de Tünn smieten"). 1841 wurde das Fest zum ersten Mal gefeiert. Heute steht im Mittelpunkt der Veranstaltung ein Boßelwettkampf zwischen der roten und der blauen Partei der Eggenbrüder. Spektakulärer ist jedoch der Hahnebier-Umzug am Nachmittag mit „Marketenderwagen", dann einem Wagen mit Biertonne und buntem hölzernen Hahn obendrauf, Reitern in Hahnebiertracht (schwarzer Anzug, weißes Oberhemd mit weißer Fliege, dunkler halblanger Mantel, schwarze Lederstiefel, weiße Handschuhe und Zylinder) und einer offenen Kutsche für die Ehrenmitglieder. Festteilnehmer sind als „Hahnebierbrüder und -schwestern" alle Verheirateten und die ledigen Heider, die selbständig ein Geschäft führen. Der Umzug endet mit einer Kaffeetafel.

Frunsbeer in Nordhastedt/Dithmarschen. Die beiden Frauen in Tracht halten Grapen (Kochtöpfe) und Kochlöffel in Händen. Denn nach der Überlieferung sollen sie einst eine Räuberbande mit heißem Grützbrei in die Flucht geschlagen haben.

Boßelwettkampf der Eggenbrüder beim Hahnebier in Heide/Dithmarschen. Das 1841 erstmals veranstaltete Fest erhielt seinen Namen nach dem früher üblichen Zielwerfen auf einen lebenden, später hölzernen Hahn.

Ein Ringreiter hat mit seinem kurzen Stecher den Ring getroffen und aus seiner Halterung herausgerissen.

Dort findet auch das sogenannte Kreteln (niederdeutsch = streiten), eine nicht ganz ernst gemeinte Kritik an öffentlichen Angelegenheiten und lokalen Politikern statt. Pflichtsprache ist das Plattdeutsche.

Wettkampfspiele

Agonale Feste, also Wettkampfspiele, gehören zu den meistverbreiteten Bräuchen in Schleswig-Holstein, und das populärste unter diesen Spielen ist hierzulande wohl das Ringreiten in den ländlichen Gemeinden, das erstmals 1650, und zwar für Lunden in Dithmarschen, belegt ist. Es geht auf das antike Quintanastechen zurück, bei dem die römischen Reiterlegionäre im Schlagen und Stechen nach einem Übungspfahl ausgebildet wurden, wie unter anderem Titus Livius (59 v. Chr.–17 n. Chr.) berichtet. Dieses Kampftraining wurde dann im Mittelalter für die ritterlichen Turniere übernommen und schließlich als Ritt mit der Lanze nach einem kleinen aufgehängten Ring zum bevorzugten Reiterspiel des europäischen Adels und Patriziats. Für Schleswig-Holstein dürfte der Gottorfer Hof als Vorbild gewirkt haben.

Heute findet das Ringreiten überall im Land nach ähnlichen Regeln statt. Veranstalter sind Ringreiter- oder Reitsportvereine oder Gemeinden. Die Termine liegen im Mai, Juni und Juli. Teilnehmer sind Männer und Frauen, mit eigenem oder geliehenem Pferd. Die Vereinsmitglieder tragen jeweils einheitliche Kleidung: schwarze Reitkappen oder weiße Mützen, schwarze oder grüne Jacken mit oder ohne blaue Schärpe, weiße oder schwarze Reithosen mit Stiefeln. Geritten wird in Schleswig mit Lanzen unterschiedlicher Länge, in Holstein mit kurzen Stechern. Es gilt, im

Vor dem Kremper Rathaus von 1570 zeigen Fahnenschwenker während des Gildefestes ihre Künste.

Galoppanritt den zwischen zwei Pfählen aufgehängten Ring unterschiedlicher Größe aus der Halterung herauszustechen. Wer die meisten Ringe gestochen hat, wird zum König proklamiert. Wer keinen Ring sticht, ist „Blindstecher", wer aus dem Sattel fällt „Sandreiter". Umzüge der Reiter vor und nach dem Wettkampf und ein abendlicher Ball gehören zum Rahmenprogramm.

Dem agonalen Spiel dienen auch Gildefeste, die vom Frühjahr bis zum Herbst in Schleswig-Holstein auf dem Land wie in der Stadt veranstaltet werden. Gilden (altnordisch gildi = Gelage, Fest, Blutsbrüderschaft) gehen wie Schützenbrüderschaften auf Wehr- und Schutzgemeinschaften, gegenseitige Hilfe bei Krankheiten, Notfällen und Begräbnissen zurück (siehe den Beitrag von Hermann Rossius, S. 312). Die älteste ist die St. Johannis Toten- und Schützengilde zu Oldenburg in Holstein von 1192.

Alle Gildefeste laufen mehr oder minder nach dem gleichen Reglement ab: Die Männer schießen mit der Armbrust oder einer Vorderladerbüchse nach einem hölzernen Vogel auf der Stange, auch Papagoy (Papagei) genannt, oder mit dem Luftgewehr auf Scheiben. König wird, wer den Rest des Rumpfes oder den Kopf des Vogels herunterschießt beziehungsweise die besten Ergebnisse beim Scheibenschießen erzielt. Zum Fest gehören Umzüge mit Musik, Kommerse (Festveranstaltungen mit Ansprachen und Trinksprüchen) und Bälle. Um Mitternacht tanzt man im Landesteil Schleswig um den Gildebaum und holt ihn anschließend ins Festlokal.

Berühmt ist das Gildefest in Krempe, bei dem am frühen Vormittag vor dem alten Rathaus von 1570 das inzwischen international bekannt gewordene Fahnenschwenken stattfindet. Höhepunkt ist dabei, daß unmittelbar nacheinander eine Fahne und eine Zitrone hochgeworfen werden – während die Fahne aufgefangen wird, wird die Südfrucht mit dem Degen halbiert.

Historische Feste

Zu den großen historischen Festen gehört das Lübecker Volks- und Erinnerungsfest. Es beginnt am zweiten Wochenende im Juli und dauert 17 Tage. Sein Ursprung geht auf das Jahr 1848 zurück, als unter dem Eindruck demokratischer Ideen der Gedanke entstand, künftig Bürger aller Sozialschichten in Lübeck am Scheibenschießen zu beteiligen. Nach 1871, in der Zeit des Zweiten Deutschen Kaiserreiches, trat das nationale Denken in den Vordergrund. Das Fest verwandelte sich in eine vaterländische Veranstaltung, die nach der Jahrhundertwende immer mehr in parteipolitische Auseinandersetzungen geriet. Erst nach dem Zweiten Weltkrieg gelang es wieder, dem Volksfestcharakter gerecht zu werden.

Ein besonderer Programmpunkt ist der Festzug, der häufig historische Themen nachbildet. Schon 1898 hatte man damit begonnen, Bilder aus Lübecks Vergangenheit vorzuführen. Der Rückgriff auf die große historische Bedeutung der einst so mächtigen

Hansestadt sollte vom wirtschaftlichen Rückgang ablenken, das Selbstbewußtsein der Bevölkerung stärken und das lokale Sonderbewußtsein betonen. Heute wird dieser Zweck durch die Teilnahme von Handwerkerinnungen, Vereinen sowie Firmen- und Industriegruppen erstrebt, die das moderne Lübeck repräsentieren sollen. Der Festzug beginnt am Sonntagnachmittag vor dem Mühlentor, bewegt sich durch die Innenstadt am Rathaus vorbei und durch das Burgtor hinaus zum Volksfestplatz. Beim Forsthaus Hubertus in Groß Grönau veranstaltet der Lübecker Schützenverein von 1839 sein „Allgemeines Schiebenscheeten", an dem jeder Lübecker vom 18. Lebensjahr an teilnehmen kann. Sieger und Siegerin dürfen sich Volksfestkönig beziehungsweise -königin nennen. Während des Festes findet ein großer Jahrmarkt auf dem Volksfestplatz statt.

Auf eine Besonderheit der schleswig-holsteinischen Geschichte weist der Oeversee-Marsch am 6. Februar hin. An diesem Tag fand bei eisiger Kälte ein verlustreiches Gefecht während des Deutsch-Dänischen Krieges von 1864 zwischen dem mit Preußen verbündeten österreichischen Kontingent des Deutschen Bundes und dänischen Truppen zehn Kilometer südlich von Flensburg statt. Humanitär gesonnene Flensburger Bürger, vor allem Kaufleute und ein Damen-Komitee, begaben sich noch am selben Abend auf das Kampffeld, um die Gefallenen zu bestatten und die Verwundeten zu versorgen. Dieser völkerverbindenden Tat gedenken jährlich 300 bis 400 Flensburger Bürger sowie weitere Teilnehmer aus Schleswig-Holstein, darunter Kabinettsmitglieder der Landesregierung, und aus Nordschleswig/Sønderjylland. Sie treffen sich vormittags am Neumarkt in Flensburg und marschieren dann auf der Bundesstraße 76 nach Oeversee. Dort werden an den Denkmälern für die Gefallenen Kränze niedergelegt. Am Österreicher-Denkmal wird eine Gedenkrede gehalten und das Schleswig-Holstein-Lied gesungen. Anschließend stärken sich die Teilnehmer bei einem gemeinsamen Essen im nahe gelegenen Dorf Tarp. Diese Festveranstaltung ist ein Beitrag zur Aussöhnung der deutschen und dänischen Bevölkerung im schleswigschen Grenzland nach dem Zweiten Weltkrieg.

Die Vielfalt des Angebots

Auf den vorangegangenen Seiten haben wir nur einige wenige Feste und Brauchformen vorgestellt, Typen sozusagen, die allenfalls andeuten können, daß Schleswig-Holstein viel mehr zu bieten hat. Auch einige große und weithin bekannte Veranstaltungen sind nicht näher beschrieben worden – wie etwa der Schleswig-Holstein-Tag (zweiter Junisonntag an wechselnden Orten), der das Heimat- und Landesbewußtsein fördern soll, der Lübecker Weihnachtsmarkt (vom ersten bis zum zweiten Advent) und der Kieler „Umschlag" (letztes Wochenende im Februar), die mit ihrem breiten Waren- und Unterhaltungsangebot großenteils kommerziellen Interessen dienen. Nicht nur bei diesen Festen, sondern ganz allgemein läßt sich feststellen, daß vieles einen folkloristischen Charakter angenommen hat, also mehr oder weniger „nachgemacht" wird zum Wohl von Wirtschaft und Tourismus. Das soll das Vergnügen an den vielen verschiedenen Veranstaltungen nicht verderben, aber ehrlicherweise ist doch darauf hinzuweisen, daß nicht alles so alt und so authentisch ist, wie es auf den ersten Blick wirkt. Es darf jedoch nichts über einen Kamm geschoren werden, denn das Angebot ist groß und vielfältig: Jeder Ort und jeder Verein hat „sein" Fest, und Besucher werden so manches Mal überrascht sein, wie lebendig es dabei im angeblich so unterkühlten Schleswig-Holstein zugeht.

Spiegel deutschen Zeitgeschehens: KYC und Kieler Woche

Alexander Rost

Tausende von Seglern und, längst nicht mehr in Raritätenminderzahl, auch Seglerinnen aus drei Dutzend Nationen in Hunderten von Jollen und Yachten, die je nach Größe und Typ auf verschiedenen Bahnen starten, drum herum eine Armada von Motorbooten mit Funktionären, Zuschauern, Reportern ... „Masse und Klasse", wie es der Kommodore des Kieler Yacht-Clubs (KYC), Otto Schlenzka, einmal formulierte, die vielen auf Bestleistungen erpichten Teilnehmer und die nicht wenigen, die als Landes-, Europa- oder Weltmeister das Maß der Höchstleistung setzen, haben die Kieler Woche zur größten regelmäßigen Segelsportveranstaltung der Welt gemacht.

Zugleich ist sie ein Stadt- und Volksfest, dessen Programm sich von der Straßenfete und von Rock und Pop bis zur Premiere in der Oper und zu den Empfängen von Präsidenten, Ministern und Diplomaten spannt, eine Woche mit Flottenbesuchen und mit Vorträgen und Diskussionen über Krieg, Frieden, Gott und die Wirtschaft, mit Kulturpreisverleihung und mit Platzkonzerten; und wenn auch der Text, den heimische Spötter dem Glockenspiel vom 102 Meter hohen Rathausturm unterlegt haben, „Kiel hat kein Geld, das weiß die Welt", mittlerweile wieder nicht zu überhören ist und der Spaß an der Freud über Bierdosen zu stolpern droht: Die Kieler Woche ist das an Flaggen wie auch sonst bunteste Sommerfest an Deutschlands Wasserkante.

Ein spektakuläres Ereignis war bereits die Wettfahrt am 23. Juli 1882, die als Kieler-Woche-Ursprung gilt, als 19 Yachten, damals sensationell viele, auf der Kieler Förde segelten: Sonderzug aus Hamburg, eine Flottille von Zuschauerdampfern, Menschenmengen am Ufer, stolz wehte Schwarzweißrot. Organisator war der Hamburger Norddeutsche Regatta Verein, unterstützt von der Kaiserlichen Marine. In alljährlicher Wiederholung, alsbald Ende Juni, wenn laut Durchschnitt der Wetterstatistik die meteorologisch günstigsten Bedingungen herrschen, wurde die Kieler Regatta die wichtigste in deutschen Gewässern. 1887 konstituierte sich der Marineregatta-Verein, der auch „zivile Herren" aufnahm. 1891 wurde er zum Kaiserlichen Yacht-Club erhoben, KYC abgekürzt, kennerisch „küz" ausgesprochen. Sein Kommodore war der Kaiser „höchstselbst", Wilhelm II., ein Enthusiast für alles Maritime, der in Berlin einmal auch zur Aufführung des „Fliegenden Holländers" in Admiralsuniform in der Opernloge saß und in Kiel jedenfalls als kenntnisreicher Förderer des Segelns auftrat. 1893 kreuzte er erstmals mit einer eigenen Segelyacht auf. 1894 erhielt das Regattafest die Bezeichnung „Kieler Woche", in Idealkonkurrenz zur „Cowes week" in England, dem Mutterland des Segelsports. 1895, unmittelbar nach den Feierlichkeiten zur Eröffnung des Nord-Ostsee-Kanals, nahmen bereits 50 Yachten aus sechs Nationen teil. In kleineren Booten wie den Drei-Mann-Yachten der 1900 geschaffenen „Sonderklasse" für „Herrensegler", wie man damals die Amateure nannte, begann die Entwicklung des modernen, sich eher international als national orientierenden Segelsports. Im Erscheinungsbild der Kieler Woche aber avancierte das Segeln auch zum Prestigesport des nach See- und Weltmacht strebenden Deutschen Reiches.

Vor der Kulisse immer dickerer Panzerschiffe rauschten immer größere Kutter (einmastig) und Schoner (zweimastig) daher, die größten bedient von 30 und mehr „bezahlten Händen", also Yachtmatrosen, geführt von Profi-Skippern, während

Um eine Ansteuerungstonne auf der Außenförde herum zurück zur Startlinie in der Innenförde führte im Juli 1882 die Regatta, mit der die Geschichte der Kieler Woche begann.

der Eigner und dessen Begleitung sich als „Badegäste" fühlen durften. Die Mitgliederzahl des KYC stieg auf weit über 3 000. Das Klubhaus und den gesamten Klubbürobetrieb finanzierte Friedrich Krupp aus Essen, Deutschlands reichster Industrieller. Am Bierabend in Borby beim Eckernförder Hafen, der noch heute Ziel der Eröffnungswettfahrt zur Kieler Woche ist, prosteten Hoheiten und Exzellenzen, Minister und Diplomaten, Generäle und Generaldirektoren den Seglern zu.

Die Reichskriegshafenstadt Kiel, deren Einwohnerzahl, 1885 rund 50 000, bis 1910 auf mehr als 200 000 schnellte, war eine Woche lang Deutschlands Sommermetropole. Der Kaiser logierte auf seiner Dampfyacht „Hohenzollern". Es wurde politisiert und intrigiert. „Manche Neubesetzungen in höchsten Reichs- und Staatsämtern sind in Kiel beschlossen worden", kommentierte die Kieler Zeitung, und Kiels „frische Seeluft" habe sich „für manche ministerielle Existenzen" wiederholt als „verhängnisvoll" erwiesen.

Die Kieler Woche in Glanz und Gloria der wilhelminischen Ära, mit Staats- und Flottenbesuchen, Salutgeböller und Galabällen und schließlich 500 Yachten auf den Regattabahnen, fand 1914 ein abruptes Ende. Mitten in der Wettfahrt drehte ein Depeschenboot auf die „Meteor" zu, die nagelneue, in wenig mehr als 20 Jahren fünfte Segelyacht des Kaisers. Ein Zigarettenetui wurde hinübergeworfen, darin das Telegramm: Attentat in Sarajevo; Österreich-Ungarns Thronfolger und seine Frau getötet. Auf dem Balkan waren die Schüsse gefallen, die den Ersten Weltkrieg auslösten.

Als einen „trümmerhaften Rest vergangener Größe" beklagte die Lokalzeitung 1920 die erste Kieler

Die Flagge des Kaiserlichen Yacht-Clubs durfte an Stelle der Nationalflagge gesetzt werden. Zur Kieler Woche 1914 machte ein britisches Schlachtschiffgeschwader Besuch auf der Kieler Förde und schoß Kaisersalut, 21 Schuß (rechts). Am letzten Tag jener Kieler Woche fielen in Sarajewo die Pistolenschüsse, die Österreichs Thronfolger töteten und den Ersten Weltkrieg auslösten. Die Kieler Woche fiel bis 1920 aus und noch einmal von 1940 bis 1947.

Woche nach Krieg, Revolution und Versailler Vertrag, der Deutschland verbot, eine Hochseeflotte zu besitzen. Ein Versuch der Stadt, eine Sportwoche mit Fußball, Radrennen, Turnwettbewerben zu veranstalten, war gescheitert. Die 54 kleinen Yachten aus norddeutschen Städten konnten kein Publikumsinteresse wecken. Die riesenhaften Renn- und zugleich Luxusyachten blieben verschwunden, viel zu teuer in einer verarmten Welt; und der Kaiser saß abgedankt im Exil in Holland.

Der Kaiserliche Yacht-Club bestand weiter. Er verlor das Klubhaus, das Teil des Kruppschen Hotels am Fördeufer war; der Essener Konzern mußte das Gebäude verkaufen (das Kieler Institut für Weltwirtschaft zog ein). 1926 wurde die umgebaute Maschinenhalle der Hotelanlage das neue Domizil des KYC. „Im Abglanz alter Zeiten" segelte man weiterhin um „Kaiserpreise"; weiterhin rief man Hurra für „unseren Kommodore". Der innenpolitische Ärger, den der KYC mit monarchistischem Gehabe in der Weimarer Republik erregte, ging so weit, daß der Reichswehrminister aktiven Marineoffizieren die Mitgliedschaft untersagte. Erst die Inflation, dann die Weltwirtschaftskrise überschatteten die Kieler Woche. Die Zahl der teilnehmenden Boote, 1930 auf 117 gestiegen, nahm wieder ab. Doch in neuen Klassen kleiner Jollen und Yachten und im Wettstreit besonders mit Skandinaviern, die 1922 als erste Gäste aus dem Ausland wiederkamen, geriet der Segelsport in eine frische Fortschrittsbrise. In den Olympischen Segelwettfahrten 1936, die zu den Spielen in Berlin auf der Kieler Förde ausgetragen wurden, gewannen die Deutschen im Zwei-Mann-Starboot erstmals eine Olympiagoldmedaille.

Ins Bild der Kieler Woche aber drängte sich mehr und mehr die grelle Überheblichkeit des nationalsozialistischen Regimes. Der KYC durfte seinen Stander, mit schwarzweißrotem Kreuz auf weißem Grund und der Kaiserkrone in der Mitte, noch bis 1937 zeigen; dann wurde der Kaiserliche Yacht-Club mit anderen Vereinen zu einem „Yacht-Club von Deutschland" umfunktioniert. 1939 versammelten sich zur Kieler Woche knapp 300 Jollen und Yachten, die größten der Luftwaffe und der Kriegsmarine.

Dann kenterte sie abermals: Zweiter Weltkrieg, 90 Luftangriffe auf Kiel, 2 600 Tote, 40 000 zerstörte Wohnungen, die Werften verwüstet, die Förde ein Wrackfriedhof.

Die nächste Kieler Woche gab es doppelt. Die eine, die stadtoffizielle, wurde als „Aufbauwoche", Friedenspolitik bekundend, mit kulturellem Programm und einer Wirtschaftsleistungsschau, als Kieler Woche „für alle" im September 1948 ausgerichtet. Die andere hatten die Segler schon zum gewohnten Juni-Termin vorweggenommen, mit etwa 100 Booten in einer zwar nur dreitägigen, aber bemerkenswert nervös endenden Wettfahrtserie: Am letzten Tag, dem 20. Juni, wurde die Währungsreform verkündet. Die D-Mark rollte an; und Kiels tatkräftiger sozialdemokratischer Oberbürgermeister Andreas Gayk fühlte sich in seinem „Aufbau"-Appell für eine ganz neue Kieler Woche ebenso bekräftigt wie Dr. Hans Carl Rüdel, CDU-Politiker und ein Exponent des Kieler Bürgertums, in seinem Beharren darauf, daß die Kieler Woche die ureigene Angelegenheit der Segler sei.

Er war Vorsitzender des 1946 mit Genehmigung der britischen Militärregierung neugegründeten KYC, dessen „K" freilich nicht mehr für „Kaiserlicher", sondern schlicht „Kieler" Yacht-Club steht und dessen sonst unverändertem Stander keine Kaiserkrone ziert. 1949 wurden die Kieler Woche der Stadt und die Kieler Woche der Segler mit 125 Booten zur selben Zeit gefeiert. 1950 war der Streit zwischen Rathaus und Klubhaus beigelegt. Seither gibt's die Kieler Woche, wie sie heute ist: segelsportlich höchstrangig, volksfestrubelig, durchweg von gesellschaftspolitischen Ansprüchen, repräsentativ für deutsche Befindlichkeiten.

An der weißen Mütze das KYC-Emblem, Zigarre schmauchend, ließ sich zum ersten Male seit Kaisers Zeiten in der Kieler Woche 1950 wieder ein Staatsoberhaupt über die Förde skippern, Bundespräsident Heuss; und fast alle seine Nachfolger und schockweise politische, wirtschaftliche und andere Prominenz, wirkliche und vermeintliche, haben sich in der Kieler Woche blicken lassen, von 1955 an auch das Bonner Diplomatische Korps; und als man im Kieler Rathaus begonnen hatte, „kommunale Außenpolitik" zu betreiben, war für die Ministerpräsidenten von Dänemark, Schweden und Norwegen die Kieler Woche Anlaß zu ihren ersten Besuchen im Nachkriegsdeutschland. Und seit die Bundesrepublik eine Marine hat, kommt wieder Flottenbesuch aus dem Ausland, und Marineuniformen mischen sich ins Sporthemdzivil der Bierzeltbummler und unter die Blazer bei Segler-Empfängen.

Im Vorstandszimmer des Kieler Yacht-Clubs hängt weiterhin das Bild des einstigen kaiserlichen Kommodore. An der Wand im Saal, in dem das „Regatta-Essen", gutbürgerlich, ein eher geselliger als angestrengt gesellschaftlicher Höhepunkt der Kieler Woche ist, und in der Halle vor dem angebauten Hotel, keine Luxusherberge, erinnern die Kaiserstandarte, die auf der „Meteor" flatterte, und maritime Gemälde und Souvenirs an eine Tradition des Klubs, ohne peinliches Pathos zu konservieren. Die monarchistisch-politischen Querelen sind verdämmert im Anekdotischen. Mit knapp 1 600 Mitgliedern ist der KYC heute ein Segelverein wie andere auch, als Organisator der Kieler-Woche-Wettfahrten aber heute wie gestern auch der Verein, der mehr als jeder andere in Deutschland für Rang und Reiz des Segelsports zu sorgen hat.

Neue Bootsklassen, bessere Technik, raffiniertere Taktik, gerechtere Regeln ... die Entwicklung des modernen sportlichen Segelns erhielt ihren stärksten Antrieb in Deutschland durch die Kieler Woche; und nir-

Jedes Jahr werden vier schon renommierte und zwei noch unbekannte Grafikdesigner von der Stadt Kiel zum Wettbewerb um das Kieler-Woche-Plakat eingeladen. Bisher haben mehr als 200 aus 16 Nationen teilgenommen. Weltweit gibt es keine international hochangesehene Plakatserie, die so kontinuierlich lange gelaufen ist.

Mit einem Schuß aus der Leuchtpistole werden die Regatten auf Bahnen gestartet, die je nach Windrichtung ausgelegt und mit numerierten Schwimmkörpern markiert sind.
An einer solchen Wendetonne drängeln sich Solings, Drei-Mann-Yachten, die größte olympische Bootsklasse (rechts). Sie sind unter Spinnaker, dem ballonartigen Vorsegel, herangerauscht. Alle olympischen und die wichtigsten nichtolympischen Klassen nehmen an den Kieler-Woche-Wettfahrten teil.

gends sonst finden Regattasegler so gute Vergleichsmöglichkeiten wie auf dem halben Dutzend Kieler Bahnen, die je nach Windrichtung weit vor den Ufern ausgelegt werden: von Wendetonnen markierte „Dreieckkurse", auf denen in ein und derselben Wettfahrt sowohl mit Wind von achtern wie kreuzend gegen den Wind zu segeln ist. Die Wettfahrtleitungen haben neben dem KYC die Mitveranstalter: der Norddeutsche Regatta Verein, der gleichsam Erfinder der Kieler Woche war, der Hamburger Segel-Club und der Berliner Verein Seglerhaus am Wannsee. Zentrum des Regattabetriebs ist der Yacht- und Jollenhafen im Kieler Vorort Schilksee an

Mastenwald im Yachthafen von Kiel-Schilksee. Das Olympia-Zentrum ist Mittel- und Brennpunkt der Kieler Woche auf See – mit Liegeplätzen an den Stegen, Slip-Rampen für kleinere Jollen, Regattabüro, Lokalen, Apartment-Blocks, Hotel und einer Promenade mit Überblick auf den Hafenbetrieb.

der Außenförde, das „Olympia-Zentrum". Seit es für die Olympischen Segelwettfahrten 1972, den zweiten in Kiel, angelegt wurde, mit Hallen, Büros, Hotel, Apartmenthäusern, 20 Autominuten vom KYC-Klubhaus an der Innenförde entfernt, ist Schilksee der Hauptschauplatz der Kieler Woche.

An Land ist die Brise, die das Fest umweht, nicht mehr so frisch wie in den jüngst vergangenen Jahren, als es aus allen Nähten zu platzen drohte. Doch Flaute ist kaum zu befürchten. Auch angesichts der allgemeinen Ebbe in den Kassen ist die Kieler Woche, was sie schon immer war: ein Spiegel deutschen Zeitgeschehens.

Gemeinsam feiern, gegenseitig helfen: Ursprung, Entwicklung und Brauchtum der Gilden

Hermann Rossius

In allen Landesteilen Schleswig-Holsteins hat sich in Jahrhunderten ein reges Gildeleben herausgebildet. Das Wort *Gilde*, althochdeutsch „gelt" oder „Kelt", stammt wahrscheinlich vom altnordischen „Gildi", was Vergeltung, Buße und Opfer bedeutet. Mit Opferbräuchen war bei unseren Altvorderen immer ein Fest verbunden; in übertragener Bedeutung ist Gilde also einfach ein Trinkgelage – auf das Bier wird noch besonders zurückgekommen. Möglich ist jedoch auch die Herkunft des Wortes „Gilde" von „geldan, gyldan", das bedeutet „bezahlen, hergeben", so daß es von der Verpflichtung der Genossen, Beiträge zu leisten, hergeleitet wäre. Eine Gilde ist also eine geschlossene Gesellschaft, die gemeinsam trinkt und schmaust (Gildefrühstück) und zusammen eine gemeinsame Absicht durchsetzen will. Sie hat ideelle und gesellige Merkmale und sichert das Leben der Menschen, indem sie sich gegenseitige Hilfe in allen Lebenslagen gewähren und das Zusammengehörigkeitsgefühl stärken. Unter den Oberbegriff Gilde fallen auch die Schutzgilden, weltliche Gilden, Erwerbsgilden sowie die Handwerks- und Kaufmannsgilden oder Zünfte. Diese sollen jedoch nicht näher erläutert werden, da es sich hierbei um rein berufliche Zusammenschlüsse mit speziellen Bestimmungen handelt. Auf die anderen Gildearten wird im einzelnen eingegangen.

Von Schützengilden gibt es erste glaubwürdige Zeugnisse vom Ende des 13. Jahrhunderts. Die Gilden breiteten sich von Nordfrankreich über Belgien und Holland nach Deutschland aus. Bei uns begegnen wir ihnen zuerst im Rheinland, dann in Mittel-, Nord- und Ostdeutschland. Eine Traditionslinie läßt sich verfolgen vom Rheinland nach Westfalen und weiter nach Schleswig-Holstein; eine zweite über Mecklenburg nach Ostpreußen bis in die baltischen Länder. Eine dritte Linie der Gilde führt über Thüringen nach Sachsen und Schlesien. Erstaunlicherweise haben die Gilden südlich der Mosel und südlich des Mains nicht Fuß gefaßt; dafür sind dort die reinen Schützenvereine in großer Zahl vorhanden.

Die Gilden in Schleswig-Holstein sind nicht als Schutzgilden im Sinne von „schützen oder bewachen" zu verstehen. Mit ihnen wird keine Wehrhaftigkeit bezweckt. Hier besteht ein grundliegender Unterschied zur Geschichte der sogenannten „grünen Gilden", die reine Schützenvereine sind und auf den Zusammenschluß von Männern zurückgehen, die bereit waren, mit der Waffe in der Hand die Städte und deren Bevölkerung wehrhaft zu schützen.

Die Entstehung der Schützengilden hängt eng mit der Entwicklung des Städtewesens zusammen. Die flämischen Städte profitierten schon früh vom aufkommenden Tuchhandel, der ihnen zu einigem Wohlstand verhalf. Die flämischen Textilhändler schlossen sich zu Schutzgemeinschaften zusammen, die dann die ersten Gilden waren. In Schleswig-Holstein entstanden die ersten Schützengilden im 15. Jahrhundert. Schwerpunkte waren Itzehoe, Glückstadt, Krempe und Wilster. Die ersten Gilden waren meistens mit einer Brandversicherung verbunden. Dies bedeutet jedoch gleichzeitig, daß die Mitglieder Hausbesitzer waren und damit nur ein gewisser Teil der Bevölkerung aufgenommen wurde. Im 16. Jahrhundert verlagerten sich die Gilden von der Stadt auf das Land. Die Versicherungen bei den einzelnen Zusammenschlüssen wurden im 18. und 19. Jahrhundert weiter ausgedehnt, um bei Schadens- oder Unglücksfällen gemeinschaftlich helfen zu können. An ein soziales Netz, wie wir es heute kennen, hat damals aber noch niemand gedacht. Die Gilden waren tief im Volk verwurzelt. Bezeichnend dafür ist die Antwort eines schleswig-holsteinischen Kindes im 19. Jahrhundert auf die Frage nach den drei Hauptfesten des Jahres. Es nannte Ostern, das Schützenfest und Weihnachten. Das ist begreiflich, denn das Schützenfest oder Vogelschießen gehört zu den ältesten weltlichen Feiern des Jahres.

Die Gilden in früherer Zeit waren vielfältig und erfüllten ganz unterschiedliche Zwecke. Bei den Totengilden schlossen sich die Interessenten zusammen, um den Angehörigen bei einem Sterbefall in der Familie zu helfen. Es wurden die Träger des Sarges bestimmt oder auch die Pferdegestellung für den Leichenwagen. Ferner mußten alle Mitglieder dem Sarg folgen. Beim anschließenden Leichenschmaus gab es sogar Bestimmungen über das Kartenspielen.

Besonders wichtig für unsere Vorfahren waren die Brandgilden, die bei Bränden die ärgste Not linderten. Hier gab es vielfältige Bestimmungen. Die versicherten Häuser durften nicht unmittelbar nebeneinander liegen, sondern mußten mindestens 30 Meter Abstand haben. Das Risiko war sonst einfach zu groß. Mit dieser Brandversicherung wurde jedoch oft Mißbrauch getrieben. Es gab sogenannte Knechtsgilden für die Dienstknechte, in denen diese ihre sogenannten „Effecten" versicherten, die meistens nicht mehr als zehn Reichstaler wert waren, im Schadensfall jedoch etliche 100 Mark Lübsch, die in Lübeck gebräuchliche Währung, kassierten. Es heißt daher in einer Verordnung, „daß sie oftmals Anlaß geben, aus Gewinnsucht ihres eigenen Wirtes Haus anzuzünden oder wenigstens die Rettung desselben zu verabsäumen". Auch kam es vor, daß Häuser in mehreren Gilden versichert waren, so daß bei einem Schadensfall kräftig abkassiert wurde. Sogar über das Tabakrauchen gab es Bestimmungen, „nach der sich auch die Frauenspersonen bey welchen an einigen Orten das Tobackrauchen gemein ist, zu richten haben". Bevor jedoch ein Abgebrannter die Entschädigung erhielt, mußte er einen Eid leisten, daß er sein Haus nicht selbst angezündet habe.

Die Brandversicherung wurde 1740 in den Herzogtümern aufgelöst. Die Begründung ist aufschlußreich: Die Löschvorrichtungen seien sehr mangelhaft, einige Häuser, wie schon erwähnt, in mehreren Gilden versichert und, man kann es kaum glauben, die Gildefeiern seien zu ausschweifend gewesen. Es ist in dieser Verordnung von Saufen und Schwelgerei die Rede. Das war die Geburtsstunde der Landesbrandkasse.

Eine weitere Gilde für die gesamte Bevölkerung waren die Knochenbruchsgilden, die immer viele Mitglieder hatten. Sie linderten die erste Not bei Knochenbrüchen, je nach der Schwere der Verletzung. Eine Krankenversicherung und ein Krankengeld gab es ja damals nicht.

Der Vollständigkeit halber müssen noch einige Gilden nach ihrer Bestimmung und ihrem Nutzen erwähnt werden. Die älteste Gilde in Schleswig-Holstein ist die erstmals 1192 genannte St. Johannis Toten- und Schützengilde von 1192 e. V. Oldenburg in Holstein. Sie wurde als Zusammenschluß von Geistlichen als Kalande-Bruderschaft, also als Gemeinschaft mit Versammlungen am Ersten jeden Monats (Kalender), gegründet. Bruderschaftliche Gilden, Schützengilden, Vogelgilden, Korngilden, Mobiliengilden, Kuhgilden, Möbelgilden, Schweinegilden, Pferdegilden, Windgilden und Diebstahlsgilden sind weitere Vereinigungen, die als Vorgänger unserer heutigen Versicherungen anzusehen sind. Auf Fehmarn gab es eine Elendengilde, die sich besonders der Armen annahm.

Halsorden des Königs der Ellerbeker Büttgill vun 1666. Die Ellerbeker Büttgill wurde im 17. Jahrhundert als Brandgilde gegründet. Viele Mitglieder waren Fischer. Bei den Gildefesten wurden die Gäste mit gebratenem Butt bewirtet. So entstand der Name, der 1938 in das Vereinsregister eingetragen wurde.

Beim Schützenfest der Gilden ist für das Abschießen des Vogels eine Reihenfolge festgelegt. Für jedes abgeschossene Teil (Zepter, Reichsapfel, Flügel usw.) gibt es als Gewinn einen silbernen Löffel.

Die Pfingstgilden waren und sind zum Teil noch heute in der Probstei (Kreis Plön) vorhanden. Hier ziehen die Gildemitglieder mit dem „Ältermann", dem Gildevorsteher, von Hof zu Hof und werden dort bewirtet.

Heute bestehen in Schleswig-Holstein etwa 700 dieser Zusammenschlüsse, ihre Mitgliederzahl reicht von 100 bis 1 800 Personen. Viele Gilden haben jedoch wegen der veränderten Zeiten die Versicherungsleistungen aufgegeben und sind zu sogenannten Lustgilden geworden. Bei ihnen gab es schon immer eine auf Demokratie basierende Rechtsfindung; sie können daher als frühes Beispiel für demokratisches Gruppenverhalten gelten. Besonders zu erwähnen ist in diesem Zusammenhang, daß der Dorfvorsteher oft auch der „Ältermann" oder „Öllermann" war. Dies geht aus alten Gildebüchern der Ellerbeker Büttgill (Kiel) klar hervor.

Um in eine Gilde aufgenommen zu werden, bedurfte es, wie heute auch noch, eines guten Leumunds und manchmal auch noch mehrerer Bürgen. Es war vielfach Sitte, durch die Ballotage die Aufnahme durch die Mitglieder durchzuführen. Dabei wurden weiße oder schwarze Kugeln in den Hut des Ältermannes, des Ersten Vorsitzenden der Gilde, geworfen; bei Mehrheit der weißen Kugeln war das neue Mitglied akzeptiert. Dies ist ein Beispiel des schon erwähnten demokratischen Gruppenverhaltens.

Das Brauchtum in den Gilden hat eine lange Tradition, ähnelt sich aber bei vielen Gilden. Das hängt damit zusammen, daß die damaligen Landesherren und Behörden die Statuten anerkennen und genehmigen mußten. Dieses Recht besaß zum Beispiel auch die Priorin des Klosters Preetz. Auf die Besetzung der Vorstandsposten wurde dabei besonders geachtet. Dafür erhielten die Gilden aber auch Privilegien durch die Herrschaft. Für den Wein- und Bierausschank wurden keine Steuern erhoben. Waffen und Uniformtragen war erlaubt. Der König der Gilde brauchte ein Jahr keine Abgaben zu entrichten – wie ein echter König, darum wollte es ja jeder einmal werden. Neben den repräsentativen Verpflichtungen ist der König während seines Amtsjahres ein voll stimmberechtigtes Mitglied des Vorstandes. Die hohen Kosten eines Schützenfestes trägt die Gilde. Sie wurden früher oft durch Zuschüsse der Stadt oder des Landesherrn gemildert. Das wäre auch heute noch angebracht. In unserer Zeit muß jedoch für jede einzelne Genehmigung eine Abgabe an die Kommune entrichtet werden.

Das Vogelschießen ist nicht als Waffenübung oder als Vorrecht eines Standes entstanden, sondern hat wohl mit den vorchristlichen Frühjahrsgebräuchen zu tun. In früheren Jahrhunderten war der Papagei der typische Schützenvogel. Gegen Ende der Kreuzzüge im 13. Jahrhundert und mit dem Aufkommen der ersten Schützengilden kam der orientalische Vogel zu uns, und zwar ausgehend von Flandern, das viele Kreuzfahrer stellte. Die Emdener Schützengilde hat noch heute einen Papagei an ihrer Schützenkette. In Dithmarschen gibt es noch eine Papagoyengilde, und die schon genannte St. Johannis Gilde besaß eine Papageienwiese, die als Schießplatz genutzt wurde. In Schleswig-Holstein wird vorwiegend auf den hölzernen „Sächsischen Vogel" geschossen, der den aus Eisenblech gefertigten ablöste. Er heißt so, weil in Sachsen-Thüringen der Vogel eine reichhaltige Ausstattung erhielt, da hier das Holzschnitzgewerbe zu Hause war und ist.

In diesem Zusammenhang darf auf einen im Tower von London ausgestellten Holzvogel hingewiesen werden, der, auf einer Stange befestigt, schon im frühen Mittelalter von Privilegierten bei Turnieren beschossen wurde.

Der Vogel wird zum Schützenfest auf der Vogelstange angebracht – „de Vagel ward to Boom bröcht". Früher war es auch üblich, den Vogel an Windmühlenflügeln oder sogar am Glockenturm der Kirche anzubringen. Was würden heute unsere Pastoren dazu sagen? Den ersten Schuß machte oft der Landesherr, während heute der amtierende König diesen abgibt. Fällt nun der Vogel und steht damit der König fest, erhält er die Königskette und einen Kranz um den Hut. Dieser Brauch leitet sich von den Ritterspielen her, bei denen dem Sieger von einer Jungfrau ein Kranz überreicht wurde. Die Ermittlung der Königin wird meist durch das „Fischwerfen", eine Art Zielwerfen mit einem aus Holz oder Metall geformten Fisch, vorgenommen. Dies wird allerdings unterschiedlich in den Gilden gehandhabt. Ihr Schmuck besteht aus einer Schärpe, dem Königinnenabzeichen und einer Krone mit blau-weiß-roten Bändern.

Die Gebräuche bei den Gildefeiern ähneln sich ebenfalls bei vielen Gilden. Beim Ausmarsch durch die Gemeinde wird die Schleswig-Holstein-Fahne (blau-weiß-rot) vorweg getragen. Diese Farbzusammenstellung der Schleswig-Holstein-Fahne ist in der ersten Hälfte des vorigen Jahrhunderts entstanden. Die Farbe Blau ist dem Wappen des Herzogtums Schleswig entnommen, während die Farben Weiß und Rot aus dem Wappen Holsteins stammen. Die Fahne wurde 1844 zum ersten Mal in Schleswig gezeigt.

Die Aufsicht bei vielen Gilden führt die Achtmannschaft. Der Ausdruck kommt von Achtleute oder Achtmänner. So wurden früher die Schöffen bei Gericht genannt. Durch Aufklopfen mit dem Gildestock oder Gildehammer verkündet der Ältermann Anfang und Ende einer Gilde. Seinem Machtspruch müssen sich alle Gildebrüder beugen, sonst droht eine hohe Buße. Diese Bußen oder Brüche waren meistens in Bier, das Rostocker Bier war dabei das beliebteste, zu begleichen. Jedoch auch saftige Geldstrafen wurden gefordert. Eine besondere Art des Strafens bei einem Gildevergehen ist für die Haseldorfer Marsch belegt: Der Delinquent wurde auf einen Stuhl gesetzt, der an einen eingegrabenen Baum gekettet war. Hier hatte er eine Weile auszuhalten, bis ihm zwei verschlossene Krüge vorgehalten wurden. Der eine war mit Bier, der andere mit Wasser gefüllt. Der Gildebruder durfte dann wählen und mußte das Gewünschte bis zur Neige leeren.

Das Bier hat eine große Rolle im Gildeleben der früheren Zeit gespielt. Ein Paragraph aus einer alten Gilderolle lautet: „Da jemandt auß Frevel, Muthwillen oder Trunkenheit mehr Bier, alß er mit seinem Fuß oder der Handt bedecken kann, ausgießen wirdt, derselbe soll dem Gilde geben zur Strafe 1/2 Tonne Bier. Soll sich ein jeder Gildebruder des unnötigen Schwörens und Fluchens gäntzlich enthalten, auch den Namen des Allerhöchsten Gottes nicht unnützlich mißbrauchen, wer selbiges tut, soll zur Strafe geben 2 Pfund Wachs der Kirche zum Hagen und dem Gilde eine Tonne Bier." Ein weiterer Paragraph besagt: „Soll von dem Gilde-Bier aus dem Gildehause nicht verkauft noch weggeschenket werden, es were denn Sache, daß ein kranker Gildebruder oder -schwester selbiges Bier zu trinken belustigt were. Wer hingegen handelt, der soll zur Strafe geben 1 Mark."

Bei solchen Vorschriften sind große Mengen Bier zusammengekommen, die vertilgt werden mußten.

Die „Schaffer" hatten alle Anschaffungen für die Gildefeier zu tätigen, insbesondere für die Tabakpfeifen und das Gildebier zu sorgen. Am Königstisch hatten sie die Pfeifen zu stopfen und den „Willkomm" (den Pokal) mit Gildebier zu präsentieren. Fremde waren nicht zugelassen. Das weibliche Geschlecht durfte bei einzelnen Gilden am Schießen teilnehmen und war auch noch bei den Gelagen und Festlichkeiten dabei. Auf das Betragen der Gildebrüder gegenüber den Frauen wurde und wird größter Wert gelegt. Das Vogelschießen mit der Gildefeier wird bei einigen Gilden noch heute von der Kanzel abgekündigt. Diese Ankündigung mußte auf Forderung der Obrigkeit früher in der Gilderolle eingetragen sein, sonst wurden die Statuten nicht genehmigt. Die Gilderolle ist ein rollenförmig um einen Stock gewundenes Pergament mit den Statuten.

In der Zeit des Nationalsozialismus wurde der Eintritt der Gilden in den Reichsbund für Leibesübungen bestimmt. Der Ältermann wurde zum Gemeinschaftsführer und hatte allein das Kommando. Etliche Vereine entzogen sich dem durch Satzungsänderung. Nach Ende des Zweiten Weltkriegs verbot die britische Militärregierung alle Gilden. Als erste Gilde Schleswig-Holsteins bekam die Ellerbeker Büttgill vun 1666 e. V. (Kiel) Mitte des Jahres 1946 ihre Wiederzulassung, nachdem der Vorstand sich mit Gildefahne beim zuständigen Besatzungsoffizier zum Rapport einzufinden hatte.

Allen Gilden mit über hundertjähriger Tradition wird vom Land Schleswig-Holstein eine Gildekette mit einer Medaille verliehen. Diese wurde auf Anregung der Ellerbeker Büttgill anläßlich der 300-Jahr-Feier 1966 vom damaligen Ministerpräsidenten Dr. Lemke gestiftet.

Es ist zu hoffen, daß die Gilden ihre Eigenart und besonders die plattdeutsche Sprache bewahren. Dann bleiben sie ein prägender Faktor im schleswig-holsteinischen Leben.

Nach dem Vorbild der Ortschaften in den Niederlanden erfolgte im 17. Jahrhundert durch die aus ihrer Heimat vertriebenen holländischen Remonstranten die Anlage von Friedrichstadt. Auch die Bürgerhäuser mit ihren Treppengiebeln an der Westseite des Marktplatzes lassen die Herkunft der Erbauer erkennen. Wer durch die schachbrettartig angelegten Straßen geht, stößt immer wieder auf die Kanäle der nahen Treene und die sie verbindenden Grachten. Der Mittelburggraben (im Vordergrund) trennt die „Vorderstadt" von der „Hinterstadt". Ein ganz besonderes Erlebnis ist es, im Boot durch einen Wassergarten voller blühender Seerosen zu gleiten.

Traditionsreiche Bauten

Traditionsreiche Bauten

Die Schlei ist die längste, schmalste und flachste Ostseeförde, entstanden in der Weichseleiszeit vor 18 000 bis 12 000 Jahren. Charakteristisch sind die vielen Buchten und Noore sowie die sogenannte Kleine und Große Breite. Der bis nach Schleswig ins Land reichende Meeresarm trennt die Landschaften Angeln und Schwansen voneinander. Malerisch gelegen ist das Schleidorf Sieseby mit hervorragend erhaltenen, reetgedeckten Fachwerkhäusern, die sich im Besitz der herzoglichen Familie zu Schleswig-Holstein-Sonderburg-Glücksburg befinden. Durch liebevolle Pflege trugen die Besitzer und Mieter zum Erhalt der Katen bei. Das am Schleiufer gelegene Unterdorf steht unter Denkmalschutz.

Traditionsreiche Bauten

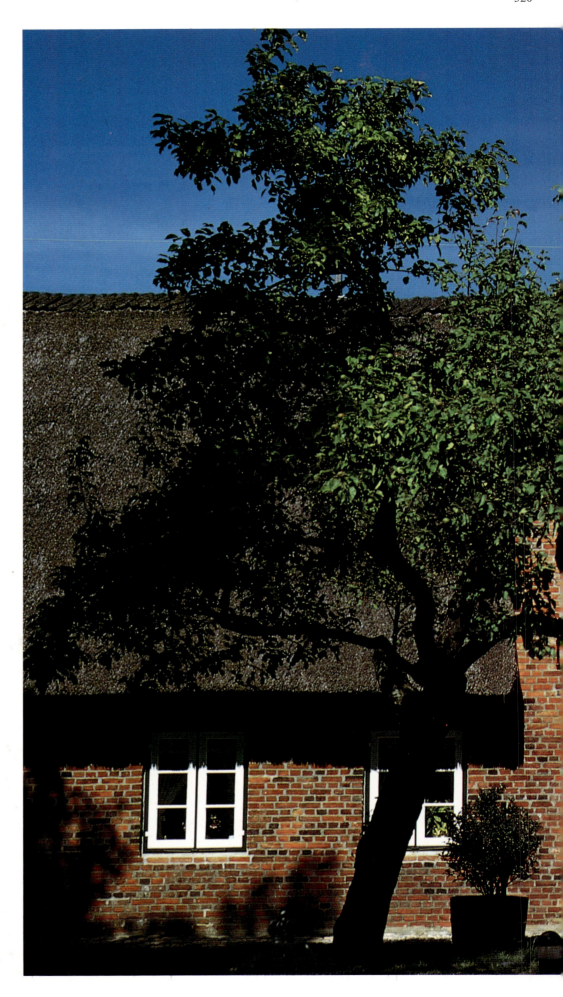

Keitum auf Sylt gilt als Deutschlands schönstes Friesendorf. Seine Häuser stehen zwischen Bäumen auf hohem grünem Kliff und sind im Frühling und Sommer von einer Blütenpracht umgeben. Früher waren die Nordfriesischen Inseln wegen des Windes fast baumlos. Erst im Laufe des 19. Jahrhunderts wurden Bäume gepflanzt, die dem Seewind trotzen konnten. Heute hüllen Ulmen und Pappeln die Höfe und Dörfer ein. Keitum war das Dorf der Kapitäne, welche die „Seefahrt bedankt" hatten und sich stattliche Ruhesitze erbauten. Sie waren durch ihre Walfangreisen reich geworden – viele andere blieben auf See.

Traditionsreiche Bauten

Traditionsreiche Bauten

Das fürstbischöfliche Eutin, einst Weimar des Nordens, ist eingebunden in eine Wald- und Seenlandschaft und bildet das „grüne Herz der Holsteinischen Schweiz". Das Schloß in Eutin ließen sich einst die Lübecker Bischöfe als Landsitz erbauen. Der prunkliebende Fürstbischof Friedrich August und sein Nachfolger Peter Friedrich Ludwig machten Eutin zum Musenhof des Nordens. Sie holten 1770 Johann Gottfried Herder ins Schloß. Von 1782 bis 1802 war Johann Heinrich Voß Rektor der Gelehrtenschule und übersetzte Homer aus dem Griechischen. Als Eutins größter Sohn gilt aber nach wie vor Carl Maria von Weber, der 1786 hier geboren wurde. Aus Anlaß seines 125. Todestages wurden 1951 die vielbesuchten Eutiner Sommerspiele gegründet.

Traditionsreiche Bauten

Lübeck, die Stadt der sieben Türme und der Backsteingotik. Theodor Fontane, der nicht nur durch die Mark Brandenburg reiste, bemerkte dazu: „Die Kirchen sind alle aus Backstein und ihre Thürme haben die Nadel (Zuckerhutsform); diese Übereinstimmung, alles wie aus einem Guß, ist stylvoll." Zwei der sieben Türme gehören der Bürgerkirche St. Marien, die ein Kunstwerk von ganz besonderer Schönheit ist. Ihr Wiederaufbau nach der Zerstörung im Zweiten Weltkrieg dauerte zwölf Jahre. Die beim Brand zerschmetterten Glocken des Südturms blieben als Mahnmal gegen den Krieg so liegen, wie sie sich beim Sturz in den Boden eingegraben hatten.

Traditionsreiche Bauten

Bäuerliches Wohnen: Die Vielfalt der Haus- und Hoflandschaften

Carl Ingwer Johannsen

So unterschiedlich sich in Schleswig-Holstein die naturräumlichen Teillandschaften und die hier lebenden Menschen in ihrer wechselvollen Geschichte zeigen, so vielgestaltig stellen sich die Haus- und Hoflandschaften, Gebiete mit einheitlichen Siedlungs- und Gebäudeformen, dar. Wenn wir auf die Entwicklung unserer Kultur zurückblicken und gleichzeitig die damit verbundenen Veränderungen der Lebensformen der Menschen betrachten, dann erkennen wir, daß sich die Kulturhöhe eines Volkes durchaus auch an seinem Hausbau ablesen läßt. Die steigenden Wohn- und Arbeitsansprüche und die zunehmende Beherrschung von Wissenschaft und Technik führten zu immer aufwendigeren und komplizierteren Bauweisen. Vor allem im nordeuropäischen Raum, wo das rauhe Klima die Menschen zwingt, die überwiegende Zeit im Jahr hinter schützenden Wänden zu verbringen, entwickelte sich eine besonders vielfältige Wohnkultur. Hier forderten die äußeren Bedingungen eine intensive und kluge Auseinandersetzung zwischen den Gegebenheiten der Natur und den Bedürfnissen der Menschen.

Die Vielfalt der Bauernhaustypen in Schleswig-Holstein verdanken wir anregenden Impulsen aus allen Himmelsrichtungen, die in das Brückenland zwischen Zentraleuropa und Skandinavien seit der Vorzeit eingedrungen sind. Die Einflüsse formten eine der abwechslungsreichsten Haus- und Hoflandschaften innerhalb des deutschen Sprachraums. Wie überall bei über Jahrhunderte gewachsener Architektur folgte die Form der Funktion. Die Erfordernisse des Wohnens und Wirtschaftens prägten die überlieferten Hausformen sowie die Zuordnung der einzelnen Hofgebäude untereinander. Folgerichtig führte die Ausrichtung der einzelnen Höfe auch zu landschaftstypischen Dorfformen, wie beispielsweise den Straßen- und Haufendörfern, Rundlingen und Marschenhufendörfern.

In den traditionellen Bauernhäusern fanden ursprünglich alle Funktionen unter einem Dach statt, was diesem Mehrzweckgebäude die konsequente Bezeichnung „Einhaus" einbrachte. Unter dem großen, meist langgestreckten Dach vereint, nahm sich neben den existenznotwendigen großen Ställen und Bergeräumen der Wohnteil dagegen meist bescheiden aus. Beide Lebensbereiche verzahnten sich aber seit jeher aufs engste.

Aus der Fülle unterschiedlicher Haus- und Hofformen treten in Schleswig-Holstein im überlieferten Bauen drei Grundtypen deutlich hervor:

1. das niederdeutsche Fachhallenhaus, überwiegend im holsteinischen Landesteil verbreitet, also in der südlichen Hälfte unseres Landes;
2. das jütische quergeteilte Geesthardenhaus im Landesteil Schleswig, in der nördlichen Landeshälfte;
3. das Gulfhaus als Eiderstedter Haubarg und als Barghaus der Wilstermarsch.

Zu diesen Grundtypen treten noch weitere Sonderformen hinzu, die sich jedoch aus den vorgenannten drei Grundtypen ableiten lassen. Dazu gehören:

– das uthlandfriesische Haus der Inseln und Halligen sowie auf den äußeren niedrigen Küstenstreifen des Festlandes an der Nordsee und

– der Vierseithof, im Raum nördlich von Husum über Niebüll bis Tondern und in dieser Höhe quer bis zur Ostseeküste verbreitet.

Überblicken wir die ca. zweitausendjährige Baugeschichte der friesischen Hausformen, so stand auch in den westlichen Küstenräumen am Anfang ein Fachhaus. Es war verhältnismäßig klein, niedrig, schmal und langgestreckt – ein Einhaus, in dem

Mensch und Vieh in Luft- und Raumgemeinschaft zusammenlebten. Mit größter Wahrscheinlichkeit entsprach dieses Haus der Frühform des niederdeutschen Fachhallenhauses, das volkstümlich „Sachsen-, Altsachsen- oder auch Niedersachsenhaus" genannt wird. Während die friesische Bevölkerung im Existenzkampf mit Ebbe und Flut vollauf gefordert war und vornehmlich Viehhaltung und wenig Ackerbau betrieb, konnten die Niedersachsen und die Holsteiner auf der sicheren Geest ihren Haustyp früher zu einer beachtenswerten Form und Größe entwickeln. Eine besondere Errungenschaft des niederdeutschen Fachhallenhauses ist die befahrbare Längsdiele mit Einlagerungsmöglichkeiten auf dem großen Boden darüber. Die Friesen, deren Landwirtschaft noch keine Erweiterung des Wirtschaftsbereiches erforderte, bauten statt dessen vor allem den Wohnbereich aus. Erst als etwa seit dem 17./18. Jahrhundert die Deiche sicheren Schutz für Haus und Hof boten und sich damit der Ackerbau in der Marsch ausdehnen konnte, veränderte sich auch der Wirtschaftsteil des Friesenhauses.

In West- und Ostfriesland vereinigte man die neben dem ursprünglichen Fachhaus angelegten Scheunen zu einem großen Dachhaus und schuf damit etwa im 17. Jahrhundert das mächtige Gulfhaus. Es fand schnelle Verbreitung, weil es Vorteile bot, etwa die praktische ebenerdige Lagerung der Erntestapel und die damit verbundene leichtere Gefügekonstruktion. Das Gulfhaus verdrängte sogar stellenweise das niederdeutsche Fachhallenhaus und auch das jütische quergeteilte Geesthardenhaus.

Das niederdeutsche Fachhallenhaus

Das niederdeutsche Fachhallenhaus, das als Architekturform von Süden aus in die niederdeutsche Tiefebene eingedrungen ist, findet sich in Schleswig-Holstein etwa bis zur Linie Husum–Kappeln. Der südliche Raum von Nordfriesland und Angeln bildet also die Nordgrenze des großen Verbreitungsgebiets dieses Bauernhaustyps, der, mit Ausnahme der friesischen Hausformen in West- und Ostfriesland, im gesamten niederdeutschen Raum anzutreffen ist. Prähistorische Funde belegen das dreischiffige Fachhallenhaus in stattlichen Abmessungen schon für die Eisenzeit. Der Grundriß läßt sich durch Pfostenlöcher, Wand- und Brandreste des Feuerplatzes rekonstruieren.

Zunächst ist man versucht, auch das niederdeutsche Fachhallenhaus als Typ des Einheitshauses zu bezeichnen, den man auch „Einbau" nennt, weil er alle Funktionen der Wohn-, Stall-, Scheunen- und Speicherbauten unter einem Dach zu vereinen scheint. Aber wie die verschiedenen überlieferten Nebengebäude noch heute beweisen, ist es vom 16. Jahrhundert an kaum als „Einbau" genutzt worden. Wahrscheinlich ist es auch vorher kein reines Einheitshaus gewesen, zumal es erst zum Wohn-Stall-Speicher-Haus vervollständigt wurde, als es die schon erwähnte deckenlastige Lagerungs-

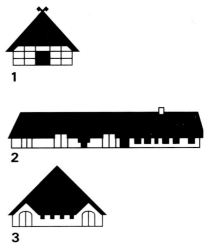

Verbreitung der drei Bauernhaus-Grundtypen Schleswig-Holsteins:
1 ■ Niederdeutsches Fachhallenhaus (Zweiständerhaus)
2 ▨ Jütisches quergeteiltes Geesthardenhaus
3 ▨ Haubarg und Barghus

Das Wohnhaus (1746) und die Scheune (um 1760) des Hofes Bockwoldt aus Teschendorf stammen von der Insel Fehmarn. Heute stehen die Gebäude im Schleswig-Holsteinischen Freilichtmuseum in Molfsee. Im Vordergrund befindet sich ein Taubenhaus. Diese „Taubenpfähle", die als Zweck- und Zierbauten auf größeren Höfen standen, waren typisch für Fehmarn. Der Grundriß eines niederdeutschen Fachhallenhauses zeigt die Diele als Mittelpunkt dieses Haustyps.

möglichkeit durch die Einrichtung des großen Bodens erhielt.

Mit der Bezeichnung „niederdeutsches Fachhallenhaus" wird in der jüngeren Hausforschung das Typische der Dielenhäuser zum Ausdruck gebracht: die aus Flett und Diele (Däl) vereinigte, alles erschließende Halle. Im niederdeutschen Fachhallenhaus ergibt sich die Raumfolge aus Konstruktion und Funktion. Beidseitig der zentralen Futterdiele liegen die Kübbungen (Abseiten) mit den Stallungen in Form von Tiefställen für Rinder und Pferde, die mit dem Kopf zur Diele stehen. Von hier aus entluden die Bauern vom eingefahrenen Erntewagen Heu und Getreide, das durch die Deckenöffnungen auf den Boden gestakt und dort eingelagert wurde. Auf der Diele wurde auch gedroschen. Gegenüber dem Einfahrtstor breitet sich quer zur Längsdiele, gleich einem Querschiff, das Flett aus mit den hellen Anräumen, den seitlichen Luchten, die an einer Seite den Eßplatz und gegenüber an der anderen Seite den Raum für häusliche Arbeiten aufnehmen. Hier bereiteten die Frauen und Mädchen das Essen vor, spülten das Geschirr, wuschen die Wäsche und stellten mit Hilfe eines Butterfasses aus Rahm Butter her. Eine Seitentür bildet die direkte Verbindung zum Waschplatz und zum Hofbrunnen. Eine Pumpe im Haus war die Ausnahme und auf dem Land bis etwa 1800 nur in herrschaftlichen Bauernhäusern zu finden.

Charakteristisch für das Fachhallenhaus ist der Schwibbogenherd an der Rückwand der Diele. Ein Schornstein ist nicht vorhanden, über der offenen Feuerstelle befindet sich lediglich ein bogenförmiger Überbau, der Schwibbogen, zum Abfangen des Funkenflugs. Der Rauch, der durch die Öffnungen im Schwibbogen und dann durch das gesamte Haus zog, trocknete die Erntevorräte auf dem Boden, konservierte das Gebälk der Häuser, hielt Ungeziefer fern und räucherte Fleisch und Wurstwaren, die an der Decke vor dem Herd hingen. Nachteilig wirkte sich der beißende Qualm auf die Gesundheit der Menschen aus, die in diesen Häusern lebten. Entzündete Augen und Erkrankungen der Atemwege waren besonders bei den Frauen, die viel Zeit am Herdfeuer verbrachten, keine Seltenheit. Welche Folgen der Rauch für die Sauberkeit des Kochbereichs in einem Fachhallenhaus hatte, beschreibt sehr anschaulich Franz Rehbein, ein Landarbeiter, der Ende des 19. Jahrhunderts in Schleswig-Holstein gelebt hat: „Die Küche bildet eine Sehenswürdigkeit für sich. Es läßt sich kaum ein Raum voll größerer Kontraste denken als die Küche eines holsteinischen Rauchhauses. Dort, auf den Regalen, sieht man das gesamte Küchengeschirr sauber und blitzblank, Stück für Stück in schönster Ordnung aufgereiht; und hier starren uns Wände und Decke in einem undefinierbaren rußigen Schwarz entgegen, fast wie eine Schmiede. Den Seiten des Herdes bleibt man am besten fern, sonst klebt man gar zu leicht an dem teerigen ‚Soot' fest, der in dickflüssigen Rinnsalen nicht nur das Innere, sondern teilweise auch das Äußere des geräumigen Herdloches bedeckt. Es gehört

Bäuerliches Wohnen: Die Vielfalt der Haus- und Hoflandschaften

Ein Gespräch zwischen Nachbarn um 1900. Dieser „Klönschnack" fand vor der Tür eines quergeteilten Geesthardenhauses statt. Deutlich erkennbar ist der für diese Hausform typische Schornstein.

Eine um 1910 entstandene Innenaufnahme des Hauses Schurbohm aus Großharrie (1817), das jetzt im Freilichtmuseum Molfsee zu besichtigen ist. Früher war dieses niederdeutsche Fachhallenhaus das Räucherhaus, in dem Schinken und Würste für das ganze Dorf geräuchert wurden. Vor dem Schwibbogenherd hingen die Rauchwaren, die durch den Rauch des Herdfeuers haltbar gemacht wurden.

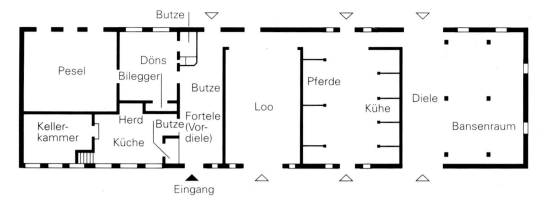

Beim jütischen quergeteilten Geesthardenhaus (Grundriß) erfolgt die Erschließung aller Bereiche von der Traufseite. Das kleine Bild zeigt ein solches quergeteiltes Geesthardenhaus um 1920. Türen und Stalleingänge liegen an der Längsseite, die der Straße zugekehrt ist.

schon die Geschicklichkeit einer holsteinischen Bäuerin oder einer fixen Deern dazu, um bei den vielen Hantierungen in der Küche nicht die Farbe eines Schornsteinfegers anzunehmen."

Im niederdeutschen Fachhallenhaus liegt, wie bei dem abgebildeten Haus Schurbohm aus Großharrie (1817), abgetrennt durch Wände, hinter Diele und Flett das Kammerfach mit den Wohn- und Schlafräumen. Man unterscheidet die unbeheizbare „beste" Stube (Pesel) von der beheizbaren Wohnstube (Döns). In diesem Raum steht ein Bilegger, ein gußeiserner Kastenofen, der als Hinterlader von der hinter der Wand liegenden Kochstelle aus befeuert wird. Bevor das Kammerfach an das ursprüngliche Flettdielenhaus angefügt wurde, spielte sich das gesamte wirtschaftliche und häusliche Leben auf der Diele ab.

Das jütische quergeteilte Geesthardenhaus

Dieser auch cimbrisches Haus genannte Typ ist mit breiter Grenzüberlagerung nördlich des Verbreitungsgebiets der niederdeutschen Fachhallenhausbauweise anzutreffen. Im nordjütländischen Freilichtmuseum Hjerl Hede, nordöstlich von Holstebro, werden Rekonstruktionen von Häusern aus der Stein- und Eisenzeit vorgestellt. Sie zeigen, im Gegensatz zu den mittelängsgeteilten niederdeutschen Fachhallenhäusern, Querteilungen auf. Vordiele, Loo (Dreschdiele), Stall und Scheune gliedern das Geesthardenhaus von Traufseite zu Traufseite quer auf. Das jütische Geesthardenhaus entspricht somit dem mittelschleswigschen quergeteilten Haus. Hier verläuft ebenfalls die schmale Vordiele quer durch das Haus. Sie ist meist mit zwei gegenüberliegenden Außentüren erschlossen und trennt den Wohn- vom Wirtschaftsbereich. Im Wohnteil trennt eine mittlere Längswand den Küchen- und anschließenden Kellerstubenbereich von der Stubenseite.

Im Wohnbereich verteilt sind die Butzen bzw. Alkoven, durch Holztüren oder Vorhänge verschließbare Wandbetten. Diese Betten, die sich in schleswig-holsteinischen Bauernhäusern auch im Wirtschaftsbereich oder in der Diele finden, waren in der Regel ca. 1 Meter breit, 2,30 Meter hoch und nur 1,70 Meter lang. Sie nehmen also wenig Platz ein, speichern durch ihre geschlossene Bauweise die Wärme und bieten einen ruhigen Schlafplatz. Allerdings ist in den licht- und luftarmen Wandbetten das Bettzeug fast immer feucht und klumpig. In den Betten schliefen die Menschen nicht im Liegen, sondern im Sitzen. Zum einen waren die Betten für eine ausgestreckte Schlafhaltung zu kurz. Zum anderen gab es eine alte Redensart, die besagt, daß man im Liegen vom „Gevatter Tod" geholt werden würde. Schon allein deshalb schliefen unsere abergläubischen Vorfahren lieber im Sitzen, besonders wenn sie alt oder krank waren. Außerdem konnte in der sitzenden Schlafstellung die Körperwärme besser „gehalten" werden als im Liegen.

An der anderen Seite der Vordiele folgten die Loo, dann der Stall für Pferde und Kühe und schließlich eine Durchfahrtsdiele mit einem Vierkant als Bansenraum, also Aufbewahrungsort zum Einlagern von Heu und Stroh. Alle Wohn- und Wirtschaftsbereiche werden jeweils durch Türen und Tore von der Traufseite erschlossen. Im Gegen-

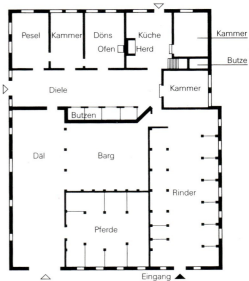

Der „Rote Haubarg" in Witzwort auf der Halbinsel Eiderstedt. Das im Kern aus dem 17. Jahrhundert stammende Gebäude ist einer der stattlichsten der noch erhaltenen Haubarge und wird heute als Museum und Gaststätte genutzt. Um 1900 gab es noch rund 400 Exemplare, deren Zahl sich jedoch ständig verringert. Daneben der Grundriß eines Gulfhauses mit dem zentralen „Barg" als Erntestapelraum.

satz zum niederdeutschen Fachhallenhaus steht im Geesthardenhaus das Vieh mit dem Kopf zur Wand. Den Pferden wird das Kraftfutter häufig in zugemessenen Portionen durch kleine Schiebeluken vorgelegt, die sich in der Trennwand zwischen Loo und Pferdestall befinden.

Das Gulfhaus

In Nordfriesland ist das Gulfhaus vornehmlich als Eiderstedter Haubarg und in der Wilstermarsch als Barghus bekannt. Es weist in Form und Konstruktion eine unübersehbare Verwandtschaft zu den älteren Gulfhäusern in West- und Ostfriesland auf. Siedlungsgeographische Untersuchungen belegen die Ausbreitung nach Eiderstedt und in die Wilstermarsch über die Schiffahrt auf der Nordsee. Das Gulfhaus ist jünger als die beiden vorgenannten Bauernhaustypen, auf holländischen Gemälden und Kupferstichen ist es seit dem 15. Jahrhundert bekannt. Das Gulfhaus verdrängte in der Wilstermarsch um 1450 und danach über Dithmarschen in Eiderstedt etwa um 1450/1500 eine frühere historische Bestandsschicht von jütischen und niederdeutschen Bauformen, die in einigen Relikten noch heute erkennbar sind. Der große Barg, auch Gulf genannt, ein mächtiger Stapelraum im Zentrum des Hauses, läßt sich auf einfache, nahezu quadratische Scheunengebäude (Vierrutenbarg) zurückführen. An den Außenseiten des hohen Bargs angefügt, schmiegen sich ringsherum die Wohnung, der Kuh- und Pferdestall sowie die befahrbare Einfahrtsdiele (Däl). Der gesamte Baukörper steht auf nahezu quadratischem Grundriß, wird also mit einem großen pyramidenähnlichen Dach auf niedrigen Umfassungswänden überdeckt.

In dem hohen Barg des Gulfhauses lagert der Erntestapel, der vom Fußboden (Gulf) bis hoch in den First gestakt wird, während im vorgenannten niederdeutschen Fachhallenhaus die Ernte auf den Böden liegt. Im jütischen quergeteilten Geesthardenhaus wird die Ernte sowohl deckenlastig auf die Böden als auch ebenerdig in den Bansenraum eingebracht. In der Wilstermarsch bieten die großräumigen Gulfhäuser ausreichende Stapelfläche für die erforderliche Rauhfuttermenge in der Viehhaltung, insbesondere für Milchvieh. Auf der Halbinsel Eiderstedt füllen sich die hohen Bansenräume der Gulfhäuser zusätzlich mit ungedroschenen Garben der

Bäuerliches Wohnen: Die Vielfalt der Haus- und Hoflandschaften

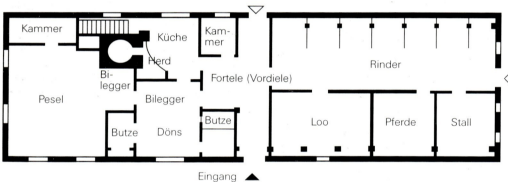

Ein Altfriesisches Haus in Keitum auf Sylt, das als Museum zu besichtigen ist. Typisch für die Friesenhäuser ist ein Giebel über dem Hauseingang. Hier wurde die Ernte eingebracht. Außerdem hält der Giebel bei einem Brand den Weg nach draußen frei: Die brennenden Reetbündel fallen nicht direkt vor die Haustür, sondern rutschen schräg zu den Seiten weg. Der Grundriß eines uthlandfriesischen Hauses verdeutlicht die klare Trennung zwischen Wohn- und Wirtschaftsbereich.

reichen Kornernte, die in früheren Zeiten auf der Däl im Winter mit dem Flegel und ab Anfang dieses Jahrhunderts mit der Dreschmaschine gedroschen wurden.

Auf dem Grundriß des Eiderstedter Haubargs sind an einer Langseite der Diele mehrere hintereinanderliegende Butzen zu erkennen. Hier schliefen, räumlich separiert von der Bauernfamilie, Knechte und Mägde, die früher auf den größeren Bauernstellen Schleswig-Holsteins unentbehrlich waren. Die Lage der Gesindebetten in der unbeheizbaren Diele verdeutlicht eindrucksvoll den untergeordneten Stellenwert der Bediensteten in der Hierarchie der bäuerlichen Hofgemeinschaft. Der Absonderung der Knechte und Mägde im Wohnbereich stand übrigens bis weit ins 19. Jahrhundert das gemeinsame Essen von Herrschaft und Gesinde aus einer Schüssel als eine der üblichen Tischsitten gegenüber. So konnte der am Kopfende der Tafel sitzende Hausherr überwachen, daß maßvoll und nicht zu viel gegessen wurde. Seit etwa 1850 verlor die bäuerliche Tischgemeinschaft dann an Bedeutung. Wenn die Räumlichkeiten vorhanden waren, aßen Gesinde und Herrschaft fortan an zwei verschiedenen Tischen und schließlich auch in unterschiedlichen Räumen.

Das uthlandfriesische Haus

Der Name dieses Bauernhaustyps deutet auf die Herkunft hin. Er besagt, daß es auf den Uthlanden außerhalb des Festlandes heimisch ist, also auf den Inseln und Halligen, wie auch auf dem wassergefährdeten vorgelagerten Küstenstreifen Nordfrieslands.

Dieser Haustyp, eine der erwähnten Sonderformen, zeigt im längserschlossenen Stallbereich und in der Stellung der inneren Hauptständer dicht an den Außenwänden Ähnlichkeiten mit dem niederdeutschen Fachhallenhaus auf. Der Grundriß des Wohnbereichs, einschließlich der quergeteilten Vordiele, läßt sich dagegen mit dem jütischen quergeteilten Haus vergleichen. Die inneren wandnahen Ständer tragen über die Deckenbalken die Hauptdachkonstruktion. Hingegen bilden die niedrigen Außenwände mit den aufgesetzten Aufschieblingen (Opläpers) im unteren Dachbereich nur den äußeren Gebäudeabschluß als eine Regenhaut. Im Falle einer Unterspülung durch mögliche Überschwemmungen oder Verwitterung der in Lehmmaterial errichteten Außenwände hält die innere tragende Ständerkonstruktion weiterhin stand. Darin gleicht dieser Gebäudetyp dem niederdeutschen Fachhallenhaus. Diese Tragweise gehörte zu den Grundbedingungen, um in der niederdeutschen Tiefebene allen Anforderungen von Wind und Wetter widerstehen zu können.

Der Vierseithof

Der Vierseithof, nördlich von Husum über Niebüll bis Tondern und von hier zur Ostküste in Richtung Apenrade verbreitet, gehört neben dem Haubarg zu den stattlichsten Bauernhäusern. Vom ehemaligen Langhaus ausgehend, über die T-, L-, Stufen-Form und die Dreiseithofanlage, stellt der allseitig geschlossene Vierseithof zugleich die Endstufe baulicher Erweiterungen von jütischen quergeteilten Geesthardenhäusern oder auch uthlandfriesischen Bauarten dar. Um den eingefaßten Hofraum der Drei- und Vierseitenanlage gruppieren sich der Wohntrakt sowie der Stall- und Scheunenbereich.

In den meist gepflasterten, leicht trichterförmigen Innenhöfen der Dreiseit- und Vierseithofanlagen sammelte sich das Dachflächenwasser in einem Brunnen, der als Süßwasserspeicher in einer früher von Meerwasser heimgesuchten Marsch bis zur Einführung der zentralen Trinkwasserversorgung zu den lebensnotwendigen Einrichtungen zählte. Genießbar war das Trinkwasser allerdings erst, nachdem es mit Hilfe eines Filters aus porösem Stein von groben Schmutzpartikeln befreit und dann abgekocht wurde.

Die Vielfalt der Formen

So findet man in Schleswig-Holstein eine Formenvielfalt der vorgenannten Grundtypen und gleichzeitig der neuzeitlichen Bauten auf überschaubarem Raum. In welcher Hauslandschaft wird der Kontrast wohl deutlicher als hier, wo sich ein landschaftsbestimmender Haubarg und ein benachbartes uthlandfriesisches Langhaus, das sich niedrig und gestreckt hinter einem Seedeich Schutz suchend verbirgt, in fast einem Blickwinkel finden? Doch variieren nicht nur die einzelnen Haus- und Hofformen in den verschiedenen Hauslandschaften.

Weit mannigfaltiger präsentieren sich die Wohnräume, die uns in allen Einzelheiten in dem malerischen Werk von Carl Ludwig Jessen, dem Meister des Realismus des 19. Jahrhunderts in Nordfriesland, oder in Heinrich Bluncks Haus- und Dorfansichten aus dem 20. Jahrhundert so vortrefflich verdeutlicht werden.

Der Aufbruch zum neuen Bauen setzte erst mit der Gründerzeit Ende des letzten Jahrhunderts deutliche Zeichen. Während sich bis in die achtziger und neunziger Jahre des 19. Jahrhunderts die gewachsenen Haus- und Hofformen aus langer Tradition behaupten konnten, gelangten mit zunehmender Technisierung der Innen- und Außenwirtschaft sowie der Anwendung neuer Baustoffe und Konstruktionen neue Architekturen aufs Land. Die früher vorwiegend landschaftsgebundenen Häuser aus Reet, Lehm und Holz veränderten sich zu überregionalen, einheitlichen Bauformen.

Die Besiedlung der neuen Köge an der schleswig-holsteinischen Westküste, wie etwa des Sönke-Nissen-Kooges oder des Hauke-Haien-Kooges, sowie die Aussiedlungshöfe aus engen Dorflagen, aus Gutshöfen und nach Urbarmachung von Heide- und Moorflächen vor und nach dem Zweiten Weltkrieg, erfolgte überwiegend in Anlehnung an historische Haus- und Hofformen.

Im Bereich vieler gewachsener Dorfsiedlungen sind aber funktionale und gestalterische Mängel zu beklagen. Sie sind meist Folge überdimensionierter Verkehrsflächen, ungeord-

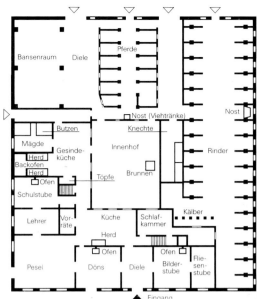

Der Carolinenhof aus dem Christian-Albrechts-Koog, erbaut um 1710. Dieser Vierseithof, der heute seinen Platz im Freilichtmuseum hat, ist in seiner jetzigen Form durch mehrere An- und Umbauten gewachsen. Im Gegensatz zu den jütischen Vierseithöfen, deren Anlage aus Einzelgebäuden besteht, zeichnen sich die friesischen durch ihre geschlossene Bauweise aus. Daneben der Grundriß des Carolinenhofes mit dem zentral gelegenen Innenhof.

Im Schleswig-Holsteinischen Freilichtmuseum in Molfsee bei Kiel läßt sich die Vielfalt der Haus- und Hofformen studieren. Links der Hof Heydenreich aus Herzhorn (1697). Bei diesem „Durchgangshaus", das in seiner Grundform auf ein niederdeutsches Fachhallenhaus zurückzuführen ist, läuft die „Däl" (Diele) durch das ganze Haus, so daß sie auf die der „Grotdör" gegenüberliegende „Bovendör" trifft. Durch diese erreichte man Hausgarten und Straße.
Rechts der Hof Egge aus Arentsee (1745). Dieser Hof ist ein „Barghaus", ein Gulfhaus aus der Wilstermarsch.

neter öffentlicher und privater Freiflächen, nicht abgestimmter Einfriedungen oder unkontrollierter Farb- und Materialentscheidungen. Darüber hinaus droht durch die Überfremdung mit neuen Grundstücks- und Gebäudenutzungen der Ortscharakter verlorenzugehen. Mit dem Verfall, dem Abbruch oder einer unstimmigen Umbaumaßnahme der überlieferten Bauernhäuser verlieren die Landschaften und Dörfer das neben der Bepflanzung und Flurgliederung wichtigste Typenmerkmal. Es ist zu befürchten, daß bei fortschreitender Zerstörung nicht nur die Identifikationsmöglichkeiten der ansässigen Bevölkerung mit ihrer Landschaft und bebauten Umwelt beeinträchtigt werden, sondern auch die Erwartungshaltung der Besucher und Fremdenverkehrsgäste gegenüber dem Erholungswert in Schleswig-Holstein nicht mehr erfüllt wird.

Möglichkeiten der Erhaltung von Haus- und Siedlungsformen

Für die Erhaltung des baukulturellen Erbes in Schleswig-Holstein bieten sich unterschiedliche Strategien und Teilschritte an. Dazu gehören für die Erhaltung der Hausformen unter anderem Modernisierungsmaßnahmen im Bereich der Sanitär- und Heiztechnik sowie der Fassaden, aber auch die Restauration des Innen- und Außenbaus als spezifische Maßnahme der Baudenkmalpflege. Ein Umbau der ungenutzten oder für eine moderne landwirtschaftliche Betriebsgestaltung ungeeigneten Wirtschafts- und Wohngebäude sollte immer unter weitgehender Erhaltung der konstruktiven und gestalterischen Elemente der Bauten geschehen. Für die Erhaltung der Siedlungsstrukturen ist es wichtig, daß Dorfentwicklungs- und Dorfsanierungskonzepte auf der Basis detaillierter Bestandserfassungen erstellt werden. Darüber hinaus müssen qualifizierte Bebauungspläne für die historischen Ortskerne auf der Grundlage von Wettbewerbsausschreibungen, Gutachten und Gestaltungssatzungen erarbeitet werden. Die einzelnen Schritte sollten zwar in einer Maßnahme zeitversetzt zusammengefaßt, können jedoch auch unabhängig voneinander durchgeführt werden.

Die Durchführung solcher Maßnahmen ist nur mit einer finanziellen, organisatorischen und ideellen Unterstützung von zuständigen Ministerien, öffentlich-rechtlichen Körperschaften, Interessenverbänden und kommunalen Entscheidungsträgern möglich. Die Hauptinitiative aber kann nur vom Bürger selbst ausgehen.

Die gewachsene und prägende Individualität einzelner Landschaftsräume geht in unserer Zeit erschreckend schnell verloren. Der überlieferte Formenreichtum sollte nicht nur in Freilichtmuseen erhalten bleiben, sondern es möge mit der Kraft aller im ländlichen Raum lebenden Menschen gelingen, den Rest dieses Kulturerbes in seinem angestammten Umfeld und seiner Schönheit zu bewahren oder auch zeitgemäß umzugestalten. Nur so bleibt die Identität einzelner Teillandschaften bestehen, um die wir uns bemühen.

Bäuerliches Wohnen: Die Vielfalt der Haus- und Hoflandschaften

Der „Fething" ist typisch für die Halligen Nordfrieslands: Da das Grundwasser versalzen war, sammelten die Halligbewohner Regenwasser in diesen Teichen, bis sie in den sechziger und siebziger Jahren eine zentrale Wasserversorgung vom Festland aus erhielten.

Nach der verheerenden Sturmflut 1962 mußten auf den nordfriesischen Halligen zahlreiche historische Häuser modernen Gebäuden weichen. Auf Langeneß blieb auf der Konkenswarft ein Hallighaus erhalten, in dem heute ein Museum untergebracht ist. Hier können in einer friesischen Stube alte Möbel und Haushaltsgeräte besichtigt werden. Typisch sind die hölzerne Wandverkleidung (Paneel) und der Beilegeofen mit der dahinterliegenden Fliesenwand (Bilegger).

Zeugnisse adliger Kultur: Schlösser und Herrenhäuser

Johannes Habich

Der Denkmälerbestand in unserem Land erhält seinen Glanz durch die alte Bau- und Wohnkultur des gutsbesitzenden Adels, die Gutshöfe mit ihren reich ausgestatteten Herrenhäusern und Gärten. Anders verhält es sich mit den Residenzen der regierenden Herren: Die Schlösser der Herzöge von Schleswig-Holstein in Schleswig, Husum und Reinbek sowie die der abgeteilten Seitenlinien in Glücksburg und Plön mit Traventhal büßten durch Einverleibung der Herzogtümer in den dänischen Gesamtstaat während des 18. Jahrhunderts ihren Rang ein. Mit Ausnahme Glücksburgs und der Residenz des nicht vereinnahmten Fürstbistums Lübeck (des späteren Herzogtums Oldenburg) in Eutin sind sie nur in verstümmelter Form erhalten geblieben. Im 18. und frühen 19. Jahrhunderte entwickelten sich die Güter zu ökonomisch geführten landwirtschaftlichen Großbetrieben und zu Pflegestätten der Kultur fern vom absolutistischen Hof in Kopenhagen. Seit Ende des Zweiten Weltkriegs allerdings haben sich die ökonomischen und die Arbeitsbedingungen der Großlandwirtschaft so grundlegend gewandelt, daß für die inzwischen durchrationalisierten agrarindustriellen Betriebe das kaum mehr nutzbare Bauerbe zu einer schweren betriebswirtschaftlichen Belastung geworden ist und die Erhaltung zum Problem, das die Landwirte nicht mehr alleine lösen können.

In der Agrargesellschaft früherer Jahrhunderte hatte der Landbau über Ertrag und Gewinn hinausgehende Bedeutung, denn er bestimmte das Leben des größten Teils der Bevölkerung, das bis Anfang des 19. Jahrhunderts dem feudalen Gesellschaftssystem unterworfen war. Das mitunter residenzartige Aussehen der überkommenen Gutshöfe deutet darauf hin, daß sie nicht nur Mittelpunkt einer ausgedehnten Gutswirtschaft, sondern zugleich einer – ursprünglich ausschließlich adligen – Gutsherrschaft waren. Beides beruhte bis zum Ende des 18. Jahrhunderts meistens auf Leibeigenschaft. Der leibeigene Hufner, Kätner oder Inste (Gutsarbeiter) hatte dem Gutsherrn seine Arbeitskraft in geregelter Weise zur Verfügung zu stellen, während dieser seine Leute absicherte. Leibeigenschaft bedeutete also nicht Sklaverei, wenn auch die Ausbeutung der Arbeitskraft schwer erträgliche Ausmaße annehmen konnte, sondern war ein – allerdings unkündbares – Rechtsverhältnis auf Gegenseitigkeit, das in Zeiten von Mangelwirtschaft, Mißernten, Krieg und Bedrohungen aller Art, die das Leben früher in uns kaum mehr vorstellbarer Weise unsicher machten, den Gutsuntertanen soziale Sicherheit gab.

Der Begriff Untertan ist angebracht, da der Gutsherr in seinem Bereich auch obrigkeitliche Befugnisse hatte und die Patrimonialgerichtsbarkeit ausübte, während er selber nur dem Landesherrn verantwortlich war. Ein Gutsterritorium umfaßte unter Umständen mehrere Dörfer, Meierhöfe, von denen entferntere Äcker bewirtschaftet wurden, Handwerksbetriebe, Schul- und Sozialeinrichtungen. Der Gutsherr war oft auch Kirchenpatron. Davon zeugen in vielen Dorfkirchen Grabsteine, Epitaphien, Gruftkapellen, Gutslogen, aber auch Stiftungen von Ausstattungsstücken.

Das gutsherrschaftliche und -wirtschaftliche System konnte sich jedoch nicht überall in Schleswig-Holstein durchsetzen. Noch heute konzentrieren sich die Güter im Osten und Südosten des Landes und in den Marschen von Elbe und Stör, wo es allerdings keine Leibeigenschaft gab, sondern von den Bauern nur Hand- und Spanndienste sowie Abgaben verlangt wurden. An der Westküste hingegen behauptete sich (besonders in Dithmarschen und Eiderstedt) das freie Großbauerntum.

Die besondere Rolle und die regionale Verteilung der Güter hat ihre Wurzeln in geschichtlichen Vorgängen des Mittelalters und der frühen Neuzeit: Im Zusammenhang mit der Kolonisation der spätestens seit dem 8. Jahrhundert von wendischen Stämmen bewohnten Gegenden um die südwestliche Ostsee (Wagrien, Polabien) während des 12. und 13. Jahrhunderts gewann der Adel als Organisator der deutschen Landnahme und Besiedlung unter den Grafen von Schauenburg eine starke Stellung. Für seine Verdienste um den Landesausbau in Holstein und später im erfolgreichen Kampf der Schauenburger um das Herzogtum Schleswig, der seit dem 15. Jahrhundert zu enger Verbindung zwischen Holstein und Schleswig führte, wurde der Adel mit Grundbesitz in beiden Territorien, mit Steuer- und Gerichtsprivilegien belohnt. Erfolgreich vereinigte er nach und nach die ihm übertragenen grund- und gerichtsherrlichen Rechte auf zusammengelegten Besitzungen.

War der Adlige im Mittelalter vor allem Ritter, der dem Landesherrn Kriegsdienst leistete, wurde er in Schleswig-Holstein, als die Ritterheere zu Beginn der Neuzeit durch Landsknechtsheere ersetzt wurden, zum Gutsherrn und Unternehmer. Hauptbestreben der adligen Gutsbesitzer war, ihr steuerfreies Hoffeld zu vergrößern. Dies geschah vor allem auf Kosten der Bauern. Den immer weniger werdenden gutsabhängigen Bauern oblag es, für ein immer größer werdendes Hoffeld mitzuarbeiten. Die schmalen bäuerlichen Ackerflure und die Gemeindeweiden gingen in großen verkoppelten Gutsschlägen auf. Mitunter wurden ganze Dörfer niedergelegt oder umgesiedelt. Die Gutshöfe lagen bald durchweg inmitten ihrer ausgedehnten Ländereien

fernab der Siedlungen. In den Wirren der Reformationszeit gelang es den gutsbesitzenden Adligen, große Teile des kirchlichen Landbesitzes zu erwerben und sich die Landesherren zu verpflichten. Das hochprivilegierte Adlige Gut wurde schließlich zu einem in der Landesverfassung abgesicherten staatsrechtlichen Begriff. Die zunächst an die Person des Grundherrn gebundenen Rechte gingen als sogenanntes Realrecht auf die Güter selbst über, die seit dem 17. Jahrhundert auch von Nichtadligen erworben wurden.

Die landwirtschaftliche Produktion der Güter konzentrierte sich zunächst auf Getreideerzeugung und Ochsenmast. Seit Mitte des 17. Jahrhunderts setzte sich die von Niederländern betriebene Milchwirtschaft durch. Steuer-, Zollfreiheit und das Recht, Gewerbe zu treiben, ermöglichten eine auf die eigenen Produkte aufbauende Handelstätigkeit und gewerbliches Unternehmertum der Gutsbesitzer.

Die sich seit dem späten 15. Jahrhundert bildenden Gutsanlagen bestanden aus einem Wirtschaftshof und einem mehr oder weniger festen Haus in günstiger Verteidigungslage. Diese bestimmte zunächst die oft unregelmäßige Zuordnung der Gebäude.

Das 1635–42 erbaute Herrenhaus des Gutshofes Wensin, Kreis Segeberg, folgt noch dem altertümlichen Typus des Doppelhauses (oben). Der ehemalige Gutshof Redingsdorf (unten), Kreis Ostholstein, wurde unter dem Einfluß des Schloßbaus der Renaissance errichtet (Holzschnitt aus P. Lindeberg, Hypotosis Arcium, Palatiorum ..., 2. Auflage, Rostock 1591). Die Dreiflügelanlage mit Hausgraben ist seit langem abgebrochen.

Hoyerswort in Oldenswort (oben), Kreis Nordfriesland, gilt als das stattlichste Herrenhaus an der Westküste. Die Hofanlage entstand ab 1564 als Sitz des späteren Stallers (Statthalters) von Eiderstedt, Caspar Hoyer. Der weiße Anstrich des ursprünglich roten Backsteinbaus erfolgte im Barock.

Das um 1550 erbaute Herrenhaus Wahlstorf (unten), Kreis Plön, ist ein guterhaltenes Beispiel der im Spätmittelalter verbreiteten Doppelhäuser. Die beiden Giebelhäuser, Backsteinbauten auf Granitquadersockeln, sind traufenseitig zusammengebaut, mit einem vorgestellten Treppenturm in der Mitte.

Wassergräben sicherten sowohl den Hof wie das Gutshaus. Die Wehrtürme auf künstlichen, von Wassergraben und Palisadenzaun umzogenen Hügeln (Motten), die im Mittelalter den Adligen als Zuflucht dienten, verloren mit der Verbreitung von Feuerwaffen ihre Bedeutung.

Die frühen Gutshäuser, wie das in Wahlstorf guterhaltene aus der Zeit um 1550, waren vielfach traufenseitig zusammengebaute Giebelhäuser mit vorgestelltem Treppenturm. Die Wirtschaftsgebäude, vor allem Scheune und Kuhstall, nahmen früh enorme Ausmaße an, wie noch die beiden reetgedeckten Fachwerkbauten von 1640 in Damp zeigen. Im Laufe des 16. Jahrhunderts setzte sich die Axialsymmetrie als Ordnungsprinzip der Gutshöfe durch.

Die ersten modernen Schlösser, die Herzog Adolf von Schleswig-Holstein-Gottorf während der 1570er Jahre von niederländischen Bauleuten in Reinbek und Husum errichten ließ, zweigeschossige Dreiflügelanlagen ohne Verteidigungsfunktion, beeinflußten auch den Herrenhausbau, wie etwa das nur durch Bilder überlieferte Gut Redingsdorf zeigt. Es war einer der 71 Herrensitze Heinrich Rantzaus, der zu den reichsten und einflußreichsten Adligen der zweiten Hälfte des 16. Jahrhunderts gehörte. Humanistisch gebildet und baulustig, führte er zusammen mit dem gleichaltrigen Herzog die neuzeitlichen Bauvorstellungen, die seit dem 15. Jahrhundert vor allem in Italien und Frankreich entwickelt worden waren, in Nordelbingen ein. Leider ist von der Gutsarchitektur der „goldenen Zeit" des 16. und frühen 17. Jahrhunderts nur wenig erhalten. Am eindrucksvollsten ist wohl das große Torhaus von Seedorf aus dem Jahre 1583 im niederländischen Baustil, das den hohen Geltungsanspruch eines adligen Grundherrn erkennen läßt. Wahrscheinlich diente es, wie ähnliche Bauten in Frankreich, zugleich als Herrenhaus. Das wuchtige, 1582–87 entstandene Residenzschloß Glücksburg von Herzog Hans dem Jüngeren, das sich dreischiffig mit vier polygonalen, turmartigen Eckpavillons aus einem aufgestauten See erhebt, mag noch mittelalterlich anmuten, doch ließ sich sein Baumeister Nikel Karies in Raumdisposition und Maßverhältnissen durch zeitgenössische französische Architekturvorstellungen leiten. Aus heimischer Bauüberlieferung entstand hingegen etwa zur selben Zeit das ähnliche, wenngleich zierlichere Herrenhaus Ahrensburg als Mittelpunkt eines ausgedehnten Gutsterritoriums, für das der Gutsherr Peter Rantzau 1594–96 eine eigene Kirche mit je zwölf Armenwohnungen zu beiden Seiten errichten ließ.

Mit dem Übergreifen des Dreißigjährigen Krieges auf Schleswig-Holstein 1626 begann eine Epoche kriegerischer Auseinandersetzungen, die

erst mit dem Nordischen Krieg 1721 endete. Diese Zeit war für die Entwicklung der Baukunst nicht günstig. Erstaunlich ist, daß dennoch ab 1633 der junge Herzog Joachim Ernst von Schleswig-Holstein-Sonderburg-Plön die hoch auf einem Moränenkamm gelegene mittelalterliche Burg Plön der Schauenburger durch einen dreiflügeligen Schloßbau ersetzte. Dieser öffnete sich mit seinem Ehrenhof und einer tiefer gelegenen Terrasse über dem damals als Weinberg gestalteten Berghang auf den großen See und ging damit wohl erstmals im deutschen Schloßbau eine gestaltete Beziehung zum Landschaftsraum ein. Von hoher Bedeutung war ebenso die Anlage des Neuwerkgartens bei der Residenz der Herzöge von Gottorf in Schleswig nach dem Vorbild römischer Terrassengärten ab 1637 unter dem gelehrten Herzog Friedrich III. Eine beträchtliche Erweiterung erfolgte bis 1684 unter dessen Nachfolger Herzog Christian Albrecht. Dieser begann Ende des Jahrhunderts auch mit dem Ersatz des im 16. Jahrhundert abschnittsweise aus einer vierflügeligen mittelalterlichen Wasserburg entwickelten Residenzschlosses durch einen groß dimensionierten Neubau im nordisch unterkühlten italienischen Palaststil. Mit Garten und Schloßbau demonstrierte er seine nur mit Mühe gegen den dänischen König behauptete Souveränität. Doch im Nordischen Krieg besetzten die Dänen Schleswig. Das Bauprojekt blieb Torso, Schloß Gottorf wurde unter die mäßig unterhaltenen königlichen Nebenschlösser gereiht, der Garten verfiel. Das auf seinen holsteinischen Anteil beschränkte Herzogtum wurde 1773 ganz dem dänischen Gesamtstaat zugeschlagen.

Die fast hundertjährige Friedenszeit, die auf den Nordischen Krieg

Das sogenannte Schloß Ahrensburg (oben), Kreis Stormarn, ist ein eleganter Dreihaustyp mit polygonalen Ecktürmen (vor 1585). Ursprünglich war es ein Ziegelrohbau auf Granitsockel. Die Giebel wurden um 1760 erneuert und die Wälle niedergelegt. Seit 1983 ist es wieder von einem Hausgraben umgeben.
Das Torhaus von Seedorf, Kreis Segeberg, ist eines der eindruckvollsten erhaltenen Beispiele der „goldenen Zeit" der Baukultur im 16. und frühen 17. Jahrhundert. Das hochaufragende, ursprünglich in eine Wallbefestigung eingebundene Ziegelbauwerk mit Flankentürmen (1583) diente dem Gutsherren auch zum Wohnen und Repräsentieren.

Zeugnisse adliger Kultur: Schlösser und Herrenhäuser

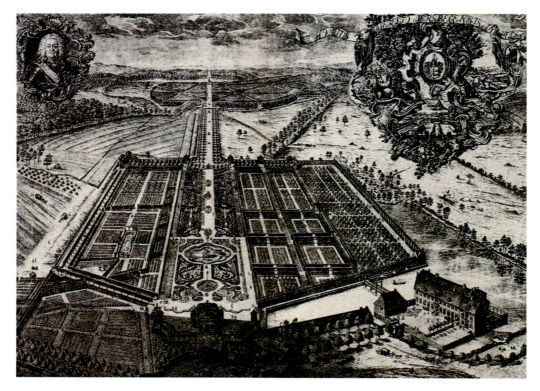

Der Park von Gut Jersbek, Kreis Stormarn, entstand ab Ende der 1720er Jahre. Christian Friedrich Fritsch fertigte 1747 den Kupferstich der weit in die Landschaft ausgreifenden Barockanlage nach einer Zeichnung von Ernst Georg Sonnin an. Heute sind nur noch Teile des großen Gartens erhalten.
Das Torhaus, ein schlichter Bau von 1678 (Glockentürmchen 1726, 1979 erneuert), erschließt die Hofanlage des späten 16. Jahrhunderts.

folgte, die „Ruhe des Nordens", bewirkte einen Wirtschaftsaufschwung, der besonders der Landwirtschaft zugute kam. Der Schloßbau war in den Herzogtümern keine Aufgabe mehr, sieht man von der Anlage großer Residenzgärten während der ersten Hälfte des 18. Jahrhunderts ab, von denen sich eindrucksvolle Reste in Plön, Spuren in Traventhal und der Eutiner Garten, allerdings in völliger Umwandlung im englischen Landschaftsstil, erhalten haben. Mit diesen landesherrlichen Anlagen wetteiferten einige Gutsgärten, wie die raumgreifenden, in ihren Hauptstrukturen noch erkennbaren von Jersbek und Seestermühe.

Die Fülle der Bauaufgaben bot sich im Bereich der Gutsarchitektur. Die Vielfalt an neuen Herrenhäusern, Torhäusern, Wirtschaftsbauten, Gärten und ganzen Hofanlagen, die im Laufe des 18. Jahrhunderts entstand, bestimmt die Vorstellung, die wir uns heute von den schleswig-holsteinischen Herrensitzen machen. Ihre Schöpfer waren vor allem Plöner und Eutiner Hofbaumeister. Vielfach aber übten die Bauherren, die während ihrer „Grand Tour" durch Europa – seit dem 17. Jahrhundert Abschluß der Erziehung eines Adligen – die jeweils modernen Strömungen in der Architektur und Raumausstattung kennengelernt hatten, selbst bestimmenden Einfluß aus. Ihre Vorstellungen galt es mit den beschränkten Möglichkeiten der heimischen Backsteinbauweise umzusetzen.

Die rationale Ordnung der Hofanlagen wurde, wo es ging, einem einheitlichen Gestaltungswillen unterworfen und als dramatische Raumfolge inszeniert, die auf das Herrenhaus zielt. Es stellt sich nicht selten schloßartig als Breitbau mit Mittel- und Seitenrisaliten dar, einem Ehrenhof, den Kavaliershäuser flankieren, und anschließendem Garten. Zwei Beispiele sind der in den 1720er Jahren einheitlich mit Ausnahme des Herrenhauses von Rudolf Matthias Dallin gestaltete Gutshof Rastorf und die Ende des 18. Jahrhunderts von Carl Gottlob Horn elegant überformte Anlage Emkendorfs. In Rastorf kann man sehen, wie die reetgedeckten Wirtschaftsgebäude nun als massive Ziegelbauten monumentalisiert und Träger ländlichen architektonischen Ausdrucks wurden. In Emkendorf beseitigte Horn das alte Torhaus und öffnete den Hof gastlich gegen die heranführenden Alleen – ganz im Geiste der Gutsherrin Julia von Reventlow, die in dem schönen Porträt der Angelika Kaufmann (1784) ihren Freunden mit ausgebreiteten Armen entgegeneilte.

Die Raumordnung der Herrenhäuser, mit Vestibül und Gartensaal in der Mittelachse, gelegentlich einem Festsaal darüber sowie Raumfolgen in Querachsen mit mittleren Erschließungsfluren und Eckkabinetten, richtete sich nach französischen Vorbildern. Die funktionelle Grundrißgestaltung löste den übermäßigen räumlichen Repräsentationsaufwand ab, der sich zu Beginn des Jahrhunderts in den großen, reich dekorierten Treppen- und Festhallen von Damp und

Hasselburg zeigte, die in Häuser des 16. Jahrhunderts hineingebaut worden waren und mehr als ein Drittel der Gebäude beanspruchten. Für die Raumausstattung mit Stuck boten sich oberitalienische Wanderhandwerker an. Sie sorgten dafür, daß sich in schleswig-holsteinischen Herrenhäusern überraschend Formenreichtum und Qualität finden, die man eher im Süden erwarten würde.

Außen- und Innenarchitektur verfeinerten und differenzierten sich im Laufe des Jahrhunderts. Das mag für den Außenbau an zwei Torhäusern gezeigt werden, die sich, wie seit dem 16. Jahrhundert hin und wieder üblich, als gutsadlige Herrschaftszeichen darstellen. Während sich dieser Anspruch im 1714 errichteten doppeltürmigen Torhaus von Bothkamp unverblümt und derb zeigt, wurde er in dem als Pavillon gestalteten Durchfahrtsbau des 1763 von Georg Greggenhofer geschaffenen Torhauses auf Hasselburg mit ausgesuchter Eleganz vorgetragen.

Am Ende des Jahrhunderts änderte sich das Lebensgefühl: In Knoop entschloß man sich 1792 zum Neubau des Herrenhauses, für dessen Lage weniger der Bezug zum Gutshof als die Ausrichtung auf den 1777–84 angelegten Eiderkanal wichtig war. Die Planung übernahm der junge Axel Bundsen. Die Raumaufteilung folgte zwar der Tradition, der Architekturstil brach jedoch mit dem Herkömmlichen durch einen rigiden Neoklassizismus, der an die sogenannte französische Revolutionsarchitektur erinnert. Lebhaftes Ziegelrelief ist glatten Putzflächen gewichen. Den Eingang bildet ein kolossaler Viersäulenportikus, der zusammen mit dem Vestibül wie ein in den Bau integrierter griechischer Tempel wirkt. In Stilwahl und Ausrichtung auf den Kanal als Leistung technischen und wirtschaftlichen Fortschritts zeigt sich eine moderne rationalistische Haltung.

Die künstlerischen Hauptleistungen auf den schleswig-holsteinischen Herrensitzen lagen jedoch seit Ausgang des 18. Jahrhunderts weniger in der Architektur als in der Gartengestaltung. Mit Macht breitete sich der Einfluß des englischen Landschaftsgartens aus und fand in dem Kieler Universitätsprofessor Christian Cay Lorenz Hirschfeld seinen Apologeten für den Kontinent („Theorie der Gartenkunst" 1779–85). Die Überwindung des abgezirkelten formalen Gartens des Ancien régime durch den naturhaft gestalteten, pittoresken Landschaftsgarten im liberalen, konstitutiv monarchistischen England wurde im ebenfalls liberalen, aufgeklärt absolutistischen dänischen Gesamtstaat begeistert aufgenommen. Die Botschaft des Landschaftsgartens entsprach den geistigen Zielen der Zirkel, die sich auf holsteinischen Gütern wie Emkendorf oder Knoop oder am Eutiner Hof zusammenfanden und die Aufhebung ständischer Unterschiede auf einer höheren Ebene des natürlich gebildeten Herzensadels erträumten. Der Landschaftsgarten sollte den Menschen zu seinem natürlichen Sein zurückführen und ver-

Herrenhaus Knoop (oben), Kreis Rendsburg-Eckernförde, zeigt in strenger Baukörpergestaltung (1792–um 1800) den reifen Stil des nordischen Klassizismus. Die warmen Farbtöne entsprechen dem ursprünglichen Aussehen. Einfache Schmuckelemente, geweißte Giebelblenden und Eckrustika, betonen wirkungsvoll den ländlichen Charakter von Gut Rastorf, Kreis Plön. Die 1723–29 erneuerten Wirtschaftsgebäude steigern durch Axialsymmetrie und Schrägstellung zum Herrenhaus die perspektivische Raumwirkung im Sinne des Barock.

Die stämmigen Flankentürme und die Kolossalpilastergliederung des 1714 errichteten zweigeschossigen Torhauses von Gut Bothkamp, Kreis Plön, sind Ausdruck gutsherrlichen Herrschaftsanspruchs.

edeln. Solche Gedanken bewegten auch Fürstbischof Peter Friedrich Ludwig, der 1775/76 englische Landschaftsgärten bereist hatte, bei der Umwandlung des barocken Residenzgartens von Eutin in einen öffentlichen Landschaftsgarten ab 1788: Eine Abfolge verschieden gestimmter Landschaftsbilder und bedeutungsvoller Orte leitete den Besucher zum Weisheitstempel, einem Rundbau mit dorischen Säulen auf dem höchsten Punkt des Geländes. Im reichen, leider verkannten und gefährdeten Gartenerbe Schleswig-Holsteins gehört der Eutiner Garten zu den herausragenden Leistungen und, wenngleich als Stadtpark genutzt, zu den immer noch am besten erhaltenen.

Liberalismus und Philanthropie mußten dem gutsherrschaftlichen System seine Grundlage entziehen. Die Leibeigenschaft wurde auf einzelnen Gütern bereits im ausgehenden 18. Jahrhundert aufgehoben und 1805 offiziell abgeschafft. Im Laufe des 19. Jahrhunderts änderten sich die gesellschaftspolitischen Voraussetzungen mehr und mehr. Die Güter, ihrer Rechte entkleidet, entwickelten sich

zu reinen Erwerbsbetrieben, wenn auch die adligen Besitzer ihren Lebensstil noch bis zum Ende des Zweiten Weltkriegs aufrechterhalten konnten. Waren die Bürgerlichen, die seit dem 17. Jahrhundert Güter erwarben, noch in die Kulturtradition der adligen Gutsbesitzer eingetreten, so änderte sich das in der zweiten Hälfte des 19. Jahrhunderts, als großstädtische Unternehmer ihr Geld in Gutsbesitz anlegten, um ihn als Agrarfabrik zu betreiben. Charakteristisch wurde die Trennung von Produktionsstätte und Gutshaus, das nun dem Typus der großbürgerlichen Vorstadt- oder Fabrikantenvilla in einem weitläufigem Park folgte. Bauten wie auf Tralau (1884), Tremsbüttel (1893–95) oder Grabau (1906–08) im späthistoristischen Burgenstil zeigen die Abkehr von der Herrenhaustradition. Einen frostigen Nachklang veranlaßte der greise Lehnsgraf Otto von Blome 1881–1884 mit dem überdimensionalen Neubau von Herrenhaus Salzau, heute Kulturzentrum des Landes Schleswig-Holstein.

Das Torhaus von Gut Hasselburg, Kreis Ostholstein: Der breitgelagerte Dreiflügelbau mit elegantem Torpavillon in der Mitte (1763) übertrifft das altertümliche Herrenhaus an repräsentativem Anspruch.

Selbstbewußt ohne Selbstgefälligkeit: Die Backsteinkultur

Konrad Dittrich

Der Backstein wurde nicht in Norddeutschland erfunden. Dennoch prägen Backsteinbauten das Bild vieler Städte an Nord- und Ostsee. Dome und Dorfkirchen, Herrenhäuser und Hospize, Stadtmauern und Stadttore, Bürgerpalais und Kaufmannshäuser sind aus dem „kleinen Roten" errichtet. Der heute gängige Begriff Backsteingotik galt lange Zeit eher als abfällig; etwa nach dem Motto: „Was kann von den Goten Gutes kommen?" Denn vom Wort Goten, den „Barbaren", leitet sich die Bezeichnung her. Inzwischen hat sich die Backsteingotik ihren Platz in der europäischen Kunstgeschichte gesichert.

„Die norddeutsche Baukunst wurde einheitlich Backsteinbau, und sie zog aus dieser ihr vorgegebenen Lage die volle Konsequenz: Sie rezipierte den Backstein nicht etwa bloß als technischen Behelf, sondern erfaßte ihn mit der Phantasie, paßte die Formen ihm an, schuf einen wirklichen Backsteinstil", schrieb Georg Dehio Anfang unseres Jahrhunderts in seiner „Geschichte der deutschen Kunst". Dehio definierte die Backsteingotik so: „Sie ist selbstbewußt ohne Selbstgefälligkeit, sachlich ohne Nüchternheit, ernst ohne Kälte, streng ohne jegliche Anwendung von Askese, kühn im Großen und haushälterisch im Kleinen, besonnen, immer geradeaus auf die Hauptsache gerichtet."

Die Entwicklung der Backsteinkunst im Norden Deutschlands geht einher mit der Kolonialisierung der slawischen Gebiete östlich der Elbe und den zahlreichen Städtegründungen im 12. und 13. Jahrhundert. Gefördert von weitsichtigen Herrschern wie dem Sachsenherzog Heinrich der Löwe, ließen sich Kaufherren, Händler und Gewerbetreibende vom Niederrhein, aus Westfalen und Niedersachsen an der Ostseeküste nieder. Christliche Mönche und Missionare folgten ihnen; neben Handelsstützpunkten wurden Missionssitze errichtet.

Dies alles geschah in einer Zeit wirtschaftlichen Aufschwungs. Schon in den frühen Jahren der Hanse, jenes mächtigen Bündnisses von Handelsstädten, wurde viel Geld verdient, so daß junge Städte wie Flensburg, Schleswig, Kiel oder Lübeck sich repräsentative Bauten leisten konnten. Da es abgesehen von Granitfindlingen in der norddeutschen Tiefebene keinen Naturstein gibt, kamen die Städtegründer und ihre Baumeister zwangsläufig auf den Ziegel, den gebackenen Stein aus Ton und Lehm. Der Stein war leicht herzustellen. Ton- und Lehmerde wurde in genormte Holzkisten von etwa 8 x 14 x 28 Zentimetern gefüllt. Die Masse wurde glattgestrichen, an der Luft getrocknet und in Feldöfen gebrannt. Als Normalformat des Steines galten die Abmessungen 6,5 x 12 x 25 Zentimeter. Etwas größer ist das sogenannte Klosterformat, nämlich 9 x 15 x 30 Zentimeter. Je nach Beschaffenheit des Materials, den Ton- oder Lehmanteilen, fielen die Steine mal heller, mal dunkler aus. Von Gelb bis Dunkelbraun reicht die Farbskala. Die Abendsonne läßt den Stein tiefrot bis violett aufscheinen. Wenn nach Gewittergüssen die Sonne durchbricht, entstehen auch graue oder grüne Farbtöne.

Naturbelassen würden die Tonziegel die braune Farbe unserer Blumentöpfe haben. Bei den heutigen maschinell gefertigten Steinen läßt sich der Farbton selbstverständlich regeln. Früher erhielt der Stein oder die ganze Fläche oft einen Anstrich mit Eisenoxydrot, wobei die Alten schworen, daß sich als Bindemittel am besten Heringslake eignete. Das reinste Weiß für die Fugen ergab der Kalk

gemahlener Muscheln, wie man sie überall an der See findet.

Die kantige Form des Steins bestimmte die Architekturform, die meist mit rechten Winkeln, aber auch mit dem stumpfen oder spitzen Winkel arbeitet. Erst später wurden Rundungen, Wölbungen und andere „unnatürliche" Formelemente einbezogen. Formsteine zur schmückenden Ausgestaltung von Fenster- und Türöffnungen oder für besonders hervorzuhebende Bauglieder wurden, wenn das Material noch weich war und sich bearbeiten ließ, in die gewünschte Gestalt gebracht, anschließend getrocknet und gebrannt. Der einfachste Profilstein war der Rundstab, der schon im 12. Jahrhundert Verwendung fand. Später kam der Taustab hinzu, wurden Formsteine für Rosetten und Maßwerk entwickelt.

Den Ziegelbau kannten bereits die Baumeister der Antike. Die Römer haben ihn für öffentliche Bauten verwendet, für ihre Anbauten im alten Olympia ebenso wie für die Errichtung von Arenen und Theatern, bis hin zum gigantischen Kolosseum in Rom. Der norddeutsche Bauboom ab 1200 griff allerdings auf jüngere Erfahrungen in der Lombardei zurück. Auch dort, in der Poebene, stand kein Werkstein aus Gebirgsbrüchen zur Verfügung. In Norddeutschland wurde der Steinbau von den Stadtregierungen vorgeschrieben, weil der frühe Fachwerkbau mit seinem großen Holzanteil zu feuergefährlich war.

Backsteine kann man nicht fugenlos aufeinanderschichten. Die einzelnen Schichten werden mit Mörtel verbunden. Der meistverwendete Kalkmörtel ist eine Mischung aus Sand und gelöschtem Kalk. Bei Repräsentationsbauten wurde früher oft zweischalig gemauert, der Raum zwischen den Schalen mit losem Material ver-

Ganze Berge von Backsteinen verschlangen im Mittelalter die Befestigungen der Handelsstädte. Das Nordertor in Flensburg entstand 1595. Heute ist der wuchtige Bau mit dem vielfach gestuften Giebel ein Wahrzeichen der Stadt.

Der Löwe, Symbol des Welfenherzogs Heinrich, schmückt den Vorplatz des romanischen Domes zu Ratzeburg. Heinrich der Löwe legte um 1170 die Grundsteine zu den Domen von Ratzeburg, Braunschweig, Lübeck und Schwerin.

füllt. Auf alten Wandflächen sieht man den Wechsel von längs und quer vermauerten Steinen, von sogenannten Läufern und Bindern, die die Schalen verklammern. Sie wechseln einander 1 : 1 oder in anderen Verhältnissen ab. Der „norddeutsche Regelverband" besteht aus einer Folge von zwei Läufern und einem Binder.

Backstein ist ein schlichter, spröder, nüchterner Werkstoff. Mit behauenem Naturstein lassen sich leicht Figuren und fantastische Ornamente formen, wie die Kathedralen des französischen Hausteingebiets zeigen. Trotzdem ist es ein Irrtum zu meinen, man könne mit dem Backstein nur ebene Flächen, schmucklose Wände mauern. Mit gekanteten, aufrecht oder schräg gestellten Flachziegeln, mit Formsteinen sowie durch Blenden und Friese lassen sich Muster und Ornamente zaubern. Außerdem bringt der Kontrast von dunklem Rot und dem hellen Geäst der Fugen Abwechslung in die Fläche. Hinzu kommt das strahlende Weiß der Blenden und Friese. Ein schöner Beleg für die Lebendigkeit alter Backsteinmauern ist die Vorhalle des Ratzeburger Domes, jenes frühen Beispiels monumentaler Backsteinkultur aus dem 13. Jahrhundert, das ohne spätere Umbauten erhalten geblieben ist.

Natürlich mußten die Baumeister des Nordens in späterer Zeit lernen, den Gegebenheiten des Backsteins Rechnung zu tragen, als nämlich im frühen 13. Jahrhundert die Kunde von einem neuen Baustil aus Frankreich nach Deutschland drang. Die gotischen Formen waren aus dem Naturstein ins heimische Material zu übertragen. Dabei wurde bisweilen vereinfacht. So ist der dreistöckige Wandaufbau der französischen Kathedralgotik im Backsteingebiet auf eine zweistöckige Wandgliederung reduziert. Ob die dadurch erzielte geschlossenere Wirkung ein Nachteil ist, bleibt dem Urteil des Betrachters überlassen.

Die wichtigsten Bauwerke waren für den fast mystisch gläubigen Menschen des Mittelalters die Gotteshäuser. Sie sind fast überall die ältesten erhaltenen Großbauten unserer Städte und Dörfer. Im frühen Mittelalter wurden meist dreischiffige romanische Basiliken oder schlichte Saalbauten mit einem Schiff errichtet. Quadrat, Kreis, Zylinder und Halbkugel waren die streng geometrischen Elemente der Romanik. Hieraus wurde als typisches Beispiel die Pfeilerbasilika gebundenen Systems entwickelt. „Gebundenes System" bedeutet, daß das Vierungsquadrat, also das Quadrat im Schnittpunkt von Lang- und Querhaus, zum Maß der Dinge erklärt wurde. Ein solches Quadrat wurde der Vierung nach Osten vorgesetzt und mit einer halbrunden Apsis abgeschlossen. Nach Süden und Norden bildeten weitere Quadrate das Querhaus. Mehrere Quadrate hintereinander, mehrere Joche, werden nach Westen zum Langhaus, das oft in einer Doppelturmfront endet. Hatte die Kirche Seitenschiffe, so wurden die Hauptpfeiler von Säulen jeweils zwischen zwei Pfeilern unterstützt. Bei dem vorherrschenden Typ der Basilika ragt das Mittelschiff hoch über die Seitenschiffe hinaus.

Abzulesen war das einst an den Domen Heinrichs des Löwen in Braunschweig, Lübeck, Ratzeburg und Schwerin, die alle um 1170 begonnen wurden. Nur der Ratzeburger Dom ist jedoch romanisch geblieben, alle übrigen wurden in der Gotik umgestaltet. Der Lübecker Dom, einst der größte Sakralbau in Nordeuropa, erhielt im 14. Jahrhundert einen gotischen Choranbau. Die Seitenschiffe wurden auf Mittelschiffshöhe angehoben, die Basilika auf diese Weise zur Halle umgeformt. In Lübeck geriet die Frage „romanisch oder gotisch" im 13. Jahrhundert zum Wettstreit zwischen Bischof und Rat. Um 1250 stand in der „Königin der Hanse" ein halbes Dutzend romanischer Kirchen. 500 Meter vom Dom entfernt, direkt neben dem Rathaus, hatte die selbstbewußte Kaufmannschaft der freien Reichsstadt die Bürgerkathedrale St. Marien errichtet. Als die Marienkirche bei einem Stadtbrand 1251 stark beschädigt wurde, beschloß der Rat, ein für damalige Verhältnisse „schreiend modernes" neues Gotteshaus zu errichten, das den alten Bischofsdom in den Schatten stellen sollte. Aus der geplanten riesigen gotischen Hallenkirche wurde im Laufe einer fast hundertjährigen Bauzeit dann doch eine Basilika, aber was für eine! St. Marien zu Lübeck avancierte zur „Mutterkirche der nordeuropäischen Backsteingotik". Ihren Baumeistern war es gelungen, die Formensprache der französischen Gotik aus dem Naturstein gültig in den Backstein zu übersetzen. St. Marien zu Lübeck wurde Vorbild für Kirchen fast rund um die Ostsee, von Göteborg und Hadersleben bis nach Stralsund, Greifswald und ins Baltikum. Dabei entstanden keine Kopien des Lübecker Urbaus; überall unterschieden sich die finanziellen Möglichkeiten und die Grundstücksverhältnisse. Aber die Idee der Basilika mit haushohem Mittelschiff, mit Kapellenkranz und Hallenumgangschor, mit dem ausgeklügelten System von

Einen reich gegliederten Stufengiebel weist die Fassade der Lübecker Schiffergesellschaft auf. Das Gebäude aus dem Jahre 1535 beherbergt eine Traditionsgaststätte, dient bis heute aber auch den „Schifferbrüdern" als Versammlungsort.

Das Burgtor schützte früher den einzigen Landzugang zur Lübecker Stadtinsel. Die barocke Haube stammt aus dem Jahre 1685, Tor und Nebengebäude sind älter.

Pfeilern und Strebebögen, die Druck und Schub der Gewölbe und Dächer ableiteten, machte Schule.

Die Gotik durchbrach die starre Geometrie der Romanik. Nicht nur das Quadrat, praktisch jede Grundrißform konnte überwölbt werden. Der gotische Bogen hat keine Rundung mehr, ist nicht aus einem Kreis entwickelt, sondern aus zwei sich schneidenden Radien, wird auf diese Weise zum Spitzbogen. Von den sich kreuzenden Rippen erhielt die neue Deckenform die Bezeichnung Kreuzrippengewölbe. Die wuchtigen Wände der romanischen Glaubensburgen lösten sich auf, bestanden vielerorts fast nur noch aus Stützen und Fenstern, ließen Licht, mystisch strahlendes Blau und Rot ins Innere des Gotteshauses, so wie einer der geistigen Väter dieses Baustils, der französische

Markt, Rathaus und die Ratskirche St. Marien bilden den Mittelpunkt der alten Hansestadt Lübeck. Die gotische Ratskirche, zwischen 1250 und 1350 errichtet, wurde zum Modell für weitere Backsteinkirchen im Ostseeraum.

Abt Suger von Saint-Denis (1081–1151) sich das vorgestellt haben mag.

Nicht nur Kirchen und Rathäuser wurden im 14. Jahrhundert aus Backstein errichtet. Wahre Berge von Ziegeln verschlangen die Stadtbefestigungen. Zwar wurden Städte meist am Ende von Buchten oder an Wasserläufen gegründet, so daß die Wasserarme einen gewissen Schutz boten. Zur Landseite hin aber mußten zusätzlich Gräben ausgehoben sowie Wälle und Mauern errichtet werden. Bisweilen verfügte sogar der Landesherr die Anlage der Schutzwälle. Immerhin lagen die reichen Kaufmannssiedlungen im Flachland, den Blicken von Feinden ausgesetzt. So verzeichnet die Chronik von Neustadt in Holstein, daß Graf Adolf IV. von Schauenburg seiner „Nighestad" erst dann das lübische Stadtrecht verleihen wollte, wenn die Schutzwälle fertig waren. In der Stadtchronik heißt es (ins Hochdeutsche übersetzt): „Der ehrbare Fürst und seine Ratgeber halfen mit, die Straßen, Hausstätten, den Kirchhof und Markt dieser Stadt anzulegen sowie den Befestigungsring rundherum, und er gebot den Einwohnern der Umgebung, daß sie den Wallgraben mit aushoben, was sie auch taten. Danach gab der Graf den Einwohnern seinen Brief, wonach sie und alle Nachkommen hier als Bürger das lübische Kaiserrecht besitzen sollten, wie es seine Bürger zu Hamburg schon besaßen …"

Da die Tore Schwachstellen der Verteidigungsanlagen darstellten, wurden sie besonders stark ausgebaut. Oft gab es mehrere Tore hintereinander, so daß die Stadt noch verteidigt werden konnte, wenn ein Vortor überrannt war. Die Stadttore hatten deshalb auch unterschiedlich dicke Mauern: wuchtig und fest nach außen, zierlicher und mit Schmuck versehen nach innen, wie sich am Lübecker Holstentor sehen läßt. An diesem Bauwerk kann man auch erkennen, daß das 15. und 16. Jahrhundert neuen Schmuck für das backsteinerne Mauerwerk erfand. Neben schwarz oder grün glasierten Ziegeln, die schon vorher Verwendung fanden, wurden Terrakotten und Keramikplatten angebracht oder Figuren zwischen die Giebel gesetzt. Auch glasierte Dachpfannen belebten das Bild der „roten Städte".

Als die Reichweite der Geschütze Wälle und Stadtmauern überflüssig machte, wurden diese Relikte aus Vätertagen weitgehend abgetragen, in Neustadt schon im 18. Jahrhundert. Stehen blieb hier das Kremper Tor, ein zweigeschossiger Turm mit rundbogiger Durchfahrt und verziertem Stufengiebel. Weitere erhaltene Stadttore sind das Nordertor in Flensburg sowie Holsten- und Burgtor in Lübeck.

Schleswig-Holsteins Backsteinbauten erfreuen sich heute großer Beliebtheit und des Schutzes der Denkmalpflege. Das war zwischenzeitlich nicht immer so. Manchem erschien der Backstein als etwas zu Gewöhnliches. Fachleute schreiben den Künstlern der Romantik die Wiederentdeckung der Backsteinkunst zu. Ein berühmtes Beispiel ist Caspar David Friedrich, der nicht weniger als elfmal die Ruine des Zisterzienserklosters Eldena in der Nähe seiner Heimatstadt Greifswald malte oder zeichnete. Auf seinen Bildern sind weitere Beispiele der Backsteingotik Vorpommerns, Mecklenburgs und Sachsens zu finden. In solch romantischem Licht erlangte die Backsteinkultur um die Wende vom 19. zum 20. Jahrhundert neue Bedeutung. Unter dem Stichwort „Heimatschutz-Architektur" kam das Bauen mit Backstein in Schleswig-Holstein wieder in Mode, auch als Reaktion auf die Überladenheit des Historismus und des Wilhelminischen Zeitalters.

Neue Backsteingebäude entstanden nicht nur in den Städten, sondern auch in der Nähe neuer Industriestandorte, wo Werkssiedlungen emporwuchsen. Neue Herrenhäuser und langgestreckte Stallungen gesellten sich in Holstein der barocken Gutsarchitektur zur Seite. Schul- und Verwaltungsgebäude wandelten die alten Formen ab und schufen neue Ansichten. Dabei fand nicht selten ein „neuer Backstein" Verwendung, der Klinker.

Für Puristen ist der Klinker allerdings kein Backstein. Er wird aus kalkarmem Ton hergestellt, mit einigen Prozentanteilen Eisen versehen und bis zum Schmelzpunkt hartgebrannt, zwischen 1 100 und 1 400 Grad Celsius „gesintert". Der Klinker wird dadurch wasserabweisend sowie fester und haltbarer als der normale Tonziegel, der porös bleibt und das Mauerwerk atmen läßt.

Glatter als die mittelalterlichen Backsteine sind auch die heute verwendeten Maschinenziegel. Allerdings zerstören sie die einst lebendig wirkende Oberfläche oder beeinträchtigen sie zumindest. Mancher Architekt wählt deshalb für seine Bauten Steine zweiter oder dritter Wahl, um eine rauhere Fläche zu erhalten. Aus dem gleichen Grund werden manchmal Steine mit der roheren Innenseite nach außen vermauert, damit sie der Wirkung des ursprünglichen Materials näherkommen.

Natürlich stellen auch heute einige Firmen handgestrichene Ziegel her. Sie sind jedoch wesentlich teurer als die Maschinenware.

Im allgemeinen gilt der Backstein als ein robustes Baumaterial. Er verwittert in der Tat nicht so schnell wie Sandstein. Ganz ohne Pflege und Ersatz kommen jedoch auch Backsteinmauern nicht aus. Deshalb sieht man nicht nur in West- und Süddeutschland Gerüste an Kirchen, Kathedralen und Rathäusern. Auch norddeutsche Kirchbaumeister wissen, daß insbesondere die Wetterseiten, die Westfassaden der Gebäude, alle 30 bis 50 Jahre Stein für Stein überarbeitet werden müssen. Bei unseren Wintern, in denen die Temperaturen oft um den Gefrierpunkt schwanken, sprengt die im Stein aufgesaugte Feuchtigkeit durch Frost und Tau nach und nach Partien ab. Kaum jemand baut eben für die Ewigkeit.

Mit besonderer Liebe hängen die Lübecker an ihrem Holstentor; vielleicht, weil es im vorigen Jahrhundert beinahe abgerissen worden wäre. Die Türme stehen schief, da der Untergrund schlecht ist und das Gewicht der außen dreieinhalb Meter dicken Mauern die Fundamente absacken ließ.

Selbstbewußt ohne Selbstgefälligkeit: Die Backsteinkultur

Bauen wie die alten Römer: Tuffsteinkirchen im Landesteil Schleswig

Jürgen Newig

Vergessen wir alles, was wir über die Verwendung heimischer Baustoffe für den Häuserbau früherer Zeiten wissen! Die Kirche wollte schon vor fast 1 000 Jahren Baumaterial nur vom Feinsten, jedenfalls im Westen des alten Herzogtums Schleswig. Verblendungen aus Tuffstein, das sind alte, verfestigte vulkanische Aschen, und Bleidächer: Das war damals modern, als man bei uns den Ziegelstein noch nicht kannte und das Holz als Baustoff der Heiden in Verruf gekommen war.

Immerhin gab es handfeste Vorteile für die neue Bauweise, und zwar sowohl für die Nutzer als auch für den Bauherrn: Die Gebäude eigneten sich gut für die Verteidigung der Dorfbevölkerung gegen räuberische Überfälle, denn im Gegensatz zu strohgedeckten Bauernhausdächern konnten bleierne Kirchendächer durch Pfeile nicht in Brand gesteckt werden. Massive Mauern und hohe kleine Fenster machten es Angreifern schwer, ein solches Bauwerk zu erobern. So handelte die Kirche klug, denn nach Abschluß der Baumaßnahmen bat sie zur Kasse. Der alte Chronist Heimreich nennt das Jahr 1186 für die Einführung des Zehnten, also der Kirchensteuer, im Herzogtum Schleswig.

Wie kamen diese merkwürdigen Baustoffe zu uns? Das ist eine lange Geschichte. Versetzen wir uns zurück in die Zeit des alten Rom. Vor rund 2 000 Jahren blühte das römische Reich, und prachtvolle Gebäude wurden in großer Zahl errichtet. Unter dem Glanz von Marmor versteckte sich als tragender Stein der Tuff, so wie wir heute hinter Rotsteinverblendern den Kalksandstein oder Gasbetonstein finden. Rom ist bekanntlich auf sieben Hügeln erbaut, und ein Teil von diesen besteht aus dem leicht zu bearbeitenden Tuffstein. Dieses Material wurde in Steinbrüchen in Stadtnähe durch Abertausende von Sklaven gewonnen. In die aufgegebenen Stollen und Gänge warf man nicht selten die Leichen von Sklaven oder Verbrechern. Später hielten die Sklaven an bestimmten Stellen in den unterirdischen Gewölben, den Krypten, christliche Gottesdienste ab und bestatteten dort ihre Toten. Die großen Bauten, zum Beispiel die Basiliken des alten Rom in heidnischer Zeit, waren ebenso aus Tuffstein wie die Katakomben der Arbeiter, die mit diesem Werkstoff umgingen, und so ist der Tuffstein zugleich aufs engste mit der Architektur des frühesten Christentums verbunden.

Auch in ihren Besatzungsgebieten bauten die Römer Basiliken, zumeist dreischiffige langgestreckte Gebäude, deren eine Schmalseite von einer halbrunden Apsis (oder mehreren Apsiden) geziert war. Die Mitnahme dieses Bautyps gab den römischen Besatzern ein wenig Vertrautheit in der Fremde, und außerdem waren ihre Baumeister, die sie in die Kolonien schickten, auf diesen Bautyp eingestellt. Als im 5. Jahrhundert das Römische Reich unter dem Ansturm der germanischen Horden zugrunde ging, überlebte der Bautyp der Basilika in seiner Nutzungsform als Kirche. Die romanische Kirche ist also ein direkter Nachfahre der römischen Basilika. Dort, wo man in den römischen Kolonien ebenfalls Tuffsteinvorkommen finden konnte, verwendete man natürlich auch das vertraute Material.

In Deutschland gab und gibt es bedeutende Tuffsteinvorkommen in der Eifel. Das dort geförderte Material wurde nach Andernach am Rhein geschafft und flußabwärts geschifft. So wurde das römische Prätorium zu Köln am Rhein, also das antike „Rathaus", von dem unter dem jetzigen noch Reste vorhanden sind, aus den in Rom bewährten Materialien erbaut: Tuff für das aufsteigende Mauerwerk und Blei für das Dach. Selbst Teile des späteren Rathauses bestehen aus diesem Stein. Kein Wunder also, daß auch alle großen Kölner Kirchen der romanischen Zeit aus Tuff erbaut und mit Blei gedeckt sind.

Die Holländer beziehungsweise Friesen hatten damals eine Art Monopolstellung in der Rhein- und Nordsee-Schiffahrt, daher wurde dieser Baustoff auf den bedeutenden Tuffmärkten der Rheinmündung gehandelt. Als die Friesen während ihrer zweiten Auswanderungswelle an die Küsten Schleswig-Holsteins kamen, waren sie bereits Christen und brachten den rheinischen Baustil mitsamt dem Material, das sie in Köln, Speyer, Worms und anderswo kennengelernt hatten, in den Norden.

1103 erhielt Nordeuropa mit dem Erzbischofssitz in Lund im südlichen Schweden die Unabhängigkeit. Das geschah gegen den erbitterten Widerstand des deutschen Erzbistums von Hamburg und Bremen, dem der Norden zuvor unterstand. Voller Stolz über das Erreichte gingen die Nachfahren der Wikinger nun daran, neue Kirchen zu bauen. Im Raum des alten Herzogtums Schleswig begann man um 1125 in Ripen (dänisch: Ribe), das neben Schleswig Bischofssitz war, einen repräsentativen Bau zu errichten – natürlich mit den Baustoffen Tuff und Blei. Ripens Dom wurde im rheinischen Stil erbaut. Er ist das schönste Beispiel für den Tuffsteinbau im ehemaligen Handelsgebiet der Friesen. Dieser Bau strahlte in die gesamte Umgebung aus, und die meisten Kirchen der damaligen Zeit an der Westküste besaßen zumindest Schmuckelemente aus Tuffstein, wenn nicht ganze Wände damit verblendet waren. Auch das Blei als Material der Dachhaut fehlte nicht. Übrigens wird der Tuff des Ripener Doms oft für gelben Ziegelstein gehalten, weil der rheinische Tuff im Gegensatz zu dem bräunlich-rötlichen von Rom meist gelblich aussieht und man ihn in etwa ziegelsteingroße Stücke zerschnitt.

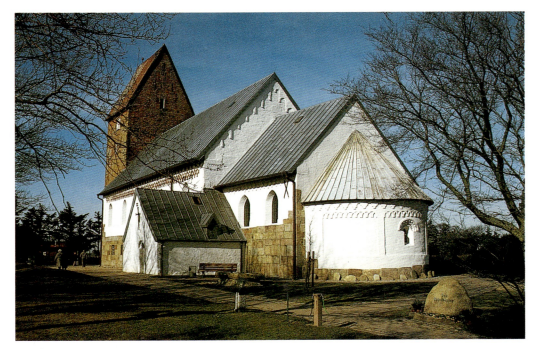

Ein zweites Zentrum, von dem der Tuffsteinbau ausstrahlte, war Schleswig. Von dem Ort an der Schlei war es nicht weit bis zur Treene bei Hollingstedt. Da die Treene über die Eider Verbindung mit der Nordsee hat, konnte über den Vorhafen Hollingstedt der gesamte Nordseehandel abgewickelt werden. Mit Fuhrwerken wurden die Güter weiter nach Schleswig gebracht. Schleswig war die erste Stadt in Schleswig-Holstein, die eine nennenswerte Zahl steinerner Gebäude aufwies. Das waren natürlich vor allem die Kirchen, und auch der Schleswiger Dom wurde als Tuffsteinbau begonnen. Der Bauhistoriker Richard Haupt schreibt (1924) dazu: „Um 1190 gab es im Bereich von Schleswig das große Benediktinerkloster und an Pfarrkirchen mindestens sechs. Alle scheinen unter Verwendung von Tuff erbaut gewesen zu sein; demnach würde dessen Einfuhr bald nach 1066 in Blüte gestanden haben."

Als einzige Tuffsteinkirche der Stadt Schleswig ist heute nur noch die schlichte Klosterkirche des Nonnenklosters auf dem Holm erhalten. Sie liegt nahe der alten Fischersiedlung Holm, in der noch heute ein wenig vom Geist vergangener Jahrhunderte zu spüren ist. Leider ist sie verputzt, so

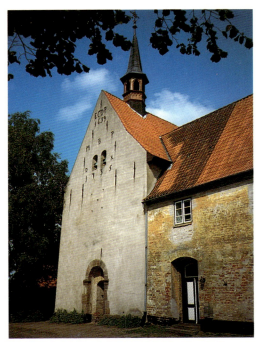

Die Kirche von Keitum auf Sylt (oben) ist eines der schönsten Denkmäler der Tuffkirchenzeit in Schleswig-Holstein. An der Apsis des im 13. Jahrhundert erbauten Gotteshauses erkennt man den Treppenfries unter dem Bleidach und darunter den Rundbogenfries zwischen flachen Lisenen. Der hohe Sockel von Chor und Schiff wird von sorgsam gehauenen Granitblöcken gebildet. Tuffsteine sind wegen des Verputzes nicht erkennbar. Der Kalfaster (Vorbau) stammt nicht mehr aus der romanischen Zeit. Der hohe Turm diente jahrhundertelang offiziell als Seezeichen und bildet auch heute noch eine wichtige Landmarke, besonders für Sportboote.
Die Westfassade der Klosterkirche St. Johannis auf dem Holm (unten), einem Ortsteil von Schleswig.

daß man den Tuff nur an schadhaften Stellen erkennen kann.

Wenn wir Haithabu, die erste stadtähnliche Siedlung (8. bis 11. Jahrhundert), als die „graue Stadt" bezeichnen, da sie noch ganz und gar aus Holz erbaut war, so können wir Schleswig die „gelbe Stadt" nennen, denn mit dieser Farbe präsentierte sich der Ort demjenigen, der sich ihm von Ferne her näherte und zuerst die mehr als ein halbes Dutzend großen Kirchen wahrnahm, die sich aus der Menge der kleinen Holzhäuser heraushoben. Nach dem Niedergang Schleswigs, wahrscheinlich nach einer Zerstörung im Jahre 1155, schwang sich Lübeck, die „rote Stadt", zur bedeutendsten Siedlung unserer Gegend auf. Inzwischen (ab ca. 1170) hatten offenbar die Norditaliener den Nordmenschen beigebracht, wie sich aus wertlosem grauem Ton schöne rote Ziegelsteine brennen ließen, und die meist vom Glück verfolgten Lübecker konnten in den nahen Ablagerungen des ehemaligen Eisstausees Abertausende von Steinen backen. Die Stunde der Lübecker Backsteingotik hatte geschlagen.

Auch Schleswigs ehemaliger Vorhafen zur Westküste, der Ort Hollingstedt, besitzt mit seiner Kirche noch heute ein gut erhaltenes (leider auch verputztes) Tuffsteingebäude, das anfänglich auch eine Apsis gehabt hatte. Einer alten Überlieferung zufolge soll es sich ursprünglich um ein Packhaus der Engländer gehandelt haben. Für diese andere Nutzung spricht der Umstand, daß dieses kleine Kirchlein mit fast vier Metern eines der tiefsten Feldsteinfundamente aller schleswigholsteinischen Kirchen aufweist. Eine derartig tiefe Gründung auf stabilem Geestboden wäre unter gewöhnlichen Umständen völlig überflüssig. Bei einem Packhaus hingegen macht ein tiefes Kellergeschoß für die Lagerung verderblicher oder besonders wertvoller Waren durchaus Sinn. Überhaupt wird in der Überlieferung immer wieder auf „Engländer" bzw. „Angli" hingewiesen, wobei oft unklar bleibt, ob die Einwohner der Landschaft Angeln oder Engländer gemeint sind. Tatsache ist, daß König Knut der Große zugleich König von England (seit 1016) und Dänemark (seit 1018) war und offenbar den Kirchenbau in seinem Heimatland bereits in dieser frühen Zeit stark gefördert hat. Einer Überlieferung zufolge soll er auch veranlaßt haben, Blei und Tuff aus England nach Jütland zu senden. Für den Tuff trifft die Überlieferung eindeutig nicht zu; was das Blei angeht, so stehen detaillierte Untersuchungen noch aus. Wahrscheinlich haben beide Materialien den Weg über den Rhein und die großen friesischen Umschlagplätze an der Rheinmündung genommen. Bekannt sind die Tuffmärkte von Deventer und Utrecht. Da zu Knuts Zeit viel „Knowhow" aus England kam, wäre es denkbar, daß man damals unter „Engländern" kenntnisreiche Leute verstand, die mit Schiffen gekommen waren.

Da sich der Tuffsteinkirchenbau im alten Herzogtum Schleswig offenbar auf die nur rund zwei Generationen während Phase des 12. Jahrhunderts beschränkte, muß damals eine ungeheure Bautätigkeit im Gange gewesen sein, wurde doch in dieser Zeit das – jedenfalls um Ripen herum – weitgehend bis heute unverändertes Netz von Dorfkirchen errichtet. Die Karte rechts zeigt dies deutlich, und man erkennt auch gut, wie der Tuffstein als Baumaterial den alten Transitweg zwischen Nord- und Ostsee entlang an Eider, Treene und Schlei begleitet.

Bedenkt man, daß nicht nur der leichte Tuff, sondern auch das schwere Blei vom Rhein bis hierher transportiert werden mußten, so sind der Materialtransport und Tuffsteinkirchenbau der damaligen Zeit als hervorragende logistische Leistung der Friesen zu bezeichnen.

Der Geschlossenheit des Zeitraums von nicht einmal 100 Jahren entspricht die Standardisierung der Bauweise: Die Dorfkirchen waren allesamt einschiffig, hatten anschließend einen nahezu quadratischen Chor von etwas geringerer Breite und ganz im Osten einen Abschluß durch eine klassische halbrunde Apsis. Türme wurden nur vornehmlich dort errichtet, wo sie als Seezeichen erforderlich waren.

Ein gutes Beispiel für eine Tuffsteinkirche aus dieser Zeit bietet Keitum auf Sylt. Die St.-Severins-Kirche weist alle Merkmale einer Tuffsteinkirche auf, zumal durch den tatkräftigen Einsatz von Pastor Giesen 1991 auch Chor und Hauptschiff wieder ihre ursprüngliche Bleibedachung erhalten haben. Ein hoher Granitsockel sorgt dafür, daß die aufsteigende Feuchtigkeit nicht in das Mauerwerk von Chor und Hauptschiff gelangen kann. Ein restauriertes Portal zwischen Kalfaster und Chor zeigt jedoch den Tuffstein in seiner vollen Schönheit.

Der Erhaltungszustand der Tuffsteinkirchen nimmt von Süden nach Norden zu. Die schönsten Exemplare mit vollständigen Bleidächern finden sich heute auf dänischem Boden. In Schleswig-Holstein ist das Apsisdach der Kirche von Morsum das wohl älteste datierte Bleidach in dieser Gegend überhaupt. Die Jahreszahl 1694 weist aus, daß es bereits über 300 Jahre lang unverändert seine Funktion erfüllt. Wenn Bleiplatten schadhaft wurden, schmolz man das Metall an Ort und Stelle ein, goß etwas neues hinzu, walzte es wieder aus und legte die Platten erneut auf. Auf diese Weise bewahrte man viel vom Originalblei bis auf den heutigen Tag.

In diesem Zusammenhang ist die alte Sage vom Kirchenbaumeister interessant. Es heißt, daß die Kirchen von Keitum, Nieblum auf Föhr, Pellworm und Tating in Eiderstedt auf einer Linie lägen, daß ihre Entfernung voneinander drei Meilen betrage, daß sie allesamt von demselben englischen Baumeister unbekannten Namens erbaut worden seien und daß dieser noch auf einem Schimmel von einer Baustelle zur anderen reiten konnte. Hierzu läßt sich folgendes anführen: Die Kirchen liegen tatsächlich – mit einer Abweichung von etwa 200 Metern bei der Nieblumer – auf einer Linie (von 67,6 Kilometer Länge – das sind neun dänische Meilen). Ihr Abstand beträgt jeweils rund drei Meilen, wenn man von einer Abweichung bis zwei Kilometer absieht.

Mit Sicherheit sind die drei Kirchen von Keitum, Nieblum (vor dem Umbau) und Pellworm Tuffsteinkirchen des nordfriesischen Typus, das heißt sie sind tatsächlich etwa zeitgleich entstanden. Für Tating kann mit guten Gründen das gleiche angenommen werden, auch wenn der heutige Bau weder Tuff noch Blei noch Apsis mehr kennt. Da die Apsis aber archäologisch nachgewiesen wurde und das alte Kirchensiegel das Gotteshaus mit den Merkmalen der friesischen Kirche zeigt (große Platten auf dem Dach können als Blei gedeutet werden), dürfte die Zeit- und Typengleichheit mit großer Wahrscheinlichkeit zutreffen. Als guterhaltene Beispiele für den friesischen Typ dieser Kirchen können heute noch Pellworm und Keitum gelten. Nieblum hat aufgrund eines späteren Neubaus aus Ziegelstein sein Aussehen völlig verändert, dennoch sind einige der alten Tuffsteine wieder vermauert worden; vor allem aber sind die Granitblöcke, die den Sockel der alten Kirche gebildet haben, wiederverwendet worden. Alle drei Kirchen besitzen eine Apsis. Blei liegt heute noch auf der Apsis der Keitumer Kirche. Ebenso hat die Apsis von Pellworm noch Bleibedeckung. Nach einer Restaurierung sind die Tuffsteine von Chor und Apsis wieder in einem guten Zustand.

Die Sage vom Kirchenbaumeister verdient auch wegen der weiteren Überlieferungselemente Beachtung. Die Tatsache, daß die Überquerung der Priele als mitteilenswert erschien, zeigt, daß eine Passage quer durch Nordfriesland schon damals keine Selbstverständlichkeit mehr gewesen sein dürfte, also wohl nur noch zu Pferd möglich war. Sie zeigt auch, und das ist für die Landschaftsgeschichte des 12. Jahrhunderts sehr aufschlußreich, daß die Priele und Wattströme bei weitem noch nicht die heutige Größe erreicht hatten.

Der Sinn dieser Kirchenreihe wird in ihrer praktischen Bedeutung als Seezeichen gelegen haben. Zwischen

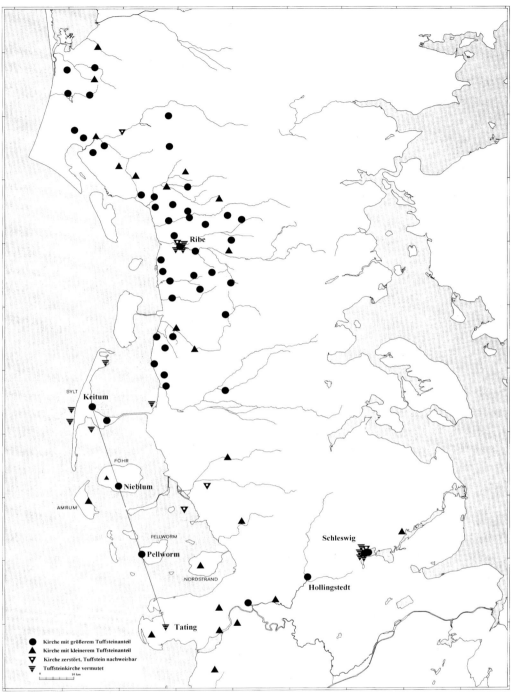

Verbreitung der Tuffsteinkirchen (bzw. der Tuff enthaltenden Kirchen) in Schleswig-Holstein und Dänemark (nach: Newig, 1980).

Die Kirche von Morsum auf Sylt (oben) ist etwa zeitgleich mit der Keitumer Kirche im romanischen Stil erbaut worden. Ihr Bleidach, datiert auf das Jahr 1694, gilt als das älteste in Schleswig-Holstein.

Die alte Kirche von Pellworm (unten). Der gewaltige Backsteinturm war ein Wahrzeichen der Schiffahrt im Wattenmeer. Er wurde im 13. Jahrhundert wohl anstelle eines zuvor kleineren errichtet, um als Wegweiser für die Seeleute zu dienen.

jeder Kirche lag ein markantes Tief, das als Fahrrinne für die Schiffahrt diente. Der Abstand der Kirchen ist so gewählt, daß man zwischen den Inseln selbst von einem Boot aus bei mittlerer Sicht rechts und links eine der Seezeichen-Kirchen erkennen kann. Am schwierigsten war die Einfahrt im Bereich von Pellworm, weil es hier keinerlei natürliche Erhebungen gab. Daher hat man wohl den Backsteinturm dieser Kirche besonders hoch und mächtig gebaut. Auch moderne Seekarten und Seehandbücher fügen gern eine Ansicht des auch heute noch als Ruine bedeutendsten Seezeichens im Wattenmeer bei. Der Pellwormer Turm wurde wohl 100 Jahre nach dem Kirchenbau errichtet. Das gleiche gilt für den Ziegelsteinturm an der Nordwestecke des Doms von Ripen, der – ästhetisch gesehen – als ausgesprochener Fremdkörper an der Kirche erscheint. Ripen hatte damals – neben Hamburg – ein großes Interesse an einer guten Ausstattung der Schiffahrtswege mit Seezeichen, daher könnte der Impuls für die Anlage der Kirchenreihe von Ripen ausgegangen sein.

So sind die Tuffsteinkirchen als Kleinode romanischer Baukunst im alten Landesteil Schleswig seit dem 12. Jahrhundert eng verknüpft mit Wirtschaft und Verkehr der Friesen.

Ein schleswig-holsteinisches Spezifikum: Die religiösen Freistätten

Eckardt Opitz

Das Edikt von Potsdam, mit dem Friedrich Wilhelm, der Große Kurfürst von Brandenburg, am 8. November 1685 auf die Aufhebung des Edikts von Nantes (1598) durch Ludwig XIV. reagierte und die aus Frankreich fliehenden oder vertriebenen Hugenotten in seinem Land aufnahm, wird in den Geschichtsbüchern als Beginn religiöser Toleranz in Deutschland herausgestellt. Dabei wird meist übersehen, daß die Aufnahme von Glaubensflüchtlingen in Schleswig-Holstein eine sehr viel längere Tradition hat. Seit dem späten 16. Jahrhundert haben die Schauenburger Grafen in der Herrschaft Pinneberg, dann die Könige von Dänemark und die Gottorfer Herzöge „Exulanten" an bestimmten Orten mit dem Recht auf freie Religionsausübung privilegiert.

Bereits um die Mitte des 16. Jahrhunderts, gleich nach Durchsetzung der Reformation in Schleswig-Holstein, hatte sich die Obrigkeit mit „Sektierern" auseinanderzusetzen. Menno Simons, der Begründer der Mennoniten, kam nach der Zerschlagung des „Täuferreichs von Münster" nach Holstein und fand in der Nähe von Oldesloe Aufnahme bei einem adligen Gutsherrn. Die kleine Gemeinde, die er um sich scharte, verlief sich nach Mennos Tod (1561). Erst gegen Ende des 16. Jahrhunderts wuchs die Zahl der Wiedertäufer im Lande wieder an; die meisten kamen aus den Niederlanden. Es handelte sich überwiegend um tüchtige Handwerker, die von unternehmerisch denkenden Persönlichkeiten wie Heinrich Rantzau (1526–1598) gern aufgenommen wurden, so in Grönau im Norden des Herzogtums Lauenburg.

Die religiöse Einheit des Landes war für die Fürsten zunächst eine politische Notwendigkeit. Deshalb wurde zum Beispiel im Dithmarscher Landrecht von 1567, dessen Bestimmungen 1591 vom Eiderstedter Landrecht übernommen wurden, geboten, den Wiedertäufern und anderen Sekten entgegenzutreten, sie anzuzeigen und sie, sofern sie an ihrem „Irrwahn" festhalten wollten, des Landes zu verweisen. Dieses Los hatten einige Mennoniten in Eiderstedt hinzunehmen. Erst im frühen 17. Jahrhundert erfolgte ein allmählicher Wandel gegenüber den „stillen Täufern", wie generell gegenüber „fremden Religionsverwandten".

Zunächst muß davon ausgegangen werden, daß um 1600 Schleswig-Holstein insgesamt rein lutherisch war. Nach den im Augsburger Religionsfrieden 1555 vereinbarten Regeln bestimmte der Landesherr die Konfession seiner Untertanen. Andersgläubige hatten zwar das Recht auf Abzug, aber keinen Anspruch auf Toleranz. Die Landesherren hatten das Recht, die Religionsausübung Andersgläubiger im Rahmen einer klar begrenzten Privilegierung zu erlauben. Dies geschah seit dem frühen 17. Jahrhundert überwiegend in religiösen Freistätten, meist städtischen Neugründungen. Den Anfang machte der bis 1640 schauenburgische Marktflecken Altona; es folgten Glückstadt und Rendsburg als königliche Städte und Friedrichstadt auf herzoglichem Gebiet. Nach 1634 kamen Nordstrand und im 18. Jahrhundert noch Christiansfeld als Herrnhuter-Kolonie in Nordschleswig hinzu.

Die Einrichtung religiöser Freistätten ist zwar ein Ausdruck von Toleranz auf seiten der Landesherren. Die Toleranz ist aber nicht das alleinige Motiv; wirtschaftliche Interessen spielten eine ebenso große Rolle. Bei den Exulanten handelte es sich zumeist um kenntnisreiche und fleißige Kaufleute und Handwerker, von deren Ansiedlung Handel und Gewerbe profitierten.

Altona wuchs im Verlauf des 17. Jahrhunderts aufgrund des Zuzugs

Glückstadt geht auf ein Projekt König Christians IV. von Dänemark (1577–1648) zurück. Die Stadt entstand als Festung seit 1617. Um sie für auswärtige Kaufleute attraktiv zu machen, wurde sie mit dem Privileg der Religionsfreiheit ausgestattet. Zu den ersten Siedlern gehörten portugiesische (sephardische) Juden. Die Abbildung zeigt das Siegel der israelitischen Kultusgemeinde; es enthält das Bildnis der Fortuna, die Glück bringen sollte, ihrer Bringeschuld aber nur unzureichend nachkam.

von Andersgläubigen von einem Dorf zu einer prosperierenden Stadt heran, deren Konkurrenz die Hamburger zu fürchten hatten. 1592 hatte Graf Adolf XIV. den in Hamburg lebenden Katholiken gestattet, in Altona ihre Gottesdienste zu halten. Bald entwickelte sich daraus eine Jesuitenmission, die allerdings so offensiv auftrat, daß sie zeitweilig untersagt wurde.

In Hamburg und Altona hielten sich seit Ende des 16. Jahrhunderts niederländische und französische Reformierte auf, die am 15. Juni 1602 von Graf Ernst von Schauenburg das Recht erhielten, in Altona eine Gemeinde zu gründen. 1603 wurde dort die erste reformierte Kirche auf schleswig-holsteinischem Boden gebaut. Im Privileg von 1602 wurde dem Pfarrer aufgetragen, er solle sich „des Scheltens enthalten und die Augsburgischen Konfessionsverwandten und die Päpstischen nicht angreifen, die gottesdienstlichen Bräuche anderer nicht tadeln und keine Ursache zu einiger Trennung geben; er und seine Zuhörer sollen sich der christlichen Liebe gegen jedermann befleißigen". Diese Anweisung wurde von den Königen und Herzögen für ihre Bereiche übernommen und kehrte bei Erteilung von Privilegien in leicht abgewandelter Form bis in das 18. Jahrhundert hinein wieder.

Als die Pinneberger Grafen in Altona Juden (portugiesische und deutsche gleichermaßen) nicht nur zuließen, sondern ihre Ansiedlung geradezu beförderten, gingen sie weit über das hinaus, was um 1600 in deutschen Territorien üblich war. Altona entwickelte sich zur freiesten aller Freistätten nördlich der Elbe. Jede christliche Konfession oder Sekte fand Aufnahme, darüber hinaus die Juden. Ausgenommen waren nur die Sozianer. Bei dieser Religionsgemeinschaft, deren Name auf den aus Siena stammenden Fausto Sozzini zurückgeht, der sich 1579 in Polen niederließ und dem dort bereits verbreiteten

Unitarismus neue Impulse gab, handelte es sich um Christen, die das Dogma der Dreieinigkeit Gottes ablehnten (daher die Bezeichnung „Unitarier"); sie nannten sich auch „Polnische Brüder", „Antitrinitarier" oder auch „Photinianer". Der polnische Humanismus hatte die Verbreitung der Lehren Sozzinis gefördert, so daß es einige Zentren dieser Glaubensgemeinschaft in Polen gab, bis ihre Angehörigen 1658 von König Johan Casimir des Landes verwiesen wurden, weil sie sich während der schwedischen Besetzung 1655/56 unter den Schutz des Schwedenkönigs gestellt und sich damit als „Verräter" erwiesen hatten. Die Sozinianer fanden in keiner der Freistätten Aufnahme. Sie galten als „gotteslästerliche Sekte" und wurden nirgendwo in Schleswig-Holstein geduldet. Daran änderte sich auch nichts, als Altona im Verlauf des Nordischen Krieges (1700–1721) im Jahre 1713 von schwedischen Truppen niedergebrannt worden war. Der Wiederaufbau wurde durch die Bestätigung der Religionsfreiheiten selbst der absonderlichsten Sekten beschleunigt. Ausgenommen blieben die Sozinianer. Die Versuche der lutherischen Geistlichkeit, die Religionsfreiheit einzuschränken, scheiterten spätestens an Detlev Christian von Reventlow, dem energischen Oberpräsidenten, der lapidar feststellte, nach Altona dürfe jeder kommen, „da solche Toleranz den Anbau und Anwachs der Stadt befördert". Der Zweite Weltkrieg hat von den architektonischen Zeugnissen religiöser Toleranz in Altona kaum etwas übriggelassen. Selbst die berühmte katholische Kirche auf der Großen Freiheit besteht hinter der barocken Fassade aus einem Neubau.

Ob das Verhalten der Schauenburger in Altona die benachbarten schleswig-holsteinischen Landesherren, den König von Dänemark und den Herzog von Schleswig-Holstein-Gottorf veranlaßt hat, diesem Beispiel zu folgen, oder ob Eigeninitiative vorliegt, ist schwer zu ermitteln. Tatsache ist, daß König Christian IV. mit der Gründung von Glückstadt (1617) auch Maßnahmen einleitete, die ein gewisses Maß an Religionsfreiheit enthielten. Zunächst sollten nur Remonstranten und Mennoniten Aufnahme finden, Katholiken waren ausgeschlossen; später wurden auch diese (man brauchte sie als Soldaten für die Festung) und portugiesische Juden (die als kapitalkräftig galten) geduldet. Die Erfolge, Religionsflüchtlinge nach Glückstadt zu locken, blieben bescheiden, weil sich die Stadt nicht so entwickelte, wie ihr Gründer es sich erhofft hatte. Glückstadt blieb aber auch in der Folgezeit eine religiöse Freistatt mit eindeutigen Privilegien. Die alte katholische Kirche (in der Großen Namenlosenstraße 14) wurde abgebrochen und 1965 durch einen Neubau ersetzt. Ein Zeugnis für die Anwesenheit der Reformierten ist die Friedhofskapelle aus dem 17. Jahrhundert mit dem plastischen Doppeladler über der Tormitte.

Von der Präsenz portugiesischer (sephardischer) Juden zeugen nur noch die 88 Grabplatten, die nach dem Zweiten Weltkrieg in der Pentzstraße in zwei Reihen nebeneinandergelegt worden sind.

Die sichtbarsten Spuren einer religiösen Freistatt hat bis heute zweifellos Friedrichstadt hinterlassen. Bei der Gründung der Stadt, 1621, kam den Remonstranten eine Führungsrolle zu. Ihr Begründer war Jacob Arminius (eigentlich Haarmensz, 1560–1609), nach dem sie auch Arminianer genannt wurden. Die Remonstranten hatten eine „Remonstratie" gegen die Prädestinationslehre Calvins verfaßt, womit sie ihre Sonderrolle im Rahmen des Kalvinismus definierten. Ihre Verfolgung in den Niederlanden war nur kurzfristig (bis etwa 1630); danach kehrte ein Teil der nach Holstein geflohenen und in Friedrichstadt angesiedelten Remonstranten dorthin

zurück, nicht zuletzt, weil sich die wirtschaftliche Entwicklung der Stadt nicht so gestaltete, wie sie sich erhofft hatten.

Die Remonstranten repräsentierten mehr als jede andere religiöse Ausrichtung das Prinzip des freien Denkens und der weitherzigen Gesinnung in Glaubensfragen; bei ihnen gehörte die Duldung Andersgläubiger zum Programm. Sie bildeten in der Folgezeit häufig einen Hort für Sektierer, die in anderen Teilen Europas verfolgt wurden. In Friedrichstadt waren sie bis zum Beginn des 18. Jahrhunderts die führende wirtschaftliche und politische Gruppe, bis sie von den Lutheranern abgelöst wurden.

Quantitativ und qualitativ bedeutend bei der Etablierung der religiösen Freistatt Friedrichstadt waren auch die Mennoniten. Hier hatten sie erstmals die Möglichkeit, weitgehend unangefochten ihre Glaubensüberzeugungen zu leben. Es gelang ihnen auch, ihr Verhältnis zur Obrigkeit zu klären; den Mennoniten wurden Aus-

Bei der Gründung von Friedrichstadt war den aus den Niederlanden stammenden Remonstranten, eine Glaubensgemeinschaft, die sich vom Kalvinismus gelöst hatte, eine führende Rolle zugekommen. Ihre Kirche wurde 1850 zerstört; der heutige spätklassizistische Bau entstand 1852–1854. Die Innenansicht hebt die klassizistische Baukonzeption hervor.

Ein schleswig-holsteinisches Spezifikum: Die religiösen Freistätten

Mit der Errichtung von religiösen Freistätten verbanden die Landesherren die Aussicht auf wirtschaftlichen Profit. Sowohl König Christian IV. als auch Herzog Friedrich III. von Schleswig-Holstein-Gottorf (1597–1659) warben um portugiesische Juden. Der Gottorfer Herzog hatte keinen, der dänische König nur einen zeitlich begrenzten Erfolg. Die Abbildung oben zeigt eine im 17. Jahrhundert von einem sephardischen Pächter geprägte Silbermünze aus Glückstadt. Die Mennoniten galten seit dem 16. Jahrhundert als tüchtige Handwerker und solide Kaufleute. Sie trugen auch zum Aufbau Friedrichstadts bei. Die große Abbildung zeigt das Bethaus der Mennoniten in Friedrichstadt aus dem Jahr 1708. Menno Simons (1496–1561), der Begründer der mennonitischen Glaubensgemeinschaft, hatte 1543 bei Bartholomäus von Ahlefeldt auf Fresenburg Zuflucht gefunden. Die Menno-Kate (bei Bad Oldesloe, unten) war möglicherweise die Druckerei, von der aus Menno Simons seine Schriften verbreitete.

nahmebestimmungen eingeräumt: Sie waren von der Verpflichtung, Eide zu schwören, entbunden; statt dessen sollte ihr „Ja" oder „Nein" eidesgleiche Bedeutung haben. Sie waren frei von öffentlichen Verpflichtungen. Vor allem waren sie vom Waffendienst in jeder Form befreit; sie leisteten statt dessen besondere Steuerzahlungen. Sie verfügten aber über alle Bürgerrechte sowie über Handels- und Gewerbefreiheit.

Für kurze Zeit belebten auch die Quäker die religiösen Auseinandersetzungen in Schleswig-Holstein. Zur Bildung einer Gemeinde kam es aber nur in Friedrichstadt. 1673 beklagte sich der lutherische Pastor Friedrich Fabricius über die „Dreistigkeit" der Quäker, die „zur Beschimpfung des heiligen Predigtamtes (sogar) ein Weibsbild auftreten ließen, das, in aller zustürzenden Leute Gegenwart, vor allen Nationen dieser Stadt öffentlich predigte und dadurch begann, schon einige Leute an sich zu ziehen". Was den Pastor Fabricius so empörte, gehörte zu den Grundsätzen der Quäker: die Gleichberechtigung der Frau. Ihre Ablehnung von Krieg, Eid und Sklaverei und ihre Kritik an Luxus, Trunk und hohlen Formen des Hoflebens erregten offenbar weniger Anstoß. Das Recht auf freie Religionsausübung erhielten die Quäker erst 1706. Nach 1770 ist eine Gemeinde in Friedrichstadt nicht mehr nachzuweisen.

Juden fanden in Friedrichstadt seit 1675 Aufnahme und genossen wie die christlichen Konfessionen Religionsfreiheit. In kaum einer deutschen Stadt war die Assimilation der Juden bis 1933 intensiver als in Friedrichstadt.

Die heute noch existierenden Gotteshäuser der Remonstranten, der Mennoniten und der Lutheraner

Die Altkatholische Kirche in Süden/Nordstrand (links) stammt im Kern aus der Gründerzeit der katholischen Kolonie im 17. Jahrhundert; sie wurde aber 1887 neugestaltet. Mit dem sich anschließenden Pfarrhaus bildet sie eine bauliche Einheit.
Die Mennoniten, ein besonders in den USA und Kanada verbreiteter Zweig der Wiedertäufer, haben ihrem Stammvater neben der Menno-Kate bei Bad Oldesloe ein Denkmal (rechts) gesetzt.

stammen aus der Gründungszeit. Die katholische Kirche ist 1853 erbaut worden, nachdem das alte Gebäude bei der Beschießung der Stadt 1850 zerstört worden war. Das Haus, in dem sich bis 1938 die Synagoge befand, ist erhalten geblieben, doch eine jüdische Gemeinde gibt es nicht mehr.

Die umfangreichste katholische Kolonie entstand nach 1652 auf der Insel Nordstrand. Wieder war es Herzog Friedrich III., der die Voraussetzungen dafür schuf: Er war interessiert an der Eindeichung der Insel, die 1634 in der großen Sturmflut entstanden und seither unbedeicht dem Meer ausgesetzt war. Ein Unternehmenskonsortium (die sogenannten Hauptpartizipanten) wurde Eigentümer von Nordstrand. Es handelte sich um katholische Bürger aus Brabant. Sie erhielten für sich und ihre Gefolgsleute völlige Religionsfreiheit auf der Insel; neben ihnen durften nur noch Lutheraner und Reformierte (beide als Minderheiten) vertreten sein. Die enge geistliche und wirtschaftliche Verbindung mit Utrecht führte dazu, daß die Katholiken auf Nordstrand in den Jansenismusstreit hineingezogen wurden. Vorübergehend fanden führende französische Jansenisten wie Antoine Arnauld dort Zuflucht. Nach der päpstlichen Bulle „Unigenitus" von 1713 kam es zur Spaltung der Katholiken. Während sich die Mehrheit der Hauptpartizipanten der Utrechter altkatholischen Kirche anschloß, deren Bischof sie sich auch juristisch unterstellt hatten, versuchten die jesuitischen Missionare, die römisch-katholische Richtung durchzusetzen. Klagen vor dem Gottorfer Obergericht gaben den Jansenisten recht. Seither waren (und sind) auf der Insel Nordstrand beide Konfessionen vertreten, die sich heftig befehdeten. Bis 1826 waren die römischen Katholiken

Ein schleswig-holsteinisches Spezifikum: Die religiösen Freistätten

Zu Beginn des 19. Jahrhunderts zählte Rendsburg zu den bedeutenden jüdischen Gemeinden Schleswig-Holsteins. Die Synagoge (oben) wurde – wie der Grundstein mit der Jahreszahl 5604 ausweist – 1843 erbaut. Das Gebäude dient heute vorwiegend der Präsentation moderner Kunst. Von allen ehemaligen religiösen Freistätten pflegt Friedrichstadt dieses Erbe am intensivsten. Das Stadtarchiv hat sich große Verdienste erworben, indem es die Geschichte der jüdischen Bürger in den Mittelpunkt seiner Aktivitäten gestellt hat, ohne die anderen Glaubensgemeinschaften zu vernachlässigen. Das Foto zeigt den Kantor der israelitischen Kultusgemeinde, Samuel Montag, und seine Familie neben der Synagoge, 1903.

nur geduldet, während die Jansenisten die eindeutig Privilegierten waren.

Im Ort Süden der Insel Nordstrand gibt es zwei katholische Kirchen: die 1867 als neugotischer Backsteinbau entstandene und 1929 erweiterte römisch-katholische und eine Baugruppe altkatholischer Provenienz, die in ihrem Kern aus dem 17. Jahrhundert stammt und deren Kirche 1887 neugestaltet worden ist. Die Innenausstattung gibt nicht nur Zeugnis von der Entstehung dieser Gemeinde, sondern auch von der Geschichte der Insel.

Mit dem Ausbau Rendsburgs zur modernen Festung am Ende des 17. Jahrhunderts entstand auch in einem Teil dieser Stadt eine Insel religiöser Toleranz. Um den Stadtteil Neuwerk bevölkern zu können, mußte der dänische König Zugeständnisse machen. Diese kamen besonders den Juden zugute. Gegen den Widerspruch der alteingesessenen Bevölkerung setzte König Christian V. die Ansiedlung von Juden im neuen Werk durch. Der Stadtkommandant erhielt die Anweisung, der jüdischen Gemeinde „einen Musketenschuß von den Festungswällen entfernt" einen Begräbnisplatz zuzuweisen. Die Rendsburger Juden erhielten ihren Friedhof in Westerrönfeld.

Die Rendsburger Marienkirche stammt aus dem späten 13. Jahrhundert; sie war mit Fresken aus dem 14. Jahrhundert ausgemalt, von denen sich Teile erhalten haben. Als der dänische König nach 1691 das Neuwerk anlegen ließ, entstand die Christkirche, die als Bollwerk des Luthertums konzipiert wurde. Der Grundriß in Kreuzform und die reiche Ausstattung mit Werken des 17. und 18. Jahrhunderts machen deutlich, daß sie die vom Landesherrn bevorzugte war. Als wichtigster Architekt wirkte Domenico Pelli für den Bau der Kirche, die im Juli 1700 eingeweiht wurde.

Die Rendsburger Synagoge, deren erhaltener Grundstein das Jahr 5604 (= 1843) ausweist und die nach ihrer Verwüstung im Jahr 1938 als Fischräucherei genutzt wurde, konnte 1985 restauriert werden. Sie trägt heute den Namen „Dr. Bamberger-Haus, Ehemalige Synagoge Rendsburg". Das Haus ist ein Museum für die Geschichte der Juden in Schleswig-Holstein und präsentiert Werke in der NS-Zeit verfolgter jüdischer Künstler.

Jüdische Gemeinden hatten es auch nach der Reformation – nicht zuletzt wegen Martin Luthers Schriften gegen die Juden von 1543 – besonders schwer, in Deutschland eine

Zu den letzten Glaubensgemeinschaften, die als bedrängt oder verfolgt angesehen werden müssen, zählen die Herrnhuter. Sie durften erst nach langen Verhandlungen 1771 ihre Missionsstation Christiansfeld im Norden des Herzogtums Schleswig errichten. Das Bild zeigt das karge Innere des Bethauses, in dem auch heute noch der Fußboden mit Sand bestreut wird.

halbwegs gesicherte Existenz zu finden. Das war in Schleswig-Holstein nicht anders. Gleichwohl gelang es den Juden, in einigen Orten Fuß zu fassen. So etwa in Moisling, einem Lübecker Stadtteil, in dem seit 1681 Juden Schutzrechte hatten und in deren Gefolge sich ein bedeutendes jüdisches Gemeindeleben entwickelte. Weitere jüdische Gemeinden entstanden in Burg auf Fehmarn, Elmshorn, Kiel, Wandsbek und Bad Segeberg. Bei diesen Orten handelt es sich aber nicht um religiöse Freistätten; nur den Juden wurden – meist zeitlich begrenzt und auf eine geringe Zahl beschränkt – vom Landesherrn spezifische Schutzrechte eingeräumt.

Auch die Ansiedlung der Herrnhuter, einer pietistischen Glaubensbewegung, erfolgte seit der Mitte des 18. Jahrhunderts in Schleswig-Holstein nicht nur gegen erheblichen Widerstand der lutherischen Geistlichkeit, sondern am Ende nur als „Sonderkultur". 1771 erlaubte der dänische König die Gründung einer herrnhutischen Kolonie in Christiansfeld bei Hadersleben (heute Dänemark). Auch hier sollte nicht eine religiöse Freistätte, sondern nur eine den Herrnhutern offenstehende Siedlung entstehen. Von Christiansfeld aus durfte die Brüdergemeine in den überseeischen Gebieten christliche Mission betreiben. Adam Struensee, Generalsuperintendent für die Herzogtümer (der Vater des Kabinettsministers Johann Friedrich Struensee) hatte sich vergeblich bemüht, die Gründung Christiansfelds zu verhindern. Er vertrat den Standpunkt eines aufgeklärten Lutheraners: „Die Toleranz ist gut, wenn sie nur gehörig eingeschränkt wird."

Christiansfeld ist bis heute ein Denkmal der Herrnhuterbewegung des 18. Jahrhunderts. Nicht nur im Gotteshaus und im „Gottesacker" wird herrnhutischer Pietismus sichtbar, sondern der ganze Ort stellt eine architektonische und sozialgeschichtliche Quelle ersten Ranges dar.

Ursprünglich war Gut Panker, das nördlich von Lütjenburg liegt, in Besitz der von Rantzaus. Erbaut wurde das schneeweiße dreiflügelige Herrenhaus um 1700. Landgraf Friedrich von Hessen-Kassel, der 1720 als Friedrich I. den schwedischen Thron bestiegen hatte, kaufte im Jahre 1739 Panker und die umliegenden Güter. Noch heute gehören sie zur Kurhessischen Stiftung, die ihren Sitz in Kronberg/Taunus hat. Eine Besichtigung des Herrenhauses und der herrschaftlichen Park- und Gebäudeanlagen ist leider nur von außen möglich, da das prachtvolle Anwesen privat bewohnt wird. Allerdings finden in der renommierten Galerie im Torhaus regelmäßig Kunstausstellungen statt.

Kunst und Kultur

Lübeck, die Königin der Hanse und Heimatstadt Thomas Manns, ist für jeden geschichts- und kulturinteressierten Besucher Schleswig-Holsteins mit seiner siebentürmigen, unverwechselbaren Silhouette ein unbedingtes Muß. In der Altstadt mit ihren Klöstern, Kirchen, prächtigen alten Bürgerhäusern, Speichern, Höfen und Gängen kann man noch heute den alten Geist der Hansestadt spüren. Zwar wurde 1942, beim ersten massiven Luftangriff der Alliierten auf eine deutsche Stadt, ein Fünftel der Altstadt zerstört, aber nach dem Wiederaufbau gibt es heute über eintausend denkmalgeschützte Gebäude in der Stadt. 1987 wurde die Altstadt von der UNESCO zum Weltkulturerbe ernannt.
Von der Höhe des Petriturmes hat der Besucher einen herrlichen Blick über die Dächer der Lübecker Altstadt. Das Foto zeigt einen Teil des Straßenzuges Große Petersgrube, in der auch Schleswig-Holsteins einzige Musikhochschule untergebracht ist.

Kunst und Kultur

Die Kirche St. Servatius von Selent, einer kleinen Gemeinde, die unweit des Selenter Sees liegt, wurde im 12. Jahrhundert gegründet. Ihr mächtiger Westturm ist im Kern ein spätgotischer Feldsteinbau, der 1776 erneuert wurde. In ihrem Inneren befinden sich ein dreiteiliger Schnitzaltar (um 1470), eine Taufe mit hoher romanischer Granitschale und eine Holzkanzel von 1595. Dieser Teil des Selenter Sees ist mit den Orten Berlin, Fargau und Selent auf Urlauber eingerichtet, während große Flächen seines nördlichen Ufers unter Naturschutz gestellt wurden.

Emil Nolde, der berühmte Maler aus dem Norden Schleswig-Holsteins, konnte immer neu den „herrlichen, weitgespannten Himmel von hüben und drüben" bestaunen. In seinen Aquarellen, Landschafts- und Blumenbildern spielt der Künstler alle Töne der Farbskala durch, um das Eigenartige des Landschaftseindrucks in farbige Akkorde übersetzen und dem Betrachter vermitteln zu können: „Mit zartesten Farben kann höchste Intensität gegeben werden ebensowohl als mit starken glühenden …"

Emkendorf: „Musentempel" oder „Schmiede für Geistesfesseln"?

Eckardt Opitz

Während des 17. und 18. Jahrhunderts gingen in Deutschland die Impulse für die kulturelle Entwicklung überwiegend von den Fürstenhöfen aus. Die kulturelle Vielfalt und Intensität korrespondierte geradezu mit der großen Zahl kleiner und kleinster Residenzen. Thüringen darf als „klassisches" Beispiel besonders hervorgehoben werden. In Schleswig-Holstein hat es eine höfische Kultur nur ausnahmsweise gegeben, und wenn es sie gab, kam ihr nie eine zentrale Bedeutung zu.

Im 17. Jahrhundert hatte Schleswig-Gottorf eine gewisse Ausstrahlung als Sitz der Gottorfer Herzöge. Besonders unter Friedrich III. besaß die Gottorfer Kultur mit Schlössern und Kunstsammlungen überregionalen Rang. Der dänische König verfügte zwar auch über Residenzen, etwa in Flensburg, oder schuf neue herrschaftliche Standorte wie Glückstadt an der Elbe, doch erreichten diese so wenig Attraktivität wie etwa die Sitze der Lauenburger Herzöge in Ratzeburg, Lauenburg, Franzhagen oder Grönau.

Lediglich die „abgeteilten Herren", wie jene Linien des Hauses Oldenburg genannt wurden, die nicht an der Regierung des gesamten Landes beteiligt waren, versuchten ihre Machtlosigkeit durch höfischen Glanz zu kompensieren. Die Spuren sind in Augustenburg, Glücksburg, Plön und Sonderburg sichtbar. Von einer schleswig-holsteinischen Hofkultur kann aber kaum die Rede sein. Statt dessen gibt es nördlich der Elbe seit dem 16. Jahrhundert eine Adelskultur von erheblichem Rang. Das 16. Jahrhundert wird in der Landesgeschichte gern das „Rantzauische" genannt, und dies völlig zu Recht. Kein Geschlecht, auch nicht das der Landesherren, verfügte über einen vergleichbaren Reichtum und über entsprechenden Einfluß wie Johann Rantzau (1492–1565) und sein Sohn Heinrich (1526–1598). Sie verwandelten Burgen in schloßähnliche Herrensitze und können als Repräsentanten des Humanismus angesehen werden. Besonders Heinrich Rantzau war ein europaweit bekannter Gelehrter und zugleich Staatsmann und Kaufmann.

Im 17. Jahrhundert folgten den Rantzaus die Ahlefeldts; sie gaben den politischen Aktivitäten der Ritterschaft einige Impulse, waren aber zugleich daran interessiert, im Dienste der Landesherren zu größerer Macht zu gelangen. Sieht man von Detlev von Ahlefeldt auf Haseldorf (1617–1686) ab, waren die kulturellen Ausstrahlungen dieses Geschlechts für die Herzogtümer vergleichsweise bescheiden. Die Hervorhebung Detlev von Ahlefeldts ist mehr wegen seiner kulturhistorischen Bedeutung als wegen seiner Wirkung auf die Zeitgenossen gerechtfertigt.

Das 18. Jahrhundert ist ein Höhepunkt der Adelskultur in Schleswig-Holstein. Nach dem Großen Nordischen Krieg (1700–1721) mußten die Gottorfer Herzöge Schleswig verlassen und nach Kiel „umziehen". Damit wurde Kiel zur Hauptstadt und zur Residenz. Doch war die Rolle Kiels als „Landeshauptstadt" nur von kurzer Dauer. Die Gottorfer wechselten nach Rußland oder Schweden über. Als der dänische Gesamtstaat entstand, waren Residenzen außerhalb Kopenhagens überflüssig – mit einer Ausnahme, dem Hof der Bischöfe von Lübeck in Eutin. Die (Fürst-) Bischöfe von Lübeck gingen seit 1586 aus dem Hause Oldenburg hervor. Seit dem frühen 18. Jahrhundert entstand in Eutin eine glänzende Hofhaltung, die zahlreiche Künstler von Rang anzog. Mit den Vereinbarungen zwischen der Zarin Katharina der Großen und König Christian VII. von Dänemark 1767/73, durch die das Herzogtum Oldenburg geschaffen wurde, verlor auch das Eutiner Hofleben an Bedeutung.

Wo die Ausstrahlung fürstlicher Hofhaltung fehlt und städtische (bürgerliche) Kultur kaum eine Rolle spielt, gewinnt die Lebenshaltung des Adels an Bedeutung. Die schleswig-holsteinische Adelskultur des 18. Jahrhunderts hat zwar in allen Landesteilen ihren Niederschlag gefunden, aber doch in sehr unterschiedlicher Intensität. Die wirtschaftliche Situation der Adelsfamilien wich stark voneinander ab. Manches Geschlecht hat sich übernommen, wenn es sich anschickte, mit anderen Familien in Konkurrenz zu treten, als es darum ging, die größten Häuser zu bauen oder die schönsten Parks anzulegen.

Auch die Reventlows hätten sich übernommen, wenn sie die Umgestaltung des alten Herrenhauses Emkendorf in ein schloßartiges Gebäude im Stil der zweiten Hälfte des 18. Jahrhunderts aus der gutsherrlichen Kasse hätten bezahlen müssen. Es waren ganz besondere Umstände, die Emkendorf zu einem kulturellen Zentrum mit landesweiter Ausstrahlung haben werden lassen.

Friedrich (Fritz) Reventlow und sein Bruder Cay gehörten zu den begabten jungen Adligen, die sich für eine politische Karriere im Dienst des dänischen Gesamtstaats entschlossen hatten. Nicht nur Andreas Peter von Bernstorff wußte den scharfen Verstand und die geistige Lebhaftigkeit des jungen holsteinischen Edelmanns zu schätzen, sondern viele Zeitgenossen haben den Geist und die Talente, seine Liebenswürdigkeit, aber auch seine Neigung zu verletzender Ironie und seine Arroganz bekundet. Johann Heinrich Voß, der ihn während des Studiums in Göttingen und als Mitglied im Hainbund kennengelernt hatte, spricht ihm „grellstimmigen Witz" zu und die herablassende Fertigkeit, Meinungen anderer ins Lächerliche zu ziehen, eine – wie Voß meinte – abstoßende Charaktereigenschaft. Fritz

Reventlow war so sehr Aristokrat, daß sein Freiheitsdrang sich nicht auf Dauer mit dem Staatsdienst vereinbaren ließ; er zog sich für längere Zeit ins Privatleben zurück. Da er dem dänischen Absolutismus genauso ablehnend gegenüberstand wie den Ideen der Französischen Revolution, ist seine politische und weltanschauliche Position nur schwer in ein gängiges Raster zu bringen.

1779 hatte er Julia Schimmelmann geheiratet. Sie war einerseits eine der „besten Partien", die man machen konnte, hatte aber andererseits das Manko, die Tochter eines „Emporkömmlings" zu sein. Der aus Pommern stammende Heinrich Carl Schimmelmann war ein kaufmännisches Naturtalent und hatte es aufgrund seiner speziellen Fähigkeiten bis zum dänischen Lehnsgrafen und königlichen Schatzmeister gebracht. Hintergrund des wirtschaftlichen Auf-

Friedrich (Fritz) und Julia Reventlow hatten sich 1783/84 und 1795 bis 1797 in Italien aufgehalten und dort zahlreiche Kunstwerke erworben. In der Innenausstattung der Emkendorfer Räume sollte ein Stück Italien im Norden Deutschlands sichtbar werden.

Heinrich Carl Schimmelmann hatte den Architekten Carl Gottlob Horn mit dem Um- und Ausbau des Emkendorfer Herrenhauses beauftragt; dieser erfolgte 1791 bis 1793. Es war eine Art verspätetes Hochzeitsgeschenk für seine Tochter Julia und seinen Schwiegersohn Fritz Reventlow. Das Bild zeigt die Hofseite von Emkendorf.

stiegs war unter anderem der atlantische Dreieckshandel, bei dem die Sklaverei eine zentrale Rolle spielte. Schimmelmann galt als der erfolgreichste Sklavenhändler und -halter in der zweiten Hälfte des 18. Jahrhunderts. Seine Töchter Julia und Caroline halfen bei seinem sozialen Aufstieg. Indem Julia mit einem Grafen Reventlow und Caroline mit dem Grafen Heinrich Friedrich von Baudissin auf Knoop verehelicht wurden, erfolgten damit zugleich der Aufstieg und die Integration der Schimmelmanns in die schleswig-holsteinische Ritterschaft.

Julia Reventlow hat – ähnlich wie ihre Schwester Caroline auf Knoop – eine wichtige Rolle in der schleswigholsteinischen Kulturgeschichte gespielt. Als Tochter eines reichen Vaters brachte sie genügend Geld in die Ehe, um sich und ihrem Ehemann ein standesgemäßes Leben zu ermögli-

chen. Fritz Reventlow verstand zu wirtschaften; es gelang ihm, den Gutsbetrieb so zu gestalten, daß er jährlich circa 10 000 Reichstaler einnehmen konnte. Die Einkünfte, die Julia aus ihrem Erbe zufielen, waren aber dreimal so hoch.

Als Fritz und Julia Reventlow Emkendorf 1786 übernahmen, begannen die Überlegungen für den Umbau des Hauses. Auf Empfehlung Schimmelmanns wurde der aus Sachsen stammende Architekt Carl Gottlob Horn von 1791 an in Emkendorf tätig. 1783/84 und 1795 bis 1797 hatten Fritz und Julia Reventlow bei ausgedehnten Italienreisen zahlreiche Gemälde und andere Kunstwerke erworben, darunter auch Bilder von Angelika Kauffmann. Während dieser Reisen lernten sie auch den Stukkateur Francesco Antonio Tadey und den Maler Giuseppe Anselmo Pellicia kennen und verpflichteten sie nach

Graf Friedrich von Reventlow (1755–1828) war Diplomat und ein standesbewußter Vertreter der schleswig-holsteinischen Ritterschaft. Das Gemälde stammt von Jens Juel.
Der Mittelpunkt des Emkendorfer Kreises war Gräfin Julia von Reventlow (1763–1816). Als Tochter des dänischen Schatzmeisters Graf Heinrich Carl Schimmelmann (1724–1782) galt sie 1779, als die Ehe mit Fritz Reventlow geschlossen wurde, als „eine der besten Partien im Lande". Gemalt wurde sie von Jens Juel.

Emkendorf. Diese Künstler wirkten viele Jahre, um das Herrenhaus in den Zustand zu bringen, der es als „Gesamtkunstwerk" des späten 18. Jahrhunderts auszeichnet: ein Stück italienischer Leichtigkeit mit klassizistisch historisierenden Elementen weit nach Norden versetzt. Die Arbeiten wurden erst 1811 abgeschlossen; die unruhigen Zeiten hatten dazu geführt, daß auch die letzten Gemälde erst in diesem Jahr in Emkendorf eintrafen.

Die Reventlows empfingen ihre zahlreichen Gäste, den „Emkendorfer Kreis" also auf einer feudalen Baustelle. Emkendorf erhielt am Ende nach außen einen Übergangsstil vom Barock zum Klassizismus, der gegen Ende des 18. Jahrhunderts im Lande durchaus üblich war. Die Innenausstattung war (und ist) aber in Schleswig-Holstein einzigartig: Pompeji, Altrom und das Italien des 18. Jahrhunderts finden in norddeutschen Räumen des Spätbarock Aufnahme und gehen eine Symbiose ein, die bei Besuchern seit 200 Jahren Respekt und Bewunderung auslöst.

Der „Emkendorfer Kreis", der in diesen Räumen zusammenkam, war zunächst so etwas wie ein „Salon" der Hausherrin. Von den bekannten Salons der Zeit (etwa in Berlin) unterschied er sich nicht zuletzt durch den Umstand, daß die Gäste nicht nur für einen Nachmittag und Abend blieben, sondern oft über Wochen und Monate.

Fritz Reventlow war zum führenden Vertreter ständischer Prinzipien geworden und hatte in der schleswig-holsteinischen Ritterschaft eine besondere Position. Sein Konservativismus wurde zur Richtschnur für die Entwicklung des „Emkendorfer Kreises". Auch Julia war konservativ, aber sehr viel „beseelter" als ihr Ehemann. Sie litt seit ihrer Jugend an Krankheiten, die man heute „psychosomatisch" nennen würde. Gleichwohl war sie der Mittelpunkt in Emkendorf. Sie bemühte sich um das geistige Wohlergehen ihrer Gutsuntertanen – oft genug belehrte sie die Kinder der leibeigenen Bauern vom Krankenbett aus. Für die Erwachsenen schrieb sie 1791 das volkspädagogische Büchlein „Sonntagsfreuden eines Landmanns", in dem sie Pestalozzis „Lienhard und Gertrud" auf holsteinische Verhältnisse übertrug. Den Gutskindern galt das Unterrichtsbuch „Kinderfreuden oder Schulunterricht in Gesprächen" (1793). Daß die Quelle ihres Wohl-

Der Emkendorfer Kreis war keine festgefügte Gemeinschaft, sondern ein wechselnder Kreis von häufig wiederkehrenden Gästen. Zu ihnen gehörten unter anderen Friedrich Gottlieb Klopstock (1724–1803, oben links), der in Emkendorf lange Zeit größte Verehrung genoß. Der Kupferstich entstand um 1760.
Johann Caspar Lavater (1741–1801, oben rechts) versäumte nicht, bei seinen Reisen nach Norden in Emkendorf Station zu machen. Zeitgenössisches Basrelief von Hilpert, nach einer Vorlage von Johann Elias Haid.
Für Matthias Claudius (1740–1815, unten) wurde in Emkendorf eine Wohnung eingerichtet. Der Ton seiner Lyrik und seine Religiösität fanden die uneingeschränkte Zustimmung Julia Reventlows. Nach einem zeitgenössischen Gemälde.

standes das väterliche Erbe war, der Schimmelmannsche Familienfideikommiß, zu dem auch die Sklavenhalter-Plantagen in Westindien gehörten, hat Julia Reventlow wohl belastet. Sie beschwor ihren Bruder, eine christliche Erziehung und Schulunterricht für die Negersklaven zu gewährleisten. Von einem konkreten Einsatz für die soziale Besserstellung der Sklaven ist nichts bekannt. Julia und ihrem Bruder Ernst kommt aber das Verdienst zu, daß Dänemark als erste Kolonialmacht den Sklavenhandel verbot. Der „Emkendorfer Kreis" erhielt sein besonderes Gepräge durch das entschiedene Bekenntnis zu einem pietistisch bestimmten Luthertum bei gleichzeitiger Zurückweisung aufklärerischer Religionsauffassungen und entschiedener Ablehnung der Französischen Revolution mit allen Begleiterscheinungen. Emkendorf wurde zu einem Hort des „wahren Glaubens" gegen die „Freigeisterei".

Zunächst waren die Gastgeber auf Emkendorf liberal; sie suchten geradezu die Diskussion mit Vertretern heterogener Ansichten. Dabei fanden sich neben den Verwandten, den Baudissins auf Knoop und den Reventlows auf Altenhof, sehr unterschiedliche Geister ein. Der prominenteste Gast war zunächst der im 18. Jahrhundert am meisten bewunderte und verehrte deutsche Dichter: Friedrich Gottlieb Klopstock. Die Veröffentlichung seiner Dithyramben auf die Französische Revolution führte aber zu einer Abkühlung der Beziehung zu den Reventlows. Dennoch muß Klopstock als der geistige Vater des Emkendorfer Musentempels angesehen werden.

Aus den Tagen des Göttinger Hainbundes trat der Begründer und führende Kopf dieses Dichterkreises, Heinrich Christian Boie, auf, der aus Meldorf stammte und den „Musenalmanach", später das „Deutsche Museum" herausgab. Er war ein „Aufklärer" und fühlte sich in Emkendorf nicht sonderlich wohl.

Die Grafen von Stolberg, Christian und Friedrich Leopold, waren ebenfalls Freunde aus Göttinger Zeiten, Friedrich Leopold von Stolberg, der später zum Katholizismus übertrat, blieb seinem „Herzensjulchen" bis zu deren Tod (1816) eng verbunden. Den Reventlows waren katholische Christen lieber als die von der Französischen Revolution inspirierten Rationalisten. Im Januar 1817 schrieb Stolberg an den Erbdrosten Adolf von Droste-Vischering über Julia Reventlow: „Ihr Leben war das Athmen der Liebe zu Gott und zu den Menschen und nach dreißigjährigen Leiden hat Gott sie in sanftem Tode wie in einem Hauch der Liebe zu Sich gezogen. Izt ist sie an der Quelle der Wahrheit und der Liebe, nach welcher sie von erster Jugend an sich so herzlich sehnte." Was Stolberg über Julia Reventlow nach deren Tod ausgesagt hat, wurde von vielen Zeitgenossen ähnlich empfunden und auch beschrieben.

Wer gehörte noch zum Emkendorfer Kreis? Zu nennen ist Matthias Claudius, der scheinbar naive Dichter, der sich aber – blickt man etwa auf seine 1795 erschienene Schrift „Auch ein Beytrag über die Neue Politik" – als stockkonservativ erweist. Aber auch der Philosoph Friedrich Heinrich Jacobi kam nach Emkendorf und hatte Gelegenheit, über die Philosophie Kants zu sprechen. Während der „liberalen Phase" Emkendorfs bis circa 1795 waren zahlreiche Kieler Professoren unterschiedlichster Couleur Gäste der Reventlows, so Johann Andreas Cramer, Dietrich Hermann Hegewisch oder die Mediziner Philipp Gabriel Hensler und Christoph Heinrich Pfaff.

Johann Caspar Lavater machte bei seinen Reisen nach Norden ebenso Station in Emkendorf wie die Fürstin Amalia von Gallitzin, die Friedrich Leopold von Stolberg zum Katholizismus bekehrte und in gleichem Sinne auf Gräfin Julia einwirkte. Georg Heinrich Ludwig Nicolovius ließ sich hingegen von der pietistisch bestimmten Frömmigkeit Julias beeinflussen. Julia Reventlows Bruder, Heinrich Ernst von Schimmelmann, war lange Zeit Rationalist und Anhänger der Philosophie Kants, in der ihn sein Freund Karl Leonhard Reinhold bestärkte. Auch dieser Gelehrte, einst Jesuit, dann Kantianer, seit 1794 Professor in Kiel, gehörte zum „Emkendorfer Kreis". Er hatte die „Briefe über die Kantische Philosophie" verfaßt und wurde später ein bekannter Sprachphilosoph. Er war trotz seiner Gesinnung ein häufiger Gast in Emkendorf und traf dort auch auf den königlichen Statthalter in den Herzogtümern, den Prinzen Carl von Hessen, der in Schleswig oder auf Louisenlund an der Schlei residierte. Carl von Hessen hing seit 1787 phantastischen Wahnideen an und pflegte spiritistische Experimente. Für ihn waren Geistererscheinungen und mystische Erlebnisse so selbstverständlich, daß er sich zu den Rosenkreuzern und den Freimaurern gleichermaßen hingezogen fühlte.

Emkendorf stellte ein Forum dar, auf dem zwar pietistisch eingefärbte lutherische Frömmigkeit herrschte, lange Zeit aber auch Extreme geduldet wurden. Carl von Hessen und Karl Leonhard Reinhold bilden die äußersten Ränder, zwischen denen sich der Emkendorfer Geist in seiner Blütezeit bewegte.

In Emkendorf wurde so lange frei disputiert, bis die der Französischen Revolution entkommenen Réfugiés, die seit der Mitte der neunziger Jahre auf dem Herrensitz Zuflucht fanden, Einfluß auf die Reventlows gewannen. Zu ihnen gehörten unter anderen der Jurist Jean Etienne Portalis, der noch zum französischen Kultusminister aufsteigen sollte, und der spätere General Matthieu Dumas; auch Marie Joseph de Lafayette und seine Frau waren Gäste auf Emkendorf. Sie und die im Sinne einer späten Gegenreformation aktive Fürstin von Gallitzin bewirkten, daß aus dem Musenhof ein Hort des Konservativismus wurde.

Emkendorf ist oft als „Weimar des Nordens" bezeichnet worden. Der Vergleich hinkt aus vielerlei Gründen. Der Herrensitz der Reventlows war aber viel mehr als eine Kultstätte des regionalen Adels. Emkendorf stellte eine Synthese von Bildung und Geist, von politischem und künstlerischem Schaffen, von Schwärmerei und dezidierter Religiosität dar.

Aus heutiger Sicht erscheint Emkendorf als Höhepunkt der kulturellen Blüte Schleswig-Holsteins im dänischen Gesamtstaat und zugleich als Übergang zu den Strömungen, die nach 1815 in Politik und Kultur dominant wurden.

Der Philosoph Karl Leonhard Reinhold (1758–1823, oben links) war Freimaurer. Er stand zwar im Briefwechsel mit Carl von Hessen, von dessen spiritistischen Experimenten trennten ihn aber Welten. Zeitgenössischer Kupferstich von Heinrich Lips.
Graf Friedrich Leopold zu Stolberg (1750–1819, oben rechts) dem Johann Heinrich Voß die Freundschaft aufkündigte, als dieser zum katholischen Glauben übertrat, verband eine „Seelenfreundschaft" mit Julia Reventlow. Kupferstich nach einem Gemälde von Johann Baptist Lampi d.Ä.
Das ranghöchste „Mitglied" des Emkendorfer Kreises war der königliche Statthalter in den Herzogtümern, Landgraf Carl von Hessen (1744–1836, unten). Carl von Hessen war Freimaurer, aber auch spiritistischen Ideen nicht abgeneigt. Das Porträt stammt von Johann Elias Haid, 1774.

Ländliche Freiheit: Theodor Storm und Schleswig-Holstein

Karl Ernst Laage

Theodor Storm wurde am 14. September 1817 in Husum geboren, in einer kleinen Stadt an der nordfriesischen Nordseeküste, die damals politisch zum dänischen Gesamtstaat gehörte. Diese früher wenig bekannte Stadt mit der sie umgebenden Westküstenlandschaft hat der Dichter Storm weltberühmt gemacht. Seine Novellen und Gedichte sind in über 20 Sprachen übersetzt.

Neben der Stadt Husum und Nordfriesland spielt Schleswig-Holstein, das Land zwischen den beiden Meeren, also zwischen Nord- und Ostsee, in Storms Leben und Werk eine bedeutsame Rolle. Schon bei der Betrachtung seiner Herkunft wird das deutlich. Von Mutterseite war Storm ein Woldsen (er nannte sich selbst „Woldsen-Storm"), seine Vorfahren waren Kaufleute, Senatoren und Bürgermeister in Husum. Schon die Feddersen- und Petersen-Linie, die Groß- und Urgroßeltern mütterlicherseits, stammten aus Flensburg und Hoyer. Und von der Vaterseite her waren die Storms seit 1600 in der Mitte Schleswig-Holsteins als Bauern und Müller ansässig: in Rendsburg, Westermühlen, Elsdorf und Hohn. Theodor Storms Vater hat das dem Dichter Eduard Mörike gegenüber in seinem urwüchsigen Plattdeutsch bekräftigt: „Ick bün man en Westermöhlner Burjung!" Vielleicht jedoch hat gerade die Mischung aus feinnervigen Husumer Patrizierfamilien und grobkörnigen schleswig-holsteinischen Bauern und Müllern den Poeten Storm hervorgebracht.

Seine Jugend verbrachte Storm in Husum. Er besuchte die Klippschule, eine Art Vorschule, und im Anschluß daran die Husumer Gelehrtenschule. Wenn Storm später von seinen Jugendjahren sagte: „Gelernt habe ich niemals etwas Ordentliches", so meinte er offenbar die Schulzeit in Husum. Seine Eltern glaubten denn auch, daß er zu „knappes Futter" bekommen habe und schickten ihn für die letzten beiden Primajahre auf das Katharineum nach Lübeck.

Trotzdem sind die Husumer Jugendjahre für Storm von größter Bedeutung gewesen. Gerade die frühen Eindrücke – Landschaft, Menschen, soziale Verhältnisse – haben sich so tief eingeprägt, daß er in ihnen später einen unerschöpflichen Vorrat von äußerst anschaulichen Bildern für seine Dichtung hatte. Szenen wie der Gang über die Heide von der Stadt zum Pastorat in „Aquis submersus", Badeszenen wie in „Psyche", Gestalten wie „Der Herr Etatsrat", Armeleutebeschreibungen wie in „Ein Doppelgänger" oder Sturmszenen wie in „Carsten Curator" und im „Schimmelreiter" gehen auf Jugendeindrücke zurück.

Mit dem Besuch des Katharineums begann ein Abschnitt in Storms Leben, der ihn für sieben Jahre, von 1835 bis 1842, vom westlichsten Teil Schleswigs in den östlichsten Teil Holsteins, nach Lübeck und Kiel, führte. In Lübeck fand er eine weltoffene Schule und die Möglichkeit, neue gesellschaftliche Kreise, bedeutende kulturelle Veranstaltungen und begabte Menschen kennenzulernen. Im Salon des Kaufmanns und schwedischen Konsuls Nölting traf er mit Emanuel Geibel zusammen, einem jungen Dichter, der schon Gedichte im bekannten Chamissoschen Musenalmanach veröffentlicht hatte. Und sein Schulkamerad Ferdinand Röse machte ihn mit Heines „Buch der Lieder" bekannt. Damit wurden, wie Storm später bekannte, „Tore einer neuen Welt" vor ihm aufgerissen. Storm selbst versuchte sich an einem ersten größeren Gedicht mit dem Titel „Bau der Marienkirche zu Lübeck".

Auf die Frage, warum er dann im Frühjahr 1837, nach Abschluß seiner

Schulausbildung auf dem Lübecker Katharineum, in Kiel das Studium der Jurisprudenz begonnen habe, hat Storm eine sehr nüchterne Antwort gegeben: „Es ist das Studium, das man ohne besondere Neigung studieren kann, auch war mein Vater ja Jurist." Aus dieser Antwort läßt sich ablesen, daß Storm seinen Juristenberuf im wesentlichen als Broterwerb ansah, daß seine Neigungen aber der Dichtkunst galten.

Die ersten Kieler Semester haben ihn deshalb auch nicht befriedigt. Es fehlten die gleichgesinnten Studenten mit „Begeisterung für (den) freien Stand, Geist, Herz und Gefühl für alles Schöne" (Tagebuchaufzeichnung). So folgte er 1838 seinem Freund Ferdinand Röse nach Berlin. Hier fand er Studienkollegen nach seinem Geschmack. Storm gründete eine Theatergruppe (er spielte den „unverbesserlichen Liebhaber"!), besuchte das Königliche Schauspielhaus und die Oper. Im Herbst 1838 erhielt er von seinen Eltern sogar die nötige finanzielle Unterstützung für eine Bildungsreise nach Dresden.

Weshalb Storm dann im Herbst 1839 doch wieder nach Kiel zurückging, ist nicht ganz klar. Vielleicht dachte er daran, endlich „richtig" zu studieren und auf ein Examen hinarbeiten zu müssen. Vielleicht spielte auch die Liebe zu einem Kind in Hamburg, zu Bertha von Buchan, eine Rolle. Er hatte das damals zehnjährige Mädchen Weihnachten 1836 kennengelernt, hatte für sie das Märchen „Hans Bär" geschrieben und seit 1837 eine ganze Reihe von Gedichten verfaßt, die von ihr angeregt waren. Die unerwiderte Liebe zu Bertha bestimmte das innere Leben Storms während der Studentenjahre in Kiel bis zum Examen im Oktober 1842 und ließ ihn zum Lyriker heranreifen. Über 80 Gedichte werden diesem Erlebnis zugeschrieben; sie wurden zum großen Teil im „Liederbuch dreier Freunde" (1843) veröffentlicht.

In Kiel fand er Freunde, die seine poetischen Ambitionen unterstützten und selbst literarisch interessiert waren, unter ihnen Theodor Mommsen (der spätere Historiker) und sein Bruder Tycho (später Direktor am altsprachlichen Gymnasium in Frankfurt). Mit ihnen entdeckte er die Dichtungen Eduard Mörikes, mit ihnen begann er – nach dem Vorbild der Gebrüder Grimm – schleswig-holsteinische Sagen und Märchen zu sammeln, diese zu „purifizieren", das heißt von späteren Zusätzen zu „reinigen" und für die Veröffentlichung vorzubereiten (diese „Sagen, Märchen und Lieder der Herzogtümer Schleswig, Holstein und Lauenburg" hat dann später der Kieler Germanist Karl Müllenhoff zu Ende geführt und 1845 herausgegeben).

Im Oktober 1842 legte Storm in Kiel sein juristisches Examen ab, ein mittelmäßiger Abschluß, mit „guten und größten Teils guten" Zensuren, das seinem nüchternen Verhältnis zu dem abgeleisteten Fachstudium entsprach. Ende Oktober 1842 kehrte der inzwischen 25jährige Storm ins Husumer Elternhaus zurück, nach elf Semestern (das war für die damalige Zeit ein ungewöhnlich langes Studium) und mit nicht unbeträchtlichen Schulden. Nachdem ihm Professor Falk in Schleswig das Zeugnis ausgestellt hatte, daß er „das Dänische mit guter Aussprache" lesen, „richtig und fertig übersetzen" könne, erhielt er auf ein entsprechendes Gesuch hin vom dä-

Husum, die „graue Stadt am Meer", um 1840, Ansicht von Südwesten (Lithographie von J. F. Fritz).
Theodor Storm um 1864/65. Im März 1864 trat Storm die Stelle als Landvogt in seiner Heimatstadt Husum an.

Constanze Storm geb. Esmarch (1825–1865), Storms erste Frau. Das Bild (nach einer Daguerreotypie) entstand um 1843.

nischen König seine Bestallung als Advokat und eröffnete im März 1843 in seiner Vaterstadt eine eigene Rechtsanwaltspraxis.

Das Leben, das der junge Advokat führte, war recht bürgerlich. Wir hören in den Briefen aus dieser Zeit hin und wieder etwas von juristischen Erfolgen und Querelen, aber häufiger ist von Kartenspiel, Tanz und Essenseinladungen die Rede. Das „Poetische", das in seiner „Natur" lag (so Storm selbst!), bäumte sich dagegen auf. Er las viel, veranstaltete Musikabende im privaten Kreis, gründete einen „Singverein" und gab mit diesem erste Konzerte. Aber richtig Bewegung kam in sein Leben erst durch die Verbindung mit seiner Cousine Constanze Esmarch (1825–1865), die Tochter des Bürgermeisters von Segeberg, mit der er sich 1844 zuerst heimlich, dann öffentlich verlobte. Die Eltern jedoch stellten die Bedingung, daß die Heirat noch zwei Jahre hinausgeschoben werden müsse: Die Brautleute sollten sich erst noch besser kennenlernen, Theodor sollte seine Schulden abbezahlen und für die zu gründende Familie ein sicheres wirtschaftliches Fundament erarbeiten.

In diesen Jahren machte Storm erste Schritte auf dem Weg zum Lyriker und Novellisten. Allerdings sind erst nach 1846, nach der Heirat, Gedichte und Novellen entstanden, die man als Meisterstücke bezeichnen kann. Den letzten Anstoß dazu gaben zwei, den Dichter tief aufwühlende Erfahrungen: Die Liaison mit einer Sopranistin in seinem Chor und die Entstehung der schleswig-holsteinischen Freiheitsbewegung.

Noch im ersten Ehejahr brach Storm sein Ehegelübde. Er verliebte sich in Doris Jensen, eine knapp 18 Jahre alte Sängerin seines Chors. Bei ihr fand er – wie er erst später gestand – „jene berauschende Atmosphäre", der er „nicht widerstehen konnte", und „die Leidenschaft", die seiner jungen Ehe fehlte. Constanzes Liebe ist es zu verdanken, daß diese Krise überwunden wurde.

Die politische Krise, die 1848 in Schleswig-Holstein ausbrach, hatte der dänische König heraufbeschworen. Er hatte am 28. Januar 1848 eine „Gesamtstaatsverfassung" proklamiert, was einer Aufhebung der Eigenständigkeit Schleswig-Holsteins innerhalb des dänischen Staates und einer Annexion Schleswigs gleichkam. Storm, der bisher ein loyaler Bürger des dänischen Gesamtstaates gewesen war, empfand diesen Schritt der dänischen Obrigkeit als Willkürakt, sah seine und seiner Landsleute Freiheit gefährdet und wurde politisch aktiv.

Poetisch sind in diesen Jahren (1847–1853) unsterbliche Gedichte wie „Oktoberlied", „Das aber kann ich nicht ertragen", „Hyazinthen" und „Ostern" (mit den Zeilen „Das Land ist unser, unser soll es bleiben") entstanden. Aus dieser Zeit stammt auch die Novelle „Immensee" (1849/50), die bis zum Tode des Dichters fast 30 Auflagen erlebte und in der ganzen literarischen Welt bis China und Japan hin bekannt geworden ist. Es ist eine Erzählung, die die Resignation des Bürgertums nach dem Scheitern der 1848er Revolution und der schleswig-holsteinischen Freiheitsbewegung widerspiegelt, und gleichzeitig die Geschichte eines jungen Liebespaars erzählt, das nicht zueinander finden kann, das entsagt und versagt.

Storms Einsatz für die schleswig-holsteinische Sache blieb nicht ohne Folgen. Der dänische König entzog Storm Ende 1852 die Bestallung als Rechtsanwalt, weil er „seine schleswig-holsteinische Gesinnung durch Unterschrift illoyaler Adressen (Eingaben und Petitionen) und Renitenz wider die Obrigkeit mannigfach manifestiert" habe. So sah sich der Husumer Dichter, der inzwischen Vater von drei Jungen geworden war, gezwungen, sich außerhalb Schleswig-

Holsteins, im „Ausland", eine neue Existenz zu suchen.

In Potsdam fand Storm eine Stelle am Kreisgericht, zunächst als Assessor ohne Gehalt, später mit so niedriger Besoldung, daß der Vater den Sohn und dessen große Familie (in dieser Zeit wurde noch eine Tochter geboren) weiterhin finanziell unterstützen mußte. Die Potsdamer Jahre waren für die Familie eine schwere Zeit. Der junge Assessor, der schon als selbständiger Rechtsanwalt gearbeitet hatte, mußte sich in das preußische Rechtswesen hineinfinden, umlernen und ganz Neues hinzulernen. Die kümmerlichen wirtschaftlichen Verhältnisse und die zunächst schwachen Aussichten, eine besser bezahlte Stelle zu bekommen, ließen keine echte Lebensfreude aufkommen. Der „preußische Menschenverbrauch im Staatsmechanismus" und daß „man den Schwerpunkt nicht in die Persönlichkeit, sondern in Rang, Titel, Orden und dergleichen Nipps legt", bedrückten den freier denkenden und selbständiger aufgewachsenen Schleswig-Holsteiner. Freunde aber, unter anderen Theodor Fontane und die Mitglieder der literarischen Klubs „Tunnel über der Spree" und „Rütli", ermunterten den Emigranten, auszuhalten und gaben Anregungen, poetisch weiterzuarbeiten. Gedichte wie „Für meine Söhne" (mit verborgenem antipreußischem Akzent) und „Meeresstrand" (ein Gedicht, das man zu den zehn schönsten Gedichten deutscher Sprache zählt) sind in Potsdam entstanden.

Endlich, nach fast drei Jahren, erhielt Storm im Juli 1856 vom preußischen Justizministerium die Nachricht, daß er zum Kreisrichter in Heiligenstadt bei Göttingen ernannt worden sei. Damit begann das freundlichere Kapitel der Emigration. Seine Tätigkeit auf dem Kreisgericht gestaltete sich leichter als unter der „Hetzpeitsche" in Potsdam. So blieb mehr Zeit für Privates, für die Musik (Storm gründete wieder einen Gesangverein) und für die Dichtung.

Insgesamt sind in Heiligenstadt (bis 1864 also) sechs Novellen, zwei Märchen und eine Spukgeschichtenerzählung entstanden. Eine besonders gute Novelle ist „Auf dem Staatshof" (1857/58). Sie führt den Leser in die Marsch der schleswig-holsteinischen Westküste und schildert aus der Perspektive eines Beteiligten („Ich kann nur Einzelnes sagen ...") den Untergang eines Patriziergeschlechts, dem einstmals „Neunzig Höfe" gehört haben. Das realistisch lokal- und zeitgebundene Geschehen – die Wirtschaftskrise an der Westküste Schleswig-Holsteins in der ersten Hälfte des 19. Jahrhunderts – wird dabei zum Sinnbild für die Dekadenz einer Familie und einer Gesellschaftsordnung schlechthin.

Zu den bedeutenden Novellen dieser Zeit gehört auch „Im Schloß". Diese Novelle hat einen starken gesellschaftspolitischen Akzent; sie schildert, wie sich die Angehörige einer privilegierten Schicht, ein adeliges Fräulein, innerlich frei macht, eine veraltete Weltsicht überwindet und ihr Schicksal selbst in die Hand nimmt. Sie heiratet – gegen alle adeligen Standesvorurteile – einen Bürgerlichen. Gegenüber seinen Kritikern verteidigte Storm diese Novelle mit den Worten, „daß, wenn meine Poesie überhaupt einen Wert hat, die darin enthaltene Demokratie ihren Wert und ihre Wirksamkeit haben wird".

In den Heiligenstädter Novellen, außer in den genannten auch in „Drüben am Markt", „Auf der Universität" und in „Veronica", rücken die sozialen, gesellschaftlichen und weltanschaulichen Probleme in den Vordergrund. Das erklärt sich auch daraus, daß sich der Dichter in Heiligenstadt vom christlichen Glauben gelöst und zu einer modernen, von den Erkenntnissen der Naturwissenschaft geprägten Weltsicht durchgerungen hatte; durch seinen Beruf und durch seine Kinder (zwei Mädchen waren noch zu

Dorothea Storm geb. Jensen (1828–1903). Storm heiratete seine zweite Frau im Juni 1866. Das Foto wurde nach 1881 aufgenommen.

Theodor Storms „Poetenstübchen" in seinem Husumer Wohnhaus in der Wasserreihe 31 (heute Museum). Hier entstanden über 20 Novellen und bedeutende Gedichte.

den drei Söhnen hinzugekommen) gewann er darüber hinaus tiefere Einblicke in soziale Verhältnisse und politische Strukturen.

Als sich Anfang 1864 die Möglichkeit zur Rückkehr in die Heimat eröffnete, jubelte die ganze Storm-Familie. Die Husumer Bürger hatten den Heiligenstädter Kreisrichter aufgefordert, das spezifisch schleswig-holsteinische Amt des Landvogts in Husum zu übernehmen. Storm sagte zu, obwohl der Krieg noch nicht entschieden, die Schlacht bei den Düppeler Schanzen (18. April 1864) noch nicht gewonnen war. Schon Mitte März 1864 begann er als Landvogt, als „Obervormund, Polizeimeister, Kriminal- und Zivilrichter", des Landkreises Husum zu arbeiten, und im Mai zog er mit seiner Frau und seinen nun sechs Kindern in das Haus Süderstraße 12 ein. Aber er sollte – wie er es beim Abschied von Heiligenstadt vorausgeahnt hatte – das Glück der Heimkehr mit einem hohen Preis bezahlen. Am 20. Mai 1865 starb seine Frau Constanze nach der Geburt eines siebenten Kindes. Storm war eine weiche, aber zähe Natur. Er hat dieses große Unglück tapfer überstanden, und wir verdanken seiner Kraft die „durchdringendsten Trauer- und Abschiedsgedichte, ... welche wohl überhaupt die deutsche Lyrik aufzuweisen hat" (Thomas Mann), den Gedicht-Zyklus „Tiefe Schatten".

Die sieben Kinder brauchten eine Mutter. Storm heiratete, als das erste Trauerjahr verstrichen war, im Juni 1866 Doris Jensen, seine Jugendliebe. Allerdings konnte man nicht ohne weiteres an die Jugendzeit anknüpfen. Die neuen Eheleute mußten sich aneinander und die Kinder an die neue Mutter gewöhnen. In der Novelle „Viola tricolor" (1874) hat Storm sich später diese Anfangsschwierigkeiten von der Seele geschrieben, und – wie in der Realität – ging dort von einem gemeinsamen Kind der Anstoß zur Lösung der Probleme aus.

Die Jahre 1866–1880 umfassen – literarisch – den fruchtbarsten Abschnitt in Storms Leben. Im „Poetenstübchen" des Hauses in der Wasserreihe 31 in Husum (heute Museum) sind über 20 Novellen und mehrere bedeutende Gedichte entstanden.

Mit „Draußen im Heidedorf" (1872) ist es Storm zum erstenmal gelungen, „eine Novelle ohne den Dunstkreis einer bestimmten ‚Stimmung'" zu schreiben. Die Geschichte der unglücklichen Liebe zwischen einem verheirateten Jungbauern und einem hübschen Slowakenmädchen ergibt sich aus den Beobachtungen und Verhören eines Amtsvogts. Die Novelle „Pole Poppenspäler", die sich aus der zufälligen Begegnung und dem Wiederfinden zwischen einem norddeutschen, gutbürgerlichen Handwerkersohn und einer ganz unbürgerlich lebenden süddeutschen Schauspielertochter entwickelt, gehört heute noch zu den meistgelesenen Werken des Dichters. Die Novelle „Carsten Curator" greift die derzeit vieldiskutierte, von Storm am eigenen Sohn schmerzlich erlebte Vererbung schlechter Eigenschaften unter dem uralten Vater-Sohn-Thema auf. Diese Novelle gehört zu den spannendsten und tragischsten des Husumer Dichters. In den sogenannten Chroniknovellen, insbesondere in „Aquis submersus" (1876) und „Eekenhof" (1879), verlegt Storm aktuelle, gesellschaftspolitische Standesgegensätze zwischen Adel und Bürgertum in vergangene Jahrhunderte. Sie sind ein Aufruf des Dichters gegen die unzeitgemäßen und undemokratischen Vorrechte der „Junker".

Als Storm 1880, also mit 62 Jahren, seine frühzeitige Pensionierung einreichte und beschloß, Husum zu verlassen und nach Hademarschen (zwischen Heide und Itzehoe) überzusiedeln, reagierten seine Zeitgenossen und Freunde mit völligem Unverständnis. Aber Storm hatte seine Gründe. Nachdem er 1868 das schleswig-holsteinische Amt des Landvogts hatte aufgeben und das preußische Amt des Amtsrichters hatte übernehmen müssen, war ihm die juristische Tätigkeit immer mehr zur Last geworden, weil sie seine dichterische Tätigkeit zunehmend einschränkte. Er suchte einen Neuanfang. Das Elternhaus in der Hohlen Gasse, das nach dem Tod der Eltern leerstand, wagte er nicht zu übernehmen. Er fürchtete, ihn könnte dort „das Gespenst der Vergänglichkeit … erdrücken". Ihn zog es in die „ländliche Freiheit"; er wollte „als Poet eine neue Periode" beginnen.

Tatsächlich hat Storm in Hademarschen, zuerst in einer „Interimswohnung", dann in der von ihm selbst entworfenen „Altersvilla" noch eine weitere Schaffensperiode erleben dürfen (1880–1888). Die in Hademarschen entstandenen Novellen gehören zu den bedeutendsten, die er geschrieben hat, und sie erschließen zum Teil ganz neue Bereiche.

Die Novelle „Hans und Heinz Kirch" (1882) spielt in Heiligenhafen; in ihr gelingt es Storm, die Vater-Sohn-Problematik zu aktualisieren und auf die Gefahren der Gründerzeit hinzuweisen: Wohlstandsdenken und Nächstenliebe werden miteinander konfrontiert. Im Mittelpunkt der Novelle „Ein Doppelgänger" (1887) steht ein Proletarier, der in Glückstadt im Zuchthaus gesessen hat und diesen Makel nicht los wird. In der eindrucksvollen Schilderung seines Schicksals wird der „lieben Mitwelt" vorgeworfen, daß sie „ohn Erbarmen" sei.

Mit der „Schimmelreiter"-Novelle schließlich, die Storm – gegen unsägliche Schmerzen kämpfend, er hatte Magenkrebs – fünf Monate vor seinem Tod (4. Juli 1888) abschließen konnte, hat der Husumer Dichter – wie es scheint – ein typisch schleswig-holsteinisches Werk geschaffen: Ein Deichgraf an der Westküste ringt dem Meer einen Koog ab, wird aber von der Sturmflut, in der sich sein Deich mit dem neuen Deichprofil bewährt, verschlungen. Was auf den ersten Blick wie Regionalliteratur aussieht, erweist sich als Weltliteratur. Hauke Haien ist einerseits der geniale Techniker, der „homo faber", der Großes vollbringt, andererseits auch der Ehrgeizling, der „Gründer", der sein eigenes Werk zu den sieben Weltwundern zählt, der sich in seiner Hybris über die Mitmenschen erhebt, sie „Hunde" nennt und als einzelner, ohne echten Kontakt mit seinen Dorfgenossen, versagt. Gleichzeitig ist er Symbol für den Menschen schlechthin, ein „Faust ohne Transzendenz" (wie ihn ein amerikanischer Germanist genannt hat), der ichbezogen das Höchste erstrebt und erreicht, zuletzt jedoch seine Kleinheit und seine Schuld erkennt und sich mit den Worten „Herr Gott, nimm mich, verschon die andern" für seine Mitmenschen opfert.

Wenn Fontane Storm auch wegen dessen „Husumerei" getadelt hat (übrigens vor allem wegen dessen „ewiger Verkleinerung Preußens"), Theodor Storm ist mehr als nur ein Husumer, mehr auch als nur ein schleswig-holsteinischer Dichter. Er gehört mit seinen besten Gedichten und Novellen zu den großen Dichtern des deutschen Realismus, die über die Grenzen des deutschen Sprachraums hinaus Bedeutung haben und gelesen werden.

Die Altersvilla in Hademarschen, Ansicht von der Gartenseite (zeitgenössische Zeichnung). In diesem Haus lebte Storm von 1881 bis zu seinem Tod 1888.

„Min Modersprak, wa klingst du schön!": Niederdeutsche Literatur in Schleswig-Holstein

Reinhard Goltz

Jahr für Jahr erscheinen einige Dutzend Bücher mit Gedichten und Geschichten, die in einer der niederdeutschen Mundarten Schleswig-Holsteins geschrieben sind. Zeitungen und Zeitschriften veröffentlichen regelmäßig plattdeutsche Texte, und in den regionalen Rundfunksendern findet niederdeutsche Literatur vereinzelt Berücksichtigung. Mundarttexte haben einen festen Platz in dem Bild, das Schleswig-Holstein von sich selbst und seiner regionalen Identität vermittelt.

Dabei sind einzelne Autoren und ihre Texte oft sehr eng an bestimmte Städte, Orte oder Landschaften gekoppelt. Dies beruht auf wiedererkennbaren regionalgebundenen Motiven mit Knicks, Deichen, tiefhängenden Wolken oder Sturmfluten, und auch die jeweils typische dialektale Ausprägung dürfte eine Rolle spielen. Bei Mundartschreibern will immer auch die Frage der geographischen Zuordnung beantwortet sein.

Daß Plattdeutsch und Literatur überhaupt eine Verbindung eingehen, ist dabei gar nicht so selbstverständlich, wie es auf den ersten Blick erscheint. Denn die Mundart ist zuallererst eine gesprochene Sprache, die sich gerade durch ihren Status als Nicht-Schriftsprache von der hochdeutschen Standardsprache abgrenzt. Hier gibt es keine festgeschriebenen sprachlichen Normen. Von Ort zu Ort, von Landschaft zu Landschaft wird „anders" gesprochen. Vor allem an den unterschiedlichen Lauten, aber auch an den jeweils verwendeten Wörtern vermag man etwa Dithmarscher und Angeliter zu erkennen.

Die Vorstellung, diese allein im mündlichen Austausch funktionierende Sprachform aufschreiben zu können und ihr obendrein poetischen Gehalt zu geben, mußte erst einmal geboren werden. Für das Plattdeutsche wurde diese Idee in Schleswig-Holstein aus der Taufe gehoben. Der Anfang der neuniederdeutschen Literatur kann – ungeachtet einiger Vorläufer – auf die Mitte des 19. Jahrhunderts datiert werden.

Klaus Groth (1819–1899) gab 1852 mit der Veröffentlichung seines „Quickborn" einer Neubewertung des norddeutschen Dialekts Ausdruck. Deutlich einer spätromantischen Programmatik verpflichtet, strebte Groth nach einer Stilisierung und Erhöhung des „einfachen" Lebens auf dem Lande. Sein literarisches Personal ist im Dorf zu Hause; Knecht, Magd, Jungen und Mädchen huldigen einer still-vergnügten Lebensweise, die sich im Einklang mit der natürlichen Umgebung befindet. Insbesondere sind es Kinder, welche die „Unverfälschtheit" schlichten Lebens verkörpern. Der Blick in die eigene Kindheit muß sich zwangsläufig auf die Vergangenheit richten, deren Vergänglichkeit im nachhinein verklärend beklagt wird:

Ik wull, wi weern noch kleen, Jehann,
Do weer de Welt so grot!

Auch im Sozialen herrscht eine als naturgegeben empfundene Ordnung, etwa zwischen Arm und Reich oder zwischen den Geschlechtern. In das Bild des intakten Dorflebens fügt sich zwanglos der Gebrauch des Plattdeutschen, das auf diesem Weg mit Zuweisungen wie „einfach", „ehrlich" oder „echt" versehen werden kann; und so verwundert es wenig, daß Groth als Auftakt seiner „Quickborn"-Sammlung einen Lobgesang auf die Muttersprache einstellt:

Min Modersprak, wa klingst du schön!
Wa büst du mi vertrut!
Weer ok min Hart as Stahl un Steen,
Du drevst den Stolt herut.

Die Wirkung der Lyrik Klaus Groths auf die nachfolgenden Generationen niederdeutscher Autoren kann kaum überschätzt werden. Sein Werk fand im gesamten deutschsprachigen Raum Beachtung; er war Anreger für viele heimatlich gestimmte Bürger in der zweiten Hälfte des 19. Jahrhunderts, plattdeutsche Gedichte zu verfassen. Nach Klaus Groth benannte Straßen in zahlreichen Städten und Gemeinden legen Zeugnis von seiner prominenten Rolle ab. Die Stadt Heide ehrte ihren Sohn mit der Einrichtung eines Klaus-Groth-Museums, die Pflege des literarischen Werks liegt in den Händen der Klaus-Groth-Gesellschaft.

Eine derart organisierte Literaturpflege wird nur noch einem weiteren niederdeutschen Autor zuteil, dem in Mühlenbarbek bei Itzehoe geborenen Johann Hinrich Fehrs (1838–1916). Die Fehrs-Gilde hat dafür Sorge getragen, daß die „Gesammelten Werke" ihres Namengebers in einer ansehnlichen fünfbändigen Ausgabe vorliegen. Ähnlich wie Groth wählte Fehrs die Motive für seine Novellen, Erzählungen und Gedichte vornehmlich aus der bäuerlichen Lebenswelt. Nun, um die Wende zum 20. Jahrhundert, hatten sich aber die Gegensätze zwischen Stadt und Land weiter verhärtet. Lob der Heimat bedeutete für Fehrs immer auch Abwehr von neuem, gesellschaftliche Veränderungen anstrebendem Gedankengut. Insofern kann der Itzehoer Lehrer durchaus in die Nähe der Heimatkunstbewegung gestellt werden.

Fehrs' Nachruhm gründet sich in erster Linie auf seinen Roman „Maren" (1907). Anders als Groth beschreibt er seine Figuren nicht vorrangig mittels ihrer Handlungen und Aussagen; vielmehr versucht er, ihre Beweggründe aufzuzeigen. Fehrs gewährt dem Leser Einblicke in den Seelenhaushalt seiner Figuren. Ihn interessiert besonders das Wechselspiel von kollektiven – „ererbten" – Denk- und Verhaltensformen auf der einen und der individuellen psychischen Ausprägung auf der anderen Seite.

Längere epische Formen wie der Fehrssche Roman sind in der niederdeutschen Literatur insgesamt nur recht spärlich vertreten. Dieser Befund wird oft mit der wenig ausgeprägten mundartlichen Lesefähigkeit in Beziehung gesetzt. Andererseits fällt auf, daß gerade die wenigen niederdeutschen Romane Anerkennung und Zustimmung gefunden haben.

Als hervorragendes Beispiel sei die „Baasdörper Krönk" von Friedrich Ernst Peters (1890–1962) aus dem holsteinischen Luhnstedt genannt, einem Autor, der ansonsten allein mit hochdeutschen Erzählungen, Gedichten, Essays und Skizzen hervorgetreten ist. Angelehnt an die Form der Dorfchronik, wird auch hier das ländliche Leben thematisiert. Anders als bei Fehrs ist nun der Industrialisierung nicht mehr auszuweichen; die Dörfler haben sich ihr vielmehr zu stellen. Die Ereignisse um den Bau einer Bahnlinie überlagern das überkommene Sozialgefüge mit seinen verfestigten und ritualisierten Formen, verändern und bereichern es. Dem Autor geht es nicht darum, an alten Positionen festzuhalten, er setzt das vielfältige Nebeneinander von Meinungen, Haltungen und Wertungen collageartig in ein spannungsreiches Beziehungsgeflecht. Peters beschreibt nicht von außen, sondern läßt die Konturen seiner Figuren durch ihr Handeln und Sprechen deutlich werden.

Die „Baasdörper Krönk", angelegt in den zwanziger Jahren und ausgestattet mit präzisen und differenzierten Personenbeschreibungen sowie mit einer außergewöhnlichen Erzähltechnik, konnte erst 1975 posthum erscheinen; eine Veröffentlichung zu Lebzeiten hatte der Autor vermieden, weil zu viele lebende Personen sich wiedererkannt hätten und zu befürchten gewesen wäre, daß sie ihren Unmut nicht verborgen hätten. Solch

Klaus Groths (1819–1899) Gedichtsammlung „Quickborn" von 1852 markiert den Beginn der neueren niederdeutschen Literatur.

Johann Hinrich Fehrs (1838–1916) schildert in seinem Roman „Maren" (1907) minutiös die Lebensbedingungen in einem holsteinischen Dorf um die Mitte des 19. Jahrhunderts.

authentisches Schreiben bestimmt zu einem erheblichen Teil die Erwartungen gegenüber niederdeutscher Literatur. Dies gilt in ähnlicher Weise für Autoren wie für Leser. So erklärt sich auch die in vielen mundartlichen Texten festzustellende Orientierung an wiedererkennbaren Orten sowie an datierbaren und dokumentierbaren Ereignissen. Auch dörfliches Leben fügt sich als feste Größe in dieses Raster, das plattdeutscher Literatur vorrangig das Abbilden vorgeblich „niederdeutscher" Lebenswelten zubilligt.

Solch einem Ansatz sind (und waren) zahlreiche plattdeutsche Autoren zumindest zu Beginn ihrer schriftstellerischen Tätigkeit verpflichtet. In besonderem Maße gilt das für die nicht kleine Gruppe der Lehrer, die über eine volkskundliche Ausrichtung mit dem Plattdeutschen in Berührung kommen. Sie erkennen in mundartlichen Formen Ausdrucksmittel für allerlei Volksglauben und volkstümliche Orientierungen in der Welt.

Dies ist auch der Weg, den Hinrich Kruse (1916–1994), geboren im nordschleswigschen Toftlund, später ansässig in Braak bei Bad Segeberg, zunächst einschlug. Doch Kruse begnügte sich nicht damit. Sein 1958 veröffentlichter Erzählband „Weg un Ümweg" markiert den Beginn einer thematischen Neuorientierung in der niederdeutschen Nachkriegsliteratur, die sich offensiv mit der Erfahrung des Krieges und mit dem selbsterlebten Grauen auseinandersetzt. Zwangsläufig war damit verbunden, daß sich der Rahmen für plattdeutsche Texte nicht mehr auf ländliche norddeutsche Erlebnisbereiche beschränkte. Kruse verläßt den dörflichen Mikrokosmos, immer auf der Suche nach Menschlichem in unmenschlicher Zeit, in Italien, in Rußland, in Holstein. Um diese emotional stark befrachteten Inhalte zu transportieren, bedient sich dieser Autor der Kompositionselemente der Short story: nüchtern beschreibend bei strenger Handlungsführung.

Das Dargestellte muß für sich sprechen. Erzählerkommentare werden nur sehr vereinzelt eingestreut. Gerade durch die vermeintliche Wertneutralität entfalten diese Geschichten ihren ästhetischen Reiz.

Nicht zuletzt steht der Name Hinrich Kruse für einen rigorosen Bruch plattdeutscher Autoren mit der bis weit in die Nachkriegszeit hinein geltenden Vorstellung einer natürlichen Verbindung von heimattümelnder Stammesideologie und niederdeutscher Literatur. Der Akzent verlagerte sich von „Niederdeutsch" mit all den dazugehörenden Vorstellungen auf „Literatur". Nichtsdestoweniger hat sich auch der eher traditionelle Zug plattdeutscher Poesie erhalten: Verklärende Erinnerungsberichte und wohlgereimte Naturlyrik werden nach wie vor viel geschrieben und gern gelesen.

Bereits in den fünfziger Jahren wandte sich Hinrich Kruse einem Medium zu, das die niederdeutsche Literatur weithin befördern und auch professionalisieren sollte: dem Hörspiel. Rund 20 seiner Werke wurden vom NDR und von Radio Bremen ausgestrahlt. Der Rundfunk nahm aber nicht nur Einfluß auf die ihm eigene Gattung Hörspiel, sondern auch auf die formale Anlage und inhaltliche Füllung der kurzen Alltagserzählung nach dem Muster der erfolgreichen Serie „Hör mal 'n beten to". Die kurze und eingängige Unterhaltung überlagerte hier nachhaltig literarische Ambitionen und prägte eine Autorengeneration, die ausschließlich mit kleinen Erinnerungsskizzen oder Alltagserzählungen an die Öffentlichkeit trat.

Zur Verbreitung und Anerkennung neuerer Tendenzen innerhalb der niederdeutschen Lyrik um 1960 trug in seiner damaligen Funktion als Redakteur bei Radio Bremen in besonderem Maße Konrad Hansen (geb. 1933 in Kiel) bei. Seine eigene schriftstellerische Orientierung ist in der Folgezeit aber weniger auf Gedichte oder alltägliche Kurzerzählungen ausgerichtet; vielmehr erprobt er die dramaturgischen Möglichkeiten des Hörspiels und des Theaters. Das gesprochene Wort, der Dialog, bestimmt den Handlungsfortgang seiner Texte. Zunächst bleibt Hansen den traditionellen Stoffen des mundartlichen Schwanks verpflichtet, doch nach entsprechenden Erfolgen im Hörspielbereich bringt er nach 1970 auch sozialkritische Stücke mit deutlichem Zeitbezug auf die Bühne: Themen sind Homosexualität, Korruption oder Aufarbeitung nationalsozialistischer Vergangenheit.

Das niederdeutsche Theater zählt zu den literarischen Feldern, denen in Schleswig-Holstein eine hohe Akzeptanz entgegengebracht wird. Das dürfte eng mit der grundsätzlich mündlichen Vermittlung in diesem Genre zusammenhängen. Der problembehaftete Umweg über die Schriftlichkeit bleibt den Theaterbesuchern wie auch den Rundfunkhörern erspart. Die 13 dem „Niederdeutschen Bühnenbund Schleswig-Holstein" angeschlossenen Theater erreichten 1994 mit 52 Stücken in 654 Aufführungen 156 732 Besucher. Nicht mitgezählt sind hierbei Dorf- oder Vereinsinitiativen und deren Einstudierung sowie Aufführungen niederdeutscher Bühnenstücke, bei denen deutlich leichte Stoffe des Lachtheaters bevorzugt werden.

Im Theaterbereich weist die niederdeutsche Kultur Traditionslinien auf, die nur sehr eingeschränkt mit entsprechenden Formen des Hochdeutschen konkurrieren. Dennoch gilt für viele Gegenwartsautoren, daß sie ihren literarischen Ausdruck selbstverständlich nicht auf die Mundart beschränken. So wählt Konrad Hansen für Fernsehdrehbücher und Romane das Hochdeutsche. Hier wird evident, was in der Anlage für alle niederdeutschen Autoren seit Klaus Groth gilt: Sie beherrschen ausnahmslos Hochdeutsch, ihre Wahl des Plattdeutschen als ästhetische Ausdrucksform geschieht immer bewußt – sei es aufgrund sprach- und kulturpflegerischer Überlegungen oder marktbezogenen Kalküls.

Die an volkstümlichen einfachen Formen wie dem Schwank, der Anekdote oder dem Witz orientierte Seite niederdeutscher Literatur ist nach wie vor recht stark vertreten; ebenso die Neigung, eine „typisch norddeutsche" Welt zum literarischen Prinzip zu erheben. Daneben aber hat es seit Klaus Groth immer auch Autoren gegeben, die solcherlei sujetbezogene oder thematische Vorgaben nicht zu akzeptieren bereit waren und sich an literarästhetischen Maßstäben orientierten.

Einen ganz eigenen Weg hat die Lyrikerin Waltrud Bruhn (geb. 1936, aufgewachsen in Bad Segeberg, später in Glückstadt ansässig) gefunden. Ihre gleichermaßen Sensibilität und Verletzbarkeit ausstrahlenden Gedichte sperren sich gegen das schnelle Verstehen. Abgründe, Risse tun sich auf, sprachliche wie gedankliche. Die Suche nach Möglichkeiten menschlicher Verortung in einer komplexen Welt bildet das Hauptmotiv der Arbeiten Waltrud Bruhns. Ihre poetischen Stoffe übergreifen die konkret erlebte Landschaft, die Regionalgeschichte und – untrennbar davon – die Mythen abendländischer Kultur. Der individuell erfahrene Leidensdruck erscheint allgegenwärtig:

Kummer
raakt so un so veelmals
de Tiet sik tohopen in
weekenwies Bulten

Rhythmus, Klangfarben, harmonisch abgestimmte Bildwelten und frappierende Wortschöpfungen tragen diese in der niederdeutschen Literatur einzigartigen Gedichte. Lyrik, die Horizonte öffnet.

Das Beispiel Waltrud Bruhn weist auf ein grundsätzliches Problem, will man niederdeutsche Literatur in Schleswig-Holstein beschreiben: Die Autorin wurde nämlich in Wuppertal geboren. Sie schreibt in einem mittelholsteinischen Platt, das der Mundart von Bad Segeberg entspricht. Soll der Geburtsort, der Ort der maßgeblichen Sozialisation, der Wohnort oder gar der Ort, dem die literarisch verwendete Mundart zuzuordnen ist, als Maßstab gelten? Folgt man dem Kriterium des Wohnorts, so wären etwa der Satiriker Wolfgang Sieg, der Erzähler Bolko Bullerdiek oder der Mecklenburger Klassikerübersetzer Friedrich Hans Schaefer ebenfalls als schleswig-holsteinische Mundartautoren zu nennen.

Gleichwohl – die in den schleswig-holsteinischen Mundarten geschriebene Literatur umfaßt ein beachtlich breites Spektrum und reicht weit über klischeebefrachtete und idyllisierende Darstellungen hinaus. Das gilt sowohl für die formale als auch für die inhaltliche Seite. Plattdeutsche Literatur ist vielfältig und abwechslungsreich, sie bietet nicht zuletzt Einblicke in die Psyche der Menschen im Norden Deutschlands, stellt ihr Handeln und Denken aus den unterschiedlichsten Blickwinkeln dar. Sicher ist: für zahlreiche Schleswig-Holsteiner gibt es in der niederdeutschen Prosa, Lyrik und dramatischen Literatur noch viel zu entdecken.

Lübeck als geistige Lebensform: Thomas Mann und seine Heimatstadt

Klaus C. Haase

Das Leben des Patriziersohns Thomas Mann, der am 6. Juni 1875 in einem Sommerhaus vor den Toren Lübecks geboren wird und am 12. August 1955 in Zürich stirbt, währte 80 Jahre. In Lübeck lebt er 18 Jahre, dann 40 Jahre in München; auf 16 Jahre der Emigration folgen die letzten sechs Jahre in der Schweiz. Im Grunde aber bleibt der Dichter und Essayist Thomas Mann seiner Heimatstadt, der über 600 Jahre lang Freien und Hansestadt Lübeck, dem ostholsteinischen Umland und dem Ostseebereich lebenslang zutiefst verbunden. Die herausragenden Ereignisse der ersten Hälfte seines erfüllten Schriftsteller-Lebens sind der Welterfolg seines ersten Romans „Buddenbrooks" (1901), dann seine Heirat mit Katia Pringsheim am 12. Februar 1905, die Geburten der sechs Kinder des Ehepaars Mann in den Jahren 1905, 1906, 1909, 1910, 1918 und 1919 in München, der Erste Weltkrieg und der zweite große Roman „Der Zauberberg" (1924). Diese erfolgreichen Jahrzehnte sind geprägt vom Ringen um einen weltanschaulichen Standpunkt und eine strenge Arbeitsdisziplin des Autors. Aufgrund seiner durch Erbschaft und frühen Erfolg finanziell abgesicherten Position kann er sich als weitgehend unabhängiger Künstler in einer wirtschaftlich und politisch turbulenten Zeit in Deutschland und Europa durchsetzen.

Die zweite Lebenshälfte des Autors, der sich zunehmend bewußter in die Tradition des bürgerlichen Zeitalters von Goethe und Schiller bis zu Fontane einfügt, wird geprägt von Höhen und Tiefen, die Thomas Mann ohne seine Frau Katia (1883–1980) wohl nicht hätte meistern können. Weltweite Anerkennung seiner schriftstellerischen Leistung bedeutet die Verleihung des Nobelpreises für Literatur 1929, der ihm als viertem Deutschen nach dem Historiker Theodor Mommsen (1902), dem Philosophen Rudolf Eucken (1908) und dem Dichter Gerhart Hauptmann (1912) vom schwedischen König am 10. Dezember 1929 in Stockholm überreicht wird. Aber bereits im Februar 1933, wenige Tage nach der Ernennung Hitlers zum Reichskanzler, sieht sich der fast 58jährige Thomas Mann gezwungen, Deutschland zu verlassen. Erst nach 16 Jahren, 74jährig, betritt er im Goethe-Jahr 1949 wieder heimatlichen Boden. In seiner Vaterstadt Lübeck findet er im Schillerjahr 1955 als Ehrenbürger zu seinem Ausgangspunkt zurück.

Jugendjahre

Geist und Lebensstil der Freien und Hansestadt Lübeck prägen Thomas Mann über drei Generationen seiner Vorfahren. Schon sein Vater Thomas Johann Heinrich Mann (1840–1891) war Sohn und Enkel wohlhabender, angesehener Lübecker: Großkaufmann, Konsul und am 19. Februar 1877 auf Lebenszeit gewählter Senator der Freien Reichsstadt. In seinem für amerikanische Leser 1936 geschriebenen Lebenslauf beschreibt Thomas Mann seine Geburtsstadt Lübeck als „eine schöne alte Stadt, nahe der Ostsee, von mittelalterlichem Gepräge, welche ehemals, wie Hamburg, Bremen und Danzig, dem Hansa-Bunde angehört hatte ... und Freie Reichsstadt geblieben war, republikanisch wie einst Venedig, regiert von einem Bürgermeister (Dogen), der offiziell den Titel Magnifizenz führte, einem Senat, dessen Mitgliedern noch aus früherer Zeit der allmählich humoristisch gewordene Titel ‚Euer Wohlweisheit' anhing ..., und einem Parlament, das aus der Bürgerschaft gewählt und darum auch einfach ‚Bürgerschaft' genannt wurde."[1] Ein 1930 veröffentlichter Lebensabriß beschreibt die Kindheit als eine gehegte und glückliche Zeit mit Eltern, vier Geschwistern, im vom Vater erbauten Haus in der Beckergrube und dem von der Großmutter väterlicherseits bewohnten alten Familienhaus aus dem 18. Jahrhundert, mit dem Spruch „Dominus providebit" (Der Herr wird vorsorgen) am Rokoko-Giebel. Das heute weltweit bekannte Haus Mengstraße 4 beherbergt seit dem Mai 1993 als „Heinrich-und-Thomas-Mann-Zentrum Buddenbrookhaus" eine Dauerausstellung zu Leben und Werk der Brüder Heinrich (1871–1950) und Thomas Mann. Es versteht sich als Forschungsstätte zur Auseinandersetzung mit den Werken der Brüder Mann.

Die Erlebniswelt des Kindes prägt der mittelalterliche Stadtbezirk um die Marienkirche aus dem 13. Jahrhundert, in der Paul Thomas Mann am 11. Juni 1875 getauft und Ostern 1890 konfirmiert wird. Hier befinden sich die der Firma Mann gehörenden Speicherhäuser „Linde", „Eiche", „Elefant", „Löwe", „Adler" und „Walfisch" in der Straße An der Untertrave, das Kaufmannskontor in der Breiten Straße, die Jakobikirche, die alte Schifferkirche, in der sein jüngster Bruder Victor 1890 getauft wird. Nahe liegt auch das private Progymnasium, die sogenannte Kandidatenschule des Dr. Bussenius in der Fleischhauerstraße. Thomas besucht es von Ostern 1882 bis Ostern 1889 nicht ohne die Mühe einer „Ehrenrunde", bevor er für fünf Jahre – zwei Klassen müssen wiederholt werden – von Ostern 1889 bis Ostern 1894 Schüler des 1880 auf dem Gelände der Lateinschule des Franziskanerordens erbauten Katharineums wird, das er schließlich mit dem Zeugnis der Obersekunda-Reife verläßt. Zum Mittelpunkt des geistigen und seelischen Erlebens des in der Breiten Straße aufgewachsenen und seit 1881 in der Beckergrube wohnenden Schülers gehört nicht zuletzt das durch Stilelemente von der Gotik bis zur Renaissance geprägte Rathaus, in dem Thomas' Vater als Senator für das Finanzwesen dem wichtigsten Ressort der Regierung der Freien Reichsstadt seit 1877 vorsteht.

Der plötzliche Tod des Großkaufmanns und Senators Johann Heinrich Mann am 13. Oktober 1891, der im Alter von 51 Jahren an einer Blutvergiftung stirbt, bedeutet den schmerzlichsten Verlust und eine grundsätzliche Veränderung im Leben der Gymnasiasten Heinrich und Thomas. Nachdem der Vater und Chef des Handelshauses Mann von nahezu der gesamten Einwohnerschaft Lübecks zu Grabe getragen worden ist, wird die Getreidefirma Johann Siegmund Mann, deren 100jähriges Bestehen am 23. Mai 1890 von der ganzen Stadt mitgefeiert worden ist, liquidiert. Weder Thomas noch sein vier Jahre älterer Bruder Heinrich sehen sich in der Lage, Nachfolger des Vaters zu werden; der Bruder Victor ist erst am 12. April 1890 geboren. Nach Verkauf des Hauses in der Beckergrube – das Haus Mengstraße 4 der Großmutter ist schon nach deren Tod am 6. Dezember 1890 veräußert worden – wechselt die Witwe Julia Mann geb. da Silva-Bruhns für kurze Zeit in eine Villa vor dem Burgtor. Schon Ostern 1892 zieht Julia Mann (1851–1923) mit den Töchtern Julia und Carla und dem Sohn Victor nach München. Heinrich geht in eine Buchhändlerlehre nach Dresden, und Thomas bleibt bis zum Erwerb des Zeugnisses der Mittleren Reife am 16. März 1894 in Pension bei zwei Lehrern des Katharineums. Unmittelbar nach dem Schulabschluß reist der fast 19jährige Thomas Mann zu seiner Mutter nach München, in die Kunstmetropole Bayerns, die für fast 40 Jahre seine zweite Heimat wird. Gleichwohl zieht es ihn vor seiner Emigrationszeit noch achtmal, nach Ende des Zweiten Weltkriegs noch zweimal nach Lübeck. Jeder dieser Besuche legt Zeugnis davon ab, daß

Thomas Mann um 1900. Der 25jährige schrieb in dieser Zeit an den „Buddenbrooks". Der Roman über eine lübeckische Kaufmannsfamilie erschien 1901.

[1–17] Die Quellenhinweise befinden sich im Literaturverzeichnis, S. 501.

Das Katharineum (oben) wurde 1880 erbaut. Hier war Thomas Mann von Ostern 1882 bis 1889 (ein wenig erfolgreicher) Gymnasiast. Das Buddenbrookhaus (rechts), Mengstraße 4, steht fast im Schatten der Marienkirche. Seit 1993 beherbergt es eine Dauerausstellung zu Leben und Werk von Heinrich und Thomas Mann.

Thomas Mann zeitlebens Hanseat im besten Sinne des Wortes bleibt.

Die Besuche 1899–1931

Die erste Wiederbegegnung mit der Vaterstadt findet während einer Urlaubsreise nach Aalsgaard am Öresund nahe Helsingör in Dänemark im September 1899 statt. In der Erzählung „Tonio Kröger" (1903) findet dieses Ereignis, das für den inkognito reisenden angehenden Schriftsteller in Lübeck beinahe zu einer Verhaftung wegen Hochstapelei führt, seine künstlerische Darstellung. Die Erzählung von der Sehnsucht des Künstlers Tonio Kröger nach der Stärke des Bürgers Hans Hansen ist das Werk, das Thomas Mann in seinem „Lebenslauf 1930" als die Geschichte bezeichnet, „die heute vielleicht von allem, was ich schrieb, meinem Herzen am nächsten steht."[2]

Im Jahr 1901 erscheint Thomas Manns Roman „Buddenbrooks". Das Werk findet zunächst nur zögerliche Aufnahme. Die Qualität der in das Romangeschehen integrierten Auseinandersetzung des „von dem ernsten, tiefen, bis zur Selbstpeinigung strengen und unerbittlichen Verantwortungsgefühl des echten und leidenschaftlichen Protestanten"³ Thomas Buddenbrook mit dem Verfall seiner Familie wird von den sich zum Teil als persönlich verunglimpft betrachtenden Lübeckern nicht erkannt. Auch wird übersehen, mit welcher Intensität, Klarsicht und stilistischer Begabung der 25jährige Debütant das geistige, geschäftliche und gesellschaftliche Leben der Bewohner einer Stadt und ihrer Umgebung über vier Generationen sprachlich gestaltet: Familientreffen und Feste im Hause Mengstraße 4; glückliche Ferienaufenthalte im Ostseeparadies Travemünde in den Sommern unbeschwerter Kinderzeit; die Zeichnung der zarten, einzigen Liebe Tony Buddenbrooks und Morten Schwarzkopfs, Sohn des Lotsenkommandeurs von Travemünde, der seelischen Nöte der Geschwister Tony und Thomas Buddenbrook, die beide der Pflicht ihre Neigung opfern – „Dergleichen muß durchgemacht werden" –; die sanft-ironisch dargestellte Beruhigung der 1848er Revolution in Lübeck durch den Konsul Thomas Buddenbrook; schließlich das wechselseitig verständnis- und liebevolle Verhältnis „wie noch niemals" zwischen dem Senator und seinem übersensiblen Sohn Hanno, als sie sich um Frau und Mutter sorgen.

Als Thomas Mann am 2. Dezember 1904 auf Einladung der „Literarischen Gesellschaft, Lübecker Leseabend von 1890" aus seinem einzigen Drama „Fiorenza" und der Erzählung „Das Wunderkind" liest, weiß er, welches Maß an Skepsis ihm entgegengebracht wird. Die Schriftstellerin Ida Boy-Ed (1852–1928), eine mütterliche Freundin aus der Zeit seines Schülerlebens ohne Elternhaus, hat die Lesung im bis 1908 bestehenden alten Casinosaal angeregt. Im „Lübecker Generalanzeiger" vom 7. November 1905 veröffentlicht der 30jährige Autor ein Nachwort zur wohlfeilen Neuauflage seiner „Buddenbrooks", das gerade die Lübecker Leser des Romans um Verständnis bittet:

„Ich weiß sehr wohl, daß es in Lübeck Leute gibt, welche in mir den berüchtigten Vogel sehen, der sein eigenes Nest beschmutzt. Sie tun unrecht, sie denken unrecht ... Wenn ich als Lübecker und Angehöriger einer lübeckischen Familie sprechen soll, so kann ich sagen: Ich habe zu Ehren meiner Vaterstadt und meiner Familie auf meine Art ebenso viel getan wie mein Vater, der vielleicht in Lübeck noch nicht vergessen ist, auf seine Art getan hat. Ohne Familien- oder Heimatsinn, ohne Liebe zur Familie und Heimat werden Bücher wie ‚Buddenbrooks' nicht geschrieben; und wer mich kennt, wer gewisse Arbeiten von mir gelesen hat, die auf dieses Buch folgten, der weiß, wie tief ich, trotz aller Künstler-Libertinage, ein Lübecker Bürger geblieben bin."⁴*

Im Jahre 1921, nach einem Sommerurlaub mit Katia in Timmendorfer Strand vom 8. bis 23. August, wohnt Mann als einer der Redner der „Nordischen Woche", die der Erweiterung und Festigung deutsch-skandinavischer Beziehungen dienen will, vom 2. bis 8. September bei Ida Boy-Ed in der Ehrenwohnung der Schriftstellerin im Burgtor. Am 4. September 1921 hält er in der Aula des Johanneums einen Vortrag zum Thema „Goethe und Tolstoi". Der mehrfach umgearbeitete Text sieht zunächst die Möglichkeit eines spezifisch deutschen Weges in die Humanität „zwischen der westlichen Zivilisation und dem revolutionären Rußland". Ab 1925 empfiehlt Mann eine entschiedene Annäherung an den Westen.

Manns nächster Besuch in Lübeck am 4. März 1922 gilt der Einweihung der „Buddenbrook-Buchhandlung" im restaurierten alten Familienhaus der Großmutter Bethsy Mann, geb. Marty, in der Mengstraße 4; das Geschäft existiert bis 1929.

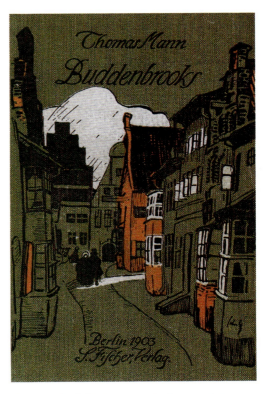

Ein Jugendstil-Einband von Wilhelm Schulz schmückte die 1903 in S. Fischer Verlag erschienene „Buddenbrooks"-Ausgabe in einem Band.

* Eine glückliche Fügung will es, daß sich Thomas Mann in seiner alten Heimat befindet, als er am 4. August 1919 von seiner ersten großen öffentlichen Ehrung erfährt: Die philosophische Fakultät der Universität Bonn ernennt den Autor der „Buddenbrooks" zum Dr. phil. h. c. Das Ernennungstelegramm geht nach München; Frau Katia schickt es ihrem Mann nach Glücksburg/Ostsee. Auf Einladung seines Verlegers Samuel Fischer verlebt Thomas vom 15. Juli bis zum 6. August 1919 seinen ersten Nachkriegsurlaub im „Strandhotel" von Glücksburg (vgl. TM Tagebücher 1918–1921, S. 281–293). Auch Katia war von der Familie Fischer eingeladen worden, aber wegen der Geburt ihres sechsten Kindes Michael am 21. April 1919 blieb sie in München bei ihren Kindern.

Strandleben an der Kurpromenade des „geliebten" Bades Travemünde um 1900. Später erinnert sich Thomas Mann an die sommerlichen Familienaufenthalte an der Ostsee als die „glücklichsten Tage meines Lebens".

Für zwei Tage, vom 9. bis 10. Oktober 1925, weilt Mann zur nachträglichen Feier seines 50. Geburtstags in seiner Vaterstadt, die ihn mit einer Aufführung seines selten inszenierten Dramas „Fiorenza" ehrt. Das Lübecker Stadttheater in der Beckergrube ist schon für den Gymnasiasten von großer Bedeutung gewesen. 1892 ermöglicht es ihm die erste Begegnung mit dem Musiktheater Richard Wagners, das Leben und Dichtung Thomas Manns bis zu seinem Lebensende wesentlich beeinflußt.

Zur Feier des 700. Jahrestages der Verleihung der Reichsfreiheit an die Hansestadt Lübeck vom 3. bis 9. Juni 1926 hält sich Thomas Mann als geehrter Gast des Senats erneut in der Vaterstadt auf.

Am 5. Juni 1926, einen Tag vor seinem 51. Geburtstag, hält Thomas Mann im Stadttheater Lübeck seinen Festvortrag mit dem Titel „Lübeck als geistige Lebensform", den er im Mai 1926 während eines Aufenthaltes mit seiner Frau Katia im Waldsanatorium Arosa verfaßt hat. Der Vortrag Manns ist ein eindrucksvolles Dokument der inneren Verwurzelung des Mannes, der die „Buddenbrooks" zu großen Teilen in Italien geschrieben hat und der 1926 schon 32 Jahre in München lebt, seit 21 Jahren mit der Tochter einer sehr vermögenden, geistig-kulturell profilierten Familie verheiratet ist und sechs Kinder hat, mit seiner großbürgerlich-hanseatischen Heimat: „Es kam der Tag und die Stunde, wo mir klar wurde, … daß ich als Künstler viel ‚echter', viel mehr ein Apfel vom Baume Lübecks war, als ich geahnt hatte, daß diejenigen, die beleidigt durch gewisse kritische Schärfen des Buches, einen Abtrünnigen und Verräter, einen Entfremdeten hatten in mir sehen wollen, tatsächlich im Unrecht gewesen waren und daß es sich nicht nur bei diesem Buch, sondern auch bei allen anderen … nicht um irgendwelches bohemisierte und entwurzelte Virtuosentum, sondern um eine Lebensform, um *Lübeck als geistige Lebensform* handelte."[5]

Auch der Held des 1912 begonnenen und 1924 edierten Romans „Der Zauberberg", den Mann in die Tradition des deutschen Bildungsromans stellt und mit dem er ausdrücklich auf Goethes „Wilhelm-Meister"-Romane verweist, dieser „Bergverzauberte" Hans Castorp „ist ein simpler junger Mann … Aber bei aller Simplicität hat er es hinter den Ohren, und ich möchte sagen: das, *was* er hinter den Ohren hat, ist sein Hanseatentum – denn zur Abwechslung und ausredeweise ist er aus Hamburg – sein Hanseatentum, sage ich, das sich nur nicht mehr nach Art seiner Urväter im höheren Seeräubertum, sondern anders, sondern stiller und geistiger bewährt: in einer Lust am Abenteuer im Seelischen und Gedanklichen, die den schlichten Jungen ins Kosmische und Metaphysische trägt …" Für den Autor des Bildungsromans ist der „Zauberberg" ein „*bürgerliches* Buch …, ein Ausdruck bürgerlicher, symbolisch gesprochen: lübeckischer Lebensform"[6].

Dem heutigen Leser, dem das Gesamtwerk des bis in das hohe Alter produktiven Autors Thomas Mann vorliegt, wird klar, daß der „Zauberer" seinem Programm bis in die Nachkriegszeit treu geblieben ist. Auch wenn es die mittelalterliche Stadt Kaisersaschern in Manns tragischem Roman „Doktor Faustus" (1947) nicht konkret gibt und manche mitteldeutsche Stadt Anspruch auf geistige Verwandtschaft mit der Welt des Tonsetzers Adrian Leverkühn und des Chronisten Serenus Zeitblom erhebt, lebt der wortgewaltige Thomas Mann bis zu seinem Ende aus dem Geist der Hansestadt, der Welt seiner Väter und Vorväter: „... es ist mein Ehrgeiz, nachzuweisen, daß Lübeck als Stadt, als Stadtbild und Stadtcharakter, als Landschaft, Sprache, Architektur durchaus nicht nur in ‚Buddenbrooks', deren unverleugneten Hintergrund es bildet, seine Rolle spielt, sondern daß es von Anfang bis zu Ende in meiner ganzen Schriftstellerei zu finden ist, sie entscheidend bestimmt und beherrscht."

Was aber wäre die Stadt ohne das Meer, das Ostseebad Travemünde mit dem Leuchtturm, dem Kurhaus, dem Musiktempel, Ferienparadies der unvergessenen Kinderjahre, in dem Thomas mit den Geschwistern und Eltern „die unzweifelhaft glücklichsten Tage" seines Lebens verbracht hat, „... an diesem Ort gingen das Meer und die Musik in meinem Herzen eine ideelle, eine Gefühlsverbindung für immer ein, und es ist etwas geworden aus dieser Gefühls- und Ideenverbindung – nämlich Erzählung, epische Prosa ...",[7] so daß der Rhythmus des Meeres in allen seinen Büchern zu spüren ist.

Thomas Mann benennt die prägenden Faktoren seiner Kindheit: die Umgebung Lübecks, die Holsteinische Schweiz, die Landschaft um Eutin und Malente; der „außerordentlich malerische" Ukleisee, die Gegend von Mölln – „das ist schönstes, stimmungsvollstes norddeutsches Land."[8] Auch den Erwachsenen, den Familienvater ziehen die norddeutschen Küsten und Inseln immer wieder an: Die stille Ostseeinsel Hiddensee, Refugium und schließlich Ruheplatz Gerhart Hauptmanns, lockt die Manns im Juli 1924 zu einem Besuch, die Nordseeinsel Sylt ist 1927 und 1928 Reiseziel. Schließlich pachten Manns im Dorf Nidden auf der Kurischen Nehrung ein Grundstück mit Meeresblick und lassen sich ein Sommerhaus aus Holz mit Strohdach und großer Terrasse bauen.

Der Schluß der Rede vom 5. Juni 1926 ist ein politisches Credo des bürgerlichen Erzählers, „der eigentlich sein Leben lang nur *eine* Geschichte erzählt: Die Geschichte der Entbürgerlichung – aber nicht zum Bourgeois oder auch zum Marxisten, sondern zum Künstler, zur Ironie und Freiheit ausflug- und aufflugbereiter Kunst.

Ein bürgerliches Menschentum, das sich im Überklassenmäßig-Künstlerischen ironisch bewährt, ist unfähig der Renitenz gegen das sich verjüngende Leben. Aber ebensowenig ist es fähig, aus Feigheit und Anschlußangst an das Neue seine Wurzeln und Herkunft, seine tausendjährige Überlieferung, die bürgerliche Heimat zu verleugnen."[9]

Vor der Rede vom Lübecker Senat mit dem Titel „Professor ehrenhalber" ausgezeichnet, verläßt Thomas Mann am 9. Juni seine Heimatstadt, nicht ohne am 6. Juni noch das Katharineum zu besuchen.

Vom 2. bis 4. Dezember 1928 weilt der „Zauberer" wieder in Lübeck. In der Marienkirche hört er ein Orgelkonzert mit Werken von Dietrich Buxtehude; er erlebt im Stadttheater eine Aufführung der Oper „Die ägyptische Hochzeit" von Richard Strauss und führt in der Oberschule zum Dom eine Lesung durch.

Der letzte Besuch des nunmehrigen Nobelpreisträgers Thomas Mann in der Stadt seiner Kindheit und Jugend vor der langen Emigrationszeit findet im September 1931 statt. Anlaß zu der Reise ist die 400-Jahr-Feier des Katharineums. Am 7. September 1931 hält er in der Aula seiner ehemaligen Schule, die er als eine „Wiege der bürgerlichen Kultur" bezeichnet, seine vielbeachtete politische „Ansprache an die Jugend".

Die Rede an die Jugend von 1931, die ihm viel aufgeschlossener erscheint als die Jugend seiner Generation, ist ein leidenschaftlicher Appell, in der „ratlosen Zukunftsfülle", die „zur Liebe und zum Abscheu, zur Freude und Zuversicht und zur tiefen Besorgnis, ja zur Verzweiflung" führen kann, aufzustehen „gegen den weltbedrohenden Geist oder Ungeist der Masse, welcher mit Demokratie in des Wortes respektablem Verstande längst nicht mehr das geringste zu tun hat."[10]

Noch blickt Mann voller Optimismus in die Zukunft der deutschen Demokratie, trotz beunruhigender Aktivitäten der Gegner der Weimarer Republik. Schon am 17. Oktober 1930 ist Thomas Manns Vortrag „Deutsche Ansprache. Ein Appell an die Vernunft" in der Berliner Beethovenhalle von NSDAP-Anhängern um Arnolt Bronnen empfindlich gestört worden. Am 27. Februar 1933 brennt der Reichstag in Berlin. Erika und Klaus Mann warnen die Eltern dringend vor einer Rückkehr nach München: Thomas Mann hatte seinen zunächst in München gehaltenen Vortrag „Leiden und Größe Richard Wagners" in Amsterdam, Brüssel und Paris wiederholt und einen Kurzurlaub in Arosa angeschlossen. So wird der 11. Februar 1933 der Tag des Abschieds von Deutschland, das die Manns erst im Juli 1949 wiedersehen sollten.

Emigration und Heimkehr

Vom September 1933 bis zur Übersiedlung in die USA 1938 leben Thomas und Katia Mann mit ihren nun erwachsenen Kindern in Küsnacht bei Zürich. Die Universität Princeton im Bundesstaat New Jersey wird Professor Thomas Manns erster amerikanischer Arbeitsplatz, an dem zu gleicher Zeit auch Albert Einstein lehrt. Der Wechsel von der Ostküste an die Westküste der USA, nach Pacific Palisades, Kalifornien, erfolgt 1941. Zu einem Wiedersehen mit Lübeck nach dem Ende des Zweiten Weltkriegs kommt es erst beim zweiten Besuch Thomas und Katia Manns im geteilten Deutschland. Die erste Reise führt 1949 nach Frankfurt am Main in die Paulskirche und nach Weimar in das Nationaltheater. An diesen beiden Plätzen mit langer politischer und kultureller Tradition hält Thomas Mann seine wortgleiche „Ansprache im Goethejahr": Am 25. Juli in der Paulskirche zu Frankfurt mit der Verleihung des Goethe-Preises der Stadt Frankfurt, am 1. August 1949 im Nationaltheater Weimar mit der Verleihung der Ehrenbürgerwürde und des Weimarer Goethe-Preises.

Thomas und Katia Manns erste Wiederbegegnung mit Norddeutschland findet Anfang Juni 1953 statt. Christian Wegner, Verleger der von Erich Trunz seit 1949 herausgegebenen Hamburger Ausgabe der Werke Goethes, bemüht sich um eine Lesung Thomas Manns aus dem „Felix Krull". Anläßlich dieser Lesung am 8. Juni 1953 im Auditorium maximum der Hamburger Universität beschäftigt sich Mann mit dem Mißtrauen der Nachbarvölker und entwickelt seine Vision eines wiedervereinigten Deutschlands als Teil eines geeinten Europas:

„Sache der heraufkommenden Generation, der deutschen Jugend ist es, dies Mißtrauen, diese Furcht zu zerstreuen, indem sie das längst Verworfene verwirft und klar und einmütig ihren Willen kundgibt – nicht zu einem deutschen Europa, sondern zu einem europäischen Deutschland."[11]

Einflußreiche Lübecker übermitteln dem Ehepaar Mann eiligst eine Einladung in die jetzt so nahe Vaterstadt des Nobelpreisträgers. Spontan sagt Thomas Mann zu, und nach einem Kurzbesuch des Ostseebades Travemünde am 10. Juni 1953 kommt er mit seiner Frau zu einer noch kürzeren Visite in die Hansestadt. In einem herzlichen Brief an eine Lübecker Zeitung schreibt er: „Ich freue mich so sehr, daß ich meinen längst im voraus heimlich gefaßten Entschluß, gelegentlich meines Besuches in Hamburg auch Lübeck und Travemünde wiederzusehen, ausgeführt habe. Der Himmel gab seinen Segen dazu, es war ein schöner Tag inmitten lauter schlechten Wetters. Namentlich der Gedanke, die Luft Travemündes, des Kindheitsparadieses noch einmal geatmet zu haben, ‚sitzt lächelnd um mein Herz' – ‚sits smiling to my heart' – wie es im ‚Hamlet' heißt."[12]

Im Tagebuch verzeichnet Thomas Mann: „Am Mittwoch, dem 10. (Juni 1953) bei geklärtem Wetter in zwei Wagen … auf der Autobahn nach *Travemünde*. Journalisten. Gang auf der Strandpromenade, köstliche Seeluft. Bewegt. Mittagessen im Kurhaus als Gäste der Zeitung. ‚Norderreihe', Leuchttürme, Schweizerhäuser bewahrt. Musiktempel jetzt beim Spiel-Casino. Gefühl letzten Wiedersehens. Auf der Rückfahrt in Lübeck, Holstenstraße, Königstraße, Katharineum, der Schulhof … Am Donnerstag den 11. Mittagessen im Hotel Vier Jahreszeiten … Nachmittags 5 Uhr Abreise mit dem skandinavisch-italienischen Schlafwagenzug …"[13]

Ein sehr kurzer, inoffizieller Besuch in der alten Heimat ist es, über den Hans Schrem in den Lübeck Nachrichten vom 11. Juni 1953 berichtet: „Dann fuhren wir nach Lübeck zurück. Er sollte noch einmal einen Blick werfen auf das Haus Mengstraße 4, das Buddenbrooks-Haus, das Haus seiner Väter. Und auf die Marienkirche. Zum erstenmal sah er das zerstörte Gebäude. Minutenlang stand er davor, dann setzte er sich ins Auto und fuhr davon. Der große Thomas Mann ist nicht heimgekehrt. Ganz heimlich und unbeachtet ist er nur gekommen, um zu sehen."[14]

Zwischen dem letzten Besuch im September 1931 und den wenigen Stunden in Travemünde und Lübeck am 10. Juni 1953 liegen fast 22 Jahre, die Jahre der „Lotte in Weimar" (1939), der „Josephs"-Tetralogie (1933–1943), des „Doktor Faustus" (1947), des „Felix Krull" (1954), in denen die „geistige Lebensform" Lübecks, der Hansestädte mehr oder weniger verborgen weiterlebt. Das Jahr 1955, das Jahr des 80. Geburtstags, bringt die versöhnende Abrundung eines Lebens und Ringens, der Höhen und Tiefen des Mannes, der sich verbunden sieht mit den Zielen der Klassiker von Weimar, der sich als Vollender der Bestrebungen der bürgerlichen humanistischen Philosophie und Kultur betrachtet. Thomas und Katia Manns letzter Aufenthalt in Lübeck und Travemünde vom 16. bis 23. Mai 1955 (nach dem großen Erfolg von Thomas Manns Schiller-Rede zum 150. Todestag des Schwaben Friedrich Schiller in Stuttgart am 8. Mai und in Weimar am 14. Mai 1955, dem „Versuch über Schiller"), bildet die geistige Krönung des Lebenslaufs des Lübecker Patriziersohns und Literatur-Nobelpreisträgers**. Die tiefe Dankbarkeit für die Heimkehr, für die Verleihung der Ehrenbürgerschaft im historischen Saal des Rathauses, die Überreichung des Ehrenbürgerbriefs am 20. Mai 1955, die Eintragung ins Goldene Buch der Hansestadt Lübeck finden ihren Ausdruck in der ergreifenden Danksagung Thomas Manns an seine wiedergefundenen Mitbürger. Die Gedanken des fast 80jährigen Ehrenbürgers, der diese Auszeichnung in dem Haus erhält, in dem sein Vater als Finanz-Senator 14 Jahre lang für den Stadtstaat gewirkt hat, sind bei diesem: „Noch sehe ich ihn, den Zylinder lüftend, zwischen den präsentierenden Infanterie-Wachtposten vorm Rathaus hindurchgehen, wenn er eine Senatssitzung verließ, sehe ihn mit eleganter Ironie den Respekt seiner Mitbürger entgegennehmen und habe nie die umfassende Trauer vergessen, mit der, als ich fünfzehn Jahre alt war, seine Stadt, die ganze Stadt ihn zu Grabe brachte. Ich kann wohl sagen: sein Bild hat immer im Hintergrund gestanden all meines Tuns, und immer hab ich's bedauert, daß ich ihm zu seinen Lebzeiten so wenig Hoffnung machen konnte, es möchte aus mir in der Welt noch irgend etwas Ansehnliches werden. Desto tiefer ist die Genugtuung, mit der es mich erfüllt, daß es mir gegönnt war, meiner Herkunft und dieser Stadt, wenn auch auf ausgefallene Weise, doch noch etwas Ehre zu machen. Heute gibt das alte Lübeck mir in Gestalt des Dokuments, das ich hier halte, diese Ehre vor aller Welt feierlich zurück. Das ist ein großer, rührender Augenblick meines zur Rüste gehenden Lebens. Mein Herz ist voller Dank. Glück und Wohlfahrt unserer Stadt. Concordia domi, foris pax!"¹⁵

Den großen Mai-Tagen in Stuttgart, Weimar und Lübeck folgen der 80. Geburtstag am 6. Juni 1955 in Kilchberg mit Ehrungen und Geschenken aus aller Welt, am 30. Juni der Flug nach Holland, der Besuch bei der niederländischen Königin am 11. Juli und der am 23. Juli nach einer Thrombose im linken Bein jäh abgebrochene Urlaub in Noordwijk.

Am Abend des 12. August 1955 verstirbt der große Sohn Lübecks, der sich nach den Worten seiner Frau Katia „als einen Letzten einer großen Epoche" betrachtete, ruhig schlafend, nach dreiwöchiger Behandlung im Züricher Kantonsspital; kirchlich bestattet wird er am 16. August auf dem Friedhof von Kilchberg. In Erika Manns (1905–1969) Abschied vom Vater heißt es: „Lieber, geliebter Zauberer, Du warst gnädig geführt bis zum Ende, und still bist Du fortgegangen, von ‚dieser grünen Erde', um deren Schicksal Du so lange liebend gebangt."¹⁶

Bis an sein Lebensende weiß sich Thomas Mann mit ungebrochenem Leistungswillen der Inschrift im Kaufmannspult seiner hanseatischen Vorfahren verpflichtet:

„Sey immer auf alles gefast, immer vorsichtig, handle nur nach der ruhigsten, und nach der durchdachtesten Überlegung, rede wenig, denke viel – vertraue auf Gott in allen deinen Handlungen … fürchte auch keine Macht der Erde, gehe fest und beharrlich deinem Geschäffte nach …"¹⁷

** Während seines letzten Aufenthalts in der Vaterstadt besucht Thomas Mann u. a. nochmals die Marienkirche, das Katharineum, das St.-Annen-Museum, das Behnhaus. Nach seiner Lesung aus „Tonio Kröger", der „Josephs"-Tetralogie und dem „Felix Krull" im Stadttheater am 21. Mai lauscht er – „mit unvorstellbarer Ergriffenheit in der Proszeniumsloge sitzend" – dem von ihm gewünschten „Lohengrin"-Vorspiel (vgl. TM, Tagebücher 1953–1955, S. 343–345 u. S. 768–771; Zitat S. 770).
Die häufigen Besuche Thomas Manns im Katharineum lassen darauf schließen, daß er diesem Institut mehr zu verdanken meint, als er den Lesern der „Buddenbrooks" mitteilt. Der „Verfall einer Familie" ist eben kein Schlüsselroman, Hanno Buddenbrook nicht Thomas Mann (vgl. „Bilse und ich" (1906) in TM, MK 119, S. 13 ff.), Thomas Manns erster Roman kein „Bilse-", d. h. kein Skandalroman. Daß Mann seinen Ordinarius, Deutsch- und Lateinlehrer in Untersekunda Professor Dr. Baethcke, in der Dankesrede vom 20. Mai 1955 ausdrücklich nennt, möge als Beleg für diese Einschätzung dienen: „… ich wünschte mir, der alte Schiller-Baethcke hätte es noch erlebt, daß gerade ich jetzt ausersehen war, für ganz Deutschland die offizielle Gedenkrede für seinen Dichter zu halten." (TM, MK 119, S. 1416 f.)

Das Ehepaar Thomas und Katia Mann Mitte Mai 1955 vor den am Palmsonntag 1942 auf dem Boden des Südturms zerborstenen Glocken von St. Marien. Es sollte der letzte Aufenthalt in der Heimatstadt sein.

Malerei abseits der Zentren: Bilder aus Schleswig-Holstein

Heinz Spielmann

Mit dem Land zwischen Nord- und Ostsee verbinden sich Künstlernamen von internationalem Rang. Von einer schleswig-holsteinischen Malerei wie von einer schwäbischen oder kölnischen im Mittelalter oder wie von süddeutscher oder flämischer Barockmalerei können wir aber nicht sprechen. Gründe dafür lassen sich unschwer anführen; die politisch-kulturellen Bedingungen des Landes standen der Ausbildung einer homogenen malerischen Tradition entgegen. Kunst und Künstler orientierten sich im Laufe der letzten, für die Malerei relevanten sechs Jahrhunderte an unterschiedlichen kulturellen Zentren. Während des 14. und 15. Jahrhunderts war dies die Hansestadt Lübeck, im 16. und 17. Jahrhundert der Gottorfer Hof. Nach der international ausgerichteten Adelskultur des 18. Jahrhunderts etablierte sich im deutsch-dänischen Gesamtstaat die Kopenhagener Akademie mit ihrer bis Rom reichenden Ausstrahlung als neuer Bezugspunkt, bis sie nach der Eingliederung Schleswig-Holsteins in Preußen 1864 durch die Kunstschulen in Düsseldorf und Berlin, dann auch durch die Weimarer Kunstschule abgelöst wurde.

In die letztere Epoche fällt die Entdeckung der Nordseeküste und der Ostseeförden durch Maler aus dem Land; sie kulminierte im Werk Emil Noldes und wurde durch ihn wie durch die expressionistischen Maler der „Brücke" international zum Begriff. Malerei in Schleswig-Holstein umfaßt bis heute, das zeigt bereits das kurze Resümee, Entwicklungen und Leistungen sehr unterschiedlicher Art. Es sei nur an die Wechselwirkungen mit Berlin und Hamburg erinnert, die heute die Szenerie wesentlich prägen.

Von der mittelalterlichen Wandmalerei haben sich nur wenige Zeugnisse erhalten, und diese kaum in ihrer originalen Form. Das feuchte Klima zerstörte einen großen Teil der Tafelbilder. Deshalb wird, so läßt sich schon heute sagen, die Freilegung der gegenwärtig noch übermalten Flügel-Rückseiten des Altars der Klosterkirche Cismar, des ältesten, kurz nach 1300 entstandenen Flügelaltars, einer künstlerisch-kunstgeschichtlichen Sensation gleichkommen. Wenn diese Rückseiten wieder sichtbar sind, wird man über die stilistische Einordnung ihrer Malerei etwas sagen können. Genauere Aussagen über stilprägende Charakteristika erlauben uns erst Gemälde des frühen 15. Jahrhunderts wie der Altarflügel aus Neustadt, der den Ausklang des höfischen „weichen" Stils in der Werkstatt eines aus Niedersachsen kommenden, nach Lübeck übergesiedelten Meisters vor Augen stellt. Ein gutes halbes Jahrhundert später stand die Lübecker Malerei bereits ganz im Bann der Niederlande; überdeutlich wird dies in dem weitverbreiteten Lebenswerk von Hermen Rode (gest. 1504), der die Kunst des Flamen Dirk Bouts zu seiner eigenen machte.

Der erste und zugleich letzte namentlich bekannte Maler des Mittelalters, der in Schleswig-Holstein regionale Maßstäbe sprengte, war Bernt Notke (um 1440–1509), ein ebenso großer Bildhauer wie Maler. Daß sein Hauptwerk, die Gregorsmesse, im Zweiten Weltkrieg in der Lübecker Marienkirche verbrannte, gehört zu den größten Verlusten schleswig-holsteinischer Malerei überhaupt.

Wie überall in Deutschland stagnierte vom zweiten Viertel des 16. Jahrhunderts an die prägende, neue Möglichkeiten realisierende Kraft der Malerei auch im Norden. Das größte Talent der Renaissance-Zeit, der aus Flensburg stammende Melchior Lorck (um 1527–1583), wirkte außerhalb des Landes – am Wiener Kaiserhof, in Istanbul und in Kopenhagen.

Jürgen Ovens: Herzog Friedrich III. von Schleswig-Holstein-Gottorf vor dem Neuwerk-Garten des Gottorfer Schlosses, um 1645/50 (links). Das kleine, kostbare, auf Kupfer gemalte Porträt des Hofmalers zeigt den bedeutenden Fürsten in seinen letzten Lebensjahren. Unter ihm erreichte das Herzogtum seine höchste kulturelle Blüte.

Niedersächsischer, in Lübeck tätiger Meister: Judaskuß, um 1420/30 (rechts); von Altarflügeln aus Neustadt, Holstein. Die Malerei vertritt den ausklingenden, internationalen, höfisch geprägten „weichen" Stil der Zeit um 1400.

Mit Sicherheit kennen wir ihn als Maler und Kupferstecher; was ihm aber an Gemälden zugeschrieben wird, bleibt hypothetisch.

Erst das kulturelle Repräsentationsbedürfnis des seit der Mitte des 16. Jahrhunderts an Bedeutung gewinnenden Gottorfer Hofes brachte nach und nach der Malerei wieder neue Impulse. Anfangs noch durch mehr handwerklich als künstlerisch bemerkenswerte Künstler vertreten, gewann sie einen internationalen Stellenwert, als der aus Tönning stammende Jürgen Ovens (1623–1678) zum Hofmaler avancierte. Ovens, der wie alle norddeutschen Barockmaler durch die Niederlande geprägt wurde und sowohl in Amsterdam durch Rembrandt wie später in Antwerpen durch van Dyck entscheidende Anregungen erhielt, war ein vorzüglicher Porträtist sowie ein versierter Erfinder von Historien und Allegorien. Seine Bilder gelangten bis nach England und Schweden. Als die Bürger Amsterdams für ihr um 1660 errichtetes neues Rathaus einen Ersatz für das von ihnen verschmähte Meisterwerk Rembrandts „Die Verschwörung der Bataver unter Claudius Civilis" suchten, fiel ihre Wahl auf Jürgen Ovens.

Ovens war, wie viele andere Barockmaler, nicht nur ein geschätzter Künstler, er betätigte sich auch als Sammler, Makler und Händler, so daß durch ihn die Werke anderer Zeitgenossen an den Gottorfer Hof kamen. Parallel dazu waren für die Herzöge auch weitere norddeutsche, insbesondere Hamburger Maler tätig. Die jetzt im Schleswig-Holsteinischen Landesmuseum auf Schloß Gottorf wieder an Konturen gewinnende Gemäldegalerie läßt uns eine Vorstellung von den Kräften gewinnen, die die

Alle abgebildeten Gemälde befinden sich in den Sammlungen des Schleswig-Holsteinischen Landesmuseums, Schloß Gottorf, Schleswig.

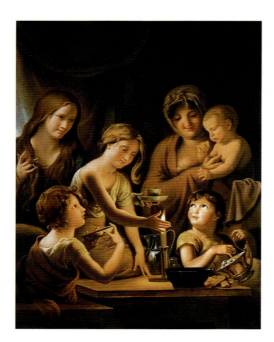

Johann Heinrich Wilhelm Tischbein: Die Frau des Künstlers mit ihren Töchtern, um 1812. Goethes Maler und Freund begegnete dem großen Dichter in Rom und wurde danach in Neapel Akademie-Direktor. Tischbein floh vor den Franzosen aus Italien und wurde vom Eutiner Herzog Peter Friedrich Ludwig zum Hofmaler ernannt, wo er u. a. neben Johann Heinrich Voß, dem berühmten Homer-Übersetzer, tätig war. Das Gemälde spiegelt seine Beschäftigung mit der barocken niederländischen Caravaggio-Schule.

höfische Malerei des 17. Jahrhunderts prägten.

Diese Entwicklung endete mit dem Sieg der Dänen über die schwedisch-holsteinische Allianz während des großen Nordischen Krieges 1720, und es dauerte mehrere Jahrzehnte, bis sich auf dem Territorium der Herzogtümer neue kulturelle Zentren bildeten, die auch der Malerei Auftrieb gaben. Lübeck, die zuvor so bedeutsame Hansestadt, hatte zur gleichen Zeit ebenso an Macht, Mitteln und Ausstrahlung verloren, und wenn hier einmal ein Künstler von überragendem Talent geboren wurde, fand er andernorts Ruhm und Reichtum wie Gottfried Kneller (1646–1723), der als Sir Godfrey Kniller zum vielbeschäftigten Londoner Hofmaler avancierte. Umgekehrt holten sich die kleinen Territorialfürsten und reiche Bürger ihre Künstler von draußen, wenn sie ihrer bedurften. Unter den vorwiegend handwerklichen Gemälden des Rokoko in Schleswig-Holstein ragen deshalb die der Gastkünstler von Rang deutlich hervor, etwa der von Italien über Lübeck bis nach St. Petersburg gelangende Stefano Torelli (1712–1784) oder der aus Kassel vorübergehend für Plön gewonnene Johann Heinrich Tischbein d. Ä. (1722–1789). Am Ende der Periode, in den Jahrzehnten des Übergangs vom Rokoko zum Klassizismus, trat der Däne Jens Juel (1745–1802) an ihre Stelle.

Daß mit dem Ende des 18. und dem Beginn des 19. Jahrhunderts die Malerei in Schleswig-Holstein eine kontinuierliche Entwicklung zu nehmen begann, ist zwei Impulsen zu verdanken: zunächst den Bemühungen des Eutiner Herzogs Peter Friedrich Ludwig um ein „Weimar des Nordens", in dem Goethes Malerfreund Johann Heinrich Wilhelm Tischbein (1751–1829) und sein Vetter Ludwig Philipp Strack (1761–1836) die Malerei repräsentierten, dann in der Wirksamkeit der Kopenhagener Akademie, die dänische Künstler ebenso förderte wie Talente aus den Herzogtümern. Vereinfachend läßt sich sagen, daß die holsteinische Malerei zum Beginn des 19. Jahrhunderts durch den Tischbein-Kreis ihren Akzent erhielt, während von 1780 bis um 1850 die Kopenhagener Akademie im Landesteil Schleswig die entscheidende und einflußreiche Institution blieb.

Natürlich spielte am Eutiner Hof das Figurenbild weiter eine wichtige Rolle, der der „Goethe-Tischbein" ebenso gerecht wurde wie der zweite in diesem Zusammenhang zu nennende Holsteiner Friedrich Carl Gröger (1766–1838); aber erstmals entdeckte die Malerei jetzt auch eine Landschaft des deutschen Nordens für sich, die „Holsteinische Schweiz" mit ihren Seen. Sie wurde ähnlich der italienischen Landschaft als Arkadien verstanden, als eine Natur von zeitloser Schönheit.

An der Kopenhagener Akademie behauptete die Landschaftsmalerei erst allmählich einen ähnlichen Platz wie die Historien- und Porträtmalerei. Die vor 1800 angesehenste Disziplin, die mythologische Darstellung, gewann einen der international renommiertesten Repräsentanten in dem aus der Stadt Schleswig stammenden Asmus Jakob Carstens (1754–1798). Über Lübeck, Kopenhagen und Berlin gelangte er nach Rom, wo er als einer der ersten Künstler allein auf sich gestellt lebte, in großer Armut, aber von seinen Freunden verehrt. Von Goethe wurde er so geschätzt, daß sein gesamter Nachlaß durch ihn nach Weimar kam. Mit Carstens wurde – zumindest in Nordeuropa und Italien – der Auftragskünstler durch den sich nur selbst verpflichteten Künstler abgelöst. Seine Wirkung übertraf in dieser Hinsicht bei weitem seinen im späten 18. Jahrhundert nicht geringen Ruhm.

Daß ein zweiter, die Entwicklung der nordeuropäischen Malerei weit-

hin prägender Maler gleichfalls aus Schleswig-Holstein stammte, ist heute kaum noch jemandem bewußt, so sehr wird die Tätigkeit von Christoffer Eckersberg (1783–1853) mit seiner Leistung an der Kopenhagener Akademie identifiziert. Eckersberg fand einen direkten Weg vom Klassizismus zum Realismus; seine Schüler, von denen nicht wenige gleichfalls aus Schleswig-Holstein stammten, und eine Reihe von Einzelbegabungen wie der beste deutsch-dänische Porträtist der Epoche Christian Albrecht Jensen (1792–1870) gaben der Malerei des dänischen „Goldenen Zeitalters" den Charakter einer durch einen einheitlichen Stil geprägten Sonderleistung des 19. Jahrhunderts. Diese Homogenität endete durch das nationalstaatliche Denken der Epoche, als es 1848 zur Erhebung der Bevölkerung Schleswig-Holsteins gegen Dänemark kam und eine Entwicklung eingeleitet wurde, die das Land zu einer Provinz Preußens machte. Die deutschen Maler, die in Dänemark bis 1848 ohne Probleme den dänischen gleich geschätzt worden waren, sahen sich plötzlich aus dieser Integration ausgeschlossen. Ebenso konnten sie aber auch in Deutschland nicht Fuß fassen, weil man sie dort als „Dänen" ansah. Erst heute wird ihr Beitrag zur europäischen Malerei allmählich wieder angemessen gewürdigt. Das Schleswig-Holsteinische Landesmuseum, das seine Gemäldesammlung während des letzten Jahrzehnts systematisch ausbaute und jetzt eine vollständige Übersicht über die Malerei zwischen Nord- und Ostsee geben kann, leistet in dieser Rückgewinnung ihres Ansehens Pionierarbeit.

Der einzige Maler, der dem Verdikt seiner Zeit entging, war der aus Altona stammende Louis Gurlitt (1812–

Louis Gurlitt: Schloß Gottorf, 1864. Der einzige deutsche Maler der Kopenhagener Akademie, der nach der Vereinigung Schleswig-Holsteins mit Preußen internationale Anerkennung erfuhr, war der aus Altona stammende Louis Gurlitt. Er stellte Schloß Gottorf in der damals noch kaum bebauten Schlei-Landschaft unweit Schleswigs dar, als romantisch verstandenes Denkmal seiner damals vergangenen Größe.

Hans Peter Feddersen: Regen in der Einöde, 1905 (oben); Hinrich Wrage: Meeresstille, 1899 (unten).
Die beiden befreundeten Maler gelten als die bedeutendsten Repräsentanten des späten Realismus und der Freilichtmalerei in Schleswig-Holstein. Sie entdeckten die Westküste an der Nordsee neu. Dies belegen die beiden abgebildeten Gemälde in hervorragender Weise. Feddersens Bild macht verständlich, worauf sich die Kunst Emil Noldes gründet.

trocknenden, spätromantisch-naturalistischen Heimatmalerei.

Unter den Persönlichkeiten aus Schleswig-Holstein, die auf die Entwicklung der Malerei nachhaltigen Einfluß nahmen, ist an erster Stelle Carl Friedrich von Rumohr (1785–1843) zu nennen. Selbst ein begabter Dilettant auf vielen Gebieten, in der Kochkunst wie in der Kunstgeschichte, zudem ein verdienstvoller Sammler, dem die Kupferstichkabinette in Kopenhagen und Berlin viel verdanken, und schließlich ein begabter Zeichner, förderte er eine Reihe jüngerer Künstler, unter denen Friedrich Nerly und Franz Horny in der deutschen Malerei des 19. Jahrhunderts eine bis heute nachwirkende Bedeutung gewannen.

Persönlichkeiten wie Rumohr orientierten sich international. Dies gilt auch für den wichtigsten schleswig-holsteinischen Porträtmaler der nachdänischen Zeit, den Schleswiger Christian Carl Magnussen (1821–1896). Er studierte bei Thomas Couture in Paris und trug neben seiner Malerei eine qualitätsvolle Sammlung mittelalterlicher Skulpturen zusammen, von denen ein Teil nach England, ein anderer nach Dänemark gelangte. In die Lebenszeit Magnussens, dessen Söhne als Maler, Bildhauer, Keramik-Künstler bis nach 1900 in Norddeutschland wirksam waren, fällt die Neuorientierung der jüngeren Generation, die an deutschen Kunsthochschulen ausgebildet wurde. Ihr ist es zu danken, daß eine Landschaft für die Malerei entdeckt wurde, die zuvor von den Künstlern unbeachtet geblieben war – die Tiefebene Nordfrieslands, ihre Küste und die ihr vorgelagerten Inseln, allen voran Sylt. Die Malerei folgte damit der Literatur, die mit den Novellen Theodor Storms diese Landschaft zum Begriff gemacht hatte. Es waren vor allem zwei Maler, die den Ausdruck, die Ruhe und das Licht dieser zuvor niemanden interessierenden Landschaft entdeckten, die

1897). Während seiner frühen Jahre in Dänemark anerkannt, in Italien bald darauf als eines der kommenden Talente angesehen, gelangte er auch in Deutschland zu Ansehen. Bis in sein hohes Alter hinein immer wieder auf Reisen, schuf er ein riesiges Werk mit Landschaftsbildern, die bis heute in der deutschen und in der dänischen Kunstgeschichte ihren festen Platz haben. Seinen Generationsgenossen, die in Kopenhagen begonnen hatten, gelang dieser Durchbruch nicht. Sie wurden wie Carl Ludwig Jessen nach sehr respektablen Anfängen zu Vertretern einer mehr und mehr aus-

beiden Freunde Hans Peter Feddersen (1849–1941) und Joachim Hinrich Wrage (1843–1912). Der erstere stammte aus Wester-Schnatebüll in Südtondern, einem Ort, in den er sich später völlig zurückzog, während der zweite im ostholsteinischen Gremsmühlen lebte und arbeitete. Herausragende Bedeutung besitzen für die Entwicklung der schleswig-holsteinischen Malerei die großen Sylt-Gemälde Wrages und die Darstellungen Feddersens der von einem hohen Wolkenhimmel überzogenen Weite Nordfrieslands. Bilder Feddersens, die um und kurz nach 1900 entstanden, machen verständlich, wovon Emil Nolde (1867–1956) ausging, als er die Landschaft des nördlichsten Schleswig-Holstein zu einem für die Moderne zentralen Thema der Malerei machte.

Doch bevor Nolde seine entscheidenden Bilder zu malen begann, machte eine weitere Künstlergruppe von sich reden. Sie entdeckte den auf der nördlichen Seite der Flensburger Förde gelegenen, damals zu Deutschland gehörenden Ort Ekensund. Wenn Feddersen und Wrage eine zwischen Realismus und Freilichtmalerei einzuordnende Kunst vertraten, dann standen die Maler der Ekensunder Künstlerkolonie für eine zwischen Freilichtmalerei und Symbolismus sich orientierende Auffassung, die dem Jugendstil nahestand. Ein alle diese Kriterien aufweisendes Bild ist Otto Heinrich Engels (1866–1949) „Meeresleuchten", dessen erste Fas-

Emil Nolde: Gehöft in der Marsch, Aquarell, nach 1950. In seinen späten Aquarellen erlebte Emil Noldes Kunst noch einmal eine bemerkenswerte Blüte. Die herbe, durch den Wolkenhimmel geprägte Landschaft des äußersten deutschen Nordens hat vor ihm niemand auf so suggestive Weise dargestellt.

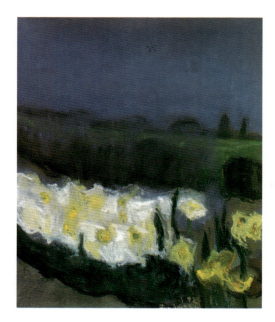

Klaus Fußmann: Vor dem Feld von Düstnishy, Narzissen und Osterglocken, Pastell, 1992 (Stiftung Rolf Horn). Der Berliner Maler verbringt seit fast zwei Jahrzehnten einen großen Teil des Jahres unweit von Gelting. Hier entstanden u. a. seine Landschafts- und Blumenbilder, die heute zu den wichtigsten Zeugnissen einer wirklichkeitsnahen Malerei zählen.

sung im Zweiten Weltkrieg zerstört wurde, dessen zweite von 1897 aber jüngst unerwartet wieder auftauchte und die Eigenständigkeit der besten in Ekensund entstandenen Arbeiten belegt.

Obwohl Emil Nolde unweit von Flensburg lebte, hat ihn die Idylle der Förde nie ernsthaft beschäftigt. Seine Themen waren die Ebenen und Gärten des flachen Landes nördlich der Förde und die Nordsee. Seine Kunst ist nicht, wie oft irrtümlich geglaubt wird, voraussetzungslos entstanden, sondern hat eine Entwicklung im Land selbst zur Grundlage, wie die Gemälde Feddersens beweisen. Unbestritten wurden die Bilder Emil Noldes zum Synonym der norddeutschen Malerei schlechthin, so sehr, daß darüber die Leistung anderer im Lande tätiger oder aus ihm stammender Künstler trotz ihres hohen Ranges weniger ins allgemeine Bewußtsein geriet. Dennoch – Christian Rohlfs (1849–1938), Noldes aus dem Holsteinischen stammender Freund, und die Maler der „Brücke" sind aus der europäischen Moderne nicht fortzudenken. Rohlfs, der erst in seinen späteren Jahren den Weg von der Freilichtmalerei zum Expressionismus fand, lebte und malte, von Sommeraufenthalten abgesehen, meist außerhalb des Landes in Weimar, Hagen und Ascona. Andererseits kamen die Maler der „Brücke" von Dresden und Berlin so häufig an die ihnen besonders zusagenden Plätze von Nord- und Ostsee, daß diese dadurch berühmt wurden: Fehmarn durch Ernst Ludwig Kirchner (1880–1938); Osterholz und Sylt durch Erich Heckel (1883–1970); Alsen, Hohwacht und Sierksdorf durch Karl Schmidt-Rottluff (1884–1976). Die Stiftung der Sammlung Hermann Gerlinger an das Schleswig-Holsteinische Landesmuseum auf Schloß Gottorf hat die Verbundenheit der „Brücke"-Künstler mit dem nördlichsten Bundesland weithin in das entsprechende Licht gerückt.

Auch andere Künstler, die als Gäste nach Schleswig-Holstein kamen, gaben der Malerei des Landes kräftige Impulse. Der Böhme Wenzel Hablik (1881–1934), der in Itzehoe seßhaft wurde und in seinen symbolistisch-expressiven Bildern Naturkräfte sichtbar machte, ist in diesem Zusammenhang ebenso zu nennen wie der Berliner Georg Tappert (1880–1957), der mit dem Kieler Revolutions-Expressionismus von 1918 eng verbunden war und vor den Nationalsozialisten auf Sylt eine Zuflucht fand. Nach dem Zweiten Weltkrieg hatte Paul Wunderlich (geb. 1928) in und bei Eutin ein Domizil, und Horst Janssen (1929–1995) zog es mehrfach von Hamburg ins „Eiderland". Heute leben drei so unterschiedliche Ziele verfolgende Maler wie Klaus Fußmann (geb. 1938), Walter Stöhrer (geb. 1937) und Max Neumann (geb. 1949) jährlich lange Zeit, von Berlin kommend, in der Hügellandschaft Angelns.

Natürlich hatten Maler aus Schleswig-Holstein Anteil an der allgemeinen Entwicklung der Moderne, aber unverkennbar befanden und befinden sich unter ihnen besonders viele, die realistische Themen und Darstellungsformen vertreten. Genannt seien hier der gesellschaftskritische Harald Duwe (1926–1984) und der Foto-Realist Peter Nagel (geb. 1941) mit ihren Schülern, der den Realismus auch theoretisch vehement verfechtende Nikolaus Störtenbecker (geb. 1940) oder der die Wirklichkeit poetisch verfremdende Diether Kressel (geb. 1925). Daß eine andernorts oft verpönte wirklichkeitsnahe Malerei in Schleswig-Holstein sich ungestört entfalten kann, daß abstrakte, surreale, konstruktivistische Kunst hier nur einzelne Repräsentanten fand und findet, kennzeichnet die Sondersituation des Landes abseits der Zentren, die immer wieder den Anlaß zu unerwarteten Leistungen der Malerei gab.

Christian Rohlfs: Bauernhaus, Aquarell, 1922. Immer wieder besuchte der aus dem kleinen Niendorf stammende, durch die Förderung Theodor Storms zum Maler gewordene Künstler seine Heimat. Dabei entstand sein frisches „Holsteinisches Skizzenbuch", zu dem auch das abgebildete Aquarell gehört.

Schleswig-Holstein als Musiklandschaft: Eine Retrospektive

Heinrich W. Schwab

Eine „Musiklandschaft", schon gar wie das vielgepriesene Thüringen sie darstellt oder das als „Konservatorium Europas" bezeichnete Böhmen, eine Musiklandschaft also im emphatischen Sinne war Schleswig-Holstein gewiß nie. Und wer sich aufmacht, Daten und Fakten für die noch nicht geschriebene Musikgeschichte des nördlichsten deutschen Bundeslandes zu sammeln, wird des öfteren auf geradezu deprimierende Feststellungen treffen. So etwa auf jene Klage, die Carl Friedrich Cramer – seines Zeichens Professor an der Kieler Universität und rühriger Herausgeber eines vielgelesenen Musikmagazins – 1783 laut werden ließ. Nachdem er schon moniert hatte, daß Kiel „und die ganze Gegend nicht einmal im Stande" sei, „einen einzigen Buchhändler zu ernähren", mußte er bekennen: „In der Music aber vollends sind wir hier barbarischer als die Geten. Ich darfs mit Gewißheit sagen, es gibt in Kiel und der Gegend nicht über vier bis sechs Leute, die Musicalien sich anschaffen." Eingehend auf den von ihm herausgegebenen Klavierauszug der Oper „Armida" des berühmten Wiener Hofkapellmeisters Antonio Salieri fuhr Cramer fort: „Es sind in Kiel nur eigentlich fünf Subscribenten darauf; und auch diese hätten sich vielleicht nicht gemeldet, wenn es Herrn Kunzen nicht vorigen Winter gelungen wäre, mit unsäglicher Mühe und mit Zuhülfeziehung fremder Musiker und Dilettanten aller Orten her, sie im Umschlage, der hiesigen Messe, aufzuführen."

Zu Zeiten des weithin gerühmten „Schleswig-Holstein Musik Festivals" haben sich die Zeiten grundlegend geändert. Eingeladen wird zu Konzerten, in denen sich die musikalische Elite der Welt präsentiert. Dennoch, in den Programmen ist – aus Mangel, wie es heißt, an Weltniveau – so gut wie nichts aus Schleswig-Holstein selbst zu hören. Die Landeskinder trösten sich mit der scheinbar alles erklärenden und entschuldigenden Formel „Holsatia (Frisia) non cantat". Demgegenüber skandieren die Macher wie weiland Klaus Groth: „Holsteen kan dat!". Die Veranstalter und den Fiskus freut es allein schon, wenn das Land während des Festivals zum gewinnbringenden Reiseland wird.

Musikalisch gesehen hat es Schleswig-Holstein gewiß nie leicht gehabt. Und manche Defizite gehen auf Verhältnisse zurück, die Jahrhunderte zurückdatieren. Erst seit der preußischen Zeit war endgültig das Privileg aufgehoben, das seit dem Mittelalter nur demjenigen die instrumentale Musikwartung gestattete, der in einem Kirchspiel, einem Amt oder einer Stadt dafür die Erlaubnis erworben hatte. Als 1794 drei nicht konzessionierte Musiker in der Nähe von Kiel bei einer Hochzeit unberechtigterweise aufspielten, zeigte sie der Kieler Stadtmusikus an. Die Musiker wurden eingesperrt, ihre Instrumente kassiert, und da sie als abgedankte Militärmusiker nicht die Mittel besaßen, die ihnen auferlegte Geldstrafe begleichen zu können, wurden ihnen zuletzt auch noch Stockhiebe verabreicht. Kurz: Eine instrumentale Musikkultur konnte sich dort, wo Konkurrenz von vornherein derart rigoros ausgeschaltet war, schwerlich entfalten. Als dieses Privilegsystem schließlich aufgehoben werden sollte, gab man noch im Jahre 1856 in Eutin zu bedenken, daß dabei „nur die Ausländer zum Nachteil des Inländers gewinnen" könnten und daß „aus polizeilichen Rücksichten auch die Überwachung der Musikanten von Wichtigkeit" sei. Geordnete Verhältnisse zu haben war selbst damals noch wichtiger als etwa den allerorts gefeierten „reisenden böhmischen Musikanten" ein Auftreten zu ermöglichen. Das Motto „Hol-

Schloß Salzau ist eines der musikalischen Zentren Schleswig-Holsteins. Aufbewahrt in der Schleswig-Holsteinischen Landesbibliothek Kiel befindet sich eine umfangreiche, seit dem 18. Jahrhundert angelegte Musiksammlung, welche die verschiedenen Interessen der adligen Bewohner des Herrensitzes dokumentiert. Heute ist Salzau einer der Veranstaltungsorte des Schleswig-Holstein Musik Festivals. Zu den vielen prominenten Dirigenten, die auf Gut Salzau mit jungen Musikern probten, gehört Christoph Eschenbach (rechts).

satia non cantat" macht nur dann Sinn, wenn man es so übersetzt, daß nicht das Singen, wohl aber das instrumentale Musizieren als Teil der musikalischen Volkskultur hier ausfiel oder nur unter Schwierigkeiten Raum fand.

Aufmerksame Zeitgenossen wußten immer Gründe zu nennen, weshalb es in der Region zwischen Nord- und Ostsee zu keiner dauerhaften musikalischen Blüte kommen mochte. In der renommierten Leipziger „Allgemeinen musikalischen Zeitung" stand 1799 darüber zu lesen: „Die schönen Künste haben, wie bekannt, in den nördlichen Gegenden Deutschlands mit vielfachen Hindernissen ihrer Kultur zu kämpfen. Der natürliche Mangel an reger Einbildungskraft, und die Nothwendigkeit, beym Lebensgenuß die Regeln der Oekonomie nicht zu vergessen, (welche hier in allen Ständen, selbst die kommerzirende Klasse nicht ausgenommen, auferlegt ist) dies und noch so manches andere hemmt die Verfeinerung der Sinnlichkeit, bey der allein die schönen Künste gedeihen, indem sie jene gegenseitig befördern. Kein Wunder, wenn diese Erstarrung sich von den Küsten der Ostsee bis wenigstens auf dreißig und mehrere Meilen ins Land hinein erstreckt" (I, 283 f.).

Daß eine musikalische Kultur – gleich ob nun an Adelshöfen oder in den Städten – nur dort zu florieren vermag, wo musikalische Interessen und finanzielle Mittel in üppiger Weise vorhanden sind, ist eine Erkenntnis, die Ende des 18. Jahrhunderts der in Oxford wirkende Musikgelehrte Charles Burney gemacht hatte. Er unternahm, um Stoff zu einer „General History of Music" zu sammeln, mehrere Reisen quer über den europäischen Kontinent. Und eigenartig, die Ostseeregion hat er erst gar nicht aufgesucht, da damals selbst Lübeck den Nimbus, auch in Dingen der Musik, die „Königin der Ostsee" zu sein, längst eingebüßt hatte. „Funfzig Jahr früher, ... da hätten Sie kommen sollen", so hatte der Hamburger Musikdirektor Carl Philipp Emanuel Bach (1714–1788) dem Engländer, mit Hinweis auf die Oper, die gerade herrschende „Ebbe" zu erklären versucht. Dabei war der „Hamburger Bach" einer der ganz Großen seines Jahrhunderts, der mit seiner Klaviermusik, seinen Oratorien und Liedern die Aufmerksamkeit auf die gesamte norddeutsche Region lenkte. Da Burneys „Tagebuch einer musikalischen Reise" in Hamburg übersetzt und 1772/73 dort auch in einer deutschen Ausgabe publiziert wur-

Häusliches Musizieren (1654), Frontispiz zu einer Sammlung geistlicher Lieder von Johann Rist (1607–1667), Liedertexter und Pastor aus Wedel.

de, sind von den Herausgebern lokale Ergänzungen eingeflochten worden. Sie lenken den Blick unter anderem auf das in Mölln geborene „Originalgenie" eines Johann Gottfried Müthel (1728– 1788). Verglichen wurde dieser Organistensohn damals mit keinem Geringeren als dem Hamburger Bach. Müthel war im Jahre 1750 noch letzter Schüler des großen Johann Sebastian Bach gewesen und gelangte nach vielen Reisen schließlich als Organist nach Riga, wo er zugleich auch die Privatkapelle des russisch-kaiserlichen Geheimrats Otto Hermann von Vietinghoff leitete. Müthels Klavierwerke waren eine derart sublim-elitäre Musik, daß er sie persönlich nur „zur Winterzeit" vorzutragen pflegte, „wenn tiefer Schnee auf den Straßen lag, um nicht durch das Gerassel der vorbeifahrenden Wagen gestört zu werden".

An im Lande geborenen musikalischen „Genies" oder großen „Meistern" hat es der Region gewiß nicht gemangelt. Zu den musikgeschichtlich bedeutendsten Komponisten zählen im 17. Jahrhundert Franz Tunder (1614–1667) aus Bannesdorf auf Fehmarn und Nikolaus Bruhns (1665–1697) aus Schwabstedt. Weltgeltung erlangte zweifelsohne das Werk des Dietrich Buxtehude, der vermutlich 1637 in Oldesloe geboren wurde und der von 1668 bis zu seinem Tode im Jahre 1707 in Lübeck das Amt des Organisten und Werkmeisters an St. Marien innehatte. Buxtehude dank weltweiter Anerkennung an die Seite zu stellen wäre auch der Hamburger Johannes Brahms, sofern man ihn – wie dies häufig geschieht – für die Region vereinnahmt. Immerhin ist er der Sohn eines aus Heide in Dithmarschen stammenden Musikers. Zu erwähnen in der Reihe herausragender Komponisten sind gleichfalls der 1786 in Eutin geborene Komponist des „Freischütz", Carl Maria von Weber, oder der 1824 in Altona geborene Carl Reinecke, der als Komponist und langjähriger Leiter der Leipziger Gewandhauskonzerte eine der namhaftesten Musikerpersönlichkeiten seiner Zeit war. Daß die zuletztgenannten Musiker keine bleibende Wirkungsstätte in Norddeutschland finden konnten, sondern auswanderten, gehört zu den leicht zu erklärenden, gleichwohl bedauernswerten Schattenseiten der regionalen Musikgeschichte. Gleiches trifft für den in Lübeck geborenen Friedrich Ludwig Aemilius Kunzen (1761–1817) zu, der den Dänen 1789 mit seinem „Holger Danske" ihre erste „Nationaloper" schenkte. Seit 1795 bekleidete er als Hofkapellmeister das höchste Musikamt, das der dänische König zu vergeben hatte. Seine Geburtsstadt Lübeck erfreute sich anfangs an seiner Kirchenmusik und den populären Melodien seines Singspiels „Die Weinlese". Seit 1847 ist in Lübeck jedoch keines seiner großbesetzten Werke mehr aufgeführt worden.

Zu den namhaftesten Musikern, die andererseits aus dem „Auslande" nach Gottorf, Lübeck oder nach Altona (nach Kopenhagen die einwohnerreichste Stadt der Herzogtümer) gelangten, zählen unter anderem die Engländer William Brade (1560–1630) und Thomas Simpson (1582–1630). Ihnen verdankt das Land die englische Consort- und Violenkunst, dem aus Thüringen stammenden Gabriel Voigtländer (1596–1643) eine neuartige, witzige und deshalb sehr populäre Liederkunst. Den Druck der „Oden" dieses Feldtrompeters und hochdotierten Sängers wollte der dänische Kronprinz nur erlauben, wenn er alle publizierten Exemplare selbst behalten dürfte; keinem anderen gönnte er das fürstliche, ihm gewidmete Vergnügen. Als prominentester „musikalischer Einwanderer" wird des öfteren der Balladenmeister Carl Loewe (1796–1869) aus Stettin genannt. Nach Kiel zog es ihn allerdings nur, um im Hause seiner Tochter seinen Lebensabend zu verbringen. Kieler Musikfreunde haben dem hier gestorbenen und begrabenen Komponisten ein Denkmal gesetzt. Es ist das einzige Musikerdenkmal in der Landeshauptstadt.

Prospekt der Orgel in der Hofkapelle von Schloß Gottorf. Das Instrument von 1567 (Umbau 1860) gilt als eine der bedeutendsten Frührenaissanceorgeln Norddeutschlands.

Auch wenn man zögert, von einer „Musiklandschaft Schleswig-Holstein" zu sprechen, ein besonderes musikalisches Relief besaß dieses Land zwischen Nord- und Ostsee zweifelsohne. Über Jahrhunderte hinweg war es Teil des dänischen Gesamtstaates und besaß in Kopenhagen eine richtungweisende Metropole. So wie dort blühten auf Schloß Gottorf – falls der Souverän, wie Herzog Christian Albrecht, besondere musikalische Interessen besaß – bald das italienische Madrigal oder Concerto, die deutsche Motette oder Sinfonie, das französische Menuett oder die Vaudevilles – je nachdem, welche Nation gerade die musikalische Hegemonie in Europa innehatte. Seit dem Jahre 1867 waren die Herzogtümer eine preußische Provinz geworden, deren kultureller Mittelpunkt fortan in Berlin gesehen werden sollte. Die Idee, eigene schleswig-holsteinische Musikfeste zu feiern, ging seit 1875 von dort aus.

Generell ist zu konstatieren: Die Anfänge einer Landesmusikgeschichte, belegt durch Instrumentenfunde bei Ahrensburg oder Berlin an der Trave, reichen bis in ur- und frühgeschichtliche Zeiten zurück. Lurenklänge werden gewiß auch dort zu

Titelblatt vom Textbuch zu einer Serenata (1744), die der Marienorganist Johann Paul Kunzen (1696–1757) für die Lübecker Kaufmannsorganisation der Schonenfahrer komponierte. Die Lübecker Musikerfamilie Kunzen prägte über drei Generationen das Kulturleben der Hansestadt.

hören gewesen sein, wo man bereits im Jahre 1639 die dem 5. nachchristlichen Jahrhundert entstammenden Goldhörner von Gallehus (bei Tondern) entdeckt hat. Herausragendes Zeugnis einer christlich geprägten Musikkultur ist die um 1475 aufgezeichnete „Marienklage", aufbewahrt in der Klosterbibliothek der Augustinerchorherren in Bordesholm. Seit der Erfindung des Notendrucks, und begünstigt durch den aufblühenden Musikalienhandel, an dem die Hansestadt Lübeck maßgeblich beteiligt war, wuchs die Zahl der aus dem Lande überlieferten Musikwerke kräftig an. Die ersten Komponistennamen, die zugleich Eingang in die allgemeine Musikgeschichte gefunden haben, begegnen uns in nachreformatorischer Zeit. Die Kaufmannsstadt Lübeck zum einen und das Schloß Gottorf als Residenz der schleswig-holsteinischen Herzöge zum anderen waren jahrhundertelang die bedeutendsten Orte, an denen einheimische Musiktalente und „ausländische" Virtuosen miteinander wetteiferten.

Die Musikgeschichte Schleswig-Holsteins, die die Verhältnisse in der freien Reichs- und Hansestadt Lübeck ebenso legitim einbeziehen müßte wie die in der ehemals zum dänischen Gesamtstaat gehörenden Stadt Altona, ist noch nicht geschrieben. Demgemäß gilt es, die „Musiklandschaft Schleswig-Holstein" in vielen Bereichen erst zu entdecken. In ihrer regionalen Bedeutsamkeit noch kaum erkannt ist die private Musikkultur in den musikalischen Salons des Adels (Gut Damp, Gut Hasselburg) wie auch des Großbürgertums oder im Hause eines musikbegeisterten Poeten wie Klaus Groth. Wer kennt zum anderen Kompositionen von hier geborenen oder hier wirkenden Musikern wie das „Choragium Melicum" (1674) des an der Hofkirche zu Glückstadt amtierenden Musikdirektors Hermann Badenhaupt, die exaltierten Triosonaten des Flensburger Organisten Johann Friedrich Meister (1638–1697), die zahlreichen Vertonungen der erbaulichen Liedtexte des Wedeler Pastors Johannes Rist, die „Abendmusiken" der in Lübeck tätigen Musikerfamilie Kunzen, von der gleich drei Generationen im Lande aktiv waren, wer die in Eutin entstandenen Lieder von Franz Anton Weber (1734–1812), Vater des „Freischütz"-Komponisten, oder wer die Sinfonien des in Altona ansässig gewordenen Felix Woyrsch (1860–1944)? Von dem Lübecker Marienorganisten Johann Paul Kunzen (1696–1757) hieß es bereits 1752 im Zusammenhang mit den renommierten „Lübecker Abendmusiken": „Der berühmte Organist Diederich Buxtehude hat schon zu seiner Zeit die Abend-Musiken prächtig ausgezieret ... Aber unser vortrefflicher Herr Kuntze hat sie auf den höchsten Gipfel gebracht. Er hat die berühmtesten Sänger und Sängerinnen von der Hamburger Opera verschrieben, und gar Italiänerinnen aufgestellet."

Maßgeblich wird eine Musikkultur von den Kompositionen geprägt, die sie aufzuweisen vermag. Dies gilt folgerichtig auch für das Profil einer regionalen Kultur; wesentlich sind die Werke, die in dieser bestimmten Landschaft entstanden sind oder die sie etwa durch den Zuzug von Musikern erworben hat. Fängt man mit der „Bordesholmer Marienklage" an und berücksichtigt man nur einmal die Vokalmusik, dann müßten in den Kanon von Kompositionen, die keinesfalls fehlen dürfen, wenn eine klingende Retrospektive vorgenommen wird, des weiteren gehören:

– die Hochzeitsmotetten (1590) und Psalmenvertonungen (1584) des Flensburger Kantors Bartholomäus Stockmann, jüngst erst wieder aufgefunden in der Musikaliensammlung der Flensburger Nikolaikirche,

– die von Augustin Pfleger komponierten Kantaten, mit denen 1665 die Kieler Universität eingeweiht wurde,

– Buxtehudes „Membra Jesu Nostri" vom Jahre 1680,

– das „Halleluja der Schöpfung" von F. L. Ae. Kunzen (1797 wurde dieser Hymnus auf einen dänischen Text von Jens Baggesen in Kopenhagen uraufgeführt, gelangte jedoch bereits 1799 nach Lübeck und wurde hier in deutscher Version als eine der letzten „Abendmusiken" zu Gehör gebracht. Zeitgenossen würdigten das Werk mit den Worten: „Mehr Eleganz und Kunstluxus als mancher Kenner solches vielleicht wünschen mag"),

– der „Groth-Lieder-Zyklus" von Johannes Brahms, 1873 (erst im Groth-Jahr 1994 wurde entdeckt, daß Brahms, der viel im Hause des Dichters verkehrte, einen dergestalt nie in Druck gegebenen Liederzyklus komponiert hat, ausschließlich aus Vertonungen von Gedichten seines Dichterfreundes bestehend),

– Carl Reineckes Oratorium „Belsazar" op. 73 (1865)

– oder Walter Krafts Oratorium „Christus" (1942/43).

Soll Schleswig-Holstein als „Musiklandschaft" Profil gewinnen, dann müßte vor allem im Lande selbst unter Musikern und Musikliebhabern das Interesse an der Musik wachsen, die einst in der Lübecker Marienkirche oder in Flensburgs Nikolaikirche, auf Gut Damp, in den Schlössern zu Husum, Eutin oder Plön oder in den Klöstern von Cismar und Bordesholm erklungen ist. Das Schleswig-Holstein Musik Festival hat viele dieser Orte zu Konzertstätten gemacht; die Musikhochschule in Lübeck gewinnt mehr und mehr an internationalem Renommee. Kaum ist bislang jedoch zu Gehör gelangt, was diese Stätten einst musikalisch auszeichnete und ihnen ihr besonderes Flair verlieh. Erklungen sind an diesen Orten einst immer auch Werke einheimischer Komponisten.

Carl Maria von Weber (1786–1826) gehört neben Dietrich Buxtehude zu den einflußreichsten und bekanntesten Persönlichkeiten der schleswig-holsteinischen Musikgeschichte. Den in Eutin geborenen Komponisten des „Freischütz" malte Carolina Bardua 1821 in Öl.

Investitionen in die Zukunft: Hochschulen und Universitäten

Eckardt Opitz

Die Universität Kiel, die Christiana Albertina, wurde zwar erst 1665 gegründet, entstand aber noch im Geist des Territorialismus und des Konfessionalismus. Während der König von Dänemark, als einer der schleswig-holsteinischen Landesherren, dem Adel für die Ausbildung seiner Söhne die Ritterakademie in Sorø (seit 1623) und den Bürgersöhnen die Universität Kopenhagen (seit 1479) als hervorragende Bildungsstätten anbieten konnte, verfügten die herzoglichen Linien der Oldenburger Fürstenfamilie nicht über vergleichbare Einrichtungen. Herzog Johann der Ältere (Haderslebener Linie) hatte zwar 1566 die Auflösung des Augustiner-Chorherrenstifts in Bordesholm mit der Gründung einer Gelehrtenschule verbunden, doch führte diese ihre Absolventen nur bis zur Hochschulreife. Die angehenden Theologen und Juristen mußten anschließend Universitäten außerhalb der Landesgrenzen besuchen; die meisten gingen nach Rostock oder Helmstedt.

Auch Herzog Adolf von Gottorf war nicht in der Lage, seine 1568 in Schleswig errichtete „Hohe Schule" über den Stand einer Lateinschule hinauszuführen. Besonders regen Zulaufs konnten sich weder die Bordesholmer noch die Schleswiger Schule erfreuen.

Obgleich das Verhältnis zwischen König Christian IV. von Dänemark und Herzog Friedrich III. von Gottorf während des Dreißigjährigen Krieges bereits erheblich gestört war, schlugen beide Herrscher 1641 die Gründung einer vom königlichen und herzoglichen Anteil gemeinsam getragenen Universität vor. Dieser Plan fand aus Kostengründen nicht die Zustimmung der Landstände. Nach Ende des Krieges und im Zuge des Strebens nach größerer Selbständigkeit setzte Herzog Friedrich das Vorhaben im Alleingang fort und erwirkte 1652 von Kaiser Ferdinand III. das Recht, eine Universität zu gründen. Da das Privileg vom Kaiser stammte, konnte seine Umsetzung nur auf dem Territorium des Reiches, also in Holstein, nicht aber in Schleswig, erfolgen, wenn denn Wert darauf gelegt wurde, daß die von ihr vergebenen akademischen Titel und Grade überall im Reich anerkannt würden. Herzog Friedrich III. war ein friedfertiger Fürst, dem die Förderung der Künste und Wissenschaften besonders am Herzen lag. Er legte mit der herzoglichen Kunstkammer eine Sammlung an, die im 17. Jahrhundert bewundert wurde und viele Besucher anzog; er berief Adam Olearius als Hofmathematiker nach Gottorf und gewann damit einen Mann, der den Universalgenies seines Jahrhunderts zuzurechnen ist. Die kriegerischen Zeitläufe erlaubten nicht, daß er seinen Wunsch, die Gründung einer Universität, noch realisieren konnte. Er starb 1659 während des Schwedisch-Polnischen Krieges, der noch mehr Leid über sein Land brachte, als es der Dreißigjährige Krieg getan hatte.

Erst sein Sohn und Nachfolger, Christian Albrecht und dessen Kanzler, Johann Adolf von Kielmannseck, konnten vom kaiserlichen Privileg Gebrauch machen und in Kiel die erste schleswig-holsteinische Universität stiften.

Bis zum Ende des 18. Jahrhunderts bestand eine enge Verbindung zwischen der Christiana Albertina und dem ehemaligen Kloster Bordesholm. Diese beruhte einerseits auf der Rolle, die Bordesholm als Gelehrtenschule im 16. Jahrhundert gespielt hatte; sie hatte ferner einen Grund darin, daß die Klosterbibliothek zum Grundstock der Kieler Universitätsbibliothek geworden war. Die wichtigste Verbindung zwischen Bordesholm und der Kieler Universität bestand aber in der Finanzierung: Die Stadt Kiel hatte das alte Franziskanerkloster als Kollegiengebäude der neuen Universität zur Verfügung gestellt und für die Umbauarbeiten gesorgt. Sie trug darüber hinaus zum Unterhalt der Universität bei. Den größten Anteil zur Finanzierung der Christian-Albrechts-Universität leistete aber das ehemalige Kloster aus seinen Einnahmen aus dem Landbesitz.

Die Einweihung der Kieler Universität vollzog sich unter großem Gepränge während einer Feier in der Kieler Nikolaikirche (auf welche die Bordesholmer Chorherren vor der Reformation großen Einfluß gehabt hatten) am 5. Oktober 1665. Der letzte Rektor der Bordesholmer Gelehrtenschule, Paulus Sperling, wurde mit der Einrichtung der Kieler Universität zum Professor für Theologie ernannt. Überhaupt waren die Kontakte zwischen der Universität, dem Landesherrn und der Geistlichkeit im Zeitalter der Universitätsgründung in Kiel besonders eng. Die Kieler Bürger hatten dagegen ein distanziertes Verhältnis zu den Plänen des Landesherrn und des Stadtrates; die einen waren besorgt wegen möglicher Preissteigerungen, die anderen befürchteten, „daß die Studenten ein so dissolutes Leben führen, mit nächtlichem Gassieren, Tumultieren und allerlei Frevel in Worten und Werken der Bürgerschaft beschwerlich, jungen Leuten mit Fressen, Sauffen und allerley leichtfertiges Wesen sehr ärgerlich seyn" würden. Tatsächlich bildete auch die Kieler Universität bis ins 19. Jahrhundert hinein eine Korporation, die sich rechtlich und gesellschaftlich von ihrer bürgerlichen Umgebung abhob.

Bürgermeister und Rat sahen in der Universitätsgründung das, was man heute eine „Investition in die Zukunft" nennt. Sie entschieden sich für vielerlei Zugeständnisse. Dazu gehörte auch, auf die Rechts- und Steuergewalt über die Universität und ihre Angehörigen zu verzichten. Wie der Adel waren auch die Professoren davon befreit, für die von ihnen in der Stadt erworbenen Häuser Abgaben zu leisten. Die Professoren und Studenten bekamen in der Kieler Nikolaikirche eigene Plätze zugewiesen. Die theologische Fakultät genoß lange Zeit einen besonders guten Ruf; hier lehrten Petrus Musäus, Christian Kortholt und Heinrich Muhlius.

Die Wertschätzung für Bordesholm blieb aber noch bis 1801 bestehen: Die ehemalige Klosterkirche war die bevorzugte Grablege für Professo-

Die Kieler Universität trägt zwar den Namen des Herzogs Christian Albrecht (1641–1694); die Initiative für die Errichtung einer Hohen Schule in Kiel ging aber vom Vater, Herzog Friedrich III. (1597–1659), aus, der aber durch den Schwedisch-Polnischen Krieg (1655–1660) daran gehindert wurde, seinen Plan zu verwirklichen. Das Bildnis Christian Albrechts wurde von Jürgen Ovens gemalt, dem Hofmaler der Gottorfer Herzöge.

Johann Adolph von Kielmannseck (1612–1676) wurde als J. A. Kielmann in Itzehoe geboren und stieg als begabter Jurist zum Kanzler der Gottorfer Herzöge auf. In deren Auftrag führte er die Verhandlungen am Wiener Hof, an deren Ende die Erteilung eines Privilegs für die Gründung einer Universität in Holstein stand.

ren der Kieler Universität und deren Angehörige. Die einen fanden ihre letzte Ruhestätte in besonderen „Erbbegräbnissen in Umgebung der Kirche", andere nur im Sand des Kirchenbodens. Bordesholm war also lange Zeit in einem ins Jenseits weisenden Ritual mit der Universität Kiel verbunden.

Mit 140 Studenten und 16 Professoren nahm die Christian-Albrechts-Universität 1665 ihren Lehrbetrieb auf. Schwerpunkte lagen in der theologischen und der philosophischen Fakultät. Mitte der neunziger Jahre bietet das Land Schleswig-Holstein an drei Universitäten, zwei Hochschulen und sieben Fachhochschulen 88 Studienfächer an, von denen etwa 45 300 Studierende Gebrauch machen. 11 500 Personen finden ihren Arbeitsplatz im Dienste der akademischen Bildungseinrichtungen des Landes, darunter sind mehr als 1 000 Professoren. Im Landeshaushalt schlägt die Hochschulausbildung mit annähernd 830 Millionen DM zu Buche; etwa 77 Millionen kommen aus Drittmitteln hinzu.

Von den bescheidenen Anfängen im 17. Jahrhundert zu den stattlichen Zahlen in unserer Zeit war es ein weiter Weg, in dem ein Stück der Landesgeschichte enthalten ist, das es verdient, stärker beachtet zu werden. Werfen wir also einen Blick auf die nordelbische Gelehrsamkeit während der letzten 300 Jahre.

Die Christian-Albrechts-Universität begann mit den vier klassischen Fakultäten, der theologischen (drei Professuren), der juristischen (fünf Professuren), der medizinischen (zwei Professuren) und der philosophischen (acht Professuren). Die starke personelle Ausstattung der philosophischen Fakultät ist aus ihrer Funktion zu erklären: Sie stellte – in der Tradition der mittelalterlichen Artistenfakultät – auch eine Vorstufe für die anderen Fakultäten dar; sie hatte Allgemeinwissen und Sprachkenntnisse zu vermitteln, war aber auch zuständig für die Naturwissenschaften.

Stadt- und Landesherr waren zwar bemüht, der Universität aufzuhelfen, doch die Zeitläufe waren dem Vorhaben nicht günstig. Besonders der Nordische Krieg (1700–1721) schwächte die Möglichkeiten zur Modernisierung. Am Ende waren die Gebäude vom Zerfall bedroht und die Attraktivität, in Kiel zu studieren oder einen

Ruf an die Förde anzunehmen, so sehr gesunken, daß sich immer weniger Studenten in Kiel einfanden; um 1750 waren es nur noch 60. Im Sommer 1765 gab es nur noch fünf Studenten, die sich in Kiel immatrikulierten; 1769/70 hatte die philosophische Fakultät nur noch einen Professor (den Historiker Wilhelm Ernst Christiani). Hundert Jahre nach ihrer Gründung stand die Universität kurz vor ihrer Auflösung, während die später gestifteten Universitäten in Halle (1694) und Göttingen (1737) regen Zulauf hatten.

Von Caspar von Saldern, dem das Land zahlreiche Impulse verdankt, gingen auch solche aus, die dem akademischen Siechtum ein Ende setzten. Die Christiana Albertina wurde zu einer Hochschule des dänischen Gesamtstaates. Sie profitierte davon, daß der dänisch-russische Austauschvertrag von 1767/1773 den König von Dänemark verpflichtete, als künftiger alleiniger Herrscher über die Herzogtümer, die Universität zu erhalten. Der Wiederaufstieg der Kieler Hochschule vollzog sich rasch. Von Johann Heinrich Ernst von Bernstorff und Caspar von Saldern gleichermaßen gefördert, gewann sie rasch wieder an Anziehungskraft. Der Geist der Aufklärung breitete sich auch an der Förde aus und brachte die Ausprägung von Einzelwissenschaften mit sich, bei denen auch die Frage der Nützlichkeit eine Rolle spielte. Kiel blieb – gemessen an Göttingen, Halle oder Jena – eine kleine Universität, die aber besonders wegen des Engagements ihrer Professoren regen Anteil an den zahlreichen politischen und sozialen Reformen der Zeit nahm. Der Einfluß Detlev Reventlows, seit 1775 Kurator der Universität, wirkte sich in den Fakultäten unterschiedlich aus. In den Jahren 1766–1768 entstand in Kiel ein neues Universitätsgebäude, das von einem der führenden Baumeister der Zeit, Ernst Georg Sonnin, konzipiert wurde. Daß der Bau sich schon wenige Jahre nach seiner Fertigstellung als zu klein erwies, muß nicht vom Architekten, sondern von seinen Auftraggebern verantwortet werden.

Andreas Peter von Bernstorff (der „jüngere Bernstorff") setzte das Werk seines Onkels fort und trat maßgeblich für die Förderung der Kieler Universität ein. Auf ihn geht unter anderem der Ausbau der Kameralistik zurück. Johann Christian Fabricius und August Christian Niemann waren bedeutende Vertreter dieser Disziplin, die sich nicht auf Forschung und Lehre beschränkten, sondern sich auch für praktische Reformen einsetzten. In der philosophischen Fakultät fanden humanitäre Fragen seit dem Ende des 18. Jahrhunderts eine zunehmende Beachtung. Die Aufhebung der Leibeigenschaft war ein Problem, das auch an der Universität mit Engagement diskutiert wurde. Aus demselben Geist ist 1788 auch das erste akademische Krankenhaus entstanden.

Die Bibliothek konnte während der letzten zehn Jahre des 18. Jahrhunderts ihren Bestand verdreifachen und mußte deshalb neue Räume beziehen. Bernstorff und Reventlow waren nicht nur aufgeklärte Geister; sie waren auch geprägt von pietistischer Frömmigkeit. Deshalb unternahmen sie (wenig erfolgreiche) Versuche, die Sitten der akademischen Jugend zu veredeln.

Der größte Teil der Studenten kam aus Schleswig-Holstein; in Kiel studierte man, um sich an einer deutschen Universität auf den Dienst für den Landesherrn im Rahmen des dänischen Gesamtstaats vorzubereiten. Der damit verbundene Patriotismus war bis 1806 weitgehend frei von nationalistischen Zügen. Rivalitäten zwischen Deutschen und Dänen entwickelten sich erst nach der Auflösung des Reiches. Die Ideen der Französischen Revolution hatten in den Köpfen ihrer Anhänger sehr unterschiedliche Wirkungen. Als langfristig problematisch erwies sich vor allem

Das erste Universitätsgebäude war das ehemalige Franziskanerkloster, mitten in der Stadt gelegen. In seiner Nähe befanden sich weitere Häuser, die im Zusammenhang mit der Christiana Albertina standen, so auch das Haus in der Kehdenstraße 12. Es war von 1762 bis 1782 Universitäts-Kaffeehaus. Von 1782 bis 1869 diente das Gebäude den Kieler Juden als Synagoge.

Die Universität Kiel hat viele namhafte Gelehrte hervorgebracht. Von den Naturwissenschaftlern wurden sechs mit dem Nobelpreis ausgezeichnet: Kurt Adler, Eduard Buchner, Otto Diels, Philipp Lenard, Otto Meyerhof und Max Planck. Neben diesen traten auch Historiker als herausragende Wissenschaftler hervor; zu diesen zählt Friedrich Christoph Dahlmann (1785–1860), der in Schleswig-Holstein mehr als Staatstheoretiker und Politiker herausgestellt wird.

der Nationalismus, der von Anfang an chauvinistische Züge in sich barg. Daß der König von Dänemark ein Bündnis mit Napoleon einging und an dieser Verbindung festhielt, als sich die anderen Monarchen Europas gegen den französischen Imperator zusammenschlossen, hatte weitreichende politische und ideologische Folgen.

Der zwischen 1806 und 1815 erfolgte Einschnitt in der geistigen Grundhaltung der Christiana Albertina läßt sich deutlich ablesen an den Inhabern des Lehrstuhls für Geschichte. Dietrich Hermann Hegewisch war ein überzeugter Anhänger des dänischen Gesamtstaates; sein Nachfolger Friedrich Christoph Dahlmann, ein Freund Heinrich von Kleists, war ein begeisterter deutscher Patriot und Verfechter der Verfassungsidee. Dahlmann engagierte sich in Kiel wissenschaftlich und politisch gleichermaßen. 1815 übernahm er auch das Amt eines Sekretärs der Schleswig-Holsteinischen Ritterschaft und suchte dieses mit seinen weiterreichenden politischen Ansichten in Einklang zu bringen. Die „Kieler Blätter" wurden zum Sprachrohr der „politisierenden" Professoren. Viele Gelehrte mit klangvollen Namen reihten sich in diese Tradition ein. Seit dem Wartburgfest von 1817, auf dem die Kieler Studentenschaft mit einer Delegation vertreten war, sind auch Ansätze einer Politisierung der akademischen Jugend erkennbar. Kiel blieb deshalb nicht von den Karlsbader Beschlüssen verschont.

Trotz knapper Mittel mußte die Universität nach 1815 nicht auf klangvolle Namen verzichten: Nicolaus Falck bei den Juristen, August Tweesten und Claus Harms bei den Theologen und der Mediziner Christoph Heinrich Pfaff seien genannt. Der Orientalist Justus Olshausen, der Germanist Karl Müllenhoff und die Historiker Johann Gustav Droysen und Georg Waitz verdienen für die philosophische Fakultät erwähnt zu werden.

Im Geist der Romantik erlebten auch die „vaterländische Geschichte" und die Leidenschaft für die „Sammlung und Erhaltung vaterländischer Altertümer" einen starken Auftrieb. Unter den Studierenden seien Theodor Mommsen und Theodor Storm genannt. Der Staatsrechtler Lorenz (von) Stein begann in Kiel 1843 seine akademische Laufbahn. Die Geisteswissenschaften dominierten zwar, doch auch die Nationalökonomie hatte in Kiel hervorragende Geister aufzuweisen, wie Georg Hansen, der wesentlichen Einfluß auf die Streckenführung der Eisenbahnlinie von Altona nach Kiel genommen hat. Die naturwissenschaftlichen Fächer spielten weiterhin nur eine untergeordnete Rolle.

Als sich der Konflikt zwischen den schleswig-holsteinischen Ständen und der dänischen Regierung 1846 zuspitzte, erwiesen sich die Kieler Professoren als Vorkämpfer der „schleswig-holsteinischen Sache". Der aus Flensburg stammende Rechtshistoriker Georg Waitz verteidigte öffentlich die Grundrechte der Schleswig-Holsteiner. Als ihm daraufhin die Entlassung angedroht wurde, zeigte er Bekennermut; in seinem Antwortschreiben verwies er auf die akademische Lehrfreiheit, „welche das heiligste Gut aller deutschen Universitäten ist und welche insonderheit Kiel, eine der kleinsten, aber nicht der mindestbedeutenden unter ihnen ausgezeichnet hat".

Daß die Angehörigen der Christiana Albertina 1848 bis 1851 in den Reihen der schleswig-holsteinischen Erhebung und gleichzeitig der deutschen Einheitsbewegung standen, versteht sich von selbst. Viele Studenten kämpften und fielen in der schleswig-holsteinischen Armee. Nach dem Ende der Erhebung wurde nahezu ein Drittel der Kieler Professoren relegiert. Die Folge war ein Rückgang der Studentenzahlen. Erst in den sechziger Jahren gewann die Universität wieder an Bedeutung und Ansehen. Jetzt war es besonders die medizinische Fakultät, die sich durch zahllose Innovationen hervorhob.

Bis 1864 war die Universität Kiel – trotz der politisch oppositionellen Aktivitäten – eine Hochschule des dänischen Gesamtstaates. Obgleich das Verhältnis zwischen den Studenten und der Bürgerschaft durch vielfältige Spannungen gekennzeichnet war, wurde Kiel doch durch die Universität zu einem geistigen Zentrum des Landes. Der politische Umbruch von 1864 bis 1866 hatte zur Folge, daß aus der Christiana Albertina eine preußische Universität wurde – eine von vielen. Da die Kieler alma mater zu den kleinsten gehörte, war ihre Existenz (neben der Marburgs) zunächst gefährdet. Am Ende konnte sie sich nicht nur halten, sondern sich nach 1871 zu einer der angesehensten akademischen Bildungsstätten des Deutschen Reiches entwickeln. Theodor Niemeyer legte den Grundstein für ein Seminar für internationales Recht. Der Nationalökonom Bernhard Harms gründete 1914 das Institut für Weltwirtschaft und Seeverkehr. Die Zahl der Studenten stieg kontinuierlich; 1871 waren es 112, bis zum Ausbruch des Ersten Weltkriegs stieg die Zahl auf mehr als 2 600. Entsprechend wuchs die Universität räumlich. Auch das studentische Verbindungswesen erreichte nach der Reichsgründung eine neue Blüte, hatte sich aber gegen die Konkurrenz des Militärs durchzusetzen. Mit dem Ausbau Kiels zur Marinestadt trat die Universität gesellschaftlich zeitweilig in den Hintergrund.

Kurz vor Ende des Ersten Weltkriegs (im Januar 1918) erfolgte die Gründung der Schleswig-Holsteinischen Universitätsgesellschaft, die deshalb besondere Beachtung verdient, weil sie bis heute an keiner anderen deutschen Hochschule ein Pendant gefunden hat. Die Universitätsgesellschaft verfolgt vor allem das Ziel, die Verbindung zwischen dem Land Schleswig-Holstein und seiner Universität zu pflegen. Sie will nicht nur – wie andere „Freundeskreise" von Universitäten – Beiträge zur Verbesserung der sozialen Lage der Studenten oder zur Förderung bestimmter Forschungsvorhaben leisten, sondern durch ein breitgefächertes Vortrags- und Veranstaltungswesen das Land an der Arbeit der Universität teilnehmen lassen. Die Gesellschaft ist heute mit ihren annähernd 50 Sektionen ein wichtiges Bindeglied zwischen dem Land und seiner führenden Universität geworden. Die nach dem Zweiten Weltkrieg entstandenen neuen Hochschulen bemühen sich selbstverständlich, diesem Vorbild zu folgen.

Auch nach dem Ende des Ersten Weltkriegs blieb die Kieler Universität eine preußische Hochschule und war den sich daraus ergebenden Bestimmungen und Entwicklungen unterworfen. Soziale Fragen für die Studierenden standen zunächst im Vordergrund. Aber auch in wissenschaftlicher Hinsicht behielt die Universität einen guten Ruf. Dafür sorgten unter anderem Persönlichkeiten wie Kurt Adler, Otto Diels, Otto Meyerhof, Gustav Radbruch, Walter Schücking und Ferdinand Tönnies.

Wie an anderen deutschen Universitäten hatte sich auch in Kiel bereits vor 1933 ein Wechsel in der hochschulpolitischen Kultur abgezeichnet. Schon die Errichtung eines Ehrenmals für die Gefallenen des Ersten Weltkriegs im Juni 1931 wurde zum Anlaß politischer Demonstrationen. Der Nationalsozialismus zog in die Universitäten ein; auch in Kiel wurden ihm keine nennenswerten Hindernisse in den Weg gelegt. Bücherverbrennung und antisemitische Artikulationen in Wort und Tat fanden die Zustimmung der Mehrheit der Bevölkerung, auch und gerade der akademischen. Angesehene Gelehrte hatten die Universität zu verlassen. Niedere Gesinnung, Denunziantentum und

Der aus Garding in Eiderstedt stammende Theodor Mommsen (1817–1903) erfuhr seine wissenschaftliche Prägung in Kiel. Er war Jurist und Historiker, stets aber auch ein politisch streitbarer Gelehrter. Für seine „Römische Geschichte" wurde ihm 1902 der Nobelpreis für Literatur verliehen.

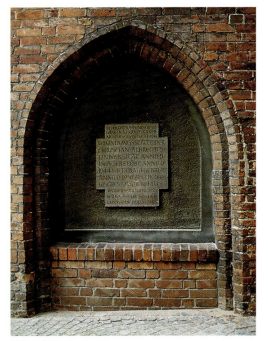

Das Franziskanerkloster in Kiel ist im Zweiten Weltkrieg zerstört worden. Nur wenige Überreste erinnern an den ursprünglichen Bauzustand. Eine Tafel weist heute darauf hin, daß von diesem Gebäude die größte Hochschule des Landes ihren Ausgang genommen hat.

völkische Borniertheit erhielten hingegen freie Bahn. Das war in Kiel nicht anders als an anderen deutschen Universitäten.

Die Christiana Albertina wurde zur „Grenzuniversität", was sich besonders in der juristischen Fakultät auswirkte, in der eine nationalistische „Stoßtruppmentalität" um sich griff. Die theologische Fakultät war von Aufhebung bedroht; in der philosophischen Fakultät fanden hingegen die Volks- und Landesforschung sowie die Ur- und Frühgeschichte zunehmende Beachtung. Bemerkenswert ist die Tatsache, daß die Zahl der Studenten von 3 300 (1933) auf 781 (1939) sank.

Die Marinestadt Kiel hatte unter dem Zweiten Weltkrieg schwer zu leiden. Besonders hohe Opfer hatte die Universität zu verzeichnen. Die Bibliothek verlor die Hälfte ihres Bestandes, und zahlreiche Forschungseinrichtungen versanken in Schutt und Asche. Auch das Hauptgebäude wurde 1944 vernichtet. Nur ein Teil der im Laufe der Jahrhunderte zusammengetragenen Sammlungen und Einrichtungen konnte ausgelagert und gerettet werden. Zum Sommer 1944 hatte die Universität Kiel praktisch aufgehört zu existieren.

Die Kriegsschäden waren so groß, daß 1945 kurzfristig erwogen wurde, die Universität nicht in Kiel, sondern in Schleswig wiederzuerrichten. Tatsächlich wurde trotz aller Schwierigkeiten der Lehrbetrieb bereits am 27. November 1945 in Kiel wiedereröffnet. Die Werkhallen einer Fabrik am Westrand der Stadt wurden für die Unterbringung der Institute hergerichtet. Professoren und Studenten fanden vorübergehend auf gecharterten Schiffen Unterkunft. Auch Lehrveranstaltungen fanden „an Bord" statt. Das Siegel der Christian-Albrechts-Universität trägt die Inschrift „Pax optima rerum" (das beste aller Dinge ist der Friede); nie zuvor ist die Wahrheit dieser Aussage so tief empfunden worden wie nach dem Zweiten Weltkrieg.

Die ersten Jahre nach dem Krieg, in denen Not herrschte und die von Improvisationen gekennzeichnet waren, gelten in der Rückschau der Lehrenden und der Studierenden als besonders intensiv und erlebnisreich. Die „geistige Aufgeschlossenheit und Aufnahmebereitschaft" der aus dem Krieg heimkehrenden Generation galt als einzigartig (Karl Jordan). Bis in die Mitte der fünfziger Jahre war die Zahl der Studenten bescheiden; sie betrug zunächst 2 500, stieg dann auf 3 500, um 1954 mit 2 100 einen Tiefstand zu erreichen. Danach erfolgte – wie an allen deutschen Universitäten – ein nie gekannter Anstieg; innerhalb eines Jahrzehnts verdreifachte sich die Zahl der Studierenden; 1963 waren es 6 556; bis 1993 erfolgte eine weitere Verdreifachung auf etwa 20 000. Zu diesen kamen noch etwa 3 000 Studierende der Pädagogischen Hochschule, die in den sechziger Jahren entstanden war.

Die Universität Kiel hatte ihren Lehrbetrieb nach dem Zweiten Weltkrieg in fünf Fakultäten aufgenommen; zu den vier „klassischen" war noch die landwirtschaftliche hinzugekommen. 1963 wurden die Fächer der mathematisch-naturwissenschaftlichen Fakultät aus der philosophischen Fakultät ausgegliedert. Neben die rechts- und staatswissenschaftliche Fakultät trat 1970 die wirtschafts- und sozialwissenschaftliche. 1990 wurde die technische Fakultät gegründet. Die Pädagogische Hochschule beendete ihre Eigenständigkeit 1994; aus ihr wurde die erziehungswissenschaftliche Fakultät.

Die Expansion in Forschung, Lehre und Studium war begleitet von umfangreicher Bautätigkeit. Dabei ist ein großzügiger Campus entstanden. Die geographische Lage hat den Außenbeziehungen der Universität eine Hauptrichtung gegeben: Die Kontakte zu den skandinavischen Ländern waren und sind besonders eng. Der moderne Wissenschaftsbetrieb hat es allerdings mit sich gebracht, daß darüber hinaus Beziehungen zu Hochschulen in vielen weiteren Ländern aufgenommen wurden. Mit vielen Universitäten ist die Christiana Albertina durch Partnerschaftsverträge verbunden.

Alle anderen Hochschulen des Landes sind erst nach 1945 entstanden, auch wenn sie als Ausbildungsstätten ältere Vorstufen aufzuweisen haben. Die Medizinische Hochschule in Lübeck ist seit 1973 eine selbständige wissenschaftliche Einrichtung. Hervorgegangen ist sie aus der Medizinischen Akademie, die als Fakultät der Christian-Albrechts-Universität 1964 errichtet wurde. Die Tradition läßt sich aber – bei großzügiger Auslegung – bis auf das Jahr 1227 zurückführen; in diesem Jahr wurde das Heiligen-Geist-Hospital errichtet.

Die Medizinische Universität Lübeck hat zwei Fakultäten, die technisch-naturwissenschaftliche und die medizinische und gliedert sich in 22 Kliniken und 24 Institute. Mehr als 800 Wissenschaftler (darunter 163 Professoren) und annähernd 3 000 Personen im Bereich des nichtwissenschaftlichen Personals sind an der Hochschule tätig. Etwas über 1 600 Studenten sind an der „MUL" eingeschrieben. Zur Fachhochschule Lübeck besteht ein besonders enger Kontakt. Diese Hochschule ist aus drei älteren Institutionen hervorgegangen, aus der „Navigationsschule" (1808), die zur „Staatlichen Fachschule Lübeck für Technik und Seefahrt" wurde, aus der „Baugewerbeschule", die sich zur „Staatlichen Ingenieurschule für Bauwesen Lübeck" entwickelt hatte, und aus der 1961 geschaffenen „Staatlichen Ingenieurschule Lübeck". 1973 wurden diese drei Ausbildungseinrichtungen zur „Fachhochschule Lübeck" zusammengefaßt. Für 3 250 Studenten sind etwa 100 Professoren tätig.

Die dritte akademische Bildungsstätte in der Hansestadt ist die Musikhochschule Lübeck. Sie gehört zu den kleinen, aber feinen künstlerischen Hochschulen in Deutschland. Ihre Ursprünge gehen auf das Jahr 1911 zurück. Seit 1950 war sie Musikakademie und Orgelschule und erreichte 1969 den Status einer Fachhochschule. Seit 1973 ist sie eine wissenschaftlich-künstlerische Hochschule, an der etwas über 400 junge Musiker studieren; 33 Professoren und 110 Lehrbeauftragte sorgen für die Ausbildung.

1946 wurde in der nördlichsten deutschen Stadt die Pädagogische Hochschule Flensburg gegründet, die 1967 den Status einer wissenschaftlichen Hochschule und 1973 das Promotionsrecht erhielt. 1994 erfolgte eine gründliche Umstrukturierung zur „Bildungswissenschaftlichen Hochschule Flensburg-Universität". 1 750 Studenten machen vom Lehrangebot dieser jüngsten Landesuniversität Gebrauch; 80 Wissenschaftler (darunter 54 Professoren) bemühen sich um den akademischen Nachwuchs.

Das Land Schleswig-Holstein verfügt über weitere Fachhochschulen in Flensburg (ca. 3 000 Studierende), in Kiel (5 300 Studierende) und in Heide (Fachhochschule Westküste, 1993: 180 Studenten). Zu nennen ist weiter die „Muthesius-Hochschule, Fachhochschule für Kunst und Gestaltung" in Kiel mit ca. 660 Studierenden.

Die Fachhochschule Wedel, die Nordakademie in Pinneberg und die Hochschule für Berufstätige in Rendsburg (als Fernfachhochschule) befinden sich in privater Trägerschaft. Etwa 5 500 Studierende nutzen die Angebote dieser drei Fachhochschulen.

Schleswig-Holstein zählt nicht zu den reichen Bundesländern, hat aber seit seiner Gründung als Land 1946 große Anstrengungen unternommen, um in die Zukunft zu investieren, in die qualifizierte Ausbildung der Jugend. Zählt man die akademischen Bildungsstätten zum Kapital, dann ist Schleswig-Holstein ein reiches Land. Die Regierungen in Kiel sollten sich anstrengen, diesen Reichtum nicht nur zu halten, sondern ihn zu mehren.

Die Schaufenster schleswig-holsteinischer Kultur: Streifzüge durch die Museumslandschaft

Helmut Sydow

Wie das Land Schleswig-Holstein, so präsentiert sich seine Museumslandschaft: Weitläufig, mit kulturellen Höhepunkten von der Elbe bis nach Dänemark, bilden die rund 150 Museen in Schleswig-Holstein ein weitgespanntes Netz, das von Flensburg bis Lauenburg und von Keitum auf Sylt bis Burg auf Fehmarn reicht.

Wie der Besucher auf dem Weg nach Norden erfahren wird, endet das Netz nicht an der Landesgrenze, sondern findet in den dänischen Museen auf der jütischen Halbinsel bis hinauf nach Skagen seine Fortsetzung. Im Süden bildet die Elbe schon eher eine Barriere. Und von den großen urbanen Museen in der Hansestadt Hamburg unterscheiden sich die schleswig-holsteinischen Museen generell und erheblich: Sind jene umgeben von Stadtstraßen und Ampel-Kreuzungen, oft nur über Verkehrsinseln und Fußgängerüberwege zu erreichen, so liegt die Mehrzahl der schleswig-holsteinischen Museen in historischen Ortskernen oder eingebettet in eine naturnahe Umgebung und natürliche Landschaft.

Die Skala der schleswig-holsteinischen Museen ist breit gefächert: Sie reicht von den zentralen Landesmuseen auf Schloß Gottorf und den großen Instituten mit überregionaler Bedeutung in Städten und Schlössern über zahlreiche Spezialsammlungen zu verschiedensten Themen bis hin zu einer Vielzahl benachbarter Heimatmuseen, die lebensnah die Vergangenheit und Eigenheit von Land und Leuten vermitteln.

Über drei Millionen Besucher verzeichneten die Museen Schleswig-Holsteins regelmäßig im Schnitt während der letzten Jahre. Das sind weit mehr als die rund 2,6 Millionen Einwohner des Landes.

Mehr als vier Fünftel der Besucher, so haben es die Museen ermittelt, sind Touristen. Sie kommen beispielsweise als Urlauber aus Deutschland, als Wochenendausflügler aus Dänemark, Hamburg oder Berlin, als Kurzreisende von den skandinavischen und baltischen Fähren. Die Tagesbesucher aus dem eigenen Land zählen dazu: Nordfriesen, beispielsweise, verbinden einen Einkauf in der Landeshauptstadt Kiel mit einem Ausstellungsbesuch, oder Kieler fahren zu einem Spaziergang an die Westküste, nicht ohne dort eines der Museen anzuschauen. Doch generell überwiegen unter den Museumsgästen die Weithergereisten. Die Museen stellen für den Tourismus in Schleswig-Holstein das meistfrequentierte kulturelle Angebot dar und sind ein beachtlicher Wirtschaftsfaktor. Entsprechend ihrem Rang und ihrer Größe sind sie ein Schaufenster ihres Ortes, ihrer Region oder des Landes und ein Baustein der schleswig-holsteinischen Kultur.

Die Rolle der Museen als Gastgeber verpflichtet allerdings dazu, sich auf die Erwartungen der Gäste einzustellen: Kinderfreundlichkeit, leichtverständliche und familiengerechte Präsentation sowie gut lesbare Texte, bei strenger wissenschaftlicher Korrektheit, sind Vorgaben, die ohne Unterschied für große wie kleine Museen gelten. Um sich im Museum wohl zu fühlen, sind bequeme Sitzgelegenheiten, Kaffee, Saft und Kuchen, der mögliche Erwerb von Souvenirs und Postkarten oft ebenso wichtig wie der vorausgehende Rundgang durch Schausammlung und Ausstellung. Museen, die den Wünschen und Erwartungen der Gäste gerecht werden, machen aus ihnen Wiederholungsbesucher. Denn wer das Land und seine Geschichte, die Landschaften und Menschen kennengelernt hat, der kommt gern zurück; dazu wollen die Museen beitragen.

Wenngleich alle Museen und Sammlungen „Individuen" sind und keines dem anderen gleicht, lassen sich doch die meisten bestimmten Fachgebieten zuordnen. So geschieht es in den folgenden Kapiteln, die – ohne jeden Anspruch auf Vollständigkeit – die Museen verwandter Thematik zu Reiserouten zusammenstellen und damit „rote Fäden" im Museums-Netzwerk ausweisen.

Naturkunde und Tierparks

Daß die Naturkunde am Anfang der Museumsreise steht, ist kein Zufall. Die naturkundlichen Museen können seit vielen Jahren einen stetig zunehmenden Besucherzustrom verzeichnen, der zugleich das Interesse für die Natur wie die Besorgnis um deren Erhalt verrät; in Schleswig-Holstein ist bei Einwohnern und Touristen dafür eine hohe Sensibilität zu registrieren.

Die Reise beginnt in der Hansestadt *Lübeck*, die im *Naturhistorischen Museum* die größte klassische Schausammlung zur Naturkunde beherbergt. Das Gebäude liegt unmittelbar beim Lübecker Dom; in dessen historischem Kreuzgang locken die Tische des Museumscafés die Dom-Besucher von der Baukunst zur Naturkunde herüber. Die erst kürzlich entdeckten Skelettfunde prähistorischer Wale dominieren, aufwendig präpariert, den neugestalteten Saal zur Erdgeschichte. Große Dioramen, eine systematische Präsentation und als Besonderheit die Lübecker „Bienentanzuhr", die die Verständigung unter den Honigsammlern verdeutlicht, vermitteln Einblicke in Flora und Fauna des Landes.

Wenden wir uns nach *Kiel*: Die vier naturkundlichen Schaueinrichtungen gehören zur Christian-Albrechts-Universität, die für deren wissenschaft-

Schleswig an der Schlei und das nahegelegene Haithabu sind mit ihren international bedeutenden Sammlungen Höhepunkte der Museumslandschaft und zentraler Ausgangspunkt für eine Museumsreise durch Schleswig-Holstein. Die Gotische Halle auf Schloß Gottorf (oben) beherbergte einst die fürstliche Wunderkammer. Heute beginnt hier der historische Rundgang durch die kulturgeschichtlichen Sammlungen des Schleswig-Holsteinischen Landesmuseums. Im Wikinger Museum Haithabu, der Außenstelle des Archäologischen Landesmuseums, wird das fast 30 Meter lange Wikingerschiff aus dem 9. Jahrhundert sorgsam restauriert (unten).

Zum massenhaften Entenfang wurden auf den Nordfriesischen Inseln sogenannte Vogelkojen angelegt, wie hier auf der Insel Amrum; heute sind sie, als Schutzgebiete zur stillen Beobachtung der Wasservögel, beliebte naturkundliche Ausflugsziele.

lichen Rang bürgt. Das *Zoologische Museum* wird in den nächsten Jahren zu einem zentralen Museum für Naturkunde entwickelt. In seinen Ausstellungsräumen stellt es schon heute neben der heimischen Flora und Fauna außergewöhnliche Natur- und Lebensräume unseres Globus vor. Für junge Besucher wurde eine „Museumsschule" eingerichtet, in der für Schulklassen Mikroskope bereitstehen.

An der Kiellinie gelegen, besitzt das *Aquarium des Instituts für Meereskunde* 32 Schaubecken mit Fischen und wirbellosen Meerestieren. Publikumslieblinge sind allerdings die Seerobben in ihrem offenen Freibecken, vor dem sich die Passanten versammeln. In einem Pavillon auf dem Universitäts-Campus sind die faszinierenden steinernen Schausammlungen des *Mineralogischen und Geologischen Instituts* ausgestellt. In unmittelbarer Nachbarschaft lädt der *Botanische Garten* mit Freilandanlagen auf acht Hektar und mit sieben Gewächshäusern nicht nur die Naturfreunde zu einem Besuch ein.

Die Reise zu den Naturkundlichen Sammlungen findet an der Westküste Schleswig-Holsteins ihre Fortsetzung. Das Wattenmeer als einzigartiger und spezifischer Lebensraum bedarf entsprechender Erläuterungen, um die sich verschiedene Museen wie auch die Informationszentren des Nationalparks Wattenmeer bemühen.

An der Westküste der Insel Sylt finden wir die *Vogelkoje Kampen*, die heute nicht mehr dem Entenfang, sondern als Naturschutzgebiet der friedlichen Beobachtung der Wasservögel dient. Eine der früheren Fangpfeifen und die beiden ehemaligen Wärter-Häuschen sind rekonstruiert. Sie beherbergen eine vogelkundliche und eine kulturgeschichtliche Dokumentation.

Das neue *Naturkundliche Museum* in *Niebüll* ist ein kleines, aber fachlich ambitioniertes Haus, das dem Leben der benachbarten Küste gewidmet ist. Es veranstaltet für Sommergäste Nachmittags-Seminare und Führungen in die umgebende Natur.

In *Husum* dokumentiert das *Nordfriesische Museum* im Ludwig-Nissen-Haus versiert die Natur- und Landschaftsgeschichte der nordfriesischen Küstenregion und zeigt den Überlebenskampf, den die Bewohner der Inseln, Halligen und der Küste gegen den „Blanken Hans" seit Jahrhunderten führen.

Den Blick zurück ins Binnenland vermittelt schließlich das *Waldmuseum Burg* im südlichen Dithmarschen; es liegt inmitten eines Waldgebietes auf dem 65 Meter hohen Boomberg. Geschichte, Schutz und Zukunft des Waldes werden im Museum sowie auf einem Lehrpfad anschaulich thematisiert. Der Aussichtsturm des Museums gestattet einen freien Rundblick über den Nord-Ostsee-Kanal, über das südliche Dithmarschen und seine Küsten.

Drei Einrichtungen in der Mitte des Bundeslandes unterstützen und ergänzen die naturkundlichen Museen auf anschauliche Weise: Der *Tierpark Eekholt*, der *Wildpark Trappenkamp* und der *Tierschutzpark Warder*. Die drei Parks sind fachlich und didaktisch professionell gestaltet. Alle bieten neben Freigehegen, Ausstellungen und Schausammlungen eine aktive Kommunikation mit den Besuchern. Die jüngste Anlage bei Warder gleicht einem naturkundlichen Freilichtmuseum. Sie erstreckt sich über eine stillgelegte landwirtschaftliche Fläche von rund 20 Hektar und versteht sich als Schutzpark für historische, seltene und gefährdete Haustier-Rassen. Streicheln der Jungtiere ist erwünscht.

Weitere sehenswerte Naturkundliche Museen und Sammlungen:
Haus der Natur, Cismar (u. a. Muschel- und Schneckensammlung)
Naturzentrum Bredstedt (Wattwanderungen)
Biologische Anstalt Helgoland (Schauaquarium, Tier- und Pflanzenwelt der Nordsee)
Wasservogelreservat Wallnau auf Fehmarn (Gruppenführungen, Ausstellungen)

Verkehr und Schiffahrt, Technik und Industrie

Schleswig-Holstein ist kein Industrieland; gleichwohl haben Technik und Fortschritt seit dem 18. Jahrhundert nicht nur in den heutigen Städten, sondern auch auf dem flachen Land charakteristische Spuren hinterlassen. Um so reizvoller ist es, den Spuren der Technikgeschichte hier nachzugehen – innerhalb wie außerhalb der Museen. Dazu einige ausgewählte Hinweise:

Beginnen wir die Reise im Norden an der Flensburger Förde, wo zunächst zwei un-museale Erlebnisse den Besucher erwarten. Der *Salondampfer Alexandra*, Baujahr 1908 und sorgsam restauriert, verkehrt im Sommer zu regelmäßigen Rundfahrten auf der Flensburger Förde. Der ehemalige Industrie-Komplex *Kupfermühle*, zur Gemeinde *Harrislee* gehörend und malerisch am deutsch-dänischen Grenzflüßchen Krusau gelegen, war um 1800 die größte Fabrik im damaligen Königreich Dänemark. Die Produktion wurde 1963 eingestellt und das Werk demontiert. Durch die Arbeitersiedlung und die Reste der Fabrikanlagen kann man heute spazieren; der Dorfkrug ist noch in Betrieb. Und ein weiterer Exkurs: Auf dem dänischen Nordufer der Flensburger Förde wurde kürzlich die ehemalige *Ziegelei Cathrinesminde* als Technisches Museum rekonstruiert. Sie veranschaulicht die Produktion und die Arbeitsverhältnisse einer Ziegelfabrik während zweier Jahrhunderte.

Den *Flensburger Museumshafen* laufen von See her kommend im Sommer viele alte Holzschiffe an. Er ist Heimathafen zahlreicher einheimischer Segler sowie des Dampfers „Alexandra". Von der Stadt her kommend finden sich stets Neugierige, die die alten Schiffe bestaunen und gelegentlich zu einer Visite an Bord klettern. Das *Schiffahrtsmuseum Flensburg* im ehemaligen Zollpackhaus von 1843, das den Museumshafen flankiert, gibt Auskunft über Handel und Schiffahrt seit der Stadtgründung. Zeitweise war Flensburg der bedeutendste Hafen des Königreichs Dänemark, mit regelmäßigen Verbindungen nach Westindien. Das berühmte Exportgut, der Flensburger Rum, beansprucht den Museumskeller.

Größe und Kapazität der drei Kanalpackhäuser in Tönning, Rendsburg und Holtenau spiegeln die hochgespannten wirtschaftlichen Erwartungen, die mit dem Bau des alten Eider-Kanals verbunden waren; das Packhaus in Kiel-Holtenau wurde um 1780 errichtet.

Wenden wir uns von Flensburg nach *Kappeln*. Zwei Attraktionen erwarten die Technikfreunde in der Schleistadt. Bei der Kappelner Holländer-Windmühle wurde das *Historische Sägewerk* von 1920, das einst mit Windkraft angetrieben wurde, kürzlich restauriert. Werk und Sägegatter sind wieder funktionstüchtig. Und: Vom alten Bahnhof aus verkehren die Züge der *Kappelner Museumsbahn* regelmäßig an den Sommerwochenenden mit Dampfbetrieb nach Süderbrarup.

Rendsburg ist von historischer Technik bestimmt: Als Museumsstück par excellence erscheint die *Eisenbahnhochbrücke* über den Nord-Ostsee-Kanal, an der die *Kanal-Schwebefähre* aufgehängt ist. 1911–1913 erbaut, wurde die Brücke erst kürzlich im Zuge der Eisenbahn-Elektrifizierung erneuert. Technikfreunde unternehmen eine „Brückenreise" vom Bahnhof Rendsburg aus nach Nortorf und zurück.

Im *Rendsburger Hohen Arsenal* bilden das Druckmuseum und die Abteilung zum Nord-Ostsee-Kanal mit ihren Schiffsmodellen einen besonderen Anziehungspunkt. Der Vorgänger des heutigen Kanals, der alte Eiderkanal, wird nicht nur innerhalb des Museums anschaulich.

Wer von Rendsburg aus einen Ausflug in östliche Richtung unternimmt, findet in Rathmannsdorf, Kleinkönigsförde und in Kluvensiek erhaltene Teile der alten *Eiderkanal-Schleusen* von ca. 1780; in Kluvensiek außerdem eine gußeiserne Zugbrücke von 1850. In Tönning, Rendsburg und Kiel-Holtenau zeugen die *Historischen Kanalpackhäuser* von der Geschichte des Eiderkanals. Um das Thema Nord-Ostsee-Kanal abzurunden, seien hier die beiden Dokumentationen zu Geschichte und Konstruktion des Kanals erwähnt: In Brunsbüttel, wo der Nord-Ostsee-Kanal in die Elbe führt, findet sich neben den modernen Schleusen in einem Atrium-Haus eine Dokumentation über Bau und Verkehr auf der meistbefahrenen Schifffahrtsstraße; ebenso in Kiel-Holtenau, wo der Kanal an der Kieler Förde die Ostsee erreicht.

Das *Kieler Schiffahrtsmuseum* zählt zu den populärsten Museen der Stadt: Die Darstellung von Schiffahrt und Schiffbau, die Geschichte der Marine und die Entwicklung Kiels zum Kriegshafen wird ergänzt durch historische Schiffe an der Museumsbrücke. Anders als das Flensburger Schiffahrtsmuseum, das neben der Technik kulturhistorische Aspekte in den Vordergrund stellt, widmet sich das Kieler Haus bevorzugt sozialgeschichtlichen Themen.

Derzeit wird geprüft, ob die *Sammlung historischer Textilmaschinen* in *Neumünster* als Museum für die Öffentlichkeit eingerichtet werden kann. Schleswig-Holsteins erstes *Industriemuseum* eröffnete die Stadt *Elmshorn* kürzlich in einer ehemaligen Margarine-Fabrik. Neben Maschinen und Geräten werden Produkte und Arbeitsbedingungen in den Branchen Leder, Textil und Lebensmittel präsentiert. Auch *Lübeck* besitzt ein einschlägiges Museum zur Industriezeit: die *Geschichtswerkstatt Herrenwyk*. Im gleichnamigen Stadtteil dokumentiert sie vor Ort die Sozial- und Wirtschaftsgeschichte des Metallhüttenwerks.

Wie der Norden, auf der Flensburger Förde, so besitzt auch der Süden Schleswig-Holsteins auf der Elbe ein außergewöhnliches Dampfschiff: den *Schaufelraddampfer Kaiser Wilhelm*, der im Sommer regelmäßig verkehrt. Die vibrationsfreie Fahrt ist ein Erlebnis, das viele Gäste in den Heimathafen Lauenburg führt. Dort ist ein Besuch im *Elbschiffahrtsmuseum Lauenburg* obligatorisch. Es informiert über die Geschichte der Binnenschiffahrt auf der Elbe. Dazu ein Ausflugstip: Vor den Toren Lauenburgs liegt in der Nähe des heutigen Elbe-Lübeck-Kanals die älteste Schleuse Europas, die Palmschleuse.

Abschließend ein Blick zur Westküste: In *Husum*, gegenüber dem Neuen Rathaus und direkt am alten Stadthafen gelegen, widmet sich das *Schiffahrtsmuseum Nordfriesland* der Schiffahrt, dem Schiffbau, dem Fisch- und Walfang unter den spezifischen Bedingungen der Westküste, die vom Wattenmeer geprägt sind. Der Schiffsfund von Uelvesbüll, ein aus dem Schlick geborgener und in Zuckerlösung konservierter Lastensegler des 16. Jahrhunderts, soll in wenigen Jahren das Husumer Museum bereichern. Schiffahrt und Walfang des 18. und 19. Jahrhunderts werden auch als Abteilungen in kleineren Museen vorgestellt, speziell auf den Inseln Amrum, Föhr und Sylt, unter denen das Museum in Wyk auf Föhr hervorragt.

Ein außergewöhnliches Museum an der schleswig-holsteinischen Westküste mit einem technischen Schwerpunkt sei noch empfohlen: das *Dithmarscher Landwirtschaftsmuseum Meldorf*, in dessen Mittelpunkt eine Sammlung von Landmaschinen und technischen Geräten steht. Anhand deren Entwicklung zeigt das Museum die Veränderungen der Arbeit und des Lebens auf dem Lande seit der Industrialisierung – für das agrarisch geprägte Schleswig-Holstein ein essentielles Thema.

Weitere sehenswerte technikhistorische Museen und Sammlungen:
Elektro-Museum der Schleswag AG, Rendsburg (Entwicklung der Stromversorgung)
Museumseisenbahnen in Aumühle (Sachsenwald) und Schönberg (Probstei)
Museumshafen Kappeln (historische Schiffe)
Norddeutsches Druckmuseum, Rendsburg (historische Druckmaschinen aus den letzten 120 Jahren)
Phänomenta Flensburg (Physik- und Technikausstellung)
Schleswig-Holsteinisches Computermuseum, Kiel (Rechenmaschinen und frühe Computer)

Landwirtschaft und tägliches Leben

Das Kapitel beginnt dort, wo das vorausgehende endet: bei den Meldorfer Museen. Das tägliche Leben auf dem Lande und in den Städten der Provinz im Wandel der letzten 150 Jahre spiegelt sich in den Schausammlungen des *Dithmarscher Landesmuseums*. Vollständig eingerichtete Ensembles – Kino, Arztpraxis und OP-Saal, Werkstatt, Tante-Emma-Laden und kleiner Supermarkt, Schulklasse, Küche und Wohnstube unseres Jahrhunderts – stehen beispielsweise dem Swinschen Pesel, einer repräsentativen Bauernstube von 1568, gegenüber. Auch das *Landwirtschaftsmuseum* stellt Maschinen, Geräte, Werkstätten sowie ländliche Betriebe vor – Sauerkohlfabrik, Schlachterei, Meierei, Bäckerei – und beleuchtet die Rolle der Frau in der Landwirtschaft.

In der Stadt *Schleswig* befinden sich die *Volkskundlichen Sammlungen* auf dem Hesterberg als Dependance des Schleswig-Holsteinischen Landesmuseums im Aufbau; militärische Magazin-Gebäude aus der zweiten Hälfte des 19. Jahrhunderts bilden, unweit der Schloßinsel Gottorf und oberhalb des ehemaligen Fürstengartens gelegen, den Komplex Hesterberg. Auf rund 6 000 Quadratmetern ist eine Schausammlung mit zahlreichen Abteilungen geplant, deren erste im Frühherbst 1996 eröffnet wird; sie wird dem Reisen und dem ländlichen Verkehr gewidmet und basiert auf der bedeutenden Fahrzeugsammlung des Landesmuseums.

Das *Schleswig-Holsteinische Freilichtmuseum* in *Molfsee* bei Kiel ist das zentrale Freilichtmuseum des Landes. Auf einer Freifläche von rund 60 Hektar repräsentieren über 70 überführte Bauten und Baugruppen – Bauernhäuser, Speicher, Schuppen, Katen, Mühlen, Werkstätten – die Haus- und Hofformen der schleswig-holsteinischen Landschaften in ihren individuellen Ausprägungen. Viele Gebäude sind mit historischem Mobiliar, Hausrat und alten Arbeitsgeräten eingerichtet. Sei es zu einem Spaziergang durch das Museumsgelände oder zu einer der zahlreichen Veranstaltungen – das Freilichtmuseum ist stets gut besucht und zählt zu den beliebtesten Ausflugszielen im Land.

Ein innovatives Freilichtmuseum ist das neueröffnete *Landschaftsmuseum Angeln* in *Unewatt/Langballig*. Die Landschaft südlich der Flensburger Förde besaß um 1900 zahlreiche wohlhabende Dörfer mit prachtvollen Höfen, die jedoch im Verlauf des 20. Jahrhunderts ihre wirtschaftliche Basis verloren. In Unewatt blieben die meisten Gebäude unverändert bestehen; sie büßten lediglich ihren früheren Glanz ein. Nur wenige Häuser kamen hinzu. So vermittelt das kleine, gewachsene Dorf den ursprünglichen Eindruck der Jahrhundertwende. Ihn zu erhalten bedeutet ein Experiment. Es sieht strenge denkmalpflegerische Auflagen für die bewohnten Häuser vor und verbindet damit die Nutzung der leerstehenden, historischen Gebäude als Museumsinsel und Ausstellungsraum. Die Einwohner unterstützen das Projekt. Unewatt liegt unweit der B 199 malerisch im Tal der Lang-

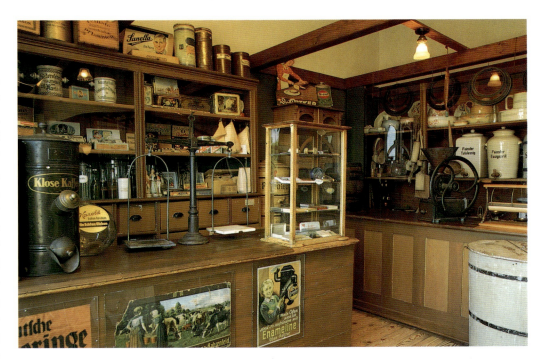

Der Kaufmannsladen im Dithmarscher Landesmuseum Meldorf führt in eine vergangene Zeit, die ältere Besucher noch erlebten.

Die Schaufenster schleswig-holsteinischer Kultur: Streifzüge durch die Museumslandschaft

Die Haustypen und Hauslandschaften des Landes repräsentiert das Schleswig-Holsteinische Freilichtmuseum in Molfsee bei Kiel auf anschauliche Weise, ein Rundgang über das rund 60 Hektar große Museumsareal gleicht einer konzentrierten Rundreise durch das frühere ländliche Schleswig-Holstein. Das Barghaus und die Spinnkopfmühle (oben) stammen aus Süderdithmarschen.

Das 1699 erbaute Lorens-Petersen-de-Hahn-Haus stammt aus Westerland. Das Gebäude mit dem repräsentativen Wohnteil, das heute seinen Standort im Schleswig-Holsteinischen Freilichtmuseum hat, ist nach seinem Erbauer benannt, einem wohlhabenden Sylter Walfangkommandeur.

ballig-Au und ist auch von der Flensburger Förde her über einen Wanderweg zu erreichen. Der wiedereröffnete alte Dorfkrug sorgt für das leibliche Wohl der von Jahr zu Jahr zahlreicher werdenden Museumsgäste.

Weitere sehenswerte Museen und Sammlungen zur Alltagsgeschichte:
Altfriesisches Haus, Keitum auf Sylt
Dat ole Hus, Aukrug-Bünzen
Friesisches Heimatmuseum, Niebüll-Deezbüll
Historische Warfthäuser auf den Halligen Hooge und Langeneß
Meldorfer Bauernhaus, Meldorf
Ostenfelder Bauernhaus, Husum
Roter Haubarg, Witzwort

Archäologie, Geschichte und Zeitgeschichte

Geschichte im Museum darstellen heißt Abstraktes sichtbar machen wollen – ein Widerspruch in sich. Gleichwohl ist der Versuch, Geschichte aufzuzeigen, eine permanente Herausforderung für alle, die im Museum Verantwortung tragen. Ein zentrales historisches Museum, ein Haus der schleswig-holsteinischen Geschichte etwa, besteht im nördlichsten Bundesland nicht. Doch verschiedene Präsentationen ergeben in der Zusammenschau ein Mosaikbild, das wesentliche Züge der Landesgeschichte erkennbar werden läßt. Bei diesem Thema empfiehlt es sich, nicht topographisch, sondern chronologisch vorzugehen und bei der Ur- und Frühgeschichte zu beginnen.

Das *Archäologische Landesmuseum* auf der Gottorfer Schloßinsel in Schleswig besitzt die größte prähistorische Sammlung Deutschlands und damit die beste Voraussetzung, um einen repräsentativen Überblick über die Zeit von den eiszeitlichen Rentierjägern vor rund 15 000 Jahren bis zur mittelalterlichen Besiedlung Schleswig-Holsteins zu geben. Zu den Höhepunkten zählt das 23 Meter lange Nydamschiff aus dem 4. Jahrhundert.

Als Außenstelle des Archäologischen Landesmuseums widmet sich das *Wikinger Museum Haithabu* dem internationalen wikingerzeitlichen Handelsplatz. In der Schiffshalle wird das nahe dem Hafen von Haithabu geborgene Kriegsschiff in Originalgröße wiederaufgebaut.

Das *Museum am Danewerk* in der Gemeinde Dannewerk unweit von Schleswig konzentriert sich auf Konstruktion und Verlauf der Wall- und Befestigungsanlagen seit dem 8. Jahrhundert. Der Wall grenzt an den Museumshof, ist, als prominentestes Museumsstück, begehbar und in verschiedenen Zeitschnitten zu besichtigen.

Den großen historischen Bogen vom Mittelalter bis in die Gegenwart zeichnet das *Schleswig-Holsteinische Landesmuseum* auf *Schloß Gottorf* in der Breite und Fülle seiner kulturgeschichtlichen Schausammlungen nach. Ein Besuch im Gottorfer Schloß ist auch ein Ausflug in die Landesgeschichte, wie er anschaulicher kaum sein kann. Seit 1947 ist das Schloß Sitz des Schleswig-Holsteinischen Landesmuseums und des Archäologischen Landesmuseums. Beide ergriffen zunächst vom Hauptgebäude, dann schrittweise von den Nebengebäuden Besitz. Heute bildet die Schloßinsel Gottorf den bedeutendsten Museumskomplex zwischen Hamburg und Kopenhagen. (Die Kunstsammlungen sind im folgenden Abschnitt berücksichtigt.) Die idyllische Lage im schilfreichen Burgsee, die Bauten des 14. bis 20. Jahrhunderts und die hervorragenden archäologischen, kulturgeschichtlichen und künstlerischen Sammlungen lassen einen Besuch auf der Schloßinsel zum Höhepunkt der Museumsreise werden. Viele weitere Schlösser und Herrenhäuser Schleswig-Holsteins sind als Museen der Öffentlichkeit zugänglich.

Die *Landesgeschichtliche Sammlung* im *Kieler Schloß* bietet Einblicke in Form thematisch konzentrierter, wechselnder Ausstellungen. Aktuelle und historische Aspekte der schleswig-holsteinischen Landesgeschichte zeigt das *Schleswig-Holsteinische Landesarchiv* in *Schleswig* in Form regelmäßiger Sonderausstellungen auf.

Einen Beitrag zur authentischen Geschichtsdarstellung leistet das *Bismarck-Museum* in *Friedrichsruh*, wo der Reichskanzler ab 1871 residierte. 1927 wurden erste Stücke aus dem Bismarckschen Nachlaß hierher verbracht. Prunkstücke der Sammlung sind die Gemälde Franz von Lenbachs und Anton von Werners. Geschenke und Ehrengaben, geschichtliche Dokumente und persönliche Gegenstände veranschaulichen das Leben und Wirken Otto von Bismarcks. Der Sachsenwald lädt vor oder nach dem Besuch zu weitläufigen Spaziergängen ein.

Die jüngste Geschichte spiegelt sich beispielhaft in *Rendsburg*, wo die erneuerten Gebäude der ehemaligen Synagoge und der jüdischen Schule heute das *Jüdische Museum* beherbergen. Neben der Präsentation moderner Kunst – Werke jüdischer Künstler und jüdischer Thematik – veranschaulicht seine historische Dokumentation das unfaßbare Schicksal der jüdischen Gemeinde.

Anschaulicher, als ein Museum es vermag, können viele Ereignisse der jüngeren und jüngsten Geschichte am Ort des Geschehens selbst vermittelt werden: Die Morde im ehemaligen Konzentrationslager *Ladelund* dokumentiert eine *Gedenkstätte* am Ort, und der gesprengte *Kieler U-Boot-Bunker* kann die aktive und passive Rolle Kiels im Zweiten Weltkrieg vergegenwärtigen. Verknüpft man die genannten und die zahlreichen weiteren Schauplätze aller Epochen von der Steinzeit bis zur Gegenwart, so wird das Vergangene nicht nur im Museum erlernbar, sondern in der schleswig-holsteinischen Landschaft sichtbar.

Weitere sehenswerte archäologische und historische Museen:
Burgkloster zu Lübeck (Anlage aus dem 13.–19. Jahrhundert, wechselnde Ausstellungen)
Museum Eckernförde (u. a. Seeschlacht bei Eckernförde 1849)
Idstedt-Halle (Dokumentation zum schleswig-holsteinischen Aufstand 1848–51)
Marineschule Flensburg-Mürwik (Lehrsammlung zur Marinegeschichte)
Wall-Museum, Oldenburg/Holstein (archäologischer Burgwall, historische Dokumentation slawischer Kultur)

Schloßmuseen und Museumsschlösser:
Kieler Schloß (Baugeschichte des Schlosses, Sonderausstellungen zur Landes- und Kulturgeschichte, Gemäldesammlung der Stiftung Pommern)
Gut Altenhof (Besichtigungsmöglichkeit der Innenräume, um 1800)
Schloß Ahrensburg (Schloßmuseum mit großzügigem Landschaftspark)
Schloß Eutin (herzogliche Suite, norddeutsche Historien-, Portrait- und Landschaftsgemälde, Porzellan und Mobiliar)
Schloß Glücksburg (u. a. Sammlung flandrischer Tapisserien des 17. und 18. Jahrhunderts)
Schloß Gottorf (Sitz des Schleswig-Holsteinischen Landesmuseums und des Archäologischen Landesmuseums)
Schloß vor Husum (kunst- und kulturgeschichtliche Ausstellungen, Konzertveranstaltungen)
Schloß Reinbek (Präsentation zeitgenössischer Keramik aus der Sammlung Thiemann)

Kunstsammlungen und Galerien

Die Präsentation antiker, alter und älterer Kunst konzentriert sich auf die urbanen Zentren in Schleswig-Holstein, auf Lübeck und Kiel, Schleswig und Flensburg.

Beginnen wir in Lübeck: Eine universale Präsentation der großen Kunstepochen bietet das *Lübecker Museum für Kunst und Kulturgeschichte*. Berühmt ist der ältere Fundus des *St.-Annen-Museums*, vornehmlich kirchlicher Kunst, dessen Werke in oder für Lübeck geschaffen wurden, da die Stadt im Mittelalter als wohlhabendste im Ostseeraum galt. Altäre, Skulpturen, Gemälde und Kunsthandwerk vom Mittelalter bis zur Gegenwart begründen den führenden Rang des Lübecker Museums. Die Dependance *Behnhaus und Drägerhaus* zeigt das Repräsentationsbedürfnis des Lübecker Bürgertums seit dem ausgehenden 18. Jahrhundert.

Die *Kunsthalle zu Kiel* ist auf schleswig-holsteinische, deutsche und internationale Kunst vornehmlich des 19. und 20. Jahrhunderts konzentriert. Generell stellt der Ostseeraum einen Sammlungsschwerpunkt dar, ergänzt von Beispielen wichtiger zeitgenössischer Strömungen. Einen spannenden Kontrapunkt bildet die Antikensammlung in der Kunsthalle. Von dort ist es ein kurzer Spaziergang entlang der Förde zum ehemaligen Kieler Schloß, wo die *Stiftung Pommern* namhafte Werke der europäischen Malerei des 17. bis 20. Jahrhunderts versammelt; Prunkstücke stammen etwa von Frans Hals, Caspar David Friedrich, Philipp Otto Runge und Vincent van Gogh.

Das *Schleswig-Holsteinische Landesmuseum*, Schloß Gottorf, bedarf in diesem Zusammenhang der erneuten Erwähnung; denn seine Sammlungen konstituieren gleichsam drei eigene Museen: im Hauptgebäude die älteren Sammlungen vom 12. Jahrhundert bis zum Jugendstil, mit den Schwerpunkten Mittelalter, Renaissance, Barock und Klassizismus; in den ehemaligen Stallgebäuden das Museum zur modernen und zeitgenössischen Kunst, das mit den Stiftungen „Horn" und „Gerlinger" die größte Sammlung deutscher Expressionisten im Norden umfaßt; dazu in der Reithalle Sonderausstellungen von internationalem Rang; auf dem Hesterberg die Volkskundlichen Sammlungen als dritte eigenständige Abteilung. Hinzu kommt in Zukunft der Fürstengarten, der partiell rekonstruiert werden soll.

In den letzten circa zehn Jahren konnten die Schleswiger Gemälde-Sammlungen der älteren Zeit ebenso erweitert werden wie die Abteilungen zur modernen und zur zeitgenössischen Kunst. In diesem Zeitraum erhielt auch der schöne Skulpturenpark auf der Schloßinsel Gottorf seine heutige Form.

Zum Schleswiger Landesmuseum gehören die Gemälde-Sammlung im *Jüdischen Museum Rendsburg* und als Dependance die *Eisenkunstgußsammlung* in *Büdelsdorf* bei Rendsburg. Sie umfaßt Produkte der großen preußischen Hütten ebenso wie solche der Carlshütte, die 1827 in Büdelsdorf begründet wurde. Für große und internationale Sonderausstellungen nutzt das Landesmuseum während der Saison von Ostern bis Oktober die Ausstellungsräume seiner Dependance *Kloster Cismar* im Ostseebad Grömitz.

Neben der Lübecker und der Schleswiger Sammlung ist vor allem die des *Flensburger Städtischen Museums* hervorzuheben, die das 16. bis 20. Jahrhundert umfaßt. Den Schwerpunkt bildet die Schleswiger Malerei vor und nach 1900, darunter ist Emil Nolde vertreten. Hinzu kommt eine renommierte Möbel-Sammlung in kunsthandwerklicher Tradition.

Welche bekannten Künstler aus Schleswig-Holstein kommen und wie beliebt das Land bei Künstlern war, die hier regelmäßig malten, zeigen die Künstlerhäuser unter den Museen.

Das *Nolde-Museum* verlockt dazu, im Norden zu beginnen. Emil Noldes Atelier- und Wohnhaus, nördlich von Niebüll gelegen, ist das meistbesuchte Künstlermuseum des Landes. Haus und Garten hat Nolde selbst entworfen. Die *Stiftung Ada und Emil Nolde* in Seebüll verwaltet den gesamten Nachlaß und stellt ihn in jährlich wechselnder Auswahl vor.

Auf dem Weg von Seebüll nach Süden erreicht man in *Niebüll* das *Richard-Haizmann-Museum*. Es präsentiert den Nachlaß des Künstlers, in Verbindung mit konzentrierten, hochrangigen Wechselausstellungen der Moderne.

Das 1995 eröffnete *Wenzel-Hablik-Museum* in *Itzehoe* zeigt Gemälde, Möbel, Kunsthandwerk, Graphiken sowie Kristalle aus dem Nachlaß des böhmischen Künstlers, der von 1907 bis zu seinem Tode 1934 in Itzehoe

wirkte. Sonderausstellungen aus dem künstlerischen Umfeld und aus der Zeit Habliks erhöhen die Attraktivität des neuen Museums.

Zwei Museen in Schleswig-Holstein sind *Ernst Barlach* gewidmet, das Geburtshaus in *Wedel*, wo Barlach 1870 geboren wurde, und das Alte Vaterhaus in *Ratzeburg*, wo er von 1878 bis 1884 sechs Jugendjahre verbrachte. Beide Häuser geben einen Einblick in das künstlerische Werk, das Wedeler stellt darüber hinaus das literarische und dramatische Werk Barlachs in den Vordergrund.

Andreas Paul Weber lebte von 1936 bis zu seinem Tode 1980 in Großschretstaken bei *Ratzeburg*. Das 1973 auf der Ratzeburger Dominsel eröffnete Museum bewahrt den Nachlaß des satirischen Graphikers und stellt in wechselnden Ausstellungen das nahezu vollständig vorhandene Gesamtwerk vor.

Eine Wirkungsstätte mit großer künstlerischer Tradition ist das *Gut Seekamp* in *Kiel-Schilksee*, nahe der Kieler Förde, wo der Maler Hans Olde im ausgehenden 19. Jahrhundert einen Kreis von Künstlerfreunden, Literaten und Musikern um sich scharte. Sein Sohn Hans Olde verbrachte seine Jugend und seine ersten Künstlerjahre ebenfalls auf Gut Seekamp. Heute verkörpert der Bildhauer Hans Kock die Seekamper Tradition, dessen Werk im Rahmen einer Stiftung hier versammelt wird.

Weitere sehenswerte Kunstmuseen und -sammlungen:
Ernst-Ludwig-Kirchner-Dokumentation, Burg auf Fehmarn (Dokumentation der Aufenthalte Kirchners auf Fehmarn)
Keramik-Museum Kellinghusen (Fayencen-Sammlung)
Stadtgalerie Sophienhof Kiel (u. a. Bilder von Heinrich Ehmsen, Gegenwartskunst)
Stadtgalerie im Elbeforum Brunsbüttel (zeitgenössische Kunst)

Wie eine blühende Oase an der rauhen Westküste erscheint im Sommer der Garten, den Emil Nolde vor seinem Wohn- und Atelierhaus 1927 selbst anlegte. Ein Besuch in Seebüll veranschaulicht zu allen Jahreszeiten die eindrucksvolle Motivwelt vieler seiner Werke.

Fast schon einem Freilichtmuseum in situ gleicht der historische Ortsteil „Lüttenheid" in Heide/Dithmarschen mit den aus der Zeit um 1800 erhaltenen Häusern. Darunter befindet sich das Geburtshaus von Klaus Groth (großes Foto), das dem niederdeutschen Dichter heute als Museum gewidmet ist; benachbart steht das Wohnhaus der Eltern von Johannes Brahms (kleines Foto), das an den berühmten Musiker und Komponisten erinnert.

Dichtermuseen

Das jüngste und schon erfolgreichste Literaturmuseum ist das *Heinrich- und Thomas-Mann-Zentrum* in *Lübeck*. Es wurde 1993 im Buddenbrookhaus eröffnet, das in der Altstadt gegenüber der Marienkirche liegt. Der Roman Thomas Manns gab dem Haus seinen Namen, das 1758 erbaut wurde und von 1842 bis 1891 im Besitz der Familie Mann war. Dort werden Leben und Werk beider Brüder dokumentiert, unterstützt vom Haus-Archiv und der eigenen Forschungsstelle.

Die Reihe der Dichterhäuser findet einen Schwerpunkt an der Westküste und setzt sich mit dem *Klaus-Groth-Museum* in *Heide* fort. Das Geburtshaus des niederdeutschen Dichters (1819–1899) blieb in seiner ursprünglichen Anlage erhalten und enthält die historische Einrichtung der 1820er Jahre sowie den Nachlaß und die Dokumentation von Leben und Werk.

Der Dichter und Dramatiker *Friedrich Hebbel* wurde 1813 in *Wesselburen* geboren; er verlebte acht Jugendjahre (1827–1835) in der 1740 erbauten Kirchspielvogtei. Heute dient das Gebäude als Museum. Sein Leben zwischen Wesselburen und Wien, wo Hebbel 1863 starb, und sein Werk werden in zahlreichen Dokumenten, Bildnissen und Handschriften gegenwärtig.

Auf der Reise von Wesselburen nach Norden empfiehlt sich der Weg über das Eidersperrwerk nach *Garding* auf der Halbinsel Eiderstedt. Am Kirchplatz befindet sich das *Geburtshaus* des Rechtswissenschaftlers und Historikers *Theodor Mommsen* (1817–1903), der 1902 als erster Deutscher mit dem Nobelpreis für Literatur für seine Schriften zur römischen Geschichte ausgezeichnet wurde.

Die literarische Reise endet in Storms „grauer Stadt am Meer", in *Husum*, wo *Theodor Storm* 1817 geboren wurde. Sein *Wohnhaus* von 1866 bis 1880 dient heute als Museum. Das „Viola-Trikolor-Zimmer", die Amtsstube sowie das Wohn- und Arbeitszimmer Storms sind überwiegend mit originalem Mobiliar eingerichtet, im übrigen werden Handschriften, Erstausgaben, Illustrationen, Übersetzungen und Bildnisse präsentiert. Handschriften-Archiv, Bibliothek und Forschungsstelle geben dem Haus einen literarhistorischen und wissenschaftlichen Rang.

Zuletzt noch ein Hinweis: Ein kleines, aber beliebtes Haus, das im weitesten Sinne zu den literarischen Museen zählt, wurde 1996 in neuer Form wiedereröffnet: das *Till-Eulenspiegel-Museum* in *Mölln*, das der bildlichen und literarischen Tradition der beliebten Möllner Schalkfigur verpflichtet ist. Auch das Gehäuse ist sehenswert: ein Fachwerkhaus von 1582 am historischen Marktplatz.

Spezialitäten und Ungenanntes

Museen und Sammlungen, die einem ganz speziellen Thema gewidmet sind, sich aber nicht in herkömmlicher Weise zuordnen lassen, zählen zu den überraschenden Entdeckungen in der Museumslandschaft.

„*Erstes Circus-Museum in Deutschland*" nennt sich die private Sammlung im Gebäude des *Preetzer Heimatmuseums,* die Friedel Zscharschuch aus Requisiten, Kostümen, Plakaten, Dokumenten und Nachlässen vieler Artisten-Familien und Zirkus-Unternehmen zusammentrug.

Das *Feuerwehrmuseum Norderstedt* basiert auf der größten Feuerwehr-Sammlung in Norddeutschland. Das Signalhorn des Nachtwächters ist in der Schausammlung ebenso vertreten wie die technische Ausstattung der modernen Feuerwehren.

Die Auswahl der außergewöhnlichen Museen besitzt einen Höhepunkt: Das *Museum für Puppentheater* in *Lübeck* zeigt in fünf schmalen historischen Altstadthäusern die private Spezialsammlung historischer Theaterfiguren aus Europa, Asien und Afrika, die der Kameramann Fritz Fey junior bei seinen Weltreisen in vielen Jahren erwarb. Die wichtigsten deutschen Marionettenbühnen und -figuren, zahlreiche Drehorgeln, eine wissenschaftliche Spezialbibliothek und eine große Plakatsammlung ergänzen den Bestand. Das Museum ist während des Sommers bis in die Abendstunden geöffnet.

Die größte Gruppe der Museen aber wurde bisher nicht erwähnt. Es sind jene Museen, die ihrer Region verpflichtet sind und die als Stadtmuseum, Regional- oder Heimatmuseen gleichsam das Fundament der Museumslandschaft bilden. Sie verteilen sich gleichmäßig über das ganze Land, so daß wir auf diese Häuser nicht eigens verweisen müssen. Die Bürger kennen ihr Stadtmuseum, und die Urlauber besuchen ebenso selbstverständlich das ihrem Ferienort nächstgelegene Heimatmuseum. Der materialreiche historische Fundus jener Häuser erhellt die geographische, soziale und wirtschaftliche Identität einer Region. Es sind oftmals bürgernahe Geschichtshäuser und wahre Universalmuseen in einem. Denn alles, was für einen Ort, eine Stadt, eine Region relevant ist, darf und soll hier, natür-

lich in fachkundiger Qualität, versammelt und gezeigt werden.

Beispiele für individuelle abwechslungsreiche Schwerpunkte in den Stadt- und Heimatmuseen sind: die Schusterwerkstatt in Barmstedt, die Lotsenstube im Brunsbütteler Heimatmuseum, die Flüchtlingswohnung von 1945 in Eckernförde, die Soldatenfigurinen im Museum Glückstadt, das Folkmusikprogramm im Museum Heiligenhafen, die nautische Sammlung im Schleimuseum Kappeln, die Kunstkeramik im Kieler Stadtmuseum, die Skatclub-Ecke im Marner Museum, das Ratssilber im Möllner Museum, das Moritaten-Kabinett im Museum Neustadt, die Photo-Portraits im Schleswiger Holm-Museum, das Schlachtfest im Probsteier Museum Schönberg, die alte Schule in Schönwalde am Bungsberg, die Kirchenmodelle in St. Peter-Ording, die Armengeschichte im alten Hospital Tönning, die Walfangabteilung im Museum Wyk auf Föhr – Entdeckungen ohne Ende!

Wer jetzt Schaulust bekommen hat, ist aufgefordert, sich mit Straßenkarte, Museumslandkarte und Reiseführer auszurüsten und in die Museumslandschaft zu starten.

Eine Vielzahl privater und spezieller Sammlungen zählt zu den Überraschungen in der schleswig-holsteinischen Museumslandschaft, die gar nicht alle genannt werden können und auch nicht verraten sein wollen. Sie zu entdecken, wie beispielsweise die Seefahrts-Sammlung in Arnis an der Schlei, der kleinsten „Stadt" des Landes, gehört zu den schönsten Herausforderungen für alle, die zum zweiten oder dritten Mal Schleswig-Holstein besuchen.

Windgeblähte Segel bei Schleimünde an der Ostsee. Nur 150 Meter breit ist die Durchfahrt, die den Meeresarm Schlei mit der offenen See verbindet. Seit 1871 sichert der Leuchtturm das schmale „Tor zum Meer" für das 40 Kilometer landeinwärts gelegene Schleswig. Nicht nur die Nord- und Ostseeküste Schleswig-Holsteins sind ein Paradies für Segler. Auch auf den tief ins Land hineinragenden Förden und den unzähligen Seen und Flüssen wird gesegelt, gerudert, gepaddelt und gebadet.

Natur und Technik

Natur und Technik

Freie Fahrt für Segler: In den Sommermonaten tummeln sich zahlreiche Yachten auf der Schlei. Doch wo sich Landweg und Wasserstraße kreuzen, muß oft die Technik nachhelfen. Schon seit 1926 hebt und senkt sich die stählerne Brücke bei Lindaunis, um pünktlich den Verkehr zu regeln – eine imposante Geste der Technik vor einer nicht weniger eindrucksvollen Naturkulisse.

Natur und Technik

Aus der Zeit der ersten Eiderabdämmung in den dreißiger Jahren des 20. Jahrhunderts stammt die Schleuse Nordfeld bei Friedrichstadt. Es war die erste Abdämmung dieser Art in Europa. Sie besitzt fünf Entwässerungs- und eine Schiffahrtsschleuse. Vor ihrem Bau traten bei Sturmfluten entlang der Eider Überschwemmungen bis weit ins Landesinnere auf. Mit dem Bau des Eidersperrwerks im Mündungsgebiet 1973 verlor die Schleuse Nordfeld ihre Bedeutung.

Als künstliche Wasserstraße durch das „Land zwischen den Meeren" eine technische Meisterleistung: der Nord-Ostsee-Kanal. Stolze 100 Jahre ist er 1995 geworden. Im Bild die Einfahrt bei Holtenau an der Kieler Förde: Große Fracht- und Containerschiffe müssen die modernere, von 1907 bis 1914 erbaute Doppelschleuse (rechts) benutzen. Die alten Anlagen aus der Zeit der Erbauung (links) boten schon bald nicht mehr genug Platz.

Das Wattenmeer: Ergebnis einer Verkettung glücklicher Umstände

Jürgen Newig

Das schleswig-holsteinische Wattenmeer ist ein einzigartiger Naturraum, das seine Entstehung einer Vielzahl von Faktoren verdankt. Ein Watten*meer* gibt es strenggenommen nicht, denn die Nordsee „leiht" diesem Gebiet nur stundenweise das Wasser. So ist denn auch das Wattenmeer nicht als Wasserkörper, sondern als ein *Gebiet* aufzufassen, das periodisch von Meerwasser bedeckt ist.

Drei Vorbedingungen sind nötig, damit ein Wattgebiet entsteht. Zunächst muß ein nur schwach gegen das Meer hin geneigter Untergrund vorliegen – an einer schroff abfallenden Küste wäre ein Watt nicht denkbar. Zum zweiten muß der Untergrund sandig sein. Wenn er es nicht ist, wie zum Beispiel vor Helgoland, dann liegt eine Sonderform vor, die auch als Hart- oder Felswatt bezeichnet wird. Drittens müssen die Gezeiten hinreichend ausgeprägt sein.

Die Gezeiten

Unter Gezeiten versteht man zunächst einmal das tägliche An- und Abschwellen der Meeresoberfläche. Fast an jedem Ort des Weltmeeres gibt es diese rhythmische Erscheinung, die unabhängig von Wind und Brandung ist. Der täglich zweimalige Höchststand wird als Hochwasser, der Niedrigstand als Niedrigwasser bezeichnet. Der Begriff „Hochwasser" ist mißverständlich. Der Binnenländer verbindet damit meist ein Über-die-Ufer-Treten von Flüssen, und das geschieht nur relativ selten nach starken Regenfällen. Solche eher katastrophalen Ereignisse heißen an der Nordsee „Sturmfluten". Sie entstehen durch heftige Winde und die dadurch hervorgerufene Brandung. Hochwasser hingegen sind an der Nordsee im wahrsten Sinne des Wortes alltäglich.

Stellt man sich das Weltmeer, zu dem auch die Nordsee gehört, als einen um die Erde gelegten Ring vor, dann darf man erwarten, daß seine Oberfläche überall etwa gleichweit vom Erdmittelpunkt entfernt liegt (in Abb. schraffiert). In Wirklichkeit aber gibt es stets zwei Bereiche höheren Wasserstandes. Einer dieser beiden Flutberge wird vor allem durch die Anziehungskraft des Mondes aufgebaut, weil er unser nächstgelegener großer Himmelskörper ist. Der zweite Flutberg wird durch die Fliehkraft des Gravitationssystems Erde–Mond bewirkt. Da wegen der großen Masse der Erde der Schwerpunkt dieses Systems noch im Erdinnern liegt – und zwar nur rund 4 500 Kilometer vom Erdmittelpunkt entfernt in Richtung auf den Mond zu – macht sich auf der mondabgewandten Seite die Fliehkraft des Zweikörpersystems Erde–Mond besonders stark bemerkbar. So entsteht dort ein weiterer Flutberg. Da die Flutberge einen Teil des Weltmeerwassers binden, muß zwischen ihnen eine Zone niedrigeren Wasserstandes liegen. In der Schnittansicht erscheinen demnach zwei Ebbtäler.

Die Erde dreht sich bekanntlich am Tag einmal um ihre Achse, das heißt sie dreht sich unter den Flutbergen und Ebbtälern hindurch. So durchläuft jeder Punkt der Erde in 24 Stunden zweimal einen Flutberg und ein Ebbtal, und damit gibt es auch für jeden Punkt der Erdoberfläche zweimal täglich Flut und zweimal täglich Ebbe. Ebbe und Flut bezeichnen den Vorgang, dessen Extremstände durch Hoch- und Niedrigwasser gekennzeichnet werden. Das Ganze wird noch ein wenig komplizierter dadurch, daß die Extremstände im Laufe eines Monats nicht immer gleich groß sind. So haben wir alle 14 Tage ein etwas höheres Hochwasser beziehungsweise niedrigeres Niedrigwasser. Auch hier spielt der Mond wieder die entscheidende Rolle. Zur Vollmond- und zur Neumondzeit liegen die drei Himmelskörper Mond, Erde und Sonne etwa auf einer Linie. Die Schwerkraft der Sonne läßt den Flutberg weiter anschwellen. Man spricht von einer Springtide. Die Wasserstandserhöhung zur Springtidezeit bewegt sich im Bereich einiger Dezimeter. Gibt es aber um diese Zeit zufällig einen schweren Sturm mit auflandigem Wind, dann setzt die Springtide der Sturmflut gleichsam die Spitze auf, das heißt höchste Wasserstände werden erreicht. Deshalb gelten Springtiden als besonders gefährlich.

Vierzehn Tage später, wenn Erde, Sonne und Mond etwa im rechten Winkel zueinanderstehen (zunehmender beziehungsweise abnehmender Mond), schwächen sich die Gezeitenkräfte bei den Flutbergen ab – weil die Sonne jetzt mit ihrer Schwerkraft die Ebbtäler ein wenig auffüllt. Die Flutberge werden niedriger. Wir sprechen dann von einer „Nipptide".

Die Tiden richten sich also nach der Drehung des Mondes um die Erde, und weil dieser für eine Umdrehung rund 28 Tage braucht, stimmen Sonnenmonat und Mondmonat nicht ganz überein. Aus diesem Grunde muß jedes Jahr ein neuer Tidekalender herausgegeben werden.

Wenn man die Gezeiten viele Jahre lang sorgfältig registriert, kann man daraus ein „mittleres Hochwasser" und ein „mittleres Niedrigwasser" ableiten, das um eine Null-Linie pendelt, die man „Mittelwasser" nennt. Fachleute sprechen von Mitteltide-Hochwasser, kurz MThw, und Mitteltide-Niedrigwasser (MTnw). Die Frage liegt jetzt nahe, wie groß der Tidehub, der Höhenunterschied zwischen MThw und MTnw, eigentlich ist, und die zunächst unbefriedigende Antwort lautet: Er ist an jedem Ort anders. In der Deutschen Bucht gilt eineinhalb Meter als relativ kleiner Tidehub und drei Meter als ein relativ

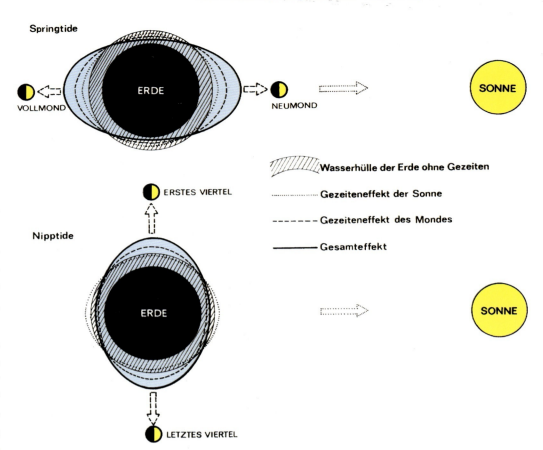

großer. In Buchten wie dem Elbtrichter oder der Husumer Bucht werden drei Meter überschritten (siehe Abb.).

Mit den vorangegangenen Überlegungen haben wir uns die Grundlage für die Frage nach der Verbreitung des Wattenmeers geschaffen. Wie die punktierte Signatur in der stark schematisierten Abbildung zeigt, beschränkt sich das Wattenmeer auf die Deutsche Bucht und findet in Deutschland seine größte Ausdehnung.

Woher kommt das? Vom Zentrum der Deutschen Bucht nach außen nimmt der Tidehub generell ab. In Dänemark und Holland werden nur noch 1,50 Meter Tidehub gemessen. Es gibt also einen Zusammenhang zwischen der Lage des Wattenmeers und der Höhe des Tidehubs.

Wir müssen uns darüber im klaren sein, daß durch die Tiefs zwischen den Inseln täglich eine große Wassermenge strömt. Die „Adern" der Rinnensysteme versorgen die Wattfläche mit Wasser und sind auch für die natürliche Entwässerung verantwortlich. Es macht einen gewaltigen Un-

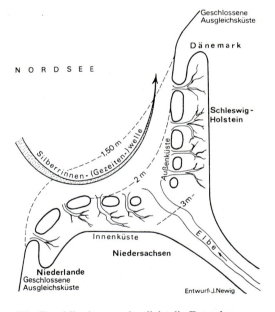

Die Graphik oben verdeutlicht die Entstehung der Gezeiten und ihre Ausprägung im Laufe eines Monats (nach: Reineck, 1978). Darunter das Barrieresystem der Deutschen Bucht mit dem Wattenmeer und seinen Wattströmen. Im Innern der Deutschen Bucht existiert ein unterbrochenes Barrieresystem (Inselküste), dagegen zeigt sich ein geschlossenes System vor Dänemark und den Niederlanden. Es entsteht bei einem Tidehub von weniger als etwa 1,5 Metern (Tidehub gestrichelt, Angaben in Metern). Die Graphik ist stark schematisiert (ohne Inseln und Halligen der Zwischenküste).

Das Wattenmeer: Ergebnis einer Verkettung glücklicher Umstände

Wind und Wasser, Ebbe und Flut, Wolken und ein weiter Horizont schaffen das grandiose Landschaftsbild des schleswig-holsteinischen Wattenmeers.

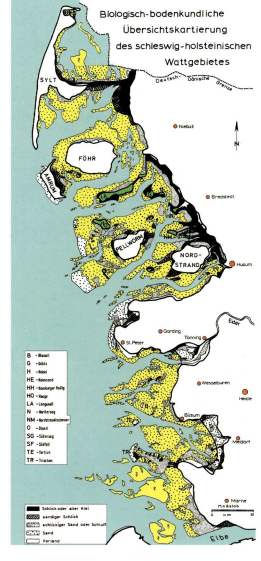

Die biologisch-bodenkundliche Karte des schleswig-holsteinischen Wattgebietes (nach: D. König, 1981) zeigt das offene Barrieresystem: Zwischen Innen- und Außenküste breiten sich die Sandböden des Wattenmeers aus. Gegenüber der Originalkarte wurden die neuen Deiche ergänzt, die eingedeichten Flächen aber im alten Zustand belassen.

terschied, ob der Tidehub irgendwo eineinhalb Meter oder drei Meter groß ist, muß sich doch im zweiten Fall bei jeder Tide mehr als die doppelte Wassermenge zwischen den Inseln hindurchzwängen. Da sich das Wasser nicht nennenswert aufwölben kann, muß es in die Tiefe ausweichen. Der Wattstrom des Lister Tiefs ist beispielsweise stellenweise über 30 Meter tief.

Die Wattströme haben einen eigenartigen Gegenspieler, der danach trachtet, die Tiefs immer wieder mit Sand aufzufüllen. Gemeint ist die küstenparallele Strömung, die im wesentlichen durch schräg auf den Strand auftreffende Winde verursacht wird. Solche Küstenlängsströme, die auch durch die allgemeine Gezeitenwelle verstärkt werden können, haben die Tendenz, den vor den Stränden der Außenküste vagabundierenden Sand an den Inselenden abzulagern. Ein solcher im Prinzip küstenparalleler Materialtransport heißt Küstenversatz. Im Extremfall kann es zu einer Verschüttung der Tiefs kommen. Die Erfahrung zeigt, daß bei einem Tidehub über 1,50 Meter die Wattströme im allgemeinen den Sieg davontragen, das heißt der Ebbstrom reißt sich die Gezeitenrinne immer wieder frei. Somit bleiben die Inseln stets voneinander getrennt. Bei etwa eineinhalb Meter Tidehub und weniger erweist sich hingegen der Küstenversatz als stärker.

Faßt man die gesamte Außenküste der Deutschen Bucht als ein Barrieresystem aus vorwiegend sandigen Ablagerungen auf, so kann man ein geschlossenes und ein offenes Barrieresystem unterscheiden. Das geschlossene System liegt im Bereich des geringen Tidehubs in Dänemark (beginnend mit der Halbinsel Skallingen) einerseits und in den Niederlanden andererseits (südlich der Insel Texel). Dazwischen erstreckt sich das offene Barrieresystem der Deutschen Bucht, dessen Inseln zum Zentrum der Bucht immer kleiner werden, da es hier einen besonders großen Tidehub und Ebbstrom gibt. Landwärts des offenen Barrieresystems konnte sich das Wattenmeer im Schutz der Inseln und Sände bilden. Anders ausgedrückt: Das Wattenmeer erstreckt sich zwischen Innen- und Außenküste der inneren Deutschen Bucht.

Die großen Lebensräume des Wattenmeers

Wenn wir an die Lebensräume im Wattenmeer denken, so haben wir zuerst die riesigen Wattflächen und auch die Vorländer mit ihrer artenreichen Pflanzenwelt vor uns. Es gibt aber auch noch andere Elemente im Wattenmeer: die Wattströme und Priele als Wasseradern sowie die Festkörper der Sände, die Halligen, Marschinseln und Inseln.

Bei den *Sänden* unterscheiden wir zwischen Außensänden und übrigen Wattenmeersänden. Die Außensände liegen direkt an der offenen Nordsee. Sie sind auf der Abbildung durch eine kräftige Umrandung hervorgehoben. So sind dem weitflächigen Marschgebiet, aus dem zum Beispiel Hooge und Pellworm herausragen, im Westen drei Außensände vorgelagert, der kleinere Japsand an der Nordwestecke, der Norderoogsand und schließlich der besonders große Süderoogsand (westlich der Hallig Süderoog).

Die Außensände sind eigenartige Gebilde. Weder Sandbank noch Insel, werden sie bei mittlerem Hochwasser nicht mehr überschwemmt und bilden somit die Schutzschilde des Watts gegenüber dem offenen Meer. Aufgrund der starken Brandung können hier nur gröbere Sedimente, vor allem Sande, abgelagert werden, so daß die gesamte Außenküste aus der Satellitenperspektive weiß erscheint.

Außensände sind ganz und gar Produkte der Natur, gleichsam Spielbälle der Nordsee. Sie sind die einzigen großen Festkörper des Barrieresystems, die von Menschenhand weitgehend unberührt geblieben sind. Im Gegensatz dazu werden die Inseln und Halbinseln der Außenküste vom Menschen stark in Anspruch genommen. Wegen der schönen Sandstrände unterliegen Sylt, Amrum und die Westküste von Eiderstedt einer intensiven touristischen Nutzung. Sie sind ebenfalls Schutzschilde des Wattenmeers.

Zwischen den Außensänden und den Barriere-Inseln haben sich die *Wattströme* eingegraben. Sie bilden die großen Versorgungsadern für die Tier- und Pflanzenwelt und zugleich auch die Wasserstraßen, auf denen sich der Schiffsverkehr abspielt. Mit dem Flutstrom gelangen die großen Fische in das Watt und nicht zuletzt auch zahlreiche Sinkstoffe, die den Aufbau der

Vorländer vorantreiben. Aus der Vogelperspektive erscheinen die Wattströme wie die Stämme von Bäumen, aus denen die Priele als Äste und Zweige erwachsen.

Jeder „Baum" ist von dem nächsten durch eine Wattwasserscheide getrennt. Entlang dieser gedachten Linie, die täglich – je nach Windrichtung und -stärke – ein wenig pendelt, fließen die Wasserteilchen bei jeder Ebbe in zwei verschiedene Richtungen ab. Im Bereich der Wattwasserscheide ist die Strömung sehr gering, und deshalb gibt es hier keine tiefen Priele. Diesen Umstand haben sich auch die Wasserbauingenieure zunutze gemacht: Sie führen die Verbindungsdämme zwischen Inseln und Festland, zum Beispiel den Hindenburgdamm, möglichst über die Wasserscheiden. Zum einen liegt hier der natürliche Wattsockel am höchsten, so daß man Material spart, zum anderen läßt sich hier wegen der relativ geringen Wasserbewegung der Damm am besten schließen.

Wegen des täglichen leichten Pendelns der Strömung greifen einige kleine Priele über die Wattwasserscheide hinaus. Die Zweige benachbarter Bäume können sozusagen miteinander verwachsen. Dieser Um-

Möwen haben sich in einem Priel auf der Suche nach Nahrung niedergelassen (oben). Der Wechsel der Gezeiten zwingt alle Lebewesen zur Anpassung, gleichwohl gehört das Wattenmeer zu den weltweit nahrungsreichsten Ökosystemen überhaupt. Dies zeigen nicht zuletzt die Schwärme der Zugvögel, die im Frühling und Herbst den Kleinstlebewesen am Boden nachstellen. Ein Priel durchschneidet das Vorland und mündet in das Wattenmeer (unten). Je höher das Vorland aufwächst, desto mehr Energie des Meeres wird bei Sturmfluten vernichtet, bevor der Deich angegriffen wird. Im Hintergrund sind Lahnungen zur Landgewinnung zu erkennen.

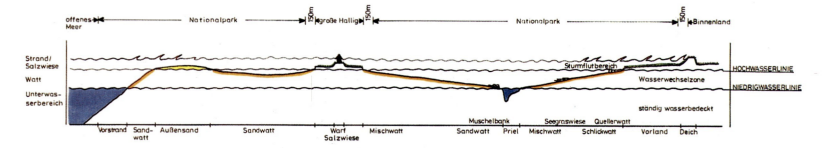

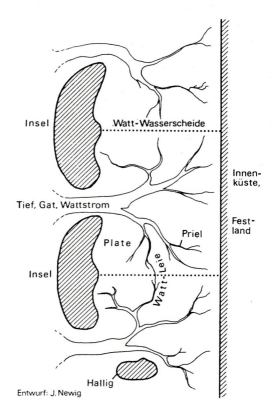

Schematischer Querschnitt durch die Lebensräume des schleswig-holsteinischen Wattenmeers (nach: Minister für Ernährung, Landwirtschaft und Forsten des Landes Schleswig-Holstein, 1985).
Schematische Darstellung der Wattbecken zwischen Inseln und Festland mit „Wattbäumen". Sie bestehen aus Wattströmen und Prielen.

stand ist wichtig für die Schiffahrt, denn durchgehende Priele hinter den Inseln bilden wichtige Fahrrinnen für die Schiffe, die sorgsam mit Pricken markiert sind. Pricken sind lange Holzstangen, an deren oberem Ende ein Reisigbündel angebracht ist. Man verwendet sie seit Jahrhunderten, und auch die modernen Signaltonnen können sie nicht verdrängen. Zwischen der Außen- und der Innenküste, im Bereich der sogenannten Zwischenküste, gibt es eine Reihe von Festkörpern, die dem Wattenmeer sein unverwechselbares Gepräge geben.

Es sind zum einen die *Inseln*, die sich nach Geestkerninseln und Marschinseln unterscheiden lassen. Eine Geestkerninsel wie Föhr enthält einen eiszeitlichen Kern; die Marschinseln Pellworm und Nordstrand bestehen ausschließlich aus Marschland und sind von hohen Landesschutzdeichen umgeben.

Die *Halligen* zum anderen sind kleine Landflächen, die sich im Strömungsschatten der Tiefs und Priele gebildet haben. Da sich die Priele verlagern, verschieben sich auch die Halligen, das heißt Abbruchkanten an der Hallig sind etwas ganz Natürliches. Mit jeder Überflutung wächst die Hallig um eine millimeterfeine Schicht höher auf. So kann eine Hallig auch mit der allgemeinen Erhöhung des Meeresspiegels Schritt halten. Die für den Halligbewohner kurzfristig ärgerlichen Überflutungen sind also auf lange Sicht die wesentliche Voraussetzung für den Erhalt der Hallig.

Um die Halligen herum erstrecken sich die riesigen *Wattflächen* mit ihrer reichhaltigen Tier- und Pflanzenwelt.

Sie liegen im Niveau zwischen dem mittleren Niedrigwasser und dem mittleren Hochwasser. Über diesem Niveau befinden sich, sofern die Voraussetzungen es zulassen, die *Vorländer*, die sich bis an den Deichfuß erstrecken.

Wie gliedert sich das Watt?

Die Gliederung des Watts wird, sehen wir einmal vom Hartwatt (Felswatt) vor Helgoland ab, nach Korngröße des leicht beweglichen Untergrundes vorgenommen, und der deutliche Wechsel in der Farbe erlaubt es auch dem Laien, die Zonen zu unterscheiden.

Im Schutz der Inseln und Sände der Außenküste breitet sich das helle *Sandwatt* aus. Es wird von den großen Wattströmen durchzogen, die sich metertief in den Untergrund eingeschnitten haben.

Im Strömungsschatten zwischen den großen Wattbäumen und Prielen kann sich auch feineres Sediment ablagern. Wir sind im Bereich des *Mischwatts*. Sand, Schluff, dessen Korngröße sich zwischen Ton und Feinsand bewegt, und Schlick kommen miteinander vermengt vor. Eine leichte Graufärbung ist die Folge, die sich an günstigen Standorten intensiviert. Schließlich, in geschützten Lagen direkt an den Inseln, den Halligen und dem Festland, kommt es zur Ausbildung des kräftig dunkelblaugrau gefärbten *Schlickwatts*, in dem man stellenweise mehr als knietief versinken kann. Die Korngröße beträgt nur noch wenige tausendstel Millimeter, und diese feinen Körnchen haften –

im Gegensatz zum Sand – vorzüglich an allen Gegenständen, nicht zuletzt auch auf der menschlichen Haut, so daß nach jeder Wattwanderung das große Füßewaschen beginnt.

Leben im Watt – Anpassung tut not

Daß es so viele Tiere im Watt gibt, ist eigentlich verwunderlich, denn Luft und Wasser weisen extrem unterschiedliche Anpassungsbedingungen für die Fauna auf. Die meisten Tiere bevorzugen einen bestimmten Bereich im Watt. Sie sind hochspezialisiert. Einen Eindruck davon vermittelt die Abbildung auf dieser Seite, die hier zur Erläuterung dieser Tatsache genügen muß. Über das Leben im Raum zwischen Meer und Festland berichtet ausführlich der Beitrag von Georg Quedens (S. 448). Im folgenden soll nur beispielhaft auf einige Anpassungsvorgänge hingewiesen werden.

Der Wechsel von Wasser und Luft mit den Gezeiten bedeutet einerseits einen starken Zwang zur Anpassung an den ständigen Wandel, andererseits wird mit jeder Flut auch neue Nahrung herangeführt. So ist das Leben auf Gedeih und Verderb diesem Rhythmus angepaßt, und hier hat sich die Natur viele „Tricks" einfallen lassen, mit deren Hilfe die Pflanzen und Tiere in dem an sich nicht sehr lebensfreundlichen Milieu überleben.

Eine der wichtigsten Anpassungsformen im Watt wird durch das *Vergraben* erreicht, gewährt es doch zugleich Schutz vor zu intensiver Sonnenbestrahlung, vor Temperaturschwankungen und nicht zuletzt vor Feinden. Dauerhaft vergraben sich zahlreiche Muscheln, Würmer und Schnecken. Am bekanntesten ist der Wattwurm (Pierwurm – *arenicola marina*) mit seiner U-förmigen Wohnröhre. Er frißt das Sediment unterirdisch weg, läßt es durch seinen Körper wandern und drückt es mit seinem Hinterende nach oben, so daß an der

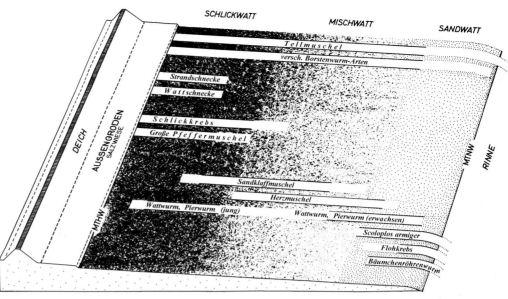

Lebensräume der Tiere im Watt (nach: Reineck, 1978).

Wattoberfläche einige Zentimeter neben der trichterförmigen „Ansaugstelle" ein Kothäufchen erscheint. Da der Wattwurm auch im Sandwatt mit seiner geringen Bindigkeit lebt, stellt sich die Frage, wie er das bewerkstelligen kann. Zum einen achtet er darauf, daß sein Gang nicht zu hoch liegt, damit seine Umgebung stets von Feuchtigkeit durchtränkt und dadurch standfester bleibt. Zum anderen kleidet er seinen Wohngang mit einem selbstproduzierten Schleim aus, der einen Teil der Röhre stabil hält.

Muscheln, etwa die Pfeffermuschel, bedienen sich einer längeren Röhre, des Siphos, dessen oberer Teil den Wattboden nach feinsten Nahrungspartikeln absaugt. Der Sipho zieht den Atem-Nahrungs-Wasserstrom in den Körper hinein. Feinste Nahrungspartikel lagern sich auf den Kiemen ab und werden anschließend der Verdauung zugeführt. Der zweite, kürzere Sipho dient der „Abwasserbeseitigung". Bei Gefahr können die Siphonen schnell wieder eingezogen werden.

Andere Tiere machen es genau umgekehrt wie die eben genannten Würmer und Muscheln. Sie *wechseln mit jeder Ebbe und Flut ihren Aufenthaltsort*. So grasen die Wattschnecken den Boden bei beginnender Ebbe nach Algen ab und graben sich beim späteren Ebbezustand einfach ein. Bei auflaufendem Wasser graben sie sich wieder aus und lassen sich, von der natürlichen Spannung der Wasseroberfläche getragen, einfach treiben.

Eine weitere Methode ist das *Verstecken*. Zahlreiche Garnelen dringen bei Flut in die höheren Wattgebiete vor, wo sie reiche Nahrung finden. Bei Ebbe ziehen sie sich in tiefere Bereiche zurück. Sie verstecken sich im Boden, sind aber dennoch – vor allem nachts – auf Beutefang eingestellt. Sie fahren ihre Augenstiele und Antennen aus dem Boden aus. Mit Hilfe von Sinneshaaren an der Antenne nehmen die Garnelen chemische Reize von Beutetieren wahr. Sie verlassen dann blitzschnell ihr Versteck und jagen der Beute nach.

Wenn Miesmuschelbänke bei Niedrigwasser trockenfallen und – vor allem im Sommer – die Gefahr eines großen Feuchtigkeitsverlustes unter der freien Luft gegeben ist, können sie ihre *Schalen* fest *verschließen* und dann die *Atmung einstellen*. Der Herzschlag vermindert sich stark. Sie überleben längere Zeit ohne Sauerstoffaufnahme, indem sie körpereigenes Glycogen, ein energiereiches Kohlehydrat, verbrauchen. Ähnliches gilt für die Seepocke.

Das Vorland – Mittler zwischen Meer und Land

Die Verlandungs- oder Anwachszone, die man in eine Queller- und eine Seegraszone unterteilen kann, wird täglich überschwemmt, liegt also knapp unterhalb der mittleren Hochwasserlinie.

Etwas tiefer, bis in den Bereich der Priele überleitend, liegt die Seegraszone, in der sich aber auch zahlreiche Algen und mikroskopisch kleine Kieselalgen finden. In der Quellerzone mit ihrem reichen Queller- und Schlickgrasbestand laufen die kleinen Wellen des Wattenmeers aus.

Das Schlickgras (*spartina townsendii*) wurde erst vor wenigen Jahrzehnten von England zu uns gebracht. Man versprach sich von der Ansiedlung des Grases eine raschere Schlicksedimentation. Wegen ihrer großen Bulten, die wie kleine Inseln über dem Watt liegen, kann es aber auch zur Bildung von Erosionsrinnen kommen, so daß man über den Nutzen der Pflanze heute geteilter Meinung ist.

Das eigentliche Vorland oder die Salzwiesenzone beginnt an der Uferlinie, dort, wo das Land nicht mehr täglich überspült wird. Landwärts reicht es bis an den Deich oder eine natürliche Aufragung.

Die untere Zone des Vorlandes wird nach dem dort typischen kurzen Andelgras die Andelzone genannt. Sie wird im Jahresdurchschnitt etwa an jedem zweiten Tag überflutet. Im oberen Bereich der Andelzone ist der Strandflieder oft in großen Mengen anzutreffen. Landwärts schließt sich die Schwingelzone an, für die der Rote Schwingel namensgebend ist. Diese Zone liegt schon rund einen halben Meter über dem mittleren Hochwaser und wird nur noch etwa einmal im Monat überschwemmt. Das genügt aber, um ihren Salzwiesencharakter zu erhalten.

Vorländer finden sich nur noch in geringem Umfang an unserer Küste. Mit jeder Eindeichung wird Vorland durch den Menschen vereinnahmt. Allerdings entsteht Vorland vor vielen Deichabschnitten neu, aber dieser Vorgang braucht seine Zeit. Schon eine intensive Beweidung kann bei den Pflanzen des Vorlandes einen Artenrückgang auf etwa die Hälfte des natürlichen Bestandes zur Folge haben. Da die Pflanzen die Rauhigkeit der Oberfläche vergrößern und damit die Ablagerung von Schlick beschleunigen, vermindert eine starke Beweidung auch das natürliche Fortschreiten der Vorlandbildung.

Zahlreiche Vögel nehmen auf den Salzwiesen ihre Nahrung auf. Bei Hochwasser nutzen die meisten der über 100 Vogelarten die Salzwiesen als Rast- und Ruheplätze, und auch die rund 25 Brutvogelarten des Wattenmeers brüten zu einem guten Teil im Salzwiesenvorland.

Ein verletzliches System

Das Bewußtsein dafür, daß das Wattenmeer ein empfindliches Ökosystem darstellt, ist in den letzten Jahren erfreulicherweise sehr gewachsen. So wurde im Jahre 1985 das Nationalparkgesetz verabschiedet, das das gesamte schleswig-holsteinische Wattenmeergebiet unter Schutz stellt. Die Einrichtung des Nationalparks wurde im Gesetz unter anderem mit der Bewahrung der besonderen Eigenart, Schönheit und Ursprünglichkeit des Wattenmeers begründet. Die am intensivsten geschützte Zone 1 enthält die wichtigsten Seehundsbänke, die Brut-, Nahrungs- und Mauserplätze der Vögel sowie die geomorphologisch bedeutsamen Außensände. Sie darf daher von Unbefugten nicht betreten werden. Allerdings bleibt die Fischerei auf Fische, Krabben und Miesmuscheln gestattet, und davon wird leider reichlich Gebrauch gemacht. Wie anderswo auch, gehen hier Theorie und Praxis oft auseinander. Flugverkehr, zu intensive Fischerei, militärische Nutzungsansprüche, Tourismus, Ölförderungen, Hochgeschwindigkeitsschiffe und Schadstoffeinträge sind einige Probleme, mit denen sich die Verantwortlichen immer wieder konfrontiert sehen. Die Verwaltung des Nationalparks geschieht vom Nationalparkamt in Tönning aus. Dieses Amt vermittelt Interessierten durch mehrere Informationszentren und Schautafeln Wissenswertes über das Wattenmeer.

Herbstwolken über dem Wattenmeer. Die vielfältigen Stimmungen dieser urtümlichen Landschaft laden zu ausgedehnten Wanderungen ein – die Ortsfremde allerdings nur mit einem fachkundigen Führer unternehmen sollten.

Im Grenzbereich des Daseins: Fauna und Flora zwischen Land und Meer

Georg Quedens

Die Westküste von Schleswig-Holstein mit ihrem Wattenmeer, den Inseln und Halligen ist eine Welt der Seevögel. Auch Besuchern, die eher „Bade"gäste und weniger an der Natur interessiert sind, fällt bald auf, daß Seevögel ein prägendes Merkmal in der Meereslandschaft sind – insbesondere Möwen. Sie bevölkern die Häfen, begleiten Fährschiffe und Krabbenkutter, treiben sich auf den Strandpromenaden und zwischen den Strandkörben herum, eilen bei Ebbe nahrungsuchend über das Watt und beleben die Luft mit ihren Flügen. Der hohe Himmel über Watt und Meer läßt die Seevögel überall sichtbar werden. Sie sind relativ groß und machen sich mit lauten Rufen bemerkbar.

Die Gesamtzahl der Brutpaare an Möwen, Seeschwalben, Austernfischern, Regenpfeifern, Brandgänsen und Eiderenten im Bereich des schleswig-holsteinischen Wattenmeeres, in etwa identisch mit den Grenzen des Nationalparks, wird derzeit auf etwa 85 000 geschätzt, wobei rund 30 verschiedene Vögel vertreten sind. Hinzu kommen noch etwa zwei Millionen Zugvögel, die im Frühjahr und Herbst das Wattenmeer und die Inselwelt bevölkern. Keine andere Landschaft in Europa, ja weltweit, kann ähnliche Vogelmengen vorweisen!

Vögel sind – überall – Indikatoren, Anzeiger, über Zustände von Landschaften und Naturschutz. Die genannten Mengen verraten, daß alle Lebensketten im Watt und in der Küstenregion der Nordsee unverändert und entgegen anderslautenden Meldungen in Ordnung sind. Denn nur die große Nahrungsproduktion, angefangen bei Flohkrebsen und sonstigem Kleingetier, ermöglicht das Dasein dieser Vogelmassen. Verglichen mit der Zeit um die Mitte unseres Jahrhunderts haben sich etliche Seevogelarten verdoppelt und verzehnfacht, so daß es bei einigen Arten schon Probleme der Überpopulation gibt. Zugleich sind erst in jüngster Zeit mehrere Arten in die Küstenregion eingewandert oder haben sich über vorher nur örtliche Vorkommen ausgebreitet. Dazu gehören der Säbelschnäbler, die Flußseeschwalbe, die Eiderente, die Sturmmöwe und insbesondere die Lach- und die Heringsmöwe.

Begünstigt wird das Vogelleben durch einen dichten Kranz von Vogelschutzgebieten längs der Nordseeküste, betreut von örtlichen oder überregionalen Naturschutzvereinen und bewacht von Vogelwärtern, die während der sommerlichen Brutzeit in einfachen Hütten ein Robinsonleben führen. Die Insel Trischen vor Dithmarschen, die Halligen Südfall, Süderoog, Norderoog und Habel sind Eilande, die fast ganz den Seevögeln als Brutplatz überlassen sind. Aber auch auf den vom Fremdenverkehr stark beanspruchten größeren Inseln sind Natur- und Vogelschutzgebiete eingerichtet, so auf Helgoland der „Vogelfelsen", auf Amrum das gesamte Dünengebiet und die Odde, auf Föhr das umfangreiche Deichvorland, auf Sylt das Rantum-Becken sowie die Sandinsel Uthörn im „Königshafen" bei List. Weitere Vogelparadiese entstanden, in der Regel im Gefolge von Eindeichungsmaßnahmen, längs der Festlandsküste: das Speicherbecken des Hauke-Haien-Kooges, der Beltringharder Koog mit seinen ausgedehnten, sich noch in der Entwicklung befindenden Salz- und Süßwasserbiotopen, die Grüne Insel in der Eidermündung oder der Speicherkoog vor Meldorf, um nur die wichtigsten zu nennen. In allen anderen Insel- und Küstenlandschaften sind ebenfalls Seevögel als Brutvögel zu finden. Dabei schließen sich Naturschutz und -nutzung nicht grundsätzlich aus. Bei-

„Wolken" von Vögeln eilen im Frühjahr und Herbst über das Wattenmeer. Vor allem sind es Knutts, Alpenstrandläufer, Pfuhlschnepfen, Brachvögel und Austernfischer.

spielsweise profitieren etliche See- und Wasservogelarten, wie erwähnt, von Eindeichungsmaßnahmen sowie der Einrichtung von Speicherbecken und lagunenartigen Landschaften, die gezielt als Brutgebiete gestaltet wurden.

Ebenso ist die Beweidung der Küsten- und Halligmarschen günstig für einige Vogelarten. Kiebitz und Austernfischer, Säbelschnäbler und Seeschwalben benötigen für die Brut das deckungslose, flache Gelände mit niedrigem Graswuchs. Die wachsenden Scharen der Wildgänse benötigen kurzgrasiges Weideland, so daß sich trotz auch auftretender Konfliktsituationen Natur und Kultur ergänzen.

Erstaunlicherweise ist auch der Fremdenverkehr ein beachtlicher Faktor des Naturschutzes, ungeachtet der Ansprüche hinsichtlich des Landschaftsverbrauchs und der Unruhe, die mit dem Tourismus verbunden sind. Denn die „Natur" ist als Attraktion für den Fremdenverkehr erkannt und wird als solche in fast allen Prospekten propagiert. Diesem Umstand ist es zu verdanken, daß großräumige Naturschutzgebiete sowie der Nationalpark Wattenmeer nach einigen Widerständen von der einheimischen Bevölkerung toleriert und die damit verbundenen Einschränkungen akzeptiert werden. Die frühere, traditionelle Nutzung durch Jagd und Fischfang ist in den Hintergrund getreten. Auch der Wildentenfang in den vier konzessionierten Vogelkojen auf der Insel Föhr ist in der neuen Landesverordnung vom Dezember 1994 auf Stockenten und auf eine jährliche Gesamtmenge von höchstens 1 000 Enten beschränkt – eine Menge, die durchaus in Relation zu den wachsenden Entenscharen steht.

Möwen, Silber-, Sturm, Lach- und Heringsmöwen, beherrschen Luft und Landschaft am Meer (oben).
Der Austernfischer (unten) ist der „Allerweltsvogel" am Strand und im Watt.

Überall Seevögel

Charaktervogel der Nordseeküste ist die Silbermöwe. Sie ist von allen Seevögeln, ja vielleicht von allen Vogelarten der Welt am besten bekannt, auch deshalb, weil sie oft die Nähe des Menschen sucht und von der „Abfallwirtschaft", ob bei der Fischerei oder auf Müll- und Wasenplätzen, profitiert. Als Allesfresser scheut sie sich weder, auf Strandpromenaden und an Badestränden bei Kurgästen um Futter zu betteln, noch verschont sie Gelege und Jungvögel anderer Arten und kann diese gebietsweise völlig vernichten. Trischen und Amrum sind mit jeweils rund 2 500 Brutpaaren Hauptbrutplätze dieser Art an der schleswig-holsteinischen Westküste. Auf diesen beiden Inseln hat sich auch die Heringsmöwe in den letzten Jahren ungewöhnlich stark vermehrt. Auf Amrum wurden im Brutjahr 1995 an die 4 000 Paare gezählt, ein Hinweis auf günstige Veränderungen in der Fischfauna, denn diese Art lebt fast ausschließlich von Fischen. Amrum ist mit etwa 1 000 Paaren Hauptbrutplatz der Sturmmöwe. Die häufigste aller Möwenarten an der Westküste ist jedoch die Lachmöwe, die sumpfartige oder wassernahe Brutgebiete bevorzugt. Jeweils an die 4 000 Paare brüten auf Trischen und Norderoog, fast 3 000 im Meldorfer Speicherkoog und Tausende auf den Halligen Langeneß und Gröde. Andernorts gibt es ebenfalls beachtliche Kolonien, so daß insgesamt die genannten Möwenarten das Bild der Küstenlandschaft prägen.

Weiter verbreitet, aber nicht in Kolonien und großen Mengen auftretend, ist der Austernfischer, dessen Gesamtzahl bei etwa 15 000 Brutpaaren liegt. Seine Verwandten, Kiebitz, Rotschenkel und Sandregenpfeifer, fallen weniger auf, während sich der Säbelschnäbler in den letzten Jahrzehnten zahlreiche neue Brutplätze erobert hat und sein melodisches „Klütklütklüt" geradezu typisch für die Meereslandschaft geworden ist. Der „Säbler" kann übrigens ausgezeichnet schwimmen, weil er Schwimmhäute zwischen den Zehen hat.

Ausgesprochene Sommergäste unter den Seevögeln sind die Seeschwalben. Sie kommen spät im April, „verheiraten" sich umgehend mit dem eigenartigen Zeremoniell der Fischübergabe und bilden bald lockere bis dichte Brutkolonien. Besonders bekannt ist die Kolonie der Brandseeschwalben auf Hallig Norderoog, wo etwa 4 000 Paare brüten. Auch Trischen bietet dieser weltweit seltenen Art Brutplätze. Die seltenste Seeschwalbe an der Nordseeküste ist die zierliche Zwergseeschwalbe, deren Lebensraum Sandstrände sind, die häufig Ziele des Badelebens bzw. Fremdenverkehrs sind. Weniger spezialisiert und damit weniger gefährdet sind Küsten- und Flußseeschwalben, die in kleinen und großen Kolonien auf vielen Inseln und Halligen vorkommen. Sie brüten sowohl im Muschelgeröll des Strandes als auch in Dünentälern. Bereits im Juli, wenn die Jungen gerade flügge sind, ziehen die Seeschwalben wieder davon – die Küstenseeschwalben im Winterhalbjahr bis hinunter zum Eisrand der Antarktis.

Meeresenten und -gänse sind im Bereich des Wattenmeeres bemerkenswerterweise nur mit zwei Arten vertreten: mit der Eiderente, die als Massenvogel des Eismeeres erst Anfang des 19. Jahrhunderts Sylt und ab 1880 Amrum besiedelte, gegenwärtig als Brutvogel aber schon weiter südwärts bis hin zu den ostfriesischen Inseln zu finden ist, sowie mit der Brandgans, die dank ihres bunten Gefieders zu den auffälligsten Vögeln auf grauen Wattenflächen gehört. Brandgänse sind eben wegen dieses Gefieders Höhlenbrüter und kommen deshalb vor allem dort vor, wo es Wildkaninchen gibt, in deren Höhlen sie gerne nisten.

Eine Insel besonderer Art ist Helgoland. Am Steilfelsen lärmen zwischen April und August Tausende von Trottellummen und Dreizehenmöwen sowie einige Paare von Baßtölpeln, Tordalken und Eissturmvögeln: Felsbrüter und Hochseevögel, die an der schleswig-holsteinischen Westküste nur hier zu finden sind. Die Brutvögel sind aber nur ein Teil des Vogellebens in der Meereslandschaft. Nicht weniger eindrucksvoll sind die Scharen der Zugvögel, besonders die Massen der Limikolen, wozu neben Austernfischern Groß- und Regenbrachvögel, Pfuhlschnepfen, Goldregen- und Kiebitzregenpfeifer, Steinwälzer, Sanderlinge, Alpenstrandläufer und Knutts gehören. Vor allem die beiden letzten Arten treten in Massenscharen zu Zehntausenden auf und „brausen" wolkenartig über Watt und Inseln hin oder fallen am Strand und auf Halligwiesen ein, wenn die Flut ihre Nahrungsgründe im Wattenmeer bedeckt.

Groß geworden sind auch die Scharen der Wildgänse. Noch vor einigen Jahrzehnten war die Ringelgans mit etwa 20 000 Tieren an der Untergrenze eines gesicherten Bestandes, weil die Seegraswiesen ihres Winterquartiers im Wattenmeer krankheitsbedingt zurückgingen und die Gans im sibirischen Brutgebiet unter

anderem durch die Jagd gestört wurde. Inzwischen ist die Anzahl dieser Art auf über 300 000 Tiere gestiegen. Auf den Halligen sind die Weideschäden mittlerweile so groß, daß der Staat jährlich einige hunderttausend Mark an Entschädigung zahlt. Neben den Ringelgänsen treten gebietsweise auch Kurzschnabelgänse und Nonnengänse sowie verschiedene Wildenten als Zug-, Gast- und Rastvögel auf.

Mit ihren Flügen und Stimmen rufen sie im März/April den Frühling in die Küstenlandschaft, so wie sie im August/September den Sommer entführen.

Eine Brandgans mit ihren Jungen bei der Nahrungssuche im Wattenmeer (oben).
Auf muschelübersäten Sänden brüten die zierlichen Zwergseeschwalben (links).
Ein Eiderentenpaar auf dem Wege zum Brutplatz in den Inseldünen (rechts).

Entenmuscheln sind keine Muscheln, sondern Hochseekrebse, die am Treibgut hängend auf den Strand geraten.

Milliardenleben in Sand und Schlick

Im Wattenmeer knistert und flüstert ein milliardenfaches Leben. An windstillen Tagen steigt bei Ebbe aus dem Schlick ein eigenartiges Geräusch – das Kribbeln und Krabbeln von Schlickkrebsen, die aus fingertiefen Wohnröhren nahrungsuchend an die Oberfläche steigen. Im gleichen Lebensraum existieren dicht an dicht die winzigen Wattschnecken, so daß mancherorts bis zu hunderttausend Tiere pro Quadratmeter gezählt werden.

Schon am Wattufer und am Strand offenbaren Nordsee und Wattenmeer einen Einblick in die Vielfalt des amphibischen und maritimen Tier- und Pflanzenlebens. Als dunkles Band markiert der Flutsaum den höchsten Punkt der Flut und des Wellenauflaufs. Je nach Jahreszeit besteht er aus Bündeln von Seegras, Grünen Darm- oder Borstenhaaralgen oder den flachen Blättern des Meersalates. Immer ist brauner oder schwarzvertrockneter Blasentang zu finden; nach Sturmfluten sind auch Sägetang, Knorpeltang, Fingertang, Meersaite und Zuckertang aus tieferen Regionen nicht selten. Dazwischen liegen Meeresgetier oder Reste davon, wie die faustgroßen gelben Eiballen der Wellhornschnecke, die schwarzbraune Eikapsel des Nagelrochens oder der kalkweiße Rückenschulp des Tintenfisches.

Etliche Tiere, wie die Quallen, stranden nur zu bestimmten Jahreszeiten. Im Winter schon findet man die eigenartigen Kugelrippenquallen, auch Seestachelbeeren genannt, weil sie in Größe und Streifen einer Stachelbeere gleichen. Im Frühsommer erscheint die Ohrenqualle, wenig später zeigen sich die Blaue und die Gelbe Haarqualle, wovon letztere empfindliche Schmerzen durch das Gift ihrer Nesselkapseln verursachen kann. Kompaß- und Wurzelmundqualle, beides harmlose Arten, tauchen erst im Hochsommer auf. Gestrandete Quallen sind bald gestorben und vergangen in Sonne und Wind, weil sie fast nur – zu 98 Prozent – aus Wasser bestehen.

Zeitweise treiben von weit her auch verschiedene Arten von Entenmuscheln an – trotz ihres Namens Krebstiere, die auf Treibgut hängen und auf dem offenen Meer leben. Einmal gestrandet, sind auch sie verloren. Sturmfluten werfen manchen Strandigel, Seestern oder gar Taschenkrebs aus seinem Element, so daß auch ihr Dasein am Strand kurz ist. Bald sind Möwen zur Stelle und verleiben sich alles Seegetier ein.

Immer und überall ist der Flutsaum verziert von bunten Muschelschalen: Herz-, Platt-, Trog-, Dreieck-, Teppich-, Klaff-, Bohr-, Miesmuscheln und wie sie alle heißen. Seit den 1970er Jahren wimmelt es zeitweise von langen Schalen der Amerikanischen Schwertmuschel, die vermutlich in Form von Muschellaich im Ballastwasser von Frachtschiffen eingeschleppt wird. Unverändert liegen Austernschalen am Strand, obwohl diese Art an der deutschen Nordseeküste längst als ausgerottet gilt. Austern auf hiesigen Speisekarten stammen aus Zuchtanlagen, vor allem aus der Blidselbucht von Sylt. Zwischen den Muschelschalen finden sich die Gehäuse von Meeresschnecken, von denen die Wellhornschnecke das größte Gehäuse hat.

Das Tierleben im Watt beginnt schon unmittelbar unter der Hochwasserlinie der Uferzone. Unter Strandgut und Algen halten sich Flohkrebse und Sandhüpfer verborgen. Auf festen Gegenständen, Buhnen und Uferschutzwerken, sitzen Seepocken nah beieinander, auch sie gehören – wie die Vorgenannten – zur großen Familie der Krebstiere. Strandschnecken ruhen dort und warten auf die nächste Flut oder ziehen, Schleifspuren hinterlassend, ihre Bahnen durch Sand und Schlick. Reine Schlickzonen sind vor allem von Wattschnecken und Schlickkrebsen besiedelt, während für das Sandwatt die Kothäufchen der Wattwürmer charakteristisch sind; oft prägen sie den Wattboden, so weit das Auge reicht. Wattwürmer hausen in U-förmigen, etwa 25 Zentimeter tiefen Röhren, deren Enden nach oben reichen. An einem Ende saugt der Wurm den Sand an, so daß hier ein Trichter oder ein Loch entsteht. Der Sand wird durchgekaut und, nachdem die Nahrungsstoffe herausgesondert wurden, am anderen Röhrenende wieder herausgedrückt.

Der Wattwurm ist der auffälligste, aber auch Blutfadenwurm, Seeringelwurm, Meerringelwurm, Köcherwurm und Seemaus hausen im Dunkel des Wattbodens. Ihre Spuren sind an der Oberfläche jedoch weniger sichtbar. Die fingerlangen, grobgekitteten und borstigen Wohnröhren der Bäumchenröhrenwürmer stehen dagegen an Prielkanten und im Bereich festliegender Miesmuschelbänke. Auch dieser Wurm steckt bei Ebbe tief im Boden.

Immer wieder spritzen kleine Wasserfontänen vor dem Fuß des Wattwanderers aus dem Sand – eine Sandklaffmuschel hat ruckartig ihren Siphon eingezogen. Fast alle Muschelarten leben unterirdisch und hinterlassen mehr oder weniger deutlich die Spuren ihres Daseins auf der Oberfläche. Während die Herzmuschel sowohl auf als auch im Boden leben kann, ist die Charaktermuschel des Wattenmeeres, die Miesmuschel, nur oberirdisch zu finden. Besonders an Prielkanten bildet sie ausgedehnte, dunkle Bänke. Als Massentier mit großer Vermehrungskraft wird die Miesmuschel auf Natur- und Kulturbänken bewirtschaftet; allein im Nationalpark des schleswig-holsteinischen Wattenmeeres beträgt die jährliche Ernte 20 000 bis 40 000 Tonnen.

Lebensräume eigener Art sind die Priele im Watt, in denen selbst bei Niedrigwasser, beim tiefsten Punkt der Ebbe, Wasser stehen bleibt. Hier tummeln sich Strandkrabben und Einsiedlerkrebse, Strandigel und Seesterne, Seenelken und andere Nessel- und Polypentiere, Plattfische – vor allem Flundern –, Hornfische, Meeräschen, Grundeln, Aale, Tobiasfische und Seeskorpione.

Muschelschalen, hier Herzmuscheln und die eigenartigen Amerikanischen Schwertmuscheln, sind eine Zierde des Flutsaumes (oben).
Seepocken – auch sie gehören als Rankenfüßler zu den Krebstieren, die dicht an dicht auf Buhnen siedeln (links).
Bäumchenröhrenwürmer leben in grobverkitteten Röhren, die einzeln oder rasenartig an Prielkanten und zwischen Miesmuscheln stehen (rechts).

Seehunde und Kegelrobben

Das Wattenmeer mit seinen Prielen, Strömen und Sandbänken ist der Lebensraum der Seehunde. In den Prielen jagen sie nach Fischen und Krebsgetier, auf den Sänden liegen sie rudelweise zum Sonnen und Schlafen. Hier werden im Juni auch die Jungen geboren, die sofort schwimmfähig sind und der Mutter folgen, wenn die nächste Flut den Geburtsort unter Wasser setzt. Nur wenige Seesände liegen über dem mittleren Hochwasser und gewährleisten ein gezeitenunabhängiges Leben.

Der Seehund ist das Symboltier der Nordseeküste und des Umweltschutzes. Unvergessen ist die Seehundseuche des Sommers 1988, die nach heutigen Erkenntnissen primär eine Virenseuche war, ausgelöst von Robbenstaupe-Viren. Die seinerzeit hohe Todesrate, fast 50 Prozent, hat dem Bestand aber keinen Abbruch getan. Schon 1994 hatten sich die überlebenden und gegen die Viren immun gewordenen Seehunde wieder so stark vermehrt, daß die vorherige Menge, rund 3 500 Tiere im Bereich des schleswig-holsteinischen Nationalparks, wieder zur Stelle war. Jedenfalls ist der Seehund gegenwärtig sehr viel häufiger anzutreffen als um die Jahrhundertwende oder etwa in den 1930er Jahren, als er durch das Reichsjagdgesetz von 1935 erstmalig eine Schonzeit erhielt. Bis dahin nämlich war der Seehund zum Vergnügen der Kurgäste ganzjährig bejagt worden.

Heute lernt der Küsten- und Inselbesucher die Seehunde auf Ausflugsfahrten kennen, und infolge der völligen Einstellung der Jagd seit 1973 sind die Tiere wesentlich zutraulicher geworden. Die weltweit verbreitete Familie der Robben ist an der Nordseeküste noch mit einer anderen Art vertreten: mit der Kegelrobbe, die etwa seit Ende der 1950er Jahre in zunehmender Zahl auf Seesänden

Seehunde liegen dicht gedrängt auf den Sänden im Wattenmeer. Nach der Virusseuche im Jahre 1988 hat sich der Bestand wieder erholt (oben).

Eine junge Kegelrobbe – geboren auf dem Jungnahmensand vor Amrum, der einzigen Kegelrobben-Kolonie an der deutschen Nordseeküste (unten).

westlich von Amrum bzw. südlich von Sylt vorkommt und hier zwischen November und Januar Nachwuchs zur Welt bringt.

Die jungen Kegelrobben tragen bei der Geburt noch ihr gelbweißes Embryonalfell und mögen damit nicht gerne für längere Zeit ins Wasser. Erst nach dem Ende der dreiwöchigen Säugezeit weicht der Pelz dem fertigen Fell, und die Kegelrobbe geht, nun unabhängig von der Mutter, in die Nordsee.

Flora am Wattufer und am Meeresstrand

Die rauhe Landschaft am Meer mit dem ewigen Wind, dem Einfluß der Salzluft sowie der sommerlichen Sandhitze in den Dünen und am Strand bedingt eine besondere Pflanzenwelt. Gegen den Wind schützen sich etliche Pflanzen durch ein Dasein dicht am Boden oder durch dünne Blätter. Gegen das Salzspray in der Luft, also gegen vom Meer durch starke Winde aufwehenden Salzdunst, oder gegen Salzwasserüberflutungen schützen sie sich durch die Bildung dickfleischiger Stengel und Blätter, die Süßwasser speichern und damit der Salzkonzentration entgegenwirken. Andere Pflanzen rollen ihre Blätter ein oder bilden Filz- und Wachsschichten, um die Verdunstung zu reduzieren.

Charakterpflanze des Wattenmeeres ist der Queller. Er wagt sich ein gutes Stück hinaus auf das Watt und bildet dort lockere Bestände, bis etwa einen halben Meter unter dem mittleren Hochwasser. Als „Pionier" der Neulandgewinnung war er immer von großer Bedeutung, er hat heute allerdings Konkurrenz bekommen durch das Englische Schlickgras, das sich noch weiter hinauswagt und dichte, geschlossene Porste, Pflanzenbündel, bildet. Mancherorts hat diese, erst in den 1920er Jahren eingeführte Pflanze den Queller verdrängt. Im Bereich der

Der Strandhafer ist die Charakterpflanze der Dünen. Mitten im Sommer fruchten die Ähren (oben).
Die Stranddistel steht wegen ihrer Seltenheit unter Naturschutz (unten).

Die Strandplatterbse sucht mit ihren Ranken am Strandhafer Halt.

Die Sylt- oder Kartoffelrose entfaltet zur Blüte eine besondere Farbenpracht. Die aus Asien stammende Rose verdrängt jedoch zunehmend einheimische Pflanzenarten.

Hochwasserlinie gedeihen auch noch die Strandsode sowie das Strand-Milchkraut und die hoch aufschießende Strandmelde.

Auf den höher gelegenen Salzwiesen, die aber doch im Laufe eines Jahres etliche Male von Sturmfluten überflutet werden, gedeiht während des Sommerhalbjahres eine bunte, salzvertragende Pflanzengesellschaft. Im Mai setzt das Dänische Löffelkraut mit einer verschwenderischen Blütenfülle einen ersten Akzent in der Landschaft am Meer. Später breiten sich dann die Porste der Salzmelde und des Strandbeifußes an den Graben- und Uferkanten aus, dazwischen die grünen Büschel des Meerstrand-Wegerichs und des Stranddreizacks sowie – fast unscheinbar – die weißvioletten Blütensterne der Salzschuppenmiere. Noch seltener sind die rosa Blütenbüschel des Strand-Tausendgüldenkrauts. Mit den hochaufschießenden Strandastern und den dichten Beständen des rosa-violett blühenden Strandflieders erreicht dann das Blühen auf der Salzwiese im Hochsommer seinen Höhepunkt.

Ein völlig anderes Bild bietet die Pflanzenwelt am Sandstrand und auf den Stranddünen. Hier beginnt die Vegetation mit den dürren Halmen des Strandweizens, auch Binsenquecke genannt, oder den saftgrünen Stengeln und Blättern der Salzmiere. Auf dem Humus alter, versandeter Flutsäume wachsen die oft umfangreichen Büsche des Meersenfs und des stacheligen Salzkrauts. Ganz ungewöhnlich, aber typisch für die Strandzone ist die hochstielige Gänsedistel. Wo Stranddünen höher werden und das Salz vom Regen ausgewaschen ist, dominiert der Strandhafer. Er gedeiht vor allem im leichten Sandflug mit ständiger Nährstoffzufuhr und heißt deshalb wissenschaftlich auch Amophila arenaria, die Sand Liebende. Seltene Pflanzen im Stranddünenbereich sind die Strand-Platterbse, die sich am Strandhafer festrankt, und die Stranddistel, die trotz ihrer stacheligen Blätter keine Distel, sondern ein Doldengewächs ist.

Festliegende Graudünen sind mit Silbergras, Bergsandglöckchen, Dünenveilchen und anderen Blumen des Trockenrasens bewachsen. In den Tälern breiten sich Krähenbeere und Besenheide aus, erstere im Sommer mit schwarzen Beeren besetzt, letztere im Spätsommer mit ihren Blüten einen rosaroten Schimmer verbreitend. Tiefliegende Dünentäler sind oft sehr feucht, so daß sich hier Minimoore mit Sonnentau, Lungen-Enzian, Sumpfbärlapp, Wollgras, Moor- und Rauschbeeren, Glockenheide und Kriechweide gebildet haben – ein reizender und eigenartiger Kontrast zu den Pflanzen, die ringsum auf den ruhelosen Dünen um ihr Dasein kämpfen.

Im Grenzbereich des Daseins: Fauna und Flora zwischen Land und Meer

An der Grenze von Land und Meer – Wattufer mit Queller und Schlickgras.

Der Strandflieder wird auch „Halligheide" oder Bodenstave genannt.

Das Strand-Tausendgüldenkraut ist eine Kostbarkeit unter den Pflanzen der Salzwiese.

Reiches Leben in Dünen, Knicks und Mooren: Fauna und Flora der Ostseeküste und des Binnenlandes

Jürgen Eigner

Schleswig-Holstein ist geographisch und geologisch von Osten nach Westen in drei Teile geteilt: erstens das östliche Hügelland, aufgebaut aus jüngeren Moränen der letzten Eiszeit, zweitens der Mittelrücken oder auch Geest, bestehend aus Moränen der vorletzten Eiszeit sowie aus weiten nährstoffarmen flachen Sanderflächen der letzten Eiszeit und drittens die westlichen Marschengebiete, entstanden in der Nacheiszeit. Diese Gliederung spiegelt sich auch in der Naturausstattung. An der Ostseeküste sind junge Moränen angeschnitten, das heißt von Wind und Wasser freigelegt. Ihr Material trägt zur vielfältigen Gestaltung der Ostseeküsten-Lebensräume bei. Die Wälder des östlichen Hügellandes sind nährstoffreiche Buchenwälder; weiter nach Westen besteht die natürliche Vegetation auf den ärmeren Böden der Geest aus Eichen-Buchen-Wäldern, teilweise sogar auf den nährstoffärmsten Binnendünen aus Eichen-Birken-Wäldern. Diese Region ist aber auch das Land der weiten Niederungen von Moor und Heide sowie heute natürlich auch von Ackerland und intensiv bewirtschaftetem Grünland.

Die Ostseeküste

Die Ostseeküste Schleswig-Holsteins ist einerseits eine Förden-, andererseits ähnlich wie die Mecklenburger Küste eine Ausgleichsküste, an der vorspringende Elemente durch das Meer abgetragen und Meeresbuchten durch Ablagerungen von Material abgeriegelt werden. Alles ist hier viel kleinräumiger, dennoch kommen die verschiedensten Watt- und Salzwiesenformationen sogar noch reicher strukturiert als an der Westküste vor. Geprägt wird die Ostküste im wesentlichen von den charakteristischen Steilufern, an denen die Jungmoräne angeschnitten wird, und den daraus vom Meer aufgearbeiteten und verdrifteten Strandwällen, die mit großen Anteilen von Geröll die charakteristischen Lebensräume der schleswig-holsteinischen Ostseeküste sind. Auf diesen Geröllstrandwällen können sich auch kleine Dünen bilden, die dann eine Abfolge ähnlich denen an der Westküste haben. Die Strandwälle lagern sich vor den Buchten ab, so daß Strandseen entstehen. Hier kommt es dann zu kleinen Vermoorungen und Verlandungen, auf denen sich Salzwiesen bilden.

Bei Sturm nagt das Meer mit seiner Brandung an den bis über 20 Meter hohen Kliffs und erhält so das Abbruchufer. Neben diesen „aktiven Kliffs" sind auch besonders die sogenannten „toten Kliffs", das sind Steilküsten, die durch später vorgeschobene Strandwälle jedem direkten Einfluß der Brandung entzogen wurden, bemerkenswerte Lebensräume. Dies gilt vor allem, wenn an ihnen durch austretendes Quellwasser auf kalkigen Untergründen noch Pflanzen der Kalkquellmoore wie etliche Orchideen sowie seltene kleine Seggen und Moose wachsen.

Strandwälle und Nehrungshaken, die sich vor den Meeresbuchten aufbauen, weisen die typischen Pflanzengesellschaften des Ostseestrandes in regelmäßigen Zonen auf. Eine Pflanzengesellschaft ist die Summe der Arten und Individuen, die aufgrund der ökologischen Rahmenbedingungen und ihrer gegenseitigen Wechselbeziehungen an einem bestimmten Ort leben. Sie ist also die kleinste natürliche Vegetationseinheit. Am Strand wachsen Spülsaumgesellschaften mit Meersenf, Salzmiere und verschiedenen Meldenarten. Dahinter können kleine Primärdünen entstehen, die sich weiter zu buntem Strandwallra-

sen entwickeln mit Pflanzen wie Rotschwingel, Schafschwingel, Strandroggen, Schafgarbe und dem leuchtend gelb blühenden Echten Labkraut. In vor menschlichem Einfluß geschützten Bereichen wachsen hier auch eine Reihe seltener Pflanzen wie die Mondraute, der Baltische Enzian, der Meerkohl und die Stranddistel. Auf diesen jungen Strandwallrasen folgt dann ein mit Heide bewachsener älterer Strandwall, wie er zum Beispiel noch wunderschön an der Nordküste von Fehmarn zu sehen ist. Bei natürlicher Entwicklung folgt auf den Strandwällen zunächst ein Schlehen-Weißdorn-Gebüsch und schließlich auch ein Wald aus Buchen und Eichen. Das Naturschutzgebiet „Bewaldete Düne bei Noer" an der Eckernförder Bucht ist das schönste Beispiel für solch einen Naturwald auf Strandwällen und Dünen an der Ostseeküste. In feuchten Senken der Heide finden sich Pflanzengesellschaften mit Glockenheide, Wassernabel, Sonnentau, Sumpfbärlapp und anderen.

Die Dünen bauen sich am Vorstrand mit Hilfe der Strandhaferarten und dem Strandroggen sowie der Binsenquecke als sogenannte Primärdünen auf. Sie entwickeln sich weiter zu grauen Grasdünen mit einem vielfältigen bunten Rasen, welcher am schönsten am Weißenhäuser Strand entwickelt ist. Ein bunter Schafschwingel-Thymian-Rasen beherrscht dort das Bild. Schließlich setzt sich die Entwicklung fort zur braunen Heidedüne aus Besenheide sowie zu einer reichen Moos- und Flechtenflora, wobei gelegentlich der Tüpfelfarn in größeren Flecken auffällt. Auch auf der Düne entsteht bei ungestörter Entwicklung ein Laubwald.

Ebenso wie an der Westküste Schleswig-Holsteins gibt es an der Ostseeküste Salzwiesen im Bereich

Steilküsten an der Ostsee sind oft mit stattlichen Rotbuchen bewachsen, wie im „Störtebeker Wald" an der Kieler Förde (im Hintergrund). Auf der Steilküste findet man häufig teilweise vom Wind zerzauste Buchen, deren silbergraue Stämme im abendlichen Mondlicht die an der ganzen Ostseeküste verbreitete Bezeichnung „Gespensterwälder" rechtfertigen.

Einmalig für die Ostseeküste ist die mit bizarren Eichen und Buchen bewachsene bewaldete Düne bei Noer an der Eckernförder Bucht (oben).
Die Salzmiere wächst mit ihren (salz-)wasserspeichernden Blättern am Vorstrand von Dünen und Strandwällen, noch im Einzugsbereich des Meersalzes.

von Strandseen, die durch Sedimentation oder Vermoorung verlandet sind. Das erste Stadium der Pflanzenbesiedlung, die Quellergesellschaft, ist im Gegensatz zur Nordseeküste nur in geschützten Buchten auf kleinen Wattflächen gut entwickelt. Die nächste Stufe bildet die Salzwiese, die unbeweidet mit den leuchtenden Farben von Strandnelke, Strandflieder und Strandaster ins Auge fällt. Bei Beweidung entstehen die eher einförmigen Andel- und Rotschwingelrasen. An der Ostseeküste besteht darüber hinaus in der Regel ein recht kleinflächiges abwechslungsreiches Pflanzenmosaik, das manche seltene, im Bestand bedrohte Art enthält, zum Beispiel das Tausendgüldenkraut, den Erdbeerklee, den Wiesenwasserfenchel, die Wilde Sellerie, das Kleine Hasenohr, die Salzbunge und die Natternzunge. Zu den Salzwiesen gesellen sich weitere Formationen, wie zum Beispiel Brackwasserröhrichte und -hochstaudenrieder, letztere sind durch prächtige bunte Hochstauden wie die große Erz-Engelwurz, die Sumpfgänsedistel sowie die seltene Salzmalve geprägt. Insgesamt ist der Schatz an Lebensräumen der Ostseeküste größer als an der Westküste. An der Ostseeküste muß allerdings bei fehlender extensiver Beweidung im Salzwiesenbereich damit gerechnet werden, daß sich das Schilfrohr ausbreitet.

Die Tierwelt der Ostseeküste ist im Grenzbereich von Meer und Land besonders vielfältig. Hier leben Tierarten nebeneinander, die sowohl dem Land wie dem Meer entstammen. Eine Besonderheit ist die von Kieler Forschern entdeckte Sandlückenfauna, die sich erst unter dem Mikroskop dem menschlichen Auge erschließt. Im Feuchtsand des von Salzwasser durchspülten Uferbereichs lebt eine eigenartige Mikrotierwelt aus nur millimetergroßen Tieren, die zu den verschiedensten Gruppen und fast allen Stämmen des Tierreichs gehören. Durch ihren eigenartigen Körperbau sind sie an die Lebensbedingungen zwischen den Sandkörnern angepaßt.

In dem aus angespülten pflanzlichen und tierischen Resten bestehenden Spülsaum findet sich ebenfalls eine eigene Tierwelt von kleineren Arten, die sowohl aus dem Meer (zum Beispiel Arten von Kleinkrebsen), als auch vom Land (beispielsweise Fliegen und Käferarten) stammen. Neben solchen hier lebenden Arten zeigt der Strandanwurf einen Ausschnitt aus der vielfältigen Tier- und Pflanzenwelt des Meeres und des Meeresbodens; so werden Algen, Seegras, Muschel- und Schneckenschalen, Schwämme, Seesterne, Nesseltiere und Krebse angespült und bilden dann eine vielfältige Nahrungsgrundlage für die rastende und durchziehende Vogelwelt. In den feuchten Senken der Strandwälle und Dünen leben die besonderen Wirbeltierarten Wechselkröte und Kreuzkröte. Artenreich ist die Tierwelt der Salzwiesen, deren Bewohner, vor allem Käfer, Schmetterlinge, Fliegen oder Spinnen, in ihrem Lebenszyklus häufig an die hier vorkommenden Pflanzenarten gebunden sind.

Während diese kleinen Tiere dem normalen Betrachter weitgehend verborgen bleiben, sind die Vögel besonders auffällig und charakteristisch für die Ostseeküste. In großen Kolonien brüten Möwen, deren Charakterart an der Ostsee die Sturmmöwe ist. In kleinen Kolonien brüten die stark bedrohten Seeschwalbenarten Fluß-, Küsten-, Brand- und Zwergseeschwalbe sowie der Säbelschnäbler. Als typische Einzelbrüter sind Sandregenpfeifer, Austernfischer, Mittelsäger, Kampfläufer, Alpenstrandläufer und Rotschenkel zu beobachten. Die Küstenvögel benötigen als Bodenbrüter zur erfolgreichen Brut störungsfreie Küstenabschnitte, die vor allem in den Naturschutzgebieten vorhanden sind. Der Charaktervogel der Steilküste ist die Uferschwalbe, die in selbstgegrabenen Röhren in zum Teil großen Kolonien in den sandigen Steilufern brütet. Auch der Kormoran ist heute häufiger Gast an der Küste, wobei neben einigen Kolonien an den größeren Seen des Binnenlands auch eine in Meeresnähe, an der Flensburger Förde, existiert.

Im Winterhalbjahr wird die Ostseeküste von Tausenden von Vögeln bevölkert, die aus ihren nordischen Brutgebieten zu uns kommen. In der Mehrzahl sind es Entenvögel, die sich tauchend von den Meeresbodentieren, vor allem Muscheln, ernähren. Große Bestände von Trauerenten, Eisenten, Schellenten, Reiherenten und Bergenten sind hier im Winter neben Kormoranen, Sägern, Schwänen und Tauchern versammelt. Auf den Strandseen sind im Herbst vor allem die großen Scharen von Graugänsen anzutreffen, auch die Ringel- und Weißwangengänse ziehen hier auf ihrem Weg zur Nordsee durch. Am Meeresstrand und in Flachwasserbereichen der Strandseen suchen verschiedene Watvogelarten in kleineren Schwärmen als im Wattenmeer nach Nahrung.

Das Binnenland

Das Binnenland – aus alpiner Sicht sicher ein Flachland – ist doch durch Hügel, Seen, Auen, Flüsse und Moore reich gegliedert. Schleswig-Holstein hat zur Zeit nur 9 Prozent Waldfläche, wirkt aber durch die waldähnlichen Elemente wie die Knicks allgemein wesentlich baumreicher. Weite Landstriche werden von der Landwirtschaft als Ackerland, in den moorigen Niederungen aber auch als Grünland genutzt. Heute sind in Schleswig-Holstein rund 30 Prozent des Landes Dauergrünland und etwa 37 Prozent Ackerland.

Der Wald

Die Wälder Schleswig-Holsteins sind insbesondere im östlichen Hügelland von der Buche geprägt. Herrliche kalkreiche Moränenbuchenwälder, mitunter als große Hallenwälder, kennzeichnen das östliche Hügelland. Im Unterwuchs fallen im Frühjahr das Buschwindröschen, die Gelbe Waldanemone, der Lerchensporn sowie in feuchteren, quelligeren Abschnitten Orchideen wie das Stattliche Knabenkraut und die Zweiblättrige Kuckucksblume auf. An den Hängen, insbesondere im Bereich der Küste, tritt die schön blau und rot blühende Frühlingsplatterbse hinzu. Auffällig ist auch ein zweites „Stockwerk" innerhalb des Waldes, in dem Christdorn, auch

Prächtige Buchen-Hallen-Wälder finden sich vor allem im östlichen Hügelland. Sie bilden hier ein zweites Stockwerk mit der Stechpalme und weisen sie damit als zum atlantischen Klimabereich gehörig aus.

Das Stattliche Knabenkraut oder Manns-Knabenkraut ist eine in feuchten Schluchtwäldern des östlichen Hügellandes noch häufig vorkommende Erdorchidee.

Rund 1300 Rothirsche leben auf dem Mittelrücken und im Lauenburgischen und bilden damit noch einen stabilen Bestand in Schleswig-Holstein.

Schattenblume geprägt ist. Charakteristisches Gras ist die Drahtschmiele. In ganz artenarmen Gebieten, auch an den erodierten Hängen der Küste, findet sich ein Waldtyp, der nur noch aus Buche und Weißkissenmoos besteht. Besonders auf dem Mittelrücken fällt eine für unser Land charakteristische Niederwaldformation, das Kratt, auf. Die Kratts sind das Produkt einer früheren, fast „ausbeuterischen" Nutzung. Sie wurden regelmäßig, etwa alle 20 Jahre, als Brennholz und zur Gewinnung von Gerberlohe aus der Eichenrinde geschlagen. Außerdem wurden die Wälder beweidet, so daß auch größere Freiflächen entstanden. Durch Viehverbiß und Westwind sind bizarre und krumme Baumgestalten aus Eiche, Faulbaum, Eberesche und Birke entstanden. Auf größeren Lichtungen kommt eine ausgesprochen wärmeliebende Heidevegetation vor, zum Beispiel mit Arnica und Bärlappen. Wie in der baumfreien Heide wächst hier schon reichlich Wacholder.

Wälder sind die Lebensräume der Großtierarten wie Rot- und Damhirsch, Reh und Wildschwein, die alle in Schleswig-Holstein nicht gefährdet sind. Hier brüten Mäusebussard, Wespenbussard, Habicht und auch erfreulich reich noch der Kolkrabe. In letzter Zeit nimmt auch der deutsche Wappenvogel, der Seeadler, als Brutvogel wieder zu. Er findet in der seenreichen Landschaft reichlich Nahrung. In den feuchten Wäldern brüten zunehmend der Schwarzstorch und der Kranich, die sich von Osten her ausbreiten.

Stechpalme (Ilex aquifolium) genannt, wächst. Er weist diese Wälder noch als zur subatlantischen Flora gehörig aus. Weiter im Westen, auf etwas nährstoffärmeren Böden, besteht der Wald mehr aus Eichen und tritt in der Regel als Eichen-Buchen-Wald auf, wobei der Unterwuchs von anderen Arten wie dem Siebenstern, dem Wachtelweizen, der Heidelbeere oder der

Die Knicks

Landschaftstypisch für das östliche Hügelland und die Geest sind die schleswig-holsteinischen Knicks. Sie beherbergen eine artenreiche Pflanzen- und Tierwelt, wirken durch ihre große biologische Vielfalt weit in die Landschaft hinein und beeinflussen den Naturhaushalt nachhaltig positiv. Sie sind in Schleswig-Holstein traditionell geschützt. Ihr Erhalt im charakteristischen Zustand ist jedoch aus verschiedenen Gründen nicht ohne weiteres gesichert. Zur Aufrechterhaltung des Charakters bedarf es einer regelmäßigen Pflege.

Die Knicks entstanden erst während der umfangreichen Agrarreform, der Verkoppelung, während des 18. und 19. Jahrhunderts. Vor der Verkoppelung bestand die Landschaft aus einer Acker-, Heide-, Weide- und Wiesenflur, die unregelmäßig von Krattwäldern und Gebüschen durchsetzt war. Um 1770 wurden dann im damaligen dänischen Gesamtstaat durch die sogenannten Verkoppelungsgesetze die Feldgemeinschaften und der Flurzwang aufgehoben sowie die Dorffluren und Gemeindeweiden neu vermessen. Jeder Bauer bekam eigenen Grund und Boden zugewiesen, den er ausdrücklich mit „lebendem Pathwerk" einzukoppeln hatte. Die Landschaft wandelte sich durch die Verkoppelung zu der für Schleswig-Holstein typischen Knicklandschaft. Die Baumarten zum Bepflanzen der Wälle wurden zunächst aus den natürlichen Feldgehölzen und Wäldern, später aus einförmigem Baumschulmaterial gewonnen. Entsprechend vielfältig sind die Knicktypen, von denen man insgesamt etwa 85 unterscheiden kann. Besonders reich an Pflanzen- und Tierarten ist der alte „Bunte Knick", der dadurch entstand, daß bei seiner Anlage die in benachbarten Wäldern natürlich vorhandenen Gehölze entnommen und in bunter Reihenfolge auf den Wall gepflanzt wurden. Die Gehölzartenzusammensetzung ist jedoch auch von der alten Nutzungsform geprägt. Die Knicks wurden regelmäßig im Zuge einer abwechselnden Feld-Gras-Wirtschaft in einem Rhythmus von etwa neun bis elf Jahren auf den Stock gesetzt, das heißt ungefähr eine Handbreit über dem Boden abgesägt, was

Knicks sind seit gut 200 Jahren landschaftsprägende Elemente für Schleswig-Holstein (oben). In alten „Bunten Knicks" leben bis zu 1700 Tierarten.
Die Bergwohlverleich oder Arnika (unten) wächst an lichten Stellen in Kratts oder in Heiden des Binnenlandes.

An den Flanken der Knicks wachsen circa 30 Rosenarten (hier die Hundsrose) neben rund 100 Brombeerarten. Jährliches Abschneiden würde diese Pracht zerstören.

Noch ist der Weißstorch (oben) regelmäßiger Brutvogel in den westlichen Flußniederungen des Landes. Es werden viele Anstrengungen unternommen, den Bestand zu halten.
Zwei typische Watvögel:
Neben dem Kiebitz ist der Rotschenkel (links) der häufigste Wiesenvogel. Er kommt auch in stattlichen Beständen an den Küsten des Landes vor.
Bevorzugt auf Moorgrünland und auf Resthochmooren brütet hingegen der Große Brachvogel (rechts), hier bei der Nahrungssuche im Flachwasser.

hierzulande „Knicken" genannt wird. Dadurch wurde eine Auslese auch von Arten bewirkt, die dieses regelmäßige „Knicken" besonders gut vertrugen, also ein außergewöhnlich gutes Stockausschlagvermögen besitzen, wie Hainbuche, Hasel und Esche. Außerdem wurden vielerorts Sträucher, die wie Weißdorn, Schlehe, Rosen und Brombeerarten mit Dornen oder Stacheln bewehrt sind, gefördert, weil das Weidevieh andere Gehölzarten verbeißt. Knicks sind praktisch Übergangsökosysteme zwischen Wald und Freiland, daher sind sie ökologisch außerordentlich reichhaltig. Auf dem Knickwall können außerdem von der sonnenbeschienenen Südseite bis hin zur halbschattigen Nordseite sechs verschiedene ökologische Zonen unterschieden werden.

Der üppigen Pflanzenwelt in den Knicks entspricht eine ebenso reich entwickelte Tierwelt. Es kommen etwa 7 000 Tierarten vor. Ein einziger Knick im östlichen Hügelland kann allein 1 700 Tierarten enthalten. Charakteristische Insekten sind zum Beispiel die Gebüsch-Schrecke oder der Stachelbeer-Spanner. Auffällig ist insbesondere die reiche Singvogelwelt. Die häufigsten Arten sind Dorngrasmücke, Heckenbraunelle und Goldammer. Im Durchschnitt brüten etwa 30 Vogelpaare in einem Kilometer Knicklänge. In einem Doppelknick – einem sogenannten Redder – kann die Brutpaardichte sogar bis auf das Sechsfache ansteigen.

Heute ist das Knicknetz in Schleswig-Holstein sehr stark aufgelockert, aber immerhin gibt es noch etwa 46 000 Kilometer Knicks. Heutzutage gelingt es auch, bei den weiterhin notwendigen Flurneuordnungsverfahren Knicks zu verschieben. Im Rahmen von Biotopgestaltungsmaßnahmen werden auch wieder neue Knicks angelegt.

In dem waldarmen Land Schleswig-Holstein sind die physikalischen und klimatologischen Wirkungen der Knicks im gesamten Landschaftshaushalt wichtig. Windschutz, Erosionsschutz und biologische Wirkung der Knicks erstrecken sich auf einen Umkreis von etwa 150 bis 200 Metern. Von der artenreichen Pflanzen- und Kleintierwelt der Knicks ernähren sich zahlreiche höhere Tiere, von Singvögeln und Kleinsäugern wie Mäusen und Igeln bis hin zu Rebhuhn, Hase und Reh. In unserer Kulturlandschaft stellt das mehr oder weniger durchgehende System der Hecken und Knicks die einzige verbliebene Dauerdeckungsfläche für das Niederwild dar, so daß Knicks auch für die Jäger von großem Interesse sind. Knicks bilden ein zusammenhängendes netzförmiges System, deshalb sind sie auch eine gute lokale Ergänzung zu dem in der heutigen Naturschutzpraxis geforderten und geplanten Biotopverbundsystem.

Die Besonderheiten der Pflanzen- und Tierwelt sind das Resultat der langjährigen besonderen Nutzungsform der Knicks (dem Knicken). Diese althergebrachte Nutzung ist auch als Pflege notwendig, um die Knicks in ihrer Vielfalt und Bedeutung im Natur- und Landschaftshaushalt zu erhalten. Inzwischen gibt es auch einige neuere technische Verfahren zur Erleichterung dieser Knickpflege. Diese werden heute teils von der Landwirtschaft selbst, teils von Naturschutzverbänden, teils von der Arbeitsverwaltung in dem Bewußtsein durchgeführt, zur Erhaltung unserer vielfältigen Kulturlandschaft beizutragen.

Das baumfreie Land

Große Strecken von Schleswig-Holstein sind weites, offenes, baumfreies Land, das sehr stark auch im Binnenland vom Wasser geprägt ist. Im Osten ist es das Land der Seen, schönstes Beispiel sind die Holsteinische Schweiz und die Lauenburger Seenlandschaft; im Westen sind es die großen Flüsse der Eider-, Treene- und Sorge-Niederung und im Süden der Elbestrom, die das Wasser als gestaltendes Element sichtbar machen. Weite Teile der Niederungen sind feuchtes Grünland mit einer reichen Vogelwelt der Wiesenbrüter. Ursprünglich gab es viele Niedermoore; und auch heute noch prägen, gerade im Westen des Landes, Hochmoore, meist allerdings durch vielfältige Kultureinflüsse degradiert, das Bild der Landschaft. Ihre Entstehung beruht auf einem hohen Grundwasserspiegel beziehungsweise auf schlechten Abflußverhältnissen und der Wasserspeicherung von Regenwasser. Zu den wassergebundenen Lebensräumen treten im ganzen Lande, gerade im hügeligen Bereich und am Rand von Flußniederungen, auch Quellen, besonders Hang- und Sickerquellen, als gestaltende Elemente der Naturausstattung hinzu.

Die Niedermoore sind heute geprägt von Feuchtgrünländereien, von denen wenige noch die extensive Nutzung der alten bäuerlichen Kulturlandschaft aufweisen. Hier wächst als charakteristische Pflanze die Sumpfdotterblume neben verschiedenen seltenen Orchideen und seltenen kleinen Seggen. Dies ist auch der Lebensraum für Watvögel, die besonders im westlichen Landesteil noch reichlich in dem weichen Boden der Niedermoore stochern können. So gehören zum Beispiel der Kiebitz, die Uferschnepfe, die Bekassine, der Rotschenkel, der große Brachvogel und der Austernfischer noch zu den regelmäßigen Brutvögeln in diesen Bereichen; sie gehen aber in den letzten zehn Jahren ebenso wie der Weißstorch, der vom Menschen geliebte Charaktervogel dieser Landschaft, bereits erheblich zurück. Umfangreiche Anstrengungen zur Extensivierung der Grünländereien lassen hoffen, daß uns diese Tierarten erhalten bleiben und vielleicht sogar wieder zunehmen.

Auf den großen Niederungen und entlang dem Jungmoränenland hat sich in Schleswig-Holstein, unter überwiegend erschwerten Abflußbedingungen, eine Kette von Hochmooren gebildet. Die Hochmoore unterscheiden sich vom Niedermoor dadurch, daß sie aus dem Niveau des nährstoffreichen Grundwassers herausgewachsen sind und nunmehr ausschließlich vom nährstoffarmen Regenwasser gespeist werden. Dies führt zu einer völlig anderen Pflanzen- und Tierwelt. Die Hochmoore sind von Natur aus baumfrei und im wesentlichen in ihrer Substanz aus den Torfmoosen aufgebaut. Sie sind Gegenstand vielfältiger menschlicher Eingriffe gewesen. Torf wurde über Jahrhunderte als Brenntorf, in den letzten Jahrzehnten bis heute als Düngetorf verwendet, und die entstehenden Restlandschaften wurden landwirtschaftlich genutzt. Auf diese Weise sind in den letzten hundert Jahren die

Der Kormoran ist heute ein häufiger Brutvogel und Nahrungsgast an den Küsten und in den Binnengewässern. Große Kolonien finden sich beispielsweise in der Schaalseeregion.

Auf den wiedervernäßten regenerierenden Hochmoorflächen hat sich im Dosenmoor bei Neumünster (oben) das Weiße Schnabelried neben der Glockenheide gut entwickelt. Reichlich blüht hier auch der sonst seltene Rundblättrige Sonnentau (unten), der im nährstoffarmen Hochmoor seinen Nahrungsbedarf zusätzlich aus dem Verdauen von Insekten deckt.

Hochmoore auf lediglich 12 Prozent ihrer ursprünglichen Ausdehnung geschrumpft. Dieser Rückgang kann nicht nur quantitativ verfolgt werden, sondern auch qualitativ, da die verbliebenen Resthochmoore in ihrer Vegetationssubstanz erheblich degeneriert sind. So beherrschen jetzt meist das eintönige Pfeifengras und die Birke das Bild, wo früher das wie ein Schwamm mit Wasser vollgesogene Hochmoor auf den Torfmoosen von Leben strotzte. Auf diese Weise sind drei Sonnentauarten, die Rosmarinheide, das Braune und das Weiße Schnabelried, schon extrem selten geworden. Dasselbe gilt für die Vogelwelt der Moore, etwa für das fast ausgestorbene Birkhuhn, und insbesondere natürlich für die hochspezialisierte Welt der Wirbellosen, Käfer, Libellen, Spinnen und dergleichen. Seit 1973 sind Moore, Sümpfe und Brüche nach dem Schleswig-Holsteinischen Landschaftspflegegesetz geschützt. Heute sind weitere 27 Biotope auf der Grundlage des § 15a des Landesnaturschutzgesetzes geschützt. Der gesetzliche Schutz gab ab 1974 den Anstoß zu einem Hochmoor-Renaturierungsprogramm, das mit umfangreicher wissenschaftlicher Begleitung intensiv vorangetrieben wurde und heute zu einem abgerundeten Konzept der Wiederherstellung von Hochmoorlebensräumen gediehen ist. Es ist in Deutschland das am weitesten fortentwickelte Biotopschutzprogramm.

Noch seltener als Hochmoore sind in Schleswig-Holstein die früher so charakteristischen Heiden. Im 18. Jahrhundert umfaßten sie einmal 17 Prozent der Landesfläche, heute sind es weniger als 0,5 Prozent, alle intensiv vom Naturschutz betreut. Heiden sind im Grunde „ausgebeutete" Ersatzgesellschaften für den Eichen-Birken- und den Eichen-Buchen-Wald, vorwiegend im Westen des Landes. Sie sind geprägt von Zwergsträuchern, von der Besenheide und gelben Ginsterarten im trockenen sowie Glockenheide im feuchten Bereich, mit einer Fülle von weiteren seltenen Pflanzen und Tieren. Im feuchten Bereich fällt gerade im atlantischen Westen die Gelbe Moorlilie auf, neben den Sonnentauarten der Hochmoore, dem Braunen Schnabelried und dem Lungenenzian sowie weiteren kleinen Seggen und Moosen. Hier wird eine gewisse Verwandtschaft zu den ebenfalls nährstoffarmen Hochmooren deutlich. An manchen Stellen gibt es Biotopkomplexe aus beiden Landschaftselementen. Die Heide wurde früher durch extensive Nutzung, Mahd, Plaggen, Brennen und Beweiden „am Leben erhalten". Heute muß der Naturschutz mühsam diese alten Nutzungselemente als Pflegemaßnahmen organisieren und bezahlen. Hierzu wird einerseits auf die traditionellen Methoden (Plaggen, Beweiden mit Heid- und Moorschnucken) zurückgegriffen, die aber auch durch neue Methoden mit modernen Maschinen (Schlegelmäher, Kreiselmäher, Plaggmaschinen und andere) ergänzt werden. Die letzten Methoden sind allerdings außerordentlich teuer, so daß die Pflege unserer Heiden eine der vornehmsten Aufgaben für die Zukunft wird. Hin und wieder gelingt es auch, Heidebiotope zu erweitern, wenn in der Umgebung der Heiden Ackerländereien von der Stiftung Naturschutz aufgekauft werden können. Diese liegen ebenso wie die Restheiden in der Regel dann auf nährstoffarmen Sandböden, die sich relativ schnell wieder von Nährstoffen verarmen und regenerieren lassen, notfalls durch entsprechende Maßnahmen wie Abplaggen oder eine Aushagerungsbeweidung. Die extremsten Ausbildungen der Heide liegen auf Binnendünen, die vorwiegend im Bereich alter Urstromtäler in der Nacheiszeit aufgeweht wurden und auch im Mittelalter bis hinein in das 18. Jahrhundert noch wieder durch entsprechende intensive Inkulturnahme in Bewegung gerieten. Auch im Binnenland tritt interessanterweise auf diesen Binnendünen der Strandhafer auf, der allerdings schon im 18. und im 19. Jahrhundert angepflanzt wurde, um diese Dünen festzulegen. Heute sind einige von ihnen bewaldet, was zu der grotesken Situation führen kann, daß man im Fichtenforst plötzlich auf Strandhafer trifft. Seltene Pflanzen dieser Bereiche sind zum Beispiel der Kolbenbärlapp, der Sprossende Bärlapp und der leider inzwischen ausgestorbene Zypressenbärlapp. Im atlantischen Bereich kommt als seltenes Element die Bärentraube hinzu. Die sandigen Flächen sind außerdem der Lebensraum für die bereits von Theodor Storm erwähnten „Cicindelen" (Sandlaufkäfer).

Der Naturschutz muß heute darauf achten, daß innerhalb jedes Heidenaturschutzgebietes die Pionier-, die Aufbau-, die Optimal- oder Reifephase und die Degenerationsphase nebeneinander vorkommen. Alle vier Phasen enthalten wertvolle Elemente der Pflanzen- und Tierwelt, die es zu bewahren gilt. Dies macht auch die Pflegemaßnahmen so schwierig, denn man darf nicht das gesamte Gebiet plötzlich von der Degenerationsphase in die Pionierphase zurückversetzen. Wenn in diesem Augenblick die anderen Phasen nicht vorhanden sind, kann sich die Heide kaum in optimaler Weise regenerieren. Für jedes Gebiet wird, ebenso wie in den anderen seltenen Lebensräumen, ein Schutz-, Pflege- und Entwicklungskonzept erarbeitet.

Auch die Degenerationsphase des Hochmoores mit Glockenheide und höherem Birkenbewuchs ist noch ein wichtiger Biotopkomplex in einer sonst „bereinigten" Agrarlandschaft.
Der späte Juli bietet eine besondere Farbenpracht, wenn in der feuchten Heide die Moorlilie neben der Glockenheide blüht.

Land zwischen den Meeren: Küstenschutz und Deichbau

Jürgen Newig

Beide Küsten Schleswig-Holsteins, die Nordsee- und die Ostseeküste, unterliegen auf weiten Strecken dem Küstenabbruch. Das Meer „raubt" Land.

Dieser klaren Aussage muß sogleich hinzugefügt werden: Es kommt dabei auf den Standpunkt an – das heißt im wahrsten Sinne des Wortes auf den Ort, von dem aus man das Geschehen beurteilt. An der deichgeschützten sogenannten *Innenküste* findet – vor allem in Buchtenlage – oft Anlandung bzw. Verlandung statt: Die Landflächen werden größer. Der Meereseinfluß nimmt ab.

Ganz anders verhält es sich an der *Außenküste*, das ist der Küstenbereich, der unmittelbar zum offenen Meer hin exponiert ist und deshalb auch auf weiten Strecken die zerstörerische Kraft der Brandung zu spüren bekommt.

Daß die Brandung an der Nordsee im allgemeinen sehr viel kräftiger als an der Ostsee ausgeprägt ist, liegt vor allem an den in unseren Breiten vorherrschenden westlichen Winden. Diese auflandigen Winde treiben an der Nordsee große Wellen auf den Strand, während an der Ostseeküste die Winde ablandig sind, also vom Land auf das Meer wehen und damit glättend auf die Wasseroberfläche einwirken.

Der Gezeitenunterschied von zumeist über zwei Metern vom täglichen Niedrigwasser zum Hochwasser erlaubt an der Nordsee die Ausbildung eines mehr oder weniger breiten Wattenmeer-Saumes mit Halligen und Inseln zwischen der Außen- und der Innenküste. Letztere ist heute fast auf ihrer vollen Länge durch Deiche geschützt, denn das gefährdete Hinterland wird von niedriger Marsch gebildet, die sich in einem kilometerbreiten Streifen zwischen das Meer und die höheren Aufragungen der Eiszeit schiebt.

Jeder neugewonnene Koog an der Nordsee liegt höher als der jeweils ältere, denn der weltweite Meeresspiegelanstieg führt dazu, daß das deichreife Vorland höher aufwächst. Es wird also notwendig, neue Deiche immer stärker und höher zu erbauen. Die moderne Technik erleichtert die dazu erforderlichen Erdbewegungen erheblich. Die heutigen Deiche bestehen nicht mehr nur aus Klei, sondern enthalten einen Kern aus Sand (siehe Abb.). Zuerst werden mit Hilfe von Baggern zwei parallele Dämme errichtet. Zwischen diese wird ein Wasser-Sand-Gemisch eingespült. Die feinere Bearbeitung der Oberfläche erfolgt durch Planierraupen. Schließlich wird eine Kleidecke aufgebracht, auf der dann der Rasen eingesät wird. So wird es möglich, breite Profile und große Höhen bis acht Metern und mehr über Normalnull kostengünstig zu erreichen.

Was hat es mit dieser globalen Meeresspiegelerhöhung auf sich? Sowohl die Nordsee als auch die Ostsee sind Nebenmeere des Atlantiks und stehen so mit dem Weltmeer in unmittelbarer Verbindung. Jeder Anstieg des Meeresspiegels im Ozean wirkt sich also auch auf unsere Meere aus. Seit Jahrtausenden gibt es einen natürlichen Anstieg des Meeresspiegels. Er wird weltweit vor allem durch das Abschmelzen des Eises seit der letzten Eiszeit bedingt. Da die Eisvorräte der Polargebiete in der vergangenen Eiszeit viel größer waren, ist der Meeresspiegel bis heute bereits um mehrere Dutzend Meter gestiegen. In der ersten Hälfte unseres Jahrhunderts maß man Größenordnungen von etwa zwei Zentimetern pro Jahrzehnt. In den vergangenen Jahren aber ist der Betrag auf etwa das Dreifache gestiegen. Niemand kann bisher zuverlässig sagen, ob dieser Anstieg dauerhaft größer bleiben wird (zum Beispiel

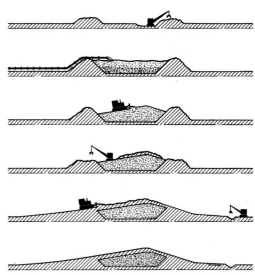

Sturmflut: Mit Macht brandet das Meer an die Strandmauer. Die hoch aufschäumende weiße Welle links kommt durch den Zusammenprall einer von der Mauer zurückgeworfenen mit einer vom Meer anrollenden Welle zustande. Schematische Darstellung der Arbeitsgänge beim Bau eines Deiches mit Sandkern (rechts); von oben nach unten: 1) Aufsetzen der Spüldämme aus Klei, 2) Einspülen des Sandes für den Kern, 3) Profilieren des Sandkerns, 4) Aufbringen der Kleidecke auf den Sandkern, 5) Profilieren der Kleidecke, 6) fertiger Deich mit Sandkern (nach: J. Kramer, 1992).

durch die von Menschen verursachten Treibhauseffekte) oder ob es sich nur um eine der vielen natürlichen Schwankungen auf hohem Niveau handelt, die wir in den letzten zwei bis drei Jahrtausenden registrieren.

Innen- und Zwischenküste der Nordsee

Kaum glaublich, aber es gab im ersten nachchristlichen Jahrtausend Zeiten, da der Mensch auf der flachen Marsch seine Häuser bauen konnte. Wegen des vor rund 1 000 Jahren wieder stärker ansteigenden Meeresspiegels sahen sich die Menschen im flachen Küstenland gezwungen, Warften oder Wurten aufzuschütten, also künstliche Erdhügel zu errichten, um ihre Häuser vor Sturmfluten zu schützen. Deiche gab es damals noch nicht, jedenfalls keine größeren. Man lebte in weitgehender Abhängigkeit von der Natur. In manchen Bereichen der Küste, zum Beispiel in Eiderstedt, breiteten sich riesige Marschflächen aus, die bei gewöhnlichen Wasserständen nicht überflutet wurden und auf denen man vor allem Vieh halten konnte.

Die ältesten Deiche, die man bisher kennt, sind rund 900 Jahre alt. Die nach der Völkerwanderungszeit in das weitgehend menschenleere Land eingedrungenen Friesen brachten um diese Zeit die Kenntnis des Deichbaus von ihrem Heimatland im Bereich der Rheinmündung mit.

Die ersten Deiche waren sehr niedrig, nur ein bis zwei Meter hoch und ganz und gar aus Klei, also aus Marschboden. Die Schubkarre kannte man noch nicht, und so waren Erdbewegungen über lange Strecken kaum möglich. Wir müssen uns den frühen Deichbau so vorstellen, daß man auf deichreifem Land see- und landwärts des neu zu erbauenden Deiches einen Graben (Pütte) aushob und mit diesem Material den Deich aufschüttete (siehe Abb.). Natürlich reichten diese Deiche nicht, um die Siedlungen vor Sturmfluten zu schützen. Es waren also keine „Totalschutzdeiche", sondern Überlaufdeiche. Sie dienten lediglich dazu, das Grünland und auch die bescheidenen Ackerlandflächen wenigstens vor den sommerlichen Fluten zu schützen, so daß das Land nicht versalzte und die Ernte des Sommers eingebracht werden konnte.

Eine Überflutung dieser niedrigen zähen Kleideiche war also nichts Außergewöhnliches, und kleine Schäden konnten schnell wieder ausgebes-

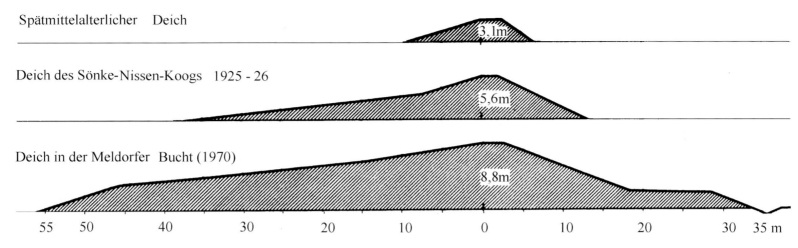

Spätmittelalterlicher Deich — 3,1m
Deich des Sönke-Nissen-Koogs 1925 - 26 — 5,6m
Deich in der Meldorfer Bucht (1970) — 8,8m

Entwicklung der Deiche an der schleswig-holsteinischen Westküste (oben). Auffällig ist die kontinuierliche Erhöhung und Verbreiterung der Schutzwälle.
Drei jeweils sechs Tonnen schwere Tetrapoden lösten sich bei der Sturmflut vom 16./17. Februar 1962 aus dem Verband im Hintergrund und beschädigten die Westerländer Strandmauer. Die Küstenschutzmaßnahme wurde zur Gefahr.

sert werden. Die Böschungen der mittelalterlichen Deiche waren keinesfalls so steil, wie manchmal behauptet wird. Auffällig ist die enorme Höhenzunahme von rund zwei auf heute bis über acht Meter (siehe Abb.).

Man wird die frühen Deiche oft als Ringdeiche in einigem Abstand von der Warft errichtet haben. Bei dicht nebeneinanderliegenden Warften werden zuerst kleine Verkehrsdämme aufgeschüttet worden sein, damit sich die Menschen auch bei erhöhtem Wasserstand noch besuchen oder gegenseitig helfen konnten.

Größere Deichbauprojekte ließen sich erst im späten Mittelalter ausführen. Zu nennen wäre der Ringdeich, der die Insel Strand bis 1362 schützte, als die „Manndränke" am 16. Januar weite Teile überflutete und ein erstes Stück aus der großen Insel Strand herausbrach: das Gebiet mit dem sagenhaften Ort Rungholt. Durch das Auffinden von Urkunden ist inzwischen gesichert, daß es Rungholt wirklich gegeben hat.

Noch schlimmer wütete die zweite Manndränke vom 11. Oktober 1634, die auf einen Schlag fast die gesamte Insel Strand zerstörte. Pellworm und Nordstrand, die beiden großen Marscheninseln sowie die kleine Hallig Nordstrandischmoor sind die einzigen Landstücke, die von der einst gewaltigen Insel übriggeblieben sind bzw. durch Neueindeichung wiedergewonnen wurden. Wir dürfen nicht vergessen, daß es auch in der zweiten Hälfte des 20. Jahrhunderts eine Sturmflut gegeben hat, die an der Nordsee, vor allem in Hamburg, Hunderten von Menschen das Leben gekostet hat: die Flut vom 16./17. Februar 1962.

Schon die Hollandsturmflut von 1953, die unsere Küste noch verschonte, wirkte wie ein Schock, und erste Deichverstärkungsprogramme wurden durchgeführt. Es erwies sich als segensreich, daß die Regierung den Warnungen der Fachleute folgte und nach 1962 weitere umfangreiche Programme in Angriff nahm. Die schweren Fluten der siebziger und beginnenden achtziger Jahre konnten deshalb keine großen Schäden mehr anrichten.

Seit den siebziger Jahren hat man einige Großprojekte fertiggestellt, von denen nur der Eiderdamm mit dem Eidersperrwerk, die Vordeichung der Meldorfer Bucht und die Vordeichung der Nordstrander Bucht genannt werden sollen.

Außenküste der Nordsee

Die Außenküste der Nordsee bildet eine riesige bogenförmige Linie. An ihren Sänden und Stränden brandet das Meer. Ein großer Teil dieser Barriere-Küste unterliegt einem ständigen Rückgang. Am Wattsockel der nordfriesischen Küste erreicht er sehr hohe Werte von über zehn Metern pro Jahr – vor Sylt im Mittel rund einen Meter pro Jahr.

So ist es nicht verwunderlich, daß der Mensch immer wieder versucht hat, die Kräfte der Natur zu bändigen. Es ist ihm nur teilweise gelungen. Bei den nicht besiedelten und wenig ortsfesten Sänden verzichtet man auf Küstenschutz, da hier keine Güter des Menschen eines Schutzes bedürfen. Anders steht es mit den Inseln, insbesondere Sylt. Durch den Bau von Häusern und Verkehrswegen direkt am Meer sind Realitäten geschaffen worden. Zwar schreibt das Gesetz vor, daß an sandigen Flachküsten das Risiko beim Grundstückseigentümer liegt, aber in der Praxis mag man das in dieser strengen Form zumeist nicht umsetzen. Glücklicherweise beträgt vor Westerland der Landverlust pro Jahr weniger als in Rantum oder Kampen, doch reichlich einen halben Meter pro Jahr umfaßt er auch hier.

So kam man nach einer Sturmflut im Jahre 1907 auf den Gedanken, das absturzgefährdete Hotel Miramar auf der Düne durch eine Betonmauer zu schützen. Das war die Geburtsstunde der massiven Westerländer Kurpromenade (eine aus Holz auf Stelzen gab es vorher schon). Welche Gefährdung diese Maßnahmen bedeuten können, zeigte die große Sturmflut im Februar 1962. Einige der sechs Tonnen schweren Tetrapoden, die man wenig vorher vor die Mauer gepackt hatte, wurden von der Gewalt der Brandung aus dem Verband gerissen. Sie wanderten rund 30 Meter nach Süden und wurden dabei teilweise sogar emporgeschleudert. Die Mauer hielt hier nicht wegen, sondern trotz der Tetrapoden.

Eine Mauer ist an einer Rückgangsküste wie Sylt langfristig von zweifelhaftem Wert (siehe Abb. a, b u. c). Das Meer dringt an einer Rückgangsküste ständig weiter landwärts vor. In rund 50 Jahren geht etwa eine Strandbreite verloren. So sieht man sich beim Zustand b) genötigt, das Gebäude zu schützen, das wir zum Beispiel als das Hotel Miramar in Westerland ansehen können. Den eigentlichen Küstenrückgang kann man mit derartigen Maßnahmen nicht verringern. Das Meer holt sich die seitlich liegenden Partien des Strandes (Zustand c). So bleibt das Gebäude zwar stehen, aber der Strand davor geht verloren. Je weiter die Zeit fortschreitet, desto tiefer muß die Mauer nachträglich gegründet werden, denn pro Jahr verlieren der Strand sowie der Vorstrand rund einen Zentimeter an Höhe (schwarze horizontale Balken in Abb. b u. c). Dies entspricht einem horizontalen Rückgang von einem halben bis einem Meter. Zum Fixieren der Küstenlinie hat sich die Mauer mittelfristig bewährt, aber den Strandverlust konnte sie nicht verhindern.

Das Halten einer bestimmten Uferlinie ist nicht gleichbedeutend mit einer Ausschaltung des Küstenverlustes. Ein gutes Beispiel dafür bietet das sogenannte Ellenbogendeckwerk an der Nordwestspitze Sylts, das man in den dreißiger Jahren als schräge Böschung aus Basaltblöcken erbaute, deren allseitiger Abschluß eine Eisenspundwand bildete. Dort, wo auf dem Foto (siehe folgende Seite) das Wasser aufspritzt, war früher der Fuß des Deckwerks. Vor dieser Linie gab es zum Erbauungszeitraum noch einen

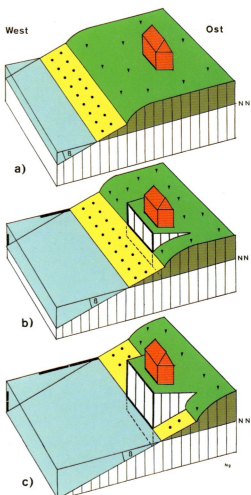

Moderner Landesschutzdeich mit Deichverteidigungsweg vor Westerhever (Eiderstedt) bei leicht erhöhtem Wasserstand (oben).
Rückgang der Sylter Küste innerhalb von circa 120 Jahren (unten, Erläuterung siehe links im Text).

Die Spundwände an der Nordwestspitze des Ellenbogens auf Sylt sind Reste eines ehemaligen Basaltdeckwerks (oben). Vor der Stelle, an der Wasser aufspritzt, gab es bei Errichtung des Deckwerks in den dreißiger Jahren noch einen Strand.
Holzlahnungen werden zur Landgewinnung in den Wattboden gerammt. Sie beruhigen die Wasserbewegung und fördern die Ablagerung von Schlick.

Strand, der aber später vom Meer „geschluckt" wurde. Da man das Deckwerk inzwischen verfallen ließ beziehungsweise es vom seitlichen Meeresangriff zerstört wurde, konnte sich ein neuer Strand bilden.

Neben solchen küstenparallelen Längswerken hat man immer wieder auch mit Buhnen, also Querwerken, gearbeitet. Die ersten entstanden vor Sylt im Jahre 1867 und waren aus Holz mit beiderseitiger Steinschüttung. An der Höhe, mit der die Pfähle heute aus dem Sand herausragen, kann man das Alter der Buhnen abschätzen, denn früher befanden sich die Enden der Pfähle nur wenig über dem Strandniveau, ca. einen halben Meter. Bündig mit den Pfählen schlossen die Steinpackungen ab. Wenn man – zum Beispiel bei Kampen und Rantum – von einem Verlust von rund einem Tiefenzentimeter pro Jahr ausgeht, dann ist eine Buhne, bei der die Steinpackung um einen Meter abgesackt ist, rund 100 Jahre alt. Leider gilt diese ohnehin nur vage Meßmethode nicht, wenn moderne Sandvorspülungen in der Nähe vorgenommen wurden. Teilweise sind die Steinpackungen neuerdings durch die Niveauerhöhungen aufgrund von Sandvorspülungen wieder von Sand bedeckt.

In den dreißiger Jahren unseres Jahrhunderts bevorzugte man Eisenbuhnen. Viele von ihnen sind bereits durch Sandschliff zerstört. Nach dem Kriege schließlich rammte man Betonpfähle ein. Um eine brandungsmindernde Wirkung zu erzielen, versuchte man es schließlich mit sogenannten Flunderbuhnen, deren Hauptmasse aus einer breiten Schüttung von Basaltblöcken bestand, die durch Asphaltverguß miteinander verbunden wurden. Bei Ebbe suchen Touristen in den kleinen Tümpeln zwischen den Steinen nach Seesternen und Muscheln.

Seit Anfang der sechziger Jahre experimentierte man mit Tetrapoden. Sie wurden vor allem für Längswerke verwendet. Ein Querwerk mit einer Länge von über 250 Metern bei Hörnum sollte (in Verbindung mit einem Längswerk) die Häuser der Kersig-Siedlung schützen, einer Freizeitwohnanlage, die man fahrlässigerweise um 1960 nahe am Strand errichtet hatte. Einige von ihnen wären beinahe bereits bei der Sturmflut von 1962 ins Meer gestürzt. Die Buhne brachte eine unerwartet große Erosion mit sich. Dadurch wird das Naturschutzgebiet Hörnum Odde besonders rasch zerstört. Betrugen hier die natürlichen Abbrüche vor Bau der Buhne rund 2,5 Meter, so steigerten sie sich danach schlagartig auf 15–20 Meter. Schon bei kleinen Sturmfluten liegt die Odde nun unter Abbruch.

Das Wundermittel der Gegenwart sind die Sandvorspülungen. Sie haben den Vorzug, daß sie aus natürlichem Material bestehen und die Massenbilanz im Strandbereich – wenigstens zeitweilig – verbessern. Seit 1972 spült man Sand an die Sylter Strände, zuerst vom Wattenmeer aus, danach und bis heute aus dem Seegrund vor Sylt. Das Material wird als Wasser-Sand-Gemisch mit Hilfe von Saugrohren von einem Hopperbagger-Schiff einige Kilometer westlich der Insel dem Untergrund entnommen. Im Bauch des Hopperbaggers lagert sich der Sand ab, während das Wasser wieder abgepumpt wird. Ist der Laderaum mit fast 10 000 Kubikmetern gefüllt, so fährt das Schiff dicht an die Inselküste heran. Es koppelt an eine Schwimmleitung an. Jetzt wird der Sand mit Wasser vermischt (30 Prozent Sand, 70 Prozent Wasser). Man pumpt das Gemisch durch die Dükerleitung auf den Strand, wo der Sand durch Planierraupen verteilt wird.

Fast der gesamte jährliche Verlust in der Größenordnung von rund 1,5 Millionen Kubikmeter wurde in den vergangenen Jahren ersetzt. Bis 1990 hatte man bereits 17 Millionen Kubikmeter Sand im Wert von 100 Millionen DM vorgespült, pro Vorspülung rund eine Million Kubikmeter. So hat man den Küstenrückgang gestoppt, aber im wesentlichen nur für den Bereich über dem Meeresspiegel. Prächtige breite Sandstrände – auf Zeit – sind das offensichtlich erfreuliche Ergebnis.

Der unterhalb des mittleren Tideniedrigwassers (MTnw) gelegene untermeerische Strand bekommt hingegen kaum noch etwas von der Sandvorspülung ab. In noch größeren Tiefen bleibt der übliche vertikale Verlust bestehen, und so wird der Vorstrandbereich im Laufe der Zeit steiler und die Brandung stärker: Jede neue Sandvorspülung hält etwas weniger lange als die alte. Wie weit man das Spiel noch treiben kann, weiß niemand. Immerhin reißen die Saugrüssel der Hopperbagger jährlich ein riesiges Loch in den Boden. Diese Löcher haben ein Volumen, in dem man das fünfzehngeschossige Hauptgebäude des Neuen Kurzentrums fünfzehnmal verschwinden lassen könnte. Es erscheint realistisch – sofern die Konjunktur mitspielt – die Sandvorspülungen noch jahrzehntelang durchzuführen. In längeren geologischen Zeiträumen kann eine Rückgangsküste jedoch vom Menschen nicht gehalten werden. Auf jeden Fall sollte man Experimente mit nichtnatürlichen Stoffen unterlassen. Eines Tages werden sie unweigerlich von der Gewalt des Meeres auf den Strand geworfen und müßten dann auf Kosten der Allgemeinheit entsorgt werden.

Die Ostseeküste

Da es an der Ostsee wegen der geringen Gezeiten kein Wattenmeer und keine Marsch gibt, finden wir hier eine ganz andere Situation als an der Nordsee vor. Sie läßt sich an den Kartenskizzen der Ostseeküste (oben) gut erläutern. Ursprünglich hatte die Eiszeit hier ein bewegtes Relief von Kuppen und Mulden hinterlassen. Ganz besonders tief waren die ehemaligen Becken der Gletscher ausgeschürft, in denen sich lange Zeit das Eis bewegt hatte. Als der Weltmeeresspiegel anstieg, drang das Wasser zuerst in diese alten Gletscherzungenbecken weit landwärts ein. So entstanden die Förden, zum Beispiel die Hemmelsförde und die Traveförde in der inneren Lübecker Bucht. Wo es keine Gletscherzungenbecken gab, wurde eine abwechslungsreiche eiszeitliche Landschaft aus Hügeln und Senken teilweise überflutet. Immer dort, wo sich gerade eine Mulde befand, drang das Wasser besonders weit in das Land ein. Allmählich nagte es aber auch immer stärker an den Hügeln und riß

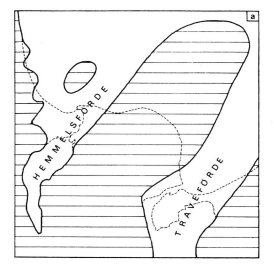 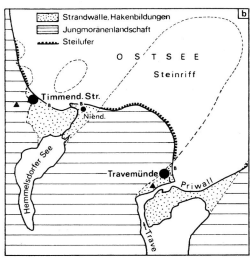

Seit der letzten Eiszeit hat sich die Gestalt der inneren Lübecker Bucht durch Kliff und Hakenbildung stark verändert. Links die ursprüngliche Situation, rechts der heutige Zustand. Gut nachvollziehbar ist dieser Prozeß an der Abschnürung der Hemmelsförde und der Verengung der Traveförde (nach: C. Degn u. U. Muuss, 1979).

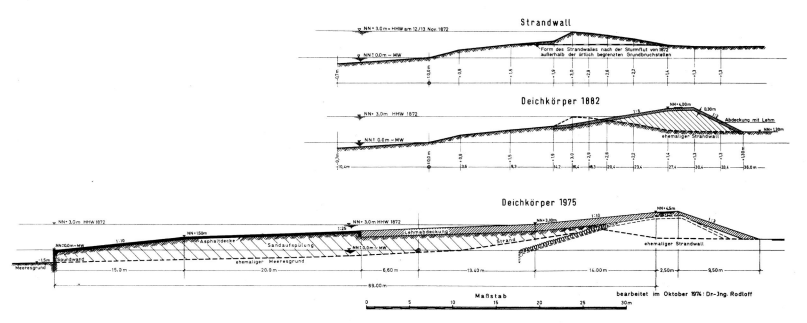

Entwicklung der Strand- und der Deichquerschnitte an der Küste der Probstei seit der großen Sturmflut von 1872 (nach: Deich- und Entwässerungsverband Probstei, M. Petersen, 1985).

dort große Wunden – die Kliffe. Die Vorsprünge wurden abgetragen („Steinriff") und der Sand mit der Küstenströmung in die Niederungen, also die Meeresbuchten, transportiert. Diese wurden so allmählich durch die Strandhaken von der Ostsee abgeschnitten und wandelten sich zu Süßwasserseen, stellenweise zu flachen Mooren und feuchten Wiesen. So bildete sich im Innern der ehemaligen Buchten eine Innenküste mit zumeist hochwassergefährdeten Niederungen heraus.

Insgesamt bildet also die Ostseeküste weder eine durchgehende Flach- noch Steilküste, sondern es herrscht ein steter Wechsel von Kliffstrecken, an denen abgetragen wird, und Flachküsten, an denen das vor den Kliffen vom Meer verfrachtete Material abgelagert wird. Dabei bilden Kliff und zugehörige Niederung die beiden Elemente eines Systems, das auf lange Sicht zu einer Verkürzung der Küstenlinie führt.

Durch Drainagemaßnahmen des Menschen, vor allem durch die Anlage von Entwässerungsgräben, wurden die Niederungen in den Deichen durch Sielbauwerke und Schleusen entwässert.

Durch das Abtragen der vorspringenden Kuppen und das Auffüllen der ehemaligen Buchten verkürzt sich auf natürliche Weise die Küste immer mehr; ihr Verlauf wird ausgeglichener. Und so spricht man denn auch von einer Tendenz zur *Ausgleichsküstenbildung* an der Ostseeküste, die langfristig zu nur noch gering gebogenen Küstenabschnitten führen wird.

An der Ostseeküste begann der Deichbau in großem Stil erst im 19. Jahrhundert, viel später als an der Nordseeküste, weil der Küstensaum viel schmaler war und genügend sturmflutsichere Höhenlagen für Siedlungen existierten. Außerdem wirkten die Strandwälle der Niederungen, die in der Regel durch Sandflug der Dünen nachträglich aufgehöht wurden, wie natürliche Deiche. Sie waren jedoch nicht sehr hoch – Teile davon lagen deutlich unter drei Meter über dem mittleren Wasserstand. Eine solche Situation zeigen die drei Deichprofile oben für den Bereich der Probstei nordöstlich von Kiel. Der deutliche Geländeknick weist auf die Ausräumung bei der großen Flut von 1872 hin.

Zehn Jahre später – so erkennt man auf dem zweiten Profil der Abbildung – gibt es bereits einen Deich, den man unter Ausnutzung der Basis des alten Strandwalls leicht landwärts versetzt erbaut hat. Fast ein Jahrhundert später wird nun dieser Küstenabschnitt vor der Probstei durch ein

Deichbauwerk von über 80 Meter Breite geschützt, dessen unterer Teil von einer Asphaltschicht bedeckt ist. Davor hat man am Strand T-förmige Buhnen erbaut. Im Gegensatz zu den Verhältnissen an der Nordseeküste, zum Beispiel vor Mittel-Sylt, wo sich Buhnen nicht bewährt haben, weil die Strömungsrichtung ständig wechselt, ist hier bei einer festen Strömungsrichtung der gewünschte Erfolg erzielt worden: Die Strömung wird von Küste und Sandfang ferngehalten. Eigenartigerweise verläuft an der Probstei auf vielen Kilometern Länge die küstenparallele Strömung nach Westen, also gegen die vorherrschende Windrichtung. Insgesamt wurde an der Probstei-Küste ein wasserbautechnisch vorbildliches Werk geschaffen. Über die Ästhetik der Anlage kann man geteilter Meinung sein, aber allmählich erobert der Sand in Form abwechslungsreicher kleiner Dünenformen den Deichfuß, und so beteiligt sich auch die Natur an der Landschaftsgestaltung. Radfahrer und Spaziergänger wissen den breiten Asphaltweg hinter den Dünen für kilometerlange Ausflugsstrecken zu nutzen.

Sind die Menschen heute an der Küste vor den Sturmfluten sicher? Zunächst muß gesagt werden, daß es eine absolute Sicherheit nicht gibt. Eines aber steht fest: Die Deiche an der Westküste haben heute einen sehr hohen Sicherheitsstandard. Dies kann man nicht für alle Teile der Ostsee sagen.

Ein schlimmes Beispiel bietet die Niederung von Grömitz. Auf der vollen Länge bedarf der Deich der Verstärkung, so daß sich bis heute die Grömitzer Unterstadt (im Gegensatz zum Ortszentrum am Marktplatz auf der Moränenhöhe) in einer Risikolage befindet. Doch damit nicht genug! Selbst den Außendeichsbereich, der lediglich durch einen Strandwall geschützt wird, hat man bebaut. Um 1880 stand dort noch kein Haus. Heute befinden sich vor dem Außendeich eine Reihe von mehrgeschossigen Bauten, Hotels und Appartementhäusern. Glücklicherweise hat es seit 1872 keine Jahrhundertflut an der Ostseeküste mehr gegeben, aber sie kann sich jederzeit ereignen. Die Sturmflut vom 13. November 1872 erreichte eine Höhe von fast dreieinhalb Metern über dem gewöhnlichen mittleren Wasserstand und bedeutete für die Bewohner der Niederungen, vor allem für die Fischer und Schiffer, eine Katastrophe.

Allerdings wirkt die Natur an der Küste nicht nur zerstörend – sie baut auch auf. Wir haben gesehen, daß an der Ostsee durch die Bildung von Strandwällen alte Meeresbuchten abgeschnürt und zu Innenküstenstrecken wurden. Somit schob sich in diesen Abschnitten die äußere Küstenlinie zum Meer hin vor. An der Nordsee wird durch die Anlandung von Schlick und anschließenden Deichneubau die Küstenlinie der Innenküste stellenweise weit ins Meer verlegt. An der Außenküste jedoch herrscht weiter zumeist Abtrag, ebenso wie an der Ostsee, und so werden wir uns an den Gedanken gewöhnen müssen, daß Schleswig-Holstein insgesamt an Fläche eher abnehmen als zunehmen wird.

Zeugen der Landschafts- und Menschheitsgeschichte: Naturdenkmale

Wolfgang Riedel

Aus allen geologischen wie kulturhistorischen Zeitabschnitten besitzen wir *Naturdenkmale* als übriggebliebene Naturschöpfungen, zum Beispiel Findlinge, die in der heutigen Kulturlandschaft verinselte Reste darstellen, oder als menschliche Schöpfungen mit der Natur, zum Beispiel Eichenalleen. Naturdenkmale sind oft die letzten vorhandenen Zeugen einer jeweils natur- beziehungsweise kulturgeschichtlichen Vergangenheit. Daher ist es zunächst unumgänglich, in aller Kürze Naturdenkmale in ihren historischen und ökologischen Zusammenhang zu stellen.

Bis auf Marschen und Flußniederungen ist die Oberfläche des nördlichsten Bundeslandes durchweg eiszeitlichen Ursprungs. Die auch im sonstigen, erdgeschichtlich verwandten Nordwest- und Nordostdeutschland vorhandene naturräumliche Gliederung ist nur in Schleswig-Holstein so unverwechselbar als Ost-West-Abfolge ausgeprägt.

Die heutige Landschaft Schleswig-Holsteins ist das Ergebnis einer jahrhundertelangen Wechselwirkung naturräumlicher Gegebenheiten und des menschlichen Einflusses. Schleswig-Holstein ist mit Ausnahme weniger letzter naturnaher Regionen (Wattenmeer, letzte Moorreste und Küstendünen) eine *Kulturlandschaft*.

Unsere heutige Umwelt ist neben ihren natürlichen Gegebenheiten, wie Relief, Klima, Boden, Pflanzen und Tiere, durch vom Menschen gestaltete Bau- und Nutzungsstrukturen (Städte, Dörfer, Gemarkungen, Wegenetz) geprägt. Zwar hat es Landschaftsveränderungen durch natürliche Vorgänge wie Eiszeiten oder die Tätigkeit des Meeres in geologischen Dimensionen immer gegeben, neu hinzukommen ist jedoch ein vom Menschen verursachter Landschaftswandel in relativ kurzen historischen Zeitspannen, in Schleswig-Holstein zum Beispiel der Vorgang der Verheidung früherer Primärwälder (Urwälder) durch Übernutzung. Der heutige Landschaftswandel ist dagegen erheblicher, immer hektischer und verstärkt sich selbst im Blick auf die Umweltgefährdung und auf die Zerstörung der eigenen Lebensgrundlagen. Er hat eine Dynamik erreicht, die alle Erfahrungen übersteigt.

Nur wenn man die geologische Differenzierung des Landes ein wenig kennt und das nacheiszeitliche Klima- und Vegetationsgeschehen mit dem Wirken des Menschen in Deckung bringt, begreift man die besondere Bedeutung von Naturdenkmalen, die uns vielfach nur noch als besonderer Glücksfall überkommen sind. Alle Naturdenkmale des Landes sind gewissermaßen Exponate aus unserer regionalen Erd- wie Kulturgeschichte. Der Unterschied zu einem Museum ist jedoch darin begründet, daß die Naturdenkmale in der Regel weiterhin Teil ihrer natürlichen Umwelt geblieben sind, an deren Entwicklung, Veränderung und Zerstörung sie teilnehmen. Ihre Besonderheit erschließt sich dem Betrachter nicht immer sofort, wer jedoch um die Zusammenhänge weiß, wird reich belohnt. Für oberflächliche Betrachter ist eine Landschaft oft nur ein Gebilde, das „wie aus einem Guß" erscheint. Man muß ganz genau hinsehen, dann erschließen sich zum Beispiel bei einem Landschaftsüberblick die naturlandschaftliche Anlage (etwa ein Jungmoränen-Hügelland mit Tunneltälern), die unterschiedlichen, zeitbestimmten Nutzungsstrukturen (zum Beispiel kleinbäuerliche Koppeln neben großformatigen Gutsländereien oder flurbereinigten Gemarkungen), die Reste naturnaher Biotopstrukturen (mit letzten Feuchtgebieten, Bauernwäldern und Feldgehölzen), das Gewässersystem mit Seen und mit sich win-

denden beziehungsweise kanalisierten Flüssen sowie die Siedlungsstruktur mit Streusiedlungen, Haufendörfern und Städten. Dieses in der Regel höchst subtile Gebilde schleswig-holsteinischer Kulturlandschaft hat eine gemeinsame Geschichte des Menschen mit der Natur hinter sich: Das nacheiszeitliche Klima und das Vegetationsgeschehen waren für den mesolithischen Jäger wie für den neolithischen Bauern gewaltige Herausforderungen und ständige existentielle Bedrohung. Die Marschen entstanden aus nacheiszeitlichen Meeresablagerungen auf den flachen, früher überfluteten Sandern. Als um die Zeitwende der Meeresspiegel weiter anstieg, sahen sich die ersten Marschsiedler infolge immer höherer Wasserstände bald genötigt, Warften anzulegen. Die folgenden Jahrhunderte sind eine ständige Auseinandersetzung des Menschen mit dem Meer, das Bedrohung und Chance zugleich war. Zunächst bevorzugten die Menschen der Frühzeit die sandigen Geestgebiete als Siedlungsräume aufgrund ihrer besseren Bearbeitbarkeit. Die spätere Entwaldung durch starke Holzentnahme und Siedlungsflächengewinnung begünstigte in weiten Teilen die Bildung von Flugsanddecken und Dünen. Die „Binnendünen" sind vom Menschen beförderte Naturbildungen, die wir dennoch großzügig als Naturdenkmale empfinden und bezeichnen. Wirklich „natürlich" sind aber nur die auch heute noch gebildeten Küstendünen etwa auf Sylt und Amrum.

Das nacheiszeitliche Klima und die menschliche Tätigkeit beeinflußten die Bodenentwicklung, mit der Folge, daß sich infolge Versauerung des Milieus durch Feuchtigkeit Bleichhorizonte und Ortsteinschichten in den Böden bildeten. Zusammen mit den Knicks prägen von alters her die Landschaft Angeln. Sie entstanden aus der traditionellen bäuerlichen Nutzung und den früheren landesherrlichen Bodenreformen. Heute sind sie eine Zierde der Landschaft und bilden als Biotope das Rückgrat der ökologischen Vernetzung weiter Räume.

In den Dünen am Morsumer Kliff verbinden sich die geologischen Prozesse seit der letzten Eiszeit, die aktuelle Landschaftsveränderung durch Wasser und Wind und seltene Heide-Ökosysteme mit der Schönheit einzigartiger Natur.

grundwasserbedingten, in Jahrtausenden entstandenen mächtigen Raseneisenerzen der (heutigen Grünland-) Niederungen (z. B. bei Büttjebüll/ Nordfriesland) sind auch sie Naturdenkmale im weiteren wie im engeren Sinne – mal vom Menschen stark gesteuert (Bleicherden oder Podsole), mal weitgehend unter natürlichen Verhältnissen entstanden (Gleye mit Raseneisenerzbildung).

Die Verheidung ist ein Wechselspiel von Bodenverschlechterung, Klimaeinwirkung und Vegetationsdifferenzierung infolge menschlicher Einwirkung. In der Hochphase der Verheidung waren 17 Prozent der Landesfläche mit Heide bedeckt. Das war für die damalige Wirtschaftskraft des Landes von Nachteil. Erst in der zweiten Hälfte des 18. Jahrhunderts änderte sich die landschaftlich-land-

Die Dünenlandschaft auf Sylt zeigt die Dynamik der Formgebung durch Wind. Besonders beeindruckend ist die ständige Veränderung der Wanderdünen.

wirtschaftliche Entwicklung. Dem bedrängten Wald kam der Aufbau des Wallheckennetzes (Knicks) als schleswig-holsteinisches Spezifikum sehr zu Hilfe. Die Entstehung des Knicknetzes hängt – von älteren sehr wohl existierenden Heckenformen mal abgesehen – mit der landesherrschaftlich angeordneten Verkoppelung, der Neuverteilung des Grundeigentums also, in der zweiten Hälfte des 18. Jahrhunderts zusammen. Knicks wurden für Grenzmarkierungen und als Weidezäune benötigt. Nach der Aufrichtung des Knickwalles wurde er dann mit Gehölzen der umliegenden Wälder und Fluren bepflanzt. Nach den Grundsätzen der damals weitverbreiteten Niederwaldwirtschaft wurden die Wallhecken etwa alle acht bis zwölf Jahre „auf den Stock gesetzt" beziehungsweise „geknickt", wobei das Buschwerk „geerntet" wurde. Das abgeschlagene Holz und das Strauchwerk lieferten das dringend benötigte Brennmaterial, aus den Überhältern, also den gut geformten Stämmen, ließen sich Pfähle und Bretter herausschneiden. Die vitaminreichen Beeren und Früchte in den Knicks waren eine willkommene Ergänzung des Speiseplans. Dieses „Knicken" geschah damals in feiner Abstimmung mit der Fruchtwechselwirtschaft. Auf den Schlägen (Feldern), deren Wallhecken geknickt worden waren, wurde Getreide angebaut, waren die Hecken hochgewachsen, kam das Vieh in die Weidekoppeln. Das mühselige Hüten großer Herden mit all ihren Übergriffen in Wald- und Ackerschläge war Vergangenheit geworden.

Es wird deutlich, wie sehr die schleswig-holsteinische Kulturlandschaft im Normalfall von Wirtschaft und Nutzung geprägt ist. So sind heute letzte Niederwald-Nutzungssysteme, sogenannte Stockausschlagwälder oder Kratts, eindeutige und eindrucksvolle Naturdenkmale, ebenso wie der klassische Knick in Schleswig-Holstein. Besonders eindrucksvoll ist er als beidseitig ausgebildeter Doppelknick (Redder), der ökologisch für die Pflanzen- und Tierwelt lebensreich und attraktiv ist mit seinen oft jahrhundertealten Knickeichen oder andersartigen Überhältern. Somit können uns die Naturdenkmale in unterschiedlichen Erscheinungsformen entgegentreten: als *flächenhafte Naturdenkmale* (z. B. ein Eichenniederwald, eine Heidefläche), als *linienhaftes Landschaftselement* (es gibt nachweisbar Knicknetze in schleswig-holsteinischen Gemeinden mit mehreren hundert Kilometern Länge, ganz Schleswig-Holstein besitzt noch ein ca. 50 000 Kilometer langes Heckennetz) sowie als *punktuelles Landschaftselement* (beispielsweise als landschaftsprägender Einzelbaum, oft als Rest einer früheren Heckenlandschaft).

Die Kulturlandschaft des späten 18. Jahrhunderts ließ sich nicht unverändert in die Neuzeit übertragen, auch wenn unsere Landschaften in Schleswig-Holstein vielfach noch den Prägestempel der damaligen Bodenreform tragen. Neue Bodenreformen, Flurbereinigungen, große Landeskulturprogramme wie das „Programm Nord" in den fünfziger und sechziger Jahren dieses Jahrhunderts, die allgemeine Entwicklung der Städte und ländlichen Gemeinden mit einem unübersehbaren Urbanisierungsprozeß, der Ausbau der Verkehrsinfrastruktur, völlig neue Nutzformen wie Gewerbegebiete und Golfplätze, Flughäfen und Freizeitparks sowie Windkraftanlagen haben das Land vielfältiger, aber oftmals ökologisch ärmer gemacht und seinen ästhetischen Reiz beschädigt. Dabei sind Naturdenkmale vielfach an den Rand gedrängt worden, werden als solche nicht erkannt und sind trotz gesetzlichen Schutzes akut bedroht.

Naturdenkmale sollten uns mahnen, daß der haushälterische Umgang mit der Natur nicht verlorengehen, frühere, ökologisch sinnvollere Wirtschaftsweisen erhalten bleiben und trotz aller notwendigen technischen Neuerungen unsere schleswig-holsteinischen Landschaften gleichermaßen lebens- und liebenswert bleiben sollten. Auch alte Dörfer und ländliche Gemeinden in Schleswig-Holstein können Ensembles eigen- und einzigartiger Naturdenkmale enthalten. Das alte Dorf als bäuerliche Ansiedlung in der Flur war ja eng über die Nutzung örtlicher Rohstoff-, Energie- und Informationsressourcen an die es tragende Landschaft gebunden. Zum alten Dorf zählt sowohl die ursprünglich rein bäuerliche Ansiedlung als auch die dazugehörige Flur. Zwischen beiden Teilbereichen bestanden früher enge Vernetzungen durch das Ineinandergreifen naturnaher Landschaftselemente. Knicks, Bauernwälder und Gebüsche, Feuchtwiesen und Bäche endeten nicht am Dorfrand, sondern reichten von der Flur ins Dorf hinein und querten dieses idealerweise. Zu den Naturdenkmalen im Dorf gehören zum Beispiel Weiher beziehungsweise Teich, Kopflinde und Korbweide, Allee und Anger, Friedhof und Steinmauer. Heute sind viele dieser naturnahen Verbindungen abgerissen, dörfliche Naturelemente sind vielfach isolierte Landschaftsbestandteile, deren früherer räumlicher und wirtschaftlicher Zusammenhang wenig deutlich wird.

Naturdenkmal – das ist einmal ein rechtlicher Terminus, den das Bundesnaturschutzgesetz, das frühere Landschaftspflegegesetz sowie das heutige Landesnaturschutzgesetz von Schleswig-Holstein definieren. Darüber hinaus kann man in einem ganzheitlichen Verständnis unter Naturdenkmal vieles subsumieren: Naturgebilde der unbelebten Natur, die in geologischen Zeiträumen durch die Erdkräfte, Wasser, Wind und Wetter geformt wurden, wie der Buntsandsteinfelsen Helgolands, der Gipshut in der Kalkgrube Lieth, die Kliffs an Nord- und Ostsee mit ihren Stränden und Strandwällen und viele andere geowissenschaftlich schützenswerte Objekte, die heute von der Landesplanung zu beachten sind. Ebenfalls hinzugerechnet werden die durch menschliche Nutzung beeinflußten Naturdenkmale der belebten wie der unbelebten Natur wie Torfstiche, hinter den Deichen liegende ausgekuhlte Wehlen (Teiche an früheren Deichbruchstellen) und Pütten (Teiche an ehemaligen Deichbaugruben), pflegeabhängige Heidereste und Riesenbäume. Dabei unterscheidet die Naturschutzwissenschaft unterschiedliche Beeinflussungsgrade (Hemerobiestufen) der kulturbeeinflußten Biotope: „naturnah" bedeutet schwach bis mäßig kulturbeeinflußt, „halbnatürlich" mäßig bis mäßig stark kulturbeeinflußt und „naturfern" stark kulturbeeinflußt und mehr.

Es gibt eine fließende Grenze zwischen den *Naturdenkmalen* und den *Kulturdenkmalen* der Vor- und Frühgeschichte. Kulturdenkmal und Naturdenkmal begegnen sich in den Megalithgräbern des Neolithikums, in den Hügelgräbern der Bronzezeit, in den Verteidigungsanlagen des Danewerks und des Limes Saxoniae sowie in den früheren Seedeichen, die heute im Hinterland der Küste als Sommer- und Schlafdeiche ein beschaulicheres Dasein führen. Diesen vielfach in der freien Landschaft liegenden Kulturdenkmalen, über die staatliche Landesämter für Denkmalpflege wie für Vor- und Frühgeschichte wachen, kommt dennoch häufig eine hohe Biotopqualität zu; es sind oft sogenannte Trittstein-Biotope, die gewissermaßen als Inseln im Meer der wirtschaftlich genutzten Flächen den Fortbestand und die Verbreitung von Arten sichern. In der Naturschutzgeschichte des Landes haben sich Kulturdenkmalpflege und Naturschutz vielfach gegenseitig befördert, zum Beispiel durch die Schutzverordnungen im Bereich der Kulturlandschaft von Haithabu und Danewerk.

Das Landesnaturschutzgesetz von 1993, das grundsätzlich auf dem Bundesnaturschutzgesetz fußt, weist Naturdenkmalen Bedeutung und Schutz zu.

Aus dem Gesetz resultiert ein abgestuftes System von Schutzgebietskategorien, in denen wir nach unserem übergreifenden Verständnis immer wieder unterschiedliche Naturdenkmale wiederfinden: *gesetzlich geschützte Biotope* (nach § 20c BNatG) wie Moore, Röhrichte oder naturnahe Bachabschnitte, *Nationalparke, Naturschutzgebiete, Landschaftsschutzgebiete* sowie durch Ausweisung besonders *geschützte Landschaftsbestandteile*.

Zu den Schutzgebietskategorien gehören nach § 19 die *Naturdenkmale*. Über sie heißt es im Landesnaturschutzgesetz: „Einzelschöpfungen der Natur, deren besonderer Schutz

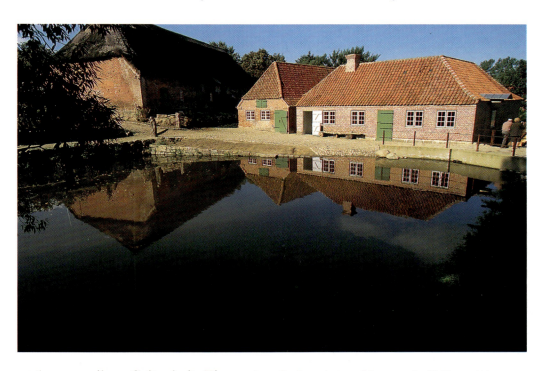

1. wegen ihrer Seltenheit, Eigenart, repräsentativen Bedeutung in einem Landschaftsraum oder besonderer Schönheit oder

2. aus wissenschaftlichen, naturgeschichtlichen oder landeskundlichen Gründen erforderlich ist, können durch Verordnung der unteren Naturschutzbehörden zu Naturdenkmalen erklärt werden. Einzelschöpfungen der Natur sind insbesondere erdgeschichtliche Aufschlüsse und Fundstellen, Kolke, Quellen sowie alte oder seltene Bäume; als Einzelschöpfungen gelten auch besondere Zeugnisse des menschlichen Umgangs mit der Natur wie Redder, Wehle, Wallanlagen."

Wir finden also in diesem gesetzlichen Rahmen viele oben bereits genannte Elemente wieder, wollen auf der anderen Seite jedoch den Begriff Naturdenkmal im Zusammenhang dieses Buches nicht auf derartige „Einzelschöpfungen" beschränkt wissen. Dabei ist natürlich in der Praxis des Naturschutzes – für die Naturdenkmale sind im Gegensatz zu den Kulturdenkmalen aus Archäologie und Landesgeschichte die Naturschutzbehörden zuständig – die eigene Institution Naturdenkmal im Kontext mit den vielen anderen Schutzstrategien besonders hilfreich.

Im bewohnten „Museumsdorf" Unewatt in Angeln stellt der Dorfteich gleichermaßen ein Kultur- und Naturdenkmal dar.

In Schleswig-Holstein sind Alleen noch häufig ein fester Bestandteil des Landschaftsbildes, hier im Bereich von Kirche und Friedhof im Gutsdorf Sieseby auf Schwansen.

Nach den neuesten amtlichen Angaben des Landes Schleswig-Holstein stehen zur Zeit in über 150 Naturschutzgebieten (erst oder immerhin) 2,12 Prozent des Landes unter Naturschutz. Die Anteile reichen von 0 Prozent in der kreisfreien Stadt Flensburg bis 7,5 Prozent im Landkreis Nordfriesland. Einzelne seltene Arten der *Roten Listen* kommen nachweisbar nur noch in diesen Refugien vor. Den über das Land verstreut liegenden Naturschutzgebieten kommt dabei über die Bedeutung für den Natur- und Artenschutz hinaus noch eine besondere Rolle als Rückgrat eines noch vorhandenen oder noch zu schaffenden landesweiten Biotopverbundsystems zu. Denn nur der genetische Austausch zwischen einzelnen Biotopen vermag auf Dauer die Vielfalt der Arten, die Lebensfähigkeit der Lebensräume und den Schutz der Umweltmedien Boden–Wasser–Luft zu gewährleisten. Unzerschnittene flächengroße Landschaften und sinnvolle Biotopverbundsysteme sind wesentliche Instrumente eines wissenschaftlich fundierten Naturschutzes.

Zwar machen die mehrere tausend Naturdenkmale des Landes, die gesetzlich geschützt sind, nicht die Hektarzahl der oben genannten Naturschutzgebiete aus, dennoch sind sie als weitflächig verteilte Trittstein-Biotope und Artenreservate von nicht zu unterschätzender Bedeutung. In jedem Fall gilt es, klug und fallbezogen abzuwägen: Ein landschaftsprägender Findling darf nicht angerührt, das heißt nicht abtransportiert oder gar zerschlagen werden (was jahrhundertelang geschah). Eine Heidefläche bedarf der Pflege und des Mähens, der Beweidung oder des Flämmens, um strauchförmige, blütenreiche Halbkulturformation zu bleiben. Ein Kratt bedarf des Hiebes und eine Sumpfdotterblumenwiese des gezielten Mähens, die Wallhecke benötigt die Holzentnahme. Daß daneben Natur sich selbst überlassen bleiben muß, um Freiräume zur Entwicklung von Dynamik und Prozessen zu besitzen, um „frei für neue Naturentwicklungen zu sein", ist wohl auch beim Liebhaber von „klassischen Naturdenkmalen" unstrittig. Freie Entfaltung der Natur in Bereichen, wo es sinnvoll ist, und landschaftspflegende Biotoperhaltung, wo es nötig ist – eine Formel, die unterschiedliche Strategien des Naturschutzes miteinander harmonisiert.

Was dieser Beitrag in seinem beschränkten Umfang nicht leisten kann, ist eine systematische oder gar vollständige Darstellung aller naturdenkmalverdächtigen Schutzgebiete im weiteren Sinne; denn es gibt über 150 Naturschutzgebiete, über 1 000 gesetzlich geschützte Naturdenkmale sowie Tausende in der amtlichen Kartierung landesweit erhobene Biotope. Was dieser Beitrag aber unbeschadet aller wissenschaftlichen und rechtlichen Definitionen möchte, ist, zum Sehen, Verstehen und Naturerleben zu führen. Das Wort *Denkmal* wird ja heute neu interpretiert als „Denk mal" – als Anstoß für einen neuen Umgang mit Natur- und Kulturschöpfungen, die einen Spiegel der Landschafts- und Menschheitsgeschichte darstellen. Dabei wird für den einen mehr die Achtung vor der Schöpfung und dem Schöpfer eine Rolle spielen, für andere Forschungsinteresse und künstlerischer Sinn, für den nächsten landeskundliche Neugierde, für wiederum andere Freude am Naturerlebnis (das Landesnaturschutzgesetz kennt auch die neue Schutzkategorie Naturerlebnisraum) und an der Erholung. Alle Motive zusammen ergeben ein herrliches Argumentebündel zum Schutz von Natur- und Kulturlandschaften mit ihren Denkmalen.

Der Traum einer durchgehenden Schiffahrt: Die Wasserstraßen

Ingo Heidbrink

Schleswig-Holstein – Land zwischen den Meeren, von jeher Drehscheibe für den Handel zwischen Ost- und Nordsee, Brücke zwischen Mittel- und Nordeuropa.

Vom Handel wikingischer Kaufleute mit Pelzen, Tuchen, Gläsern, Waffen und auch Sklaven in Haithabu über den Salz- und Heringshandel der Hanse, die merkantilistischen Ideen des dänischen Staates bis zur Flottenpolitik des deutschen Kaiserreiches, stets bildete die Zimbrische Halbinsel ein wenn auch nur wenige Kilometer breites Hindernis für die Realisierung des Traums einer durchgehenden Schiffahrt. Während die natürlichen Wasserstraßen für den Regionalverkehr ein dichtes nutzbares Wegenetz bildeten, blieb dem auf die West-Ost-Achse konzentrierten überregionalen Verkehr stets nur der gefährliche und bis zu 250 Seemeilen lange Umweg um Kap Skagen.

Die im frühen Mittelalter in Haithabu an der Schlei ansässigen Wikinger, die technologisch noch nicht die Möglichkeiten zum Bau einer künstlichen Wasserstraße besaßen, vermieden die Reise um Skagen durch weitgehende Ausnutzung der natürlichen Wasserwege. Von Tönning über Eider und Treene bis Hollingstedt im Westen, über die Schlei bis Haithabu im Osten reichte das für ihre Seeschiffe nutzbare Fahrwasser. Über die verbleibende Strecke von gut 15 Kilometer Breite wurden die Waren und eventuell vereinzelt auch unbeladene Schiffe über Land transportiert.

Mit dem Aufblühen der Hanse vom 12. bis 14. Jahrhundert bekommt das Problem der künstlichen Wasserstraße für Schleswig-Holstein neue Dimensionen. Ist doch einerseits eines der wichtigsten Handelsgüter der Hanse das Lüneburger Salz, dessen Hauptabsatzgebiet im südschwedischen Schonen liegt, und sind andererseits die bedeutendsten Hansestädte Hamburg und Lübeck per Schiff auch nur durch die Fahrt um die Nordspitze Jütlands verbunden. Ein Landtransport größerer Warenmengen zwischen den nur gut 60 Kilometer voneinander entfernten Städten konnte beim damaligen Stand der Verkehrstechnik keine Alternative zu einem noch so umständlichen Schiffstransport sein. Während ein Ochsenkarren im besten Fall einige wenige Zentner transportieren konnte, war die Tragfähigkeit einer Kogge oder auch eines kleinen Kahns für Binnengewässer ein Vielfaches davon. So verwundert es auch nicht, daß die Städte enorme Anstrengungen in den Unterhalt der natürlichen Wasserstraßen investierten.

Der Stecknitzkanal: erster Scheitelkanal Nordeuropas

Im Süden Schleswig-Holsteins gibt es mit der aus dem Möllner See entstammenden und in die Trave mündenden Stecknitz und der bei Lauenburg in die Elbe mündenden Delvenau wie im Norden zwischen Treene und Schlei zwei Wasserstraßen, die nur wenige Kilometer voneinander entfernt liegen und einerseits zur Ostsee, andererseits zur Nordsee abfließen. Für die mit dem Salzhandel aufstrebende Stadt Lübeck konnte nur diese Trasse für den Handel auf der Route Lüneburg-Schweden in Frage kommen und so hatte sich die Stadt bereits im Jahrhundert ihrer Gründung (1143 und 1159) das Recht zur Stecknitzfahrt gesichert.

Während die Stecknitz mit Stauschleusen schiffbar gemacht wurde, blieb der Landtransport über die Scheitelstrecke südlich des Möllner Sees zunächst unvermeidlich. 1390 erhält die Stadt Lübeck das Recht zum Bau eines Kanals, der namentlich allerdings nicht in der Urkunde fixiert

Modell der Palmschleuse des 1398 erstmals befahrenen Stecknitzkanals im Elbschiffahrtsmuseum Lauenburg (oben). Möglichst viele der kleinen handgetriebenen Stecknitzkähne wurden in der Schleuse gesammelt, um einen wassersparenden Kanalbetrieb zu ermöglichen.
Heutzutage ist nur noch der eigentliche gemauerte Schleusenkessel der Palmschleuse in Lauenburg zu betrachten (unten). Dieses Relikt der Schleusenanlage ist jedoch eines der ältesten erhaltenen Denkmale der europäischen Binnenschiffahrtsgeschichte.

wird. 1391 berichten Chroniken vom Beginn der Bauarbeiten, und 1398 kann der Kanal, der die Trave mit der Elbe verbindet, befahren werden. Wenn auch in bescheidenen Dimensionen, bestand damit erstmals eine durchgehende Wasserstraße quer durch Schleswig-Holstein. Die Zimbrische Halbinsel war endgültig zur Insel geworden.

Der ausschließlich lübischer Hoheit unterliegende Kanal hatte eine Gesamtlänge von 97 Kilometern, davon waren allerdings nur elf Kilometer echter Kanal. Die Wasserstraße besaß durch die Zeitläufe zwischen 13 und 17 Schleusen, überwiegend einfache Stauschleusen, und blieb trotz einer maximalen Schiffsgröße von ca. 7,5 Tonnen Tragfähigkeit fast 500 Jahre in Betrieb.

Der Alster-Beste-Kanal: ein nie vollendetes Projekt

1448. Kaum 50 Jahre nach Betriebsaufnahme des lübischen Stecknitzkanals engagiert sich Hamburg ebenfalls im Kanalbau. Ziel ist wiederum die Trave und damit Lübeck. Ausgangsort im Westen ist allerdings die Alster beziehungsweise Hamburg. Die vorgesehene Trasse führt von Hamburg über Alster und Alte Alster bis Stegen und von dort nach der eigentlichen Kanalstrecke über die Beste in die Trave und schließlich nach Lübeck.

Bautechnisch schwierig, die Kanaltrasse mußte durch mooriges Gelände geführt werden, und wirtschaftlich risikobehaftet, besaß das Projekt im Vergleich zum Stecknitzkanal denkbar schlechte Ausgangsvoraussetzungen. Wären die bautechnischen Probleme auch zu lösen gewesen, fehlte doch eine vergleichbar sichere Auslastung des Kanals wie durch das Lüneburger Salz, das der Stecknitzfahrt stets Gewinn brachte. Der Ausbau der oberen Alster erfolgte mit Schleusen; der Kanalbau jedoch scheiterte vorerst. 1525 wurde das Projekt, jetzt mit Beteiligung Lübecks, neu aufgegriffen und auch vollendet. Nach rund 20 Jahren Betriebszeit wurde die Schiffahrt aber wieder eingestellt. Die historische Forschung gibt hierfür ein Bündel von Ursachen an: angefangen von technischen Problemen der Schleusen und des Kanals im Moorbereich, über politische Streitigkeiten mit den an den Kanal grenzenden Territorien bis zum inzwischen erreichten Stand der Seeschiffahrt. Zudem bescherte in dieser Zeit die politisch sichere Sundpassage einem Binnenkanal zwischen Hamburg und Lübeck schwere Konkurrenz. All dies brachte nur geringen Nutzen gegenüber großen Opfern für einen Kanal zwischen Alster und Beste.

Zeit der Stagnation

Bis zum Bau des dänischen Eiderkanals herrscht in Schleswig-Holstein in Sachen Wasserstraßenbau ab dem 16. Jahrhundert eine regelrechte Rezession. Zwar kommt es wiederholt zu Planungen für Kanaltrassen, aber vor allem auf der West-Ost-Achse kann keiner dieser Pläne realisiert werden. Die Gründe liegen in der politischen Zersplitterung, der Unmöglichkeit, einen inzwischen einzig wirtschaftlichen Erfolg versprechen-

den Seeschiffskanal zu bauen, den verschiedenen Kriegen in dieser Epoche und vielem mehr.

Für die später realisierten und noch heute Schleswig-Holstein prägenden Projekte des Eider- und Nord-Ostsee-Kanals besitzt der Plan, der 1571 von Herzog Adolf I. von Gottorf Kaiser Maximilian II. vorgelegt wird, herausragende Bedeutung. Die Planung sah einen Kanal zwischen Kiel und der Eider vor, also einen echten Nord-Ostsee-Kanal. Die im Endeffekt wohlwollende Antwort des Kaisers basiert unter anderem auf einem Gutachten des kaiserlichen Statthalters der Niederlande, Herzog Alba, der die Nutzbarkeit für Seeschiffe zu bedenken gibt.

Dies stand im Gegensatz zu den Interessen Herzog Adolfs, der einen Binnenkanal konzipierte. Welche Gründe im Endeffekt die Realisierung verhinderten, ist heute nicht mehr genau nachvollziehbar.

Der Eiderkanal: erster Seeschiffkanal zwischen den Meeren

Der dänische Eiderkanal oder auch Schleswig-Holsteinische Kanal kann anders als frühere Projekte unter den Zeichen eines geeinten Territoriums entstehen.

Ganz dem Merkantilismus verpflichtet, soll der Kanal einen breiten wirtschaftlichen Aufschwung für das Territorium bringen. Die vielfach diskutierten Trassenführungen, die möglichst viele Orte in Schleswig-Holstein erschließen sollten, mußten allerdings später aus Kostengründen einer Trasse Tönning–Rendsburg–Kiel weichen. Im abschließenden Gutachten der Kanalkommission wird diese aber als vorläufig gekennzeichnet und eine Erweiterung nach Bedarf gefordert. Zu dieser Erweiterung des Kanals zu einem komplexen Schiffahrtsstraßennetz sollte es jedoch niemals kommen.

Brücke und Schleuse Knoop des alten Eiderkanals auf einem Gemälde des 19. Jahrhunderts (oben). Deutlich erkennt man den schon von dem französischen Schriftsteller Paul Verne geschilderten eigentümlichen und geheimnisvollen Charakter des Eiderkanals.
Die rekonstruierte Schleuse des Eiderkanals in Königsförde mit der neu errichteten und voll funktionsfähigen Klappbrücke im holländischen Stil ist eines der besonders sehenswerten Denkmale der schleswig-holsteinischen Wasserstraßen (unten).

Kupferstich der westlichen Eingangsschleusenanlagen des Kaiser-Wilhelm-Kanals in Brunsbüttel-Koog vor dem Kanalausbau (1907–1914). Noch ist die Schiffahrt im Kanal und auf der Elbe von den Rauchschwaden der Dampfer und den Segeln der Küsten- und Tiefwassersegler geprägt.

1777 konnte der Bau des Kanals beginnen, 173 Kilometer Gesamtstrecke, davon 34 Kilometer eigentlicher Kanal, sechs Schleusen mit Höhenunterschieden zwischen zwei und 2,6 Metern, ausgelegt für Schiffe von 28,7 Meter Länge, 7,5 Meter Breite und 2,7 Meter Tiefgang – ein Projekt, das die größte zivile Baustelle des 18. Jahrhunderts in Europa werden sollte. Heute größtenteils durch den Nord-Ostsee-Kanal überflutet, bekommt man an den Schleusen Kluvensiek, Königsförde und Rathmannsdorf noch einen guten Eindruck von der Anlage des Eiderkanals.

Aus holländischen Ziegeln gemauerte Schleusenkammern, Sandsteineinfassungen und gezimmerte Schleusentore mit in Granit eingelassenen Messinglagern sowie separate, sogenannte Freischleusen neben den Hauptkammern zur Wasserhaltung zeigen den modernsten Stand der Technik des 18. Jahrhunderts. Daß die Kanalkommission sich Anregungen und Know-how in den Niederlanden geholt hat, sieht man spätestens an den Klappbrücken zur Überführung der Chausseen über die Schleusen. Die in Kluvensiek erhaltenen zwei gußeisernen Portale der Brücke zeigen besonders deutlich den Einsatz modernster Technik für den Kanalbau.

Seinen Zweck als Seeschiffahrtskanal, der auch für die Kriegsflotte nutzbar sein sollte, erfüllte der Kanal schon bei seiner Vollendung 1784 kaum. Für die Küstenschiffahrt, vor allem im Transitverkehr, erlangte er aber doch Bedeutung. Der, dem merkantilistischen Prinzip folgend, erwartete Aufschwung des Territoriums blieb aber aus.

Eine Schilderung Paul Vernes zeigt den Zustand des Kanals im Jahr 1881

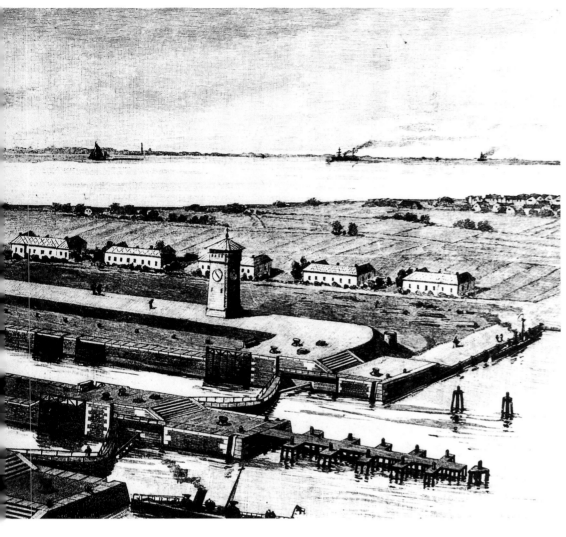

Montage der Schiebetore der Schleusenanlage Kiel-Holtenau 1912. Heute nutzen motorbetriebene Fahrzeuge die neue Doppelschleusenanlage. Die alte Doppelschleuse vom Ende des vorigen Jahrhunderts dient fast ausschließlich der Sportschiffahrt.

deutlich: „Die Yacht gleitet ruhig durch den geheimnisvollen Laubengang, zwischen hölzernen Baken und geflochtenen Uferwänden hin."

Seine wirtschaftliche Bedeutung hatte er längst verloren. Für die größeren Dampfschiffe kam er aufgrund seiner Schleusenmaße per se nicht mehr in Frage, und die Schleusen verlängerten die Fahrzeit derart, daß der Transitverkehr überwiegend wieder die Fahrt um Skagen wählte. Für den Regionalverkehr blieb der Eiderkanal jedoch stets wichtig.

Der Nord-Ostsee-Kanal: Ein Traum wird wahr

Der Nord-Ostsee-Kanal – geradezu ein Synonym für Wasserstraßen in Schleswig-Holstein. Alle bisher beschriebenen Wasserstraßen hatten immer dies Ziel vor Augen, die Errichtung einer nassen West-Ost-Magistrale, eines Nord-Ostsee-Kanals. Nachdem der Eiderkanal genau wie seine Vorgänger durch technische Weiterentwicklung und politische Verlagerungen nicht mehr konkurrenzfähig gegenüber der Skagenfahrt war, gab es erneut zahlreiche Kanalpläne. Auf der einen Seite standen wieder ökonomische Interessen wie durchgehende Schiffahrt, Verringerung der Seestrecke und des Strandungsrisikos, auf der anderen Seite aber in bisher ungekanntem Maß strategische Überlegungen. Für die nach Gründung des Deutschen Bundes und verstärkt nach der Reichsgründung einsetzende deutsche Flottenpolitik konnte die Fahrt um Skagen, durch fremde Territorialgewässer, nie ein Ersatz für einen Kanal sein. Nach langwierigen Diskussionen, die unter anderem auch den Plan des Aufbaus zweier separater Flotten für

Der Traum einer durchgehenden Schiffahrt: Die Wasserstraßen

Ein Tankschiff auf dem Weg östlich durch den Nord-Ostsee-Kanal, der international Kiel-Canal heißt. Die Weite des Kanals und der Landschaft wird selten so deutlich wie auf diesem Bild aus der Vogelperspektive.

Nord- und Ostsee vorsahen, fiel die Entscheidung doch zugunsten des Kanals. Die Projektierungen folgten weitgehend dem Plan des Hamburger Reeders Hermann Dahlström, der in seiner ersten Fassung allerdings einen privatwirtschaftlich betriebenen reinen Handelskanal vorgesehen hatte. Ohne hier im Detail auf die Vorgeschichte des Kanals einzugehen, sei nur bemerkt, daß wieder nahezu alle möglichen Trassenführungen zwischen Hamburg und Tönning im Westen und Kiel und Eckernförde im Osten diskutiert wurden. Der schließlich in Folge des „Gesetzes betreffend die Herstellung des Nord-Ostsee-Kanals" von 1886 erbaute Kanal folgte der Linie Brunsbüttel–Rendsburg–Kiel. Auf den Bedarf der kaiserlichen Marine konzipiert, sprengte der Kanal von Anfang an alle bisher in Schleswig-Holstein bekannten Dimensionen. Die Doppelschleusen an den Kanalenden erhielten eine Kammerlänge von je 150 Meter Nutzlänge und 25 Meter Nutzbreite, der Kanal selbst eine Tiefe von neun Metern und eine Spiegelbreite von 66,7 Metern. Mit einer Durchfahrtshöhe von gut 40 Metern war er so für alle Schiffe, die im Ostseeraum verkehrten, gerüstet. Ohne weitere Schleusen, zu Beginn nur von zwei Hochbrücken und fünf beweglichen Brücken überspannt, war der Kanal mehr als ein Wasserweg. Er veränderte die gesamte Kulturlandschaft in Schleswig-Holstein. Kleinere Wasserstraßen wie die Wilster Au, die bis dato noch lokalen Verkehren dienten, erhielten zwar noch Verbindung zum neuen Kanal, verkümmerten aber innerhalb kürzester Zeit zur Bedeutungslosigkeit.

Bereits 1907 hatte sich herausgestellt, daß der seit seiner Eröffnung im Jahr 1895 Kaiser-Wilhelm-Kanal heißende Kanal nicht mehr den militärischen Erfordernissen genügte. Das maritime Wettrüsten innerhalb Europas zeigte seine Konsequenzen auch für Schleswig-Holstein. Die Folge war der von 1907 bis 1914 andauernde Ausbau des Kanals. Neue Doppelschleusen mit 330 Meter Kammerlänge und 45 Meter Kammerbreite, Vertiefung auf elf Meter und Verbreiterung auf 102,5 Meter waren neben kleineren Trassenverlegungen, Kurvenbegradigungen, Brückenneubauten und allgemeiner technischer Erneuerung erforderlich, damit der Kanal auch weiterhin seiner strategischen Funktion gerecht werden konnte – auch wenn er als solcher in beiden Weltkriegen nur geringen Nutzen hatte. Der Traum der Verbindung von Nord- und Ostsee für Schiffe beliebiger Größenordung schien endgültig erfüllt. Seit der Mitte der 1960er Jahre erfolgt eine Anpassung an die Erfordernisse der Schiffahrt, inzwischen aber der zivilen Handelsschiffahrt. Heute kann der Kanal von nahezu allen Schiffen passiert werden, für die die Ostsee überhaupt noch ein geeignetes Revier darstellt.

Elbe-Lübeck-Kanal und Gieselaukanal

Für Schleswig-Holstein war dies aber noch nicht das Ende der Ära des Wasserstraßenbaus. Mit dem Baubeginn des Elbe-Lübeck-Kanals in Folge des Ausbaus des deutschen Binnenwasserstraßennetzes erlebte auch die Stecknitzkanalroute eine Renaissance. Zwischen 1895 und 1900 entstand auf der Route des mittelalterlichen Kanals eine moderne Binnenwasserstraße, die wenige standardisierte Schleusen mit wasserhydraulischen Systemen besaß. Als erste moderne künstliche Binnenwasserstraße im nördlichsten Bundesland dient sie bis heute nicht primär der Verbindung der zwei Meere, sondern der direkten Anbindung der im Binnenland liegenden Industriegebiete an den Ostseehandel. Auch in dieser Funktion steht der Kanal in der Tradition der Stecknitzfahrt.

Der in diesem Jahrhundert erbaute Gieselaukanal, der den Nord-Ostsee-Kanal bei Oldenbüttel mit der Eider verbindet, ist zur Zeit die letzte Ergänzung des künstlichen Wasserstraßennetzes in Schleswig-Holstein. Mit seinen nur knapp drei Kilometer Länge verbindet der 1937 erbaute Kanal die beiden Wasserwege für Schiffe mit bis zu 69 Meter Länge und neun Meter Breite. Die bis dahin bestehende Schleuse Rendsburg wurde geschlossen und der kurvenreiche Eiderabschnitt zwischen Oldenbüttel und Rendsburg von der durchgehenden Schiffahrt entlastet. Heute ist dieser Bereich der Untereider mit Sicherheit die idyllischste Wasserstraße im Land.

Die natürlichen Wasserstraßen

Für die Schiffahrt sind von jeher neben den künstlichen Wasserstraßen natürliche Wasserwege von existentieller Bedeutung. An anderen Stellen in diesem Buch werden die großen Flüsse als Bestandteil der Landschaften ausführlich behandelt, deshalb erfolgen hier nur noch einige Anmerkungen. Die Elbe mit ihren Nebenflüssen und den daran liegenden Häfen war stets Kristallisationspunkt für die Entwicklung der Kulturlandschaft Schleswig-Holstein. Von Lauenburg über Pinneberg, Uetersen, Elmshorn, Glückstadt und Itzehoe bis Brunsbüttel. Jeder der Orte liegt an einem schiffbaren Nebenfluß der Elbe, und kaum einer hat sein Wachstum nicht unter anderem der Schiffahrt zu verdanken. Lübeck, Kiel, Eckernförde, Schleswig und Flensburg, was wären diese Städte ohne ihre Häfen an den Buchten und Förden der Ostsee? Und auch im Binnenland liegende Orte wie

Ein Frachtschiff auf dem Elbe-Lübeck-Kanal: Hinter all der Ruhe, die von der Binnenschiffahrt auch in Schleswig-Holstein ausgeht, stehen moderne Transportunternehmen mit all ihrer Hektik. Aber noch gibt es auch diese ruhigen, beinahe romantischen Momente der Branche.

Wassersport auf der Eider, vielleicht die schönste Art, Schleswig-Holstein kennen- und liebenzulernen.

Friedrichstadt, Mölln oder Rendsburg wären ohne die Schiffahrt wohl stets unbedeutend geblieben. Heute ist die große Ära der Schiffahrt in Schleswig-Holstein beendet. Nur noch wenige Wasserstraßen sind von kommerzieller Bedeutung. Aber die Kulturlandschaft wird von ihnen allen geprägt. Gerade für den Tourismus besitzen auch Wasserwege wie Stör oder Eider ihre Reize.

Industriearchäologische Stätten

Wikingischer Handelsweg zwischen Schlei und Treene:
Wikinger Museum Haithabu bei Schleswig, Hollingstedt.

Stecknitzkanal:
Palmschleuse in Lauenburg; Elbschiffahrtsmuseum Lauenburg; Dükerschleuse bei Witzeeze.

Moderne Seeschiffe ziehen zwischen den Holsteiner Schwarz-Bunten durch die Weiden des Landes. Ein typisches Bild für die durch die Wasserstraßen geprägte Kulturlandschaft Schleswig-Holsteins.

Alster-Beste-Kanal:
Oberlauf der Alster, der große Graben in Sülfeld.

Eiderkanal:
Packhäuser in Tönning, Rendsburg und Kiel-Holtenau; Schleusen in Kleinkönigsförde, Kluvensiek und Rathmannsdorf; Obelisk an der Ostmündung des Kanals in Kiel-Holtenau.

Nord-Ostsee-Kanal:
Kanalschleusengruppen in Brunsbüttel und Kiel-Holtenau; Hochbrücken über den Kanal; Schwebefähre Rendsburg; Schleuse Strohbrück; Leuchtturm Kiel-Holtenau.

Elbe-Lübeck-Kanal:
Schleuse Lauenburg sowie die übrigen Kanalschleusen; Hubbrücke in Lübeck; Fähre Siebeneichen.

Von der Windmühle zur Windkraftanlage: Windenergie

Peter Schafft

Dem Besucher der Nordseeinsel Sylt wird seit einigen Jahren ein besonderes Erlebnis geboten. Unmittelbar bevor er mit dem Zug die Festlandsküste im nordwestlichsten Zipfel der Bundesrepublik verläßt, durchquert er einen Mastenwald, der, soweit das Auge reicht, die Küste hinter dem Seedeich begleitet. Auf schlanken Stahltürmen, hoch über dem Land, transformieren Rotoren den ständig vorhandenen Seewind in elektrische Energie.

Eindrucksvoll, wenn auch nicht unumstritten, zeigen sich hier dem Reisenden die Bemühungen des Landes, die Windkraft verstärkt und umweltschonend in den Wirtschaftskreislauf einzubeziehen.

Das vorherrschende Klimaelement in Schleswig-Holstein ist zweifellos der Wind. In keinem anderen Bundesland spielt er so eine dominierende Rolle. Die Lage des Landes zwischen zwei Meeren schafft diese Situation und veranlaßte seine Bewohner zu allen Zeiten, die Kraft des Windes mit den jeweils zur Verfügung stehenden technischen Möglichkeiten zu nutzen.

Bockwindmühlen

Windkraftmaschinen sind in Schleswig-Holstein seit dem 13. Jahrhundert nachgewiesen. In den kornreichen Marschen der Westküste, die wegen ihrer Topographie die Anlage von Wassermühlen nur sehr eingeschränkt zuließen, verdrängten sie allmählich als Korn-, Grütz- und Graupenmühlen Reibsteine und Handmühlen und verbreiteten sich von hier über das ganze Land. Als komplette Maschinen, deren propellerartiges Flügelkreuz vom Wind angeweht wird, verwandeln sie die Strömungsenergie in eine Drehbewegung, um damit die Mahlsteine zu bewegen. Da die Flügel stets gegen den Wind gestellt werden mußten, war es erforderlich, die Mühle drehbar zu lagern. Das gesamte Mühlengehäuse mit Windwerk, Mahlsteinen und der übrigen technischen Ausstattung ruhte bei diesen ältesten Mühlen auf einem starken senkrechten Pfahl, dem Hausbaum. Dieser wurde durch ein aus kräftigen Streben bestehendes Bockgerüst gestützt, welches die anfallenden Windkräfte auf ein hölzernes Schwellenkreuz übertrug. An einem aus dem unteren Teil des Mühlenhauses ragenden Kragbalken, dem „Steert", konnte die Mühle je nach Windrichtung um den Hausbaum gedreht werden.

Diese Bockwindmühlen waren im Mittelalter die am häufigsten vorkommenden Mühlen in Deutschland. Das Prinzip der Kraftumwandlung glich dem der Wassermühlen, die bereits im Altertum bestanden und vom römischen Ingenieur Vitruv sehr sachkundig beschrieben wurden. Es heißt in der Übersetzung: „Nach demselben Prinzip (Vitruv beschreibt vorher die Funktion eines Schöpfrads) werden auch Wassermühlen getrieben, bei denen sonst alles ebenso ist, nur ist an dem einen Ende der Welle ein Zahnrad angebracht. Dieses ist senkrecht auf die hohe Kante gestellt und dreht sich gleichmäßig mit dem Rad in derselben Richtung. Anschließend an dieses große Zahnrad ist ein (kleines) Zahnrad horizontal angebracht, das in jenes eingreift. So erzwingen die Zähne jenes Zahnrades, das an einer Welle (des Schaufelrads) angebracht ist, dadurch, daß sie die Zähne des horizontalen Zahnrades in Bewegung setzen, eine Umdrehung der Mühlensteine. Bei dieser Maschine führt ein Rumpf, der darüber hängt, das Getreide zu und durch dieselbe Umdrehung wird das Mehl erzeugt."

Setzt man an die Stelle des Wasserrades das Flügelkreuz, so entspricht das genau dem Funktionsprinzip der

Bockwindmühle. Die Kraft wird unmittelbar von der Flügelwelle auf den Mahlgang übertragen. Ein Getriebe zum Antrieb mehrerer Mahlsteine über eine Welle war diesen Kastenmühlen noch fremd.

Mit Ausnahme einer kleinen Mühle von der Hallig Langeneß (jetzt im Friesenmuseum in Wyk auf Föhr) sind die Bockwindmühlen aus Schleswig-Holstein verschwunden. Die letzte wurde 1947 im Kreis Eckernförde abgebrochen. Das heute im Freilichtmuseum Molfsee zu besichtigende Exemplar stammt ursprünglich aus Niedersachsen.

Holländermühlen

In der zweiten Hälfte des 17. Jahrhunderts verbreitete sich in Norddeutschland ein neuer Windmühlentyp, der nach seinem Ursprungsland als Holländermühle bezeichnet wird. In einem geräumigen Achtkantständerbau konnten bis zu vier Mahlgänge nebeneinander aufgestellt werden, und es gab noch Platz für Reinigungs- und Sichtmaschinen.

Anders als bei den kleinen und engen Bockwindmühlen wurde nicht mehr das ganze Mühlengehäuse, sondern nur eine obere Haube oder Kappe mit den Flügeln in den Wind gedreht. Ursprünglich ebenfalls durch einen an der Kappe angebrachten „Steert" geschah dies meistens mit Hilfe einer „Steertwinde"; bei der Erdholländermühle direkt vom Boden, bei der höher gebauten Galerieholländermühle von einer die Mühle umlaufenden hölzernen Balustrade, der Galerie oder dem „Zwickgestell".

Der technische Fortschritt dieser Holländermühlen bestand in einer durchgehenden senkrechten Welle, „Königswelle" genannt, an der ein großes Stirn-Zahnrad die Drehkraft der Flügelwelle auf mehrere Mahlgänge gleichzeitig übertragen konnte. Diese Mühlenart wurde neben den Wassermühlen die dominierende Kraftmaschine des 18. und 19. Jahrhunderts im ländlichen Raum. Ihre Technik änderte sich nur wenig. Die größte Aufmerksamkeit widmete man der Erleichterung der Bedienung und der Ausnutzung auch nur schwach wehender Winde. Wichtige Neuerungen kamen bereits Ende des 18. Jahrhunderts aus England. Ein neuer Flügeltyp verdrängte allmählich die traditionellen Segelflügel. An Stelle des hölzernen Gitters, das zum Aufnehmen der Besegelung diente, traten zahlreiche Lamellen aus dünnem Holz oder Blech, die je nach Windstärke, ähnlich wie eine Jalousie, zentral über ein mechanisches Gestänge geöffnet oder geschlossen werden konnten. Zusammen mit der bereits 1745 von dem schottischen Schmied Edmund Lee erfundenen vollautomatisch arbeitenden Windrose, die die Kappe der Mühle mit Hilfe des Windes immer in die optimale Richtung dreht, wurde der Betrieb der Holländermühlen erheblich vereinfacht.

Selbst das Aufkommen der Dampfmaschinen und Verbrennungsmotoren vermochte es vorerst nicht, die mit kostenlosem Wind angetriebenen Mühlen zu verdrängen. Zwar legten sich viele Müller für windstille Zeiten einen Hilfsmotor zu, sie waren

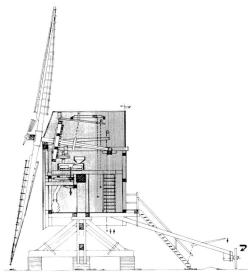

In Schleswig-Holstein ist sie „ausgestorben": die Bockwindmühle. Bei diesem Windmühlentyp wird die Kraft von der Flügelwelle durch Zahnräder auf den Mahlstein übertragen. Mit dem „Steert", dem aus der Mühle ragenden Kragbalken, kann die Mühle gegen den Wind gestellt werden.

Von der Windmühle zur Windkraftanlage: Windenergie

Das Alte geht, das Neue kommt. Während früher einzelne Windmühlen Blickfänge boten, dominieren heute Windkraftanlagen das Landschaftsbild in manchen Regionen Schleswig-Holsteins – hier an der Schlei.

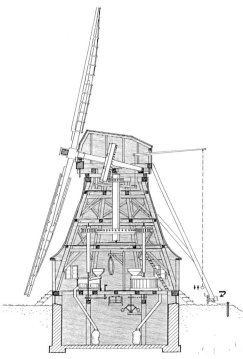

Eine Holländermühle von 1787 in Lemkenhafen auf Fehmarn mit „Zwickgestell", der umlaufenden Balustrade, und „Steert". Die Mühle kann heute besichtigt werden.
Darunter das Funktionsschema eines „Erdholländers". Nur die Kappe wird bei den Holländermühlen gedreht. Die senkrechte Welle und das große Stirn-Zahnrad ermöglichen den Antrieb mehrerer Mahlsteine. Dieser zunächst niederländische Mühlentyp verbreitete sich ab Mitte des 17. Jahrhunderts auch in Schleswig-Holstein.

aber stets daran interessiert, mit verbesserten Windwerken auch die schwächeren Winde auszunutzen. Dem kam die Erfindung des deutschen Aerodynamikers Kurt Bilau entgegen. Auf der Grundlage moderner Strömungsforschung entwickelte er in den zwanziger und dreißiger Jahren Windmühlenflügel als Ganzmetallhohlkörper in Propellerform. Ein aerodynamisch geformter Hohlkörper als Ersatz des ursprünglichen Windbretts, die „Ventikante", gekoppelt mit einem „Drehheck" anstelle der Jalousien, welches um seine Längsachse drehbar ist, bildeten das neue Antriebsteil. Die Bilauschen Flügel sollten, nach Angabe der Hersteller, etwa die 2,8fache Leistung der traditionellen Flügel aufbringen, immer eine gleichbleibende Drehzahl haben und schon bei Winden von zwei Metern pro Sekunde gute Arbeit leisten.

Obwohl noch zahlreiche alte Holländermühlen auf dieses neue System umgerüstet wurden, war um die Mitte unseres Jahrhunderts die Zeit der Kornwindmüllerei vorbei. Leistungsfähige Großmühlen mit einer umfangreichen Produktpalette übernahmen die Versorgung einer anspruchsvoll gewordenen Bevölkerung. Das bereits um die Jahrhundertwende einsetzende Mühlensterben setzte sich nach einem kurzen Wiederaufleben unmittelbar nach dem Zweiten Weltkrieg dann um so stärker fort. Nur noch wenige Mühlen erzeugen heute im Nebenerwerb Backschrot oder Futtermittel; die meisten sind verfallen oder anderen Nutzungen zugeführt.

Schöpfmühlen

Nicht so bekannt wie das sich einst über das ganze Land erstreckende Netz der Kornwindmühlen, von denen über 1 000 allein in Schleswig-Holstein das Bild der Landschaft prägten, dürfte die Tatsache sein, daß ein anderer Mühlentyp in ähnlich großer Zahl für die Wirtschaft einiger Regionen des Landes von nahezu gleicher Bedeutung war. Gemeint sind die Schöpfmühlen in den Marschen und Mooren und an dem Küstenstreifen der Ostsee.

Die im Mittelalter einsetzende Bedeichung der sturmflutgefährdeten, auf Meeresspiegelhöhe und teilweise darunter liegenden Marschen an der Westküste schuf gesicherte Siedlungsflächen für die Landwirtschaft. Die so entstandenen Polder, in Schleswig-Holstein nennt man sie Köge, verloren durch die Eindeichung ihre natürliche Vorflut. Jeder gewonnene Koog muß aus diesem Grund ständig künstlich entwässert werden, soll er nicht umgehend wieder versumpfen. Zur Regulierung und Ableitung des Niederschlagswassers ist ein aufwendiges Netz von Gräben und Kanälen erforderlich, und da die Deiche jeden unmittelbaren Abfluß zum Meer verschließen, muß das gesammelte Wasser allmählich angehoben und an bestimmten Stellen durch Schleusen in die zum Meer führenden Flüsse geleitet werden. Dieses konnte in vorindustrieller Zeit nur durch Muskelkraft (Schöpfräder) oder den Einsatz von Windschöpfmühlen geschehen.

Die Karte der Wilstermarsch von 1721 zeigt detailliert den Stand der Eindeichung, die Entwässerungsgräben und die Teile der Marsch, wo durch Schöpfmühlen das Wasser in höher gelegene Kanäle befördert werden muß. 136 Schöpfmühlen sind auf der Karte symbolisch dargestellt. Aus alten Katastern ist bekannt, daß es allein in der Wilstermarsch weit über 300 dieser Fördermaschinen gegeben hat. Die Holländer, die wesentlichen Anteil an der Eindeichung der Marschen hatten, führten die Schöpfmühle in Schleswig-Holstein ein. Es handelt sich dabei um eine Kombination aus der alten Bockwindmühle und der neuen Holländermühle mit feststehendem Rumpf. Diese im Volksmund treffend „Holländische Jungfer" ge-

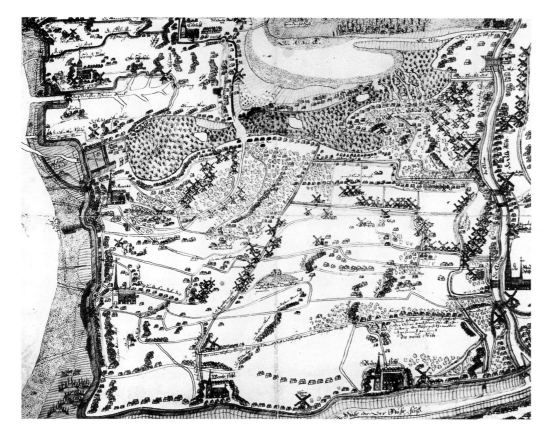

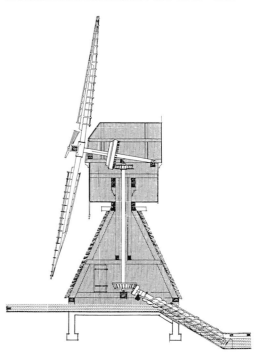

nannte Mühle wird nach ihrer senkrecht in einem Köcher stehenden Antriebswelle auch als Kokermühle bezeichnet. Ursprünglich betrieb sie ein normales Schöpfrad. Mit der Schneckenwelle führte der Unternehmer Johann Holler 1772 eine neue Fördertechnik aus Holland ein, die die Förderhöhe und -menge wesentlich zu steigern vermochte. Nach dem Prinzip der archimedischen Schraube wird das Wasser dabei durch eine hölzerne Schnecke förmlich in die Höhe geschraubt. Kleinere Mühlen „mahlen" das Wasser erst in den Mühlengraben oder die Wettern, größere dann in die Au. Jede Mühle hatte ihren „Pott" leer zu mahlen. Um ein Überfließen der Auen zu verhindern, wurde der Wasserstand mittels Flutpfählen reguliert. Der Müller, dessen Mühle von allen Betreibern am günstigsten zu sehen war, wurde zum Flutpfahlmüller ernannt und gab durch die Flügelstellung seiner Mühle die Zeichen für Beginn und Einstellung des Schöpfvorgangs. Wartung und Bedienung dieser hölzernen Maschinen waren aufwendig und umständlich. Das ständige „in den Wind drehen" der oft weit entfernt von jeder menschlichen Behausung arbeitenden Schöpfwerke unterbrach immer wieder die normale Tätigkeit der Landwirte. So war es nur allzu verständlich, daß mit dem Aufkommen selbstregulierender Windkraftschöpfwerke zu Beginn des 20. Jahrhunderts die Zeit der hölzernen Kokermühlen zu Ende ging.

Windturbinen

Der Übergang von der individuellen und handwerklichen Herstellung der Schöpfmühlen zur industriellen Serienfertigung war auch mit einem konsequenten Materialwechsel verbunden. Sämtliche Teile der neuen Windturbinen wurden aus vorgefertigten Stahlprofilen zusammengesetzt. Alles wurde leichter, beweglicher, besser gelagert; die schwere hölzerne Schraube durch einfacher zu wartende eiserne Wasserschnecken ersetzt. Die aus Stahlblech bestehende Windrose brauchte nicht mehr mühsam mit Muskelkraft in den Wind gedreht

Karte der Wilstermarsch von 1721 (links) mit Eindeichung, Entwässerungsgräben und Schöpfwindmühlen, von denen es hier über 300 gegeben hat.
„Holländische Jungfer" (rechts) nennt der Volksmund die Kombination aus Bockwindmühle und Holländermühle. Diese Schöpfmühle aus der Wilstermarsch stammt aus dem 18. Jahrhundert. Schneckenwellen erhöhten ab der zweiten Hälfte des 18. Jahrhunderts die Förderkapazität im Vergleich zum vorher gebräuchlichen Schöpfrad.

zu werden und auch das umständliche „Segelsetzen" entfiel. „Windkraft-Schöpfwerke mittels Adler-Stahl-Windturbinen" der Firma Friedrich Köster aus Heide wurden in der schleswig-holsteinischen Landwirtschaft und weit darüber hinaus ein Begriff für hohe Zuverlässigkeit und Wirtschaftlichkeit. Immerhin war ein Windkraftschöpfwerk der Firma Köster mit einem Windrad von zehn Meter Durchmesser und einer Wasserschnecke von 1,10 Meter Durchmesser bei mäßigen Winden in der Lage, innerhalb einer Stunde ca. 1 500 Kubikmeter Wasser um 2,50 Meter zu heben.

Das System der eisernen Windturbinen verbreitete sich schnell weltweit und kam hauptsächlich als Wasserpumpe oder Schöpfwerk zum Einsatz. Zwischen den beiden Weltkriegen entwickelten sich die Windturbinen zu regelrechten Energiestationen, um die abseits liegenden landwirtschaftlichen Gehöfte, die noch nicht an die Überlandleitungen der Stromerzeuger angeschlossen werden konnten, zu versorgen. Die einzige noch erhaltene Anlage dieser Art in Schleswig-Holstein befindet sich in Volsemenhusen-Süderwisch im Kreis Dithmarschen. Die Windturbine betrieb hier eine Steinmühle mit Silo und Saatgutreinigung; über eine Transmissionswelle konnten weitere Maschinen angetrieben werden. Das Besondere war jedoch die Erzeugung von elektrischer Energie. Ein Dynamo speiste eine Reihe von Batterien, die soviel Gleichstrom abgaben, daß Stall und Stuben elektrisch beleuchtet werden konnten; außerdem reichte der Strom noch für zwei Kochplatten und ein Bügeleisen.

Mit der Verdichtung des Verteilernetzes nach dem Zweiten Weltkrieg konnten selbst einsame Gehöfte durch zentrale Kraftwerke optimal versorgt werden. Elektrische Energie stand nun in jeder gewünschten Art und Menge jederzeit zur Verfügung. Jede Art von Antrieb konnte mit Elektromotoren schneller, stärker und sauberer vorgenommen werden. Windmühlen, Schöpfmühlen und Windturbinen hatten keine Zukunft mehr. Es schien, als hätte der Wind nach Jahrhunderten als vielseitig genutzte Primärenergie in Schleswig-Holstein ausgedient und Kohle, Atomkraft und Öl das Feld überlassen.

Vom „Growian" zu den Windparks

Doch der Traum vom unaufhörlichen Wachstum war kurz, und das Vertrauen der Allgemeinheit in die Atomenergie wurde von umweltbewußten Kennern der Materie schwer erschüttert. Die Ölkrise Anfang der siebziger Jahre ließ die Grenzen der Ressourcen erahnen, und rohstoffarme Länder begannen sich der regenerativen Energie zu erinnern. Israel, Dänemark und die USA starteten Mitte der siebziger Jahre große Windenergieprogramme. In Deutschland gründete sich der „Gemeinnützige Verein für Windenergie-Forschung und -Anwendung" mit Sitz in Eckernförde; unter den Mitgliedern zahlreiche Wissenschaftler und Energieexperten, die den Bau großer Windkraftwerke für realisierbar hielten. Das Bundesforschungsministerium unterstützte mit Förderprogrammen die Entwicklung neuer Windkonverter. Auf der Nordseeinsel Pellworm fanden auf einem Testfeld unter wissenschaftlicher Kontrolle vergleichende Untersuchungen an neuesten Prototypen kleinerer Windenergieanlagen statt. Mit der Installation einer Großwindanlage im Kaiser-Wilhelm-Koog schoß man über das Ziel hinaus, den Beweis zu erbringen, daß auch die Windenergie einen Beitrag zur Energieversorgung leisten könne. Das Monstrum war 150 Meter hoch und 100 Meter breit und sollte drei Megawatt Leistung abgeben. Risse in der Pendel-Nabe und geplatzte Flügel ließen den Rotor von Oktober 1983 bis Juni 1985 statt vorgesehener 500 Betriebsstunden lediglich 180 Stunden wirbeln. Der 90 Millionen teure Gigant wurde 1988 wieder abgebaut.

Die Mißerfolge des „Growian" (Große Windenergieanlage) und der meisten Prototypen von Pellworm vermochten jedoch die Tatsache einer wirtschaftlich effektiven Windausbeute nicht zu widerlegen. Die theoretischen Grundlagen waren seit den zwanziger Jahren erbracht. Der schon erwähnte Kurt Bilau und der Däne La Cour testeten unterschiedlichste Windräder im Windkanal. Sie erweiterten die durch die Luftschiffahrt gewonnenen Erkenntnisse der Aerodynamik und setzten sie gezielt zur Entwicklung von Windgeneratoren ein. Mit seinem 35-Kilowatt-„Ventimotor" gelang es Bilau bereits 1923, eine Kilowattstunde Strom für etwa acht Pfennig zu erzeugen.

Mit Demonstrationsprogrammen wie dem „100-MW-Wind"- und dem „250-MW-Wind"-Programm unterstützte die Bundesregierung die Entwicklungsarbeiten der Privatwirtschaft und half damit den Herstellern, die Anlagen kalkulierbar zu machen sowie durch meßtechnische Untersuchung statistisch gesicherte Langzeitbetriebserfahrungen zu gewinnen. Alle diese Bemühungen führten dazu, daß 1987 im Kaiser-Wilhelm-Koog Deutschlands erster Windpark in Betrieb genommen werden konnte. In einer Zone durchschnittlicher Windgeschwindigkeiten von sechs Metern pro Sekunde wurden 32 Windkraftanlagen mit einer Gesamtleistung von 1330 Kilowatt installiert, die im Jahresmittel 2,7 Millionen Kilowattstunden elektrische Energie erzeugen.

Allmählich sonderte sich die Spreu vom Weizen, Windkraftanlagen begannen Aufmerksamkeit zu erregen. Politiker erkannten den ressourcenschonenden und umweltfreundlichen Effekt der Windkraftveredelung. Bereits schon eine kleine Windenergieanlage mit einer Leistung von 100 Kilowatt kann im Laufe eines Jahres bis zu 250 000 Kilowattstunden erzeugen. Das entspricht 55 Tonnen Öl, das bei seiner Verbrennung unter anderem 148 Kilogramm Schwefeldioxid und 127 Tonnen Kohlendioxid freisetzt. Großzügige Subventionen durch Bund und Land sollten private Investoren anreizen, Windkraftanlagen zu errichten. Dabei war von vornherein nicht so sehr an die Eigenversorgung mit elektrischer Energie gedacht, sondern an die unmittelbare Einspeisung in das Netz der Stromversorgungsunternehmen. Dazu mußten die Konzerne verpflichtet werden. Dies geschah durch das Gesetz über die Einspeisung von Strom aus erneuerbarer Energie in das öffentliche Netz (Stromeinspeisungsgesetz) vom 7. Dezember 1990. Mit der gesetzlich garantierten Vergütung (1994 ca. 16,9 Pfennig pro Kilowattstunde) der gelieferten Windenergie wurde ihre Erzeugung auf einen Schlag rentabel. Für Schleswig-Holstein begann damit eine Entwicklung, die zwar von vielen gewünscht, in ihrer Auswirkung aber wohl kaum so vorausgesehen wurde. In den windreichen Küstengebieten kam es zu einer nicht vorhersehbaren Antragsflut auf die Erteilung von Baugenehmigungen für Windkraftanlagen. Den Landkreisen als Genehmigungsbehörde mangelte es an konkreten Planungsvorgaben. Eine Phase der Planungsunsicherheit löste trotz allen Wohlwollens gegenüber der regenerativen Energiegewinnung bei vielen Einwohnern Beunruhigung über die Veränderung ihrer Heimat beziehungsweise die Beeinträchtigung ihrer unmittelbaren Umwelt aus. Kraftwerke in Form von Windenergieparks begannen die Landschaft zu verändern. Ortsbilder und landschaftsprägende Kulturdenkmale, über Jahrhunderte Identifikationsmerkmale der Region, schrumpfen vor diesen technologischen Großformen visuell zur Bedeutungslosigkeit. Befürwortung und Ablehnung der Windenergie wurde zum vieldiskutierten Dauerthema in Familien, Gemeindevertretungen und der regionalen Presse. Zum Jahresende 1993 hatte sich die in das Netz eingespeiste elektrische Energie mit 220 Millionen Kilowattstunden gegenüber der Ausbeute des ersten Windparks im Kaiser-Wilhelm-Koog fast verhundertfacht. Mit annähernd 1 000 Objekten, teils als Einzelanlagen, teils in Windparks, mit einer installierten Gesamtleistung von 142,5 Megawatt, wurde Schleswig-Holstein zum führenden „Windenergieland" in Europa.

Eine stürmische technische Entwicklung bringt in immer kürzeren Zeitabschnitten immer effektivere Windkraftanlagen hervor. Längst sind die kleineren Anlagen aus der Pionierzeit von durchschnittlich 20 bis 35 Meter Höhe durch Windtürme von 60 bis 90 Meter Höhe mit fünf- bis zehnfacher Leistung abgelöst. Die ursprünglich angestrebten Standorte in den sogenannten windhöffigen Gebieten – Gebieten mit Windgeschwindigkeiten von mehr als sechs Metern pro Sekunde – haben sich längst über das ganze Land verteilt. Das ehrgeizige Ziel der Landesregierung, bis zum Jahr 2010 ein Viertel des gesamten Strombedarfs in Schleswig-Holstein durch Windenergie zu erzeugen, scheint sich unter Inkaufnahme enormer Landschaftsveränderungen vorzeitig zu erfüllen.

Ein Windkraftwerk in Nordfriesland. Bauernland wird zur Industrielandschaft.

Literaturverzeichnis

Abrahmanse, Jan u. a.: Wattenmeer. Ein Naturraum der Niederlande, Deutschlands und Dänemarks. Neumünster 1976

Andresen, Hans Günther: Baupflege und Heimatschutz in Nordfriesland. Kreisarchiv Nordfriesland, Husum 1979

Bantelmann, A.: Die Landschaftsentwicklung an der schleswig-holsteinischen Westküste. Neumünster 1967

Bantelmann, Albert; Kuschert, Rolf; Panten, Albert; Steensen, Thomas: Geschichte Nordfrieslands. Heide 1995

Bedal, Konrad: Ländliche Ständerbauten des 15. bis 17. Jahrhunderts in Holstein und im südlichen Schleswig. Neumünster 1977

Behrens, H. L.: Topographie des Stecknitzkanals. Hamburg 1818

Berndt, R. K; Drenckhahn, D.; Looft, V.; Busche, G.: Vogelwelt Schleswig-Holsteins, bisher 4 Bde. Neumünster 1974–1993

Beseler, Hartwig (Hg.): Kunst-Topographie Schleswig-Holstein. 6. Auflage, Neumünster 1989

Bichel, Ulf: Niederdeutsche Dialektliteratur in Schleswig-Holstein. In: Jahresgabe der Klaus-Groth-Gesellschaft 30 (1988), S. 23–138

Bock, K. N.: Niederdeutsch auf dänischem Substrat. Studien zur Dialektgeographie Südostschleswigs. Marburg 1933 (DDG 34)

Bock, K. N.: Mittelniederdeutsch und heutiges Plattdeutsch im ehemaligen dänischen Herzogtum Schleswig. Studien zur Beleuchtung des Sprachwechsels in Angeln und Mittelschleswig. Kopenhagen 1948 (Det Kgl. Danske Videnskabernes Selskab; Historisk-Filologiske Meddelelser, Band XXXI, Nr. 1)

Borkenhagen, P.: Atlas der Säugetiere Schleswig-Holsteins. Kiel 1993

Braak, I.: Niederdeutsch in Schleswig-Holstein. Kiel 1956 (Wegweiser für die Lehrerfortbildung, Heft 12)

Brandt, Otto: Geschichte Schleswig-Holsteins. Ein Grundriß. 8. Auflage, überarbeitet von Wilhelm Klüwer, mit Beiträgen v. Herbert Jankuhn, Kiel 1981

Braunmüller, K.; Diercks, W. (Hg.): Niederdeutsch und die skandinavischen Sprachen I. Heidelberg 1993 (Sprachgeschichte 3, hrsg. v. H. Menke)

Bronnmann, Wilhelm: Schwansen – Beschreibung einer Landschaft, Heimatgemeinschaft Eckernförde e. V. Topographische Darstellungen, Bd. 1. Eckernförde 1988

Bubert, Ingo: 700 Jahre Brodersdorf. Aus der Geschichte eines Probsteiner Bauerndorfs. Hrsg. von der Gemeinde Brodersdorf 1986

Busch, A.: Alte Deichquerschnitte auf Sylt. Ein Beitrag zu den Fragen der Anfangsentwicklung des Deichbaues. In: Westküste II (1) 1939

Christiansen, Theo: Schleswig und die Schleswiger 1945–1962. Hrsg. v. d. Gesellschaft f. Schleswiger Stadtgeschichte. Husum 1987

Christiansen, W.: Pflanzenkunde von Schleswig-Holstein. 2. Auflage, Neumünster 1955

Claussen, Nils; Pump, Günter: Friedrichstadt. Ein Gang durch die Stadt und ihre Geschichte in Text und Bild. 2. Auflage, Heide 1993

Cordes, F.: Eiderdamm. Natur und Technik. Hamburg 1972

Dahlmann, G.: Zur Geschichte des Frühneuniederdeutschen in Schleswig-Holstein im Spiegel von Gelegenheitsdichtungen des 17. und 18. Jahrhunderts. Stockholm 1991 (Acta Universitatis Upsaliensis, Studia Germanistica Upsaliensia 31)

Degn, Christian: Schleswig-Holstein. Eine Landesgeschichte. Historischer Atlas. Neumünster 1994

Degn, Christian; Muuß, Uwe: Topographischer Atlas Schleswig-Holstein und Hamburg. 4. Auflage, Neumünster 1979

Dehio, Georg: Hamburg/Schleswig-Holstein. München/Berlin 1971

Detlefsen, Hans Peter: Musikgeschichte der Stadt Flensburg bis zum Jahre 1850. Kassel 1961

Diederichs, Urs J. (Hg.): Schleswig-Holsteins Weg ins Industriezeitalter. Hamburg 1986

Diercks, W.: Niederdeutsch in der Stadt Schleswig. Zu Attitüden und zur Sprachverwendung. Stuttgart 1994 (Zeitschrift für Dialektologie und Linguistik, Beihefte 86)

Dittrich, Konrad: 850 Jahre Kirche in Lübeck. Lübeck 1993

Dittrich, Konrad: Lübeck und Travemünde. Hamburg 1995

Dittrich, Konrad; Pasdzior, Michael: Holsteinische Schweiz und Ostseeküste. Hamburg 1993

Dohnke, Kay; Ritter, Alexander (Hg.): Johann Hinrich Fehrs – ein Erzähler der Provinz. Studien zu Leben, Werk und Wirkung. Heide 1987

Edler, Arnfried; Krummacher, Friedhelm (Hg.): Dietrich Buxtehude und die europäische Musik seiner Zeit. Bericht über das Lübecker Symposion 1987. Kassel 1990

Edler, Arnfried; Schwab, Heinrich W. (Hg.): Studien zur Musikgeschichte der Hansestadt Lübeck. Kassel 1989

Eiben, H.: Schutz der Ostseeküste von Schleswig-Holstein. In: Deutscher Verband für Wasserwirtschaft und Kulturbau e. V. (Hg.), Kramer, J.; Rohde, H. (Bearb.): Historischer Küstenschutz. Stuttgart 1992

Eigner, J.: Hochmoor und Heide. In: Biotoppflege/Biotopentwicklung. Bonn 1991

Eigner, J.; Schmatzler, E.: Handbuch des Hochmoorschutzes – Bedeutung, Pflege u. Entwicklung. 2. Auflage, Greven 1991

Eine neue Verfassung für Schleswig-Holstein. Hrsg. v. d. Landeszentrale für Politische Bildung Schleswig-Holstein. Kiel 1990 (Gegenwartsfragen, Bd. 65)

Emeis, W.: Einführung in das Pflanzen- und Tierleben Schleswig-Holsteins. Rendsburg 1950

Ende, M. v. d.: Heidemanagement in Schleswig-Holstein. Berichte der norddeutschen Naturschutzakademie. Schneverdingen 1993

Engelbrecht, Thies Hinrich: Bodenanbau und Viehstand in Schleswig-Holstein nach den Ergebnissen der amtlichen Statistik. 3 Bde. Kiel 1905–1907

Engler, M. (mit Texten von C. Ahrens): Spuren der Geschichte in Schleswig-Holstein. Neumünster 1993

Engling, Irmtraut u. a.: Das Kreis-Plön-Buch. Neumünster 1982

Erler, Heinrich: Friedrichstadt. Eine holländische Gründung zwischen Eider und Treene. 5. Auflage, Heide 1993

Fehring, Günter P.: Von Alt Lübeck nach Neu Lübeck. Erkenntnisse der Archäologie zum Urbanisierungsprozeß vom 11. bis 13. Jahrhundert. In: Hoffmann, Erich; Lubowitz, Frank (Hg.): Die Stadt im westlichen Ostseeraum. Vorträge zur Stadtgründung und Stadterweiterung im Hohen Mittelalter. Teil 1 (Kieler Werkstücke A Bd. 14). Frankfurt a. M./Berlin/Bern/New York/Paris/Wien 1995, S. 21–45

Festschriften der Ellerbeker Büttgill vun 1666 e. V.

Fink, Georg: Lübecks Stadtgebiet (Geschichte und Rechtsverhältnisse im Überblick). In: Städtewesen und Bürgertum als geschichtliche Kräfte. Gedächtnisschrift für Fritz Rörig. Hrsg. von Ahasver von Brandt und Wilhelm Koppe. Lübeck 1953, S. 243–296

Fischer, Norbert: Kreis Herzogtum Lauenburg. Hamburg 1995

Fischer, Otto: Das Wasserwesen an der schleswig-holsteinischen Nordseeküste. 3. Teil, Festland: Stapelholm und die Eiderniederung. Berlin 1958

Flensburg. 700 Jahre Stadt, eine Festschrift. 2 Bde. Hrsg. v. d. Stadt Flensburg. Flensburg 1984

Foerste, W.: Geschichte der niederdeutschen Mundart. In: Stammler, W.: Deutsche Philologie im Aufriß. Berlin 1978

Fülscher, Johann: Der Bau des Kaiser-Wilhelm-Kanals, Berlin 1898/99

Gerhard, F. (Hg.): Das Wattenmeer. München/Wien 1981

Gerhard, F.: Naturraum Wattenmeer. München 1983

Geschichte der Christian-Albrechts-Universität 1665–1965. Bd. 1: Allgemeine Entwicklung der Universität. 2 Teile. Neumünster 1965

Geschichte Schleswig-Holsteins. Begründet v. V. Pauls, hrsg. im Auftrag der Gesellschaft für Schleswig-Holsteinische Geschichte, Neumünster 1958 ff (Von der auf 10. Bde. angelegten Landesgeschichte sind bis 1995 erschienen: 6 Bde. u. mehrere Lieferungen)

Gesellschaft für Flensburger Stadtgeschichte (Hg.): Flensburg. Geschichte einer Grenzstadt. Flensburg 1966

Gesetz zur Neufassung des Landschaftspflegegesetzes (Gesetz zum Schutz der Natur – Landesnaturschutzgesetz) vom 16. Juni 1993. Gesetz- und Verordnungsblatt für Schleswig-Holstein. Kiel, 30. Juni 1993

Goltz, Reinhard: Spuren einer selbstbewußten Schnecke. Wenig Volkstümliches zur plattdeutschen Literatur in der alten Bundesrepublik. In: Zwischen Niedergang und Aufbruch. Plattdeutsche Dichtung von 1945–1990 (Beiträge der Fritz Reuter Gesellschaft, Heft 4). Neubrandenburg 1995, S. 7–40

Göttsch, Silke: Stapelholmer Volkskultur. Aufschlüsse aus historischen Quellen. Neumünster 1981

Graßmann, Antjekathrin (Hg.): Lübeckische Geschichte. Lübeck 1988

Gregersen, H. V.: Slesvig og Holsten føor 1830 (aus der Reihe Danmarks Historie), Kopenhagen 1981

Gripp, K.: Erdgeschichte von Schleswig-Holstein. Neumünster 1964

Grodecki, Louis: Gotik. Stuttgart 1986

Grube, F.; Richter G.: Die deutschen Küsten. Frankfurt 1979

Grunsky-Peper, Konrad; Kelch, Rudolf E.; Kuschert, Rolf: Nordfriesland – Portrait einer Landschaft. Husum 1985

Haensel, Uwe (Hg.): Beiträge zur Musikgeschichte Nordeuropas. Kurt Gudewill zum 65. Geburtstag. Wolfenbüttel 1978

Hansen, C. P.: Chronik der Friesischen Uthlande. Garding 1877, Neudruck Wiesbaden 1972

Hansen, Hans Schultz: Det sønderhyske landbrugs historie 1830–1993. Aabenraa 1994

Hansen, Nils; Tillmann, Doris: Schleswig-holsteinische Dörfer in der Kaiserzeit. Heide 1990

Hansestadt Lübeck. Amt für Lübeck-Werbung u. Tourismus: Die Brüder Mann in Lübeck. Eine Familie schreibt Weltliteratur. Lübeck o. J.

Happach-Kasan, Christel; Müller, Walter; Wohlfahrt, Hans-Jürgen: Der Elbe-Lübeck-Kanal. Neumünster 1992

Härdtle, W.: Vegetation und Standort der Laubwaldgesellschaften im nördlichen Schleswig-Holstein. Arbeitsgemeinschaft Geobotanik in Schleswig-Holstein und Hamburg. Kiel 1995

Hassenpflug, W.; Kortum, G.; Newig, J.; Schmidtke, K.-D.; Pollex, W.: An Nord- und Ostsee – Schleswig-Holsteins Küsten. Husum 1985

Haupt, R.: Geschichte und Art der Baukunst im Herzogtum Schleswig. Heide 1924 (Die Bau- und Kunstdenkmäler in der Provinz Schleswig-Holstein ..., 5. Band)

Hauschild, Wolf-Dieter: Kirchengeschichte Lübecks. Christentum und Bürgertum in neun Jahrhunderten. Lübeck 1981

Heidbrink, Michael: Der Nord-Ostsee-Kanal. Hamburg 1995

Heimatbuch des Kreises Steinburg, Band II. Glückstadt 1925

Heimreich, M. A.: Nordfriesische Chronik, 1. Teil. Leer 1982 (Erstdruck 1668)

Heydemann, B.; Müller-Karch, J.: Biologischer Atlas Schleswig-Holstein. Lebensgemeinschaften des Landes. Neumünster 1980

Heydemann, B.; Müller-Karch, J.: Sicherheit für den Menschen oder Erhaltung einer Ur-Landschaft? Streit ums Watt. In: Bild der Wissenschaft, Nr. 9, 1979

Hirschfeld, Peter: Herrenhäuser und Schlösser in Schleswig-Holstein. München 1980 (1953)

Anmerkungen zu S. 388–395

1 TM MK 119, S. 295
2 TM MK 119, S. 233
3 Buddenbrooks 1975
4 TM MK 119, S. 12/13
5 TM Essays 3, Kurzke/Stachorski 1994, S. 25
6 a. a. O., S. 33
7 a. a. O., S. 28
8 TM MK 119, S. 272
9 TM Essays 3, Kurzke/Stachorski 1994, S. 38
10 TM MK 117, S. 225–228
11 TM MK 118, S. 359/360
12 Zitiert nach Kraske 1994, S. 86
13 TM Tagebücher 1953–1955, S. 69/70
14 TM Tagebücher 1953–1955, S. 454 (Anmerkung 19)
15 a. a. O., S. 417
16 Erika Mann 1995, S. 118
17 Vgl. Tschechne 1991, S. 26/27

Interessengemeinschaft Baupflege (IGB): Nordfriesland – eine reiche Hauslandschaft. Der Maueranker. Sonderheft Januar 1984, Nordfriisk Instituut, Bredstedt

IPTS, Landesinstitut Schleswig-Holstein für Theorie und Praxis der Schule Landesamt für den Nationalpark Schleswig-Holsteinisches Wattenmeer (Hg.): Erlebnis Wattenmeer. Bausteine für ganzheitliches Lernen zur Natur- und Umwelterziehung. Heide 1993

Istel, Werner; Rost, Alexander: Die Kieler Woche. Hamburg 1996

Jankuhn, H.: Haithabu. Ein Handelsplatz der Wikingerzeit. 8. Auflage, Neumünster 1986

Jedicke, L. und E.: Naturdenkmale in Schleswig-Holstein. Hannover 1989

Jensen, Jürgen; Wulf, Peter (Hg.): Geschichte der Stadt Kiel. Neumünster 1991

Jensen, H. N. A.: Angeln. Geschichtlich und topographisch beschrieben. 1844, neu bearbeitet Schleswig 1922

Jenssen, W.: Der Nord-Ostsee-Kanal. Neumünster 1970

Jessel, Hans (Hg.): Das große Sylt-Buch. 2. Auflage, Hamburg 1996 (1994)

Jessel, Hans: Nordfriesland. Ein Reiseführer. Hamburg 1995

Jessen, Willers: Chronik der Landschaft Stapelholm. Rendsburg 1950, Nachdruck Schleswig 1989

Jessen, Willers; Kock, Christian: Heimatbuch des Kreises Eckernförde. 3. Auflage, Eckernförde 1967

Jessen-Klingenberg, Manfred: Eiderstedt 1713–1864. Landschaft und Landesherrschaft in königlich-absolutistischer Zeit. Neumünster 1967

Johannsen, Carl Ingwer: Baustile in Nordfriesland. In: Nordfriesland 50/51 – 13. Band, 2. und 3. Heft. Nordfriisk Instituut, Bredstedt 1979, S. 62–67

Johannsen, Carl Ingwer: Das niederdeutsche Hallenhaus und seine Nebengebäude im Landkreis Lüchow-Dannenberg. Hannover 1979

Johannsen, Carl Ingwer: Führer durch das Schleswig-Holsteinische Freilichtmuseum. Neumünster 1994

Jordan, Karl: Christian-Albrechts-Universität Kiel 1665–1965. Neumünster 1965

Jörgensen, P.: Zum Schleswiger Niederdeutsch. Kritik und Forschung. Kopenhagen 1954

Jüdes, U.: Handbuch für Naturschutzpraxis und Unterricht. Naturschutz in Schleswig-Holstein. Neumünster 1988

Junge, Kurt: Das friesische Bauernhaus, seine Verbreitung und Entwicklungsgeschichte. Oldenburg 1936

Kähler, Julius: Die Gilden in den holsteinischen Elbmarschen. Dissertation, Leipzig 1904

Kamp, K.; Lindow, W.: Das Plattdeutsche in Schleswig-Holstein. Eine Erhebung des Statistischen Landesamtes Schleswig-Holstein. Neumünster 1967

Kamphausen, Alfred: Backsteingotik. München 1978

Kamphausen, Alfred: Die Kirchen Schleswig-Holsteins. Schleswig 1955

Kehn, Wolfgang: Adel und Gartenkunst in Schleswig-Holstein in der zweiten Hälfte des 18. Jahrhunderts. In: Degn, Christian; Lohmeier, Dieter (Hg.): Studium zur Adelskultur des späten 18. Jahrhunderts in Schleswig-Holstein und Dänemark. Neumünster 1980

Kellenbenz, Hermann: Schleswig in der Gottorfer Zeit, 1544–1711. Hrsg. v. d. Gesellschaft f. Schleswiger Stadtgeschichte. Schleswig 1985

Kleen, Jügen; Reimer, Georg; v. Hedemann-Hespen, Paul: Heimatbuch des Kreises Rendsburg. Rendsburg 1922 (Reprint Kiel 1981)

Koch, Johannes Hugo: Schleswig-Holstein. Zwischen Nordsee und Ostsee: Kultur. Geschichte. Landschaft. Köln 1977

Kock, Otto; Pöhls, Heinrich: Heimatbuch des Kreises Plön. Plön 1953

König, D.: Das schleswig-holsteinische und niedersächsische Wattenmeer. In: Gerhard, F. (Hg.): Das Wattenmeer. München/Wien 1981

Köstlin, Konrad: Gilden in Schleswig-Holstein. Die Bestimmung des Standes durch Kultur. Göttingen 1976

Kramer, J.: Entwicklung der Deichbautechnik an der Nordseeküste. In: Deutscher Verband für Wasserwirtschaft und Kulturbau e. V. (Hg.), Kramer, J.; Rohde, H. (Bearb.): Historischer Küstenschutz. Stuttgart 1992

Kramer, Karl-S.: Volksleben in Holstein (1550–1800). Eine Volkskunde aufgrund archivalischer Quellen. 2. Auflage, Kiel 1990

Kraske, Bernd M.: Der Zauberer. Lebens- und Werkstationen des deutschen Schriftstellers Thomas Mann. Glinde 1994

Kretzenbacher, Leopold: Ringreiten, Rolandspiel und Kufenstechen. Sportliches Reiterbrauchtum als Erbe aus abendländischer Kulturgeschichte. Klagenfurt 1966

Krummacher, Friedhelm; Schwab, Heinrich W. (Hg.): Weber – Jenseits des Freischütz. Referate des Eutiner Symposions 1986. Kassel 1989

Kühn, H. J.: Die Anfänge des Deichbaus in Schleswig-Holstein. Heide 1992

Kühnast, Rainer; Steensen, Thomas: Huus un Hoff. Ein nordfriesischer Kalender. Jarling 1982

Kulke, Erich: Vom deutschen Bauernhof. München 1939

Kunst-Topographie Schleswig-Holstein, bearbeitet im Landesamt für Denkmalpflege Schleswig-Holstein und im Amt für Denkmalpflege der Hansestadt Lübeck. Neumünster 1969

Kürtz, Jutta: Kulinarische Reise durch Schleswig-Holstein. Hamburg 1988

Kuschert, Rolf: Landesherrschaft und Selbstverwaltung in der Landschaft Eiderstedt unter den Gottorfern (1544–1713). Neumünster 1981

Laage, Karl Ernst: Auf Theodor Storms Spuren. Eine Bildreise. 2. Auflage, Hamburg 1995

Laage, Karl Ernst: Theodor Storm. Der Schimmelreiter. Sylter Novelle. 6. Auflage, Heide 1996

Laage, Karl Ernst: Theodor Storm – Erich Schmidt. Briefwechsel. Krit. Ausg. 2 Bde., Berlin 1972–1976

Laage, Karl Ernst: Theodor Storm – Gottfried Keller, Briefwechsel. Krit. Ausg. Berlin 1992

Laage, Karl Ernst: Theodor Storm. Leben und Werk. 6. Auflage, Husum 1993

Laage, Karl Ernst: Theodor Storm. Studien zu seinem Leben und Werk. 2. Auflage, Berlin 1988

Laage, Karl Ernst: Theodor Storm und Iwan Turgenjew. Heide 1967

Laage, Karl Ernst: Theodor Storms Dichter-Welt. Heide 1995

Laage, Karl Ernst: Theodor Storms Welt in Bildern. Eine Bild-Biographie. Heide 1988

Lagoni, Rainer (Hg.): Nord-Ostsee-Kanal 1895–1995. Neumünster 1995

Landgraf Carl von Hessen 1744–1836. Statthalter in den Herzogtümern Schleswig und Holstein. Eine Ausstellung des Landesarchivs Schleswig-Holstein. Schleswig 1996

Lange, Ulrich (Hg.): Geschichte Schleswig-Holsteins. Von den Anfängen bis zur Gegenwart. Neumünster 1996

Lauenburgische Akademie für Wissenschaft und Kultur (Hg.): Kolloquium, Bde. III–VII. Neumünster/ Mölln 1990–1996

Laur, Wolfgang: Historisches Ortsnamenlexikon von Schleswig-Holstein, 2. völlig veränderte u. erweiterte Auflage. Neumünster 1992 (Veröffentlichungen des Schleswig-Holsteinischen Landesarchivs, Bd. 28)

Lehmann, Otto: Das Bauernhaus in Schleswig-Holstein. Altona 1927

Leister, Ingeborg: Rittersitz und adliges Gut in Schleswig-Holstein. Kiel 1995

Leupold, Jacob: Schauplatz der Mühlenbaukunst 1735. Hannover 1982

Lindner, Werner: Das niedersächsische Bauernhaus. Hannover 1987

Lüders, K.; Luck, G.: Kleines Küstenlexikon. Natur und Technik an der Deutschen Nordseeküste. 3. Auflage, Hildesheim 1976

Mager, Johannes: Mühlenflügel und Wasserrad. Leipzig 1987

Mann, Erika: Das letzte Jahr. Bericht über meinen Vater. Frankfurt am Main 1995

Mann, Katia: Meine ungeschriebenen Memoiren. Herausgegeben von Elisabeth Plessen und Michael Mann. Frankfurt am Main 1995

Mann, Thomas: Das erzählerische Werk. Taschenbuchausgabe in zwölf Bänden (Buddenbrooks). Frankfurt am Main 1975

Mann, Thomas: Essays. Nach den Erstdrucken, textkritisch durchgesehen, kommentiert und hrsg. von Hermann Kurzke und Stephen Stachorski. Band 2: Für das neue Deutschland 1919–1925 (Essays 2), Band 3: Ein Appell an die Vernunft 1926–1933 (Essays 3). Frankfurt am Main 1993/94

Mann, Thomas: Tagebücher. 1918–1921. Herausgegeben von Peter de Mendelssohn. Frankfurt am Main 1979

Mann, Thomas: Tagebücher. Herausgegeben von Inge Jens. 1949–1950, 2. Auflage, Frankfurt am Main 1991. 1953–1955, Frankfurt am Main 1995

Mann, Thomas: Werke. Das essayistische Werk.

Taschenbuchausgabe in acht Bänden. Herausgegeben von Hans Bürgin. Schriften und Reden zur Literatur, Kunst und Philosophie 1, 2, 3 (MK 113, 114, 115), Politische Schriften und Reden 1, 2, 3 (MK 116, 117, 118), Autobiographisches (MK 119), Miszellen (MK 120). Frankfurt am Main 1968

Marquard, G.: Die schleswig-holsteinische Knicklandschaft. Kiel 1950

Martius, Lilly: Die schleswig-holsteinische Malerei im 19. Jahrhundert. Neumünster 1978

Meiborg, R.: Das Bauernhaus im Herzogtum Schleswig und das Leben des schleswigischen Bauernstandes im 16., 17. und 18. Jahrhundert. Schleswig 1896

Mensing, Otto (Hg.): Schleswig-Holsteinisches Wörterbuch. 5 Bde. Neumünster 1927–1935

Meyer, G. F.: Sprachgrenzen im plattdeutschen Sprachgebiet Schleswig. In: Die Heimat, 33, 1923, S. 247–249

Mildenberger, Hermann: Johann Heinrich Wilhelm Tischbein, Goethes Maler und Freund. Neumünster 1986

Minister für Ernährung, Landwirtschaft und Forsten des Landes Schleswig-Holstein: Nationalpark Nordfriesisches Wattenmeer. Ohne Ort 1985

Müller, F.; Fischer, O.: Das Wasserwesen an der schleswig-holsteinischen Nordseeküste. II. Teil: Die Inseln. 7. Folge. Sylt/Berlin 1938

Müller, Walter: Die Stecknitzfahrt. In: Mitteilungen des Canal-Vereins, Nr. 8. Rendsburg 1987

Müller-Wille, M. (Hg.): Starigard/Oldenburg. Ein slawischer Herrschersitz des frühen Mittelalters in Ostholstein. Neumünster 1991

Müller-Wille, M.; Hoffmann, D. (Hg.): Der Vergangenheit auf der Spur. Archäologische Siedlungsforschung in Schleswig-Holstein. Neumünster 1992

Muuß, Uwe; Petersen, Marcus; König, Dietrich: Die Binnengewässer Schleswig-Holsteins. Neumünster 1973

Neuschäffer, Hubertus: Schlösser und Herrenhäuser im Herzogtum Lauenburg. Würzburg 1987

Neuschäffer, Hubertus: Schlösser und Herrenhäuser in Südholstein. Würzburg 1987

Newig, J.: Sylt im Spiegel historischer Karten. In: Kossack, G.; Harck, O.; Reichstein J. u. a.: Archsum auf Sylt, Teil 1. Mainz 1980 (Römisch-germanische Forschungen, Bd. 39)

Newig, J.; Theede, H. (Hg.): Die Ostsee. Natur und Kulturraum. Husum 1985

Nissen, Nis R.: Landwirtschaft im Wandel. Natur und Technik einst und jetzt. Heide 1989

Nissen, Nis R. – Bibliographie seiner Publikationen zu Dithmarschen. In: Kieler Blätter für Volkskunde 27/1995, hrsg. von Silke Göttsch u. Kai Detlev Sievers, S. 273–282

Oldekop, Henning: Topographie des Herzogtums Schleswig. Kiel 1906 (Reprint Kiel 1975)

Opitz, Eckardt: Die Bismarcks in Friedrichsruh. Hamburg 1990

Opitz, Eckardt: Die unser Schatz und Reichtum sind. 60 Portraits aus Schleswig-Holstein. Hamburg 1990

Opitz, Eckardt: Schleswig-Holstein. Landesgeschichte in Bildern, Texten und Dokumenten. Hamburg 1988

Panten, Albert: Deiche und Sturmfluten in der geschichtlichen Darstellung Nordfrieslands. In: Thomas Steensen (Hg.): Deichbau und Sturmfluten in den Frieslanden. Beiträge vom 2. Historiker-Treffen [1990] des Nordfriisk Instituut Bräist/Bredstedt. Bredstedt 1992 (Nordfriisk Instituut, Nr. 108), S. 13–19

Peters, L. C.: Nordfriesland/Heimatbuch für die Kreise Husum und Südtondern, Neudruck 1975

Petersen, Hans-Peter: Schleswig-Holsteinisches Mühlenbuch. Wesselburen/Hamburg 1969

Petersen, Julius: Die markanten Hausformen in Schleswig-Holstein, Vorlesungsmanuskript. Technische Hochschule Braunschweig 1960

Petersen, M.: Die Halligen. Küstenschutz-Sanierung-Naturschutz. Neumünster 1981

Petersen, M.: Sturmfluten und Küstenschutz. In: Newig, J.; Theede, H.: Die Ostsee. Natur und Kulturraum. Husum 1985

Petersen, M.; Rohde, H.: Sturmflut. Die großen Fluten an den Küsten Schleswig-Holsteins und in der Elbe. Neumünster 1991

Petersen, S. R.: Dansk eller tysk? En undersøgelse af sprogforholdene i en flersproget sydslesvigsk kommune. Flensburg 1975

Pfefferkorn, Rudolf: Norddeutsche Backsteingotik. Hamburg 1984

Pfeil, Sigurd Graf von: Schützenwesen und Schützenfeste in Niedersachsen. Göttingen 1975

Postel, Ulf O.: 400 Jahre Stadt Garding. Blick in die Geschichte. Hamburg 1990

Poulsen, Bjørn: Land – by – marked. To økonomiske landskaber i 1400-tallets Sleswig. Neumünster 1988

Prange, Wolfgang: Das adlige Gut in Schleswig-Holstein. In: Degn, Christian; Lohmeier, Dieter (Hg.): Studium zur Adelskultur des späten 18. Jahrhunderts in Schleswig-Holstein und Dänemark. Neumünster 1980

Prange, Wolfgang: Die Anfänge der großen Agrarreformen in Schleswig-Holstein bis 1771. Neumünster 1971

Quedens, G.: Amrum. Breklum 1971

Quedens, G.: Föhr. Breklum 1973

Quedens, G.: Die Halligen. Breklum 1975

Quedens, G.: Inseln der Seefahrer. Hamburg 1996 (1983)

Quedens, G.: Nordsee-Mordsee. Breklum 1978

Quedens, G.: Nordstrand. Breklum 1977

Quedens, G.: Pellworm. Breklum 1982

Quedens, G.: Strand und Wattenmeer. München 1993

Quedens, G.: Vögel der Nordsee. Breklum 1976

Quedens, G.: Vögel über Strand und Watt. Hamburg 1990

Quedens, G.: Die Vogelwelt der Insel Amrum. Hamburg 1983

Quedens, G.: Das Wattenmeer. Hamburg 1994

Quedens, G.; Rosenfeld, M.: Nordfriesland mit Sylt, Amrum, Föhr. Hamburg 1980

Quedens, G. u. a.: Amrum: Landschaft – Geschichte – Natur. Amrum 1991

Quellen und Forschungen zur Geschichte Schleswig-Holsteins. Hrsg. v. d. Gesellschaft f. Schleswig-Holsteinische Geschichte. Von 1914 bis 1996 erschienen 106 Bde.

Raabe, E. W.: Atlas der Flora Schleswig-Holsteins und Hamburgs. Neumünster 1987

Raabe, Walter: Eiderstedt. 2. Auflage, Heide 1993

Radtke, Christian; Körber, Walter (Hg.): 850 Jahre St. Petri-Dom zu Schleswig. 1134–1984. Schleswig 1984

Reichsarbeitsgemeinschaft Windkraft: Druckschriften 1–7 (1940–1943)

Reineck, H.-E. (Hg.): Das Watt, Ablagerungs- und Lebensraum. Frankfurt 1978

Reinke, Hans-Dieter: Die Ostseeküste von Eckernförde bis Kiel. Hamburg 1994

Reinke, Hans-Dieter: Die Ostseeküste von Flensburg bis Eckernförde. Hamburg 1994

Reinke, Hans-Dieter: Ratzeburg, Mölln und der Naturpark Lauenburgische Seen. Hamburg 1996

Reintges, Theo: Ursprung und Wesen der spätmittelalterlichen Schützengilden. Bonn 1963

Rerup, Lorenz: Slesvig og Holsten efter 1830 (aus der Reihe Danmarks Historie). Kopenhagen 1982

Riedel, W.; Heintze, U.: Umweltarbeit in Schleswig-Holstein. Neumünster 1987

Rödel, Volker: Reclams Führer zu den Denkmalen der Industrie und Technik in Deutschland. Band 1. Stuttgart 1992

Rumohr, Henning von: Schlösser und Herrenhäuser im Herzogtum Schleswig. Neubearb. von C. A. v. Rumohr. Würzburg 1987

Rumohr, Henning von: Schlösser und Herrenhäuser im nördlichen und westlichen Holstein. Neubearb. von C. A. v. Rumohr u. C.-H. Seebach. Würzburg 1988

Rumohr, Henning von: Schlösser und Herrenhäuser in Ostholstein. Neubearb. von C. A. v. Rumohr. Würzburg 1989

Salmen, Walter: Musikgeschichte Schleswig-Holsteins von der Frühzeit bis zu Reformation. Neumünster 1972

Salmen, Walter; Schwab, Heinrich W.: Musikgeschichte Schleswig-Holsteins in Bildern. Neumünster 1971

Sanders, W.: Sachsensprache, Hansesprache, Plattdeutsch. Sprachgeschichtliche Gundzüge des Niederdeutschen. Göttingen 1982

Scharfe, Martin (Hg.): Brauchforschung. Darmstadt 1991

Scherenberg, R.: Generalplan Deichverstärkung, Deichverkürzung und Küstenschutz in Schleswig-Holstein (Fortschreibung). In: Wasser und Boden, Bd. 40, H 2, 1988

Schlee, Ernst: Das Schloß Gottorf in Schleswig. Neumünster 1978

Schleswig-Holstein. Eine politische Landeskunde. Hrsg. v. d. Landeszentrale für Politische Bildung Schleswig-Holstein. Kiel 1992 (Gegenwartsfragen, Bd. 68)

Schleswig-Holstein. 50 Jahre Land. Stampe bei Kiel 1995

Schleswig-Holstein. Lebensgemeinschaften des Landes. Neumünster 1980

Schleswig-Holsteinische Kirchengeschichte. 5 Bde. Neumünster 1977–1988 (Schriften des Vereins für Schleswig-Holsteinische Kirchengeschichte, Reihe I, Bde. 26–30)

Schleswig-Holsteinisches Biographisches Lexikon (von Bd. 6 an: Biographisches Lexikon für Schleswig-Holstein und Lübeck). Neumünster 1970 ff (Bd. 10: 1994)

Schmidt, Harry: Friedrichstadt. Vergangenheit und Gegenwart. 4. Auflage, Lübeck/Hamburg 1964

Schmidt-Eppendorf, P.: Sylt – Memoiren einer Insel. Husum 1977

Schmidtke, K.-D.: Berge in Schleswig-Holstein. Husum 1986

Schmidtke, K.-D.: Die Entstehung Schleswig-Holsteins. 3. Auflage, Neumünster 1995

Schmidtke, K.-D.: Auf den Spuren der Eiszeit. Husum 1985

Schott, C.: Die Naturlandschaften Schleswig-Holsteins. Neumünster 1956

Schumann, Otto: Quellen und Forschungen zur Geschichte des Orgelbaus im Herzogtum Schleswig vor 1800. München 1973

Schuppenhauer, Claus: Plattdeutsche Klassiker 1850–1950. Wege zur niederdeutschen Literatur. Leer 1982

Schwab, Heinrich W.: Friedrich Ludwig Aemilius Kunzen (1761–1817). Stationen seines Lebens und Wirkens. Katalog zur Ausstellung aus Anlaß des Jubiläums der Berufung zum Musikdirektor der Königlich dänischen Hofkapelle im Jahre 1795 (Schriften der Schleswig-Holsteinischen Landesbibliothek. Hrsg. von D. Lohmeier, Bd. 21). Heide in Holstein 1995

Schwab, Heinrich W.: Musikkultur und Privilegsystem. In: Kieler Blätter zur Volkskunde VIII (1976), S. 21–39

Schwantes, G.: Die Urgeschichte. Erster Teil. In: O. Klose (Hg.): Geschichte Schleswig-Holsteins Bd. 1. Neumünster 1958

Seebach, Carl-Heinrich: 800 Jahre Burgen, Schlösser und Herrenhäuser in Schleswig-Holstein. Neumünster 1985

Selk, P.: Die sprachlichen Verhältnisse im deutsch-dänischen Sprachgebiet südlich der Grenze. Eine statistisch-geographische Untersuchung. Mit einem Vorwort von H. Menke (Korrigierter Nachdruck der Ausgabe von 1937–40 mit einem Anhang von drei Aufsätzen des Verf. von 1942, 1950 und von 1960 zum Thema Sprachwandel und Sprachwechsel in Schleswig). Hamburg 1986

Sievers, Kai Detlev: Feier und Fest. Einige Gedanken zum Bedeutungsinhalt. In: Kieler Blätter zur Volkskunde, XV (1983), S. 5–29

Sievers, Kai Detlev: Feste in Schleswig-Holstein. Ein lexikalischer Führer durch den Jahreslauf. Neumünster 1984

Sinfonien in Herrenhäusern und Scheunen. Das Schleswig-Holstein Musik Festival. Mit Beiträgen v. W. Burkhardt, B. Kloster, E. Opitz, C. Schnibben u. V. Skierka. Hamburg 1988

Skierka, Joachim: Schleswig-Holstein in der Statthalterzeit, 1711–1836. Hrsg. v. d. Gesellschaft f. Schleswiger Stadtgeschichte. Husum 1991

Søndergaard, Bent: Bidrag til en karakteristik af sydslesvigdansk. Danske Folkemal 1985

Søndergaard, Bent: Dansk og tysk som undervisningssprog i Flensborg mellem de to slesvigske krige. Uddannelseshistorie 1984

Søndergaard, Bent: Deutsch-Dänisch. In: Goebl, H. u. a. (Hg.): Kontaktlinguistik, Berlin/New York. (Im Druck)

Søndergaard, Bent: The Fight for Survival. Danish as a Living Minority Language South of the German Border. In: Haugen, E. et al. (Hg.): Minority Languages Today. Edinburgh 1981

Søndergaard, Bent: Vom Sprachenkampf zur sprachlichen Koexistenz im deutsch-dänischen Grenzraum. In: Nelde, P. H. (Hg.): Sprachkontakt und Sprachkonflikt. Wiesbaden 1980

Spielmann, Heinz (Hg.): Jahrbuch des Schleswig-Holsteinischen Landesmuseums Schloß Gottorf. Neue Folge, Band I–V. Schleswig 1988–1996

Spielmann, Heinz (Hg.): Schloß Gottorf und seine Sammlungen. Mittelalter, Schleswig 1994. Renaissance und Barock, Schleswig 1996

Sprockhoff, E.: Atlas der Megalithgräber Deutschlands. Teil 1: Schleswig-Holstein. Bonn 1966

Staatliche Museen zu Berlin – Preußischer Kulturbesitz (Hg.): Ausstellungskatalog: Wikinger, Waräger, Normannen. Die Skandinavier und Europa, 800–1200. Uddevalla 1992

Stadelmann, R.: Meer, Deiche, Land – Küstenschutz und Landgewinnung an der deutschen Nordseeküste. Neumünster 1981

Statistisches Landesamt Schleswig-Holstein: Statistische Berichte. Der Fremdenverkehr in den Gemeinden Schleswig-Holsteins 1994. Kiel 1995

Steensen, Thomas: Die Friesen in Schleswig-Holstein. In: Landeszentrale für Politische Bildung Schleswig-Holstein (Hg.): Minderheiten im deutsch-dänischen Grenzbereich. Kiel 1993, S. 159–196

Stellmacher, D.: Wer spricht platt? Zur Lage des Niederdeutschen heute. Eine kurzgefaßte Bestandsaufnahme. Bremen 1987 (Schriften des Instituts für Niederdeutsche Sprache, Reihe: Dokumentation Nr. 14)

Stiftung Nordfriesland (Hg.): Nordfriesland – Porträt einer Landschaft. Husum 1985

(800 Jahre) St. Johannis Toten-und Schützengilde von 1192 e. V. Oldenburg i. Holstein. Chronik 1192–1992

Stolz, Gerd: Die schleswig-holsteinische Erhebung. Die nationale Auseinandersetzung in und um Schleswig-Holstein von 1848/51. Husum 1996

Stolz, Gerd: Kulturlandschaft Selenter See. Teil 1 Selent 1984, Teil 2 Selent 1991

Stolz, Gerd: Kulturlandschaft zwischen Schlei und Nord-Ostsee-Kanal. Eckernförde 1988

Stolz, Gerd: Panker – Von der Historie und dem Zauber einer Landschaft. 4. Auflage, Panker 1993

Stoob, Heinz: Dithmarschen und die Hanse. In: Hansische Geschichtsblätter 73/1995

Stoob, Heinz: Geschichte Dithmarschens im Regentenzeitalter. Heide 1959

Struve, K. W.; Hingst, H.; Jankuhn, H.: Von der Bronzezeit bis zur Völkerwanderungszeit. In: Klose, O. (Hg.): Geschichte Schleswig-Holsteins, Bd. 2. Neumünster 1979

Studien zur Wirtschafts- und Sozialgeschichte Schleswig-Holsteins. Hrsg. v. Arbeitskreis f. Wirtschafts- u. Sozialgeschichte u. d. Gesellschaft f. Schleswig-Holsteinische Geschichte. Von 1979 bis 1995 erschienen 25 Bde.

Studieren in Schleswig-Holstein. Hrsg. v. d. Ministerin für Wissenschaft, Forschung und Kultur. Kiel 1995

Teubert, Oskar: Die Binnenschiffahrt. Ein Handbuch für alle Beteiligten. Band 1. Leipzig 1912

Thamm, Frank: Fehmarn, Heiligenhafen und Hohwachter Bucht. Hamburg 1994

Thyssen, Thyge: Bauer und Standesvertretung. Werden und Wirken des Bauerntums in Schleswig-Holstein seit der Agrarreform. Neumünster 1958

Tönning im Wandel der Zeiten. Bürger schreiben über ihre Stadt. Hrsg. von der Stadt Tönning. Husum 1990

Tschechne, Wolfgang: Schleswig-Holstein. Ein Reiseführer. Hamburg 1994

Tschechne, Wolfgang: Thomas Manns Lübeck. Hamburg 1991

Vitruv: Zehn Bücher über Architektur. Darmstadt 1964

Vogel, Volker: Schleswig im Mittelalter. Archäologie einer Stadt. Neumünster 1989

Volkmar, Friedrich Karl: Versuch einer Beschreibung von Eiderstädt, Garding u. Hamburg, 1795. Nachdruck Husum 1976

Walker, Alastair G. H.: Nordfriesland, die Nordfriesen und das Nordfriesische. In: Hinderling, Robert; Eichinger, Ludwig (Hg.): Handbuch der mitteleuropäischen Sprachminderheiten. Tübingen 1996, S. 1–30

Weber, H. E.: Über die Vegetation der Knicks in Schleswig-Holstein, Arbeitsgemeinschaft Geobotanik. Kiel 1967

Weber-Kellermann, Ingeborg: Saure Wochen – Frohe Feste. Fest und Alltag in der Sprache der Bräuche. München/Luzern 1985

Wieland, P.: Küstenfibel. Ein ABC der Nordseeküste. Heide 1990

Willroth, K.-H.: Untersuchungen zur Besiedlungsgeschichte der Landschaften Angeln und Schwansen von der älteren Bronzezeit bis zum frühen Mittelalter. Eine Studie zur Chronologie, Chorologie und Siedlungskunde. Offa-Bücher 72. Neumünster 1992

Wilts, Ommo: Nordfriesland. In: Europäisches Büro für Sprachminderheiten (Hg.): Nordfriesland und Saterland. Friesisch zwischen Meer und Moor. Brüssel 1996, S. 4–27

Windkraft. Druckschrift des Ministeriums für Soziales, Gesundheit und Energie des Landes Schleswig-Holstein. Kiel 1989

Zölitz, R.: Landschaftsgeschichtliche Exkursionsziele in Schleswig-Holstein. Neumünster 1989

Autorinnen und Autoren

Hans Otto Boysen, geb. 1944, hat Meereskunde studiert und mit einer Dissertation im Fach Fischereibiologie abgeschlossen. Sein Berufsweg führte ihn über Tätigkeiten in der Entwicklungshilfe nach Mexiko und in der Forschung am Institut für Meereskunde in Kiel und an der Bundesforschungsanstalt für Fischerei in Hamburg in die Landesverwaltung. Von 1980 bis 1985 war er am Landesamt für Fischerei Schleswig-Holstein in Kiel und anschließend bis 1988 als stellvertretender Amtsleiter am Landesamt für den Nationalpark Schleswig-Holsteinisches Wattenmeer in Tönning tätig. Im Juli 1988 kehrte er an das Landesamt für Fischerei Schleswig-Holstein zurück und übernahm im Dezember 1991 dessen Leitung.

Willy Diercks, geb. 1945, Besuch der Domschule in Schleswig; 1965–1972 Studium an den Universitäten Hamburg und Kiel (Deutsche und englische Philologie, Pädagogik, Philosophie), Staatsexamen. Von 1972–1988 Wissenschaftlicher Assistent am Germanistischen Seminar der Christian-Albrechts-Universität zu Kiel, 1977 Promotion. 1988–1990 Abschluß dialektologischer Untersuchungen zum Niederdeutschen in Schleswig. 1990–1994 DFG-Projekt an der Hamburger Universität: „Niederdeutsch und Skandinavien". Seit 1994 Landesgeschäftsführer des Schleswig-Holsteinischen Heimatbundes. Zahlreiche wissenschaftliche und populäre Publikationen zum Niederdeutschen, Herausgeber von Sammlungen in niederdeutscher und hochdeutscher Sprache.

Konrad Dittrich, geb. 1947, ging in Niedersachsen zur Schule, studierte einige Semester in den USA und erlernte in Bremen das Journalistenhandwerk. Seine Spezialgebiete waren und sind die Bereiche Kultur und Reise. Seit zwölf Jahren in Lübeck ansässig, berichtet er ständig für Zeitungen und Agenturen über das Leben im nördlichsten Bundesland, insbesondere aus dem Raum Lübeck und dem angrenzenden Ostholstein. Er hat bereits mehrere Reiseführer veröffentlicht.

Jürgen Eigner, geb. 1944. Studium der Biologie (Botanik, Zoologie, Bodenkunde) in Kiel und Nantes (West-Frankreich). 1971–1973 Wiss. Assistent am Botanischen Institut Kiel, Arbeitsgebiete Pflanzenökologie und Pflanzensystematik; seit 1973 Mitarbeiter im Landesamt für Naturschutz und Landschaftspflege, Arbeitsgebiet überwiegend Arten- und Biotopschutz, vorwiegend im Bereich Hochmoore, Heiden, Feuchtgrünland, Ostseeküste; 1991–1995 Leiter des Amtes für Naturschutz und Landschaftspflege Schleswig-Holstein; seit 1996 Abteilungsleiter Naturschutz und Landschaftspflege im neu gegründeten Landesamt für Natur und Umwelt Schleswig-Holstein. Zahlreiche Veröffentlichungen zu Pflanzenökologie, Naturschutz und Landschaftspflege.

Reinhard Goltz, geb. 1953 in Hamburg. Studium der Fächer Englisch, Deutsch und Erziehungswissenschaften in Hamburg. Dissertation 1981 über die Sprache der Finkenwerder Fischer. Seit 1985 tätig in Kiel am Preußischen Wörterbuch, einem Projekt der Akademie der Wissenschaften und der Literatur, Mainz; seit 1992 als Arbeitsstellenleiter und Herausgeber. Neben der Sprachwissenschaft (Lexikographie, Dialektologie, Fachsprachen) liegt ein Arbeits- und Interessenschwerpunkt im Bereich der neueren niederdeutschen Literatur, dazu zahlreiche Aufsätze. Autor eines Hamburger Schimpfwörterbuchs, Mitübersetzer des ersten plattdeutschen Asterix („De Törn för nix").

Klaus C. Haase, geb. 1931, Dr. phil., Universitätsprofessor an der Christian-Albrechts-Universität zu Kiel, Direktor des Seminars für Deutsche Sprache und Literatur und ihre Didaktik.

Johannes Habich, Dr. phil., geb. 1934 in Danzig, Landeskonservator von Schleswig-Holstein, Ausbildung für das künstlerische Lehramt an der Hochschule für Bildende Künste und Studium der Kunstgeschichte, Archäologie und Literaturwissenschaften an der Universität Hamburg. Seit 1969 am Landesamt für Denkmalpflege Schleswig-Holstein tätig.

Nils Hansen, Dr. phil., wissenschaftlicher Angestellter am Seminar für Volkskunde der Christian-Albrechts-Universität zu Kiel. Archivalische Forschungen, Mitarbeit an verschiedenen Ausstellungen. Veröffentlichungen zur Entwicklung der Industrialisierung und zum Wandel der Lebensweisen in Schleswig-Holstein im 19. und 20. Jahrhundert.

Ingo Heidbrink, geb. 1968, studierte an der Universität Hamburg Sozial- und Wirtschaftsgeschichte und Geographie mit den Schwerpunkten Technik- und Schiffahrtsgeschichte. Fahrzeiten auf historischen und gewerblichen Binnenschiffen als Matrose-Motorenwart. Mitarbeit an verschiedenen Schiffahrtsmuseen und Museumsschiffen in Hamburg, Berlin, Rostock und Lauenburg. Zahlreiche Veröffentlichungen zur Binnenschiffahrtsgeschichte und zu Museumsschiffen. Zur Zeit lebt er als freier Binnenschiffahrtshistoriker in Hamburg und arbeitet schwerpunktmäßig an einem Forschungsprojekt zur Geschichte der Binnentankschiffahrt.

Wolf-Rüdiger Janzen, geb. 1941, begann seine Tätigkeit bei der Industrie- und Handelskammer zu Kiel 1971, nach Jurastudium und zweitem Staatsexamen. 1985 wurde er zu ihrem Hauptgeschäftsführer gewählt. Zudem wurde er auf Bundes- und Landesebene in eine Vielzahl von Gremien berufen. So ist er u. a. Mitglied des Informationsausschusses sowie der Etat- und der Kammerrechtskommission des Deutschen Industrie- und Handelstages, Vorsitzender des Aufsichtsrates der Technologie-Transfer-Zentrale Schleswig-Holstein (ttz) und seit 1992 Präsident der Baltic Sea Chambers of Commerce Association (BCCA), in der über 40 Industrie- und Handelskammern aus allen zehn Ostseeanrainerstaaten zusammengeschlossen sind.

Manfred Jessen-Klingenberg, geb. 1933, Dr. phil., Oberstudienrat. Studium der Lateinischen Philologie und der Geschichte an der Christian-Albrechts-Universität Kiel, Promotion, Staatsexamen. Nach längerer Tätigkeit als Wissenschaftlicher Assistent am Historischen Seminar der Kieler Universität Eintritt in den Schuldienst (Gymnasium), zugleich Lehrbeauftragter für Geschichte an der Erziehungswissenschaftlichen Fakultät der Universität. Verfasser zahlreicher Bücher und Aufsätze zur Geschichte Schleswig-Holsteins. Langjährige Herausgebertätigkeit: wissenschaftliche Zeitschriften, Monographien zur Landesgeschichte.

Carl Ingwer Johannsen, geb. 1935 in Ostbordelum/Nordfriesland, Dr. phil. Aufgewachsen auf dem elterlichen Bauernhof. Nach handwerklicher Ausbildung Studium des Hochbau-Ingenieurwesens, der Architektur und Baugeschichte an der Fachhochschule in Eckernförde und der Technischen Universität in Braunschweig. Während der anschließenden Assistentenzeit von 1969 bis 1974 an der Technischen Universität Braunschweig Dissertation. Tätigkeit im Bereich der städtebaulichen und hochbaulichen Sanierungsmaßnahmen als Referent an der Landeswirtschaftskammer Hannover bis zur Berufung zum Direktor des Schleswig-Holsteinischen Freilichtmuseums im Jahr 1979. Schwerpunkte und Veröffentlichungen aus den Bereichen der Hausforschung, ländliche Baukunde und Baupflege, Dorferneuerung sowie Freilichtmuseen. Mitglied in in- und ausländischen wissenschaftlichen Gesellschaften.

Hauke Kenzler, geb. 1969 in Cuxhaven, studierte an der Universität Hamburg Vor- und Frühgeschichte, Ethnologie und Geographie. Während seines Studiums nahm er an mehreren Ausgrabungen in ganz Deutschland teil. In seiner 1994 abgeschlossenen Magisterarbeit wertete er eine archäologische Grabung im mittelalterlichen Stadtkern von Lübeck aus. Nach einem Aufenthalt am Museum of London arbeitet er seit Sommer 1995 als Archäologe auf einer Stadtgrabung in Zwickau. Seine dortige Tätigkeit wird mit einer Dissertation über die Entwicklung eines mittelalterlichen Marktplatzes abgeschlossen werden.

Gernot Kühl, geb. 1959 in Eckernförde, schlug nach seinem Studium und der Ausbildung zum Realschullehrer die journalistische Laufbahn ein. Nach einem Volontariat folgte die Übernahme als Redakteur. Heute ist er Redaktionsleiter der Eckernförder Zeitung. Im Ellert & Richter Verlag ist von ihm das Buch „Schleswig und die Schlei" erschienen.

Jutta Kürtz, geb. 1941, Journalistin und Sachbuch-Autorin, lebt in Möltenort bei Kiel und in Toftum auf der Nordseeinsel Föhr. Jutta Kürtz ist Spezialistin für ganz besondere kulturgeschichtliche, kulinarische und touristische Themen. Neben einer Vielzahl von Texten in Anthologien hat sie gut zwei Dutzend Bücher publiziert.

Karl Ernst Laage, geb. 1920 in Kiel, Prof. Dr., Oberstudiendirektor a. D., Studium der Latinistik, Germanistik und Slawistik in Kiel und Tübingen, Gründer des Storm-Museums in Husum (1972), Präsident der Theodor-Storm-Gesellschaft, Honorar-Professor der Universität Kiel. Zahlreiche Veröffentlichungen zu Leben und Werk von Theodor Storm.

Klaus-Joachim Lorenzen-Schmidt, geb. 1948, Dr. phil., Oberarchivrat am Staatsarchiv Hamburg, Sprecher des Arbeitskreises für Wirtschafts- und Sozialgeschichte Schleswig-Holsteins; wohnt in Glückstadt an der Unterelbe und arbeitet vornehmlich zur Geschichte Schleswig-Holsteins und Hamburgs mit Schwerpunkt auf der Agrargeschichte und der bäuerlichen Mentalitätsgeschichte. Sein besonderes Interesse gilt der historischen Entwicklung in den holsteinischen Elbmarschen.

Jürgen Newig, geb. 1941 in Westerland auf Sylt, Studium der Geographie, Geologie, Pädagogik und Germanistik an den Universitäten Kiel und Tübingen. 1973 Promotion, 1988 Habilitation an der mathematisch-naturwissenschaftlichen Fakultät der Universität Kiel. Heute ist er Professor für Geographie und ihre Didaktik an der EWF der Universität Kiel und Autor mehrerer Veröffentlichungen über die Insel Sylt, den Fremdenverkehr in Schleswig-Holstein, Kartographie und Kulturerdteile.

Nis R. Nissen, Rentner seit 1. 10. 1990, war vorher 26 Jahre Direktor des Dithmarscher Landesmuseums in Meldorf. Er erweiterte die Sammlung alter Bauernkultur seit 1974 um vielseitige Zeugnisse industriezeitlicher Kultur in der dem Museum benachbarten ehemaligen Gelehrtenschule. Seit 1981 kam ein Museumsneubau dazu, in dem Maschinen, Geräte, Gewerbe- und Wohneinrichtungen die Veränderung der Landwirtschaft durch die industrielle Entwicklung darstellen. Nis R. Nissen ging in Hamburg-Altona zur Schule, besuchte die Universität Hamburg 1946 bis 1953, promovierte 1953, wurde 1995 von der Landesregierung mit dem Titel Professor geehrt.

Eckardt Opitz, geb. 1938, studierte Geschichte, Philosophie und Literaturwissenschaft; Professor für Neuere Geschichte an der Universität der Bundeswehr Hamburg; Präses des Wissenschaftlichen Forums für Internationale Sicherheit; Tutor der Lauenburgischen Akademie für Wissenschaft und Kultur. Von Eckardt Opitz stammen zahlreiche Veröffentlichungen zur Geschichte Schleswig-Holsteins.

Georg Quedens, geb. 1934 in Norddorf auf Amrum, lebt auf seiner Heimatinsel als freiberuflicher Schriftsteller und Fotograf. Bisher verfaßte er über 50 Bücher zur Geschichte und Natur der nordfriesischen Inselwelt, über die Nordsee und das Wattenmeer sowie zahlreiche Beiträge zu diesem Themenkreis in Natur- und Jugendzeitschriften. Im Ellert & Richter Verlag erschienen: „Wattenmeer – Landschaft im Licht", „Vögel über Watt und Meer", „Die Halligen" und „Das Friesenhaus" in der Weißen Reihe sowie die Bildreisen: „Inseln & Meer" und „Das Wattenmeer". Jährlich erscheint der Großbildkalender „Inseln & Meer".

Wolfgang Riedel, geb. 1942 in Braunschweig, Studium der Geographie, Bodenkunde, Archäologie von 1963 bis 1971 in Braunschweig, Hamburg und Madrid; Diplom in Geographie 1971, Promotion 1972. 1972 und 1979 Wissenschaftlicher Mitarbeiter am Geographischen Seminar der Pädagogischen Hochschule Flensburg; 1980–1994 Leiter der Zentralstelle für Landeskunde des Schleswig-Holsteinischen Heimatbundes in Eckernförde; 1985–1995 Landesbeauftragter für Naturschutz und Landschaftspflege des Landes Schleswig-Holstein, Vorsitzender des Obersten und des Wissenschaftlichen Beirates für Naturschutz und Landschaftspflege; Lehraufträge an mehreren Hochschulen für Naturschutz und Landschaftsplanung; seit dem 1. 10. 1994 Direktor des Instituts für Landschaftsplanung und Landschaftsökologie im Fachbereich Landeskultur und Umweltschutz der Agrarwissenschaftlichen Fakultät der Universität Rostock.

Hermann Rossius, geb. 1920 in Mönkeberg, Kreis Plön. Nach Oberrealschule und Praktikantenzeit Eintritt 1938 als Berufssoldat in die Wehrmacht. Ende 1949 Entlassung aus russischer Kriegsgefangenschaft. Wiedereintritt in die Bundeswehr als Technischer Offizier. In den Ruhestand 1976 als Oberstleutnant. Seit vierzig Jahren im Gildeorden tätig. Viele Veröffentlichungen in Gildefestschriften und Vorträge über heimatkundliche Themen.

Alexander Rost, geb. 1924, lebt als Publizist und Schriftsteller in Hamburg. Er war als junger Seeoffizier bis 1947 im Minenräumdienst, studierte in Kiel, Hauptfach Geschichte, und finanzierte sein Studium als Reporter für die „Kieler Nachrichten". Er arbeitete als Ressortleiter- und in Chefredakteursfunktionen bei großen Tages- und Wochenzeitungen, als Autor angesehener Zeitschriften und für Funk, Fernsehen und Dokumentarfilme. Zwölf Jahre gehörte er ehrenamtlich als Verbandssprecher zum Präsidium des Deutschen Segler-Verbandes.

Johann Runge, geb. 1926 in Flensburg, Dr. phil., Historiker. Studium in Kiel und Kopenhagen. 1960–74 Lektor für deutsche Sprache und Literatur an der Universität Islands in Reykjavik. Seit 1974 Leiter der Forschungsabteilung an der dänischen Zentralbibliothek in Flensburg. Zahlreiche Veröffentlichungen auf dem Gebiet der schleswig-holsteinischen Landesgeschichte, besonders über das 19. und 20. Jahrhundert und über Minderheitenfragen.

Peter Schafft, geb. 1937 in Pritzwalk, Ostprignitz. Nach dem Abitur Maurerlehre im väterlichen Betrieb. Studium der Architektur an der TU – Berlin-Charlottenburg. Nach kurzer freiberuflicher Tätigkeit Ausbildung für den höheren Verwaltungsdienst. Von 1971 bis 1975 in der Bauverwaltung des Landes Schleswig-Holstein. Seit 1975 Dezernent im Landesamt für Denkmalpflege in Schleswig-Holstein.

Kurt-Dietmar Schmidtke, geb. 1943 in Danzig, Oberstudienrat an der EWF der Universität Kiel. Institut für Kulturwissenschaften, Abtlg. Geographie, mit Schwerpunkt Didaktik/Methodik. Zahlreiche Aufsätze und Bücher zur Didaktik und Methodik des Geographieunterrichts und zur Landeskunde Schleswig-Holsteins; Schulbücher für den Heimat- und Sachunterricht in Schleswig-Holstein und für den Geographieunterricht der Sekundarstufe I (Seydlitz); Landeskundliche Diaserien und Mitarbeit an 16-mm-Unterrichtsfilmen des Instituts für Weltkunde, Hamburg.

Heinrich W. Schwab, geb. 1938 in Ludwigshafen a. Rh. 1957–1963 Studium der Fächer Musikwissenschaft, Germanistik, Philosophie und Geschichte an den Universitäten in Mainz, Kiel und Saarbrücken (Promotion 1964). Seit 1966 am Musikwissenschaftlichen Institut der Universität Kiel tätig (Leitung der Landeskundlichen Abteilung). 1977 Habilitation im Fach Musikwissenschaft; 1982 Professor. 1978 Gastprofessor am Musikwissenschaftlichen Institut der Universität Kopenhagen. 1990–1993 Aufenthalt als „gjesteforsker" an der Norwegischen Musikhochschule in Oslo. Forschungs- und Publikationsschwerpunkte: Lied, Konzert, Madrigal; Musikalische Sozialgeschichte, Musikgeschichte Skandinaviens und des Ostseeraums; Jazz in der Kunstmusik.

Kai Detlev Sievers, Dr. phil., Professor am Seminar für Volkskunde der Christian-Albrechts-Universität zu Kiel. Forschungen u. a. auf den Gebieten Fachgeschichte, Festwesen des 19. und 20. Jahrhunderts, Geschichte der Armenfürsorge, Soziale Frage im 19. Jahrhundert und ethnische Minoritäten.

Ulrich Simon, geb. 1954 in Frankfurt a. M., Studium in Geschichte, Germanistik, Hilfswissenschaften der Altertumskunde. Magister Artium 1979, Promotion 1985 über ein hessisches Zisterzienserinnenkloster (ordensgeschichtliche Dissertation). Ausbildung zum Archivar an der Archivschule Marburg 1989 bis 1991, seit 1992 am Archiv der Hansestadt Lübeck.

Bent Søndergaard, geb. 1937 in Dänemark. Nach Studien an Hochschulen in Dänemark, Island, Norwegen, Schweden und Finnland Magister (Nordische Philologie/Religion) 1966, Universität Aarhus, 1972 Dr. phil. (Nordische Philologie), Universität Kopenhagen. Von 1966 bis 1971 Hochschullehrer an den Universitäten Aarhus und Tampere (Finnland), 1971–73 pädagogische Ausbildung; seit 1973 Professor für dänische Sprache und Literatur und ihre Didaktik an der Bildungswissenschaftlichen Hochschule Flensburg – Universität. Korrespondierendes Mitglied von Centre de recherche sur le plurilinguisme Bruxelles und Ehrenmitglied der finnischen Kalevala-Gesellschaft (Kalevalaseura). Wissenschaftliche Veröffentlichungen zu den Bereichen Bilinguismus, nordische Dialektologie, nordisch-deutsche Onomastik, ältere nordische Literatur, sowie belletristische Übersetzungstätigkeit (1994 Elfelt-Preis des Verbandes dänischer Übersetzer).

Heinz Spielmann, geb. 1930 in Hattingen/Ruhr; von 1951 bis 1959 Studium der Architektur, Kunstgeschichte und Philosophie in Aachen und Stuttgart, Promotion. 1960–1985 Leiter der Modernen Abteilung am Museum für Kunst und Gewerbe in Hamburg; seit 1986 Landesmuseumsdirektor des Landes Schleswig-Holstein und Direktor des Schleswig-Holsteinischen Landesmuseums in Schleswig; seit 1984 Professor für Kunst des 19. und 20. Jahrhunderts an der Universität Münster. Publikationen zur Kunstgeschichte, u. a. „Spektrum der Kunst" (Die europäische Kunst von der Spätantike bis zur Gegenwart, seit 1975 in zahlreichen Ausgaben erschienen), Schriften zu Malerei, Plastik, Design und Photographie des 20. Jahrhunderts, u. a. zu Baumeister und Kokoschka.

Gerd Stolz, geb. 1942 in Danzig, ist seit 1945 in Schleswig-Holstein ansässig, lebt heute in Kiel und fühlt sich in dem „Land zwischen den Meeren" zu Hause. Er ist seit 1970 Beamter im schleswig-holsteinischen Landesdienst, „nebenher" Verfasser zahlreicher landesgeschichtlicher und heimatkundlicher Beiträge und Autor mehrerer Bücher zur Geschichte und Kultur Schleswig-Holsteins.

Helmut Sydow, geb. 1947, Studium der Wirtschafts- und Sozialgeschichte, Kunstgeschichte und der Politischen Wissenschaften in Bonn, Promotion; 1979/80 wissenschaftlicher Volontär beim Westfälischen Freilichtmuseum in Detmold, ab 1980 Dezernent für Museumspflege beim Amt Landesmuseumsdirektor, seit 1966 Leiter des neugegründeten Museumsamtes in Schleswig-Holstein.

Gerd Vaagt, geb. 1929 in Flensburg, dort Schulbesuch bis zum Abitur 1950 am Alten Gymnasium. Banklehre und kaufmännische Tätigkeit, zugleich Studium an den Universitäten Kiel und Marburg. Ab 1959 im Höheren Schuldienst tätig, dann ab 1982 an der Pädagogischen Hochschule Flensburg, jetzt Bildungswissenschaftliche Hochschule – Universität. – Veröffentlichungen zur Flensburger Stadtgeschichte sowie zur schleswig-holsteinischen Landesgeschichte.

Ommo Wilts, geb. 1937 in Oldenburg (Oldb). Studium der Germanistik, Anglistik und Nordistik in Marburg, Kiel, Reykjavik, Kiel. Staatsexamen und Lehrtätigkeit in den USA. Promotion über altgermanische Spruchdichtung. Lehrtätigkeit als Studienrat in Brake u./W. Seit 1972 als Akademischer Direktor wissenschaftlicher Mitarbeiter an der Nordfriesischen Wörterbuchstelle der Christian-Albrechts-Universität Kiel. Arbeiten zur Lexikographie, Literatur und Didaktik des Nordfriesischen.

Register

Fettdruck verweist auf Abbildungen.

Aalsgaard 390
Abel, Herzog 56
Achtrup **285**
Adalbert von Bremen, Erzbischof 54, 74
Adam von Bremen 213
Adelby 163
Adler, Kurt 414, 415
Adolf I. von Schauenburg 55, 243
Adolf I., Herzog von Gottorf 58, 59, 188, 196, 207, 228, 230, 338, 410, 485
Adolf II. von Schauenburg 55, 124
Adolf III. von Schauenburg 75, 77, 219
Adolf IV. von Schauenburg **56,** 130, 131, 139, 213, 224, 243, 349
Adolf VIII. von Schauenburg 56, 188, 224
Adolf XIV. von Holstein 358
Aerö 57
Ahlefeldt (Familie) 60, 225, 372
Ahlefeldt, Bartholomäus von 360
Ahlefeldt, Detlev von 221, 372
Ahrensbök 59, 219
Ahrensburg 45, **226,** 227, 338, **339,** 407, 426
Ahrensburger Kultur 45, 46
Alba, Herzog 485
Albersdorf **45,** 47, 48, 201, 211, 212
Albrecht I., König von Deutschland 76
Albrecht II., Kaiser 56
Albrecht von Orlamünde 55
Alsen 57, 65, 402
Alster 38, 104, 217, 484
Alster-Beste-Trave-Kanal 104, 219, 490
Alte Salzstraße 104
Altenhof 376, 426
Altenholz 144
Altenkrempe 130
Ältermann (Öllermann) 314, 315
Alt-Fresenburg 219
Altfriesisches Haus, Keitum **332**
Alt-Horst 111
Altkatholiken **361**
Alt-Lübeck (Buku, Liubice) 52, 74, 75, 243
Alt-Nordstrand 171, **173,** 181, 182
Altona 66, 68, 220, 357, 399, 406, 407, 408, 414
Alt-Rantum 255
Amrum 40, 170, 171, 172, 175, 176, 179, **180, 181,** 186, 251, 255, 256, 267, 276, 277, 420, 422, 443, 447, 448, 449, 451, 454, 455
Andersen, Hans Christian 265
Angeln 26, 49, 50, 73, **91,** 151, 158–169, **236,** 282, **319,** 327, 354, 402, **477,** 481
Angelsachsen 51, 169
Anna, Markgräfin von Brandenburg 214
Ansgar, Bischof 54
Antitrinitarier 358
Apenrade 50, 57, 333
Archäologie 44–53
Archäologisches Landesmuseum auf Schloß Gottorf 425
Arentsee **334**
Århus **50**
Arminianer 359
Arminius, Jacob (Haarmensz) 359
Arnauld, Antoine 361
Arnis 168, 169, **429**
Artlenburg 104
Ascheberg 29
Ascona 402
Askanier 106
Augsburger Religionsfrieden 357
Augustenburg 372
Auguste-Viktoria-Koog 246
Aukrug 213, **216,** 217
Aumühle 229
Ausgleichsküste 474
Averlakerdonn 204
Bach, Carl Philipp Emanuel 405
Bach, Johann Sebastian 82, 406
Backstein 30, 75, 210, 217, 218, 324, 344–351, 356
Bad Bramstedt 216, 269
Bad Oldesloe 75, 213, 219, 228, 243, 280, 357, **360,** 361, 406
Bad Schwartau 81, 269
Bad Segeberg 36, 57, 213, 217, **218,** 219, 226, 243, 280, 363, 386, 387
Badenhaupt, Hermann 408
Baedeker, Karl 124
Baggesen, Jens 409
Bandreißer 221, 230
Bannesdorf 132, 406
Barby, Andreas von 81
Bardowick 74, 75
Bardua, Carolina 409
Barghaus (Barghus) 326, **327,** 331, **334, 424**
Bargteheide 226
Barkelsby 153
Barlach, Ernst 137, 427
Barmstedt 225, 429
Barschel, Uwe 72
Bassewitz, Horst von 229
Baudissin (Familie) 376
Baudissin, Caroline von 144
Baudissin, Friedrich von 144
Baudissin, Heinrich Friedrich von 374
Bauer, Wilhelm 259
Baumkurren 251
Behler See 39
Behnhaus, Lübeck 395
Beltringsharde 171
Beltringsharder Koog 174, **182,** 448
Bergedorf 83, 230
Bergen 78
Bergenhusen 196, 197, **198**
Berkenthin 104
Berlin 25, 379, 398, 402, 407
Berlin (Schleswig-Holstein) 368
Bernadotte, Jean-Baptiste 213, 214
Bernhard I., Herzog von Sachsen-Lauenburg 107
Bernstein, Leonard 143
Bernstorff (Familie) 110, 112
Bernstorff, Albrecht von 69
Bernstorff, Andreas Gottlieb von 113
Bernstorff, Andreas Peter von **62,** 373, 413
Bernstorff, Heinrich Ernst von 413
Bernstorff, Johann Hartwig Ernst von 61, 134
Beste 104, 484
Bevensen 49
Biehlersee 126
Bienebek 151

Biikenbrennen 278, **297,** 298, 299
Bilau, Kurt 496, 498
Bilegger 330, 335
Bille 228
Billing, Hermann 138
Biologische Anstalt Helgoland 421
Birka 54
Birkenmoor 144, 146
Bismarck, Elisabeth von 230
Bismarck, Herbert von 228
Bismarck, Otto von 64, **228,** 229, 257, 425
Bismarck-Museum, Friedrichsruh **229,** 425
Blanke Hans 9, 170, 172, 176, 180, **182,** 420
Blidselbucht 251
Blohm + Voss 155
Blome (Familie) 60
Blome, Otto von 142, 143, 343
Blomenburg 29, 142
Blunck, Heinrich 333
Bockwindmühle 492, **493,** 496, **497**
Bockwoldt (Hof) **328**
Bodelschwingh, Friedrich von 180
Boeckel, Peter 201
Bohnert 151
Boie, Heinrich Christian 376
Bökingsharde 171, 276
Boldixum-Wyk **178**
Bonn-Kopenhagen-Erklärung 72, 289
Booknis 155
Boomberg 420
Borby 156, 307
Bordesholm 213, **214,** 215, 408–411
Bordesholmer Altar **159.** 215
Bordesholmer Marienklage 409
Borgsum 170
Bornholm 82, 250
Bornholt 33
Bornhöved 54, **55, 56,** 76, 213, 224, 243
Bosau 29, 128, **129**
Boßeln 301, **302**
Botanischer Garten, Kiel 420
Bothkamp 341, **342**
Bouts, Dirk 396
Bovendör 334
Boy-Ed, Ida 391
Braak 386
Brabant 361
Brade, William 407
Brahms, Johannes 409, 428
Bramau 216
Brandt, Otto 59
Brandt, Willy 73
Brarup-Markt 169, 301
Brauchformen 296–305
Brauer, Max 71
Braun, Georg **80, 128, 163, 191, 205, 218, 224**
Braunschweig 75, 79, 346, 347
Bredstedt 41, 104, 175, 278, 421
Breitenfelder Moor 104
Bremen 79, 82, 83, 84, 223, 256, 258, 353, 388
Brockdorff (Familie) 60, 130, 145
Brodau 128
Brodtener Ufer 40
Brömse, Nikolaus 82
Bronzezeit 32, 48, 49, 242, 481

Brooklandsau 200
Brügge 78
Brüggemann, Hans 158, 215
Bruhn, Waltrud 387
Bruhns, Nikolaus 406
Brunsbüttel **202,** 206, 209, 210, 257, 422, 488, 489, 491
Brunsbütteler Heimatmuseum 429
Brunsbüttel-Koog **486**
Brutkamp, Albersdorf **45**
Brütt, Adolf 175
Buchan, Bertha von 379
Büchen 84, 108
Buchner, Eduard 414
Buchwaldt (Familie) 60, 225, 227
Buddenbrookhaus, Lübeck **390,** 394, 428
Buddenbrooks 262, 388–392, 395
Büdelsdorf 48
Buerreeken 301
Bugenhagen, Johannes 58, **81**
Buku 74
Bülk 27, 144
Bullerdiek, Bolko 387
Bülow (Familie) **111**
Bültsee 150
Bundsen, Axel 144, 165, 341
Bungsberg 43, **129**
Bunsoh 201
Bünzen **216,** 217
Burg auf Fehmarn 28, 132, 363, 418
Burg, Dithmarschen 200, 206, 208, 212, 264, 420
Burger See 28
Burgstaaken 250
Burgtiefe 132, **264**
Burney, Charles 405
Büsum **201,** 206, 208, 209, 212, **234,** 250, 251, 253, 261, **268**
Büttjebüll 478
Buxtehude, Dietrich 82, 219, 393, 406, 408, 409
Cap Arcona (Schiff) 130
Carl X. Gustav, König von Schweden 61, 224
Carl XII., König von Schweden 219
Carl XIV. Johan, König von Schweden 214
Caroline Mathilde, Königin von Dänemark 219
Carolinenhof **333**
Carstens, Asmus Jakob 26, 398
Cathrinesmünde 421
Christian Albrecht, Herzog von Gottorf 27, 339, 407, 410, **411**
Christian I., König von Dänemark 56, 57, 58
Christian II., König von Dänemark 58, 81
Christian III., König von Dänemark 58, 59, 81, 167
Christian IV., König von Dänemark 61, 139, 190, 216, 222, 358–360, 410
Christian V., König von Dänemark 148, 362
Christian VI., König von Dänemark 172, 190
Christian VII., König von Dänemark 145, 372
Christian VIII., König von Dänemark 64, 127, 167, 178, 265
Christian IX., König von Dänemark 64, 65
Christian-Albrechts-Koog 333
Christian-Albrechts-Universität zu Kiel (CAU) 410–417, **413, 416,** 419

Christiani, Wilhelm Ernst 413
Christiansfeld 357, 363
Christoph II., König von Dänemark 147
Cismar, Kloster 131, 396, 409, 426
Claudius, Matthias 148, 219, **376**
Clement, Knudt Jungbohn 172
Couture, Thomas 400
Cramer, Carl Friedrich 404
Cramer, Johann Andreas 377
Curau 84
Dagebüll 251, 175
Dahlmann, Friedrich Christoph 63, **414**
Dahlström, Hermann 488
Dahme 131
Däl (Diele) 328, 331, 332, 334
Dalldorf 112
Dallin, Rudolf Matthias 128, 143
Damendorf 32
Damp 150, **152, 154,** 155, 156, 340, 408, 409
Danckwerth, Caspar 166
Danewerk (Danevirke) 50, 52, 54, 151, 280, 290, 425, 481
Dänische Minderheit 288–290
Dänischer Wohld 144–147, 155
Dänischhagen 143
Dänisch-Nienhof 144, **145,** 146
Dänisch-Schwedischer Krieg 152
Dänisch-Westindische Inseln 165
Dannebrog 290
Danzig 67, 78, 388
Dassower See 75
Deezbüll **175**
Dehio, Georg 344
Dehmel, Richard 221
Deichbau **41,** 205, 468–475, **469, 474**
Deichgraf 17, 383
Deichpflicht 174
Deilaw 130
Delmenhorst 61, 134
Delve 208, 209
Delvenau 483
Delver Moor 200
Dengboog 47
Desmerciers, Graf 174
Deutsch-Dänischer Krieg 64, 65, 165, 169, 245, 266, 305
Deutsche Bucht 249, 250, **439,** 442, 487
Deutsche Werft, Kiel 260
Deutscher Bund 63, 84
Deutschland (Panzerschiff) 260, 261
Deutsch-Nienhof 147
Deventer 354
Dieksanderkoog 209, 210
Dieksee 28, 29, 126
Diels, Otto 415, 415
Dingerdonn 204
Dissau 84
Dithmarschen 21, 25, 28, 30, 41, 42, **45,** 58, 188, 198, 200–211, **201,** 212, 213, 216, **234,** 244–247, 268, 280, 301, **302,** 303, 314, 331, 357, 406, 420, 428, 448, 498
Dithmarscher Landesmuseum Meldorf 207, 422, **423**
Dithmarscher Schweiz 38, 43
Dobersdorf 128

Dollrott 168
Dolmen 47, 150
Dönitz, Karl **69**
Döns 330
Dorothea Augusta, Herzog 127
Dose, Cai 221, 222
Dosenmoor 215, **466, 467**
Drage 196
Dredgen 251
Dreilande 188, 189, 190
Dreiseithof 333
Dreißigjähriger Krieg 61, 82, 108, 112, 146, 152, 190, 338, 410
Drelsdorf 44, 175
Droste-Vischering, Adolf von 376
Droysen, Johann Gustav 64, 414
Drült 168
Drüsensee 110
Duborg-Skole, Flensburg 290
Dükerschleuse, Witzeeze 490
Dumas, Matthieu 377
Dunkelsdorf 84
Düppeler Schanzen **65,** 382
Düsternbrook 27
Düstnishy **402**
Duvenseer Moor 46
Duvenstedt 49
Duvenstedter Berge 38
Duwe, Harald 402
Eberhard von Holle, Bischof 81
Eckener, Hugo 165
Eckernförde 32, 57, 145, 147, 150, 154, **155, 156,** 157, 216, 250, 274, 290, 307, 429, 488, 489, 493, 498
Eckernförder Bucht 144, 154–156, **236,** 284, 459, **460**
Eckersberg, Christoffer 399
Eddelak 206
Edebergsee 126
Edikt von Nantes 357
Edikt von Potsdam 357
Edomsharde 171
Eekholt, Wildpark 219, 420
Egge (Hof) **334**
Eggenbrüder 301, **302**
Eichberg 109
Eichendorff, Joseph 262
Eider 31, 38, 52–56, 64, 76, **96,** 147, 148, 151, 171, **193,** 196, 198, 200, **201,** 205, 207–211, 213, 254, 256, 274, 284, 290, 353, 354, 402, **434,** 448, 465, 483, 485, 489, **490**
Eiderdänen 64
Eiderkanal 27, 244, 251, 256, 341, 421, 422, 484–487, **486,** 491
Eidersperrwerk 470
Eiderstede 214
Eiderstedt **50,** 51, 57, 170, 171, 175, 188–195, 198, 265, 274, 276, 282, 338, 354, 357, 415, 428, 443, 469, 471
Eidum 177
Einbau 327
Einfelder See 215
Einhaus 104
Einstein, Albert 394
Einzelgrabkultur 48

Eisenkunstgußsammlung, Büdelsdorf 426
Eisenzeit 49, 50, 51, 242, 327, 330
Eiszeit 36–43, 44, 89, 124, 155, 175, 176, 180, 186, 217, 319, 264, 425, 458, 467, 468, 473, 476, 477, 478
Ekensund 401
Elbe 32, **43,** 54, 68, 69, 76, 96, 104, 107, 187, **201, 202,** 205, 206, 208, 209, 210, 213, 220, 222, 223, 230, 231, 246, 254, 257, 291, 300, 336, 358, 372, 418, 422, 465, 483, 484, 489
Elbe-Lübeck-Kanal 104, 422, **489**
Elbmarschen 243
Elbschiffahrtsmuseum Lauenburg 107, 422, 484, 490
Elbschiffer-Gilde 106
Elbschwanenorden 220
Elbtunnel 273
Eldena (Kloster) 350
Elektro-Museum der Schleswag AG, Rendsburg 422
Elisabeth Petrowna, Zarin 61
Elisabethturm 129
Elisenhof (Wurt) 51
Ellerbek (Ellerbeck) 27, 46
Ellerbeker Büttgill **313,** 314, 315
Elmshorn 36, 222, 246, 261, 272, 363, 422, 489
Elsdorf 378
Emil, Prinz zu Schönaich-Carolath-Schilden 221
Emkendorf 147, 227, 340, 341, **373, 374,** 375, 377
Emkendorfer Kreis 148, 372–377, **377**
Engelbrecht, Martin **125**
Engels, Otto Heinrich 401
Erfde 196
Erich II., Herzog von Sachsen-Lauenburg 108
Erich V., Herzog von Sachsen-Lauenburg 230
Erich Menved, König von Dänemark 76
Ernst von Schauenburg 358
Ertebølle-Ellerbek-Kultur 46
Eschenbach, Christoph **405**
Eucken, Rudolf 388
Europäische Union 270
Eutin 29, 68, 81, 124, **125,** 134, 143, 147, 268, 282, **323,** 336, 340–342, 372, 373, 393, 402, 404, 406, 409, 426
Eutiner See 124, **125**
Eutiner Sommerspiele 323
Everschop 171, 181, 188, 193
Exulanten 357
Fabricius, Friedrich 360
Fabricius, Johann Christian 413
Fachhallenhaus, Niederdeutsches 326–332, **327, 329, 334**
Fahnenschwenken, Krempe **304**
Fahrdorf 158
Falck, Nicolaus 63, 414
Falke, Gustav 221
Fallada, Hans 31
Falsterbo 78
Fargau 368
Farve 129
Fauna der Westküste 448–457
Fauna von Ostküste und Binnenland 458–467
Feddersen, Hans Peter **400,** 401, 402
Federmesserkultur 45

Fehmarn 28, 40, 57, 124, 132, 150, 188, **264,** 282, 313, 328, **494**
Fehmarnsund **263,** 299
Fehmarnsundbrücke **132**
Fehrs, Johann Hinrich 385, **386**
Ferdinand III., Kaiser 410
Festwesen 296–305
Fething **335**
Feuerschiff Kiel 261
Feuerwehrmuseum Norderstedt 429
Fey, Fritz 429
Findling 42, 37, 41, 47, 147, 264, 476
Fischerei 248–254
Fischwerfen 315
Fleckeby 158
Flemhude 147
Flender-Werke, Lübeck 261
Flensborg Avis 288
Flensburg 57, **68,** 154, 158, 159, 163–167, **163, 164,** 169, 236, 256, 265, 269, 270, 272, 278, 282, 287, 288, 290, 305, 344, **345,** 350, 372, 378, 402, 414, 417, 418, 421, 426, 482, 489
Flensburger Förde 26, 27, **168,** 261, 401, 402, 421, 422, 423, 425, 460
Flensburger Museumshafen 421
Flensburger Schiffbaugesellschaft 261
Flensburger Städtisches Museum 426
Flensburg-Mürwik 69, 261, 426
Flintbek 48
Flora der Westküste 448–457
Flora von Ostküste und Binnenland 458–467
Flors, Martje 190
Flüchtlinge **71,** 72
Flying Dutchman (Schiff) **255,** 256
Föhr 40, 41, 51, 255, 256, 265, 267, 276, 277, 170, 171, 172, 175, 176, **178, 179,** 180, 186, 354, 422, 429, 444, 448, 449, 493
Fontane, Theodor 324, 383
Förtchen **293,** 294
Frankfurt a. M. 84, 394
Franz Joseph I., Kaiser von Österreich 26, 145
Franzhagen 107, 372
Französische Revolution 83, 376, 377
Fraunhofer-Institut für Siliziumtechnik (ISiT) 272
Fredeburg 104
Frederik I., König von Schweden 142
Freese, Daniel 205
Freilichtmuseum Hjerl Hede 330
Freilichtmuseum Molfsee (s. Schleswig-Holsteinisches Freilichtmuseum Molfsee)
Freistätten, religiöse 357–363
Frenssen, Gustav 221
Fresenburg 360
Frieden von Brömsebro 61
Frieden von Lübeck 61
Frieden von Perleberg 230
Frieden von Utrecht 80
Friedrich August, Fürstbischof von Lübeck 323
Friedrich I., Kaiser 75, 76
Friedrich I., König von Dänemark 57, 82, 159, 214, 228
Friedrich II., Kaiser 76
Friedrich II., König von Dänemark 59, 207, 226

Friedrich III., Herzog von Schleswig-Holstein-Gottorf 61, 160, 181, 190, 198, 339, 360, 361, 372, **397**, 410, 411
Friedrich III., Kaiser 57, 58
Friedrich VI., König von Dänemark 63, 182, 226, 265
Friedrich VII., König von Dänemark 64, 166
Friedrich von Augustenburg (Friedrich VIII., Herzog von Schleswig und Holstein) 222
Friedrich Wilhelm von Brandenburg 357
Friedrich, Caspar David 350, 426
Friedrich-Naumann-Stiftung 107
Friedrichsberg 26, 158, 163
Friedrichsgabe 225, 226
Friedrichskoog 204, **208**, 209, 210, 251
Friedrichsort 27, 261
Friedrichsruh 111, **228, 229**, 230, 425
Friedrichstadt 97, 175, 188, 196, 197, 198, **199**, 269, **317**, 357, 359, 360, **362**, 434, 490
Friedrich-Wilhelm-Lübcke-Koog 174
Friesenmuseum Deezbüll **175**
Friesische Sprache 274–279
Fritsch, Christian Friedrich 340
Fritz, J. F. 379
Frunsbeer **302**
Fünen 168
Fußmann, Klaus **402**
Gaarz 128
Gadebusch 73
Gallehus 408
Gallitzin, Amalia von 377
Gammelby 151
Ganggrab 47
Garding 175, **190**, 193, 415, 428
Garkau 129
Garstedt 225, 226
Gartow 113
Gayk, Andreas 309
Geesthacht 220, 230, **231**
Geesthardenhaus 326, **327**, 328, **330**, 331, 333
Geibel, Emanuel 85, 378
Gelting 167
Geltinger Birk **168**
Genin 84
Geologie 36–43
GEOMAR-Technologie-GmbH (GTG), Kiel 272
Georg I., König von Enland 113
Georg Ludwig, Herzog von Holstein-Gottorf 214
Gereby (Carlsburg) 152, 153
Gerhard III. von Schauenburg 56, 224
Gerold, Bischof 124, 128, 131
Gespannfischerei 249
Gettorf 145
Gezeiten 438, **439**, 443, 444, 468, 473
Gieselaukanal 489
Gilde 294, **304**, 312–315, **313, 314**
Glashütte 225, 226
Glücksburg **166**, 167, 168, 336, 338, 372, 391, 426
Glückstadt 167, 168, 220, **223**, 249, 261, 312, 336, 338, 357–360, 372, 383, 391, 429, 489
Goedtke, Karlheinz **109**
Goerdeler, Carl Friedrich 85
Gogh, Vincent van 139, 426
Goldensee 110
Gorch Fock (Schiff) 261

Göteburg 347
Goting 268
Göttinger Hainbund 376
Gottorf 26, 57, 61, 62, 134, 158–160, **160, 162**, 188, 190, 228, 254, 293, 303, 339, 357, 372, 396, **397**, 399, 402, **407**, 408, 411, 412, 418, **419**, 426
Gottorfer Frage 61, 62
Gottorfer Kultur 60
Göttrik, Dänenfürst 54
Gottschalk, Obotritenfürst 74
Grabau **45**, 274, 343
Grafenfehde 82
Grammsee 110
Grebin 274
Greggenhofer, Georg 147, 341
Greifswald 350
Gremsmühlen 28, 29, 125, 401
Grimm, Brüder 379
Grimm, Jacob 23, 280
Gröde 257, 449
Groer, Hans 294
Gröger, Friedrich Carl 398
Grömitz 104, 107, 131, 264, 265, 475
Grönau 357, 372
Grönwohld 146
Grosch, Heinrich 125
Groß Grönau 305
Groß Sarau 104
Große Breite 319
Großenaspe 215, 216
Groß-Hamburg-Gesetz 68, 85, 104, 220
Großharrie 329, 330
Großkönigsförde 36, **37**
Großschretstaken 427
Großsteingrab **46**, 47, 144
Groß-Wittensee 147
Groth, Hartwig 23
Groth, Klaus 21, **22**, 211, 281, 283, 384, **385**, 404, 408, 428
Growian 498
Grüne Insel 448
Grüner Brink 132
Grünhof-Tesperhude 48
Grünholz 152
Grüppen **174**
Gudendorf 201
Gudewerdt, Hans der Jüngere 143
Gudow 111
Gudower See 110
Güldenstein 129
Gulfhaus 326, 327, **334**
Gülpiner See 110
Gurlitt, Louis **399**
Gutsmuseum Hohenstein 153
Haan, Lorenz de (Hahn, Lorens Petersen de) 255, 424
Habel 186, 448
Hablik, Wenzel 402
Haddeby 159
Haddebyer Damm 158
Haddebyer Noor 52, 53, 54
Hadeln 29
Hademarschen 17, 382, 383
Hadersleben 57, 58, 347, 363

Hagen 140
Hahnebier 301, **302**
Haid, Johann Elias 376, 377
Haithabu 52–54, **52**, 76, 151, 154, 158, 159, 243, 254, 256, 354, **419**, 481, 483, 490
Halendorf 129
Halligen 182–186, **183, 184**
Hals, Frans 139, 426
Hamburg 25, 32, 45, 54, 55, 56, 69, 75, 76, 78, 80, 83, 84, 98, 104, 169, 206, 207, 210, 213, 215, 217, 220, 221, 225, 226, 230, 256, 258, 273, 276, 306, 353, 356, 358, 379, 388, 392, 394, 397, 402, 418, 425, 470, 483, 484, 488
Hamburger Elektrizitätswerke (HEW) 230
Hamburger Kultur 45
Hamburger Segel-Club 310
Handewitt 48, **49**
Hanerau-Hademarschen 217
Hannover 83
Hanse (hansa) 27, 76, 77, **78, 79, 80**, 82, 164, 186, 207, 208, 219, 254, 274, **281**, 293, 344, 347, 388, 393, 398, 483
Hansen, Christian Friedrich 215, 221, 228
Hansen, Christian Peter 171, 255, 277, **278**, 279
Hansen, Georg 414
Hansen, Jap Peter **277**, 279
Hansen, Konrad 386, 387
Hansetag 80, 82
Hanswarft auf Hooge **183**
Harde **171**, 188
Haring, Harro 172
Häring, Hugo 129
Harksheide 225, 226
Harms, Claus 414
Harrislee 421
Haseldorf **221**, 372
Haseldorfer Marsch 221, 230, 315
Hasenberg **87**
Hasselburg 129, 130, 341, **343**, 408
Haubarg **189**, 326, **327**, 331, 332, 333
Hauke-Haien-Koog 18, 41, 174, 333, 448
Haupt, Richard 353
Hauptmann, Gerhart 388, 393
Haus der Natur, Cismar 421
Hebbel, Friedrich 31, 212, 428
Hebel, Johann Peter 279
Heckel, Erich 402
Hegewisch, Dietrich Hermann 414
Hegewisch, Franz Hermann 63
Heide 21, 24, 41, 200, 201, **205**, 206, **211**, 272, 281, 301, **302**, 382, 385, 406, **428**, 498
Heiden-See 29
Heikendorf 250
Heiligenhafen 28, 40, **131**, 250, 264, 298, 299, 382, 429
Heiligenstadt 381, 382
Heinrich der Löwe 74, **75, 76**, 77, 80, 104, 130, 131, 344, 346, 347
Heinrich I., König von Deutschland 254
Heinrich- und Thomas-Mann-Zentrum, Lübeck 85, 389, 428
Heinrich von Badwide 105
Heinrich, Obotritenfürst 74
Heischebrauch 296, 298

Helgoland 37, **37,** 48, 56, 186, **187,** 250, 251, 270, 274, 276, 438, 444, 448, 451, 480
Helmond von Bosau 128
Helsingör 390
Hemmelförde **473**
Hemmelmark 150, 152, 154, 156
Hemmingstedt 58, 201
Hensler, Philipp Gabriel 377
Herder, Johann Gottfried 323
Heringsfischerei 249
Hermann, Hegewisch 377
Herrenhäuser 336–343
Herrnhuter Brüdergemeine 357, **363**
Herzhorn 334
Hessen, Prinz Heinrich von 140
Hessen, Carl von 147, 152, 158, **377**
Hessen-Kassel, Friedrich von (Friedrich I. von Schweden) 365
Hessenstein 142
Hesterberg 423, 426
Heuss, Theodor 309
Heverstrom 172, 175
Heydenreich (Hof) **334**
Heylmann, Friedrich Christian 130
Hindenburgdamm 175, 176, 443
Hirschfeld, Christian Cay Lorenz 341
Hitler, Adolf 68
Hochschulen 410–417
Hochseefischerei 249, 250
Höftsee 126
Hogenberg, Franz **80, 128, 163, 191, 205, 218, 224**
Hohenhain 146
Hohenlockstedt 216
Hohenwestedt 216
Hohenzollern (Kaiseryacht) 258
Hohn 378
Hohwacht 402
Hohwachter Bucht **87**
Holländermühle 493, **496, 497**
Holländische Jungfer 496, **497**
Hollenbek 104
Holler, Johann 497
Hollingstedt 53, 254, 353, 354, 483, 490
Holm, Schleswig 158, **353**
Holm-Museum, Schleswig 429
Holnis 168
Holstebro 330
Holstein 15, 25, 28, 32, 55–59, 62–65, 67, 78, 134, 141, 196, 222–243, 244, 248, 252, 254, 281, 284, 285, 326, 337, 350, 357, 359, 410, 412
Holsteinische Schweiz **11,** 43, 124–133, **126, 140, 141,** 142, 143, 252, 268, 269, 393, 398, 465
Holstenbrücke 135
Holtenau, Kiel 139, 144, 256, 257, **260,** 421, 422, **437,** 487, 491
Holzdorf 153
Hooge **183,** 186
Horn, Carl Gottlob 227, 340, 374
Horn, Rolf 402
Hornbek 104
Hornheimer Riegel 213
Hörn 135
Hörnum Odde 472
Horny, Franz 400

Howaldtswerke Deutsche Werft AG (HDW), Kiel **137, 240,** 254, 259, 260, 261, **271,** 273,
Hoyer 176, 378
Hoyer, Caspar 189, 190, 194, 338
Hoyerswort 189, **338**
Hufner 336
Hünengrab **35,** 47, 166, 176
Husby 167
Hussar (Segelyacht) 260
Husum 31, 41, 44, 170, 172, 174, **175,** 191, 194, 211, 228, 251, 265, 274, 282, 284, 285, 290, 326, 327, 333, 336, 338, 378, **379,** 382, 383, 409, 420, 422, 428
Husumer Bucht 439
Husumer Werft 261
Hüttener Berge 147
Idstedt 64, 169, 426
Idstedter Räuberhöhle **46**
Ihlsee 217
Industriemuseum Elmshorn 422
Innovations- und Gründerzentrum Itzehoe (IZET) 272
Inste 336
Institut für marine Geowissenschaften (GEOMAR), Kiel 272
Institut für Meereskunde, Kiel 137, 420
Institut für Seeverkehr, Kiel 415
Institut für Weltwirtschaft (IfW), Kiel 137, 272, 308, 415
Isarenhoe (Eisenwald) 151
Israelsdorf 83
Itzehoe 31, 32, 57, 215, 221, 223, **224,** 225, 243, 312, 382, 385, 402, 412, 426, 489
Iwan III., Zar 80
Jacobi, Friedrich Heinrich 29, 376
Jansenismusstreit 361
Janssen, Horst 402
Jastorf-Kultur 49
Jenner, Edward 141
Jensen, Christian Albrecht 399
Jersbek 227, **340**
Jessen, Carl Ludwig 333, 400
Joachim Ernst, Herzog von Schleswig-Holstein-Sonderburg-Plön 126, 339
Johann, König von Dänemark (Hans Christian II.) 57
Johann Adolf, Herzog von Schleswig-Holstein-Gottorf 127, 190
Johann Casimir, König von Polen 358
Johann der Ältere, Herzog (Hadersleben) 58, 59, 207, 410
Johann der Jüngere, Herzog von Schleswig-Holstein-Sonderburg 59, 167, 338
Johannsen, Georg 182
Johannsen, Nis Albrecht 279
Johansen, Christian 277
Joldelund 175
Jordan, Karl 416
Jordanus, Marcus **59**
Jüdisches Museum, Rendsburg **362,** 425, 426
Juel, Jens **375,** 398
Julius Franz, Herzog von Sachsen-Lauenburg 108
Jungnahmensand 454

Jütische Halbinsel 49, 52, 54, 164, 171, 220, 244, 288
Kaaksburg 31
Kaiseradler (Raddampfer) **67**
Kaiserliche Werft, Kiel 259, 260
Kaiserlicher Yacht-Club, Kiel 306–311, **308**
Kaiser-Wilhelm-Kanal 67, 258, **486,** 488
Kaiser-Wilhelm-Koog 498, 499
Kammergrab 201
Kampen 79, **176,** 177, 255, 420, 471, 472
Kanäle 483–491
Kant, Immanuel 23, 376, 377
Kappeln **91,** 150, 154, 158, 167–169, **169, 249,** 250, 422, 429
Karby 151
Karies, Nikel 338
Karl der Große 31, 51, 54, 220, 223, 242
Karl XIII., König von Schweden 214
Karl Friedrich, Herzog von Gottorf 61, 134, 214
Karl Peter Ulrich, Herzog von Gottorf (Zar Peter III.) 61
Karlsbader Beschlüsse 414
Karlsminde 150
Karlsminder Langbett **151**
Karrharde 171
Katharina II., Zarin 61, 134, 147, 214, 215, 293, 372
Katharineum, Lübeck 378, 379, 389, **390,** 393–395
Katinger Watt 194
Kätner 244, 245, 336
Kauffmann, Angelika 340, 374
Keitum auf Sylt 176, 177, **180,** 266, **320,** 332, 353–356, **353,** 418
Kellenhusen 131
Kellersee 28, 29, 125, 126, 130
Kellinghusen 216
Ketelswarft 186
Kiel 22, 26–28, **28,** 57, 61, 66–71, **67, 68, 71,** 131, 134, **135–138,** 139, 143–148, 157, 213, 215, 228, 243, 249, 254, 256–261, 270, 272–274, 278, 280, 282, 287, 306, 307, 309, **334,** 344, 363, 372, 378, 379, 404, 407, **413,** 414, **416,** 419, 422, 426, 429, 474, 485, 488, 489
Kiel, Hans von 171
Kieler Blätter 63, 414
Kieler Erklärung 72
Kieler Förde 27, 54, 136, 137, 139, 144, 145, 193, 213, 256–261, 301, 306, **307, 308,** 309, 311, 422, 426, 427, **437,** 459
Kieler Frieden 62, 134, 214
Kieler Innovations- und Technologie-Zentrum (KITZ) 273
Kieler Schiffahrtsmuseum 422
Kieler Sprotten 27, 157
Kieler Stadtmuseum 429
Kieler Umschlag 305
Kieler Vertrag 134
Kieler Woche 155, **238,** 301, 306–311, **307–310**
Kieler Yacht-Club (KYC) 306–311
Kiellinie 420
Kielmannseck, Johann Adolf von 410, **412**
Kimbrien 32, 33
Kirchner, Ernst Ludwig 402
Kirchnüchel 130

Klaus-Groth-Gesellschaft 385
Klaus-Groth-Museum 385, 428
Klein, Andreas Albert **256**
Kleine Breite 319
Kleiner Eutiner See 124
Kleiner Kiel **28**, 135, **138**
Kleiner Plöner See 39
Kleiner Schnaaper See 150
Kleinkönigsförde 422, 491
Kleist, Heinrich von 414
Klempau 74
Kletkamp 129
Kliffende, Haus 176
Klippschule 378
Klopstock, Friedrich Gottlieb 110, **376**
Kluvensiek 422, 486, 491
Kneller, Gottfried (Kniller, Sir Godfrey) 398
Knick **92**, 384, 462, **463**, 464, 465, **477**, 479, 480
Kniphagen 129
Knochenhauer 79
Knoop 27, 144, 227, **341**, 374, 376,
Knooper Schleuse **485**
Knut der Große, König von Dänemark und England 30, 55, 354
Kock, Hans 427
Kogge 78
Kollegien 83
Köller, Ernst Matthias von 67
Kollmar 261
Kommodore 306, 308, 39
Kongeåen 284
Königsförde **485**, 486
Königsgesetz 64
Königs-Pesel **183**
Königsstraße (via regia) 82, 104
Konkenswarft 335
Kopenhagen 265, 276, 336, 396, 398, 407, 409, 410, 425
Kopf, Hinrich 71
Köppen, G. 83
Kortholt, Christian 411
Kosakenwinter 63
Kosel 150, 151
Köster, Friedrich 498
Kraft, Walter 409
Krebssee 110
Krempe 223, 243, **304**, 312
Kremper Au (Krempine) 129, 130, 223
Kremper Marsch 223
Kressel, Diether 402
Kreteln 303
Krinks 282
Kröger-Werft, Rendsburg 261
Krückau 219, 222
Krumbeck 84
Krümmel 230
Krummesse 104
Krummsteert 132
Krupp, Friedrich 307
Kruppsche Germaniawerft, Kiel **136**, 259, 260
Krusau 421
Kruse, Hinrich 386
Kruse, Wiebke 216
Krusendorf 145, **146**

Kruto 74
Küche Schleswig-Holsteins 291–295
Kuden 200
Kudensee 200
Kuhn, Nikolaus 111
Kunrat von Hövelen 106
Kunsthalle zu Kiel 426
Kunzen, Friedrich Ludwig Aemilius 407–409
Kunzen, Johann Paul **408**
Küstenentstehung 40, 41
Küstenschutz 172, 468–475
La Cour 498
Laboe 27, **139**, 250
Lachsbek (Laßbek) 129
Ladelund 425
Lafayette, Marie Joseph de 377
Lägerdorf 36
Lambertz, Wilhelm 139
Lampi, Johann Baptist **377**
Landesnaturschutzgesetz 480, 482
Landessatzung 71, 72
Landgewinnung **41**, 174, 188
Landschaftsmuseum Angeln, Unewatt/Langballig 168, 423, **481**
Landwehr 144
Landwirtschaft 242–248
Langballig-Au 168, 423
Lange Anna, Helgoland 187
Langeneß 176, 186, 257, 265, **335**, 449, 493
Langenhagen 129
Langensee 126
Langsee 150
Lanker See **89**, 143
Lankower See 110
Lauenburg (Herzogtum) 38, 63–65, 67, 106, 108, 110, 111, 113, 228, 230, 252, 357, 372
Lauenburg (Stadt) 25, 43, 54, 72, 79, 84, 104, **106**, 107, **300**, 301, 418, 422, 483, 489
Lauenburgische Akademie für Wissenschaft und Kultur 109
Lauenburgische Seen 104, 465
Lavater, Johann Caspar **376**, 377
Laves, Georg Ludwig Friedrich 129
Laward, Knud 163
Leber, Dr. Julius 85
Leck 175, 283
Lee, Edmund 493
Lemke, Dr. Helmut 315
Lenard, Philipp 414
Lenbach, Franz von 425
Levensau 144
Lewon, Johann Christian 125
Lichtmeßwette 298
Liebermann, Max 139
Lieth 36, 480
Liliencron, Detlev von 170, 221
Lillie, Joseph Christian 82, 111
Limes Saxoniae 54, 213, 481
Lindau 168
Lindaunis 154, **432**
Lindeberg, P. 337
Lindenau-Werft, Kiel-Friedrichsort 261
Lips, Heinrich **377**
List 177, 448
Lister Dünen **100**

Lister Tief 442
Listland 172, 176
Liubice 75
Livland 78
Loewe, Carl 407
Lollfuß, Schleswig 26, 158, 159
Londoner Protokoll 64
Loo 330, 331
Loose **35**, 153, 154
Lorck, Melchior 396
Loriot 142
Lornsen, Uwe Jens **63**
Lothar III. von Supplinburg, Kaiser 55, 74, 75, 218
Lotsendienst 187
Louisenlund 377
Löwe, Werner 217
Löwendome 105
Lübeck 30, 25, 52, **53**, 55, 56, 58, 68, 69, 74, 75, **76–84**, 104, 109, 114, **115–123**, 130, 131, 134, 159, 213, 215, 219, 226, 230, 244, 248, 254, 262, 270, 272, 281, 300, 304, 305, 313, **324**, 342, 344, 346, **347**, 349, 350, 354, 363, **367**, 372, 378, 388, 389–398, **390**, **395**, 405–409, 417, 419, 422, 428, 483, 484, 489, 490
Lübeck (Fürstbistum) 81, 124, 125, 323, 336
Lübecker Bucht 213, 248, 264, 265, **473**
Lübecker Leseabend von 1890 391
Lübecker Volks- und Erinnerungsfest 304
Lüdemann, Hermann 70, 71
Ludwig XIV., König von Frankreich 357
Ludwigsburg 150, 152, **153**
Lühe, von der (Familie) 225
Lunden 200, 201, **206**, 212, 303
Lundenbergsharde 171
Lüneburg 75, 78, 104, 483
Lustgilden 314
Lustige Person **300**, 301
Lütau 104
Lütjenburg 28, 31, 57, 140, 243, 365
Lüttauer See 110
Lüttenheid, Heide **428**
Lutter am Barenberge 61
Maasholm 168, 250
Magdalenenkloster, Hamburg 56
Magnussen, Christian Carl 22, 400
Malente-Gremsmühlen 38, 125, 268, 269, 393
Malerei 396–403
Mann, Bethsy 391
Mann, Carla 389
Mann, Erika 393, 395
Mann, Heinrich 31, 85, 389, **390**
Mann, Johann Heinrich 389
Mann, Johann Siegmund 389
Mann, Julia 389
Mann, Katia 392–394, **395**
Mann, Klaus 393
Mann, Thomas 31, 83, 85, 176, 262, 367, 382, 388–395, **389**, **395**, 428
Mann, Thomas Johann Heinrich 388
Mann, Victor 389
Manndränke 172, **173**, 470
Mannhardt, Carl 212
Marienwohlde 104
Marineschule Flensburg-Mürwik 426

Marlesgrube 81
Marne 206, 210
Marner Museum 429
Marschenbildung 40, 41, 201
Martini, Francesco 222
Maschinenbau-AG, Lübeck 261
Matrosenaufstand 67, **68**
Maximilian II., Kaiser 485
Mechower See 110
Mecklenburg 25, 48, 70, 72–75, 78, 84, 85, 105, 106, 110, 111, 312, 282, 350, 387, 458
Meggersee (Meggerkoog) 196
Meister, Johann Friedrich 408
Meldorf 30, 31, 200, 201, 204–211, **205**, 422, 423, 448, 470,
Meldorfer Bucht 470
Mengstraße, Lübeck 30, 85, 389–391, **389**, 394
Menno-Kate 219, **360**, 361
Mennoniten 217, 357, 359, **360, 361**
Meyer, Johannes 171
Meyerhof, Otto 414, 415
Miele 200
Missunde 154
Mittleres Holstein 213–219
Mohnkopf-Druckerei, Lübeck 281
Moisling 84, 363
Mölln 33, 46, 83, 104, 108, **109**, 110, 268, 269, 393, 490
Möllner Museum 429
Möllner See 483
Möltenort 27,139
Moltke, Helmuth 143
Mommsen, Theodor 66, 193, 219, 379, 388, 414, **415**, 428
Monkberge 51
Montag, Samuel **362**
Mooregge 261
Moose, J.E. 143
Moräne **11, 37**, 38, 39, 42, 44, 45, 49, 144, 213, 264, 339, 458, 461, 465, 475, 476
Mori 84
Mörike, Eduard 378, 379
Morsum 176, 177, 354
Morsum-Kliff 176, **177, 478**
Mövenberg 26
Mözener See 217
Mühlenbarbek 385
Muhlius, Heinrich 411
Müllenhoff, Karl 379, 414
Müller, Jörg 291
Mungard, Jens 79
Munkbrarup 167, 168
Munzer, Gustav August 139
Musäus, Petrus 411
Museen 418–429
Musenalmanach 376, 378
Museum am Danewerk 425
Museum Eckernförde 426
Museum für Puppentheater, Lübeck 429
Museum Glückstadt 429
Museum Heiligenhafen 429
Museum Neustadt 429
Museum Wyk 429
Museumsdorf Unewatt (siehe Landschaftsmuseum Angeln)

Museumshafen Kappeln 422
Musik 404–409
Müthel, Johann Gottfried 406
Nagel, Peter 402
Napoleon I. 83, 84, 106,186
Napoleonische Kriege 134
Narva 79
Nationalpark Wattenmeer 192, **233**, 446, 448, 449, 453, 454
Naturdenkmale 476–483
Naturkundliches Museum Niebüll 420
Naturpark Aukrug 213, **216**, 217
Naturpark Westensee **148**
Naturschutzpark Lauenburgische Seen 104
Naturzentrum Bredstedt 421
Nebel **180**
Nehmten 128, **129**
Nerly, Friedrich 400
Neuenkirchen 200, 212
Neufeld **42, 202**, 209
Neuhaus 31
Neumann, Max 402
Neumünster 27, 57, 66, 270, 147, 213–217, **215**, 219, 279, 466
Neustadt 57, 124, 130, 243, 349, 350, 396, 397, 429
Neustädter See 130
Neuwerk 148, 362
Nicolovius, Georg Heinrich Ludwig 377
Nieblum 178, **179, 180**, 354–356
Niebüll 175, 274, 326, 333, 420, 426
Niederbüssau 84
Niederdeutsche Literatur 384–387
Niederdeutsche Sprache 280–283
Niederdeutscher Bühnenbund Schleswig-Holstein 387
Niemann, August Christian 413
Niemeyer, Theodor 415
Niendorf 40, 84, 111, 250, 403
Niobe-Denkmal 132
Nipptide 439
Nissen, Ludwig 175
Nissen, Sönke 174
Nobel, Alfred 230
Nobiskrug-Werft, Rendsburg 261
Noer 459, **460**
Noer, Friedrich Prinz von 145
Nolde, Emil 170, 176, 275, 370, 396, 400, **401**, 402, 426, **427**
Nolde-Museum, Seebüll 426, **427**
Nölting 378
Noor 158, 319
Norburg 59
Nordakademie, Elmshorn 272
Norddeutsche Regatta Verein 306, 310
Norddeutscher Bund 84
Norddeutsches Druckmuseum, Rendsburg 422
Norddorf 171, 180, 277
Nordelbien 54, 67
Nordelbingen 338
Norderbrarup 167,169
Norderdithmarschen 51, 282
Nordereggen 301
Nordergoesharde 171
Nordermarsch **234**

Norderoog 186, 448, 449
Norderstapel 196,197
Norderstedt 225, 226
Nordfeld 196, **434**
Nordfriesische Inseln 176–182, 255, 256
Nordfriesische Wörterbuchstelle, Kiel 175, 278
Nordfriesisches Museum Husum (Ludwig-Nissen-haus) 420
Nordfriesland 170–187, **171**, 265, 297–299, 327, 331–333, 338, 355, 400, 401, 482, **499**
Nordfriisk Institut, Bredstedt 175, 278
Nordhastedt **302**
Nordischer Krieg 61, 152, 190, 339, 358, 372, 398, 412
Nord-Ostsee-Kanal (Kiel Canal) 33, 67, 139, 144, 147–149, **149**, 216, 217, 228, 252, 257, 258, 260, 261, 270, 282, 306, 420, 422, **437**, 485–487, **488**
Nordschleswig 284, 288, 357, 386
Nordstrand 41, 172, 176, 182, 188, 191, 357, 360, **361**, 362, 444, 470
Nordstrander Bucht 470
Nordstrandisch-Moor 41, 172, 176, 181, 186, 470
Nortorf 216, 422
Nösse 176
Nowgorod 77, 78, 80
Nowgorodfahrer 83
Nütschau **227**
Nütschauer Schanze 219
Nützen 49
Nydam 32, 159, 162
Nydamschiff 425
Oberbüssau 84
Oehe 168
Oevenum 179
Oeversee 169
Oeversee-Marsch 305
Oland 176, 186
Olde, Hans 427
Oldekop, Henning 222
Oldenburg i. H. 52, 57, 61, 74, 80, **130**, 131, 134, 243, 270, 426
Oldenburg (Herzogtum) 336, 372
Oldenburger Graben 131
Oldenbüttel 489
Oldenswort 194, **338**
Olearius, Adam 61, 410
Olgerdinge 50
Olpenitz 155
Olshausen, Justus 414
Ortelius, Abraham 59
Oslokai 135
Ostenfeld 175
Osterau 216
Östereggen 301
Osterende **98**
Osterharde 172
Osterholz 402
Osterlandföhr (Harde) 171, 172, 276
Ostfriesland 327, 331
Ostholstein 243, 244, 247, 268, 293, 280, 337, 338, 343
Ostrohe 301
Ostsee-Autobahn 73, 273
Ottensen, Hamburg 220

Otterndorf 29
Otto I., Kaiser 131
Otto IV., Kaiser 75
Otto Hahn (Schiff) 261
Ovens, Jürgen 193, 199, **397, 411, 412**
Pahlhude 208, 209
Palmschleuse Lauenburg 104, **484,** 490
Panker **140,** 142, **365**
Pansdorf 74
Parkentin (Familie) 111
Passader See 139
Pasternostermaker, Hinrich 79
Paul, russischer Großfürst 61
Pelli, Domenicus 148, 362
Pellicia, Guiseppe Anselmo 144, 227, 374
Pellworm 41, 170–173, **173, 182,** 188, 267, 354–356, 444, 470, 498
Pelzerhaken 131
Pesel **183,** 330
Pestalozzi, Johann Heinrich 375
Peter der Große, Zar 61, 134
Peter III., Zar 61, 134, 147, 214
Peter Friedrich Ludwig, Fürstbischof von Lübeck 124, 323, 342, 398
Peters, Friedrich Ernst 385, **386**
Petersdorf 132
Petersen, Boye Richard 256, 257
Petersen, Matthias 178, 179
Petrowna, Anna 61, 214
Pfaff, Heinrich 377, 414
Pfleger, Augustin 409
Photinianer 358
Pilsberg 142
Pinneberg 185, 222, 226, 270, 282, 357, 358, 417, 489
Piper See 110
Planck, Max 414
Pleskow, Jordan 79
Plett, Peter 140
Plön 29, 38, **39,** 57, 69, 124–127, **128,** 268, 282, 314, 336, 338–342, 372, 398, 409
Plöner See 29, **39, 127,** 128, 268, **269**
Plönnies, Hermann 82
Pogwisch (Familie) 60
Polabien 105, 337
Polder 496
Polnische Brüder 358
Pommern, Erich von 151
Pönitzer Wiek 75
Pöppendorf 74
Poppo, Bischof 169
Poppostein bei Helligbek 169
Portalis, Jean Etienne 377
Postsee 143
Preetz 89, 139, **143,** 221, 314
Preetzer Heimatmuseum 429
Preußen (Schiff) 256, **257**
Pringsheim, Katia 388
Prinzeninsel 128
Priwall 72, 76
Probstei 27, 139–141, 314, 474, 475
Probsteier Museum Schönberg 429
Ptolemäus, Claudius 32
Puttgarden 132, 273
Quäker 360

Quellinus, Thomas 82
Quickborn 23, 221, 281, 282, 384, 385
Radbruch, Gustav 415
Rantum 177, 274, 471, 472
Rantum-Becken 448
Rantzau **128**
Rantzau (Familie) 225, 226, 365, 372
Rantzau, Daniel 148
Rantzau, Heinrich **60,** 128, 204, 218, 227, 338, 357, 372
Rantzau, Johann 372
Rantzau, Johannes 59
Rantzau, Peter 227, 338
Rantzauer See 225
Rastorf 128, 244, 340, **341**
Rathmannsdorf 422, 486, 491
Ratzeburg 73, 74, 104–107, **105,** 110, 218, 283, **346,** 347, 372, 427
Ratzeburger See 104, 110
Rauch, Christian Daniel 165
Rauhes Haus, Hamburg 29
Raupach, Bernhard 282, 283
Redanisierungspolitik 286
Redingsdorf **337,** 338
Reecke 84
Rehbein, Franz 328
Reichsdänisch 284–287
Reichsfreiheitsbrief 76
Reinbek 228–230, **230,** 336, 338, 426
Reinecke, Carl 406, 409
Reinfeld 219, 248
Reinhold, Karl Leonhard **377**
Reinholdsburg (Rendsburg) 148
Rellingen 221, **222**
Remonstranten 198, 199, **317, 359,** 360
Rendsburg 57, 144–149, **149,** 154, 158, 193, 216, 226, 243, 256, 261, 270, 290, 357, **362,** 378, 417, 421, 422, 425, 485, 488–491
Rendsburger Synagoge (Dr. Bamberger Haus) 362
Rennfeuerofen **51**
Rettin 131
Reventlow (Familie) 60
Reventlow, Cay 373
Reventlow, Detlev (Bischof) 81
Reventlow, Detlev (Kurator) 413
Reventlow, Detlev Christian von 358
Reventlow, Ernst 129, 376
Reventlow, Friedrich von 147, 372–375, **375**
Reventlow, Julia von 340, 372–377, **375**
Rhin 223
Richard-Haizmann-Museum, Niebüll 426
Richter, Johann Adam 215
Richter, Ludwig **283**
Rieseby 151, 274
Rilke, Rainer Maria 170, 221
Ringerink, Heinrich 164
Ringreiten 296, **303**
Rinteln a.d. Weser 74
Ripen (Ribe) 210, 353, 354
Ripener Urkunde **57,** 63, 134
Rist, Johann 220, **406,** 408
Risum-Lindholm 277
Ritterakademie von Sorö 410
Rixwarft auf Langeneß **183**

Rode, Hermen 396
Roest 168
Rohlfs, Christian 402, **403**
Röse, Ferdinand 378, 379
Roseburg 104
Rosenhof 46
Rostock 78, 79
Roter Hauberg **331**
Rotes Kliff, Sylt 176
Rothebek 104
Rüdel, Dr. Hans Carl 309
Ruhe des Nordens 62, 134, 340
Rummelpottlaufen 298
Rumohr **243**
Rumohr (Familie) 60
Rumohr, Carl Friedrich von 400
Rundhof 168
Rundling 326
Runge, Philipp Otto 139, 426
Rungholt 172, 175, 470
Ruprecht, römischer König 79
Sachsenwald 219, 229, 230, 425
Saint-Denis, Suger von 349
Saldern, Caspar von **62,** 134, 147, 214, 215, 413
Salemer See 110
Salieri, Antonio 404
Salomon, Ernst von 31
Salzau 142, 343, **405**
Sände 443, 454
Sarnekower See 110
Schaalsee 39, **110,** 465
Schacht-Audorf 49, 144
Schadendorff, Hans 227
Schaefer, Friedrich Hans 387
Schauenburger (Grafen) 55, 56, 243, 357
Scheelsberg 147
Scheersberg 168
Schegulla, Max 130
Schenefeld 30, 31
Schierensee 147
Schiffahrt 254–262, 483–491
Schiffahrtsmuseum Flensburg 421
Schiffahrtsmuseum Nordfriesland, Husum 422
Schiffbau 254–261, **240, 271**
Schilden, Heinrich von 221
Schilksee, Kiel 139, 310, **311,** 427
Schiller, Friedrich 394
Schimmelmann, Heinrich Carl von 144, 147, 227, **373,** 374, **375**
Schimmelmann, Heinrich Ernst von 377
Schimmelreiter 16–20, 383
Schinkel, Karl Friedrich 165
Schipperhöge, Lauenburg **300**
Schlei 52–54, 76, 150, **151,** 154, 155, 158, 159, 166–169, **167,** 171, **236,** 248, 249, 254, 280, 282, **319,** 353, 354, 377, 399, 419, 429, **432,** 483, 490, 494
Schleimünde 168, **431**
Schleimuseum Kappeln 429
Schlenzka, Otto 306
Schleswig (Landesteil) 25, 30, 57, 59, 63, 64, 65, 67, 76, 134, 147, 154, 158, 159, 186, 196, 215, 221, 242, 244–246, 280, 281, 282, 284, 285, 287, 288–290, 304, 315, 319, 326, 337, 344,

352–354, 356, 363, 372, 37, 379, 389, 298, 410, 419
Schleswig (Stadt) 26, **46,** 53, 54, 56, 57, **159,** 162, 169, 215, **236,** 248, 254, 269, 270, 284, 285, 336, **353,** 397, 398, 410, 426, 489
Schleswig-Holstein Musik Festival 221, 404, **405,** 409
Schleswig-Holsteiner Sezessionskrieg 64, 245
Schleswig-holsteinische Bewegung 63
Schleswig-Holsteinische Landesbibliothek Kiel 405
Schleswig-Holsteinisches Computermuseum, Kiel 422
Schleswig-Holsteinisches Freilichtmuseum Molfsee 139, 147, 328, **329, 334,** 423, **424**
Schleswig-Holsteinisches Landesmuseum auf Schloß Gottorf 26, 32, **160,** 254, 397, 399, 402, 418, **419,** 426
Schleswigsche Kriege 286
Schlichting 212
Schlichting-Werft 261
Schlosser, J. G. 29
Schloßmuseen 426
Schlutup 83
Schmalfelder Au 216
Schmalkadischer Bund 82
Schmalsee 110
Schmidt-Rottluff, Karl 402
Schnaaper See 150
Schnakenbeck 104
Schöhsee 39
Schönberg 140, 429
Schonenfahrer 83, 408
Schonenhering 248
Schönhagen **15,** 150, 154, 156
Schönwalde 129, 130, 429
Schöpfmühle 41, 496–498, **497**
Schott, Johann Georg 212
Schreiber, Johann Mathias 222
Schrem, Hans 394
Schrevenborn 27
Schücking, Walter 415
Schülper Neuensiel 209
Schultze-Naumburg, Paul 146
Schulz, Wilhelm 391
Schwabstedt 406
Schwale 213, 215
Schwansen 26, **35, 91,** 150–152, 154, 155, 157, **236,** 482
Schwartau 74
Schwarzenbek 229
Schwedeneck 145, 146, 155
Schwedenkai 135
Schwentine 27, 28, 129, 213, 249
Schwerin 346, 347
Schwissel 49
Schwonsburg 151
Sea Cloud (Schiff) 260
Seebüll 426
Seedorf 338, **339**
Seekamp 427
Seestermühe 340
Segeberger Forst 219
Segeberger See 217
Segranner See 110

Sehestedt 144, 147
Selent 29, 142, **368**
Selenter See 39, **142,** 368
Shaw, George Bernhard 109, 110
Siebeneichen 104, 491
Sieg, Wolfgang 387
Siegesburg (Sigeburg) 217
Siemens, Andresen 187
Sierhagen 128
Sierksdorf 402
Sieseby 151, 154, 274, 319, **482**
Simons, Menno 219, 357, **360**
Simonsberg 194
Skagen 418, 483, 487
Skallingen 442
Skanör 78
Slawenchronik 128
Sloman (Familie) 111
Sonderburg 59, 372
Sønderjylland 284
Sönke-Nissen-Koog 333
Sonnin, Ernst Georg 340, 413
Sophienkoog 210
Sorge 196, 200, 465
Sörup 166
Sozzini, Fausto 358
Sperling, Paulus 411
Sprachverschiebung 286, 287
Sprenge 144, 146
Springtide 438
St. Johannis Toten- und Schützengilde zu Oldenburg in Holstein 304, 313, 314
St. Peter-Ording **192, 193, 233,** 265, 267–269
Stakendorf 139, 140
Staller 189, 190, 338
Stapelholm 57, 175, 187, 188, 196–199, **197**
Starigard 52, 131
Stauffenberg, Claus Graf Schenk von 85
Stecknitz 78, 111, 483
Stecknitzkanal 79, 85, 104, 300, **484,** 489, 490
Stegen 484
Stein, Lorenz von 414
Steinburg 57, 216
Steinhorst 111
Steinzeit 45, 46, 47, 242, 330
Stelle 201
Stellerburg 51
Steltzer, Theodor 69, 70, **71**
Stemwarde 48
Stendorf 129
Stettin 258
Stiftung Pommern, Kiel 426
Stintenburg 69, 110
Stockelsdorf 84
Stockmann, Bartholomäus 409
Stohler Kliff 145
Stöhr 213
Stöhrer, Walter 402
Stolberg, Friedrich Leopold von 29, 376, **377**
Stolberg, Graf Christian von 376
Stollberg 41, 175
Storm, Constanze **380,** 382
Storm, Doris 380, **381,** 382
Storm, Gertrud 217
Storm, Johannes 217

Storm, Theodor 16–20, **17,** 31, 170, 175, 176, 217, 378–383, **379,** 400, 403, 414, 428, 467
Stormarn 43, **45,** 48, 55, 56, 219, 220, 228, 229, 339, 340
Stormarner Schweiz 43
Stör 31, 38, 213, 336, 223
Störtenbecker, Nikolaus 402
Strack, Ludwig Philip 145, 398
Stralsund 73, 78
Strand 41, 172, 277, 470
Strauss, Richard 393
Strohbrück 491
Strucklahnungshörn 182
Struensee, Adam 363
Struensee, Johann Friedrich 62, 219, 363
Stubbe 151
Stülper Huk 75
Süden (Nordstrand) **361**
Süderau 200
Süderbrarup 50, 159, 168, 169, 301, 422
Süderdithmarschen 282, 424
Südereggen 301
Südergoesharde 171
Süderlügum 175
Süderoog 186, 443, 448
Süderstapel 196
Süderstrand 206
Südfall 172, 448
Südföhr 276
Südjütische Sprache 284–287
Südjütland 55, 56
Südlauenburg 38
Südschleswig 285–290
Südschleswigscher Verein (SSV) 290
Südschleswigscher Wählerverband (SSW) 290
Südtondern 170, 401
Suhrer See 39
Sülfeld 219, 490
Sundewitt 162
Sundsacker 154
Surendorf 146
Swentanafeld 54
Swin, Peter 206, **207**
Swinscher Pesel **207**
Sylt 40, 47, 52, **100,** 170, 172, 175–177, 179, 180, 186, 188, 251, 255, 256, 264–266, **265,** 274, 276, 277, **279,** 291, **320,** 332, **353,** 354, 356, 400–402, 418, 420, 422, 424, 443, 448, 451, 452, 455, 470, 471, 472, 475, 477, **479,** 492
Tadey, Francesco Antonio 145, 374
Tapfere Verbesserung (Vertrag) 134
Tappert, Georg 402
Tating **189,** 194, 354, 355
Technik- und Ökologiezentrum (TÖZ), Eckernförde 273
Technologie-Stiftung (TSH) 272, 273
Technologie-Transferzentrale Schleswig (TTz) 272, 273
Telemann, Georg Philipp 222
Tellingstedt 25
Tensfelderau 213
Teschendorf 328
Testorf 129
Texel 442
Theodor-Storm-Museum, Husum **382,** 428

Thorsberger Moor 50, 159, 169
Thurau 110
Tidehub 439, 442
Tierschutzpark Warder 420
Till Eulenspiegel 33, 109
Till-Eulenspiegel-Museum, Mölln 428
Tilly, Johann Tserclaes 227
Timmendorfer Strand 40, **123,** 264, 391
Tinnum 170, 176
Tinnumburg 52
Tischbein, Johann Heinrich Wilhelm 124, **398**
Tofting (Wurt) **50**
Toftlund 386
Tondern 24, 57, 175, 283, 326, 333, 408
Tönnies, Ferdinand 415
Tönning 175, 188, 190–193, **191,** 213, 228, 251, 256, 397, 421, 422, 483, 485, 488, 491
Torelli, Stefano 398
Tourismus 262–269
Trakehnerzucht 142
Tralau 343
Trammer See 39
Trappenkamp 217, 219, 420
Trave 54, 55, 74, 76, 81, 83, 84, 104, 217, 218, 252, 261, 293, 483, 484
Traveförde **473**
Travemünde 40, 72, 75, 76, 83, **123,** 250, 261, 262, 264, 273, **392,** 393, 394
Travemünder Bucht 83
Traventhal 218, 336, 340
Treene 38, 53, 76, 171, 196–200, **197,** 254, 280, 353, 354, 465, 483, 490
Tremsbüttel 343
Trenthorst 84
Trichterbecherkultur 47, 48
Trischen 448, 449
Trischendamm 33
Trittau 57, 227
Trunz, Erich 394
Tuffstein 352–356
Tunders, Franz 82, 406
Tweesten, August 414
Überbetriebliches Ausbildungszentrum (ÜAZ) 272
Uelvesbüll 422
Uetersen 221, 261, 489
Uhse, Bodo 31
Ukleisee 29, 125, 393
Ulsnis 167
Unewatt 168, 423, **481**
Unitarismus 358
Universität Hamburg 394
Universität Kiel (s. Christian Albrechts Universität zu Kiel)
Universitäten 410–417
Ur- und Frühgeschichte 44–53
Urstromtal 38, 467
Utgraven-See 29
Uthlandfriesisches Haus 326, **332,** 333
Utholm 171, 188, 191
Uthörn 448
Utrecht 354, 361
Verfassung des Landes Schleswig-Holstein 72, 289
Verne, Paul 485, 486

Versailler Vertrag 308
Viborg 164
Vicelin 128, 131, 213–215, 217, 218
Vierer See 29, 39
Vierseithof 326, **333**
Vietinghoff, Otto Herrmann von 406
Viöl 175
Vitruv 492
Vogelkoje Kampen 420
Voigtländer, Gabriel 407
Volckmar, Friedrich Carl 190
Völkerwanderung 50, 274, 280, 469
Volksuniversität 290
Volsemenhusen-Süderwisch 498
Vorrade 84
Vorwerk 83
Voß, Johann Heinrich 29, 125, 215, 373, 398
Waabs 151, 155, 156
Wagner, Richard 392
Wagrien 131, 337
Wahlstorf **338**
Waitz, Georg 414
Wakenitz 55, 74
Waldemar II., König von Dänemark **55,** 75, 78, 213
Waldersee, Alfred Graf von (Generalfeldmarschall) 142
Waldmuseum Burg 420
Wallenstein, Albrecht von 164, 222, 227
Wall-Museum, Oldenburg/Holstein 426
Wallnau auf Fehmarn 132, 421
Wandsbek, Hamburg 68, 363
Warder 420, 421
Wardersee 213, 217, 219
Warft 469, 470, 477
Warft (s. a. Wurt) 477
Wasa, Gustav 81
Wasserstraßen 483–491
Waterneverstorf 142
Wattenmeer 7, 192, 233, 251, 268, 356, 420, 422, 438–447, **441–444, 446,** 448, **449,** 451–455, **451, 454,** 455, 461, 468, 472, 473
Wattwurm 445
Weber, Andreas Paul 427
Weber, Carl Maria von 125, 268, 323, 406, **409**
Weber, Franz Anton 408
Wedderkop, Gottfried von 111
Weddingstedt 51
Wedel 220, **221,** 272, 406, 417, 427
Wegner, Christian 394
Weimar 402
Weimarer Republik 68, 393
Weißenhäuser Strand 264, 459
Weißes Moor 200
Welcker, Karl Theodor 63
Wenningstedt 47, 172, 176
Wensin **337**
Wenzel-Hablik-Museum, Itzehoe 426
Werner, Anton von 425
Weser 187
Wesloe 83
Wesselburen 31, 212, 428
Wesseln 200
Westensee **148,** 226
Westerharde 172

Westerhever **194, 471**
Westerland 175–177, 180, **265–267,** 268, 291, 424, 471
Westerland-Föhr 178, 276, 277
Westerlandföhr (Harde) 172
Westermühlen 378
Westerrönfeld 362
Wester-Schnatebüll 401
Westerwarft 186
Westfälischer Friedenskongreß 82
Westfriesland 327, 331
Wiedingharde 275, 276,171
Wiener Kongreß 84
Wierichsharde 171
Wikinger **52,** 54, 248, 254, 353, 483
Wikinger Museum Haithabu **52,** 159, 254, **419,** 425, 490
Wikingertage, Schleswig 162
Wilhelm I., Kaiser 257, 258
Wilhelm II., Kaiser 67, 128, **228,** 257, 258, 306, 307
Wilhelm, Herzog von Bayern 214
Wilster 312, 223
Wilster Au 488
Wilster Marsch 41, 244, 326, 331, **334,** 223, 496, **497**
Windeby 32
Windebyer Noor 150, 156, 157
Windenergie 492–499
Windmühlenberg 28
Wingst **202**
Wippenthorp 215
Wirtschaftsakademie Schleswig-Holstein (WAK) 272
Wisby 77
Wisch, Melchior von der 152
Wismar 78, 79
Wittdün 180, 251
Wittenborg, Johann 78
Wittensee 39, **94,** 147
Wittenwurth 201
Witzleben, Agnes von 29
Witzwort 331
Wöhrden **209**
Woldsen (Familie) 378
Wolfenbüttel 82
Wotersen **112,** 113
Woyrsch, Felix 408
Wrage, Hinrich Johann **400,** 401
Wulfen 40
Wullenwever, Jürgen **82**
Wunderlich, Paul 402
Wurt (s. a. Warft) **50,** 51, 469
Wyk auf Föhr 175, **178,** 180, 265, 268, 422, 429, 493
Wyker Dampfschiffs-Reederei 178
Yacht-Club von Deutschland 308
Zarrentin 110
Zarskoje Selo, Vertrag von 61
Zimbrische Halbinsel 164, 242,483, 484
Zollverein 84
Zscharschuch, Friedel 429
Zugwade 251
Zunft 79, 300

Bild- und Quellennachweis

Titelabbildungen

Oben: Rapsfelder in der Holsteinischen Schweiz
Unten (von links nach rechts): Wasserschloß Glücksburg, Leuchtturm Westerhever, Holstentor in Lübeck

Bildnachweis

Amt f. archäologische Denkmalpflege, Lübeck: S. 53
Archiv Ellert & Richter, Hamburg: S. 28, 56, 62 (2 Fotos), 63, 71 u., 76 u., 79, 81 re., 82, 83, 243, 244 o. / u., 245, 259 re., 277, 278, 283, 298, 299, 308, 390 li., 392, 487
Josef Bieker, Dortmund: S. 100/101
Bildarchiv Preußischer Kulturbesitz, Berlin: S. 75, 409
Bilderberg, Hamburg: S. 216 o. (Engler)
Peter Carstensen, Hamburg: S. 266, 267
dpa Bildarchiv, Frankfurt: S. 73 re.
Konrad Dittrich, Lübeck: S. 115 o., 119 u., 120 o., 122 li., 123 re.
Dr. Jürgen Eigner, Landesamt f. Natur- u. Umweltschutz d. Landes Schleswig-Holstein, Kiel: S. 460 o. / u., 461 o. / u., 463 u. li. / re., 467 u.
HB-Verlag, Hamburg: S. 142, 215, 481
Hauke Kenzler, Hamburg: S. 49, 50, 51
Kieler Woche Büro der Landeshauptstadt, Kiel: S. 309
aus: Jahrbuch 1894 des Kaiserlichen Yacht-Clubs, Kieler Yacht Club, Kiel: S. 308
Urs Kluyver, Hamburg: S. 339 o.
Egbert Kossak, Hamburg: S. 340 o.
Kramp & Gölling, Hamburg: S. 292/293, 293 re.
Tom Krausz, Hamburg: S. 127 re., 138 o., 140/141, 149, 195, 210, 265 u., 269, 294, 295, 405 re.
Hans Joachim Kürtz, Heikendorf: S. 133, 208/209
Kunsthalle Kiel/Foto: Helmut Kunde, Kiel: S. 385
Kurverwaltung Büsum: S. 212
Bibliothek der Hansestadt Lübeck, Lübeck: S. 408
Landesamt f. Denkmalpflege Schleswig-Holstein, Kiel: S. 337 u., 341 u.
Landesarchiv Schleswig: S. 71
Mauritius, Mittenwald: S. 73 li. (Curtis)
Walter Mayr, Großenrade: Titel u. li., S. 42, 52 o., 137, 138 u., 139, 145, 146 o. / u., 148, 154, 159 o. / u., 160/161, 164, 166, 168, 169, 198, 202/203, 211, 246, 249, 260, 302 o. / u., 303, 310 li., 334, 374, 419 o. / u., 424 o./ u., 428 o. / u., 429, 459, 464 o., 477
Musikwissenschaftliches Institut, Kiel: S. 406
Thomas-Mann-Archiv der ETH, Zürich: S. 389, 390 re., 391, 395
Dr. Jürgen Newig, Flintbek: S. 264/265, 353 o. / u., 355, 356 u., 439, 442, 444, 445, 469 re., 470 o. / u., 471 o. / u., 472 o., 473 li. / re., 474
Prof. Dr. Eckardt Opitz/R. Scheiblich, Universität d. Bundeswehr Hamburg, Hamburg: S. 45 (2 Fotos), 46, 52 u., 57, 59, 60, 65, 67, 68 u., 69 o., 76 o., 77, 78, 80/81, 105, 106 re. / li., 108 re. / li., 109 o., 111, 113 re., 125, 128, 135 o. / u., 136, 140 o. / u., 143, 153 o., 156 o., 162 li., 162/163, 171, 191 o., 204, 205, 206, 207 o. / u., 209 re., 218, 221 o., 222 li. / re., 223, 224/225, 225 re., 226 o. / u., 227, 228 li / re., 229 li. / re., 230, 231 o., 253, 258/259, 328, 329 u., 340 u., 342, 343, 346, 358, 359 o., 360 (3 Fotos), 361 re., 362 li. / re., 363, 373, 375 li. / re., 376 (3 Fotos), 377 (3 Fotos), 411, 412, 413, 414, 415, 416, 423, 484 o. / u., 485 o., 487
Photographische Gesellschaft Lübeck, Bad Schwartau: S. 84
Michael Pasdzior, Hamburg: Titel (3 Fotos), S. 92/93, 112/113, 115 u., 116, 117, 118 o. / u., 119 o., 120 u., 121, 122 re., 123 li., 126/127, 129 (3 Fotos), 151 o., 167, 175 o., 189, 190, 191 u., 192, 193, 197, 199 o. / u., 247, 311 re., 331 li., 338 o. / u., 347, 359 u., 405 li., 478/479, 479 re., 482, 488, 494 li., 494/495, 499
Presseamt der Landeshauptstadt Kiel (LH Kiel/Buchholz): S. 310/311
Georg Quedens, Amrum: S. 41 u., 173 o. / u., 174 o. / u., 175 u., 176, 177 o. / u., 178 (3 Fotos), 179 o. / u., 180 o. / u., 181, 182 o. / u., 183 o. / u., 184/185, 187 o. / u., 251 o. / u., 252, 255, 256 o. / u., 257, 297, 332 o., 335 o. / u., 356 o., 361 li., 420, 440/441, 443 o. / u., 447, 449, 450 o. / u., 451 (3 Fotos), 452, 453 (3 Fotos), 454 o. / u., 455 (3 Fotos), 456, 457 (3 Fotos), 462, 464 u. li. / re., 469 li, 472 u.
Hans-Dieter Reinke, Boksee: S. 151 u., 152 li. / re., 153 u., 216 u., 465, 467 o., 489
Mit frdl. Genehmigung v. Hermann Rossius, Mönkeberg: S. 313, 314
Sammlung Dohnke, Hamburg: S. 386
aus: Willy Sanders »Sachsensprache, Hansesprache, Plattdeutsch«, Vandenhoeck & Ruprecht, Göttingen 1982: S. 281
Peter Schafft, Schellhorn: S. 493 o. / u., 496 o. / u., 497 (3 Fotos)
aus: Schleswig-Holsteinisches Freilichtmuseum Molfsee, Kiel, i.de Stampe: S. 250, 327, 328 u., 329 o. / u., 330 o. / u., 332 u., 333 li. / re.
Schleswig-Holsteinisches Landesmuseum Schloß Gottorf, Schleswig: S. 397 li. / re., 398, 399, 400 o. / u., 401, 402, 403, 407
Kurt-Dietmar Schmidtke, Melsdorf: S. 37 (3 Fotos), 38, 39, 40 (2 Fotos), 41 o., 43
Achim Sperber, Hamburg: S. 231 u. li. / re.
Staatsbibliothek zu Berlin – Preußischer Kulturbesitz – Handschriftenabteilung, Berlin: S. 55
Stadtarchiv Flensburg / XIV Fot. D 945.05.23-8: S. 69 u.
Stadtarchiv Heide: S. 22

Stadtarchiv Kiel: 68 o., 307
Theodor-Storm-Gesellschaft, Husum: S. 17, 379 o. / u., 380, 381, 382, 383
Süddeutscher Verlag, Stuttgart: S. 31
Heinz Teufel, Eckernförde: S. 6/7, 8/9, 10/11, 12/13, 14/15, 34/35, 86/87, 88/89, 90/91, 94/95, 96/97, 98/99, 102/103, 107, 109 u., 110, 155, 194, 232/233, 234/235, 236/237, 238/239, 271 o. / u., 316/317, 318/319, 320/321, 322/323, 324/325, 341 o., 345, 348 li., 348/349, 351, 364/365, 366/367, 368/369, 370/371, 421, 427, 430/431, 432/433, 434/435, 436/437, 485 u., 490/491, 491 re.
Transglobe, Hamburg: S. 214 o. / u., (Kanicki), 217 (Nordlicht/Steenblock), 463 o. (Studio Pierer), 466 o. / u. (König)
Frank Thamm, Bosau: S. 130, 131, 263, 264 u.
Mit frdl. Genehmigung d. Wachholtz Verlages, Neumünster: S. 300, 304
©Alastair Walker, Nordfriesland, die Nordfriesen und das Nordfriesische, in: Robert Hinderling/Ludwig M. Eichinger (Hrsg.), Handbuch der mitteleuropäischen Sprachminderheiten, Gunter Narr Verlag, Tübingen 1996: S. 275
©VG Bild-Kunst, Bonn 1996: S. 403
©Klaus Fußmann, Gelting 1996: 402
©Nolde-Museum Seebüll: S. 401

Quellennachweis

S. 16–20, aus:
Theodor Storm: Der Schimmelreiter. Berlin 1888

S. 21–25, aus:
Klaus Groth: Lebenserinnerungen von Klaus Groth, hrsg. von Eugen Wolff. Kiel/Leipzig 1891

S. 26–29, aus:
Edmund Hoefer: Küstenfahrten an der Nord- und Ostsee. Stuttgart 1880/81

S. 30–33, aus:
Günter Kunert: Baum. Stein. Beton. Reisen zwischen Ober- und Unterwelt.
© 1994 Carl Hanser Verlag München Wien

Impressum

Die Deutsche Bibliothek – CIP-Einheitsaufnahme
Das grosse Schleswig-Holstein-Buch. – Hamburg : Ellert und Richter, 1996
ISBN 3-89234-688-7

© Ellert & Richter Verlag GmbH,
Hamburg 1996
Dieses Werk einschließlich aller seiner Teile ist urheberrechtlich geschützt. Jede Verwertung außerhalb der engen Grenzen des Urheberrechtsgesetzes ist ohne Zustimmung des Verlages unzulässig und strafbar. Dies gilt insbesondere für Vervielfältigungen, Übersetzungen, Mikroverfilmung und Einspeicherung und Verarbeitung in elektronischen Systemen.

Fachbeirat:
Carl Ingwer Johannsen, Molfsee
Eckardt Opitz, Hamburg
Lektorat: Frank Heins, Hamburg
Bildredaktion: Anke Balshüsemann, Hamburg
Assistent des Lektorats und der Bildredaktion:
Axel-Holger Haase, Hamburg
Gestaltung: Büro Hartmut Brückner, Bremen
Lithographie: Lithotec Oltmanns, Hamburg
Satz: KCS GmbH, Buchholz/Hamburg
Druck: C. H. Wäser, Bad Segeberg
Bindung: S. R. Büge, Celle

Unser Dank gilt allen Beteiligten an diesem Buch, ohne deren Engagement und Kreativität dieses umfangreiche Werk nicht zu realisieren gewesen wäre. Ganz besonders bedanken möchten wir uns bei dem Fachbeirat, Herrn Dr. Carl Ingwer Johannsen und Herrn Prof. Dr. Eckardt Opitz, für ihre unermüdliche Hilfe und Unterstützung.

Hamburg, im Oktober 1996
Ellert & Richter Verlag